THE GLORY AND THE

DREAM

A Narrative
History of America,

1932-1972

光荣与梦想

1932~1972年美国叙事史

[美] 威廉 · 曼彻斯特◎著

四川外国语大学翻译学院翻译组◎译

李龙泉 祝朝伟◎校译

William Manchester

4 1961~1972

中信出版集团 · CHINACITICPRESS · 北京

图书在版编目（CIP）数据

光荣与梦想 4 /（美）曼彻斯特著；四川外国语大学翻译学院翻译组译；李龙泉，祝朝伟校译 .
—北京：中信出版社，2015.3（2025.12重印）
书名原文：The Glory and the Dream: A Narrative History of America, 1932-1972
ISBN 978–7–5086–4998–6
I. 光… II. ①曼… ②四… ③李… ④祝… III. 美国–现代史–1961~1972 IV. K712.5
中国版本图书馆CIP数据核字（2015）第 303266 号

光荣与梦想 4

著　　者：[美] 威廉 · 曼彻斯特
译　　者：四川外国语大学翻译学院翻译组
校　　译：李龙泉　祝朝伟
策划推广：中信出版社（China CITIC Press）
出版发行：中信出版集团股份有限公司
（北京市朝阳区东三环北路 27 号嘉铭中心　邮编　100020）

承 印 者：北京通州皇家印刷厂

开　　本：880mm×1230mm　1/32　　印　　张：18.75　　字　　数：472 千字
版　　次：2015 年 3 月第 1 版　　印　　次：2025 年12月第44次印刷
京权图字：01–2012–9129
书　　号：ISBN 978–7–5086–4998–6 / K · 430
定　　价：72.00 元

献给劳芮 · 曼彻斯特

以及她的未来

William Manchester

那如幻的灵光逃到哪儿去了?

那光荣与梦想，如今到哪儿去了?

——威廉 · 华兹华斯

目 录

THE GLORY AND THE DREAM

A Narrative History of America, 1932-1972

第四部分　终尝恶果（1961~1968 年）

第五部分　尼克松赢了（1969~1972年）

THE

GLORY AND THE

DREAM

A Narrative
History of America,
1932-1972

第四部分

终尝恶果（1961~1968 年）

第二十七章　美国的新一代

理查德·尼克松告别华盛顿的那一周，天气奇冷无比。1 月 19 日星期四过后，便是肯尼迪的就职典礼，新年的雪花纷纷扬扬地落下。黄昏时分，政府部门结束了一天的工作，雪花铺满了大街小巷。雪花轻柔地滑过冬天微蓝的黄昏，飘洒到各处。晚上 8 点，当选总统肯尼迪和妻子到宪法大厅参加音乐会时，厚厚的积雪已将市区覆盖，连坚挺的“新边疆派”们也耷拉下了脑袋。雪却丝毫没有停下来的意思，簌簌地落在士兵们冻得通红的脸上，他们正忙着用喷火器将国会大厦东面总统就职演讲台周围的雪块融化。但大雪依旧纷纷扬扬地飘落，国会大厦广场和周边的雪越积越厚，为行政大楼和联邦三角建筑群的屋檐密密地镶上了银边。为了疏通道路，商场沿途点起了火堆，但火焰太微弱，对于融雪只能是杯水车薪。此时，风雪交加，寒风从波多马克河和潮汐湖一路呼啸而来，这凛冽的风卷来细密的雪粒。凌晨 3 点 45 分，当肯尼迪回到他在乔治敦的寓所不久后，雪渐渐停了，但市内依旧寒气逼人。雪堆积在华盛顿东北黑人街区的巷道里，克利夫兰公园内的燃油锅炉也像得了传染病似的不能正常工作。

星期五中午，气温约 20 华氏度（约零下六七摄氏度），寒风刺骨。冻得发抖的人群等待了 20 分钟才盼来了新一任总统，他们欢呼雀跃，想听听他即将发表的演讲。不过，还得多等一会儿。枢机主教理查德 · 库欣在大喇叭里的祝祷似乎没完没了，大家还要挨一阵子冻。像肯尼迪生命中的很多其他篇章一样，这次就职演讲也在一片混乱中拉开序幕。枢机主教祝祷刚结束，讲台下面的电线突然短路了，一股黑烟腾起。特工处长顿时满脸惊恐，以为整个演讲台要爆炸起火。他三次想让大家躲开，但都忍住了。最后不再冒烟了，但一波未平，一波又起。罗伯特 · 弗罗斯特站起来朗诵一首诗，感觉雪地的反光很刺眼，因此，他不得不脱稿，凭着记忆开始背诵。终于到了 12 点 51 分，首席大法官沃伦开始主持宣誓仪式。仪式开始后，现场的状况大为改观。宣誓时，总统既没戴帽子也没穿大衣，天气很冷，他的声音有点儿发抖，但能立刻听出是波士顿口音。这位朝气蓬勃的总统为新政府定下了基调：

> 让誓言从此时此地起航，最终影响我们的朋友和敌人。火炬已传递给美国的新一代……历经战争、为了和平而受尽磨难的美国人，为我们的古老遗产而备感骄傲。

萨姆 · 雷伯恩后来说：“他那次演说比林肯的更精彩。”但这多半只是夸张的场面话。若说艾森豪威尔统治时期是美国的休养生息阶段，那么现在就将进入一个继富兰克林·罗斯福当政期之后的第二个革新时代了。同样的，年轻人仍是这个时代的主宰者。新的第一夫人恰逢股市大崩盘时出生，她有着惊世的美貌。她丈夫在国会山发表演讲时，她就陪在他身旁，温柔地拍着他的脸轻声说："啊，多美好的一天啊，杰克！"

随后的几个星期同样是闪亮的。随后，琼·斯沃洛·赖特在描写摇滚世代的回忆录中，谈到肯尼迪当政时期时写道："他是'我们的'总统，是出生于我们这个世纪的第一个总统，是有史以来最年轻的总统，而且我们可以肯定地说他将是最好的一个。"对于"新边疆派"而言，这种信念坚不可摧：没有人能像他那样被寄予厚望地当选和就任。

投票支持约翰·菲茨杰拉德·肯尼迪的有 34 221 463 人，占总投票者的 49.7%。1963 年 11 月他去世后，美国民意测验显示，被调查者中有 65% 的人回忆说当初选的是他。这就是说，有 1 000 多万选民的看法与其在选举那天的看法不同。其实，在他去达拉斯之前，选民们就开始改变了。而 1963 年 6 月的一次民意测验表明，只有 59% 的人称三年前投的是民主党的票。

这一现象并非意外。肯尼迪就任之前，就下定决心要让更多人支持自己。在当选后到就职前那段时间，肯尼迪阅读了一部理查德·E·诺伊施塔特所著的学术著作《总统的权力》。作者在书中写到行政首脑给公众留下的印象，"对于大多数选民来说，取决于他们对他的第一印象（这不同于他还是总统候选人的时候）"。肯尼迪决意一开始就给人民留下忠于职守，雷厉风行的良好印象。

在就职游行中，肯尼迪发现海岸警卫队中没有黑人士兵，当即下令展开官方调查。第二天早上，肯尼迪很早就到了自己还空荡荡的办公室，见证自己的内阁宣誓就职。肯尼迪紧紧握住哈里 · 杜鲁门（这是杜鲁门自白宫离任后首次回来）的手，并下达了第一号行政命令，为400万贫困美国人供给了双倍的粮食。接下来的几个星期，新任总统干劲儿不减。人们总能见到他一边在走廊快步通过，一边飞快地下达命令，一会儿站着阅读文件，一会儿又迈着轻快矫健的步伐跑出去散散步，随后又急忙飞奔回来，还不忘把指节弄出响声。詹姆斯 · 赖斯顿这样描述肯尼迪执政早期的典型状态："除了没爬上华盛顿纪念碑外，他任何事都没落下。"

华盛顿的其他人只得拼命跟上他的步调。新任劳工部长阿瑟 · 戈德堡说，肯尼迪在任期间，"截止日期永远都在前天"。查尔斯 · E · 波伦说："我从未见过如此事必躬亲的总统。"政府有些成员被这位新领导逼得太紧，以致都难以进行日常工作了。国会一个委员会的主席抱怨道："这位新领导人一天有26个小时，可是我却只有24个小时。" 驻苏大使卢埃林 · 汤普森和艾森豪威尔单独在一起的时间很少超过10分钟，但是他和肯尼迪之间长达两小时的会谈就已有4次了，而谈话内容也绝非琐碎之事。一位参议员曾说："与总统会面后，必须一溜烟跑上车，风驰电掣般地驶回国会，你得抢先一步，要在他对你的汇报做出评论之前到达国会。"

有一天，在肯尼迪西翼办公室进进出出的人竟达到了100人。他曾在一次西翼会议中下达了17项指示。在宣誓就职后的两个月内，肯尼迪便发布了32项政府咨文和立法建议（艾森豪威尔在他就任的头两个月中仅发布了5项），还发表了12次演讲，签署了22项行政命令和公告，给外国政要寄送了28封信函，召开了7次记者招待会。记者被他吸引：参加肯尼迪记者会的人数超过了以往的任何一位总统。华盛顿有位幽默的评论员发现，新总统看起来不光决意自己身兼国务卿一职，而且还要做自己的罗斯福夫人呢。他注重一切细节。在早前的一次记者招待会上，有一个问题涉及美国从古巴进口 1 200 万美元糖浆的计划，他做了很专业的回答，而这个计划在 4 天前相关部门给出的报告中不过在结尾处一笔带过。他注意到陆军特种部队不再使用绿色贝雷帽，便下令恢复。他和将军们讨论东南亚战略时，不忘亲自测试将运往越南的卡宾枪。他任职后的第一个春天将要来临，他居然注意到白宫日渐变绿的草坪上冒出了杂草，于是让园丁马上除掉这些杂草。

他打算向外拓展自己首要的执政基础。他所需要的人民正在密切注视着他，他也想确保人民能够对他放心。不戴帽子、不穿大衣会显得充满活力，这种形象为他加分不少，美国人赞赏主动的人。记者在报道中称新总统很有掌控力，这也会大有裨益。有效的方式还有，比如总统限定迪安 · 艾奇逊用 4 天时间做一份关于北大西洋公约组织的详细报告。当然，同白宫记者团在电视节目中的头几次会见也很重要，其中第三次节目面向 2 150 万电视用户播出，约 6 500 万人观看，而此类节目均为现场直播。肯尼迪不仅得是他自己的罗斯福夫人，而且得充当他自己的罗伯特 · 蒙哥马利。他确实如此。麦克卢汉称其为表演能手。诺伊施塔特对总统的评价很到位，这也在民意测验调查员的研究中有所反映。肯尼迪一出场就改变了许多选民的倾向。这些选民曾支持尼克松，如今却改变主意，反而认为自己自始至终都是支持肯尼迪的。这不得不说是一个政治奇迹：这位新任总统牢固的民众基础能和艾克[①]比肩了。

道格拉斯 · 卡特认为：“总统就如法国各有千秋的高级餐馆一

① 艾克是艾森豪威尔的昵称。——编者注

般。”肯尼迪的形象融合了多重意味，有杰奎琳·肯尼迪那如山茶花般的美艳，有英国画家凯特·格里纳韦画布上3岁女孩卡罗琳的可爱，有总统演讲时的口若悬河，此外还有些司法部长办公桌上的橄榄球象征的活力，以及新的理想主义。前届政府那一堆冠冕堂皇的说辞一去不复返——“花小钱而获大利”“起伏式调整”“痛苦的重新估价”等。举国上下都意识到取而代之的将是一轮充满活力的施政行动，其中的典型就是新劳工部长就职才24小时便平息了一场罢工运动。像那个备受煎熬的参议员一样，新内阁的成员都像患上了轻度“肯尼迪狂躁症”，每天都马不停蹄，工作时间长达12小时。毋庸置疑，这些繁忙的景象大多只是幻觉，时间久了注定会破灭，然而不可否认的是，这种忙碌给人印象极深。据说有位部长边标示邮件，边接听电话，还同时用简略的专用语给助手传达上级的指令。另一位部长一直训练自己每天只睡6小时。还有一个名叫罗伯特·麦克纳马拉的内阁成员每天坚持7点半来上班，这让五角大楼的警卫们惊愕不已。

特种部队的绿色贝雷帽重返营地，这反映出肯尼迪追求完美的执念。后来，记者戴维·哈伯斯塔姆在写到肯尼迪执政初期时说，他的下属“具有让人兴奋的美国精英主义的感觉”。“精英主义”在那时并非一个带贬损意味的词，而是形容“五湖四海最优秀的人才济济一堂，共同实现一种理想的感觉。这种理想就是建构新的美国民族主义，并为美国在国际事务中的历史作用带来一种崭新有力且主动进取的精神”。这种例子不胜枚举，最典型的是政府聘用大量著名学者，这些学者绝大多数都来自马萨诸塞州的剑桥。当时的流行语对“失败”的定义是：耶鲁大学毕业，开着一辆贴有“尼克松”标签的福特埃德塞尔汽车。有人问奥维尔·弗雷曼，他是如何被选为农业部长的，他说：“我也搞不懂，但我觉得这可能是因为哈佛大学没有农学院吧。”弗雷曼并非哈佛大学毕业生，但本届政府看中的是他以优异成绩从明尼苏达大学毕业，还有美国优秀大学生荣誉学会会员的背景。优秀大学生荣誉学会在莫尔丁的漫画中被描绘成开启首都之门的新钥匙。8 年前华盛顿盛行的风气是轻视知识分子，甚至对其不屑一顾，如今这种风气已荡然无存。为增强这种氛围，“新边疆派”尽量避免谈论一些不和谐的事儿，比如他们的总统喜欢打高尔夫球以及他最钟情的那两首歌曲（《比尔 · 贝利》《我心之心》）也并非古典歌曲。然而，将其描绘为出身名门却是相当合适的。杜鲁门扶植将军，艾森豪威尔偏爱企业大亨，肯尼迪却对学者们青眼有加。肯尼迪的顾问里面，由国务卿领衔，有 15 位罗德奖学金得主、4 位历史专家。国防部长、国税局局长、文官委员会主席以及驻印度、日本和南斯拉夫的大使都曾在大学执教。总统在黄金储备方面的顾问也是一名教授，就连其军事顾问马克斯韦尔 · 泰勒将军也是来自林肯表演艺术中心的。更史无前例的是，白宫第一次聘请了文化顾问。

“出类拔萃之辈”是后来哈伯斯塔姆对这些学者们在外交政策上的失误的苦涩嘲讽。他是 11 年后才做出这一评价的，主要谴责他们在越南战争中扮演的角色。不可否认的是，这是他们下的最烂的一盘棋，但他们的灾难不止于此。这也是回顾肯尼迪执政时期时不得不提的一个事实。新政府很早就有失误了，而他们第一次关乎大局的失败却不能只由他们来承担责任，因为他们仅是上届政府所订计划的执行者。然而，他们原本应该批判性地看待这些计划的。可事实上他们没有这样做，这说明即使最聪明的政治家也会犯错。他们的失误在于没有分清想象与实际。在回顾新政府刚掌权的日子时，罗伯特 · 肯尼迪颇有洞察力地说：“那些日子里，我们总听到所有人是如何努力工作的，因此我们还以为自己正朝着胜利前进。”对自身错误的察觉，不得不归功于美国历史上最荒唐的一次冒险，即以古巴猪湾命名的猪湾事件。

哈伯斯塔姆后来这样描述那次惨败："看似与时代如此相合的总统竟通过了一个注定要失败的计划，而且是一个在对当时情况一无所知的前提下提出的计划，这实在令人匪夷所思！"后来，肯尼迪亲自问特德·索伦森："我那时怎么会如此草率呢？我一生从不盲从专家。我简直愚蠢到家了，怎么会同意他们这样做？"阿瑟·施莱辛格写道：懊悔万分的总统"以一种令人难以置信的频率反复提起猪湾事件，很难理解一个理性的、负责任的政府为什么会卷入这次注定要失败的大冒险"。

当然这些都是后话。开始时，那个计划看来并不轻率。当选总统肯尼迪在1960年11月29日第一次听艾伦·杜勒斯说起这个计划。总统就职后两天，杜勒斯和参谋长联席会议主席莱曼·兰尼兹尔将军向新政府的主要成员做了汇报，即腊斯克、麦克纳马拉及罗伯特·肯尼迪。1961年1月28日，总统召开第一次白宫会议，讨论古巴旅的前途问题。施莱辛格注意到肯尼迪是"谨慎而有所保留"的。中央情报局的官员告诉这位新总统无须担忧，他们向他保证会万无一失，该注意的地方都已注意到了。

肯尼迪当时上任才一个星期。他需要更多时间仔细理清此事，但中央情报局说时间紧迫，对古巴旅来说，更是机不可失。卡斯特罗即将收到几箱从苏联发来的米格战斗机。6月1日，他们就能装配足够数量的战机编入现役战队，驾驶员都是古巴飞行员，他们都在捷克斯洛伐克[①]接受过训练，将在海滩上歼灭古巴旅。并且，危地马拉总统伊迪戈拉斯说过，受训的人4月后便不许留在当地了。因为那时将进入雨季，马德雷山脉会即刻变为一片沼泽，继续在那儿训练是不可能

① 1993年1月1日，捷克斯洛伐克和平分裂为捷克和斯洛伐克。——编者注

的。中央情报局报告称，古巴旅已一切就绪，力求一战。古巴的解放只等总统的一声令下了。

肯尼迪仍在犹豫，他的压力也不断增大。艾伦·杜勒斯直截了当地对他说：要么批准此计划，要么爱好自由的流亡者便难以解放自己的祖国，这也就相当于鼓励古巴在拉丁美洲范围内破坏民主政府的根基，并会使其在1964年的总统选举中陷入被动。因为被解散的、幻想破灭的古巴旅将在共和党的资助下，在全美游行，揭发肯尼迪是怎样背叛他们并放弃反共运动的。杜勒斯问总统，他是否准备好了要告诉那些“只想获得在自己的国家重建自由政府的机会”的“优秀年轻人”：你们“得不到美国的同情、支持和帮助”。

肯尼迪问他，计划的成功概率有多大。杜勒斯提醒他，1954年6月，中央情报局推翻了危地马拉政府。他说：“我当时就站在艾克的办公桌旁，对他说我确信危地马拉行动必定会成功。而此刻，总统阁下，眼前这一计划的前景比那个更加美好。” 参谋长联席会议对此亦无异议。2月底，肯尼迪再一次在参谋长联席会议上征求大家的意见。他们向危地马拉基地派出了一个调查队。兰尼兹尔将军阅读了报告并研究了古巴旅的作战计划，再次夸下海口说此战必胜。海军作战处处长阿利·伯克海军上将对此也很赞同。肯尼迪又将一名军功卓著的海军陆战队上校派往危地马拉，去做调查，广泛征询意见。以下便是这位上校的评估：

> 实地观察增强了我的信心，我相信这支部队不但能完成初期作战任务，还能推翻卡斯特罗政府，达到我们的最终目的。旅长和营长们对计划的各个细节均已了然于胸，他们斗志昂扬。这些年轻军官朝气蓬勃、睿智英勇，急切盼望有机会浴血奋战……

他们说自己了解民意，坚信只要重击对方部队，他们便会溃败并且马上背弃卡斯特罗。他们原本就没想过要支持卡斯特罗，他们表示古巴的传统是谁强便跟谁走。他们百分之百地相信无论卡斯特罗用什么策略，他们都能一一化解。

我亦有同样的信心。

就这样，肯尼迪应允了，他认为政府既然都准备让美国军队去世界另一端的老挝攻打共产党，怎么能对佛罗里达以南不过 90 英里[①]进击的共产党政权置若罔闻呢？但是，即便如此，他仍心存疑虑。后来施莱辛格认为，要是当时有某位高级参谋提出异议，这一计划可能就被否定了。而那时仅有施莱辛格和参议员威廉 · 富布赖特提出反对意见。施莱辛格问肯尼迪："你如何看待此次糟透了的入侵计划？"肯尼迪无奈地回答道："这个计划，我能不想就不去想它。"

1961 年 4 月 10 日，星期一，古巴旅被卡车运送到尼加拉瓜的卡贝萨斯港，这儿是上船地点。星期四，所有人员登船就绪。星期五，中央情报局的领导传达了此次行动的目标：在猪湾占领三个滩头阵地，古巴旅伞兵部队要夺取古巴本岛与大海之间的萨帕塔大沼泽地上的几个主要据点。星期日中午，远征队便只能背水一战了。这支队伍已投入战斗，他们的无敌舰队以及规模微乎其微的空军也参与其中。

实际上，本次战斗的真实性质与总统认为的自己批准的那项计划相差甚远。根据军方的保证，总统以为古巴旅是精锐部队，是由 1 400 名受过游击战训练的精英组成的。他与古巴旅的士兵都被告知这支部队在猪湾的目标是偏远的戈壁荒滩，在那里，唯一有人居住迹象的便是废弃的用以避暑的房子。汇报者解释说，如果部队在夜里登陆，卡

① 1 英里≈ 1.609 千米。——编者注

斯特罗将无从知晓。而中央情报局的情报进一步向总统保证，古巴独裁者至少在 72 小时内无力反击。即便到了那个节骨眼上，这位独裁者也会被搞得晕头转向。因为为了分散他的注意力，古巴旅的 168 名突击队队员将登陆位于 300 多英里以外的东方省海岸以牵制他。

杜勒斯、理查德·比斯尔（中央情报局计划的主要设计者）以及包括小霍华德·亨特在内的顾问们，都非常确信对卡斯特罗不抱希望的古巴人比比皆是，这就确保了此次登陆的万无一失。他们宣称有 2 500 名古巴人参与各种反抗组织，还有 2 万人对反抗活动表示同情和理解，而总人口里至少有 25％的人准备积极支持登陆的起义军。有一个原则至关重要，也是肯尼迪在私下和公开场合再三强调过的：美国军队坚决不可对卡斯特罗发起进攻，这一点是他不可动摇的原则。在 4 月 12 日举行的一次记者招待会上，他强调："无论如何，美国部队都坚决不可插足古巴事务。政府将全力以赴，我也相信政府能尽职尽责地确保一件事：任何美国人都不会干预古巴境内的任何军事行动……古巴的主要问题不是与美国之间的问题，而是古巴人内部的问题。"

有人告诉他，一旦这些流亡者无法在猪湾夺取并坚守滩头阵地，他们的行动将即刻结束，而后会"遁入山林"。这样一来，总统就认为没有任何顾虑了。他坚信通过这样一个分散敌方注意力的做法，就能让原本宏大的两栖作战计划变成低调的渗透活动了。所以他觉得任何危及美国信誉和威望的可能性已经全部被扼杀在摇篮里了。

然而他却大错特错了。中央情报局的做法完全相反。自 1960 年 11 月 4 日后，由不到 300 人组成的古巴旅再没接受过游击战训练。绝大多数新兵根本不适应艰苦的丛林作战方式。全旅能称之为士兵的仅有 135 人，其余的则是职员、律师、银行家、内科医生、地质学家、教师、牧场主人、新闻记者、音乐家、绘图员、工程师、艺术家、技工等，外加三名天主教神父和一名新教牧师。实际上，由20岁左右的青年组成的部队才能称为精锐部队，而这些人的平均年龄是29岁，有的已经年过六旬，最新加入的人连步枪都不会用。

这仅仅是肯尼迪错误的开始。实际上，叛军如何在山上行进的问题从未测试过，因为毫无疑问，最近的山脉是埃斯坎布雷山区，而那里离海岸线约80英里，和猪湾中间隔着一片茫茫无际的沼泽。作为古巴人，这些流亡者可能之前就已指出过这一状况。问题是，部队分散渗透到那个山区其他地方的可能性，从未有人告诉过他们。中央情报局未征得总统同意，也未征求参谋长联席会议的意见，便擅自隐瞒叛军的这一备选计划。其理由是，如果流亡者知道了，他们的战斗意志可能会被削弱，在仍有取胜机会时就想要放弃沙滩阵地。

为了鼓舞叛军的士气，中央情报局的人绞尽脑汁，还许下根本不可能兑现的诺言。如弗兰克 · 本德对他们说："你们会很强大，将有更多的人与你们并肩作战，所以你们甚至不需要我们。你们将势如破竹，伸出双手，向左转，直入哈瓦那。"中央情报局还向流亡者保证，如果他们败退，美国人一定会赶去救援。事后很久，流亡者头目何塞 · 佩雷斯 · 圣罗曼才获悉原来有一个备选计划，就是可以逃进山里，他不禁疾呼上当："我们从没听说过这个计划，我们只听到'如果你们失败了，我们马上赶过去'这样的话。"在迈阿密，民主革命阵线的曼努埃尔 · 拉伊一直以为，美国部队将紧随古巴旅登陆。他后来说："我们事前被告知，此次登陆将得到一切必需的支援。他们甚至还欺骗我们，一支1万~1.5万人的部队已准备就绪。"

古巴旅的首次挫败来自空军，这是致命的一击。中央情报局对古巴的空军表示轻蔑，估计其战斗力几乎"没有任何威胁"，臆想其飞机“大部分是老掉牙的，没用的”，而其总指挥部则是“一团糟”。卡斯特罗共有 15 架B–26 轰炸机、10 架“海上怒涛”式战斗机和 4 架T–33 型快速喷气式教练机。为了歼灭它们，中央情报局计划在 4 月 15 日（星期六），即登陆前两天，空袭古巴的各大机场。8 名流亡者先驾驶“二战”时的螺旋桨B–26 轰炸机，随后派 8 人中的两人在迈阿密宣称自己是古巴空军的叛军。但这一着棋没走好，毕竟卡斯特罗深知究竟有哪些人叛逃。很不凑巧的是，一名**真正的**逃兵在杰克逊维尔登陆，这令美国人更慌乱了。笨拙的B–26 轰炸机又慢又难操作，并深受引擎故障所累。星期六晚，弗兰克 · 本德给佩雷斯 · 圣罗曼送去消息，说轰炸任务取得成功，卡斯特罗的飞机几乎都被摧毁了，有 12 架在古巴的圣地亚哥机场，有 6~8 架在自由城，有 8~10 架是在圣安东尼奥。若此言为真，则是振奋人心的消息，但这不是真的。古巴空军还有 6 架B–26、2 架“海上怒涛”式、4 架战斗机，压轴的要数那 2 架T–33 喷气式飞机。不可思议的是，中央情报局和参谋长联席会议都轻视了T–33，因为他们认为那不过是教练机。但它毕竟是喷气式飞机，能绕着叛军的B–26 飞行。再者，T–33 还备有 50 毫米口径的机关炮，可以对B–26 尾部进行扫射，而B–26 轰炸机的软肋就在尾部。“二战”期间，B–26 原本还配备了尾炮，但中央情报局却以备用油箱替换了尾炮，确保飞行员在古巴飞行的时间能够久一些。这为流亡者飞行员的失败埋下了伏笔。制空权因此便属于卡斯特罗了，而制空权在两栖作战中起着举足轻重的作用。中央情报局犯下的另一个错误，更加深了失败的可能性：自始至终都没人做出解释，中央情报局为何竟下令将弹药、汽油、食物、医疗设备等这前 10 天战斗的供给全部装在同一艘船上。

这条笨重的船叫“里奥 · 埃斯孔迪托”号，是“二战”时期的运兵船之一，这次共动用了 5 艘。和它们一起的还有两艘护航舰，为迷惑敌人，它们都被称为加西亚轮船队。在某种程度上，这条船算得上是整个行动的象征：没有喷漆、锈迹斑斑、发动机总出故障，而底舱更是臭气冲天，与又破又旧的“非洲皇后”号不相上下。流亡者们对此感到十分惊恐。其中有一位对航海常识知晓一二的迫击炮手，恩里克 · 鲁伊斯–威廉斯，更是被吓得不轻。据他回忆，当时真是“腿如灌铅”。而埃尔内多 · 奥利瓦“一到船上就觉得我们上当受骗了。太出乎意料了，这根本不是我们梦寐以求的东西”。荒唐透顶的是这样的船竟然被选中去执行偷袭任务。船上的起重机和绞盘一动便吱吱作响，噪音更大的是那些通体生锈的装卸机。“里奥”号的故障并非一天两天的事。在顺着密西西比河直下，抵达墨西哥湾时，有一片螺旋桨撞到了木头。潜水员检查了之后才发现这片螺旋桨整个被打弯了，所以它的运转受到影响，此后只好拖着摇摇晃晃的船身与敌方空军决一死战了。

按肯尼迪的想法，这群年轻的古巴爱国者会神不知鬼不觉地在荒凉的海岸上登陆，但曼哈顿的一家公关公司却让他吃惊不小。在对白宫和包括古巴民主革命阵线在内的任何人都只字未提的情况下，中央情报局便通过莱姆 · 琼斯联合公司发布了新闻，并打着“古巴革命委员会”的旗号。中央情报局打电话到琼斯公司位于麦迪逊大道的办公室，传达了新闻的内容，随后该公司又将新闻内容透漏给报社。一份“立等见报”的公报称：“古巴叛乱者反对卡斯特罗的战斗在几小时内将打响。今天采取的行动旨在提供援助和供给。”最后还呼吁：“共同打击，发起反抗。”

华盛顿政府的内部人员开始怀疑有人在故意捣乱，因为有关他们的事简直被弄得一团糟。他们分批用于袭击的登陆船只都是小船，长约14英尺[①]，而且没有护甲。船上50毫米口径的机关炮没安装好，枪口的朝向也不对。这批船的动力来自外舷的发动机，在后来交战的高峰，有位入侵者从自己的船上往外跳，碰巧撞到了舵手，把他碰翻到水里，没了舵手的船便开始失去方向并摇晃起来。这样的小事故远不止这些：有三个人正在使用50毫米口径的机关炮在“大西洋”号船上练习打靶，不料枪身忽然从座架上滑落，开始向四面扫射，导致一名同伴中弹身亡，还有两人被射伤。一个更不祥的兆头是：有一支突击队原计划佯攻东方省，声东击西地转移卡斯特罗对猪湾的注意力，这支队伍却一直未能在海岸边露面。他们两次爬上登陆船，却两次都退回了“拉普拉亚”号。与他们一起的中央情报局人员回报，佯攻计划“由于指挥不力，以失败告终”。但那些指挥官却是中央情报局挑选出来的。

登陆东方省，让卡斯特罗顾此失彼，这本是他们计谋的组成部分之一。更重要的一部分是一个反卡斯特罗的地下组织在古巴发动的人民起义。肯尼迪总统获悉，地下组织的运动关系到整个任务的成败，参谋长联席会议也这样认为。然而，中央情报局的行动让人啼笑皆非。地下运动属于总战略的一部分，工作人员一直同罗赫略·冈萨雷斯·科尔索保持联系。科尔索是地下运动中带有传奇色彩的领袖，以“弗朗西斯科”这个代称享誉古巴。他和他的同伴们已准备妥当，只要时机成熟，他们就执行命令制造混乱；之后，流亡者的宣传站天鹅电台就会开始进行广播。天鹅电台通过广播告知大众怎样支援古巴旅、参加他们的队伍、炸毁发电站等。纸上谈兵容易做到，但实

① 1英尺≈0.305米。——编者注

际操作上却涉及该计划各部分轻重缓急的基本问题。引发暴乱与打击卡斯特罗空军的空袭在时间上产生了冲突，无论先进行哪个，都会引起卡斯特罗在另一件事上的戒备。当时，制空权被认为更重要，所以他们先发动了空袭，但以失败告终。次日晚，天鹅电台用暗号和霍华德·亨特式的抒情散文作为命令，让地下组织发动起义：

> 警戒！警戒！好好看看彩虹，第一道彩虹马上显现。奇科在家里，去拜访他。天空湛蓝。把通知放在那树上。树是绿色与褐色相间的。信件已安全抵达，信的颜色是白色。鱼即将浮出水面，鱼是红色的。

最匪夷所思的是，这条命令广播的频率好像没调对。哥伦比亚广播公司、全国广播公司和佛罗里达州的几个电台都接收到了，但没人明白它的意思。虽然广播一遍遍地重复，但是古巴旅、突击队、前方阵线、渗透小组以及古巴国内的破坏者等这些广播电台的真正目标听众都没听到。事实上没听到也并无大碍。卡斯特罗早已因为前一天的空袭而警醒，已下令在古巴全国搜捕所有对他不忠的可疑者。19 岁的费利克斯·罗德里格斯正在等待起义，但是突然间，用他的话说就是："道路被封锁，房子被包围，成千上万的人被捕，我的眼泪直往下掉。"仅在哈瓦那一地就逮捕了 20 多万人，有男有女。他们被关进了垒球场中、公共建筑内、剧院和礼堂里。所以，地下组织的听众还没来得及找到电台，就被用枪口顶着逮捕了。次日，即原定登陆日，1961 年 4 月 17 日星期一，弗朗西斯科本人以叛国罪被处决。

前一天晚上 7 点 45 分，流亡者的特遣部队——5 艘锈迹斑斑的货船和两个流亡者的护航队——抵达猪湾并安顿下来。佯攻东方省、发起破坏活动、天鹅电台下达命令、发动地下组织暴乱等辅助任务接二连三地失败了，而这些原本都是为了支援岸上的叛军的。而如今，此次两栖作战行动无异于当年的安齐奥登陆[①]，收效甚微，但叛军一无所知。像在所有战争中一样，进攻部队总是知道的越少越好。他们全副武装，在底舱等待，偶尔才能打个盹儿。晚上 11 点，司令官佩佩[②]·圣罗曼到甲板上透气，却看到了让他万分震惊的景象。之前听说海岸上没人，但眼前却灯火通明。原来，那个消息中说的是三年前卡斯特罗还未取得政权时的猪湾。在卡斯特罗当政后，政府决定把这片海滩改造成公园。如今，在中央情报局原以为无法跨越的沼泽地上，其实早已有了现代化的公路；三个旅游中心即将竣工，有一个就坐落在古巴旅的首个目标地吉隆滩；近 200 座建筑，包括汽车旅馆、快餐馆和澡堂等都进入收尾阶段。这里可一次性容纳 1 000 人，初定在 5 月 20 日举行盛大的开幕式，离现在只有不到 5 个星期的时间。自 1 月举办了三王节后，每到周末，成千上万的游客从哈瓦那赶来这里观礼。这一天正是星期日，古巴旅的运兵船快登陆时，最后一批游客才刚离开没几个小时。海滩上的人还是络绎不绝。负责收尾工作的建筑工人与自己的家人一起住在吉隆滩。这真像是苏联阴谋家策划的一次敌前登陆，登陆地点就在美国的科尼岛公园或琼斯海滩。得知这一状况后，肯尼迪惊讶得半晌说不出话来。他记得，策划这一行动时艾森豪威尔还在白宫。他惊呼："天啊！我们留下来的这群顾问都是一帮什么人？这种人居然还能留在总统身边，太难以置信了！"

---

① 1944 年 1 月，美英盟军在"古斯塔夫"防线北面的安齐奥海滩登陆，协同正面部队突破该防线。德军顽强抗击，美英部队虽尽力守住滩头阵地，但伤亡惨重。——编者注

② 佩佩：佩雷斯的昵称。——编者注

情况虽然已糟透了，但仍然没到最糟。如果说在过去20年里美国军队在战术上有什么绝招，那就是两栖登陆作战。从北非到诺曼底，从瓜达尔卡纳尔到仁川，部队都能有条不紊地将士兵送至岸上。潮汐涨落、水下障碍、暗流、激浪、裂流交汇——所有艰难险阻，只要借助高明的航海术、特制的登陆艇及巧妙的两栖登陆战术，都能迎刃而解。现任中央情报局的战略专家都是那时历经两栖登陆作战的退伍军人。如果他们对那场战争还有记忆，他们一定会记得，之前所有战斗中的美国指挥官都不会轻率地在夜间登陆，因为这样只会增加失败的概率。然而，这次他们的确让古巴流亡者在夜间登陆了。同时，他们还忽视了猪湾的一个至关重要的特征：湾区的每个登陆点都被锋利的珊瑚礁包围着。

潜水员是先锋，成为第一批登陆者，这些潜水员曾是古巴海军军官，他们的任务是设置登陆指示灯（尽管肯尼迪不允许这样做，因为应当是美国人做引导）。暗礁的出现让他们意识到需要标记出一条航道。午夜时分，潜水员安上了第一盏指示灯，这盏灯安在混凝土墩旁，用于指引即将上岸的部队登陆。但他们刚一打开指示灯，海滩上就亮起了吉普车的前灯。吉普车上恰好是民兵巡逻队。吉普车调过头停了下来，车灯一下就照亮了潜水员，潜水员在慌乱中朝车子开火。随后，一辆满载武装民兵的卡车迅速赶来支援吉普车，好在运兵船"布拉加尔"号上的炮手及时解除了危机。其实这绝非幸事。首批流亡者甚至还未下船，构成突袭的要素——夜间登陆的唯一理由——就已消失了。

潜水员竭尽所能地想在珊瑚礁中开辟航道，以方便车辆人员登陆艇以及宽一些的登陆艇（装载坦克）通行，而某些地方是不可能通过的。士兵离开海岸150码[①]后便无路可走了，于是不得不携带武器和无线电设备蹚水登陆，但无线电设备一被海水浸泡就报废了。暗礁还撞掉了部分船只的推进器。有些急躁的士兵往深水里径直一跳，但因为装备超重，人便如石块般直往下沉，同伴们还得将他们救上来。大家渴望着天明，甚至祈求天明，但是一个越来越明显的事实是：天明只能让他们的处境更糟。意识到这一点的是埃尔内多·奥利瓦指挥官。他后来做证称，他夜里两点半时上了岸。首先映入眼帘的建筑是一间小木屋，屋顶上露出微波无线电台的天线。他迅速占领了小屋，但正像他后面说的："能看出他们刚在那里发出了电报。"清晨6点，在吉隆滩上又发现了两处微波无线电台，发报机还是热的。整个行动中，中央情报局的情报员事前对此只字未提，这不得不说是巨大的疏漏之一。通过这些电台，卡斯特罗得知他们到了这里。现在他就要行动了。

凌晨3点15分，哈瓦那的那位大胡子被叫醒并告知敌军已在吉隆滩登陆，逼近附近的长滩。为了提防其中有诈，他询问了具体的细节。微波电台的接线员报告称，那些地方遭受到来自海上的50毫米口径机关炮、火箭筒和无后坐力炮的袭击。随后电讯信号中断，很明显是电台被占，一个滩头阵地已建立起来了。临时政府随时可能上台，美国会承认这个政府，造成政治问题。于是，卡斯特罗决意要让叛军葬身大海。

卡斯特罗在全古巴部署的防御工程从这一区域的军事部署就可以得到反映，他在这个区域随时可发兵阻挡比现在登陆部队兵力还多的队伍登陆。兵源包括他的公共工程部长奥斯马尼·西恩富戈斯指挥的一个营、装备有3个迫击炮连的一个营、1个步兵营、3个用于守护通往

① 1码≈0.914米。——编者注

沼泽带的道路的后备营，还有几支武装民兵力量。总共有2万人狙击从萨帕塔半岛撤出的叛军。此外，卡斯特罗还拥有自己的空军。太阳刚刚升起，他便命令自己的6架B–26轰炸机，满载炸弹，从洛斯巴尼奥斯的圣安东尼奥机场起飞，由战斗机护航，袭击停泊在猪湾的船只。

那天早晨，滩头阵地一片混乱，部分原因是地上的叛军搞错了方向，朝己方的飞机开了火。当卡斯特罗的飞行员抵达海滩时，叛军最不堪一击的部分当数古巴旅的重炮营了。潜水员在上午6点已绘制出通过珊瑚礁的路线，6点25分，士兵们带着这些重型武器开始登陆。搬运进程异常缓慢，当敌人从上空突袭时，他们不得不全部停下来。有一段短暂时间内的战斗几乎完全是在空中进行的，因为空中也有古巴旅的飞机，但T–33喷气式教练机最终还是成功驱逐了叛军飞机。于是，卡斯特罗的轰炸机瞄准了生锈的货船。首先被炸沉的是“休斯敦”号，它满载着弹药和汽油，26名船员在爆炸中丧生。接着被击沉的是“里奥”号，它装载着10天的补给。一架“海上怒涛”式飞机向“里奥”号发射了一枚导弹，“里奥”号霎时化为一团火焰。此时，特遣队的指挥官就很被动了。他的船员大多是古巴人，在政治上没多大忠诚度，很有可能叛变。于是他知会佩佩·圣罗曼，虽然古巴旅的军火只卸了不到10%，但他和幸存的船只得马上快速撤离。他承诺当晚再来。

起初，来自古巴的不同消息相互矛盾，在华盛顿的人似乎并没放在心上，然而，那天上午古巴仍旧占据着新闻头条。卡斯特罗的外交部长劳尔·罗亚向联合国提出控诉，指控在星期六驾驶B–26战机的反叛飞行员发起的空袭是美国中央情报局的情报人员策划的。艾德莱·史蒂文森惶惶不安，打电话质问哈伦·克利夫兰。哈伦·克利夫兰打电话询问了美洲事务局，美洲事务局又问了美国中央情报局，后者郑重否认了此次控诉，由此蒙蔽了美国最德高望重的外交事务发言人。据此，史蒂文森告知联合国，总统已明确宣誓“保证美国人绝不参加对抗古巴的军事活动”。随后，史蒂文森读到一份假声明，该声明是由迈阿密的一个冒牌逃兵发出的，而史蒂文森却信以为真：“这些飞行员和其他一些新成员很明显是逃离了卡斯特罗的暴力统治。”他又补充道：“没有美国人参与其中。美国飞机也没有参与，而这两架飞机，据我们所了解，应该都是卡斯特罗的空军飞机，如飞行员所言，这两架飞机是从卡斯特罗当地机场起飞的。”

他展示出一张B–26轰炸机的照片说道：“机尾有卡斯特罗空军的标志，证据确凿，毋庸置疑。古巴的红星和F.A.R（革命空军）这几个缩写字母也清晰可见。”但罗亚回答说，任何人都能画出这样的标志，这当然也正是所发生的事实了。美国大使向他保证：“我们已采取措施，扣押了古巴的飞机，不允许他们飞回古巴。”

实际上，美国并未采取这样的措施。美国中央情报局的说辞也越来越漏洞百出，只留下一个羞愧难当的史蒂文森在尽自己所能地摆脱谎言造成的混乱局势，以自圆其说。正如罗伯特·肯尼迪后来所说：“事情已开始真相大白。”到了星期一晚上，最糟糕的事情也被揭露了。连肯尼迪的国外崇拜者对此都感到非常沮丧。“有一天，”米兰的《晚邮报》表示，“与艾森豪威尔从政8年因胆怯懦弱、缺乏果断的领导力导致其在美国威望下降的情况相比，这一次肯尼迪更是跌落谷底了。”《法兰克福新闻》宣称：“大家认为肯尼迪在政治上和道德上都吃了败仗。”在联合国大会上，亚非国家的外交家们还记得约翰·福斯特·杜勒斯指责中立主义不道德，现在他们却难以抑制欣喜之情，一致认为中立主义终于大有用武之地了。史蒂文森难为情地说，他不能确定谁袭击了古巴，但他知道谁正在攻击美国。

星期一下午6点的《迈阿密新闻》的头条标题赫然写着："古巴海军起义，入侵力量插足"。有消息透露，此次海军叛变使用了一个颇具想象力的代号——"奖金"。叛军正以钳形攻势将卡斯特罗的军队分割瓦解。此外该报还引用了"各种各样的消息"，以证明入侵者已"在古巴6省中的4个省的海滩登陆，目前尚未遭到攻击的仅剩哈瓦那省和东部的卡马圭省"。这些报道全是无稽之谈。压根儿就没有什么"奖金"行动，古巴的海军仍只效忠于一人，而唯一的行动仅限于猪湾海岸，在那里，2万名卡斯特罗政权的保卫者使叛军走投无路。

船只逃逸后，入侵者陷入绝境，但他们仍然英勇奋战。伞兵虽然降错了地方，却逼退了民兵。虽然与敌方数量对比达到1∶13甚至差距更大，又面对着有重炮和空军支援的敌人，古巴旅仍然守住了所有据点，第一天的损失只有不到100人。奥利瓦手下只有370人，却击退了2 100名卡斯特罗的士兵和20辆坦克的进攻，他们的伤亡不到百人，但政府军的阵亡人数达500人，受伤人数达1 000多人。这些数字是卡斯特罗的一名医生透露的。

入侵者喜不自禁。他们所有的困难只有他们的领导者知情，而这些领导者们始终满怀希望，因为中央情报局人员一直在通过逃散的运兵船上发出的无线电广播鼓舞着他们。（"你好，佩佩！我要告诉你，我们绝不会抛弃你们，一旦那里情势紧急，我们会带你们撤离的。"）后来，对于当时的对话内容一时间众说纷纭。毫无疑问的是，这些话激励海滩上的叛军延长了他们的抵抗时间，从而也增加了伤亡。批评中央情报局的人普遍相信中央情报局战略家们的统一思路：无论肯尼迪之前有怎样的立场，此次入侵却是只许胜不许败。一旦察觉美国的威望受损，他就会动用美国的力量进行干预。在这件事情上，像其他情形一样，他们又错了。总统的想法一直未变。"何为威望？"当天，他在白宫问他周围的人，“是虚幻的力量还是真实的力量？我们要为真实的力量努力。无疑，在今后几星期里，会有人觉得我们一无是处，但这是小问题。”

看来大多数美国人能理解并表示同情，20 世纪 60 年代后期那些造成他们分裂的埋怨之声此时尚未到来，而美国也还没有分裂成各个相互仇视的阵营。正如罗伯特 · 肯尼迪后来在《13 天》中提到的：“猪湾事件时，我们的意见基本一致。”《哈泼斯》月刊编辑约翰 · 费希尔在该刊发表的观点传达了大众的心声，他说：“每位总统都需要大约一整年的时间让自己的班子变得井然有序，在巨大而危险的官僚体制中摸索着前行……当（肯尼迪）正试着往屋里搬家具时，却发现屋顶掉了下来，门也被砸烂了。”盖洛普民意测验显示，有 82％的美国人赞同他的工作作风。肯尼迪苦闷地说：“我的作风很像艾森豪威尔，干得越糟糕，反而越受欢迎。”

然而不可否认的是，意见没那么容易达成一致。理查德 · 尼克松是右翼的强硬派，他在 1964 年第 11 期的《读者文摘》上透露自己曾建议肯尼迪“找一个得体的借口，然后……直接介入”。这在意料之中，但出人意料的是，此时，一帮蛮横激进的新“左”派却活跃起来了。施莱辛格称：“出人意料的是，“左”派中的许多人现在找到了之前质疑肯尼迪当选的理由。”他们的标语牌上写着“公平对待古巴”。他们同示威者一起塞满了曼哈顿联合广场，诺曼 · 梅勒也参与其中。白宫外的一位高个子女诗人身上挂着标语牌，内容是斥责第一夫人：“文学艺术家不会再支持你了，杰奎琳。”而“公平对待古巴”运动得到了许多大学的声援，尤其是在人文科学学院和社会科学学院。斯图尔特 · 休斯执教于哈佛大学历史系，是新“左”派的早期人物，他带领 70 名大学教师联名给总统写了封公开信，要求政府“扭转目前的趋势，不要对古巴进行军事干涉”。社会学家小巴林顿 · 穆尔预测将出现“军国主义的反动政府，用自由主义的修辞粉饰自己的重大政策”。《权势集团》一书的作者赖特 · 米尔斯在医院病床上还不忘发电报给加利福尼亚州的一次“平等对待大会”：

> 肯尼迪之流已把我们拉回了原始社会。施莱辛格之流已让我们在理智和道义上都颜面扫地。我替美国感到耻辱。非常遗憾未能赴会，若身体硬朗，我现在就与菲德尔 · 卡斯特罗并肩作战。

实际上，卡斯特罗并未真的投入战斗，因为无此必要。其手下控制了猪湾局势，他只需静观其变，看他们如何让叛军一寸寸地失去滩头阵地。古巴政府军使用的那些武器是拉丁美洲人从未见过的。星期一早上，配有苏制 122 毫米榴弹炮的 4 个炮兵连开始炮轰海滩，榴弹所到之处，叛军都被炸得辨不清方向。叛军坦克指挥官英勇善战，但与苏制 T–34 坦克的火力相比，还是显得不堪一击。坚持到晚上，叛军已弹尽粮绝。“夜幕降临，我们希望船快点儿来”，佩佩 · 圣罗曼后来告诉海恩斯 · 约翰逊，“每个人都面朝大海，等着船来。我们都知道，没船的话，我们就没救了。”但直到午夜，船还是不见踪影。绝望之极的佩佩与无线电发报员上了敞篷船，滑行了 6 英里，满心希望能用无线电与中央情报局的船联系上。随后，他返回指挥部，派遣了一名军官去海上，试图找到一位船长，这位船长现在因船员叛变而身处困境。在好几个小时里，这只敞篷船一遍又一遍地发出这样的电讯：“多洛雷丝，我是海滩。多洛雷丝，我是海滩。我一直在找你。我们需要你。我们需要你。”

星期二刚破晓，古巴旅仅存的 6 架 B–26 轰炸机按预定计划去炸毁洛斯巴尼奥斯的圣安东尼奥机场的古巴空军的飞机。卡斯特罗交了好运，机场上空乌云密布，飞机因此毫发无损。在吉隆滩，T–34 坦克整齐地排成一列，同时朝海滩开炮。在日益狭小的海滩阵地上，所有的预兆看起来都不吉利。叛军失利是因空中掩护力量单薄，而现在连掩护都没了，连撤退都无法实现了。

星期二晚上，总统正在白宫参加一年一度的国会议员招待会，突然有人将他请了出来。他在自己办公室的一幅地图前面站定，当时他身着燕尾服，系着白领带看起来很不协调。而腊斯克、麦克纳马拉、参谋长联席会议的两位成员和中央情报局的理查德 · 比斯尔向他报告：目前要救出古巴旅，只能动用美国空军，这样才能让他们免于卡斯特罗的非法审判。总统妥协了，批准离猪湾不远、在加勒比海值勤的航空母舰“埃塞克斯”号派遣 6 架无标记的喷气式飞机。星期三早晨 6 点半至 7 点半，美国飞机将确保阻止卡斯特罗的飞机飞临海滩阵地上空，这样，古巴旅剩下的B–26 轰炸机就可以袭击环形阵地周围的政府军了。

猪湾悲喜剧终于开始上演最后一幕了。尼加拉瓜的卡贝萨斯港是古巴旅飞行员的基地，距古巴有 3 小时 20 分钟的航程。没有间歇的任务让这批飞行员精疲力竭，有能力执行飞行任务的只有两个人。4 名美国顾问深信从“埃塞克斯”号起飞的喷气式战斗机能保护他们的安全，于是便主动请缨，各自驾驶着其余几架B–26 轰炸机展开行动。在这次一无是处的行动中，中央情报局犯下的无数愚蠢错误里面，这次的错误最严重。原来尼加拉瓜和古巴位于不同的时区，而这批飞行员却忘了调整手表。他们相当于提前一小时飞抵吉隆滩上空，而保护他们的喷气式战斗机还静静地停在“埃塞克斯”号的甲板上。卡斯特罗的T–33 教练机蜂拥而上，没几个回合便将他们全部歼灭，那 4 个美国人全部丧生。

现在只剩最后的痛苦了。吉隆滩上呼吁援兵、坦克和弹药的声音越来越弱。电报都非常简短："海滩战斗继续。速派飞机，多多益善。""已退至海里。弹药告罄。敌军将至。救援一小时内速到。"最后的抵抗是在星期二深夜，到处都是卡斯特罗的大炮和坦克。被重重包围的叛军将领在星期三清晨 4 点 32 分发出了最后一份电报："正在销毁一切装备和通信器材。坦克近在咫尺。无武器与之决斗。我方将向丛林撤退。不能再候。"

但丛林也只能躲避一时。因为并未制订撤退计划，叛军最后全部束手就擒。卡斯特罗大获全胜，不到 72 小时便摧毁了入侵计划。用海恩斯 · 约翰逊在自己有关这场战争的著名研究报告中描述这次战斗的话来说，入侵成为"自轻骑兵旅在巴拉克拉瓦港陷入死亡的无底深渊以来，这次失败当数那么多漏洞百出、鲁莽行事的袭击中最被极力渲染的一次"。古巴旅的幸存者还得受尽凌辱，在哈瓦那体育宫公开受审，且被长期监禁。直到 1962 年圣诞节，因罗伯特 · 肯尼迪和詹姆斯 · 多诺万发起赎救运动，他们才得以恢复自由。

20 世纪 60 年代中期的历史学家们有种倾向，他们认为从长远来看，猪湾事件或许转变成了一件好事。经过这件事，肯尼迪不再相信专家，18 个月后，在处理古巴导弹危机时，他应对得更得当。到了 20 世纪 70 年代，人们讨论美军在吉隆滩的丢盔弃甲及他对此事的反应时，又有了不同的结论。在那个星期的星期四，即入侵失败的第二天，在华盛顿斯塔特勒–希尔顿酒店，肯尼迪总统在美国报纸编辑协会演讲时显得斗志昂扬，说他决定这次放过卡斯特罗，但是他提前放话，"我们的容忍不是无限度的"，美国已准备采取行动，"倘若必要，就得单独行动"，以"保卫美国的安宁"。他还警告莫斯科："真要到了节骨眼上，对于那些已因布达佩斯血染的街头而臭名昭著之人所谓‘对外干涉’的言辞，我们都会充耳不闻。”

这是最赤裸裸的冷战语言。这无非暗示了美国的危险不在国内。美国唯一的敌人是坚若磐石的国际共产主义，他们的实力“无论是在古巴还是在世界任何其他地方都不能低估”。肯尼迪还告诫西半球的各国政府和人民：“我们要更密切地关注，并更现实地对待共产党从外部对古巴进行干涉和统治的威胁。”因为“比任何时候更清晰的一点是，在世界的每一个角落，美国都面临一场残酷的斗争，其激烈程度比两军对垒甚至核军备的冲突要强得多”。

20 世纪 60 年代美国人自由主义的转向那时还没露出迹象。而这个转向一旦开始，美国的威胁就都可看作是源自本国内部的了，如种族主义、军国主义、环境污染、技术问题、官僚机构、人口爆炸、“权势集团”等。在肯尼迪执政期间，这些问题并未凸显。自由主义的时代英雄，在 20 世纪 30 年代是愤怒的青年工人，40 年代自然是美国大兵，而 50 年代是不被母亲理解的青年，到 60 年代初，就转而变为利用和平与饥饿、疾病以及共产主义进行斗争的和平队士兵们。作为那时美国的自由派，肯尼迪相信贫穷和愚昧是造成发展中国家爆发革命的根本原因，而共产党则利用这一点获取一己私利。他确信，如果在执行“第四点计划”时让发展中国家的贫困状况有所改善，那么共产主义的号召力将变得微不足道。世人欢迎争取进步联盟的原因也在于此。总的来说，在追求进步时，拉美地区若和美国联盟，那么共产国际就很难拉拢它们了。

这些信念根深蒂固。也许这是最后一次出现这样的看法：自由派认为人类能够解决自己的问题。20 世纪 60 年代早期的理想主义青年用那时的时髦话语来描述这一点就是充满了实用主义。拉尔夫 · 纳德是 70 年代自由派的典范人物，这时还未显山露水。自由派人士在肯尼迪执政期间和富兰克林 · 罗斯福执政时期都认为，根除社会弊端的途径是扩张政府机构、增强总统职权。随后，他们在这个问题上的觉醒将会动摇整个共和政体的根基。

肯尼迪那个星期四在斯塔特勒 – 希尔顿酒店的演讲，在艾森豪威尔执政时期就可能出现，甚至约翰 · 福斯特 · 杜勒斯也可能会这样说。他们虽然风格迥异，但讲话的本质类似。肯尼迪和其他冷战时期的人物没什么差别，到演讲的末尾还提到了慕尼黑会议。他提醒听众，慕尼黑会议的作用是：民主国家若不能抵抗集权主义的独裁者，终将灭亡，而且敌人“不费一弹也不用越境，我们自会一步步地、一个国家接着一个国家地失去安宁”。于是他决心“吸取经验教训”。他总结道：“历史将记录下来，这一艰苦卓绝的斗争将在 20 世纪 50 年代后期到 60 年代初期达到高潮。作为美国总统，我要明确表态，即便前方危险重重、代价惨重，我都决意要坚守美国的制度。”

这一预测是对未来历史走势所做的最不聪明的预测。那次演说是肯尼迪对猪湾事件的公开回应。他返回白宫后又采取了另一个更有象征性的行动。作为国家安全顾问的麦乔治 · 邦迪突然被破格提升。他的办公室也从西行政大道对面相对简陋的行政大楼搬到了白宫的西翼，与总统的椭圆形办公室仅咫尺之遥。每天早晨，邦迪都要主持国家安全委员会的例会，其管辖权还扩大到了挂着大幅地图、配有各色电话的白宫作战室。白宫准备好了，邦迪准备好了，作战室当然也准备好了。热线已经开通，侵略者必将得到刻骨铭心的教训。

认真研读古巴问题报道的人里头也有尼基塔 · 谢尔盖耶维奇 · 赫鲁晓夫。这位部长会议主席对那些冷战言辞并不在意，因为那些也是他自己常说的话。让他感兴趣的倒是这位新总统，他年轻而缺乏经验，这次可真是狠狠地摔了一跤。肯尼迪似乎还有点儿迷糊，这正是对他狠狠打击的良机。

白宫也知道，克里姆林宫肯定是如此看待美国的大溃败的。主要是因为经过猪湾事件，华盛顿的信心已所剩无几，又气馁又惊慌。肯尼迪与赫鲁晓夫原定于 6 月在维也纳进行会谈，这在 2 月本来已安排好了。赫鲁晓夫在 5 月 12 日还写信说，邀请仍有效。肯尼迪想往后推，但又觉得这样会被视为懦弱。他说：宁登高峰，勿近边界。所以他并未松懈，加倍努力地准备着维也纳会谈。他被告知苏联主席觉得之前艾森豪威尔在和他进行两次最高级别会谈时都准备不足，所以对他也很不以为然。艾克一遇到难题总要求助他的助手。所以肯尼迪决定，所有重要会谈只有他们两人和一名译员参加。

同肯尼迪一样，赫鲁晓夫也受到国内强硬路线派斯大林主义者的压力，他们认为，只能使用强索豪夺等手段才能从对方手中得到想要的东西。赫鲁晓夫本人就很擅长于此，斯大林对其很欣赏。他也因此好像具备一种天生的力量。前年秋天的联合国大会上就有他令人印象深刻的表演。这些年来，很多地缘政治学家因为刚果问题而名誉大损。还有 U–2 事件、同艾森豪威尔举行日内瓦最高会议未能成行、美苏关系缓和希望不大等因素，早就让赫鲁晓夫感到不满。加之在加丹加省新受的耻辱，他更是气不打一处来。一开始，他一直埋怨达格 · 哈马舍尔德，骂他是殖民国家的工具。他要求废除联合国秘书长，提议用三人组成的执行机构取而代之，这三个人分别代表西方国家、共产主义国家和中立国家三个集团。根据苏联人用三匹马并排拉马车的习惯，把这种安排叫作“三驾马车”。赫鲁晓夫脱下鞋子，在桌上有节奏地敲了几下，以示强调，这让联合国大会上的人们吃惊不已。为了恢复秩序，爱尔兰的主持人几乎敲断木槌。制造此类混乱让这位苏联主席眉飞色舞，一到莫斯科，他就扬扬自得地说："联合国真是没用，它就要解散了。"

1961年1月6日，为了反击美国自由派对欠发达国家提供经济援助以及必要时进行军事干预的政策，赫鲁晓夫列出共产主义在20世纪60年代面临的巨大挑战："永远支持为解放而斗争"的"正义"的民族战争。过了6个星期，他的刚果同盟者帕特里斯·卢蒙巴在加丹加省被杀害。于是，暴怒的赫鲁晓夫就称之为"哈马舍尔德罪恶活动的最高殊荣"，再次要求立即撤销他联合国秘书长的职务。

令苏联右派力量不满的远不止这些，作为发言人，赫鲁晓夫也将这些不满统统表达出来。之前眼看就要加入他们阵营的老挝，现在却逐渐走向中立路线。苏联红军中有强硬派极力想恢复苏联核试验，而核试验1958年秋季就已暂停了。现在他们已拥有2 000万吨级、3 000万吨级、5 000万吨级和1亿吨级的武器，正急于试验。每天，这些冷战的症状不断刺激着人们，让外交气候处于寒冷之中，但是又不会就此导致世界危机。另外，对他们而言，还有一个更重大的问题，赫鲁晓夫称之为"卡在喉咙里的骨头"，有时也称之为"需要割除的毒瘤"，或者"萨拉热窝"，暗示此事有可能导致第三次世界大战。他指的便是柏林的分裂。

15年来，苏联始终觉得西方驻扎在前德意志首都是一件令人无法忍受的事。斯大林在1948年曾试图赶走同盟国军队，却受到了大规模空运的阻挠。当第一颗人造地球卫星提高了苏联的国际地位时，赫鲁晓夫乘着这趟"顺风车"，要求将柏林变为非军事化的"自由城市"。赫鲁晓夫随后给了盟国6个月的期限，后来艾森豪威尔将延长期限作为邀请赫鲁晓夫访美的条件，他才延长了期限。艾克也做出适当的让步。他对柏林的态度是“反常”地表示认同。艾克曾提出可以协商关于西方驻军的规模以及民主德国能多大限度地利用该市作为其宣传和情报活动基地等问题。

现在赫鲁晓夫又让肯尼迪陷入同样的争端中。在他有关“解放战争”的演讲中，赫鲁晓夫公开表示了对柏林的强硬态度。他说，如果“帝国主义者”拒绝“考虑实际情况”，那么苏联将可能“采取坚定不移的措施和德意志民主共和国签订和约”。这样，肯尼迪便又要面对艾森豪威尔曾驱除了的恶魔了。赫鲁晓夫明确表示，这一协议将包含以下保证：任何对联邦德国边界的“侵犯”都将被视为对华沙条约所有成员国的“挑衅行为”，就是说西方要么放弃柏林，要么准备投入战争。这是他的真正意图吗？夏尔 · 戴高乐对此持怀疑态度。他敦促总统坚决抵抗（“要能忍受得了”）。他说，如果肯尼迪坚决抵制并部署新一轮空运，那位主席就可能会有所动摇。一心期盼维也纳会议能解决问题的埃夫里尔 · 哈里曼同意戴高乐将军的提议，但他也建议换一种策略。他预言赫鲁晓夫一定会反应激烈，肆无忌惮地恐吓这位新总统。对此最佳的回应方式就是置之不理，却又不失礼节。肯尼迪也不必过度高估对手实力。在哈里曼看来，赫鲁晓夫本人也肯定很紧张。这位主席唯一的一次西方之行以失败告终。再者，美国和克里姆林宫的专家们也一致认为赫鲁晓夫从未忘记自己出身卑微。但难以避免的是，维也纳会议的气氛可能会有些紧张。这位苏联主席可能会恣意挑衅，因为他只会这一招。哈里曼建议，总统那时应超然处之，一笑了事。

肯尼迪在即将飞往奥地利的前夕在巴黎得到哈里曼的这个建议。巴黎站的行程对新上任的第一夫人来说仿佛初战告捷。11 年前，她只是巴黎大学的一名学生。如今却满载着两卡车行李，全身珠光宝气，随从簇拥着她（还包括欧洲顶级理发师），故地重游。戴高乐几乎目不转睛地盯着她。法国报纸描绘她是那么“美貌”“迷人”“闭月羞花”。在进入一个记者招待会的会场时，美国总统说：“我认为应该自我介绍一下。我是陪杰奎琳·肯尼迪到巴黎来的那位男士。”

维也纳的氛围却截然不同。肯尼迪夫人也曾调侃赫鲁晓夫：“哦，主席大人，别拿数字来烦我。”但当时的氛围过于凝重，不是她用这种玩笑就能缓和的。当赫鲁晓夫的俄产黑色海鸥牌汽车穿过铁丝网，驶入美国驻奥大使馆那座用石头砌成，包裹着水泥和灰泥的巨大建筑时，那里的气氛便一下子如当时的天气般糟透了。肯尼迪对助理说，他的对手是“外表诙谐幽默、内心狂暴”的人。在两天的会谈中，他的狂暴也显露在外了。最后一次磋商后，詹姆斯·赖斯顿请求拜会总统。那天，肯尼迪戴了顶帽子，他走进屋子，赖斯顿正在那里等他。总统让自己整个身体都陷进沙发里，把帽子压到眉梢，发出一声长叹。赖斯顿感到他似乎有些震惊。他问总统：“局面很棘手吧？”肯尼迪回答：“这是我生平遇到的最棘手的事。”

后来，赖斯顿写道：

> 他（肯尼迪）走进美国大使馆的一间昏暗的屋子，浑身颤抖，异常愤怒。他试图像往常一样保持平静，理智地对待赫鲁晓夫。他极力想讲讲道理，要赫鲁晓夫明确说明苏联准备做什么、不想做什么。但赫鲁晓夫却以柏林问题和以战争解决争端来威胁和恐吓他……肯尼迪在那间屋子里所说的话，让我对以下事实深信不疑：
>
> 赫鲁晓夫已对猪湾事件了如指掌。若肯尼迪当初不对卡斯

特罗采取行动，或干脆把他除掉，赫鲁晓夫倒觉得都在情理之中。但肯尼迪鲁莽地攻打古巴，却无胆量坚持到最后，这让赫鲁晓夫觉察出，他面对的是一个初出茅庐、很易受到威慑和胁迫的年轻领袖。

谈话中，肯尼迪告诉赖斯顿：赫鲁晓夫极为粗暴、凶狠，有时像要向对方扑过来一般。只在一件事上他还是理智的：他认为老挝问题是微不足道的。除此之外，讨论其他任何问题时，他的态度都很恶毒，带着嘲笑的意味。他坚持要求撤换哈马舍尔德，改用“三驾马车”代替他。同时，要通过代表世界三大政治阵营的三方委员来监督美苏之间的所有裁军协议。肯尼迪辩驳任何一方行使否决权都会导致该设想失灵（“即便是苏联的三驾马车，也只会有一个驾车的”），但这于事无补。对柏林一事，赫鲁晓夫下了最后通牒，他声称坚决要从苏联的喉咙中去掉这根骨头。无论美国人是否同意，他都一定会在今年年底前同民主德国签订和约。如果美国想因此而挑起战争，那他也无能为力。对于凡事都喜欢诉诸战争的疯子，就只能给他穿紧身衣了。

应肯尼迪的要求，他们进行了最后一次私人会谈。肯尼迪总统极力说服赫鲁晓夫不要采取如此鲁莽的行动，但赫鲁晓夫断然拒绝了，“我要的是和平，但如果你要的是战争，那是你的问题”。他签订和约的决定已不可逆转，12 月就是签订和约的时候。在他们道别时，肯尼迪说：“今年的冬天会很冷。”

肯尼迪对赖斯顿说：“我有两个问题：第一，弄清他为何要这样做、为何要以如此敌对的方式；第二，弄清我们有何对策。我认为，第一个问题不难解释：他这样做是因为猪湾事件。我觉得他一定在想一个初出茅庐的青年是很容易对付的。任何惹了麻烦却又没能坚持下来的人都是缺乏胆量的。所以他毫不留情地打击我，这样我就面临一个难以解决的难题：如果他坚持认为我既缺乏经验又没有勇气，那么，除非他的想法能改变，否则我们不可能和他达成任何一致。因此我们必须采取行动。”

而赫鲁晓夫是否一言九鼎将尽人皆知，这个他自己也心知肚明。一到莫斯科，他就下令公开发表两份有关核试验和柏林问题的备忘录，而且在会上已经交给了肯尼迪。国务院的明眼人一看便知，对柏林问题，他并没有设定什么期限，但这个现在已不重要了。重要的是全世界人民都知道了苏联的最后通牒。自此，赫鲁晓夫将苏联的军事预算提高了31.44亿卢布，除此之外，他还发表了一系列显露着沙文主义意味的演讲。

肯尼迪也不甘示弱。6月25日，他向美国人民发表电视演讲："若战争爆发，那一定是从莫斯科而不是自柏林发动的……只有苏联政府才会利用柏林边界问题，并把它当成发动战争的幌子。"他要求国会批准给五角大楼拨款32.47亿美元，征集预备役，将征兵限额扩大到原来的两倍，上调战斗部队的上限，重启、检修已封存的飞机和船舰。迪安·艾奇逊请他宣布美国进入戒备状态，副总统林登·约翰逊也有此主张。可肯尼迪仍主张不排斥谈判的方式。他不能贸然利用核武器进行威胁，因为苏联可能真会逼他摊牌。他对《纽约邮报》的一位编辑说，他主要担心的是那位主席是"存心要整整我"，要真是这样，那可就"全完了"。

双方的领导人都感到压力骤然增加。为了安抚在柏林的德国人，让他们觉得不会被抛弃，肯尼迪总统派了副总统和"空运英雄"克莱将军一起出访德国。赫鲁晓夫向全世界发出警告称，苏联现在已经能够造出威力为1亿吨TNT（三硝基甲苯）当量的原子弹，而且已经有了能够运载原子弹的火箭。为了证明这一点，一位苏联宇航员已经被送上了太空轨道。美国国内的紧张气氛日盛，肯尼迪催促人民修建防空洞。与此同时，柏林一片骚乱。7月，30 444名难民涌入这个城市的西部。8月的前10天，又有16 500人越界而来。12日一天，就足足过来了4 000人，其中大部分是医生、技术人员和熟练工，这些人正是民主德国共产党第一书记瓦尔特·乌布利希实施5年计划所需要的人。

8月13日午夜过后半小时，黑暗空寂的街道上，警笛轰鸣，由T–34和T–35型蹲式坦克保驾护航，满载民主德国军队的卡车穿越分隔东西柏林、长达25英里的边界线。头戴钢盔的民主德国人民警察占领了主要的通道。大量的木马、铁丝网、水泥桩柱、石块、镐头、铁锹从卡车上被卸了下来。过了4小时，太阳出来了，一道初具规模的围墙也建了起来。4天后，这道墙竣工了，留在东柏林的人们就这样被圈禁了起来。

这个举动让西方国家惊诧不已。肯尼迪当时不在华盛顿。美国国务院花了4天时间向莫斯科提出正式抗议。9月1日，赫鲁晓夫又将螺丝拧得更紧。美国的地震仪通过监测搜集了确切的证据证明苏联又在进行核试验了。肯尼迪和麦克米伦呼吁苏联领导人停止试验，他们指出这种新的放射性微尘的扩散程度和毒性，但赫鲁晓夫对他们的呼吁置之不理。随后，侦探设备又检测到苏联进行了第二次、第三次核试验。在接下来的一个月里，苏联进行了30次核试验，并且几乎都是在大气层之内进行的。这一系列核爆炸过后，苏联向空气中排放的放射性有毒物质比英、美、法排放量的总和还要多。在苏共第22次代表大会开始前的一次演讲中，苏联领导人宣布很快将爆炸一枚

5 000 万吨级的原子弹，这枚原子弹的威力是投放在广岛的那颗原子弹的 2 500 倍，相当于战争史上投放过的烈性炸药总和的 5 倍。在第二次会议上，他对代表们说，爆炸结果“证明该原子弹的威力比科学家们计算的 5 000 万吨级还要大”，但科学家们当然不会因这个“错误”而受到惩罚，他的这番话引起了代表们的一片笑声。

肯尼迪决定，如果这就是赫鲁晓夫对西方国家禁止在大气层核试验建议的唯一答复，那他也不得不批准美国重启核试验计划，但是他只批准不产生放射性微粒的地下核试验。对于苏联政府的行为，肯尼迪说：“我们现在必须采取措施，再谨慎的人也会觉得这些措施很有必要。”这天是 9 月 8 日，双方的信任危机到达了冲突一触即发的临界点。柏林墙完工了，一道砖石和水泥围成的栅栏横亘于柏林的中心地带。8 月 22 日后，只有一个地方可以允许盟军通行，其他部分都被封闭了，但就算在那一处，也有东柏林的警察检查士兵们的证件。界墙以外 110 码的范围禁止任何人靠近。巴黎、波恩和华盛顿收到通知，正式要求联邦德国领导人不得乘飞机进入柏林。对这一点，联邦德国的态度很强硬。9 月 8 日，赫鲁晓夫坚持联邦德国飞机进入柏林需要受到控制的指令被联邦德国断然拒绝。10 天后，肯尼迪准备离开海厄尼斯港回到华盛顿时，收到了一个令人悲痛的消息：达格 · 哈马舍尔德在飞赴刚果途中因飞机失事身亡，原因始终不明。从“二战”胜利以来，战争从没像这次一样让人感觉这么近。

两个星期后，赫鲁晓夫开始从战争的边缘往回退。他对正在访问苏联的比利时外交官保罗–亨利 · 斯巴克说：“我原以为西方国家会在和平协定上签字，可后来发现正好相反……我不想将你们置于不堪忍受的境地；我非常明白，你们也不会让自己被踩在脚下。”这样的话，卡在喉咙里的那根骨头也不再那么难以忍受。“你知道”，他继续对比利时的客人说，“对我来说，柏林不是什么大问题。对 10 亿共产党人来说，200 万人又算得了什么！”而且现在事情也没那么急了。他之前给肯尼迪下的最后通牒中的时间是“今年年底”，但他又对斯巴克说：“我不受最后期限的限制。”柏林墙已经建好，现在他似乎在尽量取得西方的某些妥协，以挽回一些自己的面子。他做了一些缓解紧张局面的举动，包括大方地夸赞肯尼迪的成熟稳重和睿智。但他发现他的这些举动没有得到任何反馈，只得草草收场。10 月 17 日，在苏共代表大会上，他又一次宣布：“西方国家对现在的情形已有所了解，正在寻找解决德国问题和西柏林争端的办法。”他总结说：“如果是这样，我们就不必坚持要在 1961 年 12 月 31 日前签订和平协议了。”

就这样，一场对抗终于结束了。当时看起来是美国胜利了，但真正付出的代价，以后才看得出来。莫斯科的表态、柏林争端以及重启核试验这几件事之后，施莱辛格写道：“总统无疑已经感觉到了，一旦美国撤出亚洲，世界局势就会失衡。”肯尼迪认为，他应该进一步向他的对手证明他的无所畏惧和坚定毅力。他对詹姆斯·赖斯顿说，共产党敢于向西方开战的唯一地点就是中南半岛，“现在我们的问题是如何证明我们力量的强大，看起来越南是解决这个问题的好地方”。

对林登·约翰逊来说，这些日子可不那么愉快。一年前，他还是美国参议院权力很大的多数党领袖，现在他成了副总统——美国政府中最没有实权、最令人窝火的职位。每天，他都从各方面体会到自己的无足轻重。在白宫，他只有一个停车位，只有一部与白宫连通的分机电话（而司法部长罗伯特·肯尼迪有 3 部）。他的妻子从来没有坐过总统的专机。他自己曾上去过，但不是受邀请上去的。肯尼迪的助手有三次发现约翰逊单独在机舱里四处张望。他们是因为正好当时总统要使用飞机才进去的，因此不得不请他下来。每次这种情况都令约翰逊很尴尬，但他还是一次次回来，总统专机这一实际权力的象征让他很是痴迷。

肯尼迪的人将约翰逊的人都看作外人。除了沃尔特·詹金斯之外，副总统的下属们对那些声名显赫的总统顾问而言完全是陌生人。他们中的有些人甚至没有白宫的出入证，只是作为参观者进过白宫。这种被当作不存在一般的处境甚至连约翰逊的特工人员也不例外。从职位上讲，他们的地位与总统的警卫人员一样，但实际上，他们被排除在白宫警卫队之外，他们不能使用白宫的车、办公室，不能参加一些社交活动。他们中很多人对此并不在意，因为他们知道得到这种待遇并不是自己的原因。之所以被精英们排斥，主要是由于他们要护卫的人无足轻重——再也找不出其他词来形容了。

肯尼迪完全没注意到这一点。像大多数总统一样，对于地位仅次于他的副总统，肯尼迪选择了敬而远之。或许是根深蒂固的历史原因，或许是出于人的天性，美国选举出来的第一号和第二号人物之间的关系向来不和睦。一些早年和行政首脑关系密切的人在当选为副总统后，会发现他们曾经的情谊被冷冰冰的社交礼节所取代，他们因此备感受伤。他们忘记了，对总统而言，副总统的存在就等于每天提醒他好像随时都会死去。也许还不止这些。虽然有些人也能坦然面对死亡，但他们并不想让接替他职位的人如影随形。那些希望总统们能够详细向副总统介绍情况的人很少考虑到其中的深层含义。要理解其中的深意，必须清楚总统这一职位的意义，以及第二号人物所继承的会是什么。一家之主可以毫不畏缩地写下遗嘱，可要是他知道死后隔壁邻居会成为他孩子的父亲、他妻子的丈夫，他肯定会面无血色。

除了这个来自宪法的烦恼外，还有另一个烦恼。在实际政治生活中，为了“平衡”总统竞选选票，正、副总统候选人必须来自不同地区，而他们在不同选区的号召力不同，性格也可能完全对立。也就是说，那位丈夫可能要选一个与他长相不同、衣着不同、谈吐不同且价值观也不同的人替代自己。富兰克林·罗斯福和哈里·杜鲁门彼此就大不相同。艾森豪威尔与尼克松、肯尼迪和约翰逊也是如此。在肯尼迪看来，约翰逊就是一个非凡的并且很滑稽的怪才，他的自我膨胀无耻而放肆。出国访问时，他每天打电话到他在华盛顿的办公室询问美国报纸如何报道他的活动。他总是在为竞选作秀，一位在巴基斯坦工作的美国医生惊呼：“天哪，他在和一位麻风病人握手！”他决定让卡拉奇的一名赶骆驼的人充当亲善大使，这让巴基斯坦举国欢呼。他告诉那位受惊的赶驼人巴希尔·艾哈迈德：“我们已看过了你和你的骆驼，我们的总统也想看看。他打算帮你改善生活。”事实上，总统根本就没有这个打算，似乎这个险招要坏事，结果却没有。艾哈迈德的美国之行获得了巨大的成功。肯尼迪很是满意，他说：“如果是我，我会担心骆驼在白宫草坪上拉屎。”

得知副总统的心结后，肯尼迪开始想尽办法表示对约翰逊的尊重，为他创造出国访问的机会，其中有些事情的影响还很大。讽刺的是，有两件起初在他看来毫不起眼的事情，回想起来却变得无比重要。第一件是柏林之行。在去柏林之前，约翰逊心情很差，但他的演讲很成功，而且还赶上了参加美国第一批增援柏林部队的入城欢迎仪式。东道主认为他的到来是这座遭到围困的城市的命运转折点，因此，他回国时的情绪也深受感染。

第二件事就是那年 5 月出访西贡（现胡志明市）。刚开始此事的重要性并不明显，后来其意义之深远才被觉察。这是一次南亚之旅。人们期望副总统此行能为非共产主义政权鼓劲儿。但这次并不像在柏林时那样，副总统此行并不是表示美国愿意同他们并肩作战。那时候，美国在越南还没有承担这样的使命。尽管如此，约翰逊仍然对西贡信誓旦旦。他也表示十分欣赏吴庭艳，称他是“南亚的温斯顿 · 丘吉尔”。访问团离开越南后，《星期六晚邮报》的斯坦 · 卡诺问约翰逊是否真是那样想的。副总统回答说：“呸，老兄，他是我们在那儿唯一的人！”

这位南亚的温斯顿 · 丘吉尔又黑又胖，是个烟不离手的单身汉，最大的特点就是永远有说不完的话。从他那栋巨大的黄色的以灰泥建造的独立宫（现称“统一宫”）走出来的人，都要听他六七个小时甚至长达 12 个小时的独白，而且中间不停顿。除了这点他倒没什么别的缺点。60 岁的他，仍然行事果断、目标坚定、富有献身精神，是一个典型的铁腕当权者。他的头衔是总统，却不怎么关心民主，完全是一个暴君，或像高高在上的官僚，坚信人民的职责就是尊重他、服从他。反对他的人都被送进了集中营。在他的统治下，没有自由的媒体，也没有真正的改革。政府官员候选人都是军官，挑选时看中的不是能力而是忠诚。虽然吴庭艳本人很廉洁，但他的宫殿里到处都是贪官污吏和野心勃勃之人。他严厉而又固执，认为天主教徒就该享受特权，只因为他自己是天主教徒。他的专政已经到了无以复加的地步，没有他的允许，部队的连队指挥官都无权调动自己的部下；到他快要下台时，没有他本人亲笔签名的护照一律无效。月复一月，他的专断统治越来越严苛，他只同少数几个亲信以及他的亲人商量，尤其是他那个嚣张跋扈的弟弟吴廷瑈以及吴廷瑈漂亮而狠毒的妻子，美国驻外记者所说的“龙夫人”。吴廷瑈夫人曾经解释过吴家的统治哲学：“如果我们打开窗户，进来的不仅仅是阳光，还会飞进来许多坏东西。”

进去的少了，出来的也不多。在情报方面尤其如此。有关越南战争的两大谜团之一是：为什么这里让许多西方专家声誉扫地，缺乏有力的证据就是主要原因之一。历史上很少有这么多著名人物在这样一个重大事件上犯下如此荒唐的错误。直到 1972 年 10 月，亨利 · 基辛格由于提前宣布解决越南问题的办法而丢了脸，许多士兵和政客也错误判断了这场战争的性质和可能的发展趋势。1954 年 4 月 6 日，新英格兰的一位参议员为了给他的同事们释放一下压力，引述了一些早期人们对越南战争的议论："军事情形看起来对我们越来越有利"（迪安 · 艾奇逊，1952 年）、"我们认为，中南半岛的形势正在好转"（助理国务卿沃尔特 · 罗伯森，1953 年）、法国打胜仗的"可能性很大"（国防部长查尔斯 · E · 威尔逊，1954 年），以及"法国就要胜利啦"（海军上将雷德福，1954 年）。可是法国败了，7 年里牺牲了 19 000 名法国人。这些言论似乎证明了那位新英格兰参议员的怀疑是正确的，这位议员不是别人，正是约翰 · 肯尼迪。肯尼迪自己后来也受困其中。在白宫，他对越南的政策也是根据 1960 年参议员委员会报告中刘易斯 · 卡罗尔估计的情形做出的："根据军事援越使团团长的保证……美国军队……在不久的将来就会分批撤出越南。"1961 年年初，肯尼迪批准了一项援助计划，前提条件是战争会在 18 个月内取得胜利。

另一个越南之谜是：为什么这么多美国人，包括 4 位美国总统（两位共和党总统和两位民主党总统）都认为美国有义务拯救西贡政府。而这个国家在亚洲，距美国 7 000 英里，是位于遥远的中南半岛的原始土地，到处是稻田和茂密的丛林。10 多年来，华盛顿的历届政府力排众议，甚至不顾国内的局势也要保证那些饱受争议的人物执掌越南。然而，美国在越南所做的努力，一开始就注定要失败。肯尼迪应该早就知道这一点，他是少数几个从一开始就看出这个麻烦的人。1951 年，他以众议员的身份访问越南。回国后，他在《与媒体见面》节目中说道："没有当地人民的支持，美国就不可能在东南亚的任何一个国家取胜。"后来，他也受到冷战派言论的影响。冷战派认为，美国已经"失掉"了中国，现在再不能"失掉"中南半岛了。

美国对西贡的承诺始于1954年，1957年又重申了一次。日内瓦协议签订后，在给吴庭艳的信中，艾森豪威尔总统保证美国"会帮助越南政府成为一个强大而又自食其力的国家，能够抵御军事颠覆和侵略"。艾克给这项承诺带上了一个附加条件，即"越南也要采取相应的改革措施"。他的目的就是"以防任何人将他国的意识形态强加于贵国自由人民的身上"。

林登 · 约翰逊在白宫的几年里，每次提到越南时都会说："艾克做出过的承诺，我就必须遵守。"可事实上他没有，这毕竟不是一项正式的协议，参议院没有参与，该协议甚至缺乏合法性。然而，约翰逊和肯尼迪都觉得受到这项承诺的束缚，认为必须遵守不可。西奥多 · C · 索伦森写到，撤销美国对越南的支持会让"整个世界对美国承诺的可信度产生怀疑"。阿瑟 · 施莱辛格进一步写道：

> 无论在1954年以前我们与越南是否有重大利害关系，艾森豪威尔的信件都让这种关系产生了。无论我们是否应该画下那条曾经画好的线，一旦画下了，就永远要受这条线的束缚。无论多米诺骨牌理论在1954年是否有根据，7年后，当邻国政府将自己的安全寄托在美国是否有能力信守对西贡的承诺时，这一理论就已经得到了印证。肯尼迪……必须继续完成这一项他承接下来的工作，除此之外别无选择。

白修德在《总统的诞生》(1968)中写道："在越南的事业是美国近半个世纪的事业，这项事业让整个世界明白……如果当今已有一个虽然还很脆弱的世界秩序，这个世界秩序也是美国在 20 世纪的 4 次战争中用 40 万美国人的生命换来的。”约翰逊总统认为“匆忙撤出”就意味着“对整个世界宣布我们不信守约定，不支持自己的朋友”。《时代周刊》对那些不同意这一说法的人这样解释：

> ……我们必须不惜一切代价保护南越……如果美国不能或者不打算将南越从困境中拯救出来，任何亚洲国家都不会再相信美国，这样的话，失去整个东南亚就只是时间问题了。

如此的撤退所带来的后果是无法想象的。为了支持派遣部队赶赴越南，罗伯特 · 麦克纳马拉与参谋长联席会议直率声明，称如果不这么做，那么在世界的另一端，情况将会严重恶化。莱曼 · L · 兰尼兹尔将军在代表参谋长联席会议讲话时预言，一旦越南共产党取得胜利，“我们将会失去包括新加坡在内的亚洲地区”。而马克斯韦尔 · 泰勒将军则自信地认为一定能在与游击队的对抗中取得胜利，正如他所说的，“北越连常规轰炸都禁不起”，他告诉肯尼迪总统，派遣“一支美国的军事特遣部队”是“至关重要的”。

所有这些说法都是毫无道理的，肯尼迪政府如果并不认为有义务将古巴旅从注定要失败的海滩战场上撤回，那它也不欠吴庭艳什么。而且，艾森豪威尔的信也起不到什么作用了，因为吴庭艳已经公开藐视了采取“必要的改革”的义务。他在 1956 年还拒绝在越南实行全民选举。对他而言，就算美国与他同受条约的束缚，要他按照规定履行条约也是十分荒诞可笑的，更何况根本就没有这项条约！

使华盛顿无法抛弃西贡的真正压力来自国内政治。麦肯锡已经死了，但是民主党和共和党都非常担心吴庭艳会成为第二个蒋介石。而尤其讽刺的是，美国竟然犯了与当初给蒋介石出谋划策时同样的错误，尽管这是个政治问题，但他们仍给予了军事上的援助。犯这种错误的一个原因是国会山那些权威人士的态度。这些人物对参谋长联席会议抱有很大信心，却不相信国务院亚洲司的政治官员。另一个解释是内阁成员性格特征的差异导致了这个结果。在20世纪60年代早期，他们都曾在越南问题上向白宫谏言。麦克纳马拉做事果断、雷厉风行，而腊斯克则胆小懦弱、敷衍了事。所以，美国国防部获得发言权必然是更有说服力的。

在艾森豪威尔任期的后几年，越南还相对较为和平稳定。美国每年派遣800名军事顾问，并且提供30亿美元的军事援助，足以维持越南当时的局势。到了1960年12月，也就是肯尼迪总统宣誓就职前的一个月，吴庭艳的对手宣布建立民族解放战线。在独立宫，他们将民族解放战线命名为“越共”。起初，吴庭艳并不担忧，在上一年秋天，他轻易阻止了一场试图谋反的政变，当时约翰逊副总统问他想不想要美国军队增援，他回答不需要。但尽管那时他说陆军部队没必要支援，还是承认需要其他一些援助，于是肯尼迪总统同意派遣一支400人的特种部队（绿色贝雷帽）接受训练任务。美国承诺派兵支援越南军队，这还是第一次。

1961年5月初，新任美国驻越大使小弗雷德里克·E·瑙尔汀抵达西贡。前任驻越大使曾试图说服吴庭艳，可依旧无功而返，他自己还变成了不受欢迎的人。瑙尔汀决定吸取教训，不想重蹈覆辙。现如今，越南民族解放阵线（越共）的破坏活动已经很猖狂了，连那位爱装腔作势的总统都不得不对其俯首称臣。当时，乡村的环境还在不断恶化，而越共游击队正四处活动，伺机暗杀乡村首领。据美国中央情报局估计，战争的关键时刻即将到来。与此同时，他们还警告，西贡当局实施的独裁政策和纵容贪污腐败的错误举措，势必会引发人们对吴庭艳政府执政能力的质疑。

在华盛顿，人们不断要求白宫方面不要插手有关越南官员违法行为的事务。副总统约翰逊说服肯尼迪总统，将“歼灭越共”视为“真正的终极目标”。参谋长联席会议也向总统保证，仅需 4 万地面部队就可以将越共反政府组织“全歼”。另外再派出 128 000 名士兵，便足以击退来自北越的侵扰。国防部长罗斯维尔 · W · 吉尔帕特里克建议与吴庭艳当局就建立“可行性防御安全联盟”展开对话。五角大楼官员威廉 · P · 邦迪也呼吁，美国应“尽早强势进入”越南，并对敌方进行猛烈打击。他认为此次进攻有 70% 的胜算。

肯尼迪当局经过进一步调查，同意增派 685 名美国军事顾问前往西贡支援，同时还为吴庭艳政府的 2 万多名越南军人提供武器来扩充和武装南越军队，自此越南部队总人数达到了 15 万。像艾克一样，肯尼迪希望帮助南越进行内部改革，调动一切资源反对越共，并以此作为美国采取行动的前提条件，但他并未着重强调这一切。此时，他正忙于有关柏林进行核试验的事务，无法快速抽身。据此，美国外交史学家小施莱辛格曾撰文质疑肯尼迪是否对越南真正关注过。刚刚适应冷战节奏的观察家们又开始对美国政府卷入越南战争的行为大为不解。白修德在 1961 年 8 月的一篇文章中这样写道：“国内形势似乎一周比一周糟糕。”他还发现：“越南游击队似乎已经陆续控制了越南南部的大部分地区，因此，我几乎看不到在不经军事人员的护送下，美国人敢于开着自己的轿车把我送出西贡市。”他还报道了当时越南政治垮台所产生的惊人影响力：“最令我疑惑不解的是越南共产党总是能在他们的阵营里，找到前赴后继的不畏死亡的民众，可以为了共产党的利益而牺牲自己。”这种强烈的革命精神令那些没有这些经历的人深为不解。

在接下来的一个月里，游击队占领了越南的一个省，并处死了该省的一名总督。而此刻吴庭艳的军队则是节节败退。尽管很不情愿，他还是与瑙尔汀协商，与他签订了双边共同防御协约。华盛顿方面对此做出积极回应。夏季以来，所有扩张计划都驱使林登·约翰逊派兵前往东南亚。副总统支持传统的古典自由主义观点，他在归国途中如是写道：越南真正的敌人“是饥饿，是无知，是贫穷，是疾病”。他相信美国人无论采用何种先进的策略，都必须将这些敌人作为其攻击目标，充分利用我们先进的科技实力。

总统对此做出了相关回应。在派往西贡的高级军事顾问中，包括两名他最信任的人员，分别是马克斯韦尔·泰勒将军和沃尔特·W·罗斯托。在这样的关键时刻，相关的国家文职官员和军事人员就可以充当总统在越南这一战略要地的眼睛和耳朵。对于罗斯托而言，自始至终他都是永不妥协的鹰派代表人物。值得注意的是，调查组里绝无高级外交人士。正如索伦森随后撰文写道：“国务院不能和五角大楼相抗衡，因为它没有这个能力。”该报告还进一步反映出以政治上的不良影响为代价达成军事目标的相关行为。

泰勒—罗斯托的报告成为越南战争的一个重要转折点。为了抑制吴庭艳政府的衰败之势，报告要求肯尼迪派驻一批美国军事顾问；更为重要的是还要派遣一个美国的步兵团，初期有8 000人，之后会依据实际需要不断增加。泰勒作为这支部队的绝对领导者，希望总统能够以越南问题为主题发表一次电视讲话。然而他对关于进入越南的有些观点让人匪夷所思。比如，就此次远征来说，他竟将越南与朝鲜相比，“美国军队无须过多准备就可以轻松适应越南的生活和工作”。而事实上，越南和朝鲜是大不相同的。第一点就是常规战。敌人盘踞在边境线附近，美国军人就可以在这些固定区域进行他们的常规作战部署，这对于他们来讲，再熟悉不过。而越南的环境却不是这样。第二点是，这次是在浓密的热带雨林里进行的非常规军事战争。此外，还有一点不可忽视，也是最重要的，韩国人民希望美国士兵能够在当地保护他们，而越南人民根本不是这样想的。他们认为美国的军队不过是其原属殖民宗主国法国的继任者，他们都想占有越南，而唯有越共民族统一战线的军队才是他们心中真正的英雄。

政府当中的一些内阁成员及其他成员，如切斯特·鲍尔斯、乔治·鲍尔、艾弗里尔·哈里曼，也对泰勒这份声明中的信息大为震惊。然而，只有肯尼迪总统一人有资格对此提出质疑。他拒绝在电视机前对民众讲述有关事宜，因为在他看来，这将把越南问题和柏林问题相提并论。他还明确指出，泰勒和罗斯托不像其他的参谋长联席会议成员，对美国干涉越南所带来的积极影响持正面态度，他们只想要北越不再渗入南越，只是他们没能提出具体可实施的措施。其实最令他伤心的是有关派遣军人的这一提议。索伦森写道："越南战争的主要倡导者都支持这个行动，称之为测试美国美好信念的'试金石'，标志着美国已下定决心出兵。"但总统一人投了反对票，而且也只有他的票才最终起决定作用。肯尼迪说："他们想要一支美国军队。这对于恢复自信心和保持军队士气是必要的。但这就像是我们在柏林所做的一样：大批军队持续进驻，乐队仍要继续演奏下去，而 4 天过后，民众就会忘了一切，然后，我们又被告知，还得派更多军队去。这样就像喝酒一样，这次酒劲过了，下次还想再喝。"

尽管如此，总统还是摆脱不了大家的影响。他不同意派遣美国部队，但在其他一些方面却做出了让步。接着，从 1961 年 12 月起，美国就开始加强在越南的武装力量。就跟 7 年前的艾森豪威尔一样，肯尼迪总统在与吴庭艳公开交换信件时肯定了这一安排。当然，这一安排也并非美国单方面的想法，并且吴庭艳也同意改革，并承认他的军队需要加强领导和振奋士气。但此安排并没有给美国规定援助的限期或者什么时候停止援助，只是含糊地说直到平定越共，逐出北越人为止。泰勒倒没看出这里面有什么玄机。他从菲律宾发电报给总统说："经由南越而卷入亚洲战争，是有这样的危险，但还不至于太严重。"相反，乔治·鲍尔对此却显得焦虑不安。他说，吴庭艳在没有看到美国派出的步兵之前，决不会善罢甘休。让美国派兵才是他真正的目的，这样，在美国帮他应战之时，他就能够稳固自己的政权。鲍尔预测，如果美国答应派兵，就会越派越多。他对总统说，5 年内，将会有 300 000 美国士兵被派往越南。肯尼迪大笑道："乔治，我看你简直是疯了！"

美国后来加速对越南战争的干预（这也证明了鲍尔和一些人的观点是正确的），其中一个原因就是在西贡驻守的美国决策人的性格。从 1962 年年初到肯尼迪执政的前 1 000 天末，有两个人物很关键，一个是瑙尔汀大使，另一个是 2 月抵达越南的美国军事援助顾问团新任团长保罗·D·哈金斯将军。对这两人的任用本身就是一个悲剧。因为瑙尔汀出身于弗吉尼亚望族，传统守旧，对亚洲一无所知。他的任命得益于国务院强硬反共派的力荐。无论身处何种危机，他都会支持吴庭艳，而当肯尼迪真正需要他的时候，他却跑到爱琴海逍遥度长假去了。哈金斯比他更糟糕。他是波士顿的一个世家浪子，高中没读完就退了学。他之所以能在军队得到晋升，只因为他精通马术，是个出色的马球队员。在乔治·S·巴顿想要放松时，他又可以充当一个好伙伴。"二战"期间，哈金斯担任巴顿的副参谋长，那时别人给他起了一个绰号叫"推弹杆"，因为他执行巴顿的命令时雷厉风行。但和巴顿一样，他有时也并不那么服从命令。这一点在他接到指示，要他如实向总统报告越南战况时，显露无遗。肯尼迪曾明确指出，一切越南战况，不管是好消息还是坏消息，他都想知道。可哈金斯却不喜欢上报坏消息，他认为这会影响自己的前程。相反，他所做的是让人感觉他所报告的情况表面上听起来都还不错。他一到西贡，就告诉美国记者，他是一个乐观主义者，也希望周围的人都很乐观，而且，他还透露，给华盛顿的每日情况汇报暂且可称为“进展报告”。他想让人们充分相信，在他的带领下，打击越共的战争将进行得十分顺利。

瑙尔汀和哈金斯一致认为吴庭艳是解决所有问题的关键，没有他我们将无计可施。然而对他执政能力的批评只会激怒他，那时我们所有的想法都将会消失殆尽，灰飞烟灭。霍默在《纽约时报》的一篇文章中称，这将成为美国政府与吴庭艳的生死相搏，他们的命运共生，不进则退。吴庭艳很快也意识到了这一点，他明白，此刻无论他怎么利用这两个美国佬都没问题，他可以肆意妄为，对着这两个美国佬指手画脚。

哈金斯到任之后，第一阶段的反共战斗被称为“日出行动”，此比喻也还较为恰当。哈金斯告诉记者，他打算建立一系列坚固的“战略村”，但这只能由国内军事组织来操控防守。他的战略合作人是越南总统吴庭艳的弟弟吴廷琛。接着，美国得知这项战略防御计划取得了巨大的成功，因为超过 1/3 的农村人都生活在战略村，看来战局会日趋好转。目前来自西贡的所有报道都是好消息。对哈金斯表示怀疑的人可以从瑙尔汀的评价那里得到证实，因为他认为当地情形是令人放心的。

事实上，战略村是一次失败的实验。除了身居高位的人，其他什么也没能改变。他们依旧通过发布公共新闻来发动战争。从战地发来的报道被哈金斯重新改写，他删掉了流露出悲观主义情绪的语句和令人悲伤的坏信息，用完全虚构的内容取而代之。那些对此持反对意见的上校和少校都被调配到那些没人愿意去的岗位上，其中最知名的莫过于中校约翰·保罗·范恩。而且，他们的档案里还被写了一些评语，这些评语可能会终结他们的军事生涯。一次，当另一位比哈金斯低一个级别的将军在前线巡视时，发现实际情况与美国军事援助顾问组在电报里所描述的大不相同，于是他给哈金斯写了份报告，讲述了战争的实情。哈金斯在空白页边上草草写道："谎言，谎言，又是谎言。"然后，他将其扔在文件柜后面。真实的谎言就是他自己，但能够反驳他的唯一信息源就是美国报纸上驻越南记者发回的报道信息。哈金斯称记者为制造轰动的商贩，或者，更糟糕的是，骂他们是叛徒，以此遮掩事实，自我开脱。哈金斯偶尔也承认自己受挫，那是因为他有不可告人的企图。他希望借此弄到更多的人、更多的枪支，以及更多的直升机。他还警告说，如果无法提供这些东西，就意味着民众对军队已失去信心，任何记得以前中国的情形的人都会知道这意味着会有什么后果。

如果发生新年攻势或爆发越共的游击活动，或许哈金斯的"新闻传播"在一开始就会被拆穿，然而，事实是，游击队的活动恰好有所减少，这也是所有新闻人想要的。他们宣布"日出行动"带来了战场上方的蔚蓝天空。他们欣喜若狂，这种喜悦也感染了华盛顿的其他人。马克斯韦尔·泰勒说道，他感受到越南将出现一场全国性的盛大运动，用以粉碎共产党。麦克纳马拉说："所有统计数据表明，我们就要赢得这场战争了。"肯尼迪总统异常惊喜，批准增加对西贡的军队支援，驻军人数从 2 000 人增加到 16 000 人。美国军事援助顾问组也升级为美国军事援助越南司令部。

剪影：20 世纪 60 年代早期

Michael row the boat ashore
Hal — le — lu —— jah
Michael row the boat ashore
Hal — le — lu —— jah

NEWBURGH MAYOR CUTS RELIEF TO MAKE UNEMPLOYED FIND JOBS

Are you smoking more and enjoying it less?

Margaret Mead, commenting on Mary Quant dresses which actually climb *above* the knee, observed, "We are going through a period of extreme exhibitionism."

VOTE HERE FOR MISS RHEINGOLD!

The Twist's origins are obscure, according to *Billboard*. It is said to have grown out of a dance called the Madison which originated in Philadelphia and was based on Rock 'n' Roll music. Nineteen-year-old Chubby Checker and twenty-two-year old Joe Dee *are often considered the* fathers of the Twist.

bug out

Good night, David
Good night, Chet

Maximilian Schell
in
JUDGMENT AT NUREMBERG

David Niven　　Anthony Quinn
in
THE GUNS OF NAVARONE

You gotta shake, rattle, 'n' roll

FICTION
Advise and Consent, Drury
Hawaii, Michener
The Last of the Just, Schwarz-Bart
Decision at Delphi, MacInnes
The Agony and the Ecstasy, Stone
To Kill a Mockingbird, Lee
The Winter of Our Discontent, Steinbeck
Mila 18, Uris
The Carpetbagger, Robbins
A Burnt-Out Case, Greene.

HAL — LE — LU —— JAH

NONFICTION
The Rise and Fall of the Third Reich, Shirer
The Waste Makers, Packard
The New English Bible
A Nation of Sheep, Lederer
Born Free, Adamson
The Snake Has All the Lines, Kerr
Nobody Knows My Name, Baldwin
The Making of the President 1960, White
The Politics of Upheaval, Schlesinger
The Conscience of a Conservative, Goldwater

I like your thinkin'

You still using that greasy kid's stuff?

the *way* people get information, rather than the information itself, is the key fact in history; the *medium* is the message.

The river Jordan is deep and wide
Hal — le — lu —— jah

LORD'S PRAYER BANNED IN SCHOOLS

CUBA SI, YANQUI NO. **ROCKY'S SON LOST IN NEW GUINEA**

2,990,513 JOBS IN FEDERAL GOVT.

Hey, fun-ny

ASTRONAUT PROBES SPACE IN A B. F. GOODRICH SUIT

And today motoring is safer than ever before because the tubeless tire, originated by B.F. Goodrich, provides protection against bruise blowouts.

Just think how much you're going to be missing. You won't have Nixon to kick around any more, because, gentlemen, this is my last press conference.

Elizabeth Taylor and Richard Burton
WHO'S AFRAID OF VIRGINIA WOOLF?
from the play by Edward Albee
Directed by Mike Nichols

scrambles back to pass he's in trouble
always use Gillette. Closest, fastest, safest razor you can buy
doctor coming on the field
Gillette gives you your money's worth
bringing out a stretcher
So act sharp, feel sharp with Gillette blue blades
I mean he's really hurt

This land is my land
This land is your land

HAL — LU — LU —— JAH

Hey, getcha cold beah!
Hey, getcha Ballantine!

LA DOLCE VITA *making out*

第二十八章　号角的又一次召唤

1961年预示着未来10年的动荡。美国国内的动荡不安自1964年夏天开始出现，那时，距肯尼迪总统去世已有8个月了。人们后来认为如果他还活着，就不会发生这些事了，但这只是一种幻想。实际上，这场动荡主要应由他承担责任。增兵越南是他任职时进行的两个主要政治行动之一，第二个就是他制订了在20世纪60年代末之前将人类送至月球的计划。肯尼迪的政府花费巨额资金用于空间探索，例如投入了560多亿美元才把阿波罗11号送上月球，这还远远没有结束。所以后面的几届政府都无法创造性地采取措施，或采取有长远意义的策略处理震惊全国的种族骚乱，这些骚乱席卷沃兹及哈勒姆黑人区。这些骚乱加上抗议美国干涉越南事务的示威游行，大大地损害着美国的社会结构，损害程度是自19世纪南北战争以来最严重的一次。

越南问题和太空问题都让肯尼迪操心不少。起初，他甚至可能挣扎在放弃边缘，想退出中南半岛。他的助手肯尼思 · 奥唐奈曾说过，肯尼迪计划在其第二个任期内撤出越南，在飞往得克萨斯州的最后一次旅程之前，他已发布命令，撤回首批 1 000 名美国军事顾问。（据奥唐奈说，林登 · 约翰逊从达拉斯返回后，秘密撤销了这一命令。）其他迹象也表明肯尼迪想全身而退。戴维 · 哈伯斯塔姆在这一问题上并非一个友善的批评家，他认为肯尼迪已经下定决心，但“不想突然从中抽身，以防其政府内部出现不必要的分裂。这需要时间”。

空间探索又是另外一件事。肯尼迪对此没有开脱罪责的借口。无论是荣耀还是损失，这一决定的结果都必须归结于肯尼迪，每年的形势都在持续恶化，这有违他的初衷。1961 年，太空竞赛不再与国家安全挂钩。矛盾的是，苏联拥有更大的火箭，但这恰巧证明他们在技术上处于劣势。美国找到了一种设计氢弹头的方法，其体积和重量仅占之前氢弹头的一小部分，所以无须使用高能量航空器就能完成火箭发射。苏联科学家需要大量火箭助推器，并且是重量达到 80 万磅[①]的助推器。因为他们的氢弹头仍是制作粗糙的庞然大物。这意味着在太空探测的早期阶段他们有足够的燃料把更重的卫星送入轨道，但也仅此而已。在后期，美国技术的优越性得到了彰显。白宫的人再清楚不过了，而克里姆林宫的人也都心知肚明。

可是普通民众并不知情。他们只看到苏联正向美国耀武扬威，这或多或少威胁到了自由世界。向他们解释轨道上 3/4 的卫星是美国的毫无意义。即使向他们解释与苏联只发射了笨拙的人造地球卫星和月球卫星相比，美国已发射了整套的“先锋”“发现者”“探索者”“拓

---

① 1 磅≈ 0.454 千克。——编者注

荒者”，还有“萨莫斯”、“蒂罗斯”（用于气象）、“调运”（用于导航）、“迈达斯”（红外线导弹探测器）和“回声”（用于通信）等各式各样的卫星，也是白费唇舌。在公众眼中，苏联更引人注目。苏联是第一个进入轨道、第一个“光顾”月球并对其进行拍照的国家，也是首先把卫星送上环绕金星轨道，并将金星的信息通过无线电装置发回地球的国家。现在，显而易见的事实是，他们将在载人宇宙航行上和美国科学家展开较量。他们已把狗送入了太空轨道，现在，他们首次把人送上了太空，这一飞行器已在咸海附近的发射台准备发射。一年前，也是在这个地方，弗朗西斯·加里·鲍尔斯曾试图在其注定要倒霉的飞行之前拍照留念。

这与美国的安全或科研都无关，而仅关乎脸面。有人尖刻地称之为“天体政治学”。以肯尼迪的精英主义作风，美国毫无疑问将奋起应对挑战。但是冷战与此事的关系也不容小觑。像艾奇逊和杜勒斯，还有理查德·尼克松一样，肯尼迪相信全世界都注视着这两个超级大国间的竞争，每一场竞争都与他们的国家命运息息相关。美国人一想到苏联模式可能在亚洲和非洲的新兴国家更受推崇，便寝食难安。似乎这关乎人类自由的生死存亡。这从西奥多·索伦森的回忆录中可以看得很清楚。索伦森写道，对肯尼迪而言，新政府继承的“空间探索差距”是这个国家缺乏“首创性、机智及活力”的标志。

> 他（肯尼迪）深信美国还未完全抓住空间竞赛对全球政治及心理方面的影响。东西方正在竞争，力图说服举棋不定的新兴国家转向自己的阵营，以及告诉他们未来的路在何方。他害怕苏联的巨大成就会帮助其建立不可超越的世界领导地位，尤其会在科学上遥遥领先。

这样看来，美国拥有超级武器系统并没什么了不起，因为它们“看起来”并不占优势：“其他国家……认为苏联的空间技术领先意味着导弹技术的领先。无论这种假设是真是假，它都左右着冷战中这些国家的态度。”这只是异想天开，似乎在第三世界人民的眼中，判定该转向哪里的根据是外层空间的最新消息。从中得到的最重要的暗示是，苏联发射火箭的繁荣情形若未受到挑战，那么美国的威信无疑会受到前所未有的冲击。相比之下，受压迫的美国黑人在歇斯底里的暴动中捣毁美国城市中心区都没有这件事更令人受挫。

这并非约翰·福斯特·杜勒斯幻想的改良版。索伦森在这一事例中很清楚地表示，肯尼迪并非像在越南问题上那样举棋不定：“总统比其他顾问更为坚信，在空间竞赛上屈居第二，甘于人后，是同国家安全的要求大相径庭的，也与‘新边疆开拓’的精神不一致”。像古巴问题一样，太空问题也变成肯尼迪1960年关心的主要议题之一。在曼哈顿的竞选演说中他曾说：“这是全新的时代，要求全新的应对方案。本届（艾森豪威尔）政府的重要抉择是基于其国际政策、威望、力量和影响等因素的。应重视外层空间的重大意义……苏联如今已抢先进入外层空间了。”在爱达荷州的波卡特洛，他还说：“他们（其他国家）看到苏联领先进入空间。他们看到苏联首次绕月飞行、首次绕日飞行……因此他们得出结论，认为苏联日益强大而美国每况愈下。我认为是让我们来扭转这一看法的时候了。”在俄克拉何马城，在他当选的前5天，他曾疾呼：“我宁可只看落后的黑白电视，也一定要在火箭推动力上胜过他们。”

4月的第二个星期一，合众国际社开始行动，扩散莫斯科盛传的谣言：苏联的火箭研究者们已将载人航空器送入太空并安全返航。虽然这一消息传播得太早，但星期二晚上，美国中央情报局就传来报道称，按计划该飞行将在当晚进行。华盛顿还在睡梦中时，莫斯科广播电台已用其低缓的苏联爱国歌曲《我们的祖国多么辽阔》来迎接新的一天了。随后，便广播了一个重大的宣言："世界上第一艘载人宇宙飞船东方号已于 4 月 12 日由苏联发射，飞船已进入了绕地轨道。"为了紧跟动态，苏联各地的孩子都跑出教室，店员们离开商店，工人们走出厂房，纷纷出来一探究竟。起初，大家鸦雀无声，异常震惊。在他们头顶上，有一位同胞正以每小时 18 000 英里的速度穿越星际的事情太让人难以置信。

这位同胞名叫尤里 · 阿列克谢耶维奇 · 加加林，是位 27 岁的空军少校，他被选为苏联的"航天第一人"。加加林于莫斯科时间早上 9 点 7 分（华盛顿时间凌晨 1 点 7 分）起飞。那时，他的历史地位似乎要比实际的更高。世界上大事件的重要性往往在于当时引起的大众反响是否强烈。1938 年奥森 · 韦尔斯关于火星人的广播所引起的反响就是典型的例子。1946 年的"想回家"暴动及 20 世纪 50 年代初期的支持布里克修正案也引发了大众关注。如今，不仅是苏联人，全世界的人对英雄都急切盼望，正在这时，苏联出现了加加林。在宇宙中航行了 108 个小时，其中 89 个小时是在轨道上运行，随后，他从距地 188 英里处从天而降，这成为他之后巨大的宣传资本。站在列宁墓旁，他受到了 20 发礼炮的鸣放致敬。莫斯科的一个广场以他的名字命名，一条冰川亦以他的名字命名。苏联艺术家着手设计印有他肖像的纪念邮票。苏联报纸都用红字印着他的名字铺天盖地而来。对其顶礼膜拜的苏联记者称其为"加加"。有人无比亢奋地描述道："他炯炯的目光仿佛依然闪耀着太空的星光。"赫鲁晓夫在红场上发表讲话，将其与哥伦布相提并论。苏联全国的广播电台播放了赫鲁晓夫与这位宇航员的谈话，他最令人难以置信的一段话是："在外层空间时，浮现在我脑海的是党和祖国”，还有“在返回时，我一直唱着《祖国大地所得到，祖国大地心知晓》这首歌”。

美国人气得咬牙切齿。“肯尼迪可能因此在1964年竞选中失利。”一位空间工作负责人说。宇航局的科学家说：“等着吧，等着苏联送上去3个人、6个人，之后再送上一座实验室，等着他们联合起来，送回一批太空拍摄纽约的照片给我们看。”在卡纳维拉尔角，一位怨气冲天的宇航员告诉记者：“我们原本能发射载人飞船的。若两年前高层就下达命令，我们在一个月前就能发射了。”那天下午4点，面对国务院新礼堂里的大批记者，肯尼迪回答了人们的提问。有人问他：“总统阁下，今天有议员称他对美国在航天领域总是屈居苏联之后实在忍无可忍了。我想他传达了大多数人的声音……在这一领域，美国追上甚至超过苏联的前景如何呢？”肯尼迪并未正面做答，他说：“尽管有些人痛恨这种现状，但是我比你们更加痛恨。事实是这的确需要时间（来赶上苏联）。我希望，像美国在其他能勇争第一的领域奋力拼搏一样，美国同样能在为人类带来更长远利益的领域里领先。但美国的确处于劣势。”专栏作家休·赛迪评论道，这“看起来缺少了‘新边疆’的精神”。一则新闻杂志报道称美国上下的情绪是“沮丧、羞愧还夹杂着狂怒”，他们还预测：“只有一次蔚为壮观、高难度的发射，比如载人绕月飞行，才能在世人眼中超越苏联宇航员。”

实际上，肯尼迪在当晚得知，这一洗刷耻辱的突破只能是月球飞行，别无他法。因为在其他领域苏联已大占先机，太难超越。晚上7点，总统在内阁会议室召开会议寻求对策。他的顾问们依次表态，这些顾问是杰尔姆·威斯纳、宇航局局长詹姆斯·韦布和他的得力副手休·德赖登博士、预算署署长戴维·埃利奥特·贝尔和索伦森。这些科学家自然比肯尼迪更懂内情。空间科技并非肯尼迪的长项，相对其他领域，对这方面的知识他的确知之甚少。当时，他还没有听取卡纳维拉尔角发射计划的汇报，也缺乏必要的科学背景知识让他做出科学合理的选择，以处理好轻重缓急。在威斯纳、韦布和德赖登发言后，总统沮丧地低声道："我们可能永远也赶不上了。"他说："让我们来看一下。有哪些地方能赶上他们？我们能做什么？"他也确实知道美国已有3枚已经造了一半的火箭，每枚成品的火箭都能产生100多万磅的推力。总统问火箭的制造者们："'新星'和'海盗'怎么样？土星号何时能造好？我们能取得跳跃性进展吗？"

德赖登告诉他只有一线希望，但可能需要采取一项和曼哈顿计划相似的突击计划。这样就有可能在10年内把美国人送上月球。但这可能是在赌博。而且至少要花费200亿美元，甚至达到400亿。总统沉默了一会儿，随后他说："费用是最让我忧心的。"他满怀期待地望着贝尔，但并未从贝尔那里得到宽慰。贝尔说空间探索是一项需耗费巨资的事业。肯尼迪问："难道你们不能发明一种就在地球上进行的竞赛，来让我们的情况好转吗？"但除了到月球上露脸外，其他事都没什么吸引力。他将手指在牙齿上敲了敲，最后让威斯纳和宇航局的官员们再研究一下。在起身准备离开时，他说："越了解情况，越有利于我做出是否值得进行这样行动的决定。要是有人告诉我如何追赶就好了，让我们找到这样的人吧，无论是怎样的人……这才是最重要的。"

三个星期后，美国人民表示，他们的判断让总统更加坚定。经过28个月的延期与挫败，第一枚宇航局"水星计划"的运载火箭自卡纳维拉尔角的发射架腾空而起。1亿名观众屏住呼吸注视着，一枚高高的、细长的白色红石火箭缓缓升入苍穹，拖着一股股状如尾巴的白色烟雾。乘客是海军中校小艾伦·B·谢泼德。美国上下一片欢腾。在收费公路和高速公路上，行驶中的驾驶员都把车停到路边，放大车内收音机的音量。印第安纳波利斯的一位法官宣布休庭，让法庭上的人都在一台警察从一名盗窃犯那儿收缴来的电视机上收看发射实况。全美国都在聆听自由7号（谢泼德空间航天舱代号）与佛罗里达州控制站之间的对话。他在外层空间飞行了15分钟。他的飞行轨道和加加林的复杂轨道相比真是小巫见大巫，但此刻美国人不在乎这些。当他的飞行舱在降落伞下全方位撑开，降落在“尚普兰湖”号航空母舰旁边时，水兵们一片欢呼。“今天实在是太棒了！”是谢泼德返回地球后说的第一句话。“伙计，这真是一次妙不可言的旅程啊！”而他走向荣耀的道路才刚刚开始。纽约让他感受了史上最盛大的彩带欢迎仪式。伊利诺伊州迪尔菲尔德的一所新学校决定以他的名字命名。崇拜者们给谢泼德寄了大量贺卡，致使贺卡销量一路攀升。新罕布什尔州德里镇是他的故乡，那里的人口仅为6 987人，镇上的人们举行游行以表敬意，各地的人们从新英格兰各地蜂拥而来加入其中。陆军、海军、空军、海军陆战队和国民警卫队接受检阅，喷气式战斗机呼啸着飞过头顶。在一次意味深长的演讲中，参议员斯泰尔斯·布里奇斯描述了新英雄给新罕布什尔州带来的荣耀。州议员们争论着要将德里改成“美国太空城”。

虽然猪湾事件让白宫萎靡不振，但白宫对火箭发射一事也相当重视。5月25日，总统在国会发表关于“国家紧急需要”的特别咨文，这是他在4个月里的第二份国情咨文。他想为空间计划“在今后5年内再投入约70亿~90亿美元”。他说他深知这个数目巨大，但“这是非常时期，我们面临着非同寻常的挑战”。对他来说，这关系到爱国主义问题：“我在这里是为了促进自由。”他说：“我相信美国应全力以赴在10年内实现这个目标：把人送上月球，并能够安全返回地球。”

国会以绝对优势的票数通过了这一提案，同时扩建卡纳维拉尔角的设施，并在休斯敦修建一个飞行控制中心。航空航天事业如火如荼地展开了。

7 月，美国空军上校弗吉尔 · I · 格里索姆完成了一项与谢泼德类似的飞行。8 月，苏联将陆军少校盖尔曼 · S · 蒂托夫送至太空，绕地球飞行 17 圈。11 月，美国国家航天宇航局将一只雄性黑猩猩送入航天轨道，绕地球两圈后返回。在太空，黑猩猩通过对各种光信号做出反应，扳动不同的把手，得到水或香蕉味儿的药丸。宇航局之后宣布，美国首次载人绕地球飞行的驾驶员将是小约翰 · H · 格伦,他曾在海军陆战队担任中校，是从 110 名候选人中脱颖而出的 7 名宇航员中资历最老的。那时，“水星计划”已广为人知。很明显，若格伦能返回，那他将成为美国第一位航天巨星，第二位则是林德伯格。记者团赶往俄亥俄州新康科德的一个小村庄挖掘其童年掠影，带回大批吸引大众目光的信息。他小时候就对电影《巴克 · 罗杰斯》很着迷，曾崇拜过格伦 · 米勒，还在新康科德乐队里吹过大喇叭。作为严格的基督教长老会教徒，格伦一家认为抽烟是有罪的，而新康科德是长老会的一个有力支撑，周边镇上的孩子都称其为“圣徒安居之所”。格伦及其好友曾发誓永不用脏话亵渎神灵。有一次，他们唱“欢呼吧，欢呼吧，朋友们都在这儿（Hail, hail, all gang’s all here）”的时候，一个糊涂的孩子疏忽了，肆无忌惮地不断絮叨：“我们瞎操什么心（What the hell do we care?）[①]？”25 年后，那个渎神者告诉迫不及待的记者们，当时这位未来的宇航员是如何快步飞奔到他面前：“约翰尼冲了过来，脸色苍白，正义凛然地警告我住嘴，似乎要让我的脑袋

① 实际上这句歌词是 what the heck do we care?——编者注

开花。”1962 年格伦的信念依然如故。他对记者说自己坚信“更强大的神祇当然会看到我正受到他的保护”。

1962 年 2 月 20 日星期二，上午 10 点，经过 10 次恼人的延期后，格伦的火箭终于离开发射台升空了。他的起飞与谢泼德别无二致，只不过其意义被渲染和放大了。阿特拉斯 D 火箭尾部放出黄白相间的巨大火焰，在卡纳维拉尔角那满是灌木的沙地上投下奇形怪状的倒影。足足有 4 秒，火箭不可思议地静静卧在支架上，悬在那里，随后便直冲而上，越升越快，最后消失在蓝色苍穹里。格伦发出报告：“已升空。运行正常。驶入轨道。”“水星计划”控制中心传出宇航局联络官“矮子”中尉约翰 · 鲍尔斯那低沉的声音，为美国人民解说实况：火箭和飞行舱友谊 7 号以精准的角度脱离，确保将格伦送入绕地轨道。这一刻，格伦欢呼道：“机舱开始转弯了。啊，这景观太震撼了！我能看见助推器在后面几百码的地方不停转动！卡纳维拉尔角干得漂亮，我一切都好。”

格伦注意到舱内温度升到了 108 华氏度（约 42.2 摄氏度），但装备了空调的航空服让他仍然感到凉爽。之前得到指令，他得讲述所有感受，毕竟听众是为其买单的人，于是他开始报告：自己感觉不到自己的速度，像是“坐飞机一样，从大约 3 万英尺的高空俯瞰下面 1 万英尺的云层”。飞越大西洋上空时，他看到了墨西哥湾暖流——灰色大海中的一条蓝色河流。飞过美国西海岸上空时，他辨识出了加利福尼亚州的索尔顿湖和因皮里尔河谷，还能辨别出埃尔森特罗附近的灌溉渠，他曾在这里居住过。他在太空度过的第一个黄昏让他很震撼：“夕阳下沉，天空白得很通透，光芒四射。太阳落入地平线以下，空中一片橙黄；太阳到近地球表面时，这种橙色逐渐变蓝，加深，最后四周陷入一片漆黑之中。”星空更是令人叹为观止。“若你曾在晴朗无月的夜晚待在沙漠里，星星好像朝你蹦蹦跳跳而来，这正是我现在看到的。”靠近澳大利亚时，他用无线电话报道：“在我右边能看到一大片亮光，这明显是海岸线。”地面负责跟踪的宇航员戈登·库珀给他解释说，那是澳大利亚的珀斯城。全城82 000名居民开灯照明，共同欢迎他，同时也不忘测试一下他晚间的视力状况。格伦回答道：“请代我向开灯的民众致谢！”

格伦自己也做了些实验，来测试自己失重的状态。他吞下一些营养片和从管状容器中挤出的苹果酱。他报告说这没问题：“我可以随心所欲，舌头将食物送至喉咙，像平常一样往下咽。整个过程全是主动的，就像一个移动机器那样。”他尽最大可能地晃动身体，看自己会不会头晕或有宇航病的症状，结果却安然无恙。“失重状态对我无任何副作用，事实上还挺舒服的。视力敏锐度依然良好，无散光反应，也没有恶心或任何不适。”作为一名业余摄影爱好者，格伦随身带着一架照相机。他隔窗拍了一些照片，随后并未将相机放到架子上，而是往空中一扔，相机竟悬空不动了。换胶卷时不小心让胶卷滑脱，他赶紧去抓，可结果如他向欢呼的千百万听众解释的那样：“他没有抓住它，只是碰了一下，结果它飘到仪表盘后面去了，之后就再也看不见了。”

有时他无法用语言表达他的感受。他说道：“一天里目睹了4次动人心魄的日落，我真不知道该如何表达。”那时，他忘记了对旅行的实况报道，听众们也忘了。他的飞行有时险象环生。在越过墨西哥上空时，用以保持飞船平衡的一个小型喷气发动机发生故障。他向控制中心报告说，飞船“以约每秒一度的速度缓缓滑离轨道，将偏离20度才能停住”。于是实验只能到此为止，他要全神贯注地飞行了。他得接过操纵杆自己驾驶，然而困难远不止这些。他第二次越过太平洋时，回转仪飘了出去。航空舱开始“转动”——绕着水平轴转动。格伦娴熟地掌控着操纵杆，一次次化险为夷。在第二轨道上飞行时，他碰到了真正的麻烦。在卡纳维拉尔角的控制盘上出现了一道不祥的光。这意味着友谊 7 号的玻璃纤维防热罩呈半开状态。若罩子在航天舱重返大气层时脱落，格伦将会立刻被烧成灰烬。后来证实，是警报灯出了故障而非防热罩的问题，但格伦及地面那些有经验的顾问当时均不知实情。他们做了调适，改变重返大气层的步骤，保留了原本要丢弃的飞船的减速火箭，希望这些金属圈能保护防热罩，不让它掉下来。然后，他们就只能祈祷了。

格伦知道他正处在千钧一发之际。他依次发动了制动火箭并做好了准备。他感觉自己承受的压力在不断增大，友谊 7 号不停地抖动着。他喘息着说：“感觉我要径直飞回夏威夷了。”重力不断加大，把他挤到靠椅里，这靠椅上还刻着体形曲线。他开始下降，防热层也开始崩解，由它裂成的碎片也越来越大。后来，他说：“你能看到碎片燃烧发出的大片火焰和光团。”但当时他无法向人解说，因为那时他与地面已失去了无线电联系。而这是可以预计到的。他进入了重返大气层的重要环节。通信中断持续了 7 分 15 秒。随后便听见他在大声疾呼：“那可真是个火球！”下午 2 点 43 分，被火焰包裹的飞船跌落至大西洋表面，随即便被嘶嘶作响的水汽包裹住了。3 点 1 分，“诺亚”号驱逐舰救起了格伦。一位乘务员递给他一杯冰茶。格伦打趣道：“那里面真是热得够呛。”

等待他的是人们偶像般的崇拜。他留在甲板上的脚印被人用白漆描出，以备稍后送到史密森学会展出。摄影记者捕捉到他和妻儿团聚时眼中的泪花，而他擦了泪的手帕也被特意保留。记者们注意到在他回答媒体的问题时，当谈及自己和友谊 7 号，他总是说“我们”——就像35年前琳迪在巴黎的布尔歇机场降落时的情景那样。副总统约翰逊在那儿迎接他。约翰逊说：“在美国，你能算得上一株长得很高的优良棉花。升空时你紧张吗？”格伦回答说“应该是吧。”约翰逊说：“你算是离上帝最近的吧，比任何人都近。”

卡纳维拉尔角有一条横幅上写着：“欢迎重返地球”。在这里不是副总统迎接他了，而是总统亲自来迎接，总统刚从棕榈滩乘飞机赶来，一下飞机就亲自来迎接他。这里还有段小插曲，格伦试着给肯尼迪戴一顶安全帽，但未能如愿，这或许是因为肯尼迪曾看到过一张卡尔文·柯立芝总统的照片，柯立芝戴着印第安人头饰，所以肯尼迪发誓自己绝不再戴滑稽帽子留影了。随后，这位美国首位宇航员便去国会两院联席会议上发表演说。“一般只有国家元首才能够享有如此殊荣，”约翰逊告诉他，“但这次，美国人民却推选了你。”紧接着，纽约城举行了盛大的庆祝游行来表彰格伦以及其他6位最初挑选的宇航员，还有那一批享有盛名的航天科学家。随后格伦又飞往其他大洲和大洋访问，告诉美国的盟国以及未结盟国家的人民，在自由社会才能真正取得巨大成就。《时代周刊》评论道：“论及国家荣誉，格伦的飞行让美国在太空竞赛中狠狠地风光了一把，让美国和整个自由世界得到了极其巨大而且迫切需要的鼓舞。”

“这是一个新的大洋，”肯尼迪说道，“我深信美国将在上面乘风破浪。”在卡纳维拉尔角，美国的火箭专家们又重拾信心，兴致盎然地谈论着将于1964年发射能载双人的飞船的设想；这种飞船将借助使用固体燃料的巨型推动器将巨大的有效载荷送出地球。他们也谈论了“阿波罗计划”，该计划将会把3个人送上月球并返回，这一计划最早可在1968年实现。美国上下去太空旅行的强烈兴趣也都被点燃了。这被当作那一年西雅图举办的“21世纪博览会”的主题。“轨道”

一词被收入麦迪逊大道的日常用语，既是名词又是动词。小男孩们发射水力推动的玩具卫星在树上“着陆”，就像以前的风筝那样。在阿特拉斯火箭的成功上起到举足轻重作用的沃纳·冯·布朗一跃成为家喻户晓的名人。（莫特·萨尔提及他的早年时说：“他瞄准的是星球，却往往打到伦敦。”）持不同政治态度的欧洲人对此也大为叹服。即便是巴勃罗·毕加索，虽不亲美，但在谈起格伦时也会说：“我因他而自豪，他就如我的兄弟一般。”随后，社会各界人士都开始发射卫星了，例如美国电话电报公司发射了通信卫星，甚至是加拿大人，也将一枚小不点儿卫星送入了轨道。

1962 年 8 月，苏联的蒂托夫少校绕地球飞行了 17 圈。这被当作新的证据，证明美国需大力提高工业、技术能力，才能一劳永逸地超越苏联。然而此刻出现了一些持异见者，尤其是在大学里和在美国的知识分子圈子中。总统 9 月答复了他们。在休斯敦的莱斯大学发表演说时，他说：“有人问，为何非得登上月球？他们也可能问为何要攀登世界最高峰？为何 35 年前要飞越大西洋？为何莱斯大学队要和得克萨斯队一较高低？许多年以前，有人问英国探险家乔治·马洛里为何要攀登珠穆朗玛峰，他后来葬身于此。他回答说，‘因为山峰就在那里’。是的，太空就在那里……月球和其他星球就在那里，知识与和平的新希望也在那里。”

但黑人问题也在那里，且离我们更近。回顾一下，会发现肯尼迪对这一问题的低估令人震惊。毕竟，他是位北部自由主义者，也是马丁·路德·金的崇拜者。但作为一名自由主义者，即使是金，也即将感受到来自北部黑人青年的重重压力。当美国人民的目光都聚焦于星空时，这些黑人青年却想方设法地分散着美国人的注意力。他们的首次行动是在 1961 年春天，这次行动非常令人难忘。5 月 4 日，即加加林太空飞行三个星期后，争取种族平等大会的7名黑人和6名白人成员乘公共汽车离开华盛顿，远赴美国南方腹地进行考察。他们的目的是挑战州际长途汽车站在候车室、餐厅和厕所实行的种族隔离措施，并且触犯当地习俗。他们自称“自由乘客”。

他们一路向南行进，穿过了美国南部各州：向南穿过了弗吉尼亚州、北卡罗来纳州和南卡罗来纳州，西南方向到达亚特兰大城，随后向西穿过亚拉巴马州，跨越密西西比州直至新奥尔良市。这注定是一次难忘的旅行。他们对这一地区习俗的蔑视是惊人的。4年后，小石城事件已逐渐被淡忘，因为阿肯色州毕竟是边缘地区。在真正的南部地区，种族界限仍泾渭分明。自最后一批北方外来人口离去后，90年来鲜有改变。对于这些，蓄奴州和自由州梅森－迪克逊线以北所谓的自由主义者，在南方几乎不存在。1941年，由当地的新政派编写、工程兴办署出版的亚拉巴马州指南描绘了旅客在该州三大城市之一的蒙哥马利市可能受到的接待：

> 与亚拉巴马州人民的真挚热情相比，其他城市的人皆相形见绌。黑人男孩常常笑逐颜开地招呼旅客：“老板，我帮你提包吧，花不了你几个钱的。”当地居民也乐于为游客指路，或者陪他们走好几个街区，以指引他们走对路。

上文对“自由乘客”受到欢迎的情形的描写并不完全。显而易见，他们简直像是在自寻烦恼。这种热情帮助的性质显得有些不明不白。作为争取种族平等大会的领导人，詹姆斯·法默将“自由乘客”发展成独立、自给自足的组织，并且一直积极活动。然而，在接下来沸腾的日子里，诸多南方领导人以及南方的报刊社论控告行政机构（“那些肯尼迪们”）就是自由乘客组织的支持者，或者至少怂恿过他们到达此地。事实上，自由乘客出发之前，政府对他们的旅程毫不知情。争取种族平等大会在发表新闻之前，曾事先向司法部门递交了相关副本，后来转交给民权司，但民权司司长伯克·马歇尔因患腮腺炎未上班。起初，有关消息刊登在报纸内页，并未引起重视。当白宫得知该消息已刊登于新闻头条时，这才怒不可遏，将怒火直指自由乘客。

在行政部门看来，事发时间颇为凑巧。原因有二：一是苏联人在首次围绕地球进行载人航天飞行竞赛中完胜而归；二是一星期之后，古巴旅又在猪湾海滩上惨遭重击。6 月 3 日，即之后不足一个月，肯尼迪将在维也纳会见赫鲁晓夫。这位新总统渴望胜利，即便无法实现，至少也要避免失败。总统最不希望发生恶劣的种族事件。然而，事与愿违。苏联人仍然利用小石城事件加大对第三世界的宣传力度，将美国描绘成种族主义者。这一行为可以作为美国被侮辱的证据。这也是白宫首次因自由乘客而处境尴尬。后来，约翰·肯尼迪，尤其是罗伯特·肯尼迪，更倾向于将民权斗争视为道德律令，这与他们任职第一个月的情况截然不同。自由民主党和部分自诩为进步主义分子的民众也参与了此次活动，因此理解肯尼迪兄弟的立场就显得极其重要。

自由乘客以彻底消除种族歧视为己任。他们认为种族歧视是错误的，决定予以纠正。时过境迁，在古老悠久的民主历史中，黑人种族境况依然如故，这对他们来说是不可忍受的。经过此次运动，约翰·肯尼迪向民众宣告：“今天出生在美国的黑人婴儿，无论他们出生在哪个街区，与出生在相同时间地点的白人婴儿相比，他们只有 1/2 的机会完成高中学业，1/3 的机会接受大学教育，1/3 的机会成为专业人士；然而，他们的就业率却只达到白人学生的 1/2，年薪 10 000 美元的黑人只占白人的 1/7；甚至寿命也要比白人短 7 年，但他们赚的钱只有白人的 1/2。”总统已向民众保证全力支持修正种族歧视计划。黑人种族还怎么好提更多的要求呢？

首先，他们要求自由乘客不再将黑人种族只看作是一组统计数据。其次，他们期望能够终结渐进主义。他们意识到，1961 年春天，政府面对自由乘客事件时显得极其窘迫尴尬。过去一整个世纪都没有好的时机出现，留给黑人们的是无尽的等待。他们期望富有同情心的白人能够理解，自由对黑人婴儿而言远比维也纳问题、越南、古巴以及外太空问题重要。

1961 年，在南部白人面前提倡法律平等观点还是一件称得上勇敢且经过深思熟虑的政治举措。5 月 6 日，自由乘客离开华盛顿两天后，罗伯特 · 肯尼迪在佐治亚州阿森斯市就任司法部长的首次演讲中提及此观点，当时他对自由乘客事件一无所知。时值佐治亚大学的“法律日”。罗伯特 · 肯尼迪向大家解释，维护法律是他不可推卸的责任，按说法律系的学生应该早就知道此事，但是在这片地区，与该问题相关的任何事情都不能想当然。他说：“我们所做的只是维护法院裁决的命令，仅此而已，任何人处在我的位置，都会这样行事。因为任何人在宣誓就职之时都必须做出上述保证。你也许不想做，你也许不喜欢，但你必须这样做。”这并不是在慷慨激昂地维护受压迫种族的权利，人们反而觉得罗伯特 · 肯尼迪有可能是为了履行自己的职责而违背自己的意愿。但在演讲临近结束时，罗伯特 · 肯尼迪并未含糊其词，他说：“我们的立场是鲜明的。我们在维护法律……不管这个问题，还是其他任何问题，我都明确告诉你们，如果有人胆敢违反法庭命令，司法部将会严惩不贷。我们绝不会袖手旁观，漠然处之。我们将会采取行动。”

在民权问题上，就像对待第三世界问题一样，19 世纪 60 年代早期的自由主义者坚信民权运动必将大获全胜。正因如此，肯尼迪执政前期与后期截然不同，现在看来，那段时期尤其显得天真可笑。只要将剩余的小麦捐赠给新兴国家，向其派遣和平医疗队，调派切斯特·鲍尔斯担任美国大使进行游说引导，这个新兴国家便会成为全新的民主国家，为自由世界增光添彩，并成为美国与莫斯科进行永久斗争的潜在盟友。国内也是如此：强有力的领导以及美国人民固有的良知将会克服由于祖祖辈辈的无知而遗留给下一代的偏执与顽固。种族融合合乎情理，并且美国人民都很通情达理，只要向他们做出合理解释即可。如果艾森豪威尔能够采取如此立场，那么他早在 20 世纪 50 年代就能完成种族融合的使命。

"美国人有其黑暗面"的观念略显狭隘，人们并不能接受。按照自由主义的观点，麦卡锡主义是无法被解释的，大多数人对种族问题中的文明的行为标准与良好的判断力嗤之以鼻。然而自 1961 年起，就没有人再提麦卡锡了。乐观主义对"新边疆派"而言开始显得不可或缺。哈金斯将军持有正确观点，他的死亡人数统计在某种意义上确实能够鼓舞人心，驻西贡的美国记者为什么不同他保持一致的论调呢？在国内战线方面，正义的自由主义者会将斗争进行到底，直到在美国出生的黑人婴儿能够享受和白人婴儿同等的接受教育的权利、同等的就业率、同样的年薪 1 万美元的工作机会以及同样长的寿命。然而，实现这些愿望仍需要时间，不可能一蹴而就。

但是那些自由乘客现在就想实现这一切。

自由乘客们在里士满、彼得斯堡、林奇堡等地停顿休憩，在挂着"白人专用"牌子的餐馆中随意就餐，忽视那些用丑陋图像标明的"黑人专用"卫生间，这些行为的后果也只是引来了旁观者们的鄙夷目光和几句脏话。随后，他们行程所及的城市都会报道他们旅行的相关消息。然而这些都算不上头条新闻，不足以引起司法部长或者州长的注意。这类消息最多占广告版面的两三行而已。但是，对于那些喜欢在新闻内页搜寻漫画的加油站服务员、公共汽车售票员、过路的治安官副手们以及汽车站和火车站里那些喜欢看热闹的人来说，这类消息颇有看头。

第一起事件发生在北卡罗来纳州的夏洛特市：一名黑人自由乘客闲逛时进入这里的火车站理发店，并拒绝离开。于是，他因入侵罪被拘留，他的同伴们却对他不闻不问，继续前行。其实这件事并不严重，但相关消息却通过电话、另一个司机和警察广播电台传播开来。这也不重要。因为此事是不可避免的，他们也期待它的发生，这就是他们专门途经此地的原因。公交车站的紧张气氛仍然在蔓延。当他们看见南卡罗来纳州罗克希尔车站聚集了大量民众，便得知暴力行动依然在升温。3 名自由乘客挨了打，罗克希尔警察不得不对此事进行干预。在距离南卡罗来纳州 37 英里的温斯伯勒，警察在自由乘客们行动之前毫无缘由地拘留了他们的两位成员。接下来，自由乘客平安路过了萨姆特县和卡姆登市、南卡来罗纳州、奥古斯塔市、亚特兰大市、佐治亚州等地。亚特兰大市这一站至关重要。在这里，他们将旅行队伍分成两组向伯明翰进发，一组搭乘长途汽车，另一组则搭乘灰狗长途汽车。亚特兰大一站没有出现任何麻烦，因为佐治亚州的军队无处不在。但是，继罗克希尔事件和温斯伯勒事件之后，他们便登上了南部各大报纸的头条。当天刚好是星期日，人们借空闲之际将报纸翻了个遍。他们猜测亚拉巴马州的人民已经对他们了如指掌。事实也确实如此。

今天，往返于亚特兰大与伯明翰之间的自由乘客们可以顺利地沿着 20 号州际公路路线横跨东亚拉巴马州，然而在 1961 年，那条公路还未修建完成，自由乘客们只能绕着蜿蜒曲折的 78 号美国公路前行，途经一片战后依然毫无变化的荒芜之地。这就是亚拉巴马州的“腹地”，这里矮松遍野，地势偏高，接近阿巴拉契亚山脉最南端的两个支线拉孔河以及考鲁特山脉，这里的海拔为 1 800 英尺。沿着山坡而下，便可到达坎伯兰高原，继而便是种植大豆的农民新开垦的田地，这里曾因遭受棉铃象鼻虫灾而荒芜。紧接着，便进入产煤区以及黑人聚集区。大量的贫苦白人以及农牧民在克利本县与卡尔洪县生存繁衍，而这里也是人们野营聚会的地方。就是在这里，在美国 78 号公路距离安尼斯顿 6 英里的地方，一群三 K 党人手持铁棍、木棍以及铁链袭击了那辆灰狗长途汽车。忽然，一块石头从车窗外飞了进来，紧接着，一颗燃烧弹也随之而来。车厢内顿时火焰四起，乘客们纷纷仓皇失措地四处逃跑。等警察到达事发现场，鸣枪警示时，已经有 12 名自由乘客遭受了殴打。救护车将重伤人员接走。伯明翰地区的黑人听闻斗殴的消息，纷纷开车赶至当地，将剩余的自由乘客救离事发现场。

就这样，搭乘长途汽车的自由乘客们幸运地逃脱了三 K 党的伏击。然而，当到达安尼斯顿时，8 个年轻强壮的暴徒登上了汽车，企图将他们拖拽到通道处拳打脚踢。幸亏安尼斯顿的警察及时赶到，将暴徒驱离。安尼斯顿警察开车载他们离开了。然而，汽车终点站伯明翰的情况更加糟糕。一大群人手提钢管将汽车长途终点站的第 9 街区和第 6 大道北部的道路包围得水泄不通。有人将这一消息报告给联邦调查局。令人难以置信的是，联邦调查局竟然未将这一消息转给伯克 · 马歇尔的民权司，也没有告知司法部办公室。相反，他们却将这一消息转告给了伯明翰警局，警察局长“公牛”T · 尤金 · 康纳却将此消息压下来随后处理。尽管康纳局长的总部距离汽车终点站只有两个街区，但他却对此事不闻不问，也未派人手干预。那些暴徒将自由乘客们拖进车站，暴打他们长达半个小时。其中三人严重受伤，急需住院治疗。次日早晨，《伯明翰新闻》公开承认“昨日伯明翰街头确实弥漫着恐惧与仇恨”。一年前，《纽约时报》曾报道过同样的内容，当时《伯明翰新闻》还对此予以反驳。然而，亚拉巴马州的政府官员却并未表示出任何歉意。约翰·帕特森州长说道：“我无法保证这一群暴动煽动者的安全问题。”“公牛”康纳则表示：“我们伯明翰人都是安分守己之人，从来不会惹是生非，除非有人蓄意到本市闹事。”当被问及为何汽车终点站不见任何警察踪影时，康纳表示那天是母亲节，人手不足。这纯属无稽之谈。

星期日发生的殴打事件使自由乘客首次引起了司法部门的注意，伯克·马歇尔打电话到鲍勃·肯尼迪家中，亲自报告这件事情的原委。鲍勃原以为他打个电话就能搞定这件事情。他知道在总统竞选期间，帕特森是第一个支持约翰·肯尼迪担任总统的南方州长，即使后来他的代表团转而支持林登·约翰逊时，他对约翰·肯尼迪的支持态度依然如故。于是，星期一早晨，他打电话给帕特森州长，请求他对自由乘客们的长途汽车予以保护。自由乘客有跨州旅行的权力，当地的掌权者应该对他们的安全负有明确责任。帕特森州长对这一要求表示同意。紧接着他又回了个电话，说他改变心意了。他曾在三K党的支持下当选州长，而现在三K党人来向他索取回报了。

这是肯尼迪兄弟第一次就种族问题与南方州长通长途电话，显得很奇怪。以后几次都与第一次通话一样，同样令人非常恼火。鲍勃试图再次与帕特森通话，但是却被告知州长不在，无法取得联系。星期二、星期三、星期四，他一次又一次地试着打电话给帕特森，但每次州长助理都表示他们无能为力。他们说他们唯一能做的就是留言，至于这留言究竟能否转达给州长，他们也不能保证。他们确实无法做出保证，但他们认为州长已经“去了海湾”——无论如何都联系不上了。与此同时，伯明翰的情形每况愈下。原来那些遭受痛打、惊慌失措的自由乘客们已经乘飞机到了新奥尔良，但是来自纳什维尔的费斯克大学的志愿者、马丁·路德·金的南方基督教领袖会议以及年轻的民权组织接替了他们的位置。新团体当中有一个来自特立尼达的移民，名叫斯托克利·卡迈克尔，他年方19岁，头脑冷静。在华盛顿，司法部长肯尼迪发表声明，要求自由乘客及其反对者们都应当有所收敛。他说：“为了避免无辜之人受伤致残，甚至丢失性命，我提倡那些关注美国未来首要权益的人们，在未来几周或几天之内能克制自己的言行，并明辨是非。”尽管这有些强人所难和不切实际，但他似乎试图在负有同等责任、势均力敌的冲突双方之间扮演公平裁决人的角色。自由乘客做出郑重承诺，不再攻击亚拉巴马人，但亚拉巴马人却毫不理会。随后，肯尼迪又发表声明：“现在大家急需时间来冷静。”一位争取种族平等大会的发言人则发表了犀利的言论，称现在急需的应该是结束冷静的周期，美国黑人已经冷静了100年了。星期五，当新的自由乘客开始为新的旅程做准备时，其他人已经整装上路，显然，迎接他们的将是新一轮的麻烦。肯尼迪总统应其兄弟罗伯特·肯尼迪的请求，给州长帕特森打了个电话。然而，他被告知，州长“出了城，无法取得联系”。后来，他终于打通了副州长的电话，几小时之后，副州长说他可以安排总统的私人代表和州长见面。

肯尼迪兄弟选择了司法部长的好友约翰·席根塔勒，一个英俊勇敢的田纳西青年，作为其私人代表。一小时之内，席根塔勒就搭乘飞机启程了。起初，他的使命看似完成得很顺利。在和帕特森州长进行了两个小时的会谈之后，他们打电话给鲍勃·肯尼迪。在帕特森侧耳倾听、点头同意的情况下，席根塔勒报告他已经能确保亚拉巴马州的安全问题不出状况，正如帕特森所说，该州“在没有任何外来援助的情况下，依然具有维持安定的手段、能力及信心”。州长明确表示，他会保证亚拉巴马州内所有居民以及到访游客的安全——无论是本市居民还是高速公路上的人员，他都会同等对待。紧接着，鲍勃又打电话给亚拉巴马州公路巡警队长弗洛伊德·曼，证实了州长帕特森做出的保证。有了这个保证，有黑人和白人成员的21人学生团体决定于次日早晨搭乘由伯明翰开往新奥尔良的长途汽车。但是麻烦却不期而至：他们找不到司机。为了找到能带他们前往新奥尔良的司机，司法部长不得不打电话与灰狗汽车公司驻伯明翰代表乔治·E·克鲁特据理力争。最终克鲁特不得不给他们派遣一位司机，这些自由乘客们才能前往蒙哥马利，然而，出乎所有人的意料，蒙哥马利的情况比伯明翰的更糟糕。

一路上都太平无事。巡警队长曼确实履行了自己的职责，联邦65号和联邦31号公路一直畅通无阻。联邦调查局事先将此事通知给蒙哥马利的警察局，在自由乘客们的汽车距蒙哥马利14英里时，曼再次向蒙哥马利警长莱斯特·B·沙利文发出提醒。然而，相较于康纳，沙利文更不乐意为傲慢自负的黑人和背叛忘本的白人保驾护航。他对曼的提醒置若罔闻，当长途汽车到达联合公司长途汽车终点站的时候，没有任何警察在场，这21名学生被数量达1 000~3 000人的人群团团包围。接下来发生的事情被司法部长详细记录在案，因为民权司司长伯克·马歇尔的副手约翰·多尔当时正在终点站对面的联邦检察官办公室里。多尔在那辆巴士刚要进入车站的时候，便打电话给肯尼迪。肯尼迪和司法部副部长拜伦·怀特听到多尔在电话里说道：

“那辆汽车进站了。所有人都站在那里，四处观望……现在乘客们下车了，他们站在平台的转角处。哦，有人抡起拳头，他们打起来了！一个满脸鲜血的家伙带领一群人正在殴打那些学生。这里没有一个警察。太恐怖了，太恐怖了。警察还是没有出现。人们高呼：'打他们，打他们。'真是太恐怖了……哦，警察来了。"

然而到来的只是州警，并非蒙哥马利市的警察。（沙利文告诉记者："我们不能眼看着一群惹是生非者闯进我们的城市，而我们还要为其保驾护航。"）由于州警人数很少，寡不敌众。曼拔枪救出了一个黑人学生，但剩余的乘客们仍得不到帮助。还有几个无辜的路人受到牵连，遭受袭击。一个男孩的腿被打断。一大群白人将易燃液体泼洒到另一个男孩身上，并将其点燃。一个蒙哥马利妇女则举起自己的孩子，以便其将拳头挥向一个黑人。其他妇女则朝着自由乘客中的两个白人女孩骂骂咧咧，并用钱包打她们。这两个女孩向骑摩托车路过的人寻求帮助，却被骂道："你们这是罪有应得。希望她们打得更狠一点儿。"另外一个开着租来的汽车的人高声呼喊："快过来，我来帮助你们，我是联邦调查员。"然而，他什么都还没来得及做，就被拖到了人行道上遭到一顿拳打脚踢。他就是总统的私人代表约翰·席根塔勒，被派遣到此地与亚拉巴马州州长会面。在救护车到来之前，他就失去了意识，在人行道上躺在血泊之中长达 25 分钟。沙利文警长后来解释，没有救护车来救席根塔勒是因为"市内所有的白人专用救护车都进行了故障报修"。

鲍勃·肯尼迪气得脸色铁青，立刻安排拜伦·怀特和哥伦比亚特区的联邦法警长官吉姆·麦克沙恩一起搭乘下一班飞机前往蒙哥马利。小石城事件之后，司法部长威廉·P·罗杰斯就对联邦法警长官和他们的副手进行了防暴训练，旨在建立一支除军队以外，能够执行联邦法律的力量。在蒙哥马利市以外的马克斯韦尔空军基地，拜

伦 · 怀特召集了 400 名接受过此种训练的人员——其中包括税务员、边境巡警以及联邦监狱的警卫，他们可以迅速应对突发事件。在此期间，多尔已经从美国联邦地方法院获得一份禁令，该禁令规定三K党和民族国家权利党无权干涉长途汽车的跨州旅行，三K党与民族国家权利党是经常参与暴动活动的两个组织。帕特森州长最后出面表示抗议，这些行为与宪法相违背。除此之外，他还表示派遣联邦官员来此也是多此一举。事实证明，在这一点上他大错特错了。

那个星期六下午，赫赫有名的民权活动家马丁 · 路德 · 金搭乘飞机抵达蒙哥马利。他在牧师拉尔夫 · 阿伯内西家里宣布，将于当天晚上在第一浸信会教堂发表演讲。此次会议为三K党人及其同盟提供了做梦都想不到的行凶机会。由此看来，金此时已陷入险境。当拜伦 · 怀特接到州长帕特森的电话时，他正在监督联邦法警做准备工作，电话中的消息不得不引起他们的警惕：帕特森州长正在召集亚拉巴马州的执法人员开会，并指示他们逮捕那些违反本州法律的联邦人员。怀特独自前往会场。此次会议向新闻媒体公开，他们将怀特与州长之间的激烈对话记录在案。帕特森州长要求司法部副部长与他分享政府内部有关争取种族平等大会的消息。怀特表示："这可不行。"然后，帕特森又询问有关自由乘客们的信息。怀特再次拒绝："也不行。"

帕特森：你知道部分自由乘客在哪里，对吧？

怀 特：是的，在医院里。

帕特森：你知道其他自由乘客在哪里吗？

怀 特：不，我不知道。

帕特森：如果你知道这些人在哪里的话，通知我们好吗？

怀 特：我不可能了解他们的行踪。

此时，其他自由乘客与马丁·路德·金正在第一浸信会教堂。夜幕降临之时，约1 500名伯明翰黑人前来参加集会。一群穷凶极恶的家伙在会议初始阶段便聚集在大街对面的公园里。怀特获悉当地警察再次缺席，于是就尽其所能派遣法警带着一切他们能弄到的工具——邮递卡车、私人汽车以及押运犯人的卡车前往现场。他们身着西装，佩戴臂章，装配着手枪、警棍以及催泪瓦斯枪。当暴徒们发动暴动，投掷石头与碎瓶渣时，大约100名法警就已在教堂外围形成了散兵线。此时，州长宣布了禁令。法警的散兵线在主力援军抵达之前稳住了局面。弗洛伊德·曼与国民警卫队少将亨利·格雷厄姆分别带领自己的骑警和队伍抵达教堂。即便如此，法警们为了抵挡暴徒的袭击，还是不得不使用催泪瓦斯弹。于是弥散的气体瞬间充满了闷热拥挤的教堂。教堂里的黑人们开始惊慌失措。如果教堂变成火海（这也是暴徒的初衷），毫无疑问，伤亡将更加惨重。而实际上，这些黑人在国民警卫队和联邦治安人员的庇护下，最终得以安全逃生。

帕特森州长给司法部长肯尼迪打电话，对亚拉巴马州被入侵这一事件表示抗议。

“约翰，约翰，”鲍勃镇定地说道，“你说什么，你们被入侵了，什么意思？谁在入侵你们，约翰？你应该清楚呀。”

帕特森谴责肯尼迪将那些自由乘客遣送到他所管辖的州内，并将此次暴动原因归咎于肯尼迪。

鲍勃说：“约翰，现在你可以在电视上这样说。你可以将这些告诉亚拉巴马州的人民，但是不要在我这里玩这一套。约翰，不要在我这里玩这一套。”

然而，帕特森却一字不差地重复了一遍。然后，他说国民警卫队保护了教堂以及内部的集会人员，却无法保证马丁·路德·金的安全。

“我不相信，”肯尼迪说道，“让格雷厄姆将军打电话给我，我要美国军队的将军亲口告诉我，他保护不了马丁·路德·金。”

这时，州长开始咆哮了。他尖叫着，他现在陈述的是他自己的观点，而非将军的。他哭诉，由于派遣了联邦法警，导致了“非常严峻的政治局面”，继而他又喊道：“你这是对我们的政治摧毁！”

肯尼迪依旧平心静气地说：“约翰，比起我们的政治生涯，教堂里的那些人能够安然无恙更重要。”

这样，针对自由乘客的暴力威胁才得以终结。北部的人们认为帕特森遭受了惨痛的失败，然而，南部却持有不同的看法。自阿伯马托克斯战役以来，失败更加能够引起他们的关注与同情。他们现在与帕特森紧紧团结在一起，给他送钱，鼓励他，并承诺会加入反对取消种族隔离的斗争。这是个不祥之兆，因为他们全部对此进行了宣誓。而信守誓言是关系到名誉的问题。6月，美国南部各州的政客依次公开宣誓，其中包括一年后接替帕特森上任的乔治·科利·华莱士。

然而，就事态发展而言，可以说自由乘客取得了一定成功。他们无人受伤，却击溃了种族隔离政策。跨州旅行方面的种族隔离政策，在1950年的高级法院就被宣布予以取消，现在也终于成为现实。鲍勃·肯尼迪要求州际商务委员会发布相关条例，取消包括飞机场以及火车站在内的所有交通站内的种族隔离政策。4个月之后，也就是9月22日，这些相关条例都得以发布。有少数城市以不符合当地法律为借口，拒绝执行相关条例。司法部门对这些城市提起了诉讼。1961年年底，黑人才开始自由来往于东海岸与西海岸之间，“白人专用”“黑人专用”等标志才在候车室中消失不见。

当然，取消种族隔离政策依然遗留下了不计其数的堡垒，最难对付的一座堡垒在密西西比州。1931 年，H · L · 门肯与查尔斯 · 安戈弗在《美国信使》杂志上分两期将美国各州按照从优到劣、“从文明到野蛮”的等级进行了评比。评比标准包括财富、文化程度、教育背景、《美国名人录》中的上榜人数、交响乐团、犯罪记录、选举人登记、婴儿死亡率、交通设施以及医疗条件等方面。密西西比州再次位居最末，这个州深处美国南方的腹地，贫穷落后，这种情况直到 1962 年依然如此。事实上，10 年之后（1972 年 10 月），当约翰 · 贝雷特在《生活方式》杂志中再次提及门肯和查尔斯 · 安戈弗的评比时，密西西比州紧随亚拉巴马州之后，依然排在末位。密西西比州人均受教育年限不足 9 年。根据商务部《美国统计摘要》中对贫困的定义，1/3 的密西西比人属于贫困人口，1/4 的家庭未安装管道设施，29％的家庭没有条件安装电话；只有 24％的人口有每天阅读报纸的条件，3％的人口有条件阅读新闻杂志。1964 年，密西西比大学的詹姆斯 · W · 西尔弗教授将该州称为“闭塞的社会”。因为截至 1960 年，该州居然还有为数不少的人（包括白人和黑人）对民权运动闻所未闻。自由乘客之所以没在密西西比州受到袭击，其原因就是州警限制了他们的行动自由，从而避免了暴徒的围攻。他们的长途汽车刚一驶近亚拉巴马州边界，就被护送进了杰克逊城，若他们不按照车站的种族区分标记行事，便会面临牢狱之灾。当联邦法院最终推翻原有的定罪，这对那些已经入狱的人们也意义不再，因为这时他们已经刑满出狱。

司法部当中，几乎只有伯克 · 马歇尔一人明白密西西比州的白人优势是可以动摇的。该州的先知们将目前的阶段称之为“二次重建时期”。他们认为，如果他们能够同他们的先祖一样，一心一意抵制种族隔离制度，联邦政府的挑战就会以失败告终，所有问题都会迎刃而解。然而，1961 年，司法部大多数人（除了多尔）都与伯克·马歇尔的看法南辕北辙。同年年底，司法部长向他的总统哥哥递交了一份有关民权进步的报告。这份报告听起来振奋人心，鲍勃在第一浸信会教堂事件发生一星期后，便在《美国之音》广播中当众声明种族隔离主义已经走到穷途末路。他大胆预言将会有黑人在 20 世纪末当选美国总统。

与一个密西西比州黑人经过一番交谈之后，詹姆斯·梅雷迪思顿觉形势没那么乐观。梅雷迪思是一名退伍军人，曾在空军部队服役长达 9 年，他出生于该州中部科西阿斯科岛的一家农户，有 10 个兄弟姐妹。由于受到肯尼迪总统就职演说的鼓舞，梅雷迪思当晚就写信向密西西比大学提交入学申请。在寄回填好的表格时，他附了这样一段话："我是美国密西西比州的一名黑人，鉴于美国的教育体制改革在新时代中正发生着日新月异的变化，我相信我的入学申请并没有令你们感到意外。当然我也希望你们对我入学申请的处理方式能够带给我的大学以及密西西比州无上的荣耀。"

作为坐落于南部牛津市的有名大学，"老密西"以一长串莫名其妙的学术理由拒绝了梅雷迪思的入学申请，但他并不气馁，美国有色人种协进会主席梅德加·埃弗斯表示大力支持梅雷迪思的入学申请。1961 年 6 月，该协会律师在联邦地方法院为梅雷迪思提起诉讼，控告密西西比大学因种族原因拒绝他的入学申请。这场官司在美国法学史上独一无二。联邦地方法院的一个法官两次判决梅雷迪思的诉讼无效。1962 年 6 月，第五巡回上诉法院扭转了判决结果，紧接着，该法院的本·卡梅隆法官再次否决了这个判决。上诉法院宣布卡梅隆的判决无效，可他紧接着又发布了另一道判决。如此反复，到第 4 回合时，卡梅隆明确表示他将坚持下去。美国有色人种协进会向最高法院大法官雨果 · 布莱克提出申诉，请他伸张正义。9 月，布莱克，这位土生土长的亚拉巴马州人接受了法院诉讼，并命令密西西比大学立刻准许梅雷迪思入学注册。密西西比州州长罗斯 · 巴尼特叫道："绝不可能！"两日之后，他便在全州电视台声明："我们绝不会向罪恶之人及非法暴力之徒屈服。"

1962 年秋，罗斯 · 巴尼特已经 64 岁。除去他的年纪不说，作为代理人，他和即将与其进行间接斗争的梅雷迪思的相似程度极高，但他本人却对此浑然不觉。和梅雷迪思一样，他也有 10 个兄弟姐妹，成长于密西西比州中部贫穷落后的荒原之上，这里是威廉 · 福克纳笔下他所熟知的约克纳帕塔法县的一片荒芜之地。然而，在接下来的危机当中，福克纳的侄子默里 · 福克纳扮演的角色至关重要。巴尼特与梅雷迪思一样，思想陈旧、固执己见；作为一个正统的基督教徒，他将《旧约》的文字奉为真理，信奉《圣经》所言的种族"融合"禁令。在另一个时代，另一个地点，这两个人也许会成为朋友。巴尼特会喜欢这一切，因为他生性平易近人，乐善好施，包括对黑人。但如果对方是黑人的话，那么他必须要有自知之明。三年前，巴尼特凭借为了让梅雷迪思这样的人循规蹈矩这一誓言，在密西西比州白人公民委员会的支持下，成功当选该州州长。在上一届总统选举中，他本来有意投票给肯尼迪和约翰逊，后来却转投给哈里 · 伯德。简而言之，他就是这样一群人的代表：迷人、无知、友好、多疑，盲目忠诚于早已失败的同盟；对现实与未来充满了恐惧。巴尼特就是最有潜力成为此类殉道者的人，而他之所以没有成为殉道者，是因为他胆小怕事。面对巨大压力，他会另谋出路，与别人做一些交易。他的悲剧就在无法找到这样的出路与交易，这也成了密西西比州的悲剧。

如果说巴尼特与梅雷迪思颇为相似，那么完全误读了巴尼特的罗伯特 · 肯尼迪则与他刚好相反。密西西比州的公路巡警尽职尽责地将自由乘客护送到安全地带。根据这一事实，鲍勃认为密西西比州的当权者们非常遵守法律与秩序。他曾误认为公路巡警队的指挥官T · B · 柏德桑上校人如其名，但事实并非如此，他和弗洛伊德 · 曼并不相同。纵观全局，似乎需要一个计划，而鲍勃对计划设计相当拿手。9 月 15 日星期六，他打电话给巴尼特，详细解读了整个计划的制订过程。当然，他明白巴尼特作为一位南方州长，不得不做出象征性的抵抗。因此，几名持有法院判决书的法警将会护送梅雷迪思到学校。这样，州长便可撒手不管，密西西比大学看到此种状况，也不得不录取梅雷迪思。肯尼迪询问巴尼特是否理解这一举动，以及还有什么疑惑。州长巴尼特却回答："这可能还需要一年才能想明白。"从双方对话中就可以看出，两者已经心生嫌隙。

事实上，这些事情只需 5 天就可以搞明白。接下来的那个星期四，法警们陪同梅雷迪思到牛津市的密西西比大学注册。他们在学校与巴尼特相遇，而巴尼特以"特殊注册员"身份出面，试图以此来庇护学校。2 000 多名白人学生高声欢呼："我们要巴尼特，我们要巴尼特！""光荣，光荣，种族隔离。"而州长宣读了一项命令："现在以及今后永远"禁止梅雷迪思进校。紧接着，他将命令递给梅雷迪思并说道："拿着，并严格遵守。"一位司法部成员站出来反驳："难道你没有意识到你已经犯了藐视法庭罪吗？"巴尼特回答："应该是由你来告知我这些呢，还是由法官来告知？"

巴尼特认为，他的法律地位赋予了他干涉权，这是毋庸置疑的，他有权作为密西西比州权利的代表人，管理华盛顿政府和密西西比人民之间的事务。他曾要求相关立法机关对他进行授权，并得到了批准。当美国历史学家获知此消息时，都很匪夷所思。早在内战之前，干涉权就已经失去人们的信任。事实上，1832 年约翰 · 卡尔霍恩试图借用这种“干涉权”时，就曾遭到密西西比州会议的拒绝。原因是“对协会而言，这是异教邪说、致命错误……有违宪法的条例与精神所在，会直接危害每个国家的福利、安全以及独立”。如今，130 年之后，该州州长试图复活同样毫无生气的教条。新奥尔良的第五巡回法院并未受骗，他们拒绝承认巴尼特“特殊注册员”的身份，并命令密西西比大学官员们下星期一出面，让他们说出藐视法庭而不被传唤的理由。巴尼特向媒体表示抗议法庭动作如此迅速。密西西比州参议员詹姆斯 · 伊斯特兰打电话给鲍勃 · 肯尼迪说：“州长巴尼特表示你可以做出些许让步，我也这样认为。”鲍勃回答说：“你该不会真相信吧，参议员。你已经在参议院待了那么久，应该不会相信吧。”

密西西比大学官员们在法庭上允诺准许梅雷迪思次日下午 4 点入学注册。次日，巴尼特仍拒绝让步。他说他对密西西比大学官员们的“屈服”表示“震惊”。他表示，任何干预密西西比州人履行他们自己职责的司法部人员都会被逮捕监禁。肯尼迪打电话告诉巴尼特，密西西比州人，包括该州州长，都是美国公民，都应该遵守美国法律。巴尼特回答：“我认为密西西比州法院不逊于其他任何法院，而且在能力上更胜一筹……我们的法庭已经采取行动，我们的立法机关也已经行动起来。我将遵循密西西比州的法律！”然后，他的司法部长乔 · 帕特森发布了一则声明称，自由遭到了“沉重的打击……为了满足一个人所谓的‘宪法权利’，竟然置 5 000 多名学生的权利于不顾”。

次日，梅雷迪思试图再次到杰克逊市该大学的理事办公室进行登记注册。约翰 · 多尔和吉姆 · 麦克沙恩同他一道前往。在那里，他们又与巴尼特、伯德桑上校和一群旁观者不期而遇。巴尼特州长说密西西比大学官员无法履行昨日在新奥尔良所做的承诺，因为他们已经被一个调查密西西比大学事件的立法委员会传唤去了。多尔本来打算将法庭文件呈递给州长，可州长却将手收进了裤兜。多尔说："难道你就这样不让我们进门吗？"州长保持着一如既往的威严，说道："是的，先生。我是如此礼貌地拒绝你们的请求。"多尔回答道："那我们就礼貌地离开吧。"然而，周围的群众却不太友好，梅雷迪思和他的护送者们离开学校时，他们叫骂着："滚回家吧，黑鬼！""共产党！"

鲍勃 · 肯尼迪试图把巴尼特的名字排除在审判程序之外，因为他记得福伯斯曾经利用小石城事件大捞政治资本，但眼前的情况似乎有点儿过头了。梅雷迪思入学过程中遭受的一系列失败至少给密西西比人民留下这样一种印象：白人至上主义者占了上风。肯尼迪决定向第五巡回法院起诉州长巴尼特犯了藐视法庭罪。他打电话告诉巴尼特，他将向法院提起诉讼，梅雷迪思将于次日早晨出现在牛津市的大学，并且准备上课。巴尼特对此大发雷霆。那臭小子为什么这么不识趣？由于州长还有其他责任，他不能为了一个密西西比州人——还是个黑人，整天"奔走于密西西比州各地"。肯尼迪估摸着梅雷迪思次日应该能够顺利注册。他对巴尼特说："你为什么不试着接受梅雷迪思，6 个月之后再观察情况呢？"

"他最好不要进'老密西'。"巴尼特说。

鲍勃平静地回答："但他就是看中'老密西'了。"

惊慌的教员们都注意到来自美国南部各州的围观者越来越多地汇集在校园内，这些随身携带武器、怒气冲冲的人们见人就问："黑鬼将从哪个门进来？"他们的领军人物是现居住于达拉斯的埃德温 · A · 沃克将军。9 月 26 日星期三，也就是发生杰克逊对峙的前一天，这位将军就向那些志同道合者们呼吁："是时候该行动了。我们该说的说了，该听的也听了，已经被反基督教最高法院欺负得够可以了。我们应该强力支持密西西比州杰克逊市的巴尼特州长，与其并肩作战。现在轮到我们翻身做主了。联邦各州有1万人汇集在这里。共和国发出了呐喊。我们支持巴尼特，反对卡斯特罗。带着你们的旗帜，背着你们的帐篷，拿着你们的煎锅都聚集到这里……上次出现这种情况时我站在了错误的队伍里……现在我脱下了军装，站在了正义的一边，我将在那里等待你们。"

那一天，巴尼特却临时躲了起来。当梅雷迪思及其护送者到达牛津市的校园后，副州长保罗·约翰逊在州警和县警的支持之下，将他们阻挡了回去。联邦人员试图靠近约翰逊，希望他在无力抵抗的情况下甘愿认输，这时人群开始推推搡搡。约翰逊并没有认输。看来只能通过武力解决了。法警被事先告知要避免动用武力，而且他们人数寥寥，于是梅雷迪思又被挡了回来。

此时，美国所有的民权运动领袖和大多数华盛顿官员认为司法部的态度过于容忍，以至于联邦政府的尊严受到了挑战。罗伯特·肯尼迪对此一清二楚，但他感觉罗斯·巴尼特现已心生畏惧。他心想这位州长应该会珍惜这个能够挽回面子的机会，因为他似乎意识到继续同联邦法院对抗就会身陷险境。次日早晨，也就是星期四，鲍勃打电话建议寻找一个解决问题的办法。不出其所料，州长巴尼特立即点头同意。如果他和政治家乔治·华莱士一样足智多谋，危机早就得以化解了，但他没有那样的能力。他没有正确地把握时机（也就是鲍勃等了这么久才和他接触的时机）。现在，种族隔离主义的顽固派渴望大获全胜的情绪高涨，数不胜数的密西西比人都在高呼"要不惜生命”这句盛极一时的口号。但糟糕的是，州长对如何达成协议一无所知。他只知道他必须做出一些牺牲才能换取和平，但他却不清楚自己到底要做多少让步，也不知道到底自己能抵抗到何种程度才既能保全自己的面子，又避免动用武力。

最终，双方的首次沟通以滑稽的失败告终。他们谈到了当时州长巴尼特和副州长约翰逊站在学校门口，未配备武器的州警守候在他们的左右两侧，对面则是麦克沙恩及其带领的30名法警。然后，当麦克沙恩拔出没有子弹的手枪时，密西西比人民就会退避让路，梅雷迪思便可从大门进入学校注册。巴尼特说，一支手枪完全不够，30名法警也应该同时拔枪。他说这样做是为了防止流血事件发生。鲍勃则建议其他30名法警只需用手按住枪套即可。可州长巴尼特认为这还不够真实，因此他们决定让所有法警都拔出枪来。

如果是在这星期的前几天，这种做法是可以奏效的；但现在看来，这样做就是以身试险。事实上，这些法警是否配备武器并不重要，布莱克将军在牛津市的部下所带的枪支就足以应付这些人。除此之外，在巴尼特一方，只有他本人清楚这一协议。当他站在校园门口等候梅雷迪思之时，他才意识到可能只有他自己会让开路。那些黑人空军老兵在一个由13辆汽车组成的车队的护送下，正在朝着他的方向前进。所有汽车都通过无线电广播设备与华盛顿保持着联系。密西西比时间下午3点35分（华盛顿时间5点35分），巴尼特打电话告诉肯尼迪，他已经无力控制拥挤的人群，他们人数众多且情绪激烈。于是，他们不得不结束这出本已经预演好的摊牌场景。汽车护卫队也随之撤回。这是梅雷迪思第4次注册失败，当晚，白人学生在大学里举行了狂热的游行活动。

然而，这样的失败不能再次上演了。鲍勃·肯尼迪正在和参谋长联席会议主席马克斯韦尔·泰勒将军以及他的下属司令官厄尔·G·惠勒和克赖顿·W·艾布拉姆斯少将进行协商。司法部门的一个部长助理正在起草文件，该文件经总统签署之后，联邦政府将有权直接指挥密西西比州的国民警卫队，并命令驻扎于本宁堡的美国步兵部队做好行动准备，让牛津市各个街区的市民回家，不要随意走动。另外一名部长助理则飞往事故地点，指挥人数激增的法警队伍。据新奥尔良传来的消息，第五巡回法院已经裁定巴尼特犯有藐视法庭罪，并且做出如下规定：如果梅雷迪思在下星期二仍然没有入学注册——今天已经是星期五，那么州长每天将被罚款 1 万美元，如果副州长约翰逊负责此事的话，则每天被罚款 5 000 美元。

目前政府手中握有的唯一底牌就是总统的威望。星期六晚上，白宫与杰克逊州政府进行通话时，连这一张牌也打出去了。总统肯尼迪已经提前订好时间，准备在晚上 8 点向美国人民宣告整个事件的来龙去脉。当巴尼特向总统建议星期一由他来转移牛津市暴民的注意力，让梅雷迪思秘密进入杰克逊市时，总统便取消了当天晚上的电视声明。然而，巴尼特的态度并不能让人完全放心；挂上电话之后，总统转过身来，迷惑地问旁边的人："你们知道这个家伙在说什么吗？他说，'我想感谢你在家禽计划上伸出了援助之手'。"

当天晚上 10 点，事实证明巴尼特确实不可信任。他打电话到司法部说，他已经改变心意了，先前双方达成的协议无效，他不会履行自己的承诺。于是总统再次把电视声明时间预约到第二天晚上 7 点 30 分，也就是 9 月 30 日星期日。次日清晨，州长巴尼特便打电话给肯尼迪总统。这又是一场令人沮丧、毫无收获的谈话，鲍勃曾在谈话期间大发雷霆，说他的哥哥将通过电视台向美国观众解释巴尼特在与"美利坚合众国总统"达成协议之后，又是如何毁约的。

州长听闻后大吃一惊，高声叫嚷道："这绝对不行。"

"可你对总统食言了。"

"你该不是说总统今晚要公布这件事情吧？"

"是的。"

巴尼特气喘吁吁地建议，"今天下午"就直接用飞机将梅雷迪思送入学校。

事情似乎要告一段落了。梅雷迪思似乎当天就能入学，流血事件也可以避免。当州警维持秩序时，梅雷迪思便可悄悄溜进学校注册。之后，巴尼特则义愤填膺地表示自己对此事毫不知情，因此不得不屈服于无法抗拒的力量。但是，他在法庭上仍然会抵抗到底。司法部副部长尼克 · 卡岑巴赫飞到学校，布置具体细节。密西西比时间下午 5 点，伯德桑上校陪同司法部副部长，带领 400 百名法警来到密西西比大学，穿过荒废的西校门，进入冷冷清清的"老密西"校园。梅雷迪思被悄悄地带到学校一侧的巴克斯特楼，而卡岑巴赫和法警队伍则在另一侧红砖砌筑的古老美丽的学院大楼（大学的行政办公楼）中建立了指挥部。总统将电视声明时间推迟到晚上 10 点，因为他始终相信届时这场危机便可消除。然而这个星期日却与梅雷迪思事件发生的每一天一样霉运当头。总统与华盛顿的通信几乎也中断了，直到星期一早晨都未能与之取得联系。军队抵达事发现场时，陆军通信兵依然无法和白宫取得联系。在上述事件的危急时期，美国以及全世界人民的目光都聚焦到了"老密西"大学上，美国总统以及他的司法部长弟弟却收到了情况危急的报告，这个报告是卡岑巴赫通过向校园里的一台付费电话机不断投币才得以报告给他们的。

到密西西比州日暮时分，梅雷迪思在学校这一消息显然在牛津市已经尽人皆知。近千人迅速聚集在学院大楼外，他们还不清楚梅雷迪思的下落。在随之而来的噩梦里，梅雷迪思在24名法警的保护下，躲避在1英里以外的地方。同样为了低调行事，法警们脱下了白色头盔与橙色背心。如果那些暴民得知梅雷迪思在巴克斯特楼的话，谁也无法预料他们之间可能会发生什么事。就像当年理查德·尼克松在加拉加斯曾经身处于可能被撕成碎片的险境当中一样。这些法警（大多数人也是南部白人）也遭到了暴民们的辱骂："杀了这些喜欢黑鬼的浑蛋们！""滚回古巴去吧，喜欢黑鬼的家伙们！"然后他们又在一起叫喊着："二——四——一——三，我们痛恨肯尼迪！"夜深了，暴民人数急剧上升，叫骂声也越来越难听。他们不仅朝着法警们连续投掷石块，紧接着还朝他们扔点燃的香烟。一名得克萨斯州新闻记者及其妻子也遭到了手持钢管的暴民们的殴打。尽管现场有许多法警，却无能为力。有些法警甚至双手抱臂，无动于衷。

密西西比时间下午7点，联邦调查局收到一个无线电信号，下令撤回所有州警，将梅雷迪思和法警们留给那些暴民处置。事后，却无论如何也查不出来无线电信号究竟发自哪里。卡岑巴赫打电话向肯尼迪报告了此事。通话时，鲍勃都能分辨出暴乱现场此起彼伏的叫喊声。紧接着，7点58分，他听到了瓦斯弹的巨大响声。卡岑巴赫说道："鲍勃，我非常遗憾地向你报告，我们必须要使用催泪瓦斯了，我们别无选择。"

在华盛顿，总统在不清楚最新事态的情况下发表了电视声明。就总统所知，当时巴尼特确实信守诺言，与州警一起尽力维持秩序。他向美国人民解释，梅雷迪思确实已经入校了，并阐述了贯彻执行法院裁决的必要性，畅谈了密西西比人在国家战争中表现出来的英雄主义精神，同时呼吁密西西比大学在校的学生："你们大学的荣誉和你们所在的州是互相牵制的。我相信你们大多数人都会维护这种荣誉。"

在牛津市，学生们边看电视，边嘲笑总统。沃克将军有意地在学生队伍中来回穿梭。人们开着消防车和推土机试图冲破法警的防线，进入学院大楼，法警们投掷瓦斯弹才将他们击退。袭击者们开始猛掷由可口可乐瓶改制成的燃烧弹。校园的长凳被拆下来制作成锯齿状的混凝土弹。建筑工地上的钢筋与砖块在空中飞来飞去，校园里到处都能听见隐形狙击手们进攻学院大楼时手枪发出的砰砰响声。一名驻外国记者和一名牛津市的围观者在混乱中不幸丧生。大约超过 1/3 的法警（166 人）受伤，其中 28 名法警被狙击手的子弹击伤。法警们都手持武器，即使遭到攻击，他们似乎还是能够反击。他们屡次请求进行反击，卡岑巴赫将他们的请求传递到华盛顿。肯尼迪兄弟却予以驳回。他们规定，除非梅雷迪思身陷险境，否则联邦政府不得动用真枪实弹。这些法警们已经筋疲力尽，身上血迹斑斑，只能凭借粗短的黑色瓦斯枪来保护自己。埃德温 · 格思曼当时正在学院大楼中与鲍勃 · 肯尼迪通话。鲍勃问："那边现在情况怎么样啊？"格思曼回答："相当艰难。同当年阿拉莫的情况差不多。"鲍勃说："好吧，你还记得那些人的下场吧。"

晚上 10 点，卡岑巴赫很不情愿地向华盛顿报告，现在急需军队支援。45 分钟之内，第一小队到达现场。默里 · C · 福克纳上尉带领第 108 装甲部队 E 连的 60 名国民警卫队员尽数到场。破晓之前，他们当中已有 16 人受伤，其中包括福克纳上尉，他被碎砖块打断了两根骨头。让肯尼迪兄弟愤怒的是，事先得到警示消息在事故现场待命的正规军队，用了 5 个小时左右才到达现场。冲突期间有三次，法警们几乎耗尽了催泪弹。当士兵们到达时，他们也不得不努力开辟一条冲进校园的血路。他们当中有 40 人被投射物或者鸟枪打伤。大多数暴民很快便消失在夜幕之中。第 503 宪兵营和来自孟菲斯市的主力军队一同抵达现场，逮捕了约 200 余名暴民，其中包括沃克少将。他们当中只有 24 人是学生，其余则来自美国南部各州——佐治亚、亚拉巴马、路易斯安那、田纳西、得克萨斯以及密西西比等州。拂晓时分，学校到处都布满了混凝土块、催泪瓦斯弹壳、被毁的车辆、大石头、粉碎的窗户玻璃以及不计其数的可乐瓶碎片。州长巴尼特将此次暴乱行动归咎于“毫无经验、神经过敏、爱开枪”的法警。

星期一早晨临近 8 点，吉姆 · 麦克沙恩以及另外两名法警陪同梅雷迪思一同来到已经残破不堪的学院大楼。就在那里，面无表情的登记员罗伯特 · 拜伦 · 埃利斯承认梅雷迪思可以正式入学。当时在行政楼里没有任何抵抗，只有服从以及刻意伪装的礼貌。梅雷迪思在表单上列出自己的学习目标——获得政治学学位。加上已经获得的函授课程学分，他只要三个学期便可完成学业。就在离开学院大楼之际，一个学生朝他嚷嚷：“这值得送掉两条人命吗，黑鬼？”

埃德温 · A · 沃克少将被指控犯有恐吓官员、拒捕、煽动叛乱以及对抗政府等罪名，法庭对其进行了登记以及指纹提取。三个月后，沃克少将在达拉斯的帕克兰纪念医院精神科进行了检查之后，他的控告被撤销。在这之后，又过了三个月，在 4 月的一个夜晚，一个狙击手悄悄站在其窗前的草坪上，试图用一支廉价邮购来的步枪杀害沃克。1963 年 12 月，弹道学专家找到了这支廉价邮购步枪的主人，即开枪人李 · 哈维 · 奥斯瓦尔德。后来，这个人成了“平等对待古巴委员会”的积极支持者，也是谋杀约翰 · 肯尼迪的刺客。除非将肯尼迪总统理解为激进“左”派和激进右派都憎恨的中间派人物，否则激进“左”派和激进右派之间的混乱始终是个谜团。这样才能够解释左右两派对肯尼迪心存怨恨的原因。猪湾事件之后，他们对肯尼迪的怨恨之情与日俱增。其中一方谴责肯尼迪支持对卡斯特罗领导的古巴的侵略，另一方则指责他没有将卡斯特罗一举歼灭。在他执政的第二年年底，无论是“左”派还是右派，显然都将肯尼迪视作继富兰克林·罗斯福之后最令人鄙视的总统。

1962 年 6 月，新“左”派开始组织人员为长期斗争做准备。45 名举止得体、穿戴整齐的年轻人聚集在美国密歇根州南部休伦港的全美汽车工人联合会的一座夏令营里，并创建了“学生争取民主社会”，此时这个组织就是其未来发展的一个雏形。该集会的主要活动是讨论长达 62 页的言辞温和的宣言。该宣言的起草者名叫汤姆·海登，是密歇根大学的一个 22 岁脸上起痘儿的瘦弱学生。海登在该宣言中将种族主义和“以原子弹的存在为象征的冷战现实”列为两大威胁。他建议：“我们个人应该肩负起正面交锋与解决问题的责任。”宣言当中并未提及诊断中出现的新问题或者相关的解决方法：“我们将利用基于仁爱、沉思、理性以及创造力中的权力和独特性来替换根植于占有、特权或惯例中的权力。”海登做出特别声明，要放弃那种后来实际上成为学生争取民主社会组织主要标志的将暴力作为改变的催化剂这一方法，原因在于这样做“就会改变初衷，即不管个人还是社会团体，都会变为毫无人性的，令人憎恨的对象”。

右派的势力早已繁盛。约翰·伯奇协会，也可以称之为学生争取民主社会组织的影子，其建立时间已达 4 年，发展势态良好。沃克少将就是因为成为该协会的成员而被军队免职，肯尼迪兄弟谴责该协会反而使之名声大震，司法部长认为这个协会“荒唐至极”，总统则将其称之为共产主义的愚笨对手。罗伯特·韦尔奇自称为该协会的“创始人”，现在正在贝尔蒙特波士顿郊区的一栋两层砖混结构的楼房里继续策划该协会的活动。他看起来非常享受这个宣传，毫无疑问，他也明白这个过程对征募新成员大有裨益。该协会的基层组织便是公开以共产主义为摹本的分部（韦尔奇被共产主义深深地吸引，并对其进行了盲目的模仿）。该协会每一个分部有大约10~20人。20世纪60年代，该协会的分支遍及34个国家以及哥伦比亚特区，成员总人数达到约10万名。“伯奇协会”的成员迅速增加，其主要原因在于其创始人所谓的“前锋”们，例如“帕特里克·亨利协会”“美国革命之子组织”“男女民兵队”。许多地区都将伯奇主义分子当作一个玩笑，但在什里波夫特、坦帕市、休斯敦市以及达拉斯等地这可并不是玩笑。正如《纽约时报》的报道：“这些地方的分支聚集了数不胜数的商人、管理执行员、内科医生、律师以及其他‘可靠的’人们。”

20世纪60年代末期，新“左”派将成为民主制度的更大威胁，但在肯尼迪时期新“左”派还未显山露水。右派的雄厚财力使得新“左”派黯然失色。肯尼迪执政期间，极端保守主义组织的花费由每年500万美元增至1 400万美元以上，而国家给像“美国人争取民主行动协会”这样的自由组织的预算只有150万美元。当时“左”派唯一能做的就是偶尔发泄一下不满情绪。据报道，赖特·米尔斯在临终之时感叹道：“我为自己身为美国人而羞耻，我为约翰·肯尼迪成为自己的总统感到羞耻。”富布赖特揭露了极端保守派组织和正规军队中的职业军官之间的“政治安排”。当他举行听证会意欲揭露此事时，人们的控诉铺天盖地地压了下来，说他“企图封锁军人的言论”。

那些年进行引人注目活动的极端派当属达拉斯的全国声讨大会。该协会的第一次活动是在1961年，第二次是在1963年。第一次，有1 800名与会代表为一个抗议该协会主席趋向温和的演讲者高声喝彩：“这位主席主张弹劾沃伦，我觉得协会应该将他绞死。”两年之后，该组织设立了“美国日”，以此来替换联合国纪念日——州长小

约翰 · B · 康纳利州长发布官方公告表示支持。

比利 · 詹姆斯 · 哈吉斯牧师的“基督教十字军”与弗雷德 · 施瓦茨博士的“基督教反共十字军”等组织都聚拢在极端派的庇护之下。极端主义右派被视为一群无能的疯子的避难所。事实上，乔治 · 林肯 · 罗克韦尔领导的“美国纳粹党”对美国的自由没有构成任何威胁；然而，在其他方面，极端派却备受尊敬，影响广泛。《生活》杂志的创办人C · D · 杰克逊成为这一事实的一名无可奈何的见证者。由于他所创办杂志的某一期上对施瓦茨态度不恭，因而遭到了许多有影响力的广告公司的抨击与谴责。杰克逊因此不得不乘飞机到施瓦茨在好莱坞露天音乐厅举行的大会上认错：“我觉得我们的杂志搞错了，对此我深表歉意。今晚来到这里，我非常荣幸。今后，《生活》杂志将会与多德参议员、贾德众议员、施瓦茨博士以及在场所有坚定的战士们共同对抗共产主义。”

左右两翼的极端派都具有本杰明 · 德莫特所说的“赶尽杀绝精神”。美国女作家苏珊 · 桑塔格在《党派评论》中写道：“白种人是历史的恶性肿瘤。”《伯克利芒刺报》直截了当地宣称：“这些教授已经没有什么东西可教……我们在监狱当中学到的东西都比在大学里多。”一名非百老汇戏剧界演员这样唱道：“中产阶级像猪一样……中产阶级像猪一样。”1961 年，英国哲学家伯特兰 · 罗素说：“我们曾经因为希特勒杀光了犹太人而称其为恶魔，然而，肯尼迪与麦克米伦显然比希特勒还要邪恶……他们都是这个世界上最恶毒的人，我们有责任竭尽所能与他们对抗到底。”另一个极端的方面是，伯奇协会的创始人认为美国“是一所巨大的精神病院，而病最重的疯子掌握着管理权”。基督教十字军的一位倡导者诺贝尔院长认为克里姆林宫权力中心的特工已经完成了“共产党–披头协定”——“共产党已经设计出一种详细的、精确的科学技术，能够通过神经干扰、使心智衰退以及迟滞，从而使得美国新一代青年变成无用的废物并沉沦……最具杀伤力的披头士音乐……加速着……精神崩溃。”

约翰 · 肯尼迪对势不两立的左右极端派系都很了解。1961 年 11 月他在西雅图时就曾提议，正是这些无法解决的难题激发了人们寻求简单答案的渴望。他说：“这些失意受挫的公民可以分成两派，奇怪的是这两派……非常相似。每一派都坚信我们只有两种选择：姑息或者战争，自杀或者投降，受辱或者毁灭，赤化或者死亡。”一有机会，他就风趣地调侃一下他们。在白宫举行的一场招待会上，《达拉斯新闻》报的记者E · M · “特德” · 迪利对肯尼迪说道：“我们需要一位骑马之人来领导我们的国家，然而，得克萨斯州以及西南部的许多人认为你骑着的是卡罗琳[①]的三轮车。”达拉斯晚报《时代先驱报》的主编写信向肯尼迪声明迪利之言并不能代表整个得克萨斯州人民的心声。总统回信说：“我确信达拉斯人民每到下午一定会兴高采烈。”

极端的幽默会变成黑色幽默，而温和的幽默则无伤大雅。佐治亚州的一所剧院入口的大天幕上画着一幅画，展示总统在“二战”期间的英勇事迹——109 号侦察鱼雷艇，画上写着：“看看日本人是如何差点儿搞垮肯尼迪的。”于是，这样一个流言便四处传开了：“如果杰克、鲍勃与泰德都处于即将沉没的船上，那么谁会得救？”答案是：“国家”。一份广为流传的油印传单上印有为肯尼迪在华盛顿建立一座纪念碑的计划：“将它建立在乔治 · 华盛顿纪念碑旁边并不明智，因为华盛顿一生没有说过假话；将它建立在罗斯福纪念碑旁也不妥，因为他一生都没有讲过真话，而约翰 · 肯尼迪一生都没有分辨出真话

① 卡罗琳，肯尼迪总统的女儿。——编者注

与假话。”传单后面还有：

> 5 000年前，摩西曾对以色列的孩子们说：“握着你们的铁锹，骑着你们的驴和骆驼，我将带领你们走向幸福的乐土。”又过了将近5 000年，罗斯福说道：“放下你们的铁锹，一屁股坐下来，点燃骆驼牌香烟，这里就是幸福的乐土。”现在，肯尼迪在盗取你们的铁锹，踢你们的屁股，提高骆驼牌香烟的价格，占领这片幸福的乐土。

此类话语一开始传播，社会上的论调便朝着两极发展，然而极端分子的调侃已日渐让人不忍卒读。正如罗斯福执政期间，此类调侃一般都会关注非正常的性行为，不但涉及肯尼迪家族的男男女女，还有他们的子孙，甚至包括他们的宠物。那些曾经模仿罗斯福上流阶层口音的人的儿子们现在转而模仿肯尼迪的口音，他们开始讲起这样的故事来：几根热线从教皇的厕所穿过罗马的下水道一直接到白宫；他使用了千奇百怪的方式挥霍自己父亲钱财；还有一个女人自诩为他的正牌夫人——乔·肯尼迪应该是花钱摆平了这件事，甚至包括他生病一事。阿瑟·施莱辛格指出肯尼迪处处都招人怨恨：“他的外貌、他的宗教、他的财富、他的智慧、他的大学、他的家乡、他的妻子、他的兄弟、他的顾问以及他对黑人的支持、他坚决推行冷战以及拒绝投掷原子弹的决心。”只要和总统相关的任何事，极端分子都简单粗暴地表示痛恨。

此类报道不计其数。有时候，第一家庭以及与之相关的形形色色的人员似乎吸引了整个传媒行业的注意力。肯尼迪的传说被制作成电影，搬上了大荧幕，登上了百老汇大舞台，甚至被谱曲演奏成颂辞乐曲。每家书店都设有肯尼迪图书专柜，1962年，此类书籍超过上百种；有些书籍收藏家为了买到附有作者签名的《当仁不让》，甘愿多掏些钱。仅仅由于总统喜欢戴维·塞西尔勋爵关于墨尔本的传记，就足以让这本传记由受冷遇变得畅销；有报道说总统喜爱伊恩·弗莱明的《来自俄罗斯的爱》一书，弗莱明就一跃成了百万富翁。自从卡罗琳·肯尼迪的照片登上《新闻周刊》的封面之后，就有三家电影杂志采用了这样一个规则：**每一期**的封面都要刊登一张卡罗琳母亲的照片。

自从人们知道总统通过快速阅读课程使阅读速度达到每分钟 1 200 个词之后，教授该课程的机构数量立即增加了 10 倍。美容学校专门指导广大女性如何模仿第一夫人的蓬松发式。因为她的丈夫很少戴帽子，于是康涅狄格州西南部城市丹伯里这个制帽业中心遭遇了严重的经济衰退。据采访白宫的记者透露，总统最喜爱的鸡尾酒名叫“台克利”，于是，瓶装酒的店铺货架上便摆满了瓶装台克利鸡尾酒所需的各种配料。肯尼迪的妻子杰基认为在家中举行小型宴会更加明智。于是，艾森豪威尔时代的珀尔·梅斯塔和格温·卡弗里兹举行的大型宴会都因之黯然失色。有消息传出说，政府要员罗伯特·麦克纳马拉以及泰勒将军等人始终会在百忙之中抽出时间到“胡桃山大学”（晚间或者周末则是在罗伯特·肯尼迪位于弗吉尼亚的邸宅举行的讨论会）提升个人修养。这一消息传到亚历山大市和阿灵顿，紧接着又传到乔治敦市和克利夫兰公园，现在类似于约翰逊兄弟那样的公司也开始为其公司高级管理层开设提升自我修养的课程。

肯尼迪家族成员都非常喜爱户外运动。自西奥多·罗斯福以来，白宫之中再未出现过如此热衷于提倡锻炼的总统。运动项目包括触身式橄榄球、在海恩尼斯湾出海以及杰基喜欢的划水运动。肯尼迪家的人似乎对所有运动都有极大的兴趣：网球、游泳、骑马、羽毛球、高尔夫、垒球、肌力均衡体操、去阿斯彭滑雪以及早餐之前徒步走。白宫新闻秘书皮埃尔·塞林格天生就虎背熊腰，体育锻炼则让他的身材更加浑圆结实了，这件事让他成了一个反面教材，几乎与美国人的形象背道而驰。总统与他进行俯卧撑挑战比赛，试图以此来挽救他。为了皮埃尔，肯尼迪曾经要求所有的工作人员每人减重 5 磅。总统则按时出现在白宫的小型体育馆中进行锻炼，外出旅行时则待在酒店房间或是“空军 1 号”的地板上，进行特殊的背部锻炼。

有时候人们对运动健身的关注像着了魔一样。海恩尼斯湾式的触身式橄榄球是一项相当艰苦的运动；在蔷薇荆棘中接球实属危险之举；杰基自从摔断了一条腿之后，才停止了这项运动。雷德·费伊是肯尼迪当年在侦察鱼雷艇上认识的一个秃顶的朋友，他后来被任命为海军部副部长。他在巡视各海军基地时，喜欢同海军战士们进行俯卧撑比赛。那些入住胡桃山的游客在早餐之前都期望能够打至少一盘网球；总统在看到那些戴绿色贝雷帽的游击战士们能够在布拉格堡攻克一系列令人难以置信的障碍课程后，他告诉自己的三个中年助理，希望他们也能照办。

那些天所经历的体育锻炼，后来变成大家熟知的“大远足运动”。这项运动是海军陆战队指挥官戴维·M·舒普发起的，他是肯尼迪的爱将之一。他从一堆档案里找出了西奥多·罗斯福在 1908 年发布的一项指令，他要求海军陆战队的连长能够在 20 个小时之内行军 50 英里，最后的 700 码还要快步行进。他将此事写成备忘录呈递给总统，总统经调查研究之后回信说：“罗斯福总统并不只是对海军陆战队的官员提出此类要求，有可能这些要求也适用于自己的家人，他的工作人员以及内阁成员，甚至那些不幸的驻他国外交官。”随后，肯尼迪向海军陆战队发出了挑战邀请。他问舒普今天的海军陆战队能否和 1908 年的海军陆战队相提并论。实际上，他们能够赶得上，而且也确实赶上了，但这仅仅是个开始。罗伯特 · 肯尼迪徒步完成了从切萨皮克到俄亥俄运河这一线的全部行程；司法部的部长助理以及秘书们都纷纷仿效。该消息登上报纸之后，一时间人们对这项活动发了狂。长途旅行成为当时最受欢迎的一件事。那些不愿意走出从扶手椅到鸡尾酒柜台这段距离的人们，也开始了他们的旅途。受惊的内科医生们提醒大家对运动过度的热情投入是危险的。总统在医生的请求之下，告诫大家千万别过了头。塞林格刚刚莽撞地同意率领白宫记者团进行 50 英里的步行，听到这番告诫后，他感激地撤销了这项行动。

当胡桃山草坪上的喧闹宴会接近尾声时，衣着整齐的塞林格却被扔进了胡桃山的游泳池内。泰德 · 肯尼迪乘兴而来，也跟随塞林格跳进了游泳池。该消息见报之后，那些对肯尼迪怀恨在心的人的眉头锁得更紧了。出于某些原因，这件事在他们看来，格外具有颓废意味。本来开设私人游泳池就违反了新教伦理。除了泳衣以外，穿着任何衣服下水都是离经叛道的。然而，相比之下还有令他们更为震惊的事情。1961 年 6 月 17 日，这一天是司法部长结婚 12 年纪念日。他和妻子艾塞尔在家中举行了一个庆祝宴会。他们围着游泳池摆了一圈桌子，艾塞尔坐着的那张桌子摇摇晃晃地支撑在临时搭建的游泳池过道上；在等待上餐期间，阿瑟 · 施莱辛格和其女伴决定去跳舞。这是个错误的决定。他们踏上过道那张临时搭建的板子时，其一端翘了起来。女主人艾塞尔的椅子滑下了水，水花四溅，艾塞尔也喝了一肚子泳池中的水。施莱辛格大惊失色，随后也跳下水去。后来他们换上干衣服，晚宴照常进行。然而，那些对肯尼迪心怀怨恨之人则在此事上大做文章。按他们的说法，围绕着游泳池所发生的事情就如《旧约》中的罪恶之城巴比伦一样。之后的一年中，艾塞尔每次都要向新来的客人解释事情的真相，她似乎还有一种不被相信的不安感。

像罗斯福一样，肯尼迪逐渐感觉到那些心怀憎恨之人开始肆无忌惮地散布有关他和他家人的恶意谣言，但这反倒变成了他的政治资产。这些流言冒犯了正派的美国人，对他反而是有利的。他猜测巴里·戈德华特将成为他 1964 年大选中的竞选对手，他要确保整个国家能够明确他的“中央集权主义”和戈德华特的“极端主义”之间的差异。在他生前还未来得及发表的一篇演讲稿中，他谴责了那些将“空话与现实”混为一谈以及那些主张“辱骂即胜利”的人。他去世时，兜里还装着这份演讲稿。在此之前，他曾这样评价过那些人：

> 他们以怀疑的眼光看待他们的邻居以及他们的领导人。他们需要“一个骑在马背上的人”，因为他们不相信人民。他们发现在我们的教堂里，在我们的最高法院中，在我们对饮用水的处理上……都有不同程度的背叛行为。他们不愿正视来自外部的危险，却执着地相信真正的危险来自内部。

无论赖特·米尔斯和H·斯图尔特·休斯如何辩解，共产主义对美国而言的确是一个威胁；而无论罗伯特·韦尔奇和基督教十字军如何做，威胁始终来自苏联，而并非像对饮用水添加氟一样。冷战时期的紧张局势足以再次产生强烈的恐惧气氛。这种恐惧感会将整个国家甚至整个世界都置于核毁灭的边缘。说来奇怪，这种情况竟然发生在 1962 年 10 月那个灿烂美好的秋天。

通常情况下，纽约参议员肯尼思·基廷并不是个多疑之人。但当他得知从佛罗里达州古巴难民口中传来的消息后，整个夏天他都坐立不安。大家都知道古巴的武装部长，也就是菲德尔·卡斯特罗的弟弟劳尔曾于7月2日到过莫斯科。当月下旬，古巴港口的活动明显活跃起来；自黑海驶来的大批苏联货船开始抵达马列尔——一个位于比那尔德里奥省北岸的深水港。船上所载货物不明，但令人怀疑。这些船吃水不深，但舱口非常宽。同样令人奇怪的是，每条船上都载有大批的苏联技术人员。

8月底，古巴的苏联人多达5 000余人。据在佛罗里达州奥帕洛卡的中央情报局审讯中心接受讯问的难民所言，他们曾经目睹卡车护送一些由防水帆布包裹的管状物体。一个从古巴来到奥帕洛卡的中央情报局特工就曾亲眼看见该物体的尾部，并画有一张简图。同一个星期之内，卡斯特罗的私人飞机驾驶员在哈瓦那的一间酒吧里吹嘘道：古巴现在拥有装着核弹头的远程导弹。10月3日，消息传到奥帕洛卡就变成了比那尔德里奥出现了“很可能与导弹相关的活动”。我们并不清楚参议员基廷对这些消息究竟了解多少。但是当月，他多次在演讲活动中向大家提及苏联正在集结军队这一事实。10月10日，根据他那号称“绝对可靠”的告密者们提供的消息，这个岛上正有6个中程导弹发射基地在建造。

政府部门仍然对此表示怀疑。苏联从未在任何国家放置过导弹，即便是在因《华沙条约》而受苏联控制的邻邦东欧卫星国，也未曾安放过。在这个铁幕的两边，卡斯特罗都被认为是一个反复无常的领导人以及不可靠的盟友。赫鲁晓夫会把用以毁灭世界的武器交给这样一个人，当真不可思议。尽管卡斯特罗已经发表了宣言，但当时克里姆林宫并未将古巴视为苏联集团的成员。古巴与苏联相隔甚远，美国可以迅速地切断他们之间的交通以及通信联络线。最后，苏联人终于明白了此类任何活动都会引起华盛顿方面的激烈反应。

10月14日星期日，下午3点。麦乔治·邦迪正在接受来自美国

广播公司的爱德华 · P · 摩根与约翰 · 斯卡利的电视采访。作为负责国家安全的总统特别助理，他被要求对基廷的控告做出评论。他回答说："据我所知，没有任何确凿证据证明古巴人与古巴政府会与苏联政府联合起来配备具有大规模杀伤性的武器。"中央情报局的人也都众口一词。他们认为基廷受骗了。众所周知，古巴告密者的不可信已是臭名昭著。毫无疑问，那些长条管状物就是萨姆地对空导弹，曾经在苏联境内将弗朗西斯 · 格雷 · 鲍尔斯驾驶的U–2 飞机击落到200 英里远的地方。苏联人曾经也提供过这种导弹给埃及和印度尼西亚，现在，这种导弹正在运给卡斯特罗的途中。这些都是防御性导弹，大家不用担心。

中央情报局局长约翰 · A · 麦科恩与大家对此事的意见不同。结束蜜月旅行回到首都之后，他发现由于在古巴西部发现了防空导弹阵地，古巴西部已经有一个月没有进行航空侦察了。因为谁也不愿冒着另一架U–2 飞机被击落的危险到那里进行侦察。麦克恩说，这个赌必须要打。于是 10 月 4 日，他要求对整个岛屿进行空中侦察摄影，尤其对岛屿西端加强戒备。由于目标区域上空有云，也为了指导新的U–2 飞机驾驶员，侦察被迫拖延了几日。10 月 14 日清晨，晴空万里，两名空军少校驾驶飞机起飞，前往古巴西部。他们已得知可能会有来自地面的炮火袭击。然而，萨姆导弹队要么无人坚守，要么就是射手睡着了。这两名空军少校因此得以安全返回。在返回途中，他们拍摄的影像就已被送往华盛顿的影像处理实验室。技术专家已开始在五角大楼的分析中心研究放大的影像。

星期一下午，他们亲眼所见的情况足以证实基廷是正确的。截至目前，只能从U–2 飞机在苏联上空拍摄的空中侦察影像中看到圣克里斯托瓦尔的附近已经修建起梯形的场地。场地的 4 个角落都建有导弹发射场，保卫着发射台。影像中看不到弹道导弹，但是分析专家确定有导弹运输车、安装工以及射手。这项证据虽然不足以下结论，但是需要立即引起美国政府最高领导阶层的重视。国防部长麦克纳马拉那天离开五角大楼的时间比平常要早一些，因为他要去胡桃山大学参加研讨会，因此国防情报局长只能拨打热线电话到国防部副部长罗斯韦尔·吉尔帕特里克在华盛顿的公寓。当时是 1962 年 10 月 15 日星期一，下午 7 点刚过。

吉尔帕特里克正在换衣服，打算前往泰勒将军所在的麦克奈尔堡赴宴。时间已经晚了，索性再晚点儿吧。他说他想再研究一下影像。两个分析师将录影带来给他。他看完影像，发布了相应命令后，便前往将军的晚宴。晚宴中间，重要的客人都依次被叫去接电话，他们被告知一些警戒级别极高的机密消息，甚至连自己的妻子也不能透露。所有呈递给总统的报告都要经过麦乔治·邦迪，而邦迪当时正在为新任驻法大使查尔斯·E·波伦举行宴会以示庆贺。8 点 30 分，邦迪接到了中央情报局局长的电话。他决定第二天再向总统报告此事。即便现在报告了，除了让总统肯尼迪一宿不眠之外，什么都做不了。后来，他在呈递给总统的备忘录中写道：“因此，鉴于你白天即将面临的各种问题，我觉得一个宁静的夜晚和一个好觉才是最好的准备。”

国务院 8 楼的宴会厅里的第三个宴会是由迪安·腊斯克主持的，当时他正与来自联邦德国的尊贵宾客，时任外交部长的格哈德·施罗德进行交谈，他被叫到食品室接电话。打电话给他的是助理国务卿罗杰·希尔斯曼。腊斯克听了片刻，便问：“你个人认为真的是这么回事吗？”希尔斯曼回答：“现在只是初步分析，不过据我记录的通话内容，应该没有多大疑问。”国务卿的行为稍有失常，便会流言四起。尽管腊斯克现在烦恼至极，也只能遵循外交礼节回到宴会上招待宾客。第二天清晨，他们将开始面临长达13天的危机。

1962年10月16日 星期二

分析人员连夜对圣克里斯托瓦尔的影像进行重新检查与分析，麦克纳马拉于早晨7点30分看了这些照片，邦迪8点时才看到。邦迪径直走向总统的卧室，向正在阅读早报的肯尼迪报告："总统先生，现在有确凿证据证明古巴安装了进攻性导弹，证据的具体内容稍后会呈递给你。"总统吩咐邦迪召集政府主要成员于早晨11点45分在内阁会议室开会。然后，他打电话给他的弟弟。

出席11点45分的会议人员除了肯尼迪，还有吉尔帕特里克、邦迪、麦克纳马拉、腊斯克、奥唐奈、林登·约翰逊、科麦恩、马克斯韦尔·泰勒、中央情报局的马歇尔·卡特将军、索伦森、在国务院中与吉尔帕特里克地位相同的乔治·鲍尔、财政部长狄龙、负责拉丁美洲事务的助理国务卿爱德华·马丁、驻法大使波伦、卢埃林·汤普森、艾德莱·史蒂文森、U·亚历克西斯·约翰逊以及保罗·尼采，还包括三个现已不在政府供职的人：迪安·艾奇逊、约翰·J·麦克洛伊和罗伯特·A·洛维特。这些人将作为美国国家安全委员会执行委员会的成员（或者简称为执委会成员）被记录到历史篇章中。

技术人员呈递的报告表明，圣克里斯托瓦尔发射场还有10天左右即可竣工。届时，它将会使美国的预警时间由原来的15分钟缩短为2~3分钟。罗伯特·肯尼迪记得当时最主要的感觉就是："真是令人震惊。"人们日渐认识到，美国做出的任何反应都有可能加剧局势的恶化，但是仍然没有听任赫鲁晓夫我行我素下去更加糟糕。

总统下令增派更多的U–2飞机。其他执委会成员将寻找一些可行的方法——用腊斯克的话说，他们将“从全方位探索可行的方法”。国务院将向拉丁美洲和欧洲同盟国寻求可能的支持；国防部则研究各种各样的军事方案：时间因素、部队军种以及各军事方案中需要的兵力。这时候，大多数人都感到只剩下一个选择：对导弹发射场进行一次空袭。肯尼迪递给自己的兄弟一张便条，上面写着：“现在我终于知道东条英机在策划珍珠港事件时的感受了。”

10月17日　星期三

为了保持表面的镇定，总统信守承诺前往康涅狄格州参加民主党候选人竞选，直到深夜才离开首都。整个白天以及大半个晚上，执委会成员们都在国防部7楼乔治·鲍尔的会议室开会。新的U–2飞机的证据出现了，这令大家兴奋不已。苏联技术人员在夜以继日地工作。照片中的导弹现在已清晰可见。一星期之内将会有16个或32个导弹发射场完工。现在除了有证据证明圣克里斯托瓦尔的确安装了中程导弹（1 000英里射程）之外，还发现位于圣克里斯托瓦尔与哈瓦那的中部交界处的瓜纳哈伊地区，以及古巴东部的雷梅迪奥斯同样建有中程导弹发射基地（2 200英里射程）。这些中程导弹及场地将于12月1日准备就绪。它们就是军队中所谓的“先锋”武器。根据这些信息，美国中央情报局估计，苏联将可以向西至蒙大拿州的美国本土一次性发射40枚核弹头。

在哥哥缺席期间，鲍勃·肯尼迪暂时担任执委会的议事领导。大多数人依然支持空袭，它有一个委婉提法：“外科手术”。空袭的主要提倡者是邦迪和艾奇逊。麦克纳马拉提出另一选择：对古巴实行海上封锁。投弹和封锁都是战争行为，但是封锁的好处在于，至少在初始阶段可以避免流血与杀戮。一次空袭会炸死约 2 500 名古巴人，还有许多数目难定的苏联技术员。如果有苏联人被炸死，那么美国与苏联的全面战争也将成为必然。

当天，大家经过深思熟虑，提出 6 种选择或者“捷径”。捷径一就是目前先按兵不动；捷径二是派遣使者与赫鲁晓夫见面，尝试私下解决此事；捷径三是由联合国安全理事会解决两国之间的矛盾（不幸的是，本月的理事会主席是苏联的瓦列里安 · 佐林）；捷径四也就是执委会称之为“缓慢捷径”的海上封锁；捷径五是空袭；捷径六则是入侵古巴。最后一条方针被搁置重议。现在大家摇摆不定，因为这需要大量而细致的准备工作才能得以实行。不过，一切准备已经开始。

10 月 18 日 星期四

据美国情报机构估计，古巴现在拥有的导弹发射能力能够达到整个苏联洲际弹道导弹的一半。影像分析结果表明古巴的导弹正对准美国的某些城市。如果这些城市遭到攻击，将会有 800 万美国人在几分钟内毙命。根据情报局在早晨 11 点执委会举办的会议上的最新报告，第一批导弹将在 18 个小时之内做好发射准备。总统对艾奇逊说：“这一个星期我得做对得起我的薪水的工作。”当他和执委会开会的时候，舒普将军说：“总统，这次你的处境相当糟糕。”肯尼迪马上回答：“你也一样。”

总统很久之前就已经和安德烈 · 葛罗米柯有个约定。他信守自己的约定，与葛罗米柯谈了将近两个多小时，给予其一切可以澄清导弹一事的机会，可是葛罗米柯始终顾左右而言他（后来这不得不让人怀疑葛罗米柯事先就知道古巴正在发生的事情）。同时，腊斯克向执委会建议，将 10 月 23 日定为行动开始的最后期限。如果到时发射台仍然没有修好，那么美国就应该使用武力予以清除。

空军参谋长柯蒂斯·勒梅也参加了此次会议，并强烈赞同军事进攻。总统反问勒梅，如果这样做，苏联会作何反应呢。勒梅向他保证，苏联一定会毫无反应。肯尼迪疑惑地说："和我们一样，他们不会束手就擒。从他们多次发表的声明来看，他们绝不会在我们带走他们的导弹并消灭大批苏联人之后依然安之若素。倘若他们不在古巴采取行动，那就会在柏林。"麦克纳马拉继续寻求实行封锁的支持者。国务院的一名法律顾问回想起，富兰克林·罗斯福的"隔离侵略者演讲"，并建议将封锁改名为"隔离"也许会更加合适。大多数人都倾向于采取这个方案。肯尼迪对此表示强烈赞同。他说，一想起珍珠港事件，他就觉得美国不能发动出其不意的空袭，这会让成千上万的无辜人民为之付出生命。他说，175 年以来，美国从来就不是那样的国家，出其不意的空袭与美国的传统相悖。

那天晚上，腊斯克在国务院 8 楼设宴为葛罗米柯接风洗尘，与此同时，执委会也在召开晚间会议。记者们看到国防部长和中央情报局局长的到来，察觉到一丝反常。他们本以为麦克纳马拉和麦克恩是来赴宴的。为了避免再次与记者碰面，会议接近尾声时，9 个执委会委员——他们的车辆牌照非常显眼——一同挤进了国防部长的豪华轿车。他们到达白宫之后，总统知道了封锁趋势仍然在继续。曾是一名国际法教授的司法部副部长卡岑巴赫，现在被命令寻找能够支持封锁古巴的法律依据。

10 月 19 日 星期五

保密工作做得很好，总统为了履行职责，不得不再次离开华盛顿，去芝加哥帮助竞选。在首都境内，下午 1 点 20 分，参谋长联席会议下令大西洋以及加勒比海域将进入戒备状态。五角大楼宣布，麦克纳马拉已经要求参谋长联席会成员在华盛顿停留 6 个星期，以便商议“预算方案”。卡岑巴赫也报告称在这种情况下，实行单边封锁命令在法律上是可行的。于是，总统决定在星期一晚上发表相关电视声明——如果有一些必要步骤需要提前准备，那么星期一已是最快的日子。

星期五白天以及晚上，执委会委员们一直都在召开会议。如今，大多数人都已经表明了赞成封锁的态度，所以艾奇逊不得不撤回自己的意见。其他人则分为几组，将自己的意见分别记录下来，然后彼此交换参考。如此，一个详细计划的轮廓就形成了。星期五最重要的进展便是寻求美洲国家组织对实行封锁这一计划的担保。为此，在 20 个美洲国家组织中获得 2/3 国家的投票数就显得十分必要了。倘若寻求支持成功，苏联政体研究者们就会相信其结果是不可估量的，因为苏联人非常认可合法性这一特征。还有一个附带事件是，鲍尔将危机的来龙去脉告诉了正在病中的美国新闻署署长爱德华 · 默罗的副手唐 · 威尔逊。威尔逊下令让贝尔公司经理为西班牙语广播电台的运转扫除一切障碍，但并未告诉贝尔公司具体原因。

10 月 20 日 星期六

罗伯特 · 肯尼迪打电话给正在芝加哥喜来登酒店的哥哥，告知他执委会已经准备好一切相关计划的事宜。总统将塞林格召唤进喜来登酒店的总统套房，并递给他一张纸条，上面写着："轻微上呼吸道感染。体温偏高 1 度。天气阴冷，潮湿多雨。建议返回华盛顿休养。"芝加哥时间 9 点 35 分，塞林格便向新闻媒体发布了总统生病的消息。登上"空军 1 号"之后，塞林格向总统问道："你的身体应该安然无恙。对吧，总统先生？"肯尼迪回答："你知道得越少越好。"

罗伯特·肯尼迪在安德鲁机场见到了总统的行政专机。当天下午 2 点 30 分，执委会便在白宫二楼召开了会议。总统做出了封锁的最终决定。美国空军司令部的指挥官告诉他，即便是一次意外空袭，也未必能够摧毁古巴所有的导弹发射场以及核武器，这席话打消了总统心中最后的一点疑虑。

当天到达的艾德莱·史蒂文森提出一个建议。他建议总统告诉苏联人，如果他们从古巴撤回导弹，那么美国将会撤回土耳其的导弹并放弃关塔那摩湾的美国海军基地。大家对此建议一致持反对意见，史蒂文森当时备感难堪，这令他终生难以忘怀。

其他一切事宜进展顺利。亚历克西斯·约翰逊在星期一总统发表演讲之前制订一系列计划方案——向美国驻外使馆传达指令，向国会领袖解释相关事项等。艾奇逊做好一切之后便被召了回来，并同意转告麦克米伦、戴高乐以及阿登纳。爱德华·马丁则为美洲国家组织会议做相关准备。为了做好详细安排以及准备相关法律依据，越来越多的政府官员开始参与此次会议的讨论。结果，重大事件即将发生的消息渐渐地透露到新闻媒体那里。于是，许多原定计划只得作罢，许多声明听起来莫名其妙，许多意想不到的地方却在深夜里灯火通明，许多政府高级官员都找借口不出席本该到场的宴席，有的来了又中途离开。《纽约时报》的詹姆斯·赖斯顿和《华盛顿邮报》总编辑艾尔弗雷德·弗兰德利开始追踪事件真相，赖斯顿基本掌握了事情的来龙去脉。应总统的个人要求，这两人都同意在星期二的发布会上对他们知晓的事情有所保留。

海军调遣180艘军舰到加勒比海域。B–52轰炸机装满核武器，按照指令在空中巡航；当一架飞机着陆后，另外一架飞机会迅速接替其空中的巡航位置。星期六深夜，第一装甲师从得克萨斯州出发，向佐治亚州的装货港口进发，其他5个师也同时进入全面作战状态。

10月21日 星期日

这一天秋高气爽。在国务院，43份递交给各国政府首脑和西柏林市长维利 · 勃兰特的公函都已经起草完毕，正等待总统签名。除此之外，总统正在给赫鲁晓夫写信，这封信将与他的演讲稿副本一起寄给赫鲁晓夫。美国驻外使馆接到通知，要为示威游行以及暴动做好准备工作。美国大使将于次日下午6点，也就是总统发表演讲的前一个小时，收到相关事宜的详细电报。星期日，美国护照办理处专门只为一位游客服务——迪安 · 艾奇逊，他的护照必须签署生效。

这个秘密很快就会尽人皆知。整个华盛顿都弥漫着危机的气息。新闻界对即将要发生的事情心知肚明。但是，应麦克纳马拉的请求，《纽约先驱论坛报》对有关消息报道只字不提，但是其他报社会随时将该消息予以披露。英国大使馆已探听到即将要发生的事情，其他外交官员开始对传闻打探证实。星期日晚上，迪安 · 腊斯克建议大家都去小睡一会儿。他说："先生们，明天这个时候我们就会身处令人焦头烂额的危机之中了。"

10 月 22 日　星期一

中午时分，塞林格宣布总统将于下午 7 点发表电视演讲。演讲话题为“刻不容缓的事情”。

劳伦斯 · F · 奥布赖恩打电话给两党的 20 位国会要人，通知他们总统下午 5 点要接见他们。凡是来不及搭乘商务航空飞机的国会政要们，都由空军飞机接来，甚至还动用了喷气式战斗机。出乎意料的是，此次会议对肯尼迪来说居然成了最艰难的危机。这些国会政要都斥责肯尼迪，认为选择隔离–封锁的办法太过软弱。他一怒之下离开了房间。后来，当他和弟弟讨论这件事的时候，才稍显冷静，尽管现在国会领袖们反应非常激烈，但回想 6 天前自己听到导弹之事时的反应，其实和他们也相差无几。

外交安排方面可算是天衣无缝。按照之前的计划，分别向 46 个盟军的外交官、拉美各国驻美大使以及新兴国家的外交使者发出了相关情况的简报。戴高乐对艾奇逊说：“这就是我所要做的事。”下午 6 点钟，腊斯克会见了苏联驻美大使多勃雷宁，20 分钟之后，多勃雷宁出来了，脸色铁青。（美国官员们后来才相信多勃雷宁对古巴导弹一事确实不知情。）在法国，艾奇逊向北大西洋公约组织领导讲述了事情的来龙去脉。艾德莱 · 史蒂文森向苏联的佐林提交了申请，希望联合国安全理事会能够召开一个特别会议，解决“古巴秘密装备了威胁世界和平与安全的导弹”一事，这些导弹“能向北美和南美的大多数地区发射热核弹头”。

起初，这些行为引起的反应的确鼓舞人心，甚至那些中立国家的政府反应也是如此。苏联人对此非常惊讶。只有一个盟军领导人对美国持怀疑态度，他就是加拿大领导人约翰 · 迪芬贝克。

下午 7 点，肯尼迪的演讲在各个电视频道和西班牙语广播中同时播放：

“晚上好，我的同胞们。为了履行承诺，美国政府一直对苏联军队在古巴岛上的军事情况予以严密的监视。在过去的一星期之内，已经有确凿证据证明，在这个封闭的岛上，一系列进攻性导弹的发射场正处于修建过程中。其目的正是对西半球进行核打击。”

他详述了苏联人原来的承诺，如今看来，这显然是一种“蓄意欺骗”。他保证说，消除核威胁将是他“坚定不移的目标”。他说，隔离仅仅是第一步，如果有必要，将采取更强有力的措施。美洲国家组织正在召开会议讨论应对威胁的相关措施，U–2 飞机正在加强对古巴上空的监视。肯尼迪总统向赫鲁晓夫发出警告：任何从古巴发射的导弹都将被认为是苏联向美国发动的攻击，美国定会对苏联实行全面报复性反击。美国海军将会击沉任何企图突破封锁线的船只。

演讲完毕之后，总统收到一份来自麦克纳马拉的秘密报告，上面列出了进一步军事行动需要的资源：能够向古巴目标发动 2 000 架次攻击的军用飞机，一支由 9 万名海军陆战队队员和伞兵组成的入侵队伍以及 25 万人次的增援部队。此次入侵活动的伤亡人数预计将会达到约 25 000 人。

出乎意料的是，中间还发生了一段小插曲。五角大楼向总统报告，苏联人和古巴人莫名其妙地将它们的飞机在机场上一字排开，翼尖对着翼尖，像 21 年前美国飞机在珍珠港等着被击毁时一样的造型。肯尼迪下令让泰勒将军派U–2 飞机对美国在佛罗里达州的各个空军基地进行高空摄影勘察。他说：“倘若我们也这么做，那么将会很有趣。”不出意料，美国的飞机也是同样的停放造型。于是，空军部队迅速将这些并排停放的飞机疏散开来。

10 月 23 日 星期二

乔治·鲍尔躺在办公室沙发上彻夜难眠。醒来之后，他发现迪安·腊斯克正俯视着他，而且脸上挂着一星期以来的首次微笑。腊斯克说：“我们取得了相当大的胜利，而且你我都还活着。”事实上，他们最为担心的事情的确没有成为事实。苏联人并没有对中东地区的美军基地实行轰炸，也没有对柏林实行封锁，或者转而封锁达达尼尔海峡。不管其最初的意图如何，总统现在已经对苏联的战略了如指掌。

已经过去 13 个小时了，莫斯科仍然没有任何动静。不过，美国驻苏联大使收到一张控告美国“海盗行为”的文件，并极力澄清古巴导弹的设置并非用于军事目的。从这份文件中可以看出，苏联已经流露出举棋不定的迹象。赫鲁晓夫猝不及防，似乎正在拖延时间以便思考出相应的对策。但即便如此，赫鲁晓夫能运筹帷幄的时间也不多了。肯尼迪总统已经签署了实行封锁的公告，次日早晨即将生效。公告中将进攻性导弹、导弹的核弹头和电子装置、轰炸机等都列为违禁物品。海军已经开始在加勒比海域对苏联潜艇实行追踪。驶向古巴的 25 艘苏联商船并没有改变其航线，这些商船正在接受苏联传来的数量众多的密码电报。

美洲国家组织于上午 9 点召开会议，迪安·腊斯克坐在美国的席位上。通过隔离行动的议案必须赢得 14 个拉丁美洲国家的投票支持，即总票数的 2/3。爱德华·马丁认为，此次投票正好可以赢得 14 张票。部长则希望他的出席可以让票数更高一点。结果确实比预想票数理想。5 点刚过，会议以全票通过支持隔离行动议案，只有乌拉圭选择弃权。据报道，苏联人对此次投票结果大为震惊。同时，美国驻牙买加、特立尼达、几内亚以及塞内加尔的大使们都报告说，他们已经成功排除苏联核弹头流入古巴的可能性。各东道主政府都同意拒绝给予苏联集团飞机飞往古巴途经的落地权。除此之外，还有一条来自联合国的鼓舞人心的消息：史蒂文森在联合国安理会 11 个国家中获得了 7 票的支持。

应总统的要求，罗伯特 · 肯尼迪拜访了苏联大使馆的多勃雷宁大使。多勃雷宁摊开双手，据他所知，古巴并没有安放导弹。返回白宫之后，鲍勃获悉总统已经将隔离线从 800 英里缩短至 500 英里，以便给苏联人更长的考虑时间。麦克纳马拉从五角大楼打电话给总统，告知其 U–2 飞机拍摄的最新影像表明，古巴的导弹发射场仍在继续建设。

听了该消息后，肯尼迪总统变得紧张不安。他开始断断续续地讲话，速度也快了起来，眉头紧锁，就像是眯眼望着太阳那样。伯特兰 · 罗素拍来一份电报说："你的行动注定是绝望无边的……因为你没有任何正当理由。我们不喜欢大规模屠杀行动……请停止此种疯狂行动。"肯尼迪回信说："我认为你应该将注意力放在盗贼的身上，而非那些抓获盗贼的人。"

10 月 24 日 星期三

上午 10 点，封锁线全面展开。星期一下午，第 136 特遣舰队以每小时 27 海里的速度全速前进，以便对 5 条可以从大西洋中部到达古巴的船只通航航道实行全面封锁。现在他们已经全速到达距离古巴东端 500 英里处的海域，并各就各位。13 艘驱逐舰在前方形成警戒线，然后是两艘巡洋舰，每艘的两侧又各有两艘巡洋舰，总数达到

19 艘。向他们径直驶来的是 25 艘苏联商船，海军侦察机已经完成目标侦察。其中，“加加林”号和“科米尔斯”号两条商船已经逼近了警戒线，距离只有几英里。一艘苏联潜艇已经潜入这两艘商船之间的位置。执委会委员们在华盛顿等待着第一次拦截的发生——也许就在中午之前。

帮助U–2 飞机对古巴实行特殊低空侦察任务的航拍相片表明，古巴地面上的导弹发射场的修建工作依然在如火如荼地进行。8~10 个导弹发射基地分别设在圣克里斯托瓦尔、雷梅迪奥斯、瓜纳哈伊以及大萨瓜等地。每个基地大概有 4 个发射器。现在古巴至少有 30 枚装有核弹头的导弹，以及 20 架以上仍在集装箱内的能够向美国以及拉丁美洲地区发射原子弹的伊留申–28 轻型喷气式轰炸机。在新近拍摄的照片上能够清晰辨认出发射台、导弹以及核存储掩体。几天之内，就会有几座发射台能够投入作战了。

在联合国，吴丹秘书长分别向肯尼迪总统以及赫鲁晓夫发送了两封内容相同的信件，力劝双方在两三周之内停止封锁以及运送武器。在苏联同意拆除并撤离导弹发射基地之前，肯尼迪拒绝与其谈判。在莫斯科，一位名叫威廉 · 诺克斯的美国实业家应邀到克里姆林宫做客，他发现赫鲁晓夫筋疲力尽，状态欠佳。苏联总理说让他捎个信到华盛顿。赫鲁晓夫看起来像整晚未睡似的，有时候会语无伦次，他要其捎带的信息也并非什么要紧事。

在去执委会开会的路途中，肯尼迪总统对自己的弟弟说：“这看起来确实有点卑鄙，是不是？但当时真的别无选择。如果他们也这样卑鄙地对待我们，那么他们接下来会怎么做？”鲍勃告诉他：“我的确想不出别的办法。不仅如此，如果当时你没有采取措施的话，那么现在你就会受到各种弹劾。”总统回答：“我也是这样想的：我将会受到弹劾。”

上午10点32分，希望的曙光出现了。20艘苏联商船都已经停留在海面之上。先是6艘，然后12艘商船开始掉头了。腊斯克用胳膊肘推了推邦迪，缓缓地说："咱们互相瞪了这么久，看来还是他们先眨眼。"

10月25日 星期四

上午8点，公布隔离议案的22个小时之后，苏联船只"布加勒斯特"号油轮被拦截在海面上，这是第一艘被拦截的船只。该船通过无线电报上自己的代号，并声明船上货物全为石油之后，便收到了穿越美国军舰隔离线的指令。上午8点35分，民主德国客船"人民之友"号载着20名学生，也获准通过了隔离线。总统下令一定要给予各船船长足够的时间以便向莫斯科请示。

形势依然严峻。古巴导弹发射基地仍在继续建设，且速度惊人。伊留申–28号轰炸机正在拆箱组装。肯尼迪仍然承受着压力。对于一切妥协建议，他的回答依然是对方必须拆除导弹和轰炸机，否则一切都没有回旋的余地。

在联合国安理会上，瓦列里安·佐林犯了一个错误：质疑艾德莱·史蒂文森，让其拿出与导弹相关的证据。当时正值晚饭时间，成千上万的美国人都在电视屏幕上看到史蒂文森一脸鄙夷地转向佐林说他有证据。但他要求佐林先否认古巴设有导弹基地。突然他厉声问道："有还是没有？不要等待翻译，到底有还是没有？"佐林说他现在又不是在美国法庭上。史蒂文森说："你现在处于世界舆论的法庭之上。你可以回答到底是有，还是没有？"佐林却没有针锋相对："我将会在适当的时候告诉你答案。"史蒂文森继续步步紧逼："如果这样说的话，我会等着你的答案，直到地狱结冰。但现在，我依然准备在这间屋子里给你展示所谓的证据。”说着，史蒂文森便掀掉了画架上的蒙布，导弹发射场地的放大照片赫然展现在人们眼前。

10月26日 星期五

早晨7点，美国驱逐舰“小约瑟·肯尼迪”号在距离拿骚东北方向大约180英里的公海上，与“马卢克拉”号货船进行通话。肯尼迪号驱逐舰升起“奥斯卡11月”的国际信号，示意其“必须停船”，“马卢克拉”号照做了。在不到一小时之内，由美国水兵组成的武装搜查队对其进行了搜查。船上并没有违禁物品，因此很快就被放行。此事表明莫斯科已经示意苏联船长接受检查，这的确鼓舞人心。

然而，执委会委员们依然感到闷闷不乐。因为苏联人仍然在古巴风风火火地建设导弹发射场。约几小时之后，第一枚导弹就能做好发射准备。在白宫举行的一次记者招待会上，塞林格将此事记录下来，并做出相关评论，说苏联技术员明显企图“尽可能快速地获得全面运营能力”。一位国务院的发言人发出警告，如果他们继续下去，总统采取“进一步行动”就能“师出有名”。罗伯特·肯尼迪告诉多勃雷宁大使，总统最多能再拖延48个小时左右。

下午1点30分，危机真正出现第一个突破口，整件事情开始显得不同寻常。约翰·斯卡利是负责采访国务院的美国广播公司评论员。他接到来自苏联大使馆的一位熟人的电话，此人名叫亚历山大·S·福明。据悉，他是大使馆参赞，同时也是苏联国家安全委员会的上校。斯卡利说他很忙。福明激动地说道：“这事非常重要。请于10分钟之内到西方酒店与我见面。”在位于宾夕法尼亚大道上的西方饭店里，福明说他想知道，国务院是否愿意就以下3项条款达成协议：在联合国的监督之下，拆除古巴境内的导弹；让卡斯特罗做出保证，今后不再接受任何进攻性武器；美国保证以后不再入侵古巴。斯卡利说他会郑重考虑。7点35分时，这两人又在希尔顿酒店的咖啡厅碰面了。斯卡利已经与腊斯克谈论过这个提议，于是他告知这个苏联人，美国政府对此提议很有兴趣。福明听完马上就走了。

下午6点（莫斯科时间凌晨1点），从连接美国国务院与美国驻莫斯科大使馆的电传打字机上传送过来一份来自赫鲁晓夫的声情并茂的长信。苏联总理首次承认在古巴设有导弹。他说了他的提议：如果肯尼迪同意不再攻打古巴，那么他们将不再向古巴输送导弹，同时，古巴境内的导弹基地或者拆除，或者销毁。这就是福明所提出来的基本条件。下午10点，执委会就此事召开讨论会议。会议决定：通过正式照会接受以上条件，并于次日早晨予以答复。国务院里的苏联政体研究者们将夜以继日对此事加以详细甄别。同时也对福明提出的条件加以研究。10天以来，这是总统第一次在就寝时，坚信一定会找到和平解决问题的办法。

10月27日 星期六

还在危机的高峰期。给赫鲁晓夫的回信正在起草当中，莫斯科广播电台就将赫鲁晓夫写给肯尼迪的第二封信件公开了。这封信件的内容令人难以接受。赫鲁晓夫以拆除北大西洋公约组织在土耳其境内的导弹基地作为他撤除古巴导弹的条件。执委会对他提出的交换条件的可行性予以了充分考察，然后拒绝了这个条件。尽管现在土耳其境内的导弹基地已经不具有军事价值（事实上，不久之后这些基地将被彻底清除），但土耳其人却将其当作美国对土耳其承诺的象征。很多人相信，以廉价变卖同盟国武器的方式来换取美国的安全不仅会动摇，更可能会粉碎整个西方国家的联盟。第二封信与第一封信差别甚大，文风与赫鲁晓夫的风格不甚相符，读起来就像委员会集体起草的一般。据联邦调查局报告，驻纽约的苏联外交官正在准备销毁文件。理智的桥梁似乎濒临崩溃。除此之外，还有更加令人抑郁的消息。一架美国U–2飞机被击毁于古巴上空，这表明导弹发射场地的萨姆导弹发射基地已经全面投入使用，接下来就能发射导弹了。参谋长也参加了执委会的会议。他们主张在星期一发动空袭，之后便入侵古巴。除了总统本人，执委会委员的其他人都认为除此之外别无他法。他说："我所关心的并不仅仅是第一步……而是双方上升到第4步、第5步的时候——恐怕不会到第6步了，因为没有人会这么干了。我们必须提醒自己，我们正在踏上一条极为艰辛的道路。"

罗伯特·肯尼迪找到了一个解决办法。他提议他们可以忽略第二封信，而仅对第一封信予以回复。于是，迪安·腊斯克、乔治·鲍尔、麦乔治·邦迪、卢埃林·汤普森等人按这个要求起草了各式各样的信件。然而罗伯特对这些信件都不满意。他哥哥对他说："既然你如此不满意，那你自己动手起草好了。"于是，罗伯特和汤普森就起身离开会议室去起草信件了。他们两人在彼此起草的两封信件中选择自己中意的字眼，并表示出对福明所提的一个建议的赞同，但恐怕赫鲁晓夫永远都不会考虑这个建议。总统看完之后，批准了这封信，并于晚上8点5分将其寄送给赫鲁晓夫，同时告知全世界，他已经接受了赫鲁晓夫的条件。然后，罗伯特打电话给多勃雷宁，让他去一趟司法部，并告知苏联大使他们剩下的时间只有不到几个钟头了。多勃雷宁对整件事情抱着悲观的态度，他说，克里姆林宫对卡斯特罗负有直接的责任。

在白宫，总统强调，事情的后果对他而言可能一触即发。事情朝“两方面”发展的可能性都存在。麦克纳马拉在返回五角大楼的途中，望着天空，大声感叹着不知还能看到几次日落。汤普森则告诉自己的妻子，如果他回不了家，首都又要疏散人员的话，他会提前通知她和孩子们到哪里与他会合。

10月28日 星期日

这又是10月里灿烂美好的一天。临近上午9点（苏联首都时间下午4点），莫斯科广播电台宣布9点钟将会发布一个重要声明。这是争取和平的最后一线机会。如果赫鲁晓夫拒绝肯尼迪的提议，那么美国就会马上派出军队。估计到时候麦克纳马拉手下的伤亡人员将达到4万~5万人。

苏联广播员开始播报苏联做出的答复。其中，第三段是关键部分：

> 为了尽快消除危及和平事业的矛盾……苏联政府……已经下达新的命令，拆除你们所谓的进攻性武器及其装备，并将其装箱运回苏联。

因为此事没有事先咨询卡斯特罗的意见，所以他宣称自己遭到了背叛，并拒绝承认该协议的有效性。然而，即便他能延长危机结束的期限，也无法最终阻止危机的结束。尽管这些导弹安放在古巴境内，但其所属权仍归苏联，况且古巴无人知晓应如何发射导弹。下午1点30分，参谋长联席会议向第136特遣舰队下达命令：停止所有船只登陆，停止一切武力展示。执委会所有会员开始欢呼雀跃，此时总统却说赫鲁晓夫能做出如此让步，其艰难程度可想而知。他警告所有人员不许发表任何有关美国胜利的消息。总统经过反复斟酌，给苏联总理写了一封信，结尾处言辞恳切：

> 我认为我们应该对核武器在地球以及外层空间的扩散问题给予慎重考虑，并携手为禁止核试验贡献出我们的力量。

当天晚上，肯尼迪兄弟对这13天以来的危机进行了回顾与梳理。最后，总统说："也许今天晚上我该去剧院看场戏了。"兄弟两人放声大笑。紧接着，鲍勃说："如果你去的话，我陪你。"

美国人小像：
彼得·卡尔·戈德马克

他是匈牙利著名科学家，1906年12月2日生于布达佩斯，和他齐名的科学家还有爱德华·特勒、约翰·冯·纽曼、尤金·保罗·维格纳等。但在其他几人致力于研发杀人技术之际，他却成为通信革命的领军者。那三位科学家为美国造出原子弹，他却将慢转密纹唱片和彩色电视奉献给了美国，展现了声音和色彩领域的崭新前景。

他出生在一个极具创造力的家庭。他的叔祖父卡尔·戈德马克是19世纪的歌剧作曲家，那时歌剧很引人注目。他的另一位叔祖父约瑟夫·戈德马克是红磷的发现者，而红磷是制作火柴头的主要原料。约瑟夫因抗议奥匈帝国政府而逃到美国，并参加了南北战争，为联邦军队发明了雷管，这对打败李将军有很大帮助。

彼得少年老成，从小便显露出像约瑟夫一般的特质。他占据了家里的浴室，把那儿当成自己的实验室，这让他的父母大为恼怒。未及成年，他便组装了一架大型电影放映机。随后，还是青年的他就告诉老师说自己在著名英国物理学家欧纳斯特·拉瑟福德的一篇论文里发现了错误。老师们刚开始都觉得荒唐，直到他当着老师的面重做了拉瑟福德的实验，证明了自己的论断是对的。

在一本杂志里，彼得看到一篇文章，作者约翰·洛吉·贝尔德，特立独行，是一个苏格兰的袜子推销员。此人于20世纪20年代便设计出一套原始的电视系统，得到了英国皇家学会的赏识，英国广播公司也同意让他进行试播。这篇文章正是装配接收设备的说明，还有出售成套零件的广告。彼得于是买了一套。过了几年，彼得描述了结果："接收到的图像呈邮票大小，闪得厉害，你几乎搞不清那是什么。还是彩色的——全是红色。但那却是生平最让我激动的事儿。"

这一情景依旧让人激动。他获得了柏林理工学院的工程学学位和维也纳大学的物理学博士学位。在维也纳大学的许多次音乐会上，彼得都表演过钢琴和大提琴，这展现出他继承了卡尔·戈德马克的禀赋。然而，贝尔德的发明依然完全占据了他的想象力。《离子速率新检测法》是他的论文，他曾在维也纳科学院宣读过这篇论文，该研究为电视播放奠定了很重要的理论基础。他系里的同事们都请他留下来继续做物理研究，他礼貌地回绝了，他背着他的大提琴，来到了英国。

受聘于剑桥的派伊广播公司后，他制作了一部机械电视放映机。这台机器运转正常，但是派伊工作室似乎对它的发展并不感兴趣。两年后，他带着250美元的存款离开剑桥乘船来到了纽约。他申请了美国国籍，并向美国无线电公司申请工作。让戴维·萨尔诺夫很懊恼的是，他的美国全国广播公司的下属们居然没有雇佣这位当时还名不见经传的匈牙利科学家。哥伦比亚广播公司后来聘请了他。

彼得的新上司不久就发现他在克莱斯勒大厦的屋顶上安装了电视天线。4年相对清闲的日子过去了。1940年春，这位上司访问加拿大时，偶然走进电影院，发现正在放彩色影片《飘》。后来他说，他简直被那迷人的色彩震惊了，离开时他觉得“自己的黑白电视有低人一等的感觉”。三个月后，彼得就发明了彩色电视。

彼得的色彩系统是以一个透明的拥有红、绿、蓝三种颜色片段的转盘为基础的。这个转盘在影像管前端旋转。比如说，当屏幕上要出现绿色画面时，绿色的透明带就会在摄像头前端。而在检视器上又有一个转盘，与影像管前端的转盘同步转动，调出合适的颜色，这些颜色迅速地交替变换着，观众的眼睛就能自然地把各种颜色混合在一起了。1940年8月，彼得向哥伦比亚公司的高层进行了一次演示。他们看到一组实验性的机器连续放映出了一株可爱的百日草、黑眼睛的苏珊、夕阳中的红帆、披着红色围巾的棕发姑娘、追逐着彩色水球冲入巨浪的金发女郎，最后，他们看到像歌舞杂耍表演一样，一面美国国旗在劲风中飘扬。

战争打断了这一切。彼得带领着一群工程师去研究可以干扰纳粹雷达的装置。1945年，他又回去研究彩色电视。美国联邦通信委员会40年代末期进行检修，彼得的彩色电视机色彩绚丽，而美国广播公司的电视屏幕上却是一群绿色的猴子在吃蓝色的香蕉，这让戴维·萨尔诺夫感到十分尴尬。通信委员会采用了哥伦比亚公司的系统。萨尔诺夫高薪雇用了100名技术人员，拨给他们1.3亿美元，让他们调试出更好的色彩。此时，彼得已经改良制造出了一种"荫罩管"。联邦通信委员会批准采用美国广播公司的色彩，可是美国广播公司却需要"荫罩管"来展现出合适的色彩，这样就不得不向哥伦比亚广播公司缴纳特许权使用费。后来，苏联和美国宇航局的"阿波罗"飞行器也使用了彼得的原有系统。

战后的一个晚上，彼得正在和几个朋友听霍洛威茨演奏勃拉姆斯作品的唱片。"突然，"他后来回忆说，"在音乐正播放时卡了一下，这是人类有史以来听到的最恐怖的声音。其中一个人赶紧去换唱片，但大家的心情都被破坏了。我知道我必须得让这种事情不再发生。"

三年后，他发明了我们现在所熟悉的每分钟33又1/3转的密纹唱片，这种唱片表明覆盖了一层乙烯基树脂来减少摩擦带来的噪音。每分钟78转的旧式唱片，每英寸[①]有85~100道纹路，彼得把这个纹路数目提高到224~300道。这就是说，一张12英寸的唱片，正反两面就可以播放45分钟的音乐，也就是一首完整的协奏曲或是交响乐。萨尔诺夫宣布美国广播公司已经有了每分钟45转的唱片，因而对于放慢这一速度的必要性嗤之以鼻。但是哥伦比亚广播公司的第一张密纹唱片一经上市就大获成功，从巴赫到哈里·詹姆斯，从2.85

① 1英寸≈2.540厘米。——编者注

美元的10英寸流行唱片到4.85美元的12英寸艺术珍品，各种乐曲应有尽有。美国广播公司的挑战失败了。

彼得50岁生日时，哥伦比亚广播公司委派了一位高层人员做他的总管。大家都叫他“照料彼得的副总”。这时，彼得被任命为哥伦比亚广播公司实验室主任。公司在离他家不远处的一块芳草如茵、可以俯瞰斯坦福的空地上，为他建造了一间实验室。弗兰克·斯坦顿说：“我们做的最明智的一件事就是为彼得建了一间实验室，供他随意使用。”这间实验室让哥伦比亚广播公司获得了上百项发明专利。其中一项是一种回响装置，它能够再现大音乐厅里才能出现的颤音，增强音响的深度。还有一种供盲人使用的唱片机，一种能够将胃里的情况播放给外科医生看的彩色微型摄像机——这是彼得在多重身份中，以宾夕法尼亚大学医用电子学教授的身份发明出来的。他最不同寻常的发明也许要数电子录像了，利用这种小装置，观众可以在家里的电视机上收看节目而不用接收商业广告。一卷7英寸的微型影片可以放映半小时的彩色电视节目或一个小时的黑白电视节目，影片可以像唱片那样会自动落在盘上，放完后还能自动收回去。

在康涅狄格郊区有关彼得的传奇故事越来越多：他晚上如何与自己的邻居本尼·古德曼开办音乐会、和别人下棋、他那令人羡慕的密纹唱片收藏馆、他的房子像一座教堂，里面到处都是巧妙隐蔽的喇叭，从各个角落传出唱诗班的歌声。如果一个秘书上班迟到了，并说她的车出毛病了，彼得会当场为她修好。他对自己的那辆梅赛德斯–奔驰牌轿车的保养十分在意，加油站的工作员擦过一遍后，他还会马上自己再擦一遍。彼得不分昼夜地工作，有时在凌晨3点或5点还会给助手打电话："我突然想到一些事情，到实验室来见我。"然后就挂断了。

关于他的脾气也有很多传闻。他是那个年代少数关心社会的科学家之一。他会为失业的黑人们找工作、担任斯坦福反贫困办公室的领导人、花很长的时间改革公立学校，要他们使用电视进行教育。他给斯坦福江滨小学捐赠了一间设备齐全的电视演播室。由于彼得付出的一些努力，他1971年退休时，美国有大约1/3的学校用上了胶片、投影仪或是其他可视化教学工具。

哥伦比亚广播公司对他的退休感到十分不安，这印证了彼得非凡的才能。公司提出聘用他10年，他不用做任何事情，而且每年给他75 000美元，但是他拒绝了。他计划要将国内卫星和有线电视连接起来，要在美国东西海岸设置多达40个电视频道，他把自己大部分的精力都放在了上面。他还设想，未来全美国范围内都有连成一线的影视节目转播频道、有免费电视频道供选民进行投票、学生在家就能上课、全美国的传真报纸可以通过电视进行传递阅览。

20世纪60年代后期，有一次，一位电视台记者问他是否想过心灵感应会替代电视。彼得顿了一下，扶了扶眼镜，回答说，一种尚未发现的脑电波在未来某一天可能会被发现并利用。他又说:“但那还需要很久才能实现。”

播音室里一片沉寂。有彼得在,一切都是有可能发生的。

第二十九章　铭记勿忘

肯尼迪总统执政的第三年，民权运动的性质发生了根本的改变。以 1955 年的蒙哥马利公共汽车抵制运动为开端，中间经历了小石城事件、自由乘客运动、密西西比州的牛津事件，争取种族平等的事件如连台戏一般上演，其中白人扮演恶棍，黑人扮演烈士。庞大的美国白人中产阶级的良心被唤醒，他们的愤怒逐步打破了重重障碍，这些障碍是几个世纪以来的法律和积习造成的。但那样的时代就要过去了。更为愤怒、好斗、顽强的黑人们就要为自己杀出一条路，站到舞台的中央。已经确立地位的黑人领袖渐渐发现，黑人青年们已经到了忍无可忍的地步。他们以牙还牙的局势一触即发，预示着种族隔离运动将进入更为黑暗的新时期，然而，在此之前，还有几个小插曲要预先上演。让黑人成为烈士的暴力执法者中，最突出的要数伯明翰的警察局长“公牛”T · 尤金 · 康纳，是他引起了公众对自由乘客事件的注意。两年过去了，他都快成了一个家喻户晓的明星。

马丁 · 路德 · 金曾称伯明翰是“美国种族隔离现象最严重的城市”。康纳非常喜欢引用这句话，他为自己的固执感到骄傲。23 年来，这位警察局长一直用残暴的手段恫吓黑人领袖们，从没有失败过。伯明翰所有学校都实行完全的种族隔离，连公共厕所、饮水站、剧院、公园、运动场、饭店甚至教堂都是如此。政府下令禁止种族隔离，但“公牛”康纳根本不为所动。对他而言，这些规定只是扰乱伯明翰的法律和秩序的手段而已，相反，应该对这种命令进行无情地鞭挞。民权运动的领袖们尽量不去招惹他，这样一直到了 1963 年春。那时，他正在竞选市长，种族游行只能让他赢得更多的白人选票。竞选于 4 月结束，康纳落选，这让他变得更加冷血无情，但是民权运动领袖们已经开始准备对付他了。

1963 年 4 月 2 日，马丁 · 路德 · 金策划的活动以静坐和游行的方式开始了。康纳迅速反击，他以未经允许擅自游行、滞留街头以及非法入侵等罪名，逮捕了 400 多名黑人。马丁 · 路德 · 金于是派一群又一群的黑人到白人教堂做礼拜，看警察敢不敢到那儿去抓他们。康纳不愿就这样上钩，他要等着伯明翰的白人基督徒们自己隔离黑人，他们中的大多数的确这样做了；只有 4 个教堂允许黑人进入，有 17 个教堂还将他们赶了出去。金呼吁，在 4 月 12 日——耶稣受难日举行抗议游行，康纳得知后马上试图阻止。伯克 · 马歇尔恳请黑人领袖们暂缓游行，等到新上任的温和派市长艾伯特 · 鲍特维尔就职典礼举行之后再进行。对即将卸任的市长阿瑟 · 汉尼斯是不能抱任何希望的，此人在谈到罗伯特 · 肯尼迪时说：“我希望这儿的每一滴血都流进他的喉咙，把他呛死。”金认为：“这个黑鬼已经得到了司法部长和白宫的支持。”但是，黑人领袖们已别无选择。即使没有领袖参加，黑人们也准备游行。而如果他们不顾禁令进行了游行，最终毫无疑问会被逮捕，金也在内。

5月2日，大约有500名黑人被逮捕，其中大部分是高中学生，他们被一辆辆校车送进监狱。第二天，其余的学生开始游行抗议。白人看客们向他们扔砖块、瓶子。马丁·路德·金在新朝圣浸会教堂召集群众表示抗议，有1 000名黑人参加，康纳在教堂周边拉起了警戒线。当天倒没有发生什么事情，但次日，当2 500名黑人在伯明翰的城市聚集又一次游行时，康纳就用警犬和消防水龙来对付他们。这些警犬都受过专门训练，它们用牙齿撕咬黑人的衣服；那些水龙都有700磅的高压，直接将黑人们冲到墙边或是冲倒在地上。5月4日，世界各地的读者都被报纸上的一张惨不忍睹的照片震惊了：一条凶猛的大狗，龇着牙齿扑向一名惊恐的黑人妇女。肯尼迪总统说这张照片让他觉得“恶心”。他说：“我现在总算明白，为什么伯明翰的黑人们对任何让他们‘忍耐’的话都不愿听了。”美国人争取民主行动组织的一位代表要求他出面进行干涉，但根据宪法，他在这一点上也无能为力。他确实派过伯克·马歇尔去试图沟通。马歇尔私下里与伯明翰的商人们商量过，达成了一项短暂的停火协议，结果该协议只维持了5天时间。5月11日，一位黑人领袖的家和一家废止种族隔离的旅馆遭到了炸弹袭击。第二天是母亲节，愤怒的黑人们再一次涌上街头，这一次他们人数众多，警察、警犬以及水龙头都应付不过来了。经过一晚上的暴动和纵火行动，康纳要求新州长乔治·C·华莱士派人进行增援。

这是国内其他地方的人首次听说华莱士的名字。由于早就料到会发生这种事情，华莱士已经临时组建了一支队伍：包括700名副警长、狩猎监督官、酒税稽查还有公路巡警。他们在市区里横冲直撞，大喊大叫，四处威胁，把黑人猛推到门洞里，还不断来回拉着枪上的保险栓以示威胁。黑人们则见怪不怪。他们不信任华莱士，原因很简单，华莱士早就告诉过报社，他会运用自己的一切权力来镇压马丁·路德·金。对于马歇尔的停战协议，他声称自己不会与任何“向种族隔离问题妥协”的人同流合污。破坏马歇尔的计划是他的既定目标，肯尼迪总统决定调派3 000人的军队到伯明翰附近的一个空军基地，这才没有让他得逞。总统说：“本届政府将全力以赴维持秩序，保卫全体公民的生命安全，捍卫这片土地的法律。”现在，任何州的官员滥用职权都会受到强有力的抵抗。黑尼斯市长斥责这是“刺刀威逼下的友爱”。怒不可遏的华莱士向最高法院上诉，控告总统的行为是“有违宪法且无效的”。这位州长还说：“这种军事独裁行为必须扼杀在摇篮里。”司法部门轻描淡写地答道，总统作为国家武装力量的最高指挥官，可以按照他的意愿随意调遣军队。

马歇尔再一次让白人和黑人领袖们和解，这一次，和平又回到了伯明翰杂乱但完好的街道上。这一成果显然是马丁·路德·金取得的又一次胜利，可以看出它的影响远远超出了伯明翰这座城市，白人中产阶级的良心再一次被唤醒，在其他地方，例如亚拉巴马州的赛尔马、佐治亚州的奥尔巴尼、马里兰州的剑桥、北卡罗来纳州的罗利湾和格林斯伯勒、田纳西州的纳什维尔和克林顿、路易斯安那州的什里夫波特、密西西比州的杰克逊和费城以及北部的芝加哥，黑人们都在进行抗议游行，反对种族隔离。总统说：“每个城市都燃烧着失望和不和谐的怒火，却找不到合法的补救办法。”肯·奥唐奈预言会有“一个漫长而炎热的夏天”，这句话大家铭记在心。临近秋末，南方监狱里已关押了1.4万名游行者。

华莱士的州长生涯才刚刚开始，他正准备大展宏图时，就与司法部长肯尼迪发生了冲突。罗伯特·肯尼迪并不想引起冲突，起初他还认为可以避免。他曾想，如果他早点做通罗斯·巴尼特的工作，密西西比州的冲突结果可能会大不相同。他希望能够与华莱士和睦相处，尽管前景很暗淡。华莱士当选不仅因为他是一个种族主义者，而且种族歧视也是他一直以来关心的唯一问题。他在选举时就曾多次发誓，自己会站在亚拉巴马州白人学校的门口，为他们驱逐黑人学生。他那辞藻华丽的演说有个极具煽动性的结尾："我以美国最伟大人物的名义起誓，要划清界限，现在要隔离，明天要隔离，永远隔离！"即便如此，鲍勃·肯尼迪认为，面对面地与他进行诚恳交流其实可以避免以后的不幸。他的这种想法未免让人觉得奇怪。蛊惑人心的野心家从来不会被理智的声音所唤醒，那些意见不同者，没有因鲍勃的态度而有所变化。但是鲍勃看待自己的方式与别人不同，他认为自己能够让乔治·华莱士按照他的思维方式去思考。

鲍勃的诉求从一开始就受到了挑战。华莱士和蒙哥马利州长官邸里的前任官员一样，从华盛顿打来的电话总是找不到他。中间人协助安排了他们的会面，鲍勃竭尽所能让这次会面看来只是个偶然，甚至为此还安排了在亚拉巴马州与其他人的会面，好让人觉得这次只不过是他众多会面中的一次，毫无特别之处。但是，华莱士却有自己的打算，他想要让他的选民们清楚地知道他为白人的至高地位做出的努力，为达到这个目的，除了在机场迎接司法部长时没有让乐队演奏《迪克西》外，他什么都做了。州政府大楼四周全是警察。示威者举着标语牌，写着："基督徒们觉醒吧，'你们要从他们之中走出来，务必与他们分开'。""清一色的班子：肯尼迪、卡斯特罗、赫鲁晓夫。"杰斐逊·戴维斯曾经宣布就任南部联盟总统的地方，新摆上了一个花圈，一位身着白衣的女子守护着它。这个女子是南部同盟的女儿，她交叉着双手，大概是表示这儿不容肯尼迪的亵渎。华莱士在州政府里会见他时，为“谨慎起见”，他进行了磁带录音。而这纯属浪费电，因为两人根本就没有谈什么实质性的内容。鲍勃想要华莱士与他谈论亚拉巴马州最迫切的种族问题，法院裁决州立大学必须接纳黑人学生。鲍勃一遍遍地向华莱士重申，这项法令必须执行，因为这是他们的本职所在；而华莱士却一遍遍地说这将导致暴力事件，肯尼迪的双手会沾满鲜血。会见结束后，华莱士州长叫来记者，宣布自己所说的一切都不会改变他站在学校门口守卫的誓言。肯尼迪说，他希望当地政府能够阻止群众暴动。与鲍勃一同参与谈话的艾德 · 格斯曼认为“华莱士的态度让鲍勃目瞪口呆，我第一次看到他对此束手无策”。

肯尼迪兄弟决定避免牛津事件重演。他们用侦察机将整个校园拍了下来，这架侦察机曾在古巴上空执行过任务，军队指挥官按照这些照片部署了军队。总统飞抵马斯尔肖尔斯，站在华莱士发表过演讲的地方，言简意赅地警告他不要违反法律。华莱士州长再一次向媒体宣布，他的决定不会改变。于是他们两人迅速走向直接对抗。据法院法令，三名黑人学生获得大学录取，在6月10日开始的夏季学期，一人进入塔斯卡卢萨大学分校，另外两人直接进入大学本部。这两名学生，维维安 · J · 马隆和吉米 · A · 胡德的处境就和20个月之前的詹姆斯 · 梅雷迪思遭遇的一样。华莱士比巴内特更加无耻，他宣称他不光要禁止胡德和马隆小姐进入塔斯卡卢萨校园，还要强迫联邦政府官员逮捕亚拉巴马州州长。美国地方法院下令禁止他干预他们入学，随后他便宣布：“就算我即将采取的行动会危及我的人身自由，但无论面对什么风险，我都将义无反顾地走下去。”

尼克 · 卡岑巴赫作为鲍勃 · 肯尼迪的副手，又一次扮演了他在牛津事件中的复杂角色：去塔斯卡卢萨领导联邦官员。华莱士以州长权力的名义，调动了700名副警长、狩猎监督官、酒税稽查和州警，外加几支国民警卫队。华莱士与巴尼特不同，他并不相信大学行政人员。他们不知道他是否计划封锁大学，发放枪支或采取其他行动。冲突局势突然出现了滑稽的一幕。大学行政人员报告卡岑巴赫说，亚拉巴马州的警长阿尔·林戈在学生注册地点福斯特礼堂前的人行道上划了一条白线。华莱士在礼堂入口处有一间办公室，室内装有两台空调。当大汗淋漓的司法部副部长还在揣测他要计划做什么时，这位好斗的亚拉巴马州长却冷静地坐着读《蒙哥马利广告报》。在白宫，总统和他的弟弟一边通过电话听着卡岑巴赫的分析，一边在电视上关注着事态的发展。

他们决定让华莱士"闪亮登场"。他们采用了卡岑巴赫的计划，这一计划旨在让州长堵住门这件事显得毫无意义且荒唐可笑。卡岑巴赫驱车把马隆小姐和胡德送到学校。停好车后，他让两人先留在车内，自己则去见华莱士，告诉州长，进不进门并不是件要紧的事。政府认为那两名学生已经注册入学，第二天早晨就应当开始上课。若华莱士继续阻止他们，总统将让联邦政府收归第31国民警卫队。

后来发生的实际情况大概就是这样。卡岑巴赫告诉媒体，两个黑人学生将于早晨10点到达。华莱士9点53分到场，由高大魁梧的州警察护卫。这些警察做好了战斗准备，头戴钢盔，腰佩手枪、瓦斯枪和警棍。卡岑巴赫与两名黑人学生在便衣警察的保护下驱车来到现场时，华莱士的宣传人员迅速搬出一张讲桌，跑过去将它放在白线前。当时温度几乎有100华氏度（约37.8摄氏度），人行道上热浪滚滚。记者和州警察都想挤进礼堂的阴凉处，这时华莱士走了出来，他像交警似的举起右臂。卡岑巴赫左右各有一名法警护卫，他走到华莱士面前停了下来。卡岑巴赫说："美利坚合众国总统已发布公告，命令你停止一切非法妨碍公务的行为。"华莱士宣读了一份声明作为回应，他斥责道："中央政府正将其意志强加给亚拉巴马州立大学，这是不受欢迎的，非法的，逼迫式的权力入侵。"他总结说："现在，我，乔治·华莱士，作为州长……据此谴责并禁止中央政府这一非法且不正当的行为。"

卡岑巴赫双手交叉，温和地回答道，所有这一切只不过是因为两名学生想要求学，"这种小问题并不值得引起这么大的关注"。他要求州长重新考虑，而华莱士却拒绝答复。卡岑巴赫便回到车里，载着两名黑人学生去了学校当局为他们安排的宿舍。4 小时后，国民警卫队的一名准将驱车到达，他向华莱士行了军礼，华莱士也回了礼。他告诉华莱士，国民警卫队已划归联邦政府，并要求华莱士"不要再插手此事，让他们可以执行法院的命令"。华莱士在痛骂了美国司法制度后走开了。

肯尼迪兄弟认为，华莱士的行为让自己看上去很滑稽，而美国人也会觉得他的所作所为荒唐可笑。千百万美国人的确都这么想，而且自胡德和马隆事件后，已有 300 多名黑人学生在大学顺利注册——过程确实很顺利，州政府没有多言甚至都未理会，州长似乎已经无计可施了。然而，华莱士和他的支持者们却有不同的看法。他公开宣称："我和他们针锋相对，最后是他们转身走开了。"观众在电视上看到的的确是这样，州长和卡岑巴赫辩论交锋，卡岑巴赫随后离开。两名黑人学生注册的情景没有在镜头里出现。华莱士，这位当时被低估的政客已经看到，在容易受外界影响的人眼中，如果他能让联邦政府官员在自己面前低头，将极具说服力。马歇尔·弗拉迪在《华莱士》一书中写道，亚拉巴马州州长"发现了一群在黑暗中沉默而思虑着国家的人，而除了华莱士，就连新闻人、政治领袖、知识分子都不曾想过会有那样一群旁观的人”。

种族问题已经成为20世纪60年代美国最重要的公共议题之一。民权运动已被描述成具有革命性的运动。在6月10日华莱士和卡岑巴赫对峙的当晚，肯尼迪总统发表了电视演讲。他把此次事件称为“道德问题”，它“与《圣经》一样久远，与美国宪法一样清晰”。“一场伟大的变革即将发生，”他说，“而我们的任务和职责就是确保这场变革和平进行，并富有建设性。”为了达到这一目标，他正在要求国会拟定一个更广泛、更彻底的民权法案，借此完成“美国人民的生活或法律中不再遇到种族问题”的设想。

梅德加·埃弗斯在一所教堂参加完一个民权集会后，于当天夜里返回他在密西西比州杰克逊市的家。作为该州美国有色人种协进会的外勤干事，埃弗斯成了詹姆斯·梅雷迪思的朋友和顾问。同时他也成了三K党人和该州白人公民委员会注意的对象。他下车的时候，被一个潜伏在暗处的狙击手杀害。总统非常沮丧，他对阿瑟·施莱辛格说：“我弄不懂南方。我开始相信撒迪厄斯·史蒂文斯是对的。长期以来大家一直将他视为有恶意偏见的人，但当我看到现在这些事情时，我开始怀疑，除此之外，你还能如何看待南方人呢。”

当民权领袖告诉他，他们正打算在华盛顿进行一场大规模和平游行示威时，总统深感震惊。“我们想在国会中取得胜利，”他说，“而不想要什么哗众的表演。”他担心示威活动可能会失去控制，或造成一种“恐怖氛围”。卧铺车厢搬运工兄弟会联盟的负责人菲利普·伦道夫回答了他的疑问。这次游行是伦道夫的主意。早在20年前，他就向富兰克林·罗斯福提过这个建议；当时罗斯福也同样感到担忧，他提出如果伦道夫取消示威活动，就承诺建立一个联邦公平就业管理委员会。于是事情就这样结束了。而这次伦道夫决心抗争到底。“黑人已经上街了，”他说，“现在已不可能让他们离开。”他建议由负责任的领袖领导他们，不然他们会被他人利用和煽动去使用暴力。

游行于8月28日在华盛顿举行。这次游行对于那些相信黑人的痛苦可以在现行体制框架内解决的人来说意义非凡。马丁·路德·金说：“我们呼唤这个国家的良心。”美国从来没有出现过这种场景：20多万人井然有序地聚集在首都华盛顿。大部分是黑人，还有几千名白人在沃尔特·鲁瑟的带领下前来。他们唱着赞美诗和黑人圣歌，高呼：“我们一定会胜利！”人们举着标语牌，上面写着：“马上通过有效的民权法案！”“现在就取消学校中的种族隔离！”“马上改善住房条件！”

游行示威人群很自律，这简直就是奇迹。该区的5 900名警察除了引导交通外无事可做。待命的4 000名士兵和海军陆战队队员也一直未被调用。游行期间，总统接见了游行队伍的领袖，其中有金、伦道夫、鲁瑟、罗伊·威尔金斯、惠特尼·扬、大学生非暴力协调委员会主席约翰·刘易斯和争取种族平等大会的弗洛伊德·麦基西克。肯尼迪说：“示威人群的热忱和庄严给他留下了深刻的印象。”他们离开后，总统继续通过电视观看游行活动。马丁·路德·金在林肯纪念堂前发表演说成为最值得美国人铭记的历史时刻：

> 我梦想有一天，这个国家会站立起来，真正实现其信条的真谛：“我们认为真理不言而喻，人人生而平等。”我梦想有一天，在佐治亚的红山上，昔日奴隶的儿子将能够和昔日奴隶主的儿子坐在一起，共叙兄弟情谊。我梦想有一天，甚至连密西西比州这

个正义匿迹，压迫成风，如同沙漠般的地方，也将变成自由和正义的绿洲。我梦想有一天，我的4个孩子将在一个不是以他们的肤色，而是以其品格优劣来评价他们的国度里生活。

“再多说些你的梦想！”听众兴高采烈地喊道。当然也有一些美国人并不高兴。比如罗斯福创立的民主联盟中的那些骨干人物，北部城市里一些较大的少数族裔集中的选区的领袖人物就不高兴。波兰人、爱尔兰人、意大利人，这些曾在三年前的总统大选中给肯尼迪极大支持的人们，在没有政府的帮助下，从社会最底层挣扎着爬上来了。他们认为黑人也应该这样。他们指出，那些要求取消种族隔离的国会议员竟然把孩子从华盛顿的学校里接出来送进了私立学校。加利福尼亚州的一个研究表明，那些高声呼喊的自由派私底下却反对黑人出现在他们的学校和社区。卢·哈里斯的一项调查表明，肯尼迪政府在处理种族问题时已引起了400多万民主人士的不满。在南方，问题自然是最严重的。“踢开肯尼迪兄弟”是密西西比州的一个政治口号。北卡罗来纳州作风稳健的州长说，如果此时进行一次选举，肯尼迪肯定会落选。在伯明翰，卢贝尔民意测验发现，支持肯尼迪的白人投票者只有一个，而他也没有后悔选肯尼迪。

可悲的是，这恰恰是人们在对待黑人时所采取的典型行为的整体反映。那些厌烦马丁·路德·金的演讲和认为詹姆斯·梅雷迪思是傲慢无礼的美国白人又一次遇到让他们深感震惊之事。那些白人眼中自负的美国黑人竟被一些黑人观众称作“汤姆叔叔”。在哈勒姆，黑人青年向金扔鸡蛋。在芝加哥，他们给梅雷迪思喝倒彩。他们的新英雄是穆斯林领袖杰里迈亚·艾克斯、马尔科姆·艾克斯和伊莱贾·穆罕默德。因为这些人宣称白种人生而邪恶，并认为非暴力是一种愚笨的行为。“非暴力对抗的日子已经结束了，”马尔科姆告诉他们，“如果他们认为三K党人是非暴力的，我就会接受非暴力。如果他们让白人公民委员会变得非暴力，我就会认同非暴力。但是只要有人拒绝非暴力，我认为任何人都无权来和我谈什么非暴力。”

第一个对这种美国新黑人回应的政府人员是罗伯特·肯尼迪。他对詹姆斯·鲍德温在《纽约客》上发表的一篇文章印象深刻。在这篇文章中，鲍德温这样描述黑人的过去：

> ……绞杀、纵火、折磨、阉割、杀婴、强奸；死亡和侮辱；日日夜夜的担惊受怕，那种深入骨髓的恐惧。怀疑生命的价值，因为身边的人都拒绝他。为妻子、亲人、孩子感到悲伤，因为他们需要他的保护，而他却无法保护他们。愤怒、仇恨、谋杀和对白人的深仇大恨常常使他转而仇恨自己，使所有的爱、信任和欢乐都遥不可及。

鲍德温认为“白人解放的代价就是牺牲了黑人的解放”。他引用一首黑人圣歌来说明：“上帝向诺亚显示了彩虹；不再有洪水了，下一次将是大火！”

喜剧演员迪克·格雷戈里向伯克·马歇尔建议，司法部长应该见见鲍德温。马歇尔向部长传达了建议，于是那两个人在核桃山共进早餐。他们的谈话简短而友善。肯尼迪提议他们次日去纽约他父亲在曼哈顿的公寓继续商谈。伯克·马歇尔将和他一同前往。他们希望了解人们希望政府应当采取什么行动的建议，同时也希望其他黑人加入他们。鲍德温说，他会带心理学家肯尼思·克拉克、作家洛兰·汉斯伯利、歌唱家莉娜·霍恩、演员哈里·贝拉方特和在自由乘客运动期间曾挨过打、坐过牢的24岁的争取种族平等大会主席杰尔姆·史密斯等人一起来商谈。肯尼迪期待着一次严肃的谈话，就像他与罗伊·威尔金斯和马丁·路德·金所进行的那种谈话。而他首先听到的却是来自史密斯情绪激烈的长篇演说。史密斯说和罗伯特·肯尼迪待在同一个房间让他感到恶心，自此会谈气氛越发凝重。

肯尼迪试图解释政府做过的和正在做的事情，以及新的法案将起什么作用，但这些人并不关心。鲍德温甚至不知道总统的民权咨文已送交国会了。他说总统在亚拉巴马采取行动的唯一原因是一个白人遇刺身亡。当时马歇尔辩驳说，他向马丁·路德·金询问过此事，众人听了却哄堂大笑，会谈就这样持续了三个小时。鲍勃事后说："他们都太感情用事，开会时表现出一种异常的兴奋。他们站起来激动地演讲，咒骂。一些人哭着离开了房间。"最后，一个青年黑人说他不会再为美国打仗了。当鲍勃问他为何说出这样的话时，这个黑人青年只是又重复了一遍他的话。

令人啼笑皆非的是，鲍勃来纽约的原因恰恰是与几家连锁店老板协商如何结束他们的商铺在南方的分店涉及的种族歧视问题。而这一点也没有给愤怒的黑人留下深刻的印象，要是换成另一名司法部长，可能对黑人就不再抱有什么幻想了。而这位司法部长却不然。当时他很愤怒，回到华盛顿后，他反复念叨着那名青年黑人拒绝捍卫国家的言论，大惑不解地问："有谁竟然会说出那样的话？"但是后来他若有所思地说："我想如果我处在他的境地，如果我经历了他的痛苦，我对这个国家的感情可能也会不一样。"这是鲍勃真正认可这场民权运动的开始。他意识到这种深仇大恨有深刻的根源，如果不采取任何措施，其后果将是一场"真正的大火"了。

5 月 29 日，总统 46 岁了。他的工作人员悄悄为他准备了一个生日派对，然后谎称情况汇报室有一个机密电话等着他去接，将他带到派对现场，但是总统并没有感到特别意外。马克·邦迪带他走向白宫餐厅时，他笑容满面。司仪皮埃尔·塞林格交给他一份演讲稿。他说："我们知道你通常自己撰写演讲稿，但是总统先生，这是一份我们请人代笔的讲稿，我们希望你把它读出来。"肯尼迪开始读了："46 年前在马萨诸塞州布鲁克林一个孩子出生了……"一个卫星模型被递到肯尼迪手中，上面有一张卡片写着："祝你旅途顺利，巴里。"肯尼迪一直对他办公室外的新花园感到非常得意，而杰基有意戏弄丈夫。她赠给他一大篮子枯草，里面的一张卡片上写着："古玫瑰园里真正的枯草，白宫历史协会赠。"那天晚上大家都很开心。他们乘坐总统的"霍尼·菲茨"号游艇在波多马克河游玩。

此时正值肯尼迪执政的顶峰时期，但是他们并未意识到。他们以为自己还能在白宫待 5 年，而总统卸任后打算在华盛顿发行一份新的报纸。它将是一份伟大的报纸，美国最优秀的新闻记者都想供职于此。但是这还是很遥远的事情，他们还没到思考未来的时候。政府关注的核心仍旧是青年人问题。他们的许多生活方式在那时被称作"年轻的新婚夫妇"的方式。肯尼迪家族的三位夫人，杰基、埃赛尔和琼那年春天均怀孕了。婴儿车和婴儿围栏成为政府高级官员家的常见家具；而在其他时代，高级官员都是年逾五六十岁了。这是肯尼迪时代的一部分，就像和平工作队一样，这个组织提醒美国的年轻人这就是他们这代人的总统。毫无疑问，他还有其他拥护者，那些知识分子群体就是其中一部分。为庆祝他在哈佛董事会担任监督的 6 年任期将满，他邀请了众多哈佛的知名人士，在白宫举办了一场没有女宾的晚宴。但即使在那时，他也不忘自己的年龄。"邀请诸位来白宫并非易事，"他说，"因为你们当中至少有 2/3 的宾客在这儿参加过的男性晚宴比我还要多。"

他的支持率，像任何其他总统一样，总是时高时低。自1962年导弹危机后，盖洛普民意测验显示有83%的人支持他；而在接下来的10个月中，这一数据先降至61%，后又降至59%。到了1963年9月，当参议院批准与苏联签订核试验禁令条约时，他的支持率又有所回升。他对此也早预料到了。他深信右翼误解了国人的情绪。他们对于大学生会转向保守主义这一情况的估计过高了。他们坚称海军上将刘易斯·斯特劳斯在禁止核试验听证会上的发言代表着几百万美国民众。“我不确定缓和紧张的关系一定就是件好事，”爱德华·特勒在那次听证会上的发言反映了整个中产阶级的担忧，“若你们修正这一条约……无异于放弃了这个国家未来的安全。”而肯尼迪并不认同这一点。在蒙大拿州的比灵斯，在盐湖城——这个被认为是戈德华特家乡的中心地区，他在演讲中，丢开讲稿，谈到他以签署核试验禁令条约而感到骄傲时，全场起立，给他热烈鼓掌。他对朋友说，这一条约是他外交政策的核心，若明年他输给了戈德华特，他也愿意为此负责。

现在看来国际关系缓和的迹象越来越清晰了。由于苏联终于接受核查古巴导弹发射场的原则，核试验禁令的签署才成为可能，而核试验禁令签署后肯尼迪也才能听到美国上下的各种赞扬之声。而这也是全世界最后一次听到苏联“三驾马车”的声音了。赫鲁晓夫在东柏林说柏林墙已被推倒，不再需要单独签订对德和平条约了。肯尼迪已经学着去过一种喉咙里卡着骨头的生活。6月20日，肯尼迪在美国大学演讲时，向苏联人抛出了橄榄枝：“我们的问题是人为的，所以可以通过人去解决……有人说谈论世界和平是没用的……除非苏联的领导人采取了更开明的态度。我希望他们会这样做。我相信我们能帮助他们做到这一点，但是我认为，我们也得重新审视我们自己的态度。”

这次演讲被大部分美国媒体忽视，而他次日晚上的民权演讲，却引起了编辑的注意。但《曼彻斯特卫报》称“这是美国历史上最伟大的国家文件之一”。赫鲁晓夫也受到了很大的震动。之后，他对哈里曼说：“这是自罗斯福以来美国总统发表的最杰出的演说。”

8月30日，美国国防部宣布白宫与克里姆林宫之间已设立了热线电话。10月，中苏关系破裂。赫鲁晓夫说他不赞同毛泽东不惜牺牲几百万人的生命在核试验上与西方世界对决。随后，肯尼迪授权美国向苏联出售余粮，“这一充满希望的迹象表明追求一个更和平的世界是有可能的，这也是有利于大家的”。

激进的右派分子义愤填膺，但肯尼迪却对这怒火甘之如饴。他很高兴自己作为一位自由派的总统而被载入史册。艾森豪威尔总统曾对凯恩斯经济学感到困惑，他在一篇杂志文章中叫嚷道，“华盛顿的那群人究竟在想什么？为什么他们要故意对我们的国家这样做？”而肯尼迪只是笑而不答。他所做的只是在道格拉斯·狄龙和沃尔特·赫勒的帮助下，力图创造美国有史以来最长久的经济和平期，使美国国民生产总值的年增长达到5.6%。肯尼迪坚信，如果国会赞同他减税的提议，美国也不会出现1964年的经济衰退。

这一点并不能确定。第88届的国会议员顽固不化，而肯尼迪总统带着他的自由主义方案远远走在了那些保守派的前面。他的方案包括呼吁建立医疗体系，拨大笔专款鼓励改善城市贫民窟住房条件，提出更合理的农业计划，开发和保护国家资源，改善社会治安状况，设立广泛的民权法案，对“争取进步联盟”承担更多义务。与此同时，批评者却认为他在立法方面的努力效果甚微。现在回想起来，他居然做出了那么多令人惊讶的成绩。他向第87届国会递交了107份提案，其中73份成为正式法案。而在他之后的总统执政早期于立法方面取得的胜利也是基于他向第 88 届国会递交的提案。

在 6 月的一次爱尔兰议会演讲中，肯尼迪引用萧伯纳《回到玛士撒拉的时代》中的一句话：“你洞察世事，追问，‘为什么？’但是我梦想的却是之前不曾有的，我说，‘为何不呢？’”这就是肯尼迪最精彩的观点，他将社会预言和政治愿景结合起来。但他并不总是那么高瞻远瞩，有时候也会走错方向。10 年后，他承诺支持研发载人太空飞船和超音速运输机就被视为没有把握的冒险。然而，即使他因年轻气盛而犯下的错误在经济萎靡不振的 50 年代也是受欢迎的。就像富兰克林 · 罗斯福一样，他也正在利用政治手段冲破国内外那些可能突破的界限。在那种环境下，他在欧洲 10 天的胜利之旅对于人们了解他的为人至关重要。访问爱尔兰是他欧洲之行的一部分，5 个月后他便遭到暗杀。无论从哪方面来看，肯尼迪与欧洲“左”派政治家极为相像，后者也清楚这一点。在肯尼迪身上，他们看到了自己理想中的自我形象。德国的维利 · 勃兰特、法国的加斯东 · 德费尔和皮埃尔 · 孟戴斯–弗朗斯、英国的哈罗德 · 威尔逊、意大利的彼得罗 · 南尼，这些人都在夸赞肯尼迪，引用他的话语，甚至在某种程度上模仿他的政治作风。“南尼，这个古板的社会主义狂热分子也忍不住赞扬肯尼迪了，”安东尼 · 桑普森在《伦敦观察家报》上写道，“……除了极右派，我们听不到任何一句反美的话。”肯尼迪作为一名自由主义者，没有耐心和那些认为人类应当戴上眼罩来抵御邪恶的人打交道。将那些想看到卡斯特罗统治下的古巴的美国学生关进监狱，对肯尼迪来说似乎很荒谬。“他们为什么不应该去？”他反问道，“如果我现在只有 21 岁，去古巴就是我这个夏天要做的事。”1963 年 10 月 26 日，他在阿默斯特发表了被当时的历史学家无比推崇的一次演说。“别的地方也许不是这样。但在民主社会，作家、作曲家、艺术家最神圣的职责就是不论结果如何都应忠实于内心。坚守真理，就是对国家最大的奉献。”

在那样的时代肯尼迪的出现似乎是必然的，但是他也有另一面。天文学家熟悉暗星这种现象。它们发出微弱的光，几乎让人无法察觉。它跟在另一颗星后面而又会常常遮住了那颗星的光芒。肯尼迪就有一颗这样的暗星。这种悲剧与他如影随形，时时刻刻跟随着他以及他爱的人，而且总是在出人意料的时候突然出现掩盖了他最辉煌的时刻。这种现象已经发生了。8 月初，杰奎琳 · 肯尼迪生下次子。这个孩子提前五个半星期降临，并且患有肺部疾病。这个叫帕特里克 · 布维尔 · 肯尼迪的孩子在挣扎了 39 个小时后便夭折了。肯尼迪总统心情沉痛，在葬礼结束后，他本想扛起小棺材将它送到墓地，但枢机主教库欣轻轻地把他拉开了。

为了让妻子重新振作起来，肯尼迪建议她接受希腊船王亚里士多德 · 奥纳西斯的邀请，乘坐他的豪华游轮“克里斯蒂娜”号去爱琴海观光游玩。肯尼迪的妻子后来回忆起 10 月初的那段日子，也就是帕特里克的死和在 11 月份即将发生的大灾难之间那阳光灿烂的两个星期，都像做梦一般。她从地中海发出的电报记录了她从伊斯坦布尔到莱斯博斯岛、克里特岛、德尔斐、马拉喀什，一直到伊奥尼亚海中奥纳西斯私人岛屿上的情况。希腊王室，自国王和王后到下面的王宫贵族都热情招待她和她姐姐李 · 拉齐维尔。他们为她祝酒，称赞她，赠送她各种奇珍异宝作为礼物。10 月 17 日，她返回白宫。白宫的一位工作人员说，“杰奎琳眼中闪着星光，是希腊的星光”。总统问她是否愿意陪他进行一次短期的竞选旅行。她同意了，并询问去哪里，总统回答，去得克萨斯州。

对肯尼迪来说，如果年初有一个地方的事情称得上进行得特别顺利的话，那要算西贡了。1963 年 1 月 14 日，他在国情咨文的开头说：“我们先头部队的气势在越南受挫。”五角大楼一名发言人宣称“我们在越南的战局有了转机。”哈金斯将军说将在“一年内赢得战争”。4 月 22 日，腊斯克说美国在西贡的努力“取得了良好的效果”，吴庭艳和越南民主共和国已“胜利在望”。腊斯克负责政治事务的副国务卿亚历克西斯 · 约翰逊看到越南政府和人民紧密联合在一起以及战略村计划的实施而备受鼓舞。他称这个战略村计划为“抱有乐观态度最重要的原因”。

但后来这些话让人困惑不已。这些预言家都出现了错误，这非常糟糕。但他们为什么还如此急于公开表达自己的看法呢？答案是，他们企图压倒那些相信吴庭艳总统和每一个支持他的人都注定灭亡的政府成员。那时候，鹰派和鸽派这种术语并没有流行起来，但是政府内实质上已经分成了两派。支持美国参与越南战争的鹰派成员主要包括马克斯韦尔 · 泰勒将军和另一些将领，中央情报局的麦科恩以及腊斯克、罗斯托、美国驻西贡大使瑙尔汀，还有被来自西贡有力而精确的报道所折服的麦克纳马拉。而站在对立面的是罗伯特 · 肯尼迪、乔治 · 鲍尔、埃夫里尔 · 哈里曼、罗杰 · 希尔斯曼、迈克尔 · 福里斯特尔、中央情报局的理查德 · 赫尔姆斯以及驻越南军队中的美国校级军官和战地记者。他们曾用《闪闪的小星星》的调子唱：

我们将要胜利，这点我们知道。
哈金斯将军就是这样告诉我们。
三角洲中，步履艰难。
高山丛林，困难重重。
但我们走向胜利，这点我们知道。

哈金斯将军就是这样告诉我们。
如果你不相信，
麦克纳马拉可以做证。

在肯尼迪任期的第三年伊始，没人觉得能打胜这场仗，因为很少有人是全力以赴的。越共按兵不动，伺机突袭，越南共和国司令官也极为谨慎，无意引燃战火。但这种平静只是假象。整个国家都弥漫着仇恨的阴云，批评吴庭艳的也并非全是越共成员。因为吴庭艳代表着被称作越南既得利益集团的上层阶级，他们观念保守，讲法语，信奉罗马天主教。在不支持共产党的社区，他们的天然敌人是年轻的佛教徒与和尚，他们贫穷、激进、好战，来自社会中下层，怀疑西方的一切。他们的宗教信仰就是大多数人的信仰，他们对天主教所享有的特权极度不满。双方都处于临战状态，战争一触即发。

1963 年 5 月初战争终于爆发。当时佛教徒正聚集在古都顺化市庆祝佛陀诞辰 2 587 周年，政府军军官命令他们散开。命令遭到拒绝后，士兵向人群开火，造成 9 人死亡。吴庭艳拒绝道歉。他私下说，道歉会使他丢面子。6 月 11 日，一个名为释广德的和尚用了一种令人震惊的方式示威：以自我牺牲来表示抗议。他坐在人行道上，耐心等待着。追随他的和尚将汽油倒在他身上。随后他划燃一根火柴，顿时全身燃起熊熊火焰。其他一些佛教徒也纷纷效仿他自焚，这为媒体提供了大量能引起轰动的照片。（每一次自焚事件前媒体都会得到消息。）读到新闻的美国公众震惊了，但西贡政府却无动于衷。此时的吴庭艳几乎完全受弟弟吴廷瑈的影响，而吴廷瑈却常常沉溺于鸦片中。吴廷瑈夫人在此时展现出了将这个掌权的家族始终置于聚光灯下的天赋。她告诉记者，每次这些“所谓的圣人”要上演“烧烤秀”时，她都会高兴地鼓掌欢迎。

迫于美国方面的巨大压力，6 月 15 日，吴庭艳勉强同意满足一些佛教徒的要求。但很快一切都变得很清楚，他根本不打算兑现承诺。6 月 30 日，佛教徒又开始示威。学生在越南的学校闹事，报道示威事件的美国记者在大街上遭到袭击，被人殴打。这些使肯尼迪总统无法忍受。冷战解冻也为他提供了停止越南战争的推力。首先必须停战，他才能向全世界提出他在美国大学所说的“和平策略”：“并不是借美国武器强加给世界以和平……并不仅仅是美国人的和平，而是所有人共享的和平。并不是我们这一时期的和平，而是永久的和平。”

除去其他一些考虑，例如腐败、无能外，吴庭艳和吴廷琛夫妇顽固的反共主义在这个新的外交政策计划中也毫无地位。肯尼迪想对他们采取高压手段。7 月初，肯尼迪发现瑙尔汀去了遥远的爱琴海进行两个月的观光游览，于是他决定首先应当派遣新的大使前往西贡。腊斯克挑选了亨利 · 卡伯特 · 洛奇，这是一个绝妙的选择。肯尼迪政府中的自由派起初并不赞同，因为他们担心贵族出身的洛奇也许会偏袒南越的贵族。他们并不了解，洛奇作为波士顿的一个世家子弟，认为出身好的人都有绅士作风，而吴庭艳和吴廷琛绝不会有。作为绅士首先就不应该背叛自己的朋友。无论瑙尔汀在任职期间功过如何，他一直是吴庭艳的好朋友。他们却准备用背叛回报他，这着实令人震惊。

在机场送别演讲中，瑙尔汀谈到了把美越两国联系在一起的纽带是“谦卑、容忍、互相尊重和深深的社会正义感”。记者们认为在越南说这些话不合时宜，而瑙尔汀认为这些话是很合理的。南越总统刚刚向他保证不再攻击佛教徒。而 6 天后，吴庭艳就派出秘密警察，夜袭佛寺，逮捕了居士与和尚，并恐吓他们的信徒。突袭者身穿常规军服，企图掩盖他们的真实身份。但是 48 小时后，真相浮出水面。吴廷琰夫人在谈到一帮几年前就被肃清的土匪时说，这次突袭是“我们自1955年摧毁平川派以来最让我高兴的一天”。

次日晚上，洛奇到达西贡。他将这次袭击看作是佛教徒有意指责美国人的一次行为。事实上，吴庭艳的支持率又降至新低，这也标志着他开始被其他越南保守主义者孤立。他的外交部长辞职，并剃了和尚似的光头以示抗议。在华盛顿，南越驻美大使，即吴廷瑈的岳父，声称断绝与女儿的关系。“美国之音”将佛寺袭击完全归咎于吴廷瑈夫妇。吴庭艳手下的将领不想卷入这场暴行，开始密谋推翻他。洛奇向美国拍电报，说密谋造反者想知道如果政变成功，美国方面会持怎样的态度。而自己又该告诉他们什么呢？

他得到的回答大部分却表现出肯尼迪政府内部对越南问题的分歧。那天是8月24日，星期六。总统在海恩尼斯港，麦克纳马拉和麦科恩在休假，腊斯克出城了，泰勒将军也联系不上。他们的主要副手是五角大楼的吉尔帕特里克、中央情报局的赫尔姆斯和国务院的鲍尔，这些人都是西贡政权的批评者。他们通过一份由鲍尔、哈里曼、希尔斯曼和福里斯特尔起草的电文。电报中直言美国大使必须让吴廷瑈夫妇下台。之后，每个人都回到了华盛顿，但大家吵得难解难分。当总统决定让每个人都公开表明自己的观点时，却没有人愿意承担责任。

现在，越南的将领们获得了洛奇的准许。8月29日，洛奇拍电报给腊斯克说，“我们已经走上推翻吴庭艳政府之路，再回头只会脸面尽失”。一切似乎都已就绪。然而一天天过去了，一周周也过去了，却丝毫没收到越南方面政变的消息。密谋者似乎丧失了勇气。佛寺镇压削弱了他们的力量，其中几位领袖人物也被外调了。吴庭艳还加紧了对西贡周边军队的控制。美国国务院问洛奇越南将领究竟是怎么回事，洛奇说：“也许他们像我们一样贪生怕死。”

吴庭艳政府的安然无事让鹰派大受鼓舞，他们又活跃起来。在8月31日举行的军事会议中，麦克纳马拉说美军目前需要重新与吴庭艳展开对话。腊斯克同意麦克纳马拉的看法，他说美国军队应当继续留守越南，直到与越共的战争取得胜利。同时美国不能支持越南政变，这一点是很清楚的。泰勒将军说他们的观点都正确。而乔治·鲍尔和埃弗里尔·哈里曼认为他们的说法很荒谬。秋天临近了，而华盛顿两个阵营之间的分歧却与日俱增。9月，当国家安全委员会派遣另一个调查组去西贡时，双方的分歧已陷入无可挽回的深渊。调查组成员包括海军陆战队的“凶神”维克托·克鲁拉克少将和国务院的约瑟夫·门登霍尔。门登霍尔是对越南战争有丰富经验的高级军官。他们完成任务回国后，肯尼迪总统重新召开国家安全委员会会议，他们分别向总统做了汇报。克鲁拉克少将报告说战局对美国越来越有利，吴庭艳表现得好极了。门登霍尔说吴庭艳的政权已临近崩塌边缘。沉默一阵后，总统说：“你们这两位先生去的是同一个国家吗？”

在这期间，洛奇和哈金斯将军的关系日渐恶化。他们两人都来自波士顿，两家也是世交。但现在两人几乎连话都不说了。9月末，麦克纳马拉和泰勒将军抵达西贡，想进一步弄清事情的真相。洛奇来到机场，想先与麦克纳马拉碰面，同时他派出两名手下在路上阻拦哈金斯。（“对不起，先生们！请让我过去见部长！”）除此之外，哈金斯依然兴高采烈。他在给麦克纳马拉和泰勒递交的报告开头就表现出了乐观情绪。在报告中他宣称吴庭艳的军队“已经取得很大进展，并且还将继续努力”。报告还称因为吴庭艳的军队在前线节节胜利，第一批1 000名美国士兵可以在圣诞节前撤离。到1965年年底，所有美国士兵都将返回美国。同时，报告还顺带回击了罗伯特·肯尼迪提出的美国人应立即撤离的荒谬建议。麦克纳马拉和泰勒竭力推行五角大楼奉行的路线：

> 南越安全对保障美国安全至关重要。鉴于此，我们坚持遵守以下目标：不把这个国家交给共产党，要及时镇压越共叛乱。

但这一观点毫无疑问不会被政府支持，就连总统本人也越来越不赞同这一观点了。9月2日，在哥伦比亚广播公司电视节目中接见沃尔特·克朗凯特时，总统明确表示，如果越南民主共和国反抗越共取得成功，那就需要“改变政策，或许还需人员变动”。随后他还说：“我认为只有得到人民的支持，战争才会取得胜利。在我看来，过去两个月里政府脱离了人民……归根结底，这是他们的战争，输赢都在他们手中。我们可以帮助他们，为他们提供装备，派遣我们的人员担任顾问。但要赢得这场战争，只能靠他们自己，越南人民。”

10月初，美国每月为吴庭艳提供1 000万美元的项目悄然停止。吴庭艳和吴廷瑈夫妇愤怒地指责肯尼迪。吴廷瑈夫人前往加利福尼亚州，开始了在美国的巡回演讲，她谴责肯尼迪支持右翼集团。但这次巡讲之旅从一开始就失败了。华盛顿官员抵制她。她想看望早已和她断绝关系的父亲陈文章，结果发现大门上着锁，插了门闩。这位前驻美大使此时正在曼哈顿，谈论他女儿“一路遗留下来的恶臭”。吴廷瑈夫人想去找他。在拉瓜迪亚机场，她见到了一位纽约官员。这位官员直率地告诉她，他并不是来欢迎她的，“我来只是想确保夫人有足够的警力保护。”吴廷瑈夫人回答说：“上帝会保护我。”她并没有找到她父亲。在哈佛大学演讲时，大约有500多名学生在台下示威。他们举的牌子上写着“吴廷瑈做的全是为了吴庭艳的利益”。吴夫人演讲时，学生们砸演讲大厅的门，还向大厅两边扔鸡蛋，窗子被震得哗哗响。到达剑桥后，示威的人群减少了。除了一些极端保守派，前来给她捧场的人几乎就只剩下记者了。

回到西贡后，政府似乎对现实状况失去了判断。吴廷瑈威胁称要与河内结成联盟，将美国人赶出越南。吴庭艳的秘密警察在肃清佛教徒后，又开始攻击学校。在一系列毫无预兆的袭击中，他们将大学生关进监狱，随后是中学生，最后竟然将小学生也关了起来。即使天主教徒也未能幸免于难。最后所有越南人，无论有什么宗教信仰和政治见解的人，都向军队中最有威望的杨文明将军——“大”明求助，恳求他驱逐吴庭艳和吴廷瑈。杨文明和美国中情局越南站的约翰·理查森取得了联系，并向他征求意见。理查森跳过哈金斯将军，直接安排大明和洛奇碰面。洛奇告诉大明，美国不会阻止越南政变，如果政变取得成功，美国会援助另一个反共政府。这一情况迅速被报告给白宫，并获得批准。除了吴庭艳、吴廷瑈和哈金斯将军，华盛顿和西贡的每个人似乎都意识到将要发生政变，哈金斯将军向总统保证不会有政变发生，说一切都是谣言。经他查证，这些谣言纯属无稽之谈。哈金斯说，所有事情都在他的掌控中。但是，《纽约时报》的戴维·哈伯斯塔姆和另一个记者却已拿到了传递信息的纸条：“请在随军商店替我买一瓶威士忌。”这就是起义在即的信号。

吴庭艳的丧钟敲响了，时值 11 月 1 日万圣节（星期五），越南当地时间下午 1 点（华盛顿时间凌晨 1 点）。在西贡，此时正是人们用午睡来打发炎热的时间。总统和他的兄弟已经回到嘉隆宫的卧室。在那里，他们应该会有皇宫警卫和高达 7 英尺的带棘铁丝网的保护。但是当他们睡着后，几卡车头戴红色方巾的叛变的海军陆战队员向防御工事发起了进攻。同时，其他士兵在重要的十字路口设下了路障。叛军很快占领了机场、警察局、位于西贡河岸边的海军总部和政府广播站。他们以 14 名将军和 7 名少将的名义通过广播向全国宣告："陆军、安全服务队、民防卫队和人民武装的士兵们！吴庭艳政府滥用职权，只图谋如何实现个人野心，轻视国家的利益……"

当天晚上，叛军用迫击炮和大炮开始围攻嘉隆宫。次日凌晨，一支由 18 辆坦克组成的部队开始炮轰防御工事的缺口。6 点 15 分，一名叛军将领命令停火 5 分钟，要求吴庭艳和吴廷瑈投降。一面白色旗子从一楼的窗户中飘出来，但是吴庭艳和吴廷瑈却已不在那里了。他们早已通过秘密隧道逃往华人聚居的郊区堤岸边。在那儿他们给夺权的军政府传话，说已做好了谈判的准备。之后究竟发生了什么无人知晓。据报道，吴庭艳和吴廷瑈接受了安全护送他们出国的条件，但这只是个借口。他们曾经欺骗了那么多人，现在却被自己出卖。被叛军逮捕后，两人被关在装甲车里，看守士兵按照将军的命令将他们杀死了。后来他们的尸体被人发现，满身都是弹痕，还穿着天主教神父的教袍。他们原本希望如果实在没有其他办法，就穿着这身衣服逃跑。吴庭艳的身上也有多处刀伤。

此时，还在比弗利山庄的比弗利–威尔希尔酒店的吴廷瑈夫人一早就被叫醒，听到了这个消息，她啜泣着指责肯尼迪总统。事实上，总统此刻也很震惊，这是自"猪湾事件"以来他第一次感到不安。总统说，无论吴庭艳犯了什么错误，也罪不当诛。而政府其他人员都欣然接受了这一消息，甚至有一种如释重负的感觉。当然也有一个重要的例外。副总统约翰逊很痛苦，他帮助过吴庭艳，他们曾是朋友。在约翰逊看来，他们之间的友谊象征着美国对吴庭艳的承诺。那些曾经批评吴庭艳政府的官员也同样抨击约翰逊。他清楚这一点，他也知道哪些官员反对他。长久以来，约翰逊鄙视他们和有关他们的一切，从他们的卡丁牌衬衣到巡逻艇109号领带别针。在其他问题上，他佩服肯尼迪，但这件事除外。

西贡人民并不赞同约翰逊的看法。他们将吴庭艳被推翻处决的那天当作节日来庆祝，在街上跳舞。吴庭艳、他的兄弟以及弟媳的雕像被砸得粉碎，他们的海报被撕烂，最后只能在一角硬币上看到已故总统的肖像了。得胜将军们所到之处都有民众撒五彩纸屑欢迎。洛奇也成了近期第一位受越南公众欢迎的美国人。美国大使馆的每个人都抱有挺大的希望。联合起来反对吴庭艳这个家族统治集团的行动似乎很受欢迎，因为这能给予这个国家一个稳定的政府。

一个星期过去了，紧接着又过去了一个星期，秋日渐短，总统却精神渐长。麦克纳马拉和泰勒10月2日的报告还搁在他的桌上，但是他不再有需要即刻处理的紧迫感了。戴维·哈伯斯塔姆后来写道：

> 他知道越南情况很糟且每况愈下，他需要去处理这样一个头等重要的外交问题。但他有一种感觉：只要有时间，他就可以处理这一问题。时间似乎也站在了他这边。他可以不慌不忙地推动手下的人去做事，推得太猛就会适得其反。时值1963年末，因为1964年就是大选年，延迟任何主要决定都会是有益的。如果越南人民能撑得久一点，他也能。

11月13日，总统召集他的主要谋士为即将到来的竞选开了一次会。会议于星期三下午在内阁会议室举行。他们一致认为肯尼迪将会以压倒性优势击败戈德华特，这一预测让大家振奋不已。美国经济也日益繁荣。自他就职以来，美国国民生产总值年增长达1 000亿美元，这一增长率超过了苏联和整个欧洲。计划将于下月发射的巨型土星火箭将使美国在载人航天竞赛中超过苏联。除了越南，这个世界平静无事。为了得到更多详细信息，总统给驻越大使洛奇拍电报，建议他回国与自己长谈。洛奇回复说他正在安排尽快离开西贡，时间将会在11月21日星期四。

1963年11月22日9点5分，理查德·尼克松（当时已是百事可乐公司的律师），离开得克萨斯州达拉斯市乘坐美国航空公司第82次航班前往纽约，这与肯尼迪总统抵达那里的时间仅差了两个半小时，肯尼迪乘坐的是"空军1号"飞机。尼克松在那儿参加了为期两天的百事可乐瓶装商协会会议。他刚刚开始摸索如何担当大企业律师的门道。就在上星期五，他向纽约律师事务所递交了入职申请，但事务所门上还没挂上他的律师牌子，因为直到1964年1月1日，他才会成为马奇、斯特恩、鲍德温、托德律师事务所的正式合伙人。

人们本以为尼克松可能要长期留在那里。本周早些时候，在一次电视访谈中，德怀特·艾森豪威尔就谈到了尼克松参加下届总统大选的概率。但是让人们记住的主要是他那极富特色的艾森豪威尔式的语言："如果出现了那种僵局，我想他就是可以考虑、可以联系的人。因为他毕竟知识渊博，又很有勇气。"几乎没有人同意艾森豪威尔的说法。当然美国广播公司也不以为然。该公司不仅曾把有关他的一篇广播稿称作"理查德·尼克松的政治讣告"；而且，在这个一年前就已录制的节目中还插播了阿尔杰·希斯的访谈。因为这一点，有两家公司试图取消与美国广播公司的广告合同，但联邦通信委员会的主席"荒地"牛顿·米诺[1]冷冷地回绝了他们。他认为广播必须要免于

[1] 牛顿·米诺曾在一次演讲中将电视比作"广袤的荒地"，而这个比喻在演讲发表的50年之后还会不断被提及，成为一个文化典故。——编者注

检查，以防止“极个别的，可怕的广告商影响广播记者的专业判断”。肯尼迪总统认同这个做法。而那时正是之后日渐衰落的附庸风雅之人的黄金时代。

美国航空公司第82次班机上，一位空姐为她的贵宾们提供了一批期刊。假使有人从20世纪70年代中期返回到那个具有决定性意义的星期五，他一定会注意到那时与现在不同的一点是：杂志种类更多。有销量不错的《展望》《生活》和《星期六晚邮报》，报摊上都在出售这些期刊。（然而，报业开始衰退了。4个星期前，也就是10月16日，《纽约镜报》停刊了。在60年代结束之前，有163种杂志，160种日报，而《印第安纳波利斯时报》《旧金山呼声报》《波士顿旅行家》《波特兰记者报》和《休斯敦新闻报》已全部停刊。）

尼克松很可能会挑选《时代周刊》来看，因为他知道里面会有关于他的报道。头版就有他的一张生活照（他当时已50岁，但看上去只有40岁），连照片一同刊登的还有一篇采访，其中引用了他谈论西贡政变的政治后果的话：“若越南战争变味，明年越南就会成为一个热门话题。若一切正常，那就不会。我感到很奇怪，我们奉承铁托，讨好卡达尔，迁就赫鲁晓夫，却对真正与共产主义为敌的同道人缺乏表达同情的基本礼节。”

从不讨好共产主义者的巴里·戈德华特在1964年的共和党总统候选人提名中处在领先地位，而纳尔逊·洛克菲勒由于在5月间与哈佩·墨菲结婚而削弱了他的获胜概率。就在11月的第三个星期里，戈德华特通过在芝加哥商业改进局一次宴会上的一席话，在他的一个本党选区里赢得了一次新的胜利。他说，新边疆纲领所创造的是“1 026天里白白浪费的开销、一厢情愿的想法、不当的干涉、空泛的理论和日益低迷的信心”。

每当这位亚利桑那州的参议员猛烈抨击肯尼迪时，记者们总是要求总统做出回复。“还不是时候，”肯尼迪总是笑嘻嘻地回应道，“还不是时候”。但是，显然他对将与戈德华特竞选总统一事是很享受的。

在这次助其竞选的重要人士中还包括了第一夫人。美国特勤局的人希望肯尼迪夫人能劝说她丈夫在人群聚集处能更加小心。在去得克萨斯之前的那个星期，他就不顾特勤局的忠告，让轿车司机驶离了他的摩托车护卫队，绕道穿进了拥挤的曼哈顿闹市区。就在总统的轿车等红绿灯时，一个业余摄影师突然猛冲到肯尼迪的车边按下了相机快门。一个纽约的警官对记者说：“那人万一是一名刺客呢。”

这是技术革新的一年。柯达公司推出了“傻瓜相机”，宝丽莱公司研制出了彩色胶卷。聚乙烯也出现了。底特律的秋季车型推出了以光滑的倾斜式后窗为特色的款式，即所谓的“斜背式”；魟鱼形车的斜顶后窗尤其引人注目。1963 年 7 月 1 日，邮政部宣布将一类邮资从 4 美分涨到 5 美分，并突然提出了将使用邮政编码系统，弄得人们糊里糊涂、怨声载道。白宫的电话号码由“National 8–1414”变为“456–1414”，这标志着数字技术又向前迈进了一步。在贝尔系统的主要电话线路图上，表示长途电话已转为可直接拨号的阴影部分面积正像个大肿瘤一样快速扩散着；1963 年，使用长途电话直接拨号的贝尔系统用户人数已达 4 420 万之多。文科院校的大学生们在展出的人像卡片上写上了这样的话：“我是一个人——请勿将我折叠、拉长或截短。”

芭比娃娃的销量在 1963 年首次达到了高峰。在两年前有了男朋友肯的芭比如今又迎来了她“最好的朋友”米奇利。（芭比那位“黑美人”朋友克里斯蒂直到 1968 年后才出现在了美泰玩具店的销售线上。在 1963 年，黑美人就如同黑人权利一样，还在等待着世人的发现。）到底该把逼真的女孩玩偶做成什么样仍然让玩具厂商争论不休。相当多的父母反对芭比有结实的小乳房。大众对此的态度还是相对保守的。在婚前性行为的问题上，人们还是认为“那不是好女孩会干的”；尽管加尔 · 格林在1963年题为《性与大学女生》的调查中发现，越来越多的好女孩都这样做了。（在格林小姐的书里有一段意味深长的话令当时的人们十分震惊，她描述了一个大学女生联谊会的女孩一边疯狂地哭叫，一边故作表情痛苦假装爬墙，喊道：“你们根本不知道我有多久没有做爱了。”）

美国的一些女大学生经常与人上床，但她们的母亲很少知道自己的女儿对性那么随便。后来，家长们愤怒地反对男女混住式宿舍楼，却差点被校园生活中更为惊人的事实吓回去了。加利福尼亚大学伯克利分校医务室的报告显示，性病已对本科女生的健康造成了严重损害，这样的事实不禁让人目瞪口呆。一个问题的解决方法有很多，停用混住式宿舍就是其中一种。但在1963年，这还不是当务之急。《花花公子》那时每星期平均会收到50封年轻女孩寄来的申请书，这些女孩都热切盼望着自己的裸照能出现在该杂志的折叠插页里，而且在编辑们看来，她们的火辣身材确实也够资格入选。然而，就算是《花花公子》也不得不迫于公众舆论做出某些必要的配合。比如，它还不敢登出模特的阴毛。但是，该杂志在1963年时刊登了一张模特赤裸着上身的照片，在当时引起了不小的轰动，因为那模特的样貌几乎完全就是第一夫人的翻版。色情的东西在当时既不是时尚，也不合法。1963年11月，曼哈顿一个由3三法官组成的法庭将《芬妮 · 希尔》一书裁定为淫秽小说，并将其列为禁书。法官指出：“尽管这本书确实写得不错，但也改变不了它是本淫秽书籍的事实。”“肮脏的东西包装得再漂亮也还是改变不了其肮脏的本质。”琳达 · 拉芙蕾丝在当时还只是个生活在得克萨斯州布赖恩区爱吃棒棒糖的12岁女孩，谁料到10年后她凭借在电影《深喉》中的色情演出一跃成为超级巨星，这着实让人唏嘘。

还有很多人是新闻中未曾报道的，如格洛丽亚·斯泰纳姆、凯特·米利特、杰曼·格里尔以及后来成为美国摄影公司总经理的博比·里格斯。贝蒂·弗里登的《女性的奥秘》一书当时刚刚出版，但妇女解放运动却仍在酝酿中。《时代周刊》在11月22日那期中报道："目前，没有人比那些已成为社会稳定象征的40来岁的家庭主妇们（她们有十来岁的孩子和事业成功又极具责任心的丈夫）更喜欢叫嚷着表示不满了。"但是，在20世纪70年代人们对这些嘈杂声却不曾察觉。七女大联合会为那些"准备参加家庭外活动"的读过大学的主妇们开设了职业培训班，但仅有50个人报名。而且她们当中没有人认为男人十分不堪。所开设的职业培训班主要讲授教育、图书管理学、社会工作以及被视为突破的公共关系等内容。七女大联合会主管安妮·克罗宁就男人对女学者们自克拉夫林姐妹失败以后采取的自卫态度有何想法的问题展开了实际调查。她告诉新闻记者："只有少数丈夫对妻子又回归职场感到很恼火。大多数情况下，他们都还是对这事儿抱着严肃和理解的态度。我们并没有在拆散任何维持得不错的家庭。"

那个年代，女性的时装款式既不大胆，也不前卫。那时还没有长裤套装，就连工作辛劳的空乘小姐也无此装束。后来杰奎琳·肯尼迪开始引领时尚——圆筒形礼帽、尖头细高跟鞋和蓬松微卷的齐耳短发。那时，裙子的长度通常是刚过膝，没有腰身的紧身装十分流行。这一切都极大突出了女性特质。男人至上的风气盛行。加里·格兰特和玛娜·洛伊在午夜场电影《燕雀香巢》中的表演虽然没有遇到任何的抗议，但是也没有人想知道女主角布兰丁夫人在她的香巢里可能会做些什么。而一位作者在杂志上发表了一篇关于多萝西·基尔加伦的人物简介，其中把多萝西参加1936年环球之旅比赛的事描述成了一个新闻噱头，并公然评价："多萝西毕竟是女人，所以晚到了一步。"1963年的夏天，伊安·弗莱明的书《爱我的间谍》发行了平装本，下面是书中的一段话：

> 女人都喜欢半强奸式的爱，或抢夺式的爱。这种爱甜蜜又紧张刺激，使女人对男人的感情在一种紧张危险的情绪中产生。感激心理和女性天生对勇士的向往之感叠加，使得女人一点都不觉得羞耻……他是我的救命恩人，我心中的偶像，我一辈子对他都怀着感激。

1963年11月的第三个星期，《纽约时报杂志》刊登了一篇关于大学校园氛围的报道。报道称，大学生编辑们发现，他们的同学通常对万事漠不关心，一心只想能在事业上有作为；而且比起重大社会时事，他们更关心安全和自身生活问题。电影《人猿泰山》就是当时流行的最好消遣。芝加哥大学正试图重燃人们对橄榄球赛的热情。康奈尔大学的两个兄弟队就刚进行了30个小时的橄榄球赛，最后两队以664：538的比分收场。路易斯安那州立大学的女大学生们在男生宿舍上演了一出"抢裤衩"的好戏——所有大学的学生宿舍其实是男女分开的。加州大学伯克利分校的学生向来走在两性问题的前沿，他们曾要求学校医务室出售避孕药。然而，他们对此并未争取到底，尽管该要求是可以协商的，但是事实上却没人再关注了。

《卡米洛特》于1963年1月结束了在百老汇的演出。《汤姆·琼斯》获得了本年度"奥斯卡最佳影片奖"。黑人演员西德尼·波蒂埃凭借《原野百合花》获得了“最佳男演员奖”；帕德里夏·妮尔也因演出《赫德》获得奥斯卡“最佳女演员奖”。1963 年 11 月票房大卖的电影是《玛丽，玛丽》和《疯狂世界》。热播的电视节目有《基尔代尔医生》《安迪·格里菲思》《我的三个儿子》《佩里·梅森》《黑兹尔》《露西》《豪门新人类》以及《阴阳魔界》等。美国全国广播公司为 11 月 5 日安排的星期一电影是《雨中曲》——之后未播出。

据《广告时代》杂志的哈里·麦克马汉介绍，那一年，“埃贾克斯的白衣骑士”和“白色龙卷风”（“纯净得就像白色龙卷风！”）两则商业广告最为流行。皮尔啤酒用“伯特和哈利的归来”作为广告创意。麦斯威尔速溶咖啡的广告创意则是“一杯加半杯”。雪佛兰汽车广告中汽车在威尼斯河道的水面上行驶，而赫兹公司的广告则是将人倒进了敞篷汽车里。当时流行的歌曲是《走开，小姑娘》《多米尼克》《如果我有一把锤子》《神龙帕夫》和《在风中飘荡》。

畅销小说有玛丽·麦卡锡的《群体》、莫里斯·韦斯特的《渔夫的鞋》、詹姆斯·米切纳的《驼队》以及海伦·麦金尼斯的《威尼斯风波》。畅销的非小说类书籍有詹姆斯·鲍德温的《下一次将是烈火》，以及引发了生态环保运动的蕾切尔·卡逊的《寂静的春天》和两本备受在那一星期即将发生的周末大事件影响的书——杰西卡·米特福特的《美国式死亡》和维克托·拉斯基的《约翰·肯尼迪：其人及其神话》。由于罗伯特·肯尼迪曾参照《美国式死亡》一书为哥哥选择了下葬用的棺材，使得该书具有了某种历史意义。而位居非小说类畅销书榜首的拉斯基的书则被认为是有诽谤性质的作品，后来被其出版商从书店下架。

在体育方面，得克萨斯大学在大学橄榄球赛中拔得头筹。那个赛季，达雷尔·罗伊尔球队出了个奇才，托尼·克洛斯比，他是个光脚射门手。就在肯尼迪总统飞去达拉斯的前一个周末，克罗斯比还凭借一记 42 码开外的长距离射门得分帮助球队击败了得克萨斯基督教大学队。在职业球员中，克利夫兰 · 布朗队的球员吉米 · 布朗一时傲视群雄。在美国橄榄球联赛即将结束之际，纽约巨人队和芝加哥熊队正准备一较高下；最终芝加哥队以 14 ：10 的比分夺得冠军。在美国橄榄球联赛决赛中，圣迭戈战马队以 51 ：10 击败了波士顿爱国者队。那时还没有“超级杯”。在冰球界，底特律红翼队的戈迪 · 豪可谓大名鼎鼎。他在参加过 1 132 场比赛，牙齿被打掉 12 颗，累积受伤共缝了 300 针之后，于 1963 年 11 月，在与蒙特利尔加拿大人冰球队的较量中第 545 次进球得分，这也创下了纪录。在篮球方面，波士顿凯尔特人队的鲍勃 · 库西在 1962 年的赛季后便正式告别了赛场。他的退役让大家觉得凯尔特人队从此将不堪一击，但是，自肯尼迪最后一次离开白宫，1963 年的赛季开始已经有两个月了，凯尔特人队仅输了一场比赛——只丢了一分。这多亏了中锋比尔 · 拉塞尔（身高 6 英尺 10 英寸）。

当年新闻未曾报道的一些地方有伍德斯托克、美国瓦兹、东村、格兰特公园、伤膝河、人民公园、美莱村、溪山、肯特州立大学、比夫拉、林肯公园、孟加拉国、阿提卡、胡志明小道、查帕奎迪克岛、比米尼群岛、博茨瓦纳、卡塔尔和水门。而位于华盛顿国务院旁的水门办公公寓两用大楼已在建设中；之后肯尼迪总统的送葬队伍也将在此经过。旧金山的嬉皮士聚集区海特–阿什伯里是个单调乏味的工人居住区。当时住在海特区的人并不熟悉后来的一些嬉皮士用语，如：通过吸毒逃避现实、超级巨星、吸服迷药致幻、迷药致幻、大麻香烟、激发性欲、上床、偷抢、退学、群居组织、捉弄、临时住屋、发火、醉酒、淫乱聚会、嬉皮士的集会、分享、和平与爱情的非暴力政治主张、垃圾、锅柄公园、迷幻的美国荧光艺术、角色扮演、打群架、唤起回忆、街头剧、迷幻状态下的恶魔崇拜以及神性感应。

《纽约时报》刊登了一篇其伦敦分社发回来的报道，报道称："英国一个由4个流行音乐男歌手组成的乐队如今大受欢迎，引发了无数青少年的狂热追捧。"他们就是甲壳虫乐队。1964年2月，他们远赴美国演出，那时，他们发行的三支单曲早已在美国广为流传了，歌名分别是:《她爱你》《我想握住你的手》和《站在那里》。

据戴维·哈伯斯塔姆报道，发动了西贡政变的越南将领们希望美军撤换掉哈金斯将军，但是五角大楼表示，他们相信哈金斯将军一定能履行其打败越共的诺言。民众对美国通过军事途径解决越南问题的可行性提出了质疑，国防部副部长罗斯韦尔·吉尔帕特里克在弗吉尼亚州温泉区举行的商业会议上对此进行了反驳。他说，美军拥有绝对的杀伤力，任何人公然反抗只会自取灭亡。

法国驻美大使的夫人妮科尔·阿尔方登上了11月22日的《时代周刊》封面。吉米·霍法正被起诉。夏尔·戴高乐对英国进入共同市场持否决态度。罗斯·巴尼特州长签署通过了大陪审团裁定的判决，认为近期因牛津市州立大学给黑人学生詹姆斯·梅瑞迪思提供入学资格而引发的骚乱应该由联邦政府全权负责。理查德·伯顿和伊丽莎白·泰勒在拍摄电影《埃及艳后》时因戏生情，如今两人正设法摆脱各自的原配，打算早日完婚。在安保人员的重重护卫下，名画《蒙娜丽莎》在美国进行了展出。

1963年时，美国人口达到了189 242 000人（到1973年，人口将达到209 000 000人），其中就业人数为70 000 000（1973年将达80 627 000人），失业率为5%。美国的人口中心位于伊利诺伊州塞勒姆以东 4 英里处，在 20 世纪 50 年代里已向西移动了 57 英里，这是人口中心自 19 世纪 80 年代以来最大的一次西移。对大多数美国人来说，“二战”已不再是他们最重要的经历了。“二战”之后的“婴儿潮”让美国人年龄值的中位数降到了 29.5 岁。

劳工组织的数量变化也让人吃惊：1960~1962 年，工会成员减少了近 50 万。工会工人的比率从 1955 年的 24.4%降到了 1962 年的 22.2%，就连一向不反对工会的默里 · 肯普顿也开始说工人运动已是“日薄西山”了。

原因之一是随着时间的推移，越来越多的工人已忘却 20 世纪 30 年代那些工人罢工的英勇事迹了。与此同时，劳动力的性质也正在发生改变。在战胜日本之后的岁月里，蓝领工人的数量减少了 400 万，而白领职员——如经理、专职人员、售货员、办公室职员等，增加了近 1 000 万。

此外，在 1963 年 11 月，蓝领工人的境况和 20 世纪 30 年代受压迫的他们父亲那一辈的工人已不可同日而语。1963 年 6 月时，生产工人一星期的工作时间略多于 40 小时，平均工资为 100 美元——是“大萧条”时期同类工人的工资的 4 倍。现在有近 40%的家庭年收入超过了 7 000 美元。约翰 · 布鲁克斯指出，“无产阶级”这个词几乎已经从人们使用的语言中消失了。卡罗琳 · 伯德写道：“人们觉得物价在上涨，但这其实是他们的生活水平在提高。”

衡量社会繁荣长期影响的最佳场所便是教室了。爱德华 · F · 丹尼森在其对经济发展的综合研究中指出，教育是促进经济发展的主要因素。从 1929 年的股市大崩盘到肯尼迪总统任职末期，美国政府在教育方面的投资增加了 10 倍，达到每年 390 亿美元。

这项举措带来的社会影响是无法估量的。在 1900 年，美国适龄青年中只有4%的人能上大学。到了1957年，这个比例为32%；肯尼迪上台后，人数占到40%，到他去世时则达到了50%。据安德鲁·哈克计算，如今有60%~70%的美国人进入了中产阶级。事实上，中产阶级正迅速成为美国唯一的阶级，其价值观也正是曾经那些少数受过高等教育的上层中产阶级的价值观。

一位欧洲的外交官说："美国经济已变得十分强大，几乎让人难以理解。"美国的社论作者曾惊叹联邦德国的"经济奇迹"；其实，更大的经济奇迹正在美国国内发生。一些数据足以显示美国经济增长的规模。20世纪50年代初，美国的百万富翁仅有27 000人，但如今，美国有近9万的百万富翁，而且该数字正以每年5 000人的速度增长。自"二战"以来，美国的海外投资额已由120亿美元跃增到800亿美元。仅通用汽车一家公司的年销售额就有170亿美元，几乎相当于德意志联邦共和国国民生产总值的1/3。美国在60年代最初4年增加的国民生产总值比德国1964年全年的国民生产总值还要高——前者为1 220亿美元，后者为1 000亿美元。自"二战"以来，纽约证券交易所的总投资额已从460亿美元增加到了4 110亿美元；华尔街的公关人员热切谈论着"人民的资本主义"的概念。这个词不无道理——纽约证券交易所行情牌上所列出的股票是掌握在大约2 000万美国人手中的。

当时的社会预言家认为这是一件不折不扣的大好事。一些学者，如约翰·肯尼思·加尔布雷思则认为利益的分配应该有所改变，但实际上他也不否认经济富足是件好事。兰尼·布鲁斯在1963年时只是个逍遥法外的粗俗喜剧演员；拉尔夫·纳德当时也不过是哈特福特大学任教的一个籍籍无名的历史和政治学讲师。新"左"派的观念认为，威胁美国的并不是国际共产主义，而是工业技术和规模庞大的各类机构——而且美国各大公司和华盛顿的官僚机构的庞大只不过是一种冗官冗员，而这种观念在当时还未成熟。自由主义者仍坚信政府机构的规模越大越好。

詹姆斯·赖斯顿1963年在哥伦比亚大学曾说道："当今世界的头等大事就是变革了。"在这一点上，没有哪儿比流动性日益增强的美国社会更加明显了。由于南方的黑人相信在北方的城市有更好的生活等着他们，加之技术的革新，自20世纪40年代初期开始的国内人口大迁移在战后依然持续着。美国1963年的农业产量比1940年高出60%，然而全国农业劳动所需的总时间却从2 000万小时缩减到900万小时。因此，到1963年，居住在城市和郊区的美国人占到了总人口的75%。"农业集团"已不再是国会议员的心腹大患了。"大农庄"也丧失了其政治力量。

就连推动变革的运输工具也在发生改变。火车站逐渐成为美国大都市中最冷清的地方，因为每有一位旅客乘1英里的火车，就有3位乘客搭乘飞机。（到1973年，该比例将达到1 ∶ 13。）90%的地方运输是靠汽车；1963年，美国汽车行驶的总里程数达到了近8 000亿英里。据美国商务部估计，美国现有17 000多家废车处理场，而且随着艾森豪威尔总统签署修建的直达、无交叉、高速州际公路网的竣工，美国的道路交通拥挤现象也开始在各州蔓延开来。

从破旧的火车站出来，街对面的那些有着旧式复斜屋顶的城市旅馆已逐渐淡去了光辉。自战胜日本以来，原来的城市旅馆中已有4 000多家关门停业了。旅客如今抛开了城市旅馆而选择住在汽车旅馆的豪华小楼里，这些汽车旅馆由战前那些简陋的"旅舍"改造而成，不仅会为旅客提供各种传统的旅店服务，还推出了一些新的服务项目。黑白电视机成了众多汽车旅馆（只要不是最肮脏的）的标准配置（彩色电视机在当时还是种新鲜玩意儿）。那时，美国的电视机总数已达 5 640 万台；而且，人口普查人员发现 1960 年美国只有 8.5% 的人没有收音机。这意味着美国已经拥有了一个规模空前的信息传播系统，任何国家大事都会得到及时播报。11 月 22 日的午后，在达拉斯的帕克兰纪念医院里，所有信息都通过两名通讯社记者在医院征用的两部电话机向外界发布。那年冬季，芝加哥大学美国民意研究中心对此事进行了调查，发现在达拉斯时间下午 1 点时，即枪击事件发生半小时后，美国有超过 7 500 万人获悉了该事件，占了人口总数的 68%。到晚上时，获悉事件的人数已达 99.8%。即使那些家中没有电视或收音机的人也通过其他渠道听说了该事。

1963 年 9 月 2 日，哥伦比亚广播公司《晚间新闻》节目将其新闻播报时间增加到了 30 分钟。全国广播公司紧随其后也于 9 月 9 日增加了其节目播出时间，而这一举动将对越南战争产生极为深远的影响：为了填补额外增加的节目时间，电视报道中加入了新闻影像，其中就出现了美国士兵割掉越共士兵耳朵的镜头。但是在 1963 年 11 月时还不可能有这样的影像，当时西贡连电视评论员都还没有。那年，仅有 17 名美国人在越南战争中丧生，另有 218 人受伤。1963 年 11 月的第三个星期从西贡发回的最有趣的消息是一则关于柯尔特公司新产品 M–16 式步枪的报道，这款枪比 M–14 式更加小巧轻便。一位军方发言人说，这就是在游击战中反共部队轻松歼灭越共军队的原因之一。

据美国新闻署制出的国外民意测验表显示，美国在 1963 年的海外声望极高。其他来自国外的消息包括了一则从加丹加省发回的报道，报道指出该地区将结束与刚果持续了两年的分裂局面；另一则是对伦敦的亚历克 · 道格拉斯–霍姆爵士领导的保守党新政府的评论。

评论指出，新政府是不稳固的；丹宁勋爵对普罗富莫丑闻的调查报告使英国人民极其震惊，而丑闻的女主角克里斯汀 · 基勒一时成为当年最出名的英国妓女。

在美国国内，道琼斯工业指数在 732 点左右徘徊。新奥尔良的种族隔离主义者因为不肯向赞同种族融合的教会屈服而被罗马天主教的主教驱逐出教。他们中还没人听说过贝里根神父兄弟俩的事。新闻中尚未提及的人还有丹尼尔 · 埃尔斯伯格、克利福德 · 欧文、威廉 · 卡利、吉米 · 亨德里克斯、詹姆斯 · 厄尔 · 雷、杰布 · 斯图尔特 · 马格鲁德、安杰拉 · 戴维斯、安迪 · 沃霍尔、阿瑟 · 布雷默、维达 · 布卢、阿奇 · 邦克、迈拉 · 布雷肯里奇以及巴尔的摩县官员斯皮罗 · T · 阿格纽，阿格纽当时正处在他 4 年任期的第二年。当时谁也没听说过什么“耶稣迷”“《全球目录》”“《龙虾王》杂志”“《性交》杂志”“《金钱》杂志”“热裤”“水床”“电视节目《芝麻街》”“电影《爱情故事》”“黑人解放军”以及“同性恋解放运动”。

《读者文摘》1963 年 11 月那一期转载了《好管家》杂志的一篇文章来预测未来：“安眠药和兴奋剂药丸——用时千万要小心！”1963 年 11 月 24 日的《纽约时报杂志》注定是读者稀少的一期，玛丽 · 安妮 · 吉塔在那期杂志上分析了一些 13 岁左右的孩子的最新用语，如：“卑鄙小人”“特别讨厌的人”“在舞会或聚会中‘玩得愉快’”“骗取”“太糟了，但也只好这样”“真相”“天哪老兄”“挂断电话”“令人毛骨悚然的”“欢呼声”和“夸夸其谈的人”等。这些不到 13 岁的孩子到 1973 年便该是大学生了。吉塔小姐认为，这群孩子新创造的词并不逊色于他们的父辈，有时甚至更具想象力：“据可靠消息，‘了不起’一词已经被用在了‘新边疆’政策中。”

当时还在世的人除了肯尼迪总统外，还有司法部长罗伯特 · F · 肯尼迪、马丁·路德·金、玛丽·乔·科佩奇尼、弗雷德·汉普顿、马尔科姆·艾克斯、乔治·林肯·罗克韦尔以及45 865名将在接下来的9年里战死越南沙场的美国青年。

1963年11月12日，约翰·肯尼迪夫人在白宫前的草坪上招待了2 000名贫困儿童。这是她自儿子帕特里克8月夭折以后的首次公开亮相。在她让人把200加仑[①]的可可和1万个甜饼分给她的小客人时，苏格兰高地警卫团的一个小分队队员昂首阔步地为他们演奏风笛。总统听到这动听的旋律也情不自禁走出了他的椭圆形办公室欣赏起了表演。10天后，当她回忆起丈夫当时满面春风的场景，便邀乐手们在他的葬礼上再演奏一次。

现在，几乎每天都有无数回忆涌上她的心头，让她在达拉斯事件后慢慢回想、沉思、重温、回味以及哀叹。在苏格兰高地警卫团来为孩子们表演的前一天，肯尼迪总统带着不满3岁的小约翰参加了阿灵顿国家公墓举行的老兵节典礼。纵容一个蹒跚学步的小男孩走入队伍中影响其行进引起了一些人的不满，因为他们觉得这应该是个严肃的场合。然而孩子的父亲却乐在其中，他对着孩子眉开眼笑的画面被摄影师拍了下来。有人认为肯尼迪就是为了这个目的才把孩子带来的。《展望》周刊专门用了一整版来刊登小约翰的照片；这似乎是总统不想让摄影记者空手而归而特意为他们提供的几个镜头。

华盛顿军区司令官菲利普·C·韦利少将当天也去阿灵顿国家公墓参加了老兵节。12天后，在贝蒂斯海军医院的尸体解剖台旁，他俯视着肯尼迪的遗体，不由想起了豪斯曼《致一位英年早逝的运动员》中的几句诗：

---

① 1加仑≈3.785升。——编者注

今天，所有的赛跑者都来到这条路上，
我们却把你抬在肩上为你送行，
轻轻放下你在家门口，
小镇为你肃穆宁静……

而近期的许多事都能让肯尼迪夫人联想到那场悲剧；韦利将军则只有这一件。但大多数美国人却连一件都没有。对他们来说，达拉斯的惨剧是突如其来的，他们甚至都不知道总统去得克萨斯州了。只有当地人对他的到访有兴趣；他来只是为解决两位民主党人的内部争执，一位是自由派民主党人，参议员拉尔夫 · 亚伯勒，一位是与其意见相左的得克萨斯州州长小约翰 · 康纳利。直到“总统的车队在经过闹市区时遭到狙击，总统遇刺身亡”这个令人难以置信的消息见报后，得克萨斯州以外的民众才知道总统这一次的达拉斯之行。

后来，美国人为了使自己的悲痛更真切，试图去还原事件的全部经过。他们这才知道达拉斯闹市区的大街小巷的具体方位；才知道教科书仓库大楼在哪儿，狙击手就是在那儿开的枪；才知道帕克兰纪念医院的位置，总统和身受重伤的康纳利州长被火速送到了那儿救治；才知道惨案中所涉及的人的具体身份和职能。很快，美国人民都忘记了暗杀发生的第一时间他们其实并不知情，他们都是事后才了解事情详情的。

在当天的车队中，合众国际社的记者梅里曼 · 史密斯所坐的记者专车就跟在总统座驾的后面，两者间只有 4 车相隔。华盛顿当地时间下午 1 点 30 分，枪击事件发生的当刻，他就用所乘车上的无线电话向当地分社发回了第一条简讯：“经过达拉斯闹市区时，先后有 3 发子弹射向了肯尼迪总统的车队。”1 点 34 分时，合众国际社便已经在印制机上发排这则新闻了，此时离总统被送达医院仅过去了两分钟。1 点 36 分时，美国广播公司的唐 · 加德纳在本市新闻节目中插播了该新闻。1 点 40 分时，哥伦比亚电视台中断了肥皂剧《地球照转》的播放，观众看到了沃尔特 · 克朗凯特心急如焚地转播着史密斯关于 3 发子弹的报道，并补充道："据第一批报道的消息，总统受了重伤。"1 点 45 分时，全国广播公司电视台也暂时停播了另一部肥皂剧《单身老爸》而转播了切特 · 亨特利的报道。就这样，三大广播公司对该事件做了三天三夜的直播，中途都未插播任何商业广告，直到总统在阿灵顿国家公墓下葬为止。

有些人最初是从之前的广播节目或电视转播中了解到枪击事件的。其中有一位住在沃思堡的电视观众，玛格丽特 · 奥斯瓦尔德，她正是暗杀者的母亲，她从达拉斯–沃思堡电视台看到了有关该事件的新闻。她住在达拉斯近郊欧文的儿媳玛丽娜也看到了新闻。在华盛顿，一位政府官员的妻子伊丽莎白 · 波曾当时正开着车收听 WGMS 广播电台的广播。卡罗琳 · 肯尼迪是车上的乘客之一，她正准备去和波曾的一个孩子一起过夜。当波曾夫人听到广播里说"……头部中枪，他的夫人杰基……"时，她立即关掉了收音机。然而，大多数人并不是那样直接地获悉此事的。他们要么是从路人那儿听说的，要么是从电话或公共广播里听说的，抑或是在餐馆听服务员说的，总之都是些不可靠的来源，毕竟那已是第三四手的消息了，所以众人难免会不信。为了弄清事情的真假，人们聚集在晶体管收音机、汽车收音机或酒吧电视机旁——总之是一切可行途径，去了解真相，最终知晓这是真的。

（然而，却有一些报道不够准确或让人误解。华盛顿时间下午 2 点 18 分，美联社发出一则未经证实的报道称，林登 · 约翰逊也"受了轻伤”；下午 3 点 14 分，美联社的电传打字机又传出消息说：“今天，在距肯尼迪总统遇刺地点不远处，一名特工和一名达拉斯的警察也中枪身亡了。”这似乎证明了该事件是一场阴谋的说法。直到下午 4 点 33 分，该新闻才得到纠正。）

华盛顿时间下午 2 点，医院方面宣布肯尼迪总统死亡。正式公告却一直拖到林登 · 约翰逊能够离开医院后才公布。在最初的一个小时里，大家普遍猜测凶手背后有个更大的阴谋集团。下午 2 点 26 分，新总统从医院离开前往机场。6 分钟后，合众国际社援引了为总统完成最后仪式的达拉斯牧师奥斯卡 · 休伯神父的话：“没错，他已经死了。”接着，总统的代理新闻秘书也证实了此事。华盛顿时间下午 2 点 35 分——达拉斯时间则要早一个小时，合众国际社电传打字机向全世界敲响了丧钟：

新闻快讯

肯尼迪总统死了

这时，人们的注意力转移到了达拉斯事件的另一方面。李 · 哈维 · 奥斯瓦尔德把他的来复枪留在了教科书仓库大楼 6 层的狙击地点，走到街上乘坐一辆公共汽车经过了 7 个街区，后又转乘出租车回到公寓取了一把手枪。下午 2 点 15 分，在一个小时之内，他又犯下了第二件杀人案，将前来盘查他的达拉斯警官蒂皮特枪杀了。35 分钟后，奥斯瓦尔德在附近的一个电影院里被拘捕。警方的凶杀案调查组人员这才知道刚逮捕的这名罪犯是教科书仓库的一名管理员，事实上，也是案发当时唯一不在仓库的管理员。警方由此也逐渐掌握了一些间接证据。

下午 3 点 38 分，林登 · 约翰逊在“空军 1 号”上宣誓接任总统之职，旁边站着惊魂未定、身上还沾有血迹的杰奎琳·肯尼迪。9分钟后，飞机起飞前往华盛顿的安德鲁斯机场。不到两个半小时，飞机便抵达机场。约翰逊在安德鲁斯机场发表了继任总统后的第一次电视演说，随后乘直升机去了白宫。肯尼迪的随行人员护送他的棺木到了贝塞斯达海军医院等候尸检，尸检工作一直持续到了大半夜。次日凌晨4点34分，覆盖着美国国旗的棺木运回了白宫，被放置在东大厅的灵柩台上。肯尼迪夫人跪在棺木旁，把脸深埋在星条旗的繁星中。

日子就这样在混沌状态中过了三天。星期六的首都大雨倾盆、狂风大作。星期六是一个分界，晕头转向的人们日后只记得此前一天发生了令人震惊的暗杀事件，此后一天刺客本人也遭到了谋杀。芝加哥大学的调查表明，星期六那天，大多数人花了10个小时守在电视机前，达到了周末看电视时间的顶峰，但观众并没获得多少有效信息。总统的遗体还安放在东大厅；肯尼迪的家人、朋友和政府高级官员都前往那里吊唁。星期日，总统的灵柩由一辆马拉着的灵车载上了宾夕法尼亚大道，前面是一匹无人骑行的马，马镫上倒挂着一双皮靴，那是首领去世的象征。与此同时，又有消息传来，达拉斯发生了让人难以置信的新暴行。李·哈维·奥斯瓦尔德在被移送到另一监狱的途中被一家夜总会的老板杰克·鲁比开枪打死。枪击就发生在70个身着制服的达拉斯警察眼前。由于全国广播公司当时正在电视上直播罪犯的移送过程，因此在第一时间实况转播了该枪杀事件的经过。总统的遗孀在返回白宫时获知了此事，并把这称之为“一件更可怕的事”。

星期一，总统的灵柩由灵车载往圣马修斯大教堂，举行完葬礼后，被送到了阿灵顿国家公墓安葬。以夏尔·戴高乐为首的92个国家的代表前来参加了葬礼。之后，他们出席了两场招待会，一场是在国务院举行的，另一场规模要小得多，是在白宫举行的，肯尼迪夫人在那里接待了他们。这件事到此也就结束了，但从某种意义上说，那个周末从未真正结束，若干年后，人们仍在努力尝试想弄明白其背后深意。这已成为美国乃至全世界有史以来经历过的最意义重大的发生与报道同步的事件。很久以后，美国人还在谈论着他们最初是怎样获知从达拉斯传来的消息的，谈论着他们对肯尼迪夫人要求在坟前安放长明圣火以及对小约翰向父亲灵柩行礼有何感想等话题。戴维·布林克利的结论是，这一刺杀案件让人难以理解，他说："那些天发生的事极度不合时宜，不论发生在何处都是不应该的，这不符合我们这个时代的文明。这件事太大、太突然了，而且来势汹汹，牵涉甚广。我们必须把其中的每个事件分隔开来单独看待。"

尽管如此，人们还是总想把它和自己的生活联系起来。最直接的方法便是以总统的名字命名一些东西。卡纳维拉尔角改名为肯尼迪角。艾德威尔德国际机场也改名了。美国文化中心改为约翰·肯尼迪表演艺术中心。财政部开始着手铸造 5 000 万枚肯尼迪 50 美分硬币，这些硬币多被作为纪念品被珍藏起来而未能在市面上流通。美国各地的委员会纷纷提议更改当地地名来缅怀总统。不久，杰奎琳·肯尼迪就发现，她也许哪天会坐车"经由肯尼迪大道前往肯尼迪机场去参观肯尼迪中学"。这股风一直刮到了国外。加拿大有座山叫肯尼迪山，只因首位攀登此山者的名字叫罗伯特·肯尼迪。做得最显眼的是英国，竟把具有重大历史意义的伦尼米德草地划出 3 英亩[①]来作为肯尼迪圣坛，而当年《大宪章》就是在这片草地上签署的。1965 年 5 月，伊丽莎白女王主持了开坛仪式，宣告将这片土地献给

① 1 英亩≈4046.856 平方米。——编者注

“生前受人爱戴，死后为人怀念”的美国总统。肯尼迪夫人回应说：“你有这份心意，我真的无比感动、备感安慰。”

当时，肯尼迪夫人收到了成千上万封美国人的来信，这些信流露出的真挚深情让人动容。戴维·贝尔形容这位已故的总统是“武士般的国王”；娜塔莉·海明威称他是“一位慈祥的教父”；约翰·斯坦贝克在信中写道：“他是人民心中最优秀的人……他直到生命尽头都还在尽力把人民所创造的一切美好回赠给人民。”

在成堆的信件中还夹着一封令人难忘的信，但这封信是很久以后才被看到并回复的：

理查德·M·尼克松

纽约州纽约市第五大道810号

邮编：10021

11月23日

亲爱的杰基：

在这悲伤的时刻，我和帕特都想让你知道，我们的悼念和祈祷将与你同在。

虽然命运让我和杰克的政治立场相左，但我们私下里仍是好朋友，我们的友谊自1947年我们俩一同进入国会起便开始了，我一直很珍视这份友谊。这份友情在过去留下了许多痕迹，包括我们被邀请参加你们的婚礼。

我现在说什么也不足以为全世界人民对他的颂扬之词锦上添花。

但是，我希望你知道，美国人民也将永远感谢你这位第一夫人所做出的贡献。作为美国国家的女主人，你把魅力、美丽和优雅带进了白宫，而你特有的保持年轻心态的秘诀也在美国人心中留下了不可磨灭的印象。

如果以后有任何需要我们帮忙的地方，我们一直会很荣幸为你效劳的。

你忠诚的，

迪克·尼克松

剪影：约翰·F·肯尼迪和林登·B·约翰逊

How many roads must a man walk down
Before they can call him a man
How many seas must a white dove sail
Before she sleeps in the sand
How many times must a cannonball fly
Before they're forever banned
The answer my friend is blowin' in the wind
The answer is blowin' in the wind

DISORDERS IN CANAL ZONE CAUSE U.S.-PANAMA DIPLOMATIC BREAK

TFX DEFENDED BY MCNAMARA

—— Pall Mall ——

There was only one catch and that was Catch-22, which specified that a concern for one's own safety in the face of dangers that were real and immediate was the process of a rational mind. . . . Orr would be crazy to fly more missions and sane if he didn't, but if he was sane he had to fly them. If he flew them he was crazy and didn't have to; but if he didn't want to he was sane and had to. Yossarian was moved very deeply by the absolute simplicity of this clause of Catch-22 and let out a respectful whistle.

"That's some catch, that Catch-22," he observed.

"It's the best there is," Doc Daneeka agreed.

WINSTON TASTES GOOD *LIKE* A CIGARETTE SHOULD — **What do you want: good grammar or good taste?**

Best actor of 1963: Sidney Poitier in *Lilies of the Field*
Best actress of 1963: Patricia Neal in *Hud*

Tom Jones *The Great Escape* *How the West Was Won* *The Leopard* *Cleopatra* *The L-Shaped Room*

Blacks have to fashion a world where they can live with dignity and restraint. I am not interested in being a murderer, but then I am not interested in being a dier, either. I am not going to kill you, but I am not going to let you kill me, said LeRoi Jones

BEST SELLERS: Nonfiction
The Warren Commission Report on the Assassination of President Kennedy
The Fire Next Time by James Baldwin
The American Way of Death by Jessica Mitford
Silent Spring by Rachel Carson
The Kennedy Wit edited by Dill Adler

MOURN POPE JOHN

SCHAEFER the one beer to have *when you're having more than one*

SEVEN STEEL COMPANIES INDICTED FOR PRICE FIXING

LBJ: U.S. WILL DESTROY 480 B-47s IF RUSSIANS WILL GUT 480 TU-16s

HOOVER DEAD AT 90

— AJAX — **MACARTHUR DEAD AT 84**

fruiti-juici, fruiti-juici, say, pal, how 'bout a nice HAWAIIAN PUNCH!

HOOTENANNY!

SUB THRESHER LOST WITH 129 ABOARD

BEST SELLERS: Fiction
The Shoes of the Fisherman by Morris West
The Group by Mary McCarthy
The Venetian Affair by Helen MacInnes
The Spy Who Came In from the Cold by John le Carre
Herzog by Saul Bellow

Big John **GO-GO-GOODYEAR** *Big Bad John*

We demand that no more American youth be sent to fight in a war that is helping neither them nor the Vietnamese people. We have learned lessons from Nazi Germany, and will not go along with the aggressive war-making policies of any government even if it happens to be our own

Gone was the glow of blue velvet
But in my heart there'll always be
Precious and warm a memory
through the years
And I still can see blue velvet through my tears

EXILES BOMB CUBAN REFINERY

LINK PHILBY TO MACLEAN, BURGESS

Dr. Strangelove ***U.S. MOSCOW EMBASSY BUGGED***

– CASTRO'S DEFECTING SISTER AIDED CIA –

第三十章　权力的长臂

1964 年 8 月的一个下午，德怀特 · 艾森豪威尔向笔者描述了在肯尼迪遇刺事件发生的第二天，那个凄风冷雨的星期六，他在行政大楼见到林登 · 约翰逊的情景："我认识他很久了。那天他就跟平时一样，神经紧绷——不停地走动、打电话……我在谈话中一提及某人，他便会立刻抓起听筒，联系那个人。他询问我对包括减税等很多问题的意见。我告诉他，他得先说清楚自己的预算要怎样使用。我们还讨论了外交事务。就当时的情形来看，林登 · 约翰逊只是想确认时局形势和政策的执行状况。他的提议不新颖也不独特。他希望谈谈老挝、古巴的问题。相较于国内政策，他对外交政策的了解并不多。"

新任总统夫人说："林登工作起来像是永远没有明天一样。"约翰逊引用自己最爱的《圣经》里的一段话来定义他的领导哲学，这话出自《以赛亚书》第一章第18节："耶和华说，你们来，我们讲道论理。"不过，他自己也承认，在讨论时他喜欢"小设障碍"。实际上，为了说服别人和他"意见一致"，约翰逊很少以理服人，而是采取哀求、威吓或乞求的方式，所以他其实是彻头彻尾的勒索者。作为参议院多数党的领袖，他已经成为国会山历史上最精于权术的人；其政治手腕令人叹服。但问题是，他没有意识到"专断弄权"的名声不利于他在白宫的发展。埃里克·戈德曼称他是"戴牛仔帽的马基雅维利"。公众可能会赞同他的立法目的，但他达成目的的手段却另当别论。民意测验专家塞缪尔·卢贝尔发现，1964年投票给约翰逊的美国人中，其实有许多都对他有所怀疑。他们认为：他是个精明独断的人，必须时刻提防；他是个老辣的政客，毫无疑问，他有时候特别有用，但是并不完全可靠。他的大批崇拜者抗议，认为该说法不公。也许那些人的言辞有失偏颇，但这种怀疑也并不是毫无依据。1966年初，约翰逊故意在美国在越南战争中卷入程度的问题上误导国民；另外，与他关系最密切的三个副手——博比·贝克、沃尔特·詹金斯和阿贝·福塔斯都在他的任期内深陷丑闻。

然而，约翰逊自己并没做什么有损名誉的事，或者卑鄙的事。在就任总统的第一年，似乎走到哪里都有他的身影。赶走白宫的头面人物，削减肯尼迪的预算彰显节约精神；向贫穷宣战，为免费医疗制度亲自游说议员，与美国的6个同盟国的首脑（"我的总理们"，他向一个记者解释道）会谈，解决美国与柬埔寨的争端（如果说暂时的话），他提出愿意销毁480架B–47轰炸机，前提是苏联要销毁同等数量的TU–16战斗机，安排美国和苏联减少原子能原料的对外供应，巡视阿巴拉契亚山区；劝说民主党总统候选人在1964年竞选期间和他一起声明暂时不提种族问题；武装干涉多米尼加共和国的政务，并且，在

1964 年 10 月 31 日的演讲中展望“伟大社会”计划的前景等。总之，关于他的每件事都显得声势浩大。当他在国会联合会议上致辞结束走下讲台时，一位议员向他道贺。“是啊，”约翰逊说道，“我得到了 80 次掌声呢。”议员查询记录，竟证实了总统所言；原来他演讲时一直在数着掌声的次数。

在他的椭圆形办公室和卧室都并排摆有三台电视机，方便他同时收看哥伦比亚广播公司、全国广播公司和美国广播公司的时事评论节目。他的电话控制台有 42 个键，他能让很多来电者同时在线等待和他单独对话，或者同时和所有人对话。他创造了用完 169 支笔签署三个议案的纪录。他喜欢开快车。在得克萨斯州，他曾载着 4 位女记者一边以令人心惊胆战的每小时 90 英里的速度开着车，一边为他们详细讲解公牛的性生活。其中一名乘客看时速表时倒吸一口冷气，于是总统便将自己的宽边帽摘下来盖在仪表盘上。他对爱国主义的呼吁到了厚颜无耻的地步；在有关铁路罢工的电话会议中，一位工党领袖在被问及会议状况时说道：“林登的办公室墙角有面国旗。他举起旗子在室内奔跑。”他常把“我的军队”“我的政府”和“我的税收”挂在嘴边。为了不让别人忘记他是谁，他的袖扣上、靴子上、斜条纹夹克上，甚至是塑料水杯上都装饰有总统徽章。1964 年的民主党全国代表大会上，他下令为自己制作了 44 英尺高的油画肖像，并把会议时间定在了他的生日 8 月 27 日的那个星期，这样他忠诚的党员们就能为他奉上最大的生日蛋糕了。同年 11 月，他倾尽全力想要在美国政治史上获得最伟大的一次胜利。他深夜进入一个新城市，会巡游四周，拿着扩音器大声号召：“各位，大家好！来开会吧！来听我讲演吧！”《纽约时报》的杰克 · 库德将他称为“Y · A · 蒂特尔式的握手专家”。一次在洛杉矶，一个扒手正将手伸入某人口袋时，却发现自己的手被美国总统握住了。

那年，白宫记者团为了解闷开出了一个书单，列出出版史上最短的书。前三名是《意大利战争英雄》《波兰名人录》以及林登·贝恩斯·约翰逊所著的《我犯的错》。很多认识总统的人都知道他从不探寻自己的内心，因为他觉得那样不够安全。他的问题绝不是欠缺智商。埃里克·戈德曼是普林斯顿大学的教授，后来成为约翰逊的助手，他写道："这么多年我常跟校内外智商一流的人打交道，我确信在我认识的人中再没有比林登·约翰逊更聪明的了。不过这聪明只针对智商而言，约翰逊思路清晰、敏捷、看问题透彻，还具有其独特的想象力和精细态度。"他的问题在于他深感自己年轻时没有受到良好的教育。他就读的那所中学，即便以当地宽松的标准来看也是不入流的。

在一次深谈中，约翰逊曾对《时代周刊》的休·赛迪袒露："不管我在外交事务上做出多大的功绩，都不会获得赞誉，因为我没念过哈佛。"这个观点十分荒谬，不过他对知识分子的怀疑也不是毫无根据的。他们对他的蔑视——没有更适合的词语，是 20 世纪 60 年代令人震惊的现象。他们因为他拉扯小猎犬的耳朵而取笑他，似乎这也算一件大事。校园里的学生别着的徽章上面写着"林登国王一世"，"让林登·约翰逊绝育：别再生出丑孩子"，"希特勒还活着——就在白宫"，其中最不能原谅的就是"李·哈维·奥斯瓦尔德，我们需要你，现在你在哪里？"他们赞赏《麦克伯德》①，该书将约翰逊刻画成刺客，而且趣味低下，比约翰逊的失言更糟糕；而且他们还为自己辩解说这是在对肯尼迪表示哀悼，有意忽视肯尼迪是因约翰逊能力强

① 《麦克伯德》的名字通过套用莎士比亚的戏剧《麦克白》来影射约翰逊，此外约翰逊之妻也被称作伯德夫人。称约翰逊为"麦克伯德"，暗示其弑王夺位。——编者注

才选他做副总统的事实。白修德提过“政治玩笑像是从遥远的赫伯特 · 胡佛时代复苏了，反扑到约翰逊身上；总统和伯德夫人卧房内的笑话则颇具情色意味，与富兰克林 · 罗斯福和埃莉诺的私生活相差无几”。特勤局通报抨击总统的匿名信从之前的每月 100 封猛增到了 1 000 封。

约翰逊的说话方式对挽回名声没有丝毫帮助。他抑制自己天生的亲和力和质朴，转而竭力表现出严肃和谦卑，结果从电视机里反映出来的全是虚情假意和故作清高。人们本能地意识到不管真实的林登 · 约翰逊是什么样的，眼前这个必定是不真实的。他无法抛弃南方政客的浮华作风，而这风格与国民习惯了的肯尼迪谨慎自持的风格大相径庭，因此约翰逊被人戏称为“玉米饼大叔”。从某种程度上来说，这个名字很贴切。处理完铁路罢工事件之后，他发表了全国电视讲话，朗读了来自伊利诺伊州帕克福里斯特一个名叫凯茜 · 梅 · 贝克的 7 岁女孩的来信。“我的祖母住在纽约，”凯茜写道，“她要来看我，帮我做第一份圣餐。请确保铁路正常运营，这样她才能来见我。”总统说：“所以凯茜的祖母可以去见她了。”作为议员，这些事可能不会有人追究，但他是总统；不出 24 小时，全国上下都知道那封信是 10 天前写的。凯茜的祖母已经见过她，并见证了她享用圣餐的全过程，而且已回到纽约。约翰逊从来都不懂放弃这种策略的智慧。在随后的越南问题上，他这种夸夸其谈的毛病只会带来更大的损失。

莉兹 · 卡彭特是他在得克萨斯州的忠实追随者，她写道：“当我想到林登 · 约翰逊时，我总能看到一只伸长的手臂拿起电话，抓起一捆文件、握手、拥抱、安抚、劝告，有时甚至是推搡一下旁人的场景。但他对人总是包容的，是的，总是包容的。”但包容不是对每个人，约翰逊将罗伯特 · F · 肯尼迪排除在外。两人对彼此都表现出最恶劣的一面。两个骄傲敏感的人之间所产生的相互厌恶的感情往往是强烈而非理性的，并且这两个人的相互仇视从达拉斯悲剧发生之前就开始了。罗伯特 · 肯尼迪在洛杉矶时曾反对他哥哥选用约翰逊作为副总统，而且约翰逊似乎也多次从根本上反对小肯尼迪的立场。约翰逊一派的人对他们的前任十分痛恨。莉兹 · 卡彭特希望她的总统能“从暗杀后痛失亲人的家族那儿听到公开表示慰问和鼓励的话……不过他从未提过，作为一名女性和党员，我意识到了这种沉默的危险……肯尼迪家族注视着生者，为死者祷告，但却没有安抚民众”。

无疑，人们对遇刺前总统的哀悼增加了约翰逊工作的难度，但这不仅限于肯尼迪家族。在暗杀发生后不久密苏里州的国会议员克拉伦斯 · 坎农曾预言：“目前一切都会是肯尼迪的，然后人们就会忘记。”但他们没有遗忘。杂志只要发表肯尼迪纪念专刊，很快就会销售一空。跟肯尼迪有关的书籍一经上市总是供不应求。美国史料收藏家发现肯尼迪亲笔信件的价值甚至不亚于林肯的。经他亲笔签名的《英勇的人们》一本可卖到 375 美元。为了完成从肯尼迪到约翰逊的权力过渡，总统助理在约翰逊视察时给民众分发两位总统的照片，但这一做法很快就被叫停；因为每有一个人要约翰逊的照片，就有 10 个人要肯尼迪的。新总统斥责一个特工人员佩戴肯尼迪鱼雷快艇式领带别针，这惹怒了整个特勤局。不过约翰逊的愤怒是可以理解的。他始终活在一个故去之人的阴影里。

约翰逊一定常常觉得无论走到哪里，都会遇到肯尼迪家族的人。他派鲍勃和埃塞尔 · 肯尼迪到远东地区进行访问，各报头版都争相报道访问行程。特德 · 肯尼迪在空难中受伤，对这一意外事件的报道盖过了约翰逊对美军力量强大的宣告——美军陆海两军联合实力已超过世界上的所有国家。最夺人眼目的是杰奎琳 · 肯尼迪，即便是她最微不足道的言辞或露面都能让总统的讲话黯然无光。盖洛普测验显示，与美国素来的民意测验不同，现在的第一夫人只在美国最受人尊敬的女人里排第二，她的前任仍保持着第一名的位置。1964 年 7 月，肯尼迪夫人迁居纽约，白宫希望国民对她的崇拜能有所消减，然而事与愿违，光是她保持蓬松发型，坚持不戴帽子的习惯，就严重影响了女性帽业的发展，就像她丈夫对男性帽业的影响一样。

主教派华盛顿大教堂的主教，肯尼迪的老朋友弗朗西斯 · B · 塞尔从布道坛上站起来说，约翰逊"表面上，无论哪一方面都富丽堂皇，但因为私底下道德缺失，不免会有白蚁蛀蚀其根基"。《华盛顿星报》评论道，塞尔"犀利的言辞恰当地总结了大部分选民的心声"。更让约翰逊难以承受的是那些怀疑他与前总统遇害有关联的恶毒言论。大法官厄尔 · 沃伦领导的委员会查实，肯尼迪是被李 · 哈维 · 奥斯瓦尔德谋杀的，并没有同党，肯尼迪家族也尽力促使大家接受委员会的调查结果。但攻击沃伦报告是不负责任的言论在约翰逊执掌白宫的这些年一直没有间断过，甚至还会在上层社会中流传。《纽约世界新闻论坛报》指出，"出于对已故总统的尊敬，我们认为，现在应该是请那些利用死者、借机牟利、投机倒把、恶意中伤的家伙们罢手的时候了，除非他们真能拿出点儿有力证据来，不过目前他们什么也没有。"不过这都是浪费笔墨；对报告的攻击还在持续，并且此类攻击在英国广播公司付 4 万美元的高价给一个声誉不佳的评论家来拍摄两小时的影片，却什么都无以证明之时达到了顶峰。

白宫所说的"鲍勃问题"是约翰逊最头痛的事。新总统执政不到半年，华盛顿的人便都知道了前总统的弟弟正在建立一个流亡政府。该"政府"由从政府离职的新拓荒派人士和肯尼迪派人物组成。他们 1964 年开春在杰奎琳 · 肯尼迪位于乔治城的寓所会面，在她离开华盛顿后会议地址改到了胡桃山司法部长的家里。他们因对约翰逊共同的敌意而团结一致。当然，他们谁也不相信约翰逊应为达拉斯的悲剧负责，不过他们都认为小肯尼迪有权成为约翰逊政府的副总统。然而他们脱离了现实，这两人根本不可能同舟共济。一次约翰逊总统较为温和地批评了鲍勃·肯尼迪："那个所谓'新贵'爬得太高太快了，他忽略了学习生活规则的过程，跳过了必要阶段。他不喜欢我，不过我更不认可他。"约翰逊派的人称鲍勃是前麦卡锡分子，是"自由法西斯主义者"；他们说他是"没节育的流浪男孩"，支持"上帝在国家之前，但最重要的还是肯尼迪家族"。

1964 年 7 月 29 日，星期三下午 1 点，总统将司法部长肯尼迪叫到椭圆形办公室，告诉他，他不会成为自己的竞选伙伴。约翰逊称赞了小肯尼迪的雄心壮志，并说有朝一日如果由鲍勃来管理国家将会是件美事，不过现在时机还不成熟。约翰逊向他推荐政府机构中其他的岗位，并邀请他像帮他哥哥一样来辅助自己下一届的总统竞选，但是鲍勃拒绝了他的提议。对于肯尼迪今年无缘副总统竞选的消息应在何时何地宣布并未确定。肯尼迪离开时觉得这次会面是高度机密的。不过约翰逊明显不那么认为，隔天他在邀请三名华盛顿记者吃午饭时把这件事告诉了他们。这就已经够糟糕的了；但更糟糕的是，他情不自禁地发挥起自己精妙的模仿才能，在记者面前学起肯尼迪听到消息时的模样。总统说，得知此事后，鲍勃先是一言不发，深吸了口气。约翰逊边说边模仿起他吸气的样子。消息传到肯尼迪耳朵里，他怒不可遏。于是他当面质问总统，控诉他泄密。约翰逊则坚持说他从没把见面的事情告诉任何人，直到鲍勃直言他撒谎，他才承认或许自己忘记了有过这段对话，他得看看记录和日历。

总统想让肯尼迪自己宣布将不参加竞选，鲍勃不肯。这让约翰逊进退两难。一方面，他不想得罪肯尼迪国内的追随者们。另一方面，他认为他不能冒险让这问题一拖再拖；到大西洋城参加下届民主党全国代表大会的代表们大都是肯尼迪的人，完全可以自行提名鲍勃参选。他的对策极其荒谬，不过确实是典型的约翰逊风格。7 月 30 日，他宣布："关于民主党副总统候选人的人选问题，我已决定，由我向大会推荐自己内阁中的任何成员或者在内阁长期工作的任何人员都是不合宜的。"他没给出原因。这种推辞根本说不通。他的这个举动，不仅打击了罗伯特 · 肯尼迪参选副总统的雄心，也夺走了麦克纳马拉、史蒂文森、施赖弗、腊斯克和奥维尔 · 弗里曼等人的希望。约翰逊说："现在我的问题总算迎刃而解了。"鲍勃说："不好意思，我还是有这么多优秀的同伴支持我。"

白修德在《1964 年总统的诞生》一书中曾写过那个夏天的历史性冲突："美国飞机对越南民主共和国的鱼雷艇在东京湾的袭击反应迅疾，达到了果断和精准的极致平衡。"在当时看来的确如此。不过随后，随着民众对越南战争的失望情绪蔓延整个国家，东京湾事件变得暧昧不清，令人费解，还被当成了美国蓄意挑衅的结果。

要了解 1964 年 8 月的第一个星期北越附近水域发生了什么事，最关键的就是一份代号为 34A 的美国针对越南共产主义力量的秘密行动计划。白修德从没听说过 34A，美国民众也没听过，就连国会也没听过。国会事实上应对该行动负责，它负责批准该行动，也确实批准了，它将美国的亚洲战争规模进行了灾难性的升级。某种程度上，东京湾事件被意外地误解和歪曲了，但如果华盛顿的当权者们没有进行更深层的权力游戏，这些失误便是无足轻重的。这些行动的主谋就是约翰逊总统。不过，他也可能受到了五角大楼中高级官员们的欺骗和利用。因此可以确定国会确实是受人操控转而支持战争行动的。

34A计划是于1963年12月，肯尼迪总统遇害一个月后提出的。国防部长麦克纳马拉在他某次考察西贡的行程中，听到针对北越的秘密行动计划，他很认可。他让克鲁拉克将军负责这件事。回到华盛顿之后，他便向约翰逊总统报告了整个计划，约翰逊也热切地想了解。然而，34A计划的执行成效却令人失望。虽然南越游击队、伞兵和蛙人的进攻组织有序，但北越人民拥护河内政权，所以这些突击队每次都被背叛。策划34A计划的哈金斯将军和麦乔治·邦迪将主力部队调动去突袭共产党的海岸防线，进攻武器是南越的鱼雷艇。河内认为这不过是骚扰，并不构成威胁，但拦截到的无线电信息表明，被多次袭击的北越基地共产党海军指挥官们要求进行还击的呼声越来越高。

1964年7月30日星期六，约翰逊将司法部长肯尼迪和他的其他内阁成员从副总统候选人名单中移除，也是在那天，南越鱼雷艇小队按照34A计划从岘港起航。美国的驱逐舰“马多克斯”号也启程前往同一水域；其任务是通过挑衅诱使海岸防线守卫使用雷达装置，然后测出雷达位置——这和陆军测定敌军火炮位置再反击敌军将其一举歼灭是一样的军事原理。8月1日，“马多克斯”号驱逐舰驶过迎面而来的鱼雷艇；对方刚完成一次鱼雷攻击，正在返航。驱逐舰进入交战区，开始执行任务，对海岸上的雷达操纵员进行挑衅。那里的北越官员认为“马多克斯”号和鱼雷艇是执行同一任务的。这个假定美方相当清楚，因为美方一直通过无线电监听着三艘被遣去侦察驱逐舰的北越鱼雷艇的信息，还把这个情况向五角大楼进行了汇报。然而报告却被丢进了抽屉深处，没有得到任何反馈。在五角大楼向白宫的汇报中，只提到三艘共产党的鱼雷艇袭击了“马多克斯”号，在美方回击时，其中一艘被击沉。

在向公众发布的经过处理的版本报告中，美军声称驱逐舰当时是在距离海岸还有30英里的公海区域内正常航行，没有提及它的任务，更没有提及南越鱼雷艇。约翰逊总统下令“马多克斯”号继续执行任务，并派出第二艘驱逐舰“C·特纳·乔伊”号加入行动。这便是第二次东京湾事件的背景。8月4日晚间，事后据一个海军士兵形容，“那一夜比地狱中心还黑。”负责驱逐舰巡逻指挥的船长约翰·赫里克通过无线电发回信息称，根据截获的北越无线电信息，显然他们仍旧认为这些美国舰队的行动只是34A攻击计划的一部分。像之前的报告一样，这一信息再次被五角大楼压下了。而公众得知的情况却是，美国舰队第二次被无端侵犯，并且这次的冲突位置距离海岸有65英里。

从采取行动的重要性来看，第二次袭击的证据极没有说服力。直到三年半之后，参议院外交关系委员会才知晓事件的始末。令他们惊讶的是，参议员们随后发现当时根本就没有发生任何冲突。驱逐舰“特纳·乔伊”号的雷达屏幕上出现了光点，随即它就开火了。“马多克斯”号也开火了，虽然它的雷达屏幕上什么也没有。两艘舰艇都在迂回式前进。“马多克斯”号的船长注意到每当驱逐舰急转弯时，他的信号员就会报告说有鱼雷。如此三小时后，赫里克回复说：“回顾记录时发现所有上报的舰艇接触和鱼雷发射都有疑点。反常的天气状况和信号兵过于急切的情绪都可能是造成这么多报告失误的原因。‘马多克斯’号没有发现实际的目标。建议在下一步行动前进行全面实况评估。”实际上，北越鱼雷艇确实在附近——驱逐舰的炮火和舰载飞机击沉了其中两艘，但美国舰队分毫未损，究竟哪方首先开火实在可疑。第一份报告发回的14小时后，五角大楼仍旧向驱逐舰询问袭击中的目击者姓名、其可信度和北越军队的规模、类型和数量。

林登·约翰逊等不及这些材料。在他的命令之下，战机已经从航母“提康德罗加”号和“星座”号上起飞；攻击目标是4个北越鱼雷艇基地和一座油库。第二天一早，全美国都知道了35艘北越舰艇和90%的北越油库受损或被击毁。约翰逊在电视上宣称："原先针对南越和平村庄的恐怖袭击现在已发展成了在公海上对美国的公开侵略了。"他说，美方的反击是"有限和适度的"，"尽管其他人已经忘记，我们美国人知道，冲突蔓延的危险性。我们并不希望战争扩大"。

如果他在那年选举中面对的是其他对手，那他对这次这些小型舰艇之间的短暂冲突的反应可能会不同。在三个星期前，共和党在旧金山牛宫提名了巴里·戈德华特为本党候选人，他指责约翰逊政府"在共产主义面前显得怯懦"。这让他的崇拜者起立欢呼，他说："伟大的上帝建立起这个强大的国家是为了给勇敢者一个家园……而不是为了让它在共产主义的欺凌面前忍气吞声……是我们的失败筑起了柏林的耻辱之墙。我们的失败污染了猪湾的耻辱之沙。我们的失败标志着老挝自由的逐渐死亡。我们的失败危害着越南森林。"

利用东京湾事件，约翰逊可以粉碎戈德华特的这些言论。他所要做的，不过就是披着国旗向国会要求由自己全权负责清剿北越海盗。为了这一目的，他召集国会的领导们到白宫，让他们通过决议，授权他可以果断处理这类挑衅。他说他想要的，是联合决议，类似于国会曾经给予艾森豪威尔用于对抗1955年中国台湾地区和1957年中东出现的共产主义威胁时的权力。比尔·邦迪已经为他起草了一个决议草案。总统让外交关系委员会主席参议员富布赖特以及约翰逊的一位老友为通过决议的事情负责。富布赖特当时同意了，之后却懊悔不已。

1964年，冷战形势依旧紧张；国会没多少人主张对共产主义气焰保持温和态度。俄勒冈州的韦恩·莫尔斯是个例外。在第二次东京湾事件之后的夜里，莫尔斯接到从五角大楼打来的电话。来电者听闻这位参议员将会反对总统的决议，便建议参议员到时候提两个问题。第一，他必须坚持要求查看“马多克斯”号的航海日志，因为里面记录的驱逐舰与海岸的实际距离要比民众所了解的小得多。第二，他必须要求了解舰艇被派出去要执行的任务，这任务绝对没有那么单纯。

第二天早上，莫尔斯研究了决议的措辞，得出结论，该决议是违反宪法的。他向富布赖特指出，只有国会才有权宣战。而这个决议却同意总统可以绕过国会在任何情况下不宣而战。富布赖特想用中国台湾地区和中东地区的类似决议说服他。莫尔斯说，那些决议也是违反宪法的，而与约翰逊的事情比起来，他们要名正言顺得多。在那个危急关头必须得当机立断，但这次不同：越南的战争目前看不到尽头，这个不限时的许可证会让总统可以在任何他认为合适的时间进行战争干预。而且莫尔斯认为决议的措辞相当笼统。他恳请富布赖特举办听证会。富布赖特说，不可能，这只是突发事件。莫尔斯不同意这个观点，他其实是对的；但富布赖特已经决定让决议立即通过，还把这件事与参议员的爱国与否联系起来，让莫尔斯和唯一支持他的阿拉斯加议员埃内斯特 · 格里宁受到孤立。仅仅 40 分钟的讨论之后，决议就以 414 : 0 的投票结果在众议院通过了。参议院花的时间长一些——辩论了 8 个小时，但是如观察员之后的评论一样，“比参议院讨论修订渔业法案花的时间还少”。

在当时，批评的言论寥寥。这一举动被视为在慕尼黑之后，政府不再姑息挑衅者，而是依赖集体安全的思路的合理延伸。这么看来，如果我们和东南亚条约组织的其他成员国现在去救援南越，那么当加利福尼亚州受到胡志明，或胡志明和毛泽东共同的威胁之时，他们也会来帮我们的忙。迪安 · 腊斯克坚称，不这么做会让美国陷入“致命危机”。之后这个言论引来诸多嘲笑，但在当时没有人质疑。腊斯克的立场其实是两党政治人物共同的立场；投票赞成决议的参议员有尤金·麦卡锡、乔治·麦戈文、伯奇·贝赫、艾伯特·戈尔、雅各布·贾维茨、约翰·舍曼·库珀、弗兰克·卡尔森、乔治·艾肯以及弗兰克·丘奇。《纽约时报》评论道："美国对总统的一致信任是至关重要的。"《华盛顿邮报》说："约翰逊总统赢得了自由世界的感激。"卢·哈里斯民意测验显示，虽然7月时美国58%的民众对约翰逊插手战争有不满情绪，但现在72%的人都表示同意。哈里斯写道："单是这一举动，约翰逊就将自己在对外政策方面最大的政治弱点变成了他最强的资本。"就连沃尔特·李普曼都表示支持，坚信总统对美国人民所说的，轰炸是美国在越南战争中的底线，他绝不会派出军队。1964年，支持政府的人几乎占了美国大多数，大家都兴高采烈。很久以后，人们才想起莫尔斯的预言：

> 我坚信历史会记下我们犯的大错，因为这项决议，我们破坏并背离了美国宪法。正如我今天早些时候竭力说明的那样，我们实际上赋予了总统不宣而战的权力。我认为这会是个历史性的错误。

8月7日决议通过的当天，约翰逊就签字履行了。8个月后，他笑着告诉来访者："我只知道，美国的海军正在那边射击鲸鱼。"

1963年夏，在多家报纸开设经济专栏的作家埃利奥特·詹韦曾思考过，如果黑人和白人发觉他们竞争同一职位，会发生怎样的情况。他认为白人可能会憎恶民权运动，他将这一反应命名为"强势冲击"。在达拉斯事件后的那个冬天，"强势冲击"有了政治意义，它特指亚拉巴马州州长乔治·C·华莱士在总统初选期间得到种族主义者的支持。华莱士在印第安纳州（5月5日赢得30%的选票）和马里兰州（5 月 19 日获得 43%的选票）展现了其影响力之后，他在全国范围内的支持者开始减少。他的声望受损似乎是因为大多数黑人仍旧对不公之事保持着逆来顺受的态度。7 月份，华莱士退出了竞选。就在他退出之时，纽约的黑人却决定开始拒绝忍气吞声，他们以新的姿态创造着历史。所以，新闻头条上出现的消息又将引发更激烈的反应。

7 月 16 日，在共和党总统候选人在旧金山接受党内提名当天，曼哈顿的一名清洁工正在位于东 76 街 215 号的高级公寓外冲洗人行道，这个区域临近哈莱姆。当他看到 3 个黑人男孩在街边游荡，就冲动地把水管对准他们，此举很愚蠢。对这些男孩来说，水管让他们想起了“公牛”康纳尔和在伯明翰发生的事。他们异常愤怒，一边抓起垃圾桶盖当盾牌，一边用东西砸清洁工。清洁工被瓶子击中后撒腿就跑。其中一个男孩叫詹姆斯 · 鲍威尔，15 岁，他拿着刀在后面追。这时候，刚下班的托马斯 · 吉利根警官正好路过，吉利根掏出手枪，要求鲍威尔放下刀。男孩不但没放下，反而刺向警官，向他的右臂猛砍过去。吉利根向空中开了一枪示警，接着又连开了几枪，结果打死了鲍威尔。

鲍威尔的死亡激怒了整个哈莱姆区的人。黑人们的愤怒郁积了三天。在第三天星期六的傍晚，争取种族平等大会的人在西 123 号街举行抗议集会。受慷慨激昂的演讲者影响，激动的黑人民众涌向了附近的 29 警察分局，要求吉利根立刻辞职。当意识到他们的要求不能被满足时，暴动发生了，他们不停地朝警察扔瓶子和玻璃碎片。暴乱蔓延，持续了整整 5 个晚上。这边刚缓和下来不久，布鲁克林的贝德福–斯泰弗森特区那边又乱了起来，等到布鲁克林的暴乱平息下来，300 英里以外的纽约罗切斯特又发生了暴动。8 月 2 日星期日，泽西城也有黑人闹事。帕特森和伊丽莎白也紧随其后，接着是芝加哥郊区的迪克穆尔，最后是费城。上百人受伤，近千人被逮捕。上千家店面被毁坏，总经济损失高达上百万美元。

联邦调查局表示，这一系列暴动没有固定模式，是"对一切政府机构的盲目攻击，没有明确目的和目标"。报告还说："虽然城市里的种族关系紧张是一个影响因素，但爆发出来的动乱都不是真正意义上的'种族暴动'。"从本质上说，就是暴乱，它们缺乏一定的形式和内容。从20世纪初到1964年之前，在美国的不同种族间发生了33起大型冲突，而白人始终是冲突中挑衅的一方。

而今，情况颠倒了，主动权转移到了黑人手上。20世纪60年代的种族暴乱还有些其他的共性。他们都发生在夏季，发生在贫民区，那里的贫民和其区域决策人之间缺乏互动，并且暴乱都是因为黑人和白人警察之间的敌意引起的。

"你们当心！"黑人国会议员亚当·克莱顿·鲍威尔说道。他比他的批评者们（无论黑人或白人）更精明。他所说的"黑人革命"有两个部分。第一部分是在南方，与"中产阶级的要求"相关：涉及在公交车上和午餐店里入座、使用公共厕所、进入白人的学校等表明社会地位的问题。第二部分是在北方。他说一切才刚刚开始，将和第一部分完全不同。鲍威尔称它是"无产阶级"的，而且他预言这部分将是"艰辛"的。北方黑人一直享有南方黑人竭力争取的权利。他们关心的则是鲍威尔说的"谁拿钱的核心问题"。他们情绪躁动，并不理会马丁·路德·金非暴力的号召。他们的政治口号就是："烧吧，孩子们，用火烧毁吧！"

虽然当时没人知道，不过1964年确实是未来三年内北方城市将陷入被摧毁殆尽周期的开端。除了纽约的骚乱外，那个夏天新泽西、费城、芝加哥和佛罗里达的圣奥古斯丁等地都有零星的动乱。种族间题成了美国最严峻的国内问题。对北方的学校来说，这一年是联合抵制的一年；纽约和克利夫兰的黑人父母不满他们的子女在校所受的待遇，于是让孩子留在家里。1964年，马尔科姆·艾克斯组建了黑人民族党。北方人的良知最后被南方的非正义行为激发了出来。那年春天，马萨诸塞州州长72岁的母亲，马尔科姆·皮博迪夫人，因参与圣奥古斯丁的抗议活动被逮捕。抗议是针对梅德加·埃弗斯谋杀案的无效宣判的，这一事件若再早几年发生，估计黑人就会顺从接受，但如今却激起大批民众的反抗情绪，他们加入了当年最重要的民权运动计划——1964年密西西比州的“自由之夏”。

密西西比州民权运动的直接重要性在于其对在北方地区聚居的黑人的影响。1940年以前，75%的美国黑人住在南方。由于南方黑人向北方转移的长期性移民活动和在新地方降生的孩子已经成年，因而产生了新一代激进的黑人。华盛顿和纽瓦克的黑人占大多数，而克利夫兰、巴尔的摩、圣路易斯和底特律的黑人数量也超过了城市人口总数的1/3。黑人的高出生率（约比白人高40%）使得黑人取代了移民成为美国人口增长的主要因素。北部城市的贫民区中挤满了黑人青年。目前美国一半以上的黑人在22岁以下，而且他们大部分缺乏父母监管。在大城市，30%的黑人家庭是由单身妇女扛起了整个家；1964年，单是纽约就有10万非法出生的黑人婴儿，通信革命意味着电视新闻节目为这群敏感易冲动的观众提供了关于南方民权发展的生动报道。伦敦的《经济学人》杂志提醒其欧洲读者：“在所有关于贫民区境况悲惨的统计数据中，我们有必要知道……约88%的美国黑人家里有电视机。”

“自由之夏”由全国组织联合委员会赞助，主要由学生非暴力协调委员会和争取种族平等大会负责。参与者并不指望从密西西比州的白人那里得到礼遇。对詹姆斯·梅雷迪思和梅德加·埃弗斯的事件，黑人们仍然记忆犹新；而且众所周知，南方的农业工人和小农场主十分憎恨1964年的民权法案。该法案由约翰·肯尼迪提出，再由林登·约翰逊从国会牵线搭桥。法案在许多新领域都增加了针对种族歧视的禁令。全国组织联合委员会将吸纳新成员的网络延伸进北方高校校园，主要吸纳对象是看不惯黑人遭受不公待遇而良心不安的白人学生。其中有1 000人志愿参与登记运动，协助登记密西西比州90万黑人中尽可能多的选民。他们在俄亥俄州的牛津市受训。6月19日，由200人组成的第一个团队出发前往南方，他们于6月21日到达杰克逊市。

到达的第二天，就有三人失踪。这三人分别是来自布鲁克林24岁的迈克尔·施韦纳、来自纽约20岁的安德鲁·古德曼和21岁的密西西比州马里兰人詹姆斯·钱尼。施韦纳和古德曼是白人，钱尼是黑人。他们三人开着一辆1964年的福特旅行汽车，因为超速在密西西比州中部偏东的尼肖巴县被捕。劳伦斯·雷尼和他的副警长塞西尔·普赖斯说，这几个青年在县政府所在地的费城交完罚款之后就不知所踪了。那辆旅行汽车第二天在费城东北方向15英里外的地方被找到，但已被焚毁。

联邦调查局、当地执法官员和驻扎在密西西比州的海军一起进行了大规模的搜寻，想找到失踪的这三名青年。他们在河流和小溪里都进行了打捞；直升机和照相侦察机在空中盘旋。在总统的要求下，艾伦·杜勒斯飞往密西西比州与小保罗·约翰逊州长进行商议。州内很大一部分白人认为这三个人要么是在古巴，要么像一个报告里说的那样在芝加哥的某间酒吧里，喝着啤酒嘲笑那些满世界寻找他们的笨警察。密西西比州的白人普遍认为搜索的人并不是想找到那几个青年。他们觉得，这么做只是为了让约翰逊总统能赢得北部地区黑人的选票。

与此同时，全国组织联合委员会其余的志愿者也遇到了另外的难题。在密西西比三角洲，他们与当地黑人在开会时遭到了空中三K党的轰炸：私人飞机自低空飞过，扔下一个个炸药包。在密西西比州西南部的麦科姆，有几处黑人住宅被摧毁，几名白人被逮捕；逮捕他们的官员还发现了4支威力极强的步枪、几支卡宾枪和手枪、15枚烈性炸弹、一罐5加仑的炸药、一箱手榴弹和数千发子弹。

在密西西比州贝尔佐尼分发传单的全国组织联合委员会的志愿者被逮捕了，被控犯有“工联主义”罪，最后被拘押在镇上的监狱。一枚炸弹摧毁了纳齐兹市市长家的一面墙壁，他曾承诺会给予黑人同等的法律保护。一位巡回法院法官谴责烧毁教堂的人们，随即就有人去他家的草坪上烧毁了一个十字架。夏天过去之后，“自由之夏”的领导者拟出了一份其成员的伤亡名单。80名志愿者被殴打，35次枪击事件中有3人受伤，超过千人被捕，37座黑人教堂被焚毁或炸毁。此外，还有几桩悬而未决的黑人被杀案，这些案件也增添了人们对民权运动的敌意。

罗伯特·肯尼迪告诉全国有色人种协进会，联邦政府不可能在该州采取预防性警察行动；这样做不切实际，而且可能还会违宪。埃德加·胡佛则采取了进一步的行动。他跑到杰克逊市，公然声称对他所谓的“过分强调”民权运动一事深表遗憾，并说，他的人“绝对”不会为那些志愿者提供任何保护。尽管如此表态，但在艾伦·杜勒斯的建议下，总统还是增派了联邦调查局人员去密西西比州。杰克逊市一座新建大楼的顶部两层彻夜灯火通明，那是联邦调查局在密西西比州的总部大楼。约翰逊州长呼吁公众一起帮助寻找三名失踪的民权运动成员。但结果可想而知，这项呼吁是不会有人理睬的。不过，联邦调查局提供的近3万美元的赏金还是吸引了两名知情人前来报告。根据他们提供的线索，特工人员租来一台挖土机，对费城西南6英里处的一座农场的新筑土坝进行了挖掘。当挖开这座由红黏土筑成的高25英尺，长250英尺的土坝时，坝底中央出现了三名失踪青年的尸体。三人都是中枪而死的，而且黑人钱尼死前还遭到了毒打。

12月4日这天，联邦调查局逮捕了21名尼肖巴县人，其中还包括县警长雷尼和副警长普赖斯。普赖斯被指控逮捕了那三名青年，并将他们交给了一伙滥用私刑的暴民，而且他自己也参与了动用私刑。这伙暴民大多是三K党徒，其中一人还是当地三K党的头目。民权运动的领导者认为这群人中不会有人被定罪，据当时情况来看，似乎确实如此。约翰逊州长和密西西比州司法部长乔·帕特森声称，由于证据不足，当局不会提起诉讼。但密西西比州默里迪恩联邦法院的一个大陪审团却对其中18个人提起公诉，控告他们共谋侵犯了被害人的宪法权利，该行为违反了1870年宪法通过的一条不起眼的法令。但是联邦地方法院的法官是哈罗德·考克斯，他在詹姆斯·梅雷迪思一案中就曾参与推迟了法定诉讼进程。最近一次，考克斯还把申请选民登记的黑人称作黑猩猩。这次自然也不能指望他会为难被告。

一开始，他果然没那样做。1965年2月，他驳回了对被告的重罪指控，将指控减轻为行为不端。当地一个陪审团甚至一度判定政府应赔偿被指控的县警长、副警长和费城治安法官的名誉损失费。在一些记者看来，那些被告似乎竟被多数人看作英雄。联邦的星条旗在政府大楼外高高飘扬，其中一面巨大的旗帜每天早晨都从街道正对面的理发店门前缓缓升起。电视和通讯社的摄影记者遭到愤怒的围观者围殴。尽管美国最高法院驳回了考克斯法官的判决，裁定被告必须按司法部提出的共谋罪受审，但大多数观察者都相信，这个案子其实已经了结了。至少被告是这样想的，在受审期间他们就被保释出来，明显看得出他们正为自己在当地出了名而自鸣得意。12 名被告的辩护律师找来了 114 位证人，他们大多都为被告提供了不在场证明或证实他们品行端正。一位律师竟称告发者才是"叛徒"。陪审团的 7 名女性，5 名男性统统是白人；开始陪审团有 18 名黑人陪审员，但因被告反对，这些人都被排除了。

约翰 · 多尔作为司法部的检察官传唤了 41 位证人。他们揭露，谋杀行为绝非一时兴起。在全国组织联合委员会志愿者大队出发前就先行一步的施韦纳，由于在黑人家中留宿吃饭而在其被害前 9 天上了三 K 党的死亡黑名单。他和他的两个同伴在一番疯狂逃命后还是被三 K 党人抓住并带到了一条偏僻的土路上。一个三 K 党人把施韦纳拉过来，问道："那黑鬼是你的小情人吗？"施韦纳回答说："先生，我知道你是什么感觉。"这就是他说的最后一句话了。很快，古德曼也被杀害了。一个三 K 党人失望地表示没能在那两名白人志愿者被别人打死前开枪。他开枪打死了钱尼，并说道："至少我还是亲手解决了一个黑鬼。"

一天，陪审团退席仔细考量了证据后报告说，目前两派意见相左互不退让。考克斯法官不愿局面这样僵持下去，于是下达了一些新的指令。其中一项所谓的"爆破指令"是 1898 年时获最高法院支持，专门用来迫使僵持的陪审团做出裁决的指令。该指令要求少数持不同意见的陪审员"仔细研究和重新考虑"一下他们的意见，尽量顾及多数人的情感。法官还告诉他们说，他也会认可意见不统一的裁决。就在休庭期间，普赖斯警长和另一名被告韦恩 · 罗伯茨——一名汽车拖车推销员，却犯了一个大错。他们在联邦大楼的走廊上对听审的人说，他们将要给这个法官一点颜色。人们听到罗伯茨说："既然考克斯法官给陪审团下了'爆破指令'，那很好，我们就为他准备点儿炸药吧。"这话传到了考克斯法官的耳朵里。他让他们回到了被告席上，说道："如果你们认为自己能威胁法庭，那你们就大错特错了。我是不会让任何野蛮人在这个文明的社会中胡作非为的。"说完，他下令将二人收押，不得保释。10 月 20 日，陪审团宣判包括普赖斯和罗伯茨在内的 7 人有罪，雷尼警长和其他 7 人无罪开释。此时离案发已有三年多了，但司法部仍然非常高兴，因为这次判决极具历史意义。这是密西西比州联邦白人陪审团有史以来首次在民权案件中裁定白人被告有罪。12 月 29 日，考克斯法官分别判处 7 名被告 3 年到 10 年不等的有期徒刑。

这一年是戈德华特大显身手的一年。自 1936 年兰登获得总统候选人提名以来，在过去连续 7 届的共和党全国代表大会上，党内保守派一直克制着把自己队伍中的人提名为总统候选人的欲望。这一次，他们不再压抑，而是致力于做到 $Au + H_2O = 1964$①。正如他们标语上写的那样，他们想做出自己的选择，而不是一味附和别人。于是在 7 月 15 日，他们提名了亚利桑那州资深参议员、极端右派分子巴里 · 莫里斯 · 戈德华特为总统候选人。

事实上，共和党只能孤注一掷了。乔治 · 盖洛普民意测验显示，在过去的 25 年中，共和党党员减少了 1/3；认为自己是共和党成员的美国人减少了 13%，而民主党人的数量却增加了 11%。戈德华特和他的团队对此做出了解释，他们辩解道，共和党挑选的一直是些"我也这样想"的候选人——这些温和派的共和党人只知道复述民主党的选

① Au是元素金（即Gold），H_2O是水（即Water），$Au + H_2O$意为Goldwater（即戈德华特），共和党寄望戈德华特能在 1964 年当选总统。——编者注

举承诺。他们总结说，就因为民主党是原件而共和党温和派只是复印件，所以共和党才会一再受挫，选民总是更偏好最真实和原初的东西。

共和党目前如履薄冰。民意测验表明，大多数选民都喜欢中间道路。共和党的右翼分子却对此予以否定。他们坚信，在广大的乡村地区隐藏着一股巨大的保守势力，并强调，那才是美国政治的关键所在。由于没有自己的阵地，这群心怀不满的保守派对两党都不屑一顾。于是，在选举日，他们要么出去钓鱼，要么待在家里。对他们来说，选举结果如何都事不关己。因为不论哪个党派当选，他们都得继续忍受自由派、“左”派、社会主义者、“集体主义者”和那些“悲天悯人者”。戈德华特派的理论家说，只有提名一个真正的保守派候选人，才能让那些隐藏极深的大多数人涌上街头，从而选出一位真正的美国领导人。

尽管肯尼迪总统早就确信巴里·戈德华特将获得1964年共和党总统候选人提名，戈德华特自己却没多大把握，共和党的其他领导人也迟迟没有认真考虑过他。在谁将成为领导人的斗争中，情况总是变得很离奇。1月3日这天，亚利桑那人戈德华特在他亚利桑那州斯科茨代尔市那阳光普照的庭院里宣布将参选总统。接着宣布准备参加竞选的共和党人是位女性，她叫玛格丽特·蔡斯·史密斯。在新罕布什尔州初选中获胜的是亨利·卡伯特·洛奇，他的名字是被补写在选票上的，并且他从未宣布过要参加竞选。纳尔逊·洛克菲勒随后也透露他要参加竞选，接着宾夕法尼亚州的威廉·斯克兰顿也宣称要加入。

直到6月2日在加利福尼亚州的最后一次初选前，几乎所有人都觉得会有人击败戈德华特，其中最有可能的是洛克菲勒。在5月30日星期六这天，洛克菲勒的第二任夫人生下了小纳尔逊·洛克菲勒，这提醒了加利福尼亚州的共和党人这位纽约州州长最近刚离过婚。一夜之间，在卢·哈里斯的民意测验中，他就失去了7个百分点。星期二时，戈德华特的初选得票率为51%，洛克菲勒为49%。在共和党代表大会上，亚利桑那州组织有序的选举队伍将反对派的票数全部争取了过来，以压倒性的883张选票赢得了首轮投票。随即，戈德华特对温和派的出言不逊加剧了共和党内的分裂，其中有两句令人难忘的话："捍卫自由时的极端并不是罪恶！追求正义时的温和并不是美德！"

巴里·戈德华特当时55岁，为人十分正直，同时也是历届总统竞选中最有魅力的政治家之一。他英俊帅气、身材魁梧、满头银丝，总戴着一副招牌式的黑色牛角框眼镜，而且他早已是美国最知名的政界人士之一了，当然，也是最出名的保守党人。戈德华特代表着一种人们对过去美好事物的喜爱和对目前糟糕状况的仇视之情。他用他那干脆而低沉的西南口音拖腔带调地向全国人民引述着那些虽过时却仍能发人深省的美国格言和伦理信念。凭借他特有的演讲天分，那些言辞让听众们觉得头头是道而且也十分中肯。

在参议院之外的人看来，戈德华特就像是不合时宜的大杂烩。尽管他总喜欢引述过去的传奇故事，但他本人却是空军后备役的少将，杰出的喷气式飞机驾驶员，而且还是尖端技术的狂热爱好者。（在他被提名之时，他还稳坐在机舱内，驾驶着私人喷气式飞机在旧金山的牛宫体育馆上空急速上升、盘旋飞行。）他还是个业余无线电台爱好者。在他凤凰城郊区的家里和华盛顿的公寓里都装有昂贵的无线电收发设备，他还专门带了另一套无线电设备去参加旧金山的全国代表大会。他也是位出色的摄影师，曾出版过一套沙漠摄影作品。他最有意义的成就大概要数他亚利桑那州家中的那根高25英尺的旗杆了。这根旗杆配备有一套光电装置，曙光一照到旗杆它便会自动升旗，暮色降临时又会自动降旗。这样一来，即使没人在家，也能彰显他的爱国热情。

“万岁！加油！万岁！加油！”他忠实的追随者们欢呼着。他们激情澎湃、活力四射，有时甚至热情得令人生畏。在牛宫体育馆曾发生过令人难忘的一幕：当纳尔逊·洛克菲勒正在主席台上竭力主张人们采纳纲领委员会起草的少数派决议时，挤满看台的戈德华特派分子在底下发出嘘声，并大喊道：“我们要巴里！”很多人遇到此事或许都会惊慌失措，但洛克菲勒反倒乐在其中。他嘲弄地说道：“这里现在还是个自由的国家，女士们、先生们。”当众人的情绪开始失控并且发怒狂喊时，他又向他们讲述起在加利福尼亚州初选时别人用来对付他的一些手段：“这种事在美国是不应当发生的，但我能亲自证明这些事确实存在，而许多其他人也都能证明。他们也经历过在深夜或清晨受到电话骚扰、收到匿名恐吓信或充满诽谤和恶意的文字材料、遭到雇用打手或暴徒的袭击、被炸弹威胁或遇到爆炸事件、以共产党和纳粹党手段侵犯并接管新成立的政治团体等事情。”

此时，楼里的人几乎全都躺在地上，用鞋跟狠敲地板。主席思拉斯顿·莫顿敲着小木槌让大家安静一点儿，但却是徒劳。这时出席会议的戈德华特派代表们意识到，这样蛮横的行为被电视观众看到只会有损戈德华特的名誉，于是也劝说他们安静下来。在注意到谩骂之声仍不能停止后，洛克菲勒便微笑着再次讥讽道：“女士们、先生们，你们中有些人不愿听这些，但事实如此。”

这只是部分事实。戈德华特和他的干事从不让那些穿网球鞋的小老太太加入他们的组织。说实在的，他们竞选团队的缺点之一就是太规矩、太缺乏主动性了。全国代表大会之后，戈德华特派了两名很正直的年轻人，迪安·伯奇和约翰·格雷尼尔，去接管共和党全国委员会，伯奇任主席，格雷尼尔任执行理事。他俩花了整整5个星期来对委员会进行整顿——而这5个星期他们本应用来进行竞选活动的。11月选举后的第一天，戈德华特的财务主席兴冲冲地宣布，他的账面上还有盈余。

一个精明的政客本会利用接受总统候选人提名演讲的机会争取到失败一方的支持，甚至还可能去拜访被他击败的人，就像艾森豪威尔1952年拜访塔夫脱那样。但是，戈德华特也被一些卑鄙的手段激怒了，即使他再宽宏大量，也不愿去主动讲和。直到8月，事情已无回旋余地的时候，他才在宾夕法尼亚州的赫希与洛克菲勒、艾森豪威尔、尼克松、威廉·斯克兰顿及乔治·罗姆尼等党内元老坐到了一起，试图与他们重修旧好，共同制订出最好的竞选策略。但这只是白白浪费了一整天的时间而已。大家都缺乏和解精神，而且谁也提不出有效的竞选方针。大多数时候，他们都是在相互抱怨。从某种程度上说，正是由于这次会议导致了会后竞选其他职位的共和党人开始躲着这位总统候选人，甚至避免和他发表相同的政纲。

在为戈德华特宣传的广告牌上、饰针上和汽车尾贴上都写着一句话："你心里明白他是对的。"这句话有几分道理。在他的三本书和报上的800篇专栏文章中，他已碰触了许多看似神圣不可侵犯但理应受到关注的条条框框。在过去的半个多世纪里，联邦政府机构的规模已比原来扩大了50~60倍。政府官员大多都很专横跋扈，一些政府自己在实施或鼓励他人实施的政策已经不再适用了，其中包括诸如超额雇工、折耗津贴、维持农产品价格补贴和花生种植补助等政策。在这类问题上，戈德华特参议员的态度很坚决，因此千百万美国人心里清楚，或至少相信，他是对的。

麻烦的是，他还说过、做过、写过许多其他东西，有些非常荒谬。他曾提出以一美元的价格卖掉田纳西流域管理局。他也曾说希望把整个东海岸割开，让它漂出海去。他还把美国的大城市形容为罪孽深重的巴比伦。他多次鼓吹要废除农村电气化、取缔国家劳工关系局以及设立一个新的美国最高法院。美国人心里清楚，这些都是不对的。

他的敌手是美国历史上最为精明的政客之一。因此，戈德华特铠甲上的缺陷很快便被巧妙地暴露了出来，一再的暴露让他的形势很被动，而且从此再难翻身。主张进行核大战的立场更对他造成了致命打击。1963 年 10 月 24 日，戈德华特在哈特福德演讲时曾说，他相信，如果授权北约组织的“指挥官们”在发生危机时使用战术核武器，那美国目前的军事规模可以缩减 1/3。这样，原子弹问题就成了竞选中备受争议的话题之一，争论一直持续到竞选结束。

作为一个合法的竞选议题，洛克菲勒在 1 月的新罕布什尔州竞选中对此加以利用。在后来众所周知的“雏菊女孩”的电视竞选广告中，民主党可能做得有点儿太过了。该广告于 9 月 7 日首次在电视荧屏上播出。那天晚上，全国广播公司“星期一晚间电影”剧场播出的由格里高利·派克和苏珊·海华德主演的影片《戴维与巴思谢巴》突然中断，电视上出现了唯美的田园风光画面，一个小女孩正一边采下雏菊花瓣一边数着数，随后她的身影逐渐隐去，取而代之的是原子弹爆炸和蘑菇云升起的震撼画面。看到这样的广告，共和党人不可能保持镇静。但戈德华特一直以来都未能澄清他在哈特福德所发表的言论。至少，他谈到核武器时的那种态度让人很不安。一位美国总统候选人无论如何是不应该说出“扔一枚（原子弹）到克里姆林宫的男洗手间去”这种话的。一次，戈德华特本想清除原子弹问题留下的阴影，但《纽约时报》的查尔斯·莫尔却发现他在发言中使用诸如“按下开关”“原子大屠杀”“用核武器毁灭”的词汇不下30次。这可不能让人放心。民主党人恶意中伤道：“你心知肚明，他会那么干的。”

另一个葬送掉共和党获胜希望的议题是社会保障问题。麻烦开始于1月6日的新罕布什尔州。在回答一个问题时，戈德华特表示，他赞成以自愿捐献的方式来改善社会保障制度。第二天，新罕布什尔州康科德市的《箴言报》刊登了一篇文章，标题为：《戈德华特设立的目标：终结社会保障》。尽管戈德华特提出了抗议，但自愿参加捐献显然就是这样。付给退休工人的钱必然来自年轻工人；如果可以，没有人会比这群年轻人更不愿纳税的了。针对这一问题，民主党的电视竞选广告中出现了两只手把一张社保卡撕毁的镜头。社会保障关系着数百万美国人的利益，要找到一个比这更受人关注的问题怕是很难了。

戈德华特还有其他困扰。他不但投票反对禁核条约，还在去年6月时，投票反对肯尼迪·约翰逊提议的公民权利法案。他这一系列的举动使得保守派报纸一家接一家地转向约翰逊，最后，连他自己也看清了后果。民意测验的数据从来没有像这样一边倒过。盖洛普统计显示，约翰逊的支持率高达65%，而戈德华特却只有29%。选举结束后，这位亚利桑那人谈到，他早就该意识到，早在这场竞选开始之前，一切就在旧金山完结了。他说，事实上8月的时候，他才意识到一切都毫无希望了。这多少有点马后炮的味道。都到10月了，他仍坚称自己能够获胜。不管他有怎样的期望，却从未借助过任何手段来提高胜算。他还劝诫那些对约翰逊不满的人（千万不要对当今总统怀有不敬）。戈德华特有一名叫克利夫顿·怀特的顾问，这个人制作了一部纪录片，名叫《选择》。这部纪录片以令人震惊的镜头记录了黑人在贫民区四处抢劫所引起的暴动。戈德华特认为这部纪录片充斥着种族主义，禁止其发行。在约翰逊竞选总统期间，曾曝出一件丑闻，总统的首席助理被控在公共厕所鸡奸而被捕。但是戈德华特并未利用这件事，甚至拒绝讨论此事。

这名被控的助理名叫沃尔特·詹金斯。他也是因为工作过度劳累，疲惫不堪，才会禁不起那种诱惑。否则，他也不会做出这种事。10 月 7 日，詹金斯离开白宫数小时，前去参加《新闻周刊》华盛顿分社为庆祝新办公室成立而举办的鸡尾酒会。他喝了几杯后就离席前往两个街区外的华盛顿基督教青年教会，他知道那边地下室里的男厕所是同性恋者幽会的场所。不幸的是，华盛顿警方也熟知这一点。

晚上 7 点半左右，詹金斯和一名退伍老兵被一名一直在外面监视的警官当场逮捕。他们俩被押到警察局。到了警局后才发现，5 年前，詹金斯就因同样的指控曾被逮捕过。新闻记者不愿将此事公之于众，但是，他们别无选择。因为迪安·伯奇想要人们关注“一件轰动华盛顿的新闻——白宫正拼命压制一条有关国家安全的重大事件”（这是一个较早的关于共和党右翼轻率使用这种说法的例子）。此事一经曝光，詹金斯就被确诊为“极度疲劳”而住进了医院。伯奇以及戈德华特的许多其他顾问都请求戈德华特利用此次机会，大肆渲染这一所谓的政府上层人物伤风败俗的惊人事件。然而，戈德华特却拒绝了这一请求。

约翰逊焦急地委托奥利弗·奎尔调查组对这一丑闻造成的选票流失情况进行调查统计。调查结果却出人意料，流失的票数少得根本不值一提，大众也很快就忘记了这个丑闻。出现这样的结果，一方面是由于戈德华特的宽容，另一方面是由于人们的注意力已从詹金斯事件上转移到国家外交事务上发生的三件令人震惊的大事上了。在 10

月15~16日的48小时之内，赫鲁晓夫被剥夺了一切权力，赶下了台；中国宣布成功爆炸第一颗原子弹；亚历克·道格拉斯-霍姆爵士的保守党政府垮台了。白宫记者团都说约翰逊运气好，他确实运气不错。当伯德·约翰逊夫人和一群南部政府官员的夫人们一同南行时，她们乘坐的火车名为“伯德夫人专列，该火车有16节车厢。她们遭遇了强烈的诘难——这一定能在别的地方赢得同情，从而获得更多选票。

约翰逊在新奥尔良迎接伯德夫人专列，并在当地进行了一场精彩绝伦的竞选演讲。这场演讲是一次冒险——他反对参议员拉塞尔·朗的提议，强烈呼吁保卫民权，单是这一点就让人们印象深刻，而演讲的最后几句更是让人永远难忘。他呼吁停止盲从，然后又说要开始实施并遵守1964年的民权法案（“我不会让他们制造仇恨，不会让他们利用我的人民的偏见来收买人心”）。接着他说道，在萨姆·雷伯恩第一次进入国会的时候，他与一位身体羸弱的南方参议员谈了很久，那位参议员说，等身体恢复得差不多的时候，想再回家看看。约翰逊引述了那位参议员的原话：“我真希望能够南下，回到故乡，再次为人们发表一次民主演说。我觉得我还有一篇演说要发表。我可怜的南方同胞，30年来，他们还没听过一次真正意义上的民主演说。他们在选举过程中听到的除了黑鬼还是黑鬼。”听众们先是愣住了，待到清醒过来，他们站起来向约翰报以长达5分钟的热烈欢呼。

约翰逊竞选时的其他一些情形却非都如此有利，尤其是在越南问题上。他谴责戈德华特在核武器问题上随意言说、逻辑不严密，这无疑是一剂强力的政治良药。民主党人已经禁不起更强的药力了。继“雏菊女孩”电视广告之后，9月17日电视台又播放了一个节目，但因为太不近情理，该节目只播放了一次。该片向我们展现了一位可爱的小女孩正在吃冰激凌蛋卷，这时突然传来一个声音说，锶毒化了空气，并提醒观众戈德华特曾投票反对禁止核试验协定。该参议员提出可以用原子弹摧毁胡志明铁路，此举被认为是其不负责任并且崇尚军国主义的例证。对于约翰逊来说，这可是个危险的话题。它会使选民想起美国正处于越南的激战之中，而把美国人送到那儿的可不是戈德华特。为了保持和平这一主题，总统向美国人民做出了一些人们不会忘记的承诺。

9 月 25 日在俄克拉何马州尤福拉，他说道："我们不想让我们美国的孩子去替亚洲孩子打仗。我们不想牵涉其中……更不想被困于亚洲的陆地战场，无法逃脱。"

在本次竞选活动中，该事件似乎已清晰明了。戈德华特建议美国派军队和飞机支持南越，约翰逊总统表示反对，并指责他鲁莽好战，不考虑后果。

随后他又于 9 月 28 日在新罕布什尔州的曼彻斯特说："我想我们并没有准备让我们的孩子去替亚洲人打仗。现在的情况是，我一直试图让那些越南人按照我们的意见，使用我们提供的装备，自己去打仗……目前已有 190 名美国人牺牲了……我经常在深夜醒来，扪心自问，如果我走错一步，会造成多少美国人丧生……发动战争并不是什么难事……我知道有些人认为我会轻易发动战争。但是停止战争却是一件棘手的事情，这也正是我目前正在努力解决的难题。"

10 月 21 日他在俄亥俄州的阿克伦说："……我们不打算把我们的孩子送到 9 万或 10 万公里之外的越南去打仗，这场仗应该由亚洲人自己去打。"

10 月 27 日他又在匹兹堡说："只要我是总统，美国人就能有和平，就会有和平。"

一年之后，有个尖刻的笑话这样讲：一个女孩说，“如果我投票选戈德华特，那么6个月内，我们就会卷入战争。我投了他一票——我们就果真在打仗了”。的确，一个投票人，如果他的唯一动机是维护和平，而他又仔细阅读过报上发表的演讲，那么在1964年11月选举的时候，他肯定会投票选举约翰逊为总统而反对戈德华特。随后他就会像其他许多人一样，感到背叛。竞选期间，总统在埃尔帕索说：“今天我在此向大家保证，为了促进和平和自由，我在任何时候都将到世界的一切偏远角落，与所有人会谈。”而事实是，只要他觉得美国军队有能力对共产主义国家实施军事制裁，他就会拒绝越共和北越的一切回应，其中包括一些大有和解希望的举措。在竞选过程中，各方对这个问题的想法似乎大相径庭。戈德华特提议派遣美国士兵和飞机支援南越，而约翰逊却指责他是不负责任的战争推手。而且总统当时显得很诚恳。然而，到了第二年夏天，令人难以置信的是，戈德华特提出的军事计划竟被约翰逊一一践行了，尽管他曾发誓反对这些军事计划。

11月3日，林登·约翰逊在选举中赢得又一个完整任期，入主白宫。他和休伯特·汉弗莱以多数票通过，在44个州和哥伦比亚特区共赢得486张选举人票。戈德华特和众议员威廉·E·米勒只在亚利桑那州、密西西比州、亚拉巴马州、南卡罗来纳州、路易斯安那州和佐治亚州暂时占据优势，共赢得52张选举人票。国会民主党人也横扫了国会选举，他们在35个参议员席位中赢得了28个席位，使其席位总数达到68个，而共和党只有32个，并且民主党还占据了41个众议院席位。他们如今以2/3的多数议席（议院共有295名议员，民主党占了140人）主导着议院。尽管共和党确实在州议会上捷足先登，取得了一个州长的职位，但他们在全国一共只有17名州长，而民主党却有33名。

一条在华盛顿流传极广的竞选汽车标贴嘲弄地说，“万圣节扮成戈德华特吧！”贴有这条标贴的汽车并非都属于民主党人。选举当天，标贴作者与厄尔·沃伦在其住所共进午餐。让人印象最深的是，首席法官强烈表示希望戈德华特遭到惨败。沃伦和许多其他温和派共和党人一样，希望戈德华特的保守派被彻底击败。当灾难来临时，共和党人更加确信这一早已存在的真理：共和党人内部的争执远比民主党人内部的争执激烈得多。保守派不只是在选举中失败了，很多时候，保守派成员之间竟假装不认识对方。

理查德·尼克松或许很好地诠释了共和党人在党内的挫折与困惑。选举结束两天后，尼克松就严厉指责纳尔逊·洛克菲勒，怪他不肯帮助戈德华特，直接导致其选票流失。尼克松称这个纽约州州长为“分裂分子”。到了下个星期二，尼克松却有了其他想法。他一面敦促共和党人抵制“极端右翼主义”，另一方面又热切支持自由主义和保守主义所谓的“严肃负责的观点”。当时，即使是在共和党人中，尼克松的见解也已失去影响力了。与洛克菲勒不同的是，尼克松曾孜孜不倦地为竞选努力，结果这些努力都付诸东流了。虽然许多当事人表示理解尼克松在弥合党内罅隙上的努力，但这无益于解决任何问题。

对尼克松而言，这几年相当平静，从其他方面来说，也算得上好年头。他赚了很多钱，并且有时间阅读及思考。除了外出演讲，私底下，他就是一位普通的父亲。竞选开始那星期的星期日，他的黑白花色的西班牙长耳小狗切克尔斯死了，当时他安慰了他的女儿。早在1952年，尼克松就把这只狗当作一份政治资产，它活了12年。（10月他在艾奥瓦州竞选时，有人送给他一只西班牙长耳小狗，并建议取名为切克尔斯二世，但他把它转送给了别人；只能有一个切克尔斯啊！）选举结束8周后，纽约州举办了一次初进社交圈的少女的国际舞会游行，当时他的女儿特里西娅走在游行队伍的前列。他一直陪着他的女儿。第二天正好是1964年除夕的前一天，尼克松在切克尔斯的坟上安了一块墓石。许多人都认为这一举动相当有象征意义。

直到1964年11月，林登·约翰逊都是在肯尼迪总统的阴影下治理国家，而现在他依靠的是自己的力量。肯尼迪传奇在美国民众心里仍然影响巨大——国会山两个最具吸引力的人就是纽约州选出的现任参议员罗伯特·肯尼迪以及在马萨诸塞州以90多万张选票的极大优势重新当选的参议员爱德华·肯尼迪，可是现在约翰逊却坐上头把交椅，华盛顿的一些事物也充分反映了这一情况。在酒吧最常听见的歌曲是《得克萨斯之眼》和《得克萨斯的黄玫瑰》。15号街的财政大楼旁边，有一个华盛顿酒店，在酒店的大厅里，经常可以看见许多脚穿牛仔靴，头戴牛仔帽，身着正装的中年男子来来往往。华盛顿让外来的游客觉得这是一座边疆城市，其实美国其他地方也出现了这种情况；一切开放，怎样都行的60年代已经来临。

1964年，加利福尼亚州设计师鲁迪·根赖希推出了一款裸胸游泳衣，引发了一系列新潮流。一些高级夜总会开始打起“裸胸”女子的招牌招揽顾客，但很快这也不稀奇了；像在美国其他大都市里一样，国家档案局附近的那些华丽的华盛顿卡巴莱餐馆里，女招待袒胸露乳地走来走去，她们的乳房随之摆动十分招摇。接着玛丽·匡特在伦敦设计出了超短裙。随着时间的推移，少女们和妇女们穿的裙子，一寸一寸地缩短，逗弄着人们的感官，直到迷你裙出现，人们早已司空见惯。至此，只有女人最漂亮的大腿才能吸引人的眼球。

当时剧院中裸露成风，在60年代中期快结束时，半裸已成为社会时尚。透明或者一眼就能看透的裙子最为时兴。伊夫·圣罗兰生产出一种仅用几片金属圆亮片半掩乳房和胯部的薄纱裙。在意大利，服装设计师福克特发明了一种能轻挂于人胯部的南海短裙，他还用连串的珠子代替上衣。稍稍害羞一点儿的女人穿短裙时要么穿一件名为紧身连裤长袜的内裤，要么穿“滑稽内衣”——一件浮华鲜艳的内衣。人们透过纱罩一眼就能瞥见女人们的裙下风光。一旦更大胆或更漂亮的女人穿上这样的衣服，就会更加炫目了。女人们自腹部的裸露范围也向上下两边扩展得更加厉害。当史密森学会搜集到一些更奇异的新礼服时，艾奥瓦州共和党众议员格罗斯在众议院中起身表示抗议。

新生的年青一代坚持他们的言论自由权，随意表达他们觉得“合适”的东西。一时间，“合适”和“承诺”这样的词都变成了一种流行用语。加州大学伯克利分校见证了“言论自由运动”的兴起，该运动在加州简称FSM，是众所周知的。这一运动反倒引发了20世纪60年代第一次重大的学生与政府间的对抗事件。FSM组织成立于1964年夏末，是由本科生、研究生和青年教师组成的一个联盟，其思想体系囊括了从戈德华特主义到毛泽东思想的各种意识形态。他们所有人联合起来反对大学当局禁止学生在校内呼吁政治权利，也反对学校阻止他们将针对公民权利的示威游行扩展到校外。在马里奥·萨维奥（一个来自纽约的22岁的哲学专业学生）的带领下，学生们发起言论自由运动总动员，由此竟得出这样一个结论：大学的董事会成员正试图把校园变成一个集中营。这次阴谋的目的正如他们所目睹的那样，是把整个伯克利分校变成一个培养白领技术人员的职业学校，把它变成像企业、银行、出版社、军队和保守工会一样的现有制度下的机构。萨维奥大声疾呼：“是时候躺在机器上阻止它运转了！”

1964年9月14日，秋季学期开学的前一周，动乱开始了。从此，无论是伯克利分校还是美国其他任何大学再也回不到从前了。那些把“言论自由运动”称为共产主义运动的人根本没有抓住关键。它实际上是无政府主义的，同时蔑视一切辩证法。一名支持该运动的研究者称："一切旧的标签都已过时，如果'言论自由运动'中真有正统的共产主义分子，他们也不会有重大影响。"有时，该运动对理性的不管不顾简直过于荒唐。当警察把萨维奥和他的 800 名追随者从发生叛乱的中心斯普劳尔厅拉出去的时候，萨维奥高喊："太好了！我们终于可以让校方接受我们的条件了！"

次年 3 月的一天，太阳懒洋洋的，一个赤脚长发的青年在伯克利校园的正门前示威，手里举着一块蓝底的标语牌，牌子上写着一个 4 个字母拼成的下流词语。他名叫约翰 · 汤普森，不是学生，而是一个未出版过作品的诗人，同时也是所谓的伯克利"秘密社团"的一员。这个社团由一些无名作家和政治上的激进分子组成，20 世纪 60 年代后期发生的骚乱不少都是由他们挑起的。第二天，又有十几个青年来到校门口，举着类似的标语牌。其中一个人还对着校园里的扩音器大声念出他标榜的那个词，另一个人则对着逮捕他的警官大声朗读了《查泰莱夫人的情人》中的一段。"言论自由运动"的参与者中没有人去保释汤普森和他的朋友们。校报发文反对这一"肮脏言论运动"，用当时时兴的话说，他们怀疑这些怪异的改革者是在玩弄他们。

然而，他们的示威，以及那些禁忌字眼的新用法却是 20 世纪 60 年代所特有的，并成为反抗束缚的宏大反叛运动的一部分。汤普森和他的朋友们经常拿"言论自由运动"开玩笑，但许多严肃的作家都郑重其事地对待他们使用语言的权利，而那些语言在今天已被禁止。他们认为这是经最高法院同意的（他们是合法的），从长远来看，他们对社会产生的影响可能比萨维奥所倡导的非暴力反抗更为持久。更衣室里的语言一被印刷出来，就被搬上了舞台。例如戏剧《灵欲春宵》在百老汇共上演 664 场后，于 1966 年又拍成了电影——最后成为文化符号出现在了形形色色的社交场合。老顽固们最早开始使用那些语言，后来在年轻人中间也开始流行。在曾经称之为文明的社会里，人们常常从一些最可爱的美人嘴里听到一些过去只在无异性参加的场合中才会有人使用的盎格鲁–撒克逊短语。较为保守的老一代人听到这些话时常感到万分惊愕。

就像避孕药和新兴的裸体时尚一样，“言论自由运动”的发展也反映了一种正在形成的新生活方式及新的道德观念。对于多数的老一辈人而言，这些根本毫无道德可言，不过是和蓄长发、建立嬉皮士聚居点一样的把戏。但是，对于“争取自由青年美国人”组织中那些追随戈德华特的人来说，这种禁果的诱惑力相当大。“争取自由青年美国人”组织从来不参加反战游行，也不看杂志《堡垒》。不过，灯一熄灭，他们就像色情嬉皮士一样活跃。对偶尔通奸者的一次调查显示，他们多数是留短发，在政治上保守的人。一名常与保守的享乐主义团体打交道的洛杉矶企业家对记者说道：“这是你所不知道的美国。那里的人规规矩矩的，不穿拖鞋，也不留胡子——青年男女过着极其平常的生活。那里的美国味之浓，简直令人难以想象。”

大学早就为男女交往提供了场所，但是，直到20世纪60年代中期，要想在校外找一个动人、合适又风流的异性，还得花大量时间和金钱。现在，连这种情况也在改变。就在约翰逊·戈德华特参选前两年，卡茨基尔斯的格罗辛格饭店才首次在周末接待单身男女。当时没人知道，这只是另一个运动的开端。1964年，驻扎在弗吉尼亚州阿灵顿的海军少尉迈克尔·奥哈罗感到孤独寂寞，于是为其他未婚男女青年——军官、专业人员、飞机上的女招待、教员、模特儿、秘书和职业女性，举办了一个派对，从而开创了一种新的生财之道和生活方式。三年后，奥哈罗退伍，开始担任“下级军官和专业人员联谊会"的主席，该协会拥有3万名成员，12个地方分会以及50名职员。那时，它已能为单身男女安排去风景名胜度假，并组织只限于未婚男女参加的巴哈马游艇海上漫游或欧洲旅行团，提供奥哈罗联谊会的会刊《夜信》这一仅供单身人士阅读的杂志。当然，奥哈罗也有竞争者。在旧金山，寂寞男女可在"保利之家"聚会；在芝加哥，有所谓的"商店"，在达拉斯，有"感谢上帝，今天是星期五"会所，在曼哈顿，则有"拉夫先生之家"和"星期五聚会"。

这一切的必然结果便是综合公寓的兴起。未婚男女可以在此租房生活，这样一来，他们可以在任何时候彼此来往，于是这类公寓也就应运而生了。从某方面来看，这也是时代分化的一种体现——同龄群体趋于离群自居，而这就造成了许多误会，进而演变成后来人们所谓的"代沟"。最早这样做的并不是年轻人，而是老年人。1960年，德尔·韦布在亚利桑那州建起了第一座"退休城"。像奥哈罗一样，他取得了惊人的成功，从而引发了效仿的热潮。到1965年，便出现了第一个单身男女居民点，即洛杉矶托朗斯郊区的南湾俱乐部。当南湾俱乐部尚在建造时，里面的248套公寓就已全部租出。最后该公司总计盖了13座这样的综合公寓，其中一座位于凤凰城。共有租户8 000人，他们可以在一起玩桥牌、参加圆桌讨论、举行烧烤聚会、组织化装舞会和品酒会，他们甚至可以同居，也不必担心被对方的妻子或丈夫撞见。

很自然的，在单身男女圆桌讨论会上常谈论的一个话题就是如何避孕。另一个话题则是婚姻枷锁，他们常常质疑："婚姻有什么值得拥护的？"婚姻不过只是60年代中期许多遭受攻击的社会制度之一而已。再没什么是神圣庄严的了。在1966年的复活节前一周,《时代周刊》在其封面上提出了这样一个问题，"上帝死了吗？"随即引发了一场激烈的神学辩论。还出现了一条令人难忘的汽车标语："上帝还活着，但藏在阿根廷呢。"在马歇尔·麦克卢汉的《古腾堡的灿烂群星：印刷者的诞生》（1962）和《理解媒介：人的延伸》（1964）中，那些阅读《时代周刊》或任何其他报刊的人都被贬损为老古董和"不知变通者"。

60年代中期的那些反传统活动并不总是有利可图的。1962年拉尔夫·金兹伯格出版了《性爱》一书，但邮局认为该书是淫秽读物，结果他被判入狱5年。1964年他出版了《事实》，书中包含了一些关于巴里·戈德华特的虚假信息，戈德华特因此提出控诉，最后获得了7.5万美元赔偿金。1967年，金兹伯格发行的《先锋》也失败了。另一个失败的尝试者是卡修斯·克莱，不过起初谁也没料到他也会进入反传统的领域。他以重量级拳击比赛史上的最快速度，在一分钟之内击倒了桑尼·利斯顿，赢得了世界冠军。夺冠之后，他却加入了黑色穆斯林，改名为穆罕默德·阿里，并以良知不允许为理由拒不接受征兵，这一切使拳击迷们感到莫名其妙，最后，他也和金兹伯格一样，进了监狱。

在这个变幻莫测的年代，任何人都有可能犯错。战略空军司令部作为美国核攻击力量的监督部门，理应十分谨慎。然而，美军的一架B–52轰炸机却在西班牙海域上空与一架喷气式加油机相撞，还投下了4枚氢弹，此事吓坏了美国，欧洲方面就更为惊愕了。诺曼·梅勒算是声名在外的擅写小说的作家，然而，1965年，他沉寂10年后出版的第一部长篇小说《美国梦》却遭到无情的批评。据说林登·约翰逊为了维护作为总统的尊严，曾下定决心抵制一切庸俗潮流。但他却在手术后，撩开衬衣，让新闻摄影记者拍摄他的伤疤。加利福尼亚主教派教会主教詹姆斯·派克在被控宣扬异端邪说后，辞去了主教职务，转而开始研究招魂术，还写了一本名叫《另一个世界》的书。后来他在朱迪亚沙漠失踪。人们找到他的时候，他双膝跪地，已经死去了。22年来，人们都认为贝蒂·格拉布尔和哈里·詹姆斯是比弗利山庄最幸福的一对夫妇，然而，他们最终却在拉斯韦加斯离了婚。

任何事物都不是其表面上看起来的那样。亚拉巴马人在选举州长时竟然投票“选举勒利恩”，并解释此举是为“让乔治去做”。激进的黑人认为自己是因种族间的紧张关系才采取所谓的非法行动，而1964年，另一群来自中产阶级的黑人在布鲁克林的克朗高地区成立了义务警员组织，以最严格的方式执行法律。《华尔街日报》抱怨说，常春藤盟校的毕业生很少有人从事工商业，反而选择到教堂、工会、和平卫队和一些争取民权的组织中去任职了。这篇报道打击了众多美国人的信念，他们一直认为上大学是为了多赚钱。甚至连冷战都不是以前的样子了。1966年，美国和苏联在莫斯科和纽约之间开通了直飞航线，泛美航空公司和苏联航空公司的飞机，每周往返一次。

1964年，影片《奇爱博士》逐渐淡出电影院线；到1965年，完全被《日瓦戈医生》取代。日瓦戈医生的形象使得厚毛皮帽、长及大腿根儿的高筒靴以及衣摆及地的大衣成为风行一时的装束。1965年，滑板取代了呼啦圈成为新的流行时尚，其制造商获利高达1亿美元。当第一次滑板大会在加利福尼亚州阿纳海姆举行时，三大广播公司的电视网都进行了实况转播。《滑板季刊》的发行量达到了5万份。后来，又出现了一种超大皮球玩具，风靡一时的滑板也就渐渐淡出了人们的视野。这一年自行车又开始流行，并且热度持续了很久。当年自行车的销量高达600万辆，长岛铁路还特意为需要长途上下班的乘客预备了自行车架。

美联社的一名记者注意到，1965年是“越复古，越时髦”的一年。在许多令人意想不到的商品中，竟有人想买流苏吊灯和水手装。喇叭裤一下成为潮流。25 岁的商业艺术设计师彼得 · 马克斯当时就预见到会出现“一股影响深重的青年之浪——青年革命即将来临”。为了迎接这次革命的到来，他还创造了一种迷幻艺术。仅用了 5 年时间，他所设计的装饰画、招贴画以及头巾图案就给他带来了 200 万美元的收入。在流行艺术的杰作中，有一种女士腰带，其背面画着一只极大的眼睛。“怪异风”一词开始在语言中出现，人们常用它来形容羽毛围巾、沙发垫巾、泡泡糖画片、秀兰 · 邓波儿的照片以及大西洋城的纪念品等商品。亨弗莱 · 鲍嘉和珍 · 哈露主演的电影重新上映，有一阵子女孩子们都打扮成哈露的样子。最叫座的影片有《吉姆老爷》《痛苦与狂喜》和两部很有深意的滑稽剧——《女贼金丝猫》《风流绅士》。

哈里斯民意测验显示：“富裕且受过良好教育的美国成年人对电视的兴趣日益降低。”三大电视网似乎都在极力寻找观众最低级的庸俗趣味。实际上，它们均摆脱不了尼尔森的评价。(《纽约客》评论说：“这是不可避免的，它和数学定理一样清楚明白。”) 联播节目质量下降的局面使哥伦比亚广播公司备感痛心。当年爱德华 · 默罗主事的时候，哥伦比亚广播公司曾风光过一段时间，他们的节目也受到了知识界观众的欢迎。而现在，在小詹姆斯 · 奥布里的领导下，却只播放一些神秘剧、乡野喜剧和春宫片似的节目。

1965 年，艾德莱 · 史蒂文森和温斯顿 · 丘吉尔相继去世。埃德加 · 胡佛依然健在，并掌管着联邦调查局，不过，他也在老去。联邦调查局的数据表明，美国犯罪率在一年内增长了 11%，而总统的推行法令伸张正义委员会推断，实际犯罪案件的数目可能是上报案件的 3 倍。社会上的抗议活动在违法案件中呈上升趋势。1965 年 3 月

24日，密歇根大学举办了一个12小时的通宵反越南战争宣讲会，这绝对是合法的。但后来出现的那些裸体会、睡觉会、性爱会就不一定合法了。争取种族平等大会布鲁克林分会的领导人威胁要在1964年4月22日纽约世界博览会开幕当天搞破坏，他们要通过让交通堵塞来示威——使上千辆汽车因油耗尽导致中途停车，形成混乱。结果他们竟使参加开幕式的群众从25万左右减少到92 646人。最后有将近300人被捕，其中包括争取种族平等大会的全国负责人詹姆斯 · 法默。

美国暴力事件的恶劣依旧让人胆战心惊。1966年夏，一名叫理查德 · 斯佩克的临时工在芝加哥谋杀了8名护士学校的学生。两个星期后，得克萨斯大学优等生查尔斯 · 惠特曼，爬上该校在奥斯汀的27层高的水塔顶，向下面路过的行人开枪，导致14人死亡，30人受伤。3个月之后，一名18岁的大学生携带手枪跑进亚利桑那州梅萨市的罗斯 · 马尔美容学院，开枪打死了4名妇女和1名儿童。他对警察说，他是受了芝加哥和奥斯汀杀人事件的启发。他说，他想“出名”，就像斯佩克和惠特曼那样。

两个有极端意识形态的议员遇到了麻烦。亚当 · 克莱顿 · 鲍威尔曾把一个哈莱姆区（纽约黑人住宅区）寡妇骂作“警察局的帮凶”；她已经获得了法院判给她的精神损失赔偿金，但鲍威尔对此判决非但不理会，还逃离了纽约。康涅狄格州的参议员汤姆 · 多德因滥用竞选资金和向联邦德国商业利益代理人兜售其影响力而受到其同僚的责难。一名纽约的便衣警察潜入一个密谋炸毁自由女神像、自由钟和华盛顿纪念碑的阴谋集团内部。参与该活动的阴谋者们可谓形形色色：魁北克独立分子、菲德尔 · 卡斯特罗的崇拜者、黑人民权运动的拥护者及北越后备军支持者。在纽约，有一家“分时度假的社团”专门联系那些愿意在假日交换房屋度假的房主们。在马萨诸塞州东部的一个小城市里首次传出有年轻夫妇交换配偶的爆炸性新闻。一个旅行社曾这样为推广日本的柔道体验之旅做广告：1396 美元让你体验两周的大汗淋漓。瓦萨尔大学校长莎拉·吉布森·布兰丁曾警告过校内的 1450 名女学生，她希望她们最好不要乱来，不然就得离开学校。杰克·瓦伦蒂告诉一群广告人："我每晚都睡得越来越好，越来越安心，因为林登·约翰逊是我的总统。"

杰克·鲁比一案于 1964 年 2 月 17 日在达拉斯开庭审判，并于 3 月 14 日进行了有罪判决。他的律师梅尔文·贝利大声喊道："这是一个'袋鼠法庭'①，一个迫害人的法庭，这些大家都知道。"后来，鲁比于 1967 年 1 月 3 日因癌症死于狱中。参议员威廉·富布赖特就一项外交政策发表重要演讲，警告美国人：除非美国立即抛开各种粉饰美化自己的神话，否则他将与政府决裂。教皇保罗六世 10 月在纽约逗留了一天，并在联合国大会上致辞。新一任副总统休伯特·汉弗莱似乎下定决心要向约翰逊表示出极大的忠心，他模仿一个阿维斯租车广告的口吻说："我是二把手，我必须加倍努力。"一些观察家怀疑赢得民主党候选人资格的两位总统是否会演变出一种施虐与受虐的关系。总统似乎是很享受羞辱这位副总统的过程。他对记者们说："小伙子们，我刚刚告诉休伯特，我手里可攥着他的把柄呢！"

1966 年，《音乐之声》成为电影史上最有影响力的影片之一。人们奔走相告："你们最好相信这全是真的。"在黄金时段，电视中播放的几乎全是彩色节目。又有两个职业橄榄球联盟合并了。《娃娃谷》和《逃避审查之道》则是当时两本最畅销书籍。在百老汇，《歌厅》和《妈姆》成了盛极一时的歌剧。戴维·梅里克在拍摄《蒂凡尼的

① 袋鼠法庭是西方法律术语，即非正规的法庭，也指不合正常规范的审判。——编者注

早餐》这部影片时投入了50万美元，但并未取得成功。有一个服装公司销售一次性纸质衣服，该裙子一盒只卖1~2美元，穿脏了就可以直接扔掉。新型男性化妆品包括假睫毛——所谓的“时髦睫毛”，以及剃须后用的粉扑——“指节铜环”。1966年夏，对于旅行者来说，真是糟透了。因为航空公司遭遇大罢工，此次罢工是美国历史上持续时间最长的、付出代价最高昂的罢工。五大主要航空公司的飞机停飞43天。那年秋季，在世界棒球联赛中，道奇队在与巴尔的摩队的对阵中连输4场。加利福尼亚州的一张古怪的汽车保险杠贴片上写着：玛丽·波平斯是个瘾君子。

60年代中期，因劳资纠纷，纽约人度过了279天没有报纸的日子。《世界电讯报》《美国人报》和《纽约先驱论坛报》合并成一家，更名为《世界论坛报》，这家报纸仅发行了9个月就停印了。190年后，迷信最终战胜了两美元纸币，1966年8月10日财政部下令停印两美元面额的纸币，因为“人们不再需要它”。

1966年的秋季选举是美国政治的一个转折点。美国社会对贫民区暴乱和民权运动游行的怨恨结合起来，这让白人的强烈反应第一次成为一股强大的政治力量。再加上通货膨胀，货币利率居高不下，抵押贷款短缺，生活成本提高等因素的综合作用，这种强烈反应为共和党候选人提供了跳板，乔治·罗姆尼和纳尔逊·洛克菲勒凭借巨大优势重新当选。参议院议员中也加入了不少来自共和党的新面孔，比如，田纳西州的小霍华德·贝克、马萨诸塞州的爱德华·W·布鲁克、俄勒冈州的马克·哈特菲尔德和伊利诺伊州的查尔斯·H·珀西。新上任的共和党州长有：加利福尼亚州的罗纳德·里根和马里兰州的斯皮罗·T·阿格纽。虽然共和党在参议院的席位只增加了3个，但再加上8位新州长和众议院的47个席位，他们得到的比在

1964 年失去的还多。但在这时，约翰逊却对立法失去了兴趣。他在越南战争泥潭中越陷越深，认为这场战争的结果将决定他在历史上的地位。据他的弟弟萨姆 · 埃利 · 约翰逊称，他每天半夜三点就“从床上爬起来，然后睡眼惺忪地披上件睡衣，穿着拖鞋下楼，到白宫底层的情报室听取从西贡传来的最新战报”。

约翰逊日益从人民中孤立出来。罗伯特 · 麦克纳马拉，这位从肯尼迪时期起就担任国防部长的元老级人物也对这种通过单纯的武力打击就想让敌人投降的作战方式越发没有信心。麦克纳马拉整天都在钻研他的完美计划，想要在越南中部筑上一道电子屏障以阻止北越的渗透。当他放弃这一计划的时候，他就已经对军事技术彻底丧失了信心。不久，沃尔特 · 罗斯托就成了白宫越南问题的首席顾问。他与这位备感孤独，心烦意乱的战时总统的关系，就如约翰逊的另一位助手所说的那样，“完全和拉斯普金与被围困的沙皇一样”。保守的第 90 届国会将与罗斯托一起怂恿约翰逊继续战争，批准巨额的军事拨款，让他在越南战争的泥沼里越陷越深。

事已至此，似乎这一切都不可避免。其实本可以是另一番情形的。约翰逊击败戈德华特后，人们对他的赞许是真诚的，美国上下都支持他。他的目标一直是国家的目标。那时，他和他的人民都信心满满。很少有人正确地估计到那个“露着屁股的四等小国”（约翰逊有一次曾这样称呼越南）所能造成的威胁。第一家庭中却有一个人惴惴不安。1965 年年中约翰逊夫人曾说过：“我只希望外交问题不要再增加了。这可不能代表林登总统时代。”

第三十一章　伟大梦想与梦之幻灭

肯尼迪总统的就职演讲整篇都在谈外交事务，而约翰逊总统4 000字的就职演说则完全忽略了国外发生的事件。并且约翰逊演说语速缓慢，用词讲究，像是有意为之。一位观察家说，总统像是在针对石匠演讲。他的第二次国情咨文内容也是如此，提到越南战争的部分仅有131个词。鉴于即将发生的事情，一味强调经济会显得不合时宜。[“去年我们通过减少国家政府的浪费，节约了近35亿美元。(掌声，今年我打算再接再厉。(掌声更热烈)”] 约翰逊表示想成为人们心目中“关注教育和健康的总统”。他立志完成“新政”和“公平施政”两项未竟事业。

约翰逊打算继承肯尼迪的事业。他从“新边疆”政策中继承了四大法案：民权法案、减税提议、医疗补贴和联邦政府教育援助。前两项法案得到了优先通过，而在他的斡旋下议会最终通过了所有法案。资深议员出身的总统和美国医疗协会强大的国会游说团体在对医疗补贴法案的讨论中上演了一场精彩绝伦的对决。早在 1945 年，杜鲁门总统就曾亲自出席过一次国会的联席议会，他号召建立一个综合医疗保险体系，然而此提议被美国医疗协会狠狠地扼杀了，他因此一直耿耿于怀。这次，在经历了 5 个总统任期和 16 届国会后，美国医疗协会的医生们提出由私人保险负责代理的医保方案，该方案名为“更优医疗”，是患者自愿参加的。然而这根本无法满足需要，因为从杜鲁门当政到现在，65 岁以上美国人口数至少翻了一番。

为了和约翰逊抗衡，美国医协雇用了 23 名专职人员对国会议员进行游说，每日花费高达 5 000 美元。总统则以亲自打电话问候和邀请那些议员到访白宫的方式作为回击。他绞尽脑汁想让法案通过。就在约翰逊要求制定医保法案的 204 天后，1965 年 7 月 30 日，他在杜鲁门的故乡独立城签署了该法案，81 岁高龄的哈里 · 杜鲁门在一旁笑容满面。1966 年 7 月 1 日，美国 16 万老年病人被纳入医保补贴计划。新泽西州的一位叫作尤金 · 施奈德的 65 岁的刺绣工人，在那个星期五的 12 点 1 分到纽约综合医院治眼睛，费用便是由社会保障部承担的，他和伊利诺伊州内皮尔维尔县的罗伯特 · 埃弗里夫人因此成为全美第一批享受医疗补贴的病人。美联社的调查显示，该计划使得医院的住院率增加了 3%，每星期大约有 10 万名新病人入院。

约翰逊提交医疗补贴法案 5 天后，又向国会递交了另一个具有历史意义的构想——“实现全民受教育机会”计划，此计划要求为公立大学和教会学校拨款 10 亿美元。为天主教教会学校提供联邦资金支持的做法与过去全然不同，这必然会在众议院引起一场激烈辩论。然而约翰逊深知，在美国的 4 000 万学童中，约有 600 万孩子在拥挤不堪的教会学校念书，若教会将他们置之不管，那么他们势必得依靠公共拨款的支持。另外，排斥他们会得罪国会中的天主教议员，导致他们为报复而投反对票阻止为公立学校提供联邦拨款。因此，约翰逊决定将所有学校都纳入他的教育法案中，他还对外表示，自己拒绝任何修正案，他的提案连一个逗号都不能改。在被称为“静电复印国会”[①]（戈德华特最先开始使用这一称呼）的第89届国会，约翰逊呼风唤雨，各种事务都得心应手。教育法案仅用87天就在国会两院获批通过，总统称其为“我所签署的最重要的法案”。签署仪式定在得克萨斯州的一个只有一间教室的学校里举办——约翰逊小时候曾在这里上过学。一同出席仪式的还有约翰逊当年的老师，现在他72岁，已经退休。

接着是选举权法案，这是对日益高涨的民权运动的回应。该法案在8月6日就已准备就绪，只等总统签署生效。到此时，有关“伟大社会”的法案如雪花般涌向国会——仅教育方面就通过了40多个提案，包括24亿美元的大学援助计划，这比之前美国制定的教育法的总数还要多。约翰逊提出的计划还有：治疗心脏病、中风、癌症，防治水污染、大气污染，建立公路广告牌以及废弃车辆回收场的计划。国会建立了住房和城市发展部、国家艺术和人文基金组织以及一个老年事务局等机构。高速地面交通法案则开辟了研究公共交通问题的渠道。移民局也进行了改革。大幅削减消费税的法案（47亿美元）得以通过。农场法案以及公共事业和经济发展法的通过，使联邦政府在改变土地面貌的工作中能够发挥巨大作用。这自20世纪30年代以来还是首次。

① 林登·约翰逊总统在当政时期积极推行伟大社会改革，提出与通过了大量法案。由于约翰逊善于获取国会支持，基本上他要什么就通过什么，许多法案都是只字未改。——编者注

联邦政府拨款9亿多美元用于帮助美国最古老的乡村贫民窟“阿巴拉契亚”。在和平工作队的首任负责人萨金特·施赖弗的强力领导下，新的“经济机会局”向贫穷宣战。经济机会局的工作项目包括：为长期失业人员提供专业就业帮助的“企业工作机会计划”；以贫穷家庭的学前儿童为受助对象的“启蒙教育计划”，该计划实行首年就为130万学前儿童带来了拥有光明前途的希望；美国志愿者服务组织，实际上就是国内和平卫队；“邻里青年团”为青少年提供了50万个兼职工作岗位；“跃进项目”招收大学预科生到大学上课；“社区行动计划”旨在协调社区的卫生、住房和就业计划，免费为穷人提供法律咨询；收养无家可归的儿童的“抚育孤儿”计划；以及建立旨在安置印第安人、各地移民和季节工的机构等。

经济机会局在华盛顿租用的7层办公大楼被批评者称作“贫穷宫殿”。共和党明尼苏达州的众议员艾伯特·奎伊说：“经济机会局做的事不仅会给国家带来耻辱，更会带来一场全国性的灾难。”施赖弗甚至承认，经济机会局的项目中最成功的“启蒙教育计划”在密西西比州的实施一团糟，像裙带关系、利益冲突、对政府公车的挪用以及把补助款给不在本州的人这一类的事情阻碍了该计划的顺利进行。

然而，时间还是有利于经济机会局的，正如过去对于罗斯福的“公共事业振兴署”那样。在5年内，对抗贫穷计划将会发挥重要作用，使1 300万美国人脱贫。约翰逊任期内的经济繁荣也起到了一定作用。“伟大社会”计划正在一步步实现，美国人似乎对此都表示认同。就在约翰逊就任的第二年年末，民意测验显示，约翰逊受到了全美人民的有力支持，这在30年来的民意测验中尚属首次。

约翰逊力克戈德华特取得压倒性胜利，这样的胜利可能会诱使别的总统对国会采取强硬的态度。约翰逊却不是这样，他清楚地记得，罗斯福在1936年的大选中获胜后，由于其最高法院重组计划遭遇失败而威信严重受损。约翰逊在1964年大选后说："我和国会打交道已有40多年，其间我几进几出，从一个青涩的毛头小子变得成熟起来。我经历过的所有国会中，还没有哪届议员最终不考虑他们所面对的总统的实力的。"他表示，追求为新官上任造势的100天变革不可取，他宁愿等国会议员们做好准备时再将法案送过去。对此，他的解释是，"这就像一瓶波旁威士忌酒，一次只喝一杯的话，完全没事。如果一个晚上全喝完，那就有麻烦了。我打算一次只小酌一口，尽兴就好"。

最终的结果让人大跌眼镜。10月23日，在第89届国会第一次会议休会时，有89个行政法案获批通过，只有2个法案被否决：哥伦比亚特区的自治法案以及废除《塔夫脱–哈特莱法案》第14（b）款，此条款规定允许各州禁止签订要求工人在指定期限内加入工会的合同。如此看来，国会完全不了解总统想修正《塔夫脱–哈特莱法案》的迫切想法。他完全可以就此罢手。但他不以为意，仍带着对这个结果的不满，不断尝试引导新闻走向，以扭转外界对他的看法。

其中最令人匪夷所思的，是一次在霍利布什举办的约翰逊总统与苏联总理阿列克谢·柯西金的高级会议。霍利布什是新泽西州葛拉斯堡罗州立大学校长的塔形石砌住宅。之所以选择葛拉斯堡罗，是因为它正好位于从华盛顿到纽约联合国总部（柯西金当时所在地）的路途中间。双方领导人都不愿意去拜会对方，选择葛拉斯堡罗州立大学无疑是个折中方案。两位领导人既没有确定的会议日程，更没有需要讨论的具体事项。约翰逊后来回忆道："这有助于我们在一起谈谈理论，也正是因为如此，我们去了霍利布什。相互讲讲道理就是霍利布什之精神。"会谈中除了"这次交换意见更加暴露出美苏两国间越发明显的巨大差异外”，能供讨论的其他话题真的很少。尽管如此，约翰逊总统的威望仍旧只增不减。仅凭两个拥有核力量的大国的元首坐在一起对话这个事实，人们似乎就能安心。

然而还是有人感到不安，他们以奚落的，甚至是轻蔑的态度看待约翰逊。在许多大城市的创造性团体和大学教职工中，反对约翰逊的人不在少数。英国记者亨利·费尔利 1965 年访美时写道：“我发现，美国知识分子以辱骂约翰逊总统为乐，没有什么比这更让人觉得怪异和憎恶。”费尔利指出这些指责全是针对“人身方面的”，反映了一种“对这个人的苛求和蔑视……”“有人告诉我说，约翰逊是一个笨蛋……其他人或许说得没有这么直截了当，但大抵也是这个意思。”

德怀特·麦克唐纳是这些批评者中最刻薄的一位。他笔下的林登·约翰逊“毫无品味，粗鲁无礼”，他还自创了一个词语“中庸崇拜”来讽刺约翰逊总统的平庸品味。麦克唐纳和那些与他类似的批评者们嘲笑约翰逊夫人，因为她最爱看的电视节目是《荒野大镖客》。他们鄙视约翰逊的理由多种多样：约翰逊喜欢听“新克里斯蒂演唱团”的歌曲，常要求摄影师“照自己的左侧脸”，不喜欢彼得·赫德为他画的肖像，有一个从“Lucy”改名为“Luci”的女儿，把严肃艺术家的作品称作“艺术化的”等。他们的不满蔓延到更多美国人当中，而这些人原本只隐约对约翰逊的“欺骗行为”有些讨厌。另外还有数百万美国人因为深敬约翰·肯尼迪，至今仍怀恋着他而怀疑约翰逊，毫无道理地将约翰逊视为篡位者。此外，面对大城市黑人贫民窟里日益升级的暴力事件以及大学校园内逐渐恶化的骚乱，大批美国民众觉得困惑不解，又因感到人身安全遭受威胁，最终也站到了约翰逊的对立面。约翰逊总统坚持要揽下一切，这必然会使自己成为大家攻击的对象，因此他遭到舆论的猛烈抨击。

1965年约翰逊在国会立法审议中获得一连串前所未有的成功后，他住进贝蒂斯海军医院，接受了胆囊结石切除手术。在恢复期间，他思索着那些诋毁他的报纸和嘲笑他的人攻击他的理由。“那里的那些人，”恼怒之中他脱口说道，“他们要什么，他们到底想要什么？我带给他们的是繁荣的时代，我提出的惠民法案数量无人能及，而他们呢，只是一味攻击和嘲笑！富兰克林·罗斯福能做到这样吗？有人能做得比我更好吗？他们到底要什么？”

参议员尤金·麦卡锡在使约翰逊失去国会的一致支持方面起到了重要作用，他曾表示约翰逊是那种有点弄错了时代的总统，在美国实行罗斯福式的新政政策——社会福利法案，而美国的问题症结并非在此。麦卡锡的这个说法只给出了谜语的一半答案。这个观点还需推敲，比如说，20世纪60年代美国面临的最严峻的挑战是富裕而非贫穷。麦卡锡称约翰逊完全误解了美国自由知识分子的脾性：“他总是对他们谈起他主持通过的一系列法案——流水账一般无聊，却不知道他们对此已不感兴趣。”

约翰逊非常愤怒：“他们难道不知道只能得到我这样的总统吗？”有时他还会说：“他们难道不知道美国正在打仗吗？”

他们不可能不知道。这就是这个谜语的另一半答案。

东京湾事件发生后，美国暂停在越南的军事行动，直到1964年11月1日美军在西贡市以北20英里的边和市的空军基地遭到越共的迫击炮袭击之后，美军才有所动作。这次袭击造成5名军事顾问死亡，76人受伤。圣诞节前夜，游击队再次发动袭击，引爆了在西贡市布林克斯酒店安放的一枚炸弹。2名美国士兵在爆炸中丧生，共58人受伤，林登·约翰逊的爱国热情因此被激发。他在白宫里面踱着步子说，绝对不会让他们杀害我们在那儿的小伙子们。他们这是蓄意挑衅，他要让他们知道自己并不是“拿着雨伞的张伯伦式的人物”。显然，北越人犯下了“侵略罪”。（“侵略就是一国不让另一国安宁。当这种情况发生时，所有人都再清楚不过。”）指望联合国采取行动将会是个错误。（“如果都是些事后的决议，能有什么用。”）约翰逊不想以一个领导越南战争失利的总统形象被载入史册。美国完全有能力教训那些个子矮小、衣衫褴褛的共产党人。东京湾决议赋予了约翰逊使用武力的权力，如果越共不撤退，他必定会那样做。

困难在于选择哪种解决方式。这个新对手不按常理出牌，常规军事手段对其的打击作用不大。面对敌人“打了就跑”的游击战术，即便是有着强大建制的美国军队也无能为力。肯尼迪总统已派遣过一支400人的特种部队到越南，这些人全是对付游击战的专家，然而美国参谋长联席会议对这些强壮魁梧的精英们并不热情。曾经有一个时期，美国军事援助越南司令部有100多位将领，却没有一人参加过在北卡罗来纳州布拉格堡进行的反暴动军事训练。而他们之中，没有人比驻越南援军司令部的新任指挥官威廉·蔡尔兹·威斯特摩兰更像一名传统军人。

联合参谋部的长官们想对北越进行大轰炸。他们告诉总统，这样才会让敌人屈服，而后逼迫他们来到谈判桌前。显然，轰炸战略对约翰逊政府具有强大吸引力。其中的原因并不清楚。两位有影响力的民主党人乔治·鲍尔和约翰·肯尼思·加尔布雷思都在“二战”后参加过美国的战略轰炸调查。该调查发现盟军的轰炸不仅没能打乱德国的战争生产计划，反而鼓舞了德国人的士气，而且德国是一个工业化程度较高的国家。如果空军都不能给德国以沉重打击，那么面对经济落后的亚洲国家越南，其成功机会则会更加渺茫。

并非约翰逊的所有顾问都认为轰炸可行。鲍尔和加尔布雷思就不赞成此做法，而且并不只有他们二人这么想。早在1964年，美国国务院政策计划委员会就对轰炸问题进行了详细的调研。调研结果显示，轰炸北越的效果并不理想，甚至都不能起到鼓舞南越士气的作用。接替约翰·理查森担任美国中央情报局西贡站负责人的皮尔·德席尔瓦认为轰炸对战局毫无帮助；威斯特摩兰也这样认为。两人都是西点军校的毕业生，他们深知如果要使用飞机，就需要派部队保护机场——决定开始轰炸就意味着美国将会被全面卷入战争。早在1965年，在西贡的美国中央情报局的分析人员就同一问题做了两份报告。报告的大意是说，随意的轰炸只会有适得其反的效果；很有可能还会引发反渗透的情况，造成北越军队沿着“胡志明小道”大规模渗入。

这本该让白宫再仔细考量一番。最起码总统应该认真听取谨慎的顾问们给出的意见。但当美国国内反对越南战争升级的人越来越被人们所熟悉，这些鸽派正发生着神秘的变化。美国高层领导人中，鸽派人士越来越少。1964年10月，当乔治·鲍尔提交第一份抗议美国进一步卷入越南战争的备忘录给国务院时，他身边有许多支持者。随后，他的伙伴们一个个被调离或者失去了原来的重要职位。到约翰逊就职时，罗杰·希尔斯曼、埃夫里尔·哈里曼、迈克尔·福里斯特尔、保罗·卡滕伯格、威廉·特鲁哈特全都已离职。鲍尔在白宫孤掌难鸣。曾经在轰炸越南问题上跟鲍尔站在同一边的马克斯韦尔·泰勒仍是领导核心的一员。但现在泰勒改变了看法，想给空军轰炸计划开绿灯放行。泰勒认为美国在越南投入的兵力应受到控制，10万人足以应战。

现在白宫主要的特别助理中只剩一位仍未表态。他就是总统的国

家安全顾问麦乔治 · 邦迪。1965 年 1 月 27 日，邦迪提议自己作为总统的耳目去越南视察。国防部长麦克纳马拉也表示同意，于是约翰逊的安全顾问团于 2 月的第一个星期飞赴亚洲。亚洲之旅关系重大。邦迪虽机警聪明、阅历丰富，但缺乏实战经验。他对战争的所有认识均来自于与战争相关的文件、报告或电影。真实战争中的污秽和恶臭是他不曾见过的，每每看到这些，他就觉得恶心反感。最重要也最具决定性的是他无法忍受战场上的血腥场面。

2 月 5 日晚上，邦迪正在西贡接受宴请，而来自加利福尼亚州马里纳的特种部队第五分队的杰西 · 派尔正在波来古的美军基地外面的掩体内放哨，波来古是越南中部高原的一个山区小镇。凌晨 2 点时他仍未换岗，他看见矮树丛中有一群黑色影子正朝自己移动。他鸣枪示警；越共游击队用密集的手榴弹回击；附近据点里的美军惊醒过来后也加入战斗。波来古战役激烈持续了 15 分钟。越共游击队最终摧毁了美军的 16 架直升机以及 4 架飞机。包括派尔在内的 8 名美国士兵死亡，另有 126 人受伤。

华盛顿时间 2 点 38 分，关于波来古战斗的第一手报告送抵总统。在召开了 4 个小时的国家安全委员会会议后，约翰逊下令美军三艘航空母舰上的战斗轰炸机对越共位于洞海（北纬 17 度以北 40 英里）的集结区进行轰炸。他宣称，美军是否升级在越南战争中的参与度“取决于北越的侵略者”。麦克纳马拉说：“我认为很显然这是对意志力的一次考验。”然而，波来古战役最出人意料的结果是其对美国国家安全顾问产生的影响。作为现场见证者，他去看望了伤员，回来后深受触动。他回国时已经变成一个鹰派。总统对他说道：“他们还真让你相信了，不是吗？一点儿炮火就能做到。”

鲍尔仍然反对轰炸。副总统休伯特 · 汉弗莱也不赞成，他的立场非常坚决，以至约翰逊将他的这些疑虑视为懦弱的表现，将他从国家安全委员会会议中除名。美国进入了决策的关键阶段。麦克纳马拉后来坦承，美国在越南所犯的错误不少——都是在 1965 年春末犯下的；在这之后，美国已深陷越南战争泥潭无法脱身，在华盛顿方面看来，越共似乎一意孤行地挑衅白宫，使其大规模介入越南战争。波来古战役结束还不到三天，身着黑衣的游击队员又炸了越南归仁海港的作为美军军营的越南匡恩饭店，爆炸造成 23 人死亡、21 人受伤。盛怒之下的约翰逊下令对北越的两个军事据点正和与执礼进行三小时的轰炸。

2 月 11 日，越共再次对归仁发动袭击。这次约翰逊在 48 小时内一直按兵不动。但是，一旦他有所举动，势必会推动战争升级。从此以后，美国的空袭报复就不再只是以牙还牙。约翰逊下令对北越进行持续轰炸，而无论对方是否有挑衅行为。该行动的代号为“滚雷”。行动的原因在一本 64 页的《来自北方的侵略》的白皮书中有所说明。美国国务院称，该书说明“毫无疑问，北越正在实施侵略南越的周密计划”。为保卫顺化东南方向 50 英里的岘港空军基地（“滚雷计划”的始发地），美军总司令威斯特摩兰从海军陆战队调来两个营。这 3 500 名海军陆战队士兵是地面部队中首批加入战斗的。3 月 8 日，在当天阴沉灰暗的天空下，他们在距离岘港 3 英里的南窝海滩登陆上岸。10 个手拿鲜花、面带微笑的越南女孩在那里迎接他们的到来。

此次登陆在国际上引发了争议。在莫斯科，2 000 多名示威者朝美国大使馆扔石头和砖块；两名西方的外国记者在那里遭到殴打。在美国国内，大学师生讨论政府政策的座谈会随处可见；在华盛顿，邦迪同意在 100 多个大学播放的广播节目中同他的批评者们展开辩论，这更是掀起了一波高潮。（在最后一分钟时他不得不退出，因为总统急需他去处理在多米尼加共和国发生的另一场外交危机。）政府当局派了一个“真相小组”去各大学宣传，并就鸽派教师的指责做出回应。迪安·腊斯克尖酸地告诉美国国际法学会说：“我有时会惊讶于受过教育的人的轻信态度，以及一些人忽视事实的顽固态度，而这些人却被托付去帮助国家教育年轻人，尤其还是要教会他们怎样思考。”

战争批评者对南越同盟知道得越多，他们持保留意见的态度就越强烈。他们了解到，半数美国军队补给被卖给了西贡黑市。出身越南富裕家庭的青少年花钱就可以免于服兵役。南越军队中逃兵所占比例达到15%。西贡的政治家们似乎在选择坏时机上有些天赋。似乎每到战斗的关键期，无论当时掌权的是哪个政府，最后都会被新政权推翻取代。约翰逊对此非常生气，对其手下说，他不想再见到“类似的政变丑闻”；尽管如此，他还是得到了同样的结果。1965年2月21日，南越军队司令阮庆中将被驱逐，由医师潘辉括接任。潘辉括的后台是担任军政府秘书长一职的阮文绍少将，此后他成为人们关注的焦点人物。潘辉括政权维持了整整111天又被推翻。这是继总统吴庭艳被刺杀后的第9次政变，新任总理是喜欢标新立异的越南空军司令阮高祺，副总理是阮文绍。

西贡的每个动荡征兆都推动了美国鸽派阵营的壮大，他们正迅速成长为继共和党之后林登·约翰逊最有力的政治对手。前陆军部长塞勒斯·万斯认为，国内对越南战争的疑惑正“使美国面临分裂的威胁”，参议员中最早的鸽派人物之一，爱达荷州参议员弗兰克·丘奇警告说：“在帮助任何政府镇压共产党起义的事情上，我们能做的十分有限。如果人民自己都不支持当权政府，我们也束手无策……西贡政权正在输掉这场战争，其原因并非武器装备匮乏，而是缺乏一切内部凝聚力。”

然而这不是一个能被普遍接受的观点。约翰逊向国会提出追加7亿美元拨款以支持战争升级的需求，众议院在24小时内以408：7票通过，参议院在另一个24小时里以88：3的票数通过。在大众传媒那里，反对美国加入越南战争的观点总是被贴上污名的标签。多数党领袖麦克·曼斯菲尔德忧伤地对参议院说，战争可能会持续“4年、5年甚至10年”，美国联合通讯社的一名记者认为这是一种“极端的看法”。（越南战争最终打了8年。）就连最中立公正的媒体——美联社也在当年的年度新闻盘点中称，反对战争等同于向美国的敌人提供经济和心理援助。参议员富布赖特4月份召开越南战争听证会，为诸如乔治·凯南和詹姆斯·加文上将等政府政策的批评者们提供了发言平台，美国全国广播公司的24个电视台拒绝对其进行转播报道，而哥伦比亚电视台则对其彻底封杀。

对于身在越南的美国人来说，战争变得更加激烈了。3月30日，一名越南司机将一辆黑色雪铁龙汽车停在西贡美国大使馆前面，随后乘坐同伴的摩托车飞奔离去。汽车中装着250磅炸药，在上午10点55分爆炸，大使馆大楼的侧面被炸开一个大洞，17名使馆工作人员因此丧生。次日，美国飞机轰炸了6个北越雷达站。这是自波来古战役以来双方第15次发动穿越南北越分界线的袭击。越共军队以制造更多的爆炸还击美军。一天晚上，一辆满载硝酸甘油的自行车被停在西贡河岸边一家很受外国人欢迎的水上美景餐馆旁。爆炸总共造成44人死亡，其中有12名美国人。美国继续增加驻越军队人数。年初时美国驻越士兵人数还只有2.5万左右，到了当年春末则已达到年初的三倍。

6月9日，白宫宣布授权威斯特摩兰，“在没有其他有效办法可供选择，以及在他认为总体军事形势急需的情况下”，总司令有权派遣美国士兵和海军陆战队参加战斗。4 天之后，威斯特摩兰认为，东帅市（距西贡北部 60 英里的一个地区首府）的形势符合美军进行干预的前提条件。经过晚上的一次交火后，美军第 173 空降旅的 1 200 名伞兵连同 1 600 名越南士兵和澳大利亚士兵对越共游击队展开了追击。威斯特摩兰称该行动为“搜寻歼灭”任务，即找出并全歼潜伏的游击队员，该行动在几个月的时间里发展成为一种策略，此后该名称也就被用来描述这种战略。然而寻找越共游击队经常是一个耗时耗力、令人沮丧的过程。在东帅市的混战便是越南战争中的代表性战役之一；等战争的硝烟散去后，我们仍不能判断哪一方在战斗中更占上风。美军 173 空降旅的指挥官唯一知道的是自己损失了 19 名队员。正处于春季防守阶段第二个月的越共游击队更是伤亡惨重，伤亡名单不断增长。很久以后，威斯特摩兰才承认这次战斗输给了敌人。然而真实情况在当时却无人知晓。就在同月，威斯特摩兰向华盛顿申请增调 44 个营以及适时使用这些兵力的授权，但即便如此他也不能保证这样做会帮助美军扭转溃败的局势。

正是在这一时期，林登 · 约翰逊狡诈遮掩的作风开始动摇人民对他的信任。5 月 23 日，《纽约先驱论坛报》的一位编辑提到了这一点，他在该报驻白宫记者戴维 · 怀斯发表的一篇报道的标题中使用了“信任鸿沟”一词。接着，《华盛顿邮报》的默里 · 马德撰写了一篇分析华盛顿的人们普遍觉得有时总统没有认真看待事实的文章，他写道：“该问题可以称为信任鸿沟。”人们回想起约翰逊在 1964 年总统大选中为吸引选票而夸口许下的和平承诺，并将这和他现在的好战立场作了对比。马德指出：“华盛顿政府发布的公告越来越多地受到质疑和讥讽。”媒体记者更是持怀疑态度。参议员戈德华特曾因为提出某项政策而遭到约翰逊总统的公开指责，而现在总统实行的就是该项政策，因此新闻界对白宫伸出的橄榄枝更加怀疑。

4月7日，总统在约翰·霍普金斯大学的讲话中宣布，美国准备进行“无条件和谈”，以实现和平谈判。讲话内容通过美国新闻署向世界各地传播，其中许多细节听起来新颖且激动人心。他提议包括北越在内的东南亚国家加入一个临时的马歇尔计划。他说：“对于美国，一旦该计划开始实行，我会请国会批准投入10亿美元，以推动该项计划的实施。”美国农业生产的余粮将被送给饥饿的亚洲人。他会“迅速组建一个由优秀的、爱国知名人士组成的特别小组”来引导美国完成所有这些使命。结束越南战争无疑是“获得最终胜利的必要条件。但我们不能，也不可能等到和平到来才开始这项工作”。所有这一切都在情理之中，还会让人觉得亚洲听上去就像美国中部的得克萨斯州。

戴维·怀斯那篇满是疑虑的文章写于这次讲话后，当时有关总统和平主张的许多漏洞也已暴露。毕竟，他对于休战谈判的提议有一个前提条件——得排除越共的参与，而这必然会引起河内方面的抵制。此后，再没有听到关于美国10亿美元投资或美国余粮供应亚洲的消息，要找美国知名人士组成特别小组也从未选派。一个月之内，原本看似是解决东南亚问题的创新方式却变成了一种公关手腕。总统不仅没能贯彻实施该决议中的任何部分，而且他展示出的真正亚洲政策是通过不断升级战争来使其转变成一场美国主导的战争。

“滚雷计划”的头6周行动是一次彻头彻尾的失败。轰炸并没有使敌人屈服，逼迫他们来到谈判桌前，甚至没有像约翰逊政府所预想的那样使其清醒。越共还是一如既往地藐视美国国旗。总统决定再次增加赌注。4月的第三周，约翰逊飞到火奴鲁鲁与阮高祺和阮文绍进行了长达两天的会谈。随后麦克纳马拉宣布，美国1965年对西贡的援助将从 2.07 亿美元增至 3.3 亿美元。另有 4 万名美国士兵（他们自称"怨气军团"）被派遣到越南。参议员格里宁问约翰逊多久能赢得战争，总统回答说 6 个月。他说，空袭下的河内撑不过 6 个月，越共必定会在圣诞节前向美国驻越南援军司令部求和。

乔治 · 鲍尔为此大伤脑筋。他知道，根据已有情报得出的结论与总统所言完全相反。约翰 · 麦科恩报道说，美国中央情报局的结论是，轰炸既没有使河内瘫痪，也没有吓倒它。相反，空袭增强了河内强硬分子的力量。据侦察，第一个团的北越军队已进入南越境内，他们的第二个团正在边界集结待命。麦科恩上报美国国家安全委员会说，美国军队的增加只会导致更多北越军队的渗入；甚至在那些增派的士兵被运达前，运送他们的运输机在西贡所起的作用就会被抵消。国防部答复说，空军准备将原先设计用来携带核武器的 8 引擎的 B–52 轰炸机投入使用，没有人能抵挡 B–52、幽灵以及 F–111 轰炸机的威力。

对于在越南的美国人来说，空袭已不再是唯一的大事件，甚至连主要事件都算不上。美国军队在越南的作用有了微妙的转变。如今，美国军队的目标已经不只限于保护飞机场。步兵将对越共游击队进行威吓，让他们知道山姆大叔不是在闹着玩。国内对这一切并不知晓。这也就是为什么詹姆斯 · 赖斯顿后来评论说，总统秘密下令升级战争。戴维 · 哈伯斯塔姆多年后写道，在约翰逊总统的领导下，华盛顿的政策制定者们"慢慢地越过了卢比孔河[①]，却不敢承认"，而他们的新闻官们的任务则变成了"蒙骗大众，而非据实以告"。

---

① 卢比孔河为意大利北部的小河，是历史上高卢和罗马共和国的界河，公元前 49 年恺撒越过此河进军罗马，与罗马执政者庞培决战。"越过卢比孔河"后来用以指迈出决定性的一步，破釜沉舟。——编者注

7月，华盛顿决定再次大幅增加美国军事援助越南司令部所承担的义务。麦克纳马拉结束他的第6次越南实地考察回到美国，上报说战事恶化，建议政府增加对军队和经费的支持。7月17日的那个周末，约翰逊把将军和顾问们召集到戴维营，想达成一致意见，尽管在他看来谈话已经失去了本来意义；因为对他而言，这不过是走走过场，实际上是使其他人同意他早已做出的决定——将美国驻越军队人数提高到5万。参谋长联席会议勉强表示同意。因为他们原本想要更多，因为他们最害怕参与局部战争。在戴维营，一些人并未随波逐流。克拉克·克利福德颇有预见地评论共产党说，"无论我们做什么，他们都会追赶上来。"麦克·曼斯菲尔德也表示反对，他告诉总统他认为战争会使国家分裂，所以他反对增派军队。其他人则认同总统的判断，认为多米诺骨牌效应、共同安全、抑制作用以及慕尼黑事件[1]的教训仍然远比他们的疑虑重要。

确定自己的决定得到支持后，约翰逊开始变得遮遮掩掩。他不想再和人们讨论这个决定。麦克纳马拉提议征召一个23.5万人的预备役。总统没有听从他的建议，而是直接发布行政命令将征召人数翻了一倍，从每月1.7万人增至3.5万人。这样做比一次性征召更不会引人注意。他还决定不向国会申请更多的拨款，新花费可以隐藏在国防部的庞大预算中。他说他并不想让任何人感到恐慌，他甚至一度考虑只向外界透露在越南增兵的部分而非全部消息。《纽约先驱论坛报》的道格拉斯·凯克向他问起关于增加驻越军队的传闻，约翰逊十分肯定地告诉他那是不实报道，他只是在补充军队的缺额而已，驻越美军会大肆追捕越共成员的报道也与事实不符。7月28日，约翰逊突

① "二战"中英法两国因为要避免战争爆发而签署了慕尼黑协定，牺牲了捷克斯洛伐克的苏台德地区，这是一项绥靖政策。——编者注

然改变主意，决定将全部数字和盘托出，并将美国军事援助越南司令部新出台的强制性任务公之于众，因此得罪了凯克，同时也加深了与外界的信任鸿沟。总统在午间的一个电视节目中对大约 2 800 万美国人说："把守大门并非我们的选择，但又没有别人做这件事。"

不信任是约翰逊在那个夏季埋下的一颗不幸的种子，另一颗则是在约翰逊召集来商讨意见的人中最终产生的误解。参谋长联席会议以为他把数字控制在很低的水平，是为了让自己有机会说服大众相信他必须增加现有军队的数量；他们期望的最终数字是 100 万。威斯特摩兰看着河内军队以令人难以想象的速度不断增援，便向白宫报告了此事。在他的计划下最终能有 64 万~64.8 万的军队供他指挥，而且他信心满满地认为白宫会对他有求必应。他的参谋还筹谋了一个应急计划，打算使美国军事援助越南司令部的兵力达到 75 万，该数字被认为合情合理。但是国防部长的猜想让人匪夷所思。多年后，仍只有少数了解罗伯特 · 麦克纳马拉的人才能理解他的想法。这意味着要明白麦克纳马拉是个极具条理性思维、有条理清晰的大脑来适应杂乱无章事件的人。麦克纳马拉在 1965 年断定，越南战争将会在 1967 年 6 月 30 日（也是当年财政年度的末尾）前结束。对他来说那将会是个完美时机，因为他的预算可以实现平衡。尽管威斯特摩兰告诉他那根本不可能，他还是坚持这一看法。

从某种程度上来说，麦克纳马拉和国防部比白宫更现实。参谋长联席会议要求总统提高税收。他们的理由跟经济学原理毫无联系。他们想要美国进入全民备战的状态，为应对民众的漠然，他们从教科书中学来的解决办法就是增税。实际上，当局的经济学家都由衷地支持这一做法。约翰逊的经济顾问委员会的领头人，密歇根大学经济学教授加德纳 · 阿克利对总统说，除非采取增税的办法，否则政府就无法完成以下三件事——进行战争、继续实施“伟大社会”计划，以及规避通货膨胀。

然而，此时约翰逊正处于提交大量社会立法案给国会的阶段。他担心，如果战争的实际花费被外界知道，立法程序会骤然中断。约翰逊对身边的人说：“我对经济学了解不多，但我却很了解国会。”他们之中有人后来认为应该把这个剖白刻在他的墓碑上。“我现在就可以把‘伟大社会’计划付诸实践——这是一个黄金时期。我们有称职负责的国会，我又是个合格的总统，能够让国会通过法案。但如果我谈到战争的开销问题，‘伟大社会’计划就无法通过，增税法案也无法通过。老威尔伯·米尔斯会坐在那儿，友好地对我表示感谢，退还我‘伟大社会’的法案，然后他告诉我，他们会很高兴花掉战争所需的一切经费。”

在这一点上，约翰逊犯下了致命的错误。他欺骗自己，以为如果能以廉价换取胜利，一切问题都会顺利解决。那种情况有可能发生；河内与越共游击队也有可能会垮台。这样看来，美国国防部的报告是高估了形势。这个愿望进一步转换成了决策的思想基础，因而当阿克利及其同事仍然坚持将税率提高3%~4%时，总统以一个不同寻常的字谜作为回复。他把主要的参议员和企业主管请到白宫，征求他们对增税案的看法。他们反过来询问了战争的花费。约翰逊告诉了他们虚假的数字。因此他们否决了增税提议。于是约翰逊对经济顾问委员会说，增税不可能了，他无法在国会通过这项提议。后来，《纽约时报》经济记者小埃德温·戴尔将其称作他在华盛顿采写新闻15年来，总统做出的最不负责任的行为。

约翰逊于1966年初决定放弃增税，这对当年的正常财政秩序造成了巨大的打击。当年的联邦财政赤字达98亿美元。未来还将面临更严重的赤字，因为到那时越南战争每月的花费将高达20亿~30亿美元。白宫的预算是每月8亿美元，企业委员会的拉尔夫·拉扎勒斯认为政府的预算太低，于是他在电话上被阿贝·福塔斯怒斥一通，称他的估计有错且总统对此很不高兴。事实上，拉扎勒斯在这件事情上是对的。那一年越南战争的花费为270亿美元，赤字高达230亿美元。约翰逊的蒙骗使美国开始出现了恶性通货膨胀。

关于越南战争的方方面面，最难以理解的也许是缺乏真正意义上的规划。戴维·哈伯斯塔姆后来就发现"无论是对作战任务还是军队人数，那些官员从未有过明确规定。回想起来虽难以置信，但事实就是如此。在战争策略方面，从未有过一个明确的数据或者对其进行过清晰的阐述"。唯一确定的是1965年美国投入越南战争的人数越来越多。8月，美军如潮水般涌向越南，而到9月，军队人数显然将突破20万。

为了核实对西贡附近的一次战斗的报道，美联社记者彼得·阿内特驱车离开西贡，途中看到了三种颜色的信号弹烟云，该信号表示南越军正在战斗，然而附近并没有敌人。南越军队解释说，士兵们是在为美国新闻署拍一部彩色电影，"以展示这里的真实情况"。有关这件事真相的争论在各地炸开了锅，连美国本土也在讨论此事。林登·约翰逊有时的讲话像是在回应胡志明向他个人发出的挑战，两人像电影《正午》[①]中二人对峙的场景那样站立着。西贡的真实情况似乎更接近于不间断的恐怖袭击，暴力事件层出不穷。12月4日凌

① 1952年上映的一部美国电影，讲述孤独的执法官与出狱的犯人之间的对决，意在表现孤独的正义对付邪恶，正义有时在少数人手中的主题。据调查，该片深受历届美国总统的青睐，或许是因为剧中主人公的遭遇多少投射出美国总统们的切身处境。——编者注

晨，另一辆满载250磅炸药的卡车爆炸，这次事件发生在美国军人入住的大都市酒店外面，造成8人死亡，137人受伤。

威斯特摩兰的发言人常常只发表每天的“尸体清点”信息，这是用来描述越共伤亡情况的一个残酷无情的用语。在记者尼尔·希恩看来，越南战争的特点之一就是不加区分地进行炮轰和空袭，造成大量无辜平民死伤。希恩问威斯特摩兰，这是否会困扰到他，他回答：“会，但那样会减少敌人的数量，不是吗？”

1965年美国国内的反越南战争游行在美国大部分地区仍然是件怪事。很少有人愿意支持美国立刻从中南半岛无条件撤军。即便在1967年，大学教师这个最坚定拥护和平的群体，仍旧在撤兵问题上分成了势均力敌的两派。尽管如此，和平运动已展露出巨大的发展势头。10月15~16日那个周末，约1.4万名群众参加了在曼哈顿第五大道举行的游行示威活动。同时，另有1万人向奥克兰陆军基地进军——他们被警察拦在了市区边界内，还有2 000人参与了伯克利游行。在这次名为“和平示威周末”的活动中，美国其他州也举行了各种示威活动，其中威斯康星大学的50名学生试图以“战争犯”的罪名逮捕杜亚士空军基地的指挥官，抗议者在密歇根州安阿伯的征兵局办公室前进行躺卧示威。

第五大道争取越南和平游行委员会宣称：

> 我们要求政府停止将美国年轻人送往越南，因为这场战争无论是对美国军人还是对越南人民都无益。我们从纳粹德国的例子中吸取了教训，不会容忍任何政府实行侵略战争的政策，哪怕是我们自己国家的政府。

这要求很合理，但其他地方示威者的言辞，如同战争本身一样，越来越充满仇恨。感恩节后的那个星期六，在华盛顿的2万人最先发声，他们喊道："喂！约翰逊！ 你今天又杀死了多少孩子？""五二运动"（以1964年5月2日他们首次上街抗议美国卷入战争的日子命名）的成员包围了白宫，手中挥舞着越共的红旗，大肆宣传旨在给北越士兵收集血液的"献血"活动。在伯克利，"自由言论运动"由"越南日协会"接替，后者曾两次试图通过抢占运输车和在轨道上静坐的方式阻止军用列车通过。

1965年10月15日，22岁的救助站志愿者戴维·米勒在纽约爬上一辆宣传车宣布："我原本打算演讲，现在想让行动替自己发言。"他用火柴烧掉了征兵卡，此举让游行示威有了新方式。几周后米勒被捕，尽管在8月31日国会将对这种损害联邦尊严的行为处以1万美元或者5年监禁的惩罚，但这种烧毁征兵卡的行为却带来了短期的效仿热潮。自杀式的抗议成为一种终极的抗议形式，一名教友会教徒在五角大楼外、一名天主教救助站的工作人员在联合国大楼外自焚抗议。

反对示威的美国纳粹党则手持汽油桶，举着"免费为对和平谄媚的人提供汽油"的标语。跟过去一样，他们并没有得到人们的支持。大多数反对示威活动的口号在语调上都比较温和。纽约的一个小女孩拿着一块写有"我希望我有一张征兵卡"的标语牌。那些郑重其事的游行则是由"美国青年自由组织""美国退伍军人协会"以及"海外战争退伍军人协会"等团体组织的。他们的标语中体现出的最有好战情绪的是"轰炸河内"。在佛罗里达州的一次极具代表性的游行中，有这样一些标语："我们爱美国""热爱我们的国家""我们的国家——是对是错""我们难道要让他们将美国引入绝路吗？"以及"古老荣光已不再"等。鲍勃·霍普告诉其中一位听众说："如果我们让共产党赢得胜利，我们就会面临终生战斗以及失去上百万孩子的巨大危险。”这的确是一个过分夸张的陈述，但是这与指责总统谋杀孩子的行为完全不是同一类。

战争支持者对反战者最严厉的指控，是说他们对国家不忠诚。西弗吉尼亚州查尔斯顿的警察局长这样说道：“我们不会像那些叛徒一样，举着蜡烛在黑暗里鬼鬼祟祟地前进，我们会在正午的阳光之下进军，让自由的人民加入我们，跟着我们齐步走。”一些关于1965年和平运动的新闻报道，大都暗指共产党参与其中。美国联邦调查局与霍普一样，正试图摆脱其无党派倾向的名声，暗示这些游行示威的背后推手是克里姆林宫。政府的一份报告称：“反越南战争运动的控制权，已从一度成功控制住局面的温和分子手中转移至共产党和极端主义分子的手中，他们公开对越共表示同情，对美国仇视。”

实际上，事实正好相反。尽管个别反战斗士的语言和行为都颇具煽动性，但每一次游行似乎都比前一次更受人尊崇。甚至连中产阶级保守派的家庭主妇以及现役军人也加入了示威活动。这样一来，越来越多的各界名人都站到跟鲍勃·霍普完全对立的一面。11月27日，在万里无云的华盛顿举行的“停止轰炸”示威游行的队伍中，除了诺曼·托马斯和詹姆斯·法默外，还有许多之前从不问政事的名人，例如医生本杰明·斯波克、漫画家朱尔斯·菲弗、小说家索尔·贝洛、雕塑家亚历山大·考尔德以及作家迈克尔·哈灵顿等。

当年秋天，来自越南的战报称，美国一些知名战斗部队在越南战场一败涂地。其中有9月在安溪惨败的美军第101空降旅，10月在波来梅惨败的绿色贝雷帽突击队，11月在德浪河谷惨败的美军第一骑兵师。德浪河谷遭遇战发生在华盛顿“停止轰炸”游行的前一周，具有特别的意义；像去年春季越共发动的攻势和1968年初的新年攻势一样，该次战役也是越南战争重要转折点之一。第一骑兵师的空降兵在波来梅战役后追击敌军残部，在德浪河谷遭到敌人的顽强抵抗，这里靠近朱邦山，距柬埔寨边境7英里，地处西贡以北200英里的越南中部高原。这次美军面对的不是越共游击队，而是北越第66团。

第66团是北越军队中的精英部队，此次美军面临一场严峻考验。美军第一骑兵师是其军队历史上的一种新型部队，是一支具有最优火力配备的直升机空降师。对善于发明创造的美国人设计的战争武器，越共军非常了解。他们采取和步兵近身作战的战术，如果可能的话，直接肉搏，但必须是在34码的距离以内，这样美国的武器和空中战术支持就无法发挥作用。

德浪河谷战斗的意义注定是伟大的。7月戴维营会议召开时，南越境内只发现两个北越团。到现在，美国军事援助越南司令部已确认有6个北越团在南越出现，也许另外还有两个或者更多的军队潜伏在南越境内。北越其他部队正在进军南越的途中，胡志明的总司令武元甲将军继续将部队拆成排和连迅速沿小道渗入，行军之迅速令美军无法及时调兵围堵。

双方都争相向河谷派兵支援，尽管美军第一骑兵师派去的一个营遭到伏击伤亡惨重，战斗结束后，威斯特摩兰和他的副手威廉·德普伊将军仍声称获得了胜利。统计数字似乎也支持他们的说法，敌人如同“二战”中的日本士兵那样采取波浪战术，用英语喊道：“杀死美国兵！”他们损失了1 200人，而美军仅死了200人。但是其他一些观察家，其中包括以平民身份回到越南的约翰·保罗·范恩，则得出了完全相反的结论。越共已准备好接受这些不确定的损失。（一名越共士兵在日记中写道：“为国捐躯是我们这代人的责任。”）尽管美国在德浪河谷战斗中的伤亡比敌军要少得多，但这还是创下了威斯特摩兰部队的新纪录；它使美军在越南战争中的伤亡人数升至 1 335 人死亡，6 131 人受伤。美国军事援助越南司令部相信，威斯特摩兰已掌握取胜的战略秘诀，迫不及待地筹备着更多类似德浪河谷的战役，武元甲完全认同范恩的看法。这位北越将领相信——后来的事件也证明如此，美国人民不会接受如此巨大的伤亡，更不会允许美国继续承担这永无尽头的义务。武元甲把战争的这一新阶段看成是他的人力和威斯特摩兰的技术装备上的对决，充当比赛裁判的是美国的公众舆论。

12 月，麦克纳马拉请求约翰逊暂停轰炸。腊斯克表示反对，他现在是鹰派中最强硬的成员之一，但是总统叫停了 B–52 轰炸机的轰炸计划，并向世界上重要国家的首都派遣外交人员，散布消息称美国有意进行和平谈判。两名意大利专家抵达河内打探胡志明的态度。刚开始，谈判似乎有可能，但正当越共有和解意向的消息传到腊斯克那里时，河内方面却断然谴责这是“彻头彻尾毫无根据的谣传”。美国人大惊失色。在德浪河谷战役后，美国人认为胡志明应该很清楚自己的战败处境。海军陆战队的士兵想起了一个老笑话的结尾部分：“总有哪个浑蛋没有得到消息。”

林登 · 约翰逊向国会两院联席会议申请颁布 1965 年选举权法时，在其演讲结尾说了一句话，这句话因为新一代美国黑人为社会正义奋斗而付出的血泪显得尤为神圣。他认为他们的事业“也必须是我们的事业。因为不只是黑人，事实上我们所有人都必须克服在传统法律体系中因偏执和不公正所造成的缺陷，我们也一定能做到这一点”。

这是自由派的漂亮空话，但在那时这似乎是颇为值得怀疑的预言。5 月 17 日正好是美国最高法院处理布朗诉教育局[①]一案 11 周年的日子，而种族主义问题却比之前更加严重。耶鲁大学斯特林讲座教授、历史学专家范恩 · 伍德沃德也说："比起他们的上一代，如今的黑人孩子在学校与白人孩子的交流更少了。"从 1964 年中期到 1965 年中期，三 K 党的成员也增加到有史以来的最多人数，即使在美国南北战争后的重建时期，该组织的人数也不及这一时期。1965 年 10 月，据报道，伯明翰的一位黑人因失血过多而死，原因是开救护车的白人司机拒绝送他去医院。一位亚拉巴马州商人在谈及民权运动时，对《纽约时报》的记者信口开河："当这件事结束后再找黑鬼们算账，在这儿他们不会有好日子。"消除种族歧视在北方城市也不容乐观，马丁 · 路德 · 金在芝加哥湖南部的马凯特公园发表演讲时说："无论在密西西比州还是在亚拉巴马州，我从未见过这般恨意，但在芝加哥，我真的见识到了。"千百万白人的仇视态度似乎都在达拉斯市警长小詹姆斯 · 克拉克在塞尔马事件中佩戴的一个小小徽章上得以体现，那个徽章上就两个字："决不"。这两个字意味着不管是在南方还是北方，像克拉克这样的人决不会平等对待黑人。

黑人不断遭受不平等对待，使他们情绪上继续发生转变。他们分裂成各种小团体，互相敌对仇视。1965 年 2 月 21 日，马尔科姆 · 艾克斯在他即将掌握黑人运动领袖权时，在曼哈顿区的奥杜邦舞厅被他的黑人同胞杀害，这反映出黑人激进分子内部的深刻分歧。黑人绝望情绪的一个象征是越来越多的团体号召黑人"回归故土"——"回到非洲故乡"。50 个黑人社区纷纷建立起防卫执事团以对抗三 K 党的

① 这一诉讼于 1954 年 5 月 17 日由美国最高法院做出裁定，判决种族隔离本质上就是一种不平等。因本案的判决，美国社会中存在已久的白人和黑人必须分别就读不同公立学校的种族隔离被终止。——编者注

袭击。还有一部分人听从里·约·琼斯的布道，他宣称“大多数美国白人都是邪恶的”；或者相信詹姆斯·福曼的话，他发表了一个黑人宣言，要求白人教会和犹太教堂（讽刺的是，这些拥有许多白人成员的团体，却也是民权运动最狂热的支持者）支付黑人5亿美元作为“补偿费”。

提倡种族隔离的团体中最有名的是穆斯林，1966年奥克兰出现了第一小批“黑豹”党党徒。1965年11月，丹尼尔·帕特里克·莫伊尼汉提出了莫伊尼汉报告，这份报告论证充分，认为解决黑人社区内部问题的现实方式在于首先根除奴隶制的遗留问题：黑人依靠福利生活、离婚率比白人高40%、私生子的数量惊人（4个黑人中就有一个是私生子）。莫伊尼汉报告的真实性不容置疑，但1966年正值黑人满腔怒火的一年，一些事件严重损害了黑人的自尊，以至于他们无法面对这些事实。他们的领导人于是将该报告贴上了为种族主义造势的标签，并斥责报告的作者是法西斯分子。

范恩·伍德沃德在1965年写到“就联邦法律能够处理”种族隔离和不公平现象而言，“国会只是刚刚能胜任”。此类立法的关键在于当年的选举法案。马丁·路德·金于1月召开记者招待会，指出美国南方500万黑人适龄选民中有300万人未进行选民登记。他宣布要发动一次全面登记选民的活动。这一活动将在亚拉巴马州的塞尔马开始，在当地1.5万名可以登记的黑人选民中，只有325人登记了，而1.4万名白人选民中进行登记的却达到9 300人。金博士带着首批黑人入住塞尔马艾伯特旅社，这里过去只为白人提供住宿，因此在办理登记手续时金遭到一个白人种族分子的拳打脚踢。殴打他的那个人被处以100美元罚款和60天监禁，在金看来，这是提醒人们尊重法律的一个良好开端。可是选民登记运动很快就停下了。其中的原因再简单不过，塞尔马的黑人大多对选举权不感兴趣。只有某种反响强烈的事件才能唤起他们的重视。这类事件（也是颇为典型的事件）最终发生了：在附近的佩里县，一个准备进行选民登记的黑人被一伙白人农夫杀害了。当地的民权运动领袖们希望利用这件事、县警长吉姆·克拉克的暴躁脾气以及华莱士州长卖弄权力的作风，来使他们的运动复兴。

他们宣布于 3 月 7 日进行抗议示威游行。黑人和白人同情者会从塞尔马出发，沿着杰斐逊–戴维斯高速路的 80 号公路中段向南步行 54 英里，到达州府蒙哥马利。华莱士立即以游行对当地商业活动和公共安全造成威胁为由下令禁止，并派出 100 名州警卫支援克拉克警长，克拉克为表示他对传统的尊崇，还组织了一个骑兵警卫团。3 月 7 日——这一天或许将成为亚拉巴马州历史和民间传说中的“黑色星期日”，600 名黑人和一些同情黑人运动的白人不顾禁令，从非洲人卫理公会主教派布朗教堂出发到达横跨亚拉巴马河的埃德蒙–佩特斯桥。在那里，他们遭遇了克拉克的骑兵队和戴着防毒面罩的警卫团。示威者不理睬在两分钟内散开的警告，于是警卫挥舞着警棍和湿皮鞭冲向人群。催泪瓦斯从警卫团那边喷射出来，形成一团团黄色烟雾。黑人在呛人的烟雾中踉跄，艰难爬回教堂。他们的旁边跟着电视摄像人员，他们拍摄的画面可以让塞尔马游行一夜之间成为镇压的象征。

在黑色星期日这一天，金博士在亚特兰大布道时，突然丢下手头所有事务直飞塞尔马，宣布他将领导星期二的第二次游行示威，并呼吁黑人和白人牧师都来参加。300 多位白人神父、牧师和教士响应了他，在北部各大城市都进行了同情游行示威。黑人参与者在司法部和白宫外静坐抗议，对此约翰逊总统发表了一篇声明谴责亚拉巴马州官员“对一些黑人公民施加的暴行”，同时他还派遣约翰·多尔和佛罗里达州前州长勒罗伊 · 柯林斯去塞尔马，他们组织了一场形式上的游行，就是在桥上来回走了一会儿。尽管有诸多不满，克拉克警长和金还是勉强同意了，但金的不满情有可原。为此，大学生非暴力协调委员会中激进的黑人青年们指责他是“对汤姆叔叔摇尾乞怜”。在金离开那座桥时，他们唱起了民权歌曲来嘲讽他：“任何人都不能使我回头。”

塞尔马事件发生的当天晚上就发生了三起谋杀案，其中第一起事件让金不得不改变策略。这三起案件的受害者均为对民权运动抱有同情心的白人。波士顿唯一的一位神教派教士詹姆士 · 里布在离开一家黑人饭店后被一帮乡野暴徒围殴致死，大学生非暴力协调委员会的詹姆斯 · 福曼和他的 500 个追随者威胁金采取更大胆的措施，不然他们就会引发暴乱。另有 1 500 名愤怒的黑人在蒙哥马利市以色列浸礼会教堂前集结，因为他们听说金有好消息告诉他们。蒙哥马利市联邦法官小法兰克 · 约翰逊允许他们在从赛尔马到蒙哥马利的范围内进行游行示威，虽然这样的游行在他的裁决下“已到宪法允许的最大限度”，但示威者的暴行显然已经超出了“宪法所能允许的最大限度”。

华莱士州长在电视转播的亚拉巴马州两院联席会议上，谴责即将发生的游行好比共产党的“街巷战争”，正是它使得“古巴国家分裂、越南总统吴庭艳垮台——把世界文明和现有体制撕成血淋淋的碎片”。他还表示，州政府无法给所有这些外来的煽动者提供保护；他说已发电报给白宫，要求联邦政府执行联邦法官的决定。这正是林登 · 约翰逊一直以来希望达成的目标。总统收到华莱士提出的保护示威人群的书面请求，他派遣了 1 863 名联邦国民警卫、250 名执法官与联邦调查局特工、2 个正规军宪兵营以及爆破专家，提前对游行路线上的街道和桥梁进行搜查，并安排直升机进行空中巡逻。除此之外，政府还为游行人群准备了过夜的大帐篷、一辆容载量为 600 加仑的饮水车、一些移动厕所、救护车、垃圾车以及供事先建立营地用的先行车。约翰逊的做法似乎有点过了。

游行本身即是一次胜利。民权运动的老手能借此巧妙地为电视台记者提供丰富多彩的素材。走在队伍前列的有金博士、拉尔夫·本奇、一个漂亮的女大学生、一个穿着连体工作服的佃农、一个犹太教教士、一位基督教牧师、一个修女和一个拄着拐杖的只有一条腿的人。（沿路站着的亚拉巴马州白人居民对修女做出下流的手势，在游行者们唱圣歌时起哄，而且还对着那个只有一条腿的人打拍子，喊着："左，左，左。"全然不顾他们"高等"公民的美好形象。）尽管亚拉巴马州当局对此感到愤怒，并一致谴责"有证据表明在游行者聚集地通奸事件频发"，但一路上大家和平有序，对于有如此多人参与的活动来说，这实属一项伟大成就。3 月 21 日从塞尔马出发时，游行队伍只有 3 200 人，而 4 天后到达蒙哥马利时已增至 25 000 人。金博士在州首府广场上对人群发表讲话，一个世纪前这里是南北战争时"南部同盟"的首都所在。他在讲话结尾时 4 次高呼"光荣与上帝同在！"队伍解散后，大批汽车从 80 号公路把他们拉回塞尔马。一伙脸色阴郁的三 K 党徒盯着他们离去。随着汽车洪流的逐渐平静，这伙三 K 党徒要动手进行第二次谋杀了。

受害者名为薇奥拉·格雷格·柳佐，是一位红头发的底特律家庭主妇，也是有 5 个孩子的母亲。她的丈夫是卡车司机工会的代表，柳佐太太曾对他说："我一定得为这次活动做点儿什么。"在州议会大楼外面草地上举行的集会胜利结束后，她志愿运送亚拉巴马州的游行者回家。最后一趟，她载着唯一的乘客——一名 19 岁的黑人理发师，他们俩一起唱着"我们定会胜利"。经过一个寂静的路段时，一辆满载三 K 党徒的汽车逼近他们与之并行。这群白人暴徒中的一个汽车机工，用 38 口径手枪朝她的头部开了一枪。她立刻倒在一旁，鲜血从她的太阳穴喷涌而出，汽车也栽进路旁的沟渠中。年轻的理发师吓坏了，随后搭便车到塞尔马报了警。

第三起谋杀的受害者是一个新罕布什尔州的主教派教会神学院学生，他在杂货店惨遭枪杀。凶手是一位兼职副警长，他声称开枪是出于自卫。尽管在被害人身上并没有找到武器，目击者也称那个学生没有使用武器，最后由 12 名亚拉巴马州的白人组成的陪审团仍宣判该副警长无罪。三名涉案嫌疑人在里布教士被害一案发生几小时后就被逮捕了，而陪审团只用了 95 分钟进行审讯，随后便将他们无罪释放。三起案件中最耐人寻味的是柳佐夫人被害案，当时在凶手驾驶的车上的三 K 党徒中有一个人是联邦调查局的卧底，他指认了他的同伙，包括他们使用的武器以及他们的所作所为。在第一次审讯中，家中祖孙三代皆是三 K 党徒的小马特 · 墨菲为他们自己辩护，而他的总结陈词充斥着种族主义：“当白人和黑人纠缠不清的时候，那些白人就成了白人表皮之下的黑鬼……上帝不愿意我们与黑鬼们搅在一起，我也不在乎林登 · 贝恩斯 · 约翰逊怎么说。”据墨菲所言，那位探员违背了他加入三 K 党时的誓言：“如一条奸诈的响尾蛇一般……自己标榜自己是白人，其实还不如披着白皮的黑鬼。”陪审团将此案搁置（以 10 票对 2 票的结果认为被告犯有误杀罪），但这是墨菲最后的发言，在等待第二次审理期间，他遇车祸身亡。有偏见的法官本欲宣判此案的被告无罪，但此时联邦政府插手了这起案件，宣判这些三 K 党徒侵犯了柳佐夫人的人权。这条令人费解的法令曾使密西西比州“自由之夏”的三 K 党徒锒铛入狱，也将在佐治亚州杀害一名黑人陆军军官的凶手绳之以法。在这起案件中它又大显神威，在由 12 名南方人组成的陪审团的审理下，这名法官判处被告最高刑期 10 年的有期徒刑。

塞尔马事件推动了选举法案的制定——约翰逊在 3 月 15 日要求

国会通过此法时如是说，国人将此功劳全部归于金博士。事实证明他达到了个人声望的顶峰。前几年在密西西比州发生的事件，开始引起人们对非暴力运动的疑虑，亚拉巴马州的谋杀事件证实了新一代黑人积极分子的怀疑。这些怀疑论者认定金已不再能给予他们帮助，于是离开了塞尔马。然而广大黑人并不这样认为，随后哥伦比亚广播公司进行的不记名民意测验表明，只有4%的黑人表示会积极支持斯托克利·卡迈克尔，2%的人支持更激进的拉普·布朗，三者中最为激进的罗恩·卡伦加的支持率仅为1%，而有40%的黑人支持金博士的观点。尽管如此，那些积极分子却也觉察出这种情绪的变化。大多数人渴望和平——大多数人总是想要和平的，但是美国正迈入一个新阶段，其中最突出的特点之一便是对暴力的推崇。现在回想起来，肯尼迪总统被刺杀以及凶手被灭口，看来似乎都是预兆。宇宙中的某个地方再次出现变动。1965年同一时期，在越南出现了追而歼之的方针，正是新萌生的那种情绪的体现，塞尔马的一系列谋杀事件是其另一表现。在之后的岁月里，由于黑人被压抑了100年的愤怒和失望现已爆发，更多的表征必将接踵而至。

1965年8月11日星期三，这种新的城市情绪在洛杉矶的一个破烂的黑人区初露端倪。这个黑人区位于洛杉矶国际机场入口的南面，房子低矮，墙面灰泥剥落，让人想到波多黎各的一些贫民窟。那里的垃圾似乎从未被清理过。到处都是破烂——碎玻璃、生锈的罐头盒、腐烂的鸡骨头以及空酒瓶等。当地随处可见被称作“那家伙”的白人警察，他们随便就可以叫住一名黑人公民，提出“我要检查你的身份证”的要求，那里黑人的生活质量因此变得更加糟糕。

8月的那天傍晚，加利福尼亚州公路巡警李·米尼库斯要求检查一位名叫马凯特·弗赖伊的黑人青年的身份证。正当他打算以酒驾的罪名拘留这名青年时，一群人一拥而上，围着米尼库斯和弗赖伊闹事。虽然这看起来似乎无关紧要，但紧张情绪却在平静的表面下逐渐积累。此时洛杉矶已经历了连续 4 天的高温酷暑，人们都在户外乘凉，于是很快就聚集起来围观这起事件。最终，弗赖伊在阿瓦隆大道连接皇家公路的拐角处被捕，这里是洛杉矶繁忙的交通要道之一，白人驾驶的豪车川流不息。最不幸的是，这里的居民 98% 都是黑人，人口分布密度为每英亩 27.3 人（整个洛杉矶则是每英亩 7.4 人），自 20 世纪 40 年代起就有大批黑人移民来到这里，每个月平均有 2 000 人进入军工产业。洛杉矶如今共有城市居民 273.1 万人，其中 42 万是黑人。在黑人居住的贫民区共有 205 名警察，其中仅有 5 名是黑人。1965 年，每月仍有 1 000 名黑人为寻找其实根本不存在的工作岗位而涌入这里。这些务工者的后代常常禁不住毒品和酒精的诱惑，而他们一旦失足，“那个人”就会把他们带走。在这个当地人称作瓦兹的地方，真正有罪的并不是当地居民，而是那些诱人犯罪的陷阱。

在那个星期三下午 7 点 45 分，加利福尼亚州公路巡警米尼库斯逮捕了黑人青年弗赖伊，这一举动立刻使他惹祸上身。警车闪烁的红灯引来了很多人围观，弗赖伊的母亲也在其中。她先是训斥自己的儿子，接着开始教训起这位警官。她的情绪很激动，围观群众也对这位巡警指指点点，米尼库斯一时紧张，就开启无线电对讲机请求增援。接着他又犯了两个错误：他试图强行将弗赖伊押上警车，并转过身无视弗赖伊的母亲，于是弗赖伊的母亲愤怒地向他的背部扑去，矛盾进一步激化。当增援的巡警赶到后，弗赖伊的母亲才被拉开，围观群众不满情绪加剧，但因为忌惮巡警手中的手枪而不敢有所动作。米尼库斯与他的同伴随即离去，但代价实在太高了。由于使用了武力，人们在叙述这件事时难免会夸大和歪曲事实，随着时间的流逝，事件本身也不断地被夸大，最后衍生出了两个版本：一个是巡警用警棍猛击一位孕妇的腹部，另一个则是一名巡警把一名妇女猛地推倒在警车上并试图掐死她。随着事态不断升级，愤怒的围观群众向警察投掷石块和玻璃瓶，到晚上 10 点时，围观者已经彻底变成了暴徒，他们攻击无辜的过往民众，掀翻警车，砸碎商店橱窗。暴乱在传统套路下不断升级，到晚上 11 点时，警察封锁了附近的 8 个街区。两个小时后，2 000 名暴乱者冲破防线，在瓦兹街区横行霸道，殴打外来者，砸烂一切能砸烂的东西，并洗劫商店。

直到凌晨 3 点，暴乱才有所减弱——暴乱者们也需要休息，警察在贫民区巡逻，一切看起来似乎恢复了秩序。早上，被砸店家向保险公司索求赔偿，工人们也开始清理暴乱后的残局。这些人对暴乱一无所知，认为它已经结束了。但在弗赖伊被捕 24 小时后，也就是星期四晚上 7 点 45 分，他们的幻想破灭了。起初这次暴乱只是上次的翻版：年轻人们袭击来往车辆，向警察投掷砖头，砸破商店橱窗，直到凌晨 4 点，情况发生了变化。在昨天的这个时候，暴乱者们已经偃旗息鼓，贫民区恢复了平静，而此时另一帮年纪稍大且更加凶暴的暴乱者持武器涌上街头，迪克 · 格雷戈里带着扩音器在瓦兹区来回走动，呼吁恢复秩序，结果腿上挨了一枪。贫民区人们的暴力行径已接近叛乱的程度，但当局的高层却并未认识到这一点。在瓦兹区，一队警察在完成对漆黑街道上的民众的疏散工作后就宣称他们已经控制了局势。

上午 10 点，发生了首起白天暴力事件，两名白人售货员遭到袭击，这时当局官员才明白是怎么回事。到 11 点，一名警察打伤了一个黑人抢劫者。埃德蒙 · 布朗州长本来在希腊度假，看到动乱越加恶化的报告，急忙飞回国内。他的副州长批准了洛杉矶警察局长要求调派国民警卫队的请求。第一批警卫队员于星期五下午抵达瓦兹。当他们还在一所小学里听情况介绍时，那个居民区的局势已有新的发展，他们所听到的都已过时。在一个有 150 个街区的区域内，5 000 多名暴徒横行霸道，用自制燃烧弹点燃房屋，袭击听到警报赶来救火的消防员。晚上 9 点 40 分，瓦兹出现第一起死亡事件，一名副警长腹部受伤致死。紧接着又有三人丧生。国民警卫队持装有刺刀的步枪进入该区，随处可见的大火照亮了道路，他们看见抢夺者从黑人区的商店抢走枪支、日用品、酒、珠宝等一切值钱的东西。这些商店外面都有用粗体写的诸如“黑人兄弟”“亲兄弟”“黑人开的店”“兄弟开的店”等字迹，尽管如此，其中有些商店还是未能逃过劫难。有一伙人还试图放火焚烧橡树公园社区医院，那里挤满了在暴乱中受伤的黑人。《洛杉矶时报》的一名黑人记者罗伯特 · 理查森写道：“那些暴徒现在正在烧毁他们自己的城市，就像疯子有时会自残一样。”

星期六，屋顶上的狙击手开始专挑士兵和警察作为射杀目标。消防员配备了防弹背心。警卫队人数从 1 万增加到 1.4 万。星期六对 40 平方英里的地区实行戒严，星期日则扩大到 46 平方英里。不间断的枪击一直持续到 8 月 18 日星期三的凌晨，在一间黑色穆斯林教堂与暴徒们交火后，警察抓捕了 35 名黑人。至此，暴乱终于结束。在长达 6 天的暴力冲突中，共有 34 人死亡，898 人受伤，4 000 多人被捕。损失预计达到 4 500 万美元。

瓦兹骚乱造成的破坏使其成为自 1943 年底特律事件以来美国最严重的一次种族暴动，但事实上它独具特色。尽管在这两次事件中的死亡人数相当，但底特律事件的损失还不到 100 万美元。美国其他地方也发生了骚乱。和瓦兹暴乱同期，芝加哥西岸发生了暴动。8 月 12 日，一辆赶往西加菲尔德公园救火的消防车撞死了一名黑人妇女。黑人同警察以及 200 名警卫展开了两夜的激战，他们大肆抢劫，用酒瓶攻击白人。暴乱造成超过 100 名黑人被捕，67 人受伤。在马萨诸塞州的斯普林菲尔德（并非大城市中的黑人居住区），18 名黑人在一家夜店外面被捕，于是黑人们群情激奋地指责那 7 名警察的残忍行径。黑人用自制燃烧弹炸毁了许多白人开的商店，因此导致大规模的抓捕，国民警卫队再次被调过来稳定局势。斯普林菲尔德的 4 000 名黑人举行游行示威，游行队伍最终到达市政厅。在那里争取种族平等大会的全国大会副理事长乔治 · 威利对他们说，“北方争取民权的斗争”会比南方“更持久、更血腥、更艰苦”。

每次暴乱发生后都会有一个专家团对其进行调查，这是美国 20 世纪 60 年代的特点。布朗州长挑选知名人士组成调查组，让他们在约翰 · 麦科恩的领导下对瓦兹暴乱进行调查，随后发表了题为《城市的暴乱：开始还是结束？》的报告。至此，所有人都明白了瓦兹事件不过是个开始，而寻找解决方案可以有多种方式。麦科恩报告着重强调了法律秩序的必要性。黑人激进分子抗议称，瓦兹事件的本质是对压迫黑人的法律的反抗。贝亚德 · 拉斯廷称它是“黑人首次不再逆来顺受转而进行大规模的反抗运动”。白修德认为电视和广播报道也应承担一定责任。白修德称当“超出了报道范围，本身也就成为一个因素”。他还问道：“能否对电子媒体的报道加以控制，使其符合让国家安定的最高利益？”马丁 · 路德 · 金在巡视瓦兹的废墟时，并没有得到一致的欢迎。他渐渐习惯了这一切。黑人运动的火炬已经传到了新一代黑人领袖手中，它已成为真正意义上的火炬了。

1965 年夏季的种族骚乱狂热而短暂。直到 8 月的第二周爆发瓦兹骚乱之前，美国仍有希望不爆发重大骚乱事件。第二年却完全是另一个样子。洛杉矶又一次响起警钟，但这次是在3月，一群黑人学生朝一名白人教师的汽车扔石块，袭击其他白人，后来开始抢夺财物。洛杉矶警察在前一年学到了很多经验，一夜间便成功镇压了新的威胁，只有两人死亡。但就算洛杉矶以微小的代价躲过这次暴乱，美国其他地方也不可能全都免于灾祸。几乎美国的每个黑人居住区都发生了反社会的暴力事件。在华盛顿哥伦比亚特区，黑人于4月开始骚动。到5月，加利福尼亚州的三个城市已进入临战状态。克利夫兰也于6月末爆发了类似的骚乱，两周后奥马哈、得梅因和芝加哥也加入其中。接着是布鲁克林、巴尔的摩、珀斯安博伊、普罗维登斯、明尼阿波利斯、密尔沃基、底特律、代顿、亚特兰大、旧金山、圣路易斯，还有佛罗里达州的庞帕诺比奇、佐治亚州的科迪尔、伊利诺伊州的西塞罗和密歇根州的兰辛、马斯基根、本顿港和杰克逊。等到夏末，共有7人死亡，超过400人受伤，大约3 000人被捕，因破坏、抢劫和纵火造成的损失超过500万美元。截至1966年年底，美国当年一共遭受了43起种族骚乱的破坏。

在西塞罗，黑人组织了一次要求住房不受歧视的游行，进而和反对游行队伍中充满敌意的白人发生了冲突。白人三番五次地试着冲破警察阻拦去伤害黑人。有12人受伤，6名警察被投掷物击中，32名白人被捕。西塞罗事件受到特别关注，是因为它表明警察并未挑起动乱，而是经常去维系脆弱的和平状态。黑人经常攻击他们，是由于警察代表着政府权威，往往是黑人们能见到的唯一的白人群体。在工人阶级集中的社区里，白人与黑人的愤怒往往不相上下，甚至会更强烈。两边都能感受到种族间剑拔弩张的氛围。在1966年，这种冲突终于爆发。

最初，要求住房平等的游行由马丁·路德·金领导，活动在西塞罗的马凯特公园进行。他被一块石头击中，跪倒在地，只好宣布取消游行。争取种族平等大会芝加哥分会主席罗伯特·卢卡斯不服，发起了新的游行，理由是“争取种族平等大会想保持压力”。卢卡斯是新好战分子中的一员，1966 年也是这些人得势的一年。弗洛伊德·麦基西克代替更温和的詹姆斯·法默成为争取种族平等大会的领军人物，斯托克利·卡迈克尔接替约翰·刘易斯成为大学生非暴力协调委员会的主席。然而运动的发展并不如他们想象的那般顺利。卡迈克尔上任刚一个月，就发生了一个民权运动领袖们未加重视的事件，而该事件却透露出其领导层内部的严重分歧。

6 月 5 日，詹姆斯·梅雷迪思宣布他将从孟菲斯出发，步行 225 英里到达密西西比州位于杰克逊的州议会。他的动机是想证明美国黑人无惧艰难的精神。麦基西克和卡迈克尔都认为这个办法不切实际，就是空想。一位运动领袖称它是自己“所听过的最愚蠢的主意”，他们决定采取不理睬的态度。梅雷迪思并没有因此退缩。就像他在《在密西西比州的三年》（叙述了他在密西西比大学校园中经受过的严峻考验）一书中说的那样，他被一种“神圣的职责感”驱使，他相信命运正在他的故乡等待着他，他的直觉是对的。一个中年失业的密西西比州白人奥布里·詹姆斯·诺维尔代表了他的命运。就在徒步旅行的第二天下午 4 点 15 分，梅雷迪思在联邦调查局特工的护送下正沿着密西西比州赫南多正南的美国第 51 号公路行进，诺维尔突然从路旁的草丛中窜了出来。“詹姆斯·梅雷迪思！”他大喊道，“詹姆斯·梅雷迪思！我只要詹姆斯·梅雷迪思！”他朝着梅雷迪思连开三枪。孟菲斯一家医院的医生称，梅雷迪思全身被射满小号铅弹。

梅雷迪思身上并没有致命伤。诺维尔带来的真正影响，是使人们转变了轻视梅雷迪思徒步旅行的观点。枪击事件立即发展成一场运动，民权运动中的每个参与者都想加入进来。迪克 · 格雷戈里飞赴孟菲斯去追寻梅雷迪思的脚步，麦基西克、卡迈克尔以及马丁 · 路德 · 金纷纷从梅雷迪思倒下的地方向南步行前进。金博士筹款 2 000 美元用来支持“梅雷迪思自由行运动”，还要求南方基督教领导人会议为下一次塞尔马运动去动员各方力量。

这是个不可能实现的计划。塞尔马运动是在黑人统一领导下提倡非暴力反抗的产物。现在，金的批评者，尤其是大学生非暴力协调委员会的积极分子，纷纷站了出来。梅雷迪思遇袭的第二天，卡迈克尔对孟菲斯的集会人群说：“现在黑人要从白人手中夺回他们本应得到的一切。”金为这种煽动言辞深感痛心，全国有色人种协进会的罗伊 · 威尔金斯和城市同盟的小惠特尼 · 扬却表示支持。而这些年轻激进分子的言辞变得更加有挑衅性。在 1964 年密西西比州的费城举办的“自由之夏”运动中，有三名参与者死亡——其中两人为白人，一个密西西比州白人在黑夜里遭到枪击受伤，大学生非暴力协调委员会的拉尔夫 · 费瑟斯通对该事件并不感到遗憾，而是欣慰地看到黑人已告别软弱，表示“他们的行动会是以牙还牙”。卡迈克尔说话时完全是黑豹党的腔调。在亚祖城，年轻的黑人们欢唱：“哎嗨！哎嗨！你知道！白人必须走开——必须走开！”而就在那天夜里，在亚祖城的游乐场，大学生非暴力协调委员会成员，23 岁的威利 · 里克斯（因其福音派风格而被称为“教士”）登上一辆平板卡车，发表了一番让老一代黑人领袖颤抖的充满仇恨的演讲。他讲到要让白人付出血的代价，并且反复用“黑人权力”这几个爆炸性字眼来描述他的目标。

在 45 英里外的格林伍德，卡迈克尔被关押 7 个小时后被释放。

在一定程度上，他的困境是他的激进态度造成的结果。白人自由主义者对此感到很失望，他们的贡献远不及过去在塞尔马事件上那样慷慨。食物和住所都是问题，卡迈克尔被捕就是因为他在一所黑人学校操场上搭建帐篷。正当他爬上另一辆平板卡车对在格林伍德聚集的人群讲演时，他听说了有关里克斯演讲的消息。他使用民权运动领袖从黑人牧师那儿成功借鉴来的重复和问答的技巧，提醒他的听众：他那次就是在一所黑人学校的操场上被警察逮捕。“所有人都可以占有我们的社区，除了我们自己之外……现在我们要夺回来，夺回那些具有代表性的东西。我们才不会担心这些东西是不是归白人所有——也许是黑人的。不要觉得羞愧。我们——要求——黑人——权力！”

人群叫喊道：“对！”他又回到主题：“我们——要求——黑人权力！我们——要求——黑人——权力！我们要黑人权力！我们要黑人权力！就是这样——这就是我们想要的……从现在开始，他们问你们想要什么时，你们就知道答案了。你们想要什么？”

“黑人权力！”

“你们想要什么？”

“黑人权力！”

“你们想要什么？再说一遍！”

“黑人权力！”

这句话是什么意思？罗伊·威尔金斯对此并无疑问，“‘黑人权力’指的是反对白人的权力……它必然有独自战斗的意思，必然是隔离主义。而这与我们全国有色人种促进会的倡议全不相符”。威尔金斯把该术语称作“仇恨之父和暴力之母”。马丁·路德·金最初也表达了类似的看法，但在后来目睹了民权团体在该事件上逐渐产生的分歧后，他改换了言辞，将该术语解释为“对种族自豪感的号召，号召黑人不再因为黑人身份而自惭形秽，号召改变黑人软弱卑微的现状，争取获得积极而有建设性的权力”。麦基西克认为这是在号召联合行动：“除非我们能联合黑人力量，否则我们将会陷入糟糕的境地。”但全国有色人种促进会在密西西比州的领袖人物查尔斯·埃弗斯，即已殉职的梅德加·埃弗斯的兄弟，警告说“如果我们继续走黑人至上的道路，那必然会失败”；菲利普·伦道夫哀叹这种煽动战争的行为是“对种族和平与繁荣的威胁”，他表示“任何一个为民权斗争的黑人都不会支持黑人权力，因为这与民权和族群融合相悖”。

《纽约时报》在全国范围内进行的一项调查表明，密西西比州部分民权领袖的不和导致了这次运动的公众支持率下降。一次民意测验发现，77%的白人认为黑人权力的主张正在损害黑人争取的权利。正在纽约疗养的詹姆斯·梅雷迪思同意这个看法。他说：“这里似乎存在不少作秀行为。”等到身体彻底恢复后，梅雷迪思又重新加入游行队伍，受到了金和其他人的热烈欢迎。尽管如此，他还是持怀疑态度。他说：“我觉得情况有些不对。”他还表示，“一些人在制造闹剧，我讨厌这种做法。”

新老两代领袖的公开决裂已无法避免。6月23日，在靠近梅雷迪思游行终点的地方——坎顿，事情终于发生了。当时，警察不准游行人群在另一所学校的操场上搭帐篷。2 500名黑人拒绝解散，坚持不肯让步。卡迈克尔说：“逃跑的时期已经过去。”然而事实并非如此，当警察用警棍和催泪瓦斯驱赶人群时，他们四下散开。当金不赞成他们一定要搭帐篷的提议时，大学生非暴力协调委员会的领导层决定不再考虑金的看法。其中一人说：“从现在起我们将自己独立完成要做的事。”接着，这些领袖提议，禁止全国有色人种协进会参与在杰克逊市举行的大型集会，理由是该协进会对游行的支持并不积极。

对于这一决议，金和在游行过程中提供医疗服务的一个医护人员志愿组织表示反对。但大学生非暴力协调委员会、争取种族平等大会以及代表年轻黑人的其他两个团体以多数票通过了该决议。查尔斯·埃弗斯说："没关系。他们都不在时，我仍会守在这里。"他嘲讽地说，游行对黑人选民登记完全没有帮助。当游行队伍伴着乐队演奏的《当圣徒们开始进军时》抵达位于杰克逊市的州议会大厦广场时，其他民权运动的资深参与者们发现，多年前曾跟随金一起游行的那些白人已经不在队伍中了。

这当然并不代表自由主义者不再参与黑人争取公平权利的运动。已经开始实施的争取黑人进步计划也并未因此受到阻碍。同月，密西西比州费耶特县长达 6 个月的抵制白人企业的运动宣告结束，达成了包括费耶特的商店开始雇用黑人店员，关闭在加油站设立的有色人种专用厕所，接纳黑人担任警察和副警长在内的多项决议。朱利安·邦德在 12 个月内三次当选佐治亚州议员，最终他接受了美国最高法院的任命。在塞尔马，吉姆·克拉克警长默默地摘下那枚写着"决不"的徽章，因为他的职位取决于民众的选票。这样做仍是枉然。当黑人选民根据他曾反对的选举法登记投票时，他注定会失败。

曾经，少数黑人的成就使所有黑人都感到心满意足，整个种族都为这少数人感到骄傲。现在却不同了，卡迈克尔引用一名黑人妇女在那年 9 月讲过的一句话说道："拉尔夫·本奇吃的那些食物，完全不能满足我的胃口。"电梯操作员和收入为一天 3 美元的棉花采摘工人也想要他们应得的那份。这是人之常情，是自然而然的想法，但激进分子实现这一想法的方式并不可行。黑人在美国人口中仅占 11%。发动黑人革命的想法——1966 年出现了很多类似的例子，是不理智的，而大学生非暴力协调委员会号召黑人抵制种族融合的主张实属荒谬。

菲利普·伦道夫对贫困黑人和警察之间的暴力对抗感到震惊，他于9月表示："街头游行和示威活动的气数已尽，该结束了。"他提出了一个新方案，要"从街头转向谈判桌"。10月，他联合威尔金斯、扬、拉斯廷以及另外三名民权运动的资深人士，签署了一个抵制暴力、骚乱、煽动行为的声明，声明结尾处讲道："我们不仅欢迎，而且要求美国白人的全面合作。"马丁·路德·金虽表示在原则上支持，但拒绝签字，因为他不想让人误解他承认黑人权力的代言人"肯定地不可挽回地犯了错"。

卡迈克尔一度采取折中的路线，将黑人权力重新定义为："黑人凝聚成一股政治力量，他们选举代表，或逼迫他们的代表为他们的需求代言……对他们说：'你看，伙伴，除非你为我们提供这些学校、医院、操场和工作，否则我们不会投票给你。'"这种路线并没有坚持多久。很快他就告诉听众："如果我们得不到公平权利，我们就要把这个国家搞得四分五裂。"他还号召黑人"通过必要的手段为自由战斗"。在亚拉巴马州的普拉特维尔，他说："我们来这里，是为了搅乱这个城市，我们一定要把它搅得天翻地覆。"他嘲笑约翰逊总统是"莽汉""小丑"和"骗子"。他发现自己越来越认同黑豹党的主张，认为其"权力交予人民"的口号意味着让黑人独享权力。接着，就像罗伯斯庇尔接替了丹东的职务一样，一个更暴力的种族主义分子拉普·布朗代替了卡迈克尔担任大学生非暴力协调委员会的主席。当辛辛那提市区多地被自制燃烧瓶点燃，列火一直燃烧了5天5夜时，布朗告诉记者，"除非那些野蛮的白鬼子警察滚出去"，否则不会有和平局面。接着他宣布："大学生非暴力协调委员会已经宣战。"

1966年选举中出现的反作用投票是对要求黑人权力的一个回应。参议员埃弗里特·德克森等敏感政治家立场的转变则是另一反应。

德克森曾对 1964 年和 1965 年的民权立法表示支持，称其为“一个时机成熟的想法”，但由于 1966 年法案中的第四条（“住房平等”条款），他斥责该法案是“一袋隐患”，因此该法案未能通过。令人惊奇的是，对新激进分子展开极力批判的，竟然是一家英国期刊——伦敦的《经济学人》。《经济学人》称：“这些所谓的领袖中许多都具有可怕的法西斯主义倾向。”报道嘲笑那些“开明知识分子”，称他们“带有侮辱性地互相转告，美国黑人中普遍存在的反白人情绪正如 1943 年法国人仇恨德国的情感”。报道还表示“抢劫和侮辱白人女性的事件”被这些积极分子解释为“等同于黑人革命的一种高尚行为”。报道还预测：“美国人民对泛滥的暴力事件的暂时和非同寻常地忍耐必将导致白人激烈的反抗行为。”

与此同时，黑人种族主义者越来越肆无忌惮。黑豹党在一些富裕的城市自由主义者中，日益被冠上汤姆 · 沃尔夫口中的“激进弄潮儿”之名。过去臭名昭著的罪犯只出现在警局的卷宗里，现在却被认为是对人类困境持新颖看法的观察者，进而被认真讨论。他们全部出身于贫民窟，其中一些人的发迹还可以直接追溯到最近的骚乱事件。罗恩 · 卡伦加来自瓦兹地区的底层，尽管他否认他所属的黑人民族组织参与暴乱，但该组织已有 4 个成员被控犯下这一罪名。卡伦加的威望得益于瓦兹动乱。该次动乱的全部损失，渐趋明了，但仍不可计算。其中一些重大损失有可能会隐藏多年。这次暴乱的遗产之一是 55SA 型 8 发 22 毫米口径的艾弗–约翰逊短枪管左轮手枪。1965 年 8 月末暴乱初期，一个担心自己人身安全的洛杉矶人用 31.95 美元买了这把手枪用以防身。之后他把枪交给他的女儿，她又把枪给了帕萨迪纳的一个邻居，邻居把枪卖给纳什百货商店的一名叫穆尼尔 ·“乔”· 西尔汉的员工。最后，乔把枪交给自己的弟弟西尔汉——比沙拉·“索尔”·西尔汉，也就是在瓦兹事件后的第三年，西尔汉用这把枪在洛杉矶刺杀了罗伯特·肯尼迪。

在越南的历法中，12 年为一个循环，蛇年（1965 年）之后是马年（1966 年），接下来是羊年（1967 年）。马被认为代表好运，在吉祥的寓意上仅次于龙年，但就在 1966 年马年的前 10 个星期里，美国驻越军队损失了将近一半的兵力——就在那 10 个星期的时间里，2 559 人倒在了越共的枪炮下；实际上，这还只是个开始。那一年有 4 800 名美国士兵在军事行动中丧生。第二年 5 月，美军死亡人数超过 1 万人；随着战争继续，伤亡人数还在不断上升。羊年每星期平均伤亡率比马年高出 33%。1967 年的死亡人数，超过之前任何一年。同时期平民的死亡人数为 53 000 人，这使美国深陷舆论的漩涡之中。

死亡人数并没有阻止美国国防部提出更强势、更具侵略性的政策。参谋长联席会议不断给麦克纳马拉施加压力，要求他向总统建议轰炸北越境内的汽油和润滑油供给设施（被称为“石油袭击”计划）。美国太平洋舰队海军上将格兰特·夏普预测说，此举会“迫使敌人同意谈判或者就此止戈”。尽管美国中央情报局预言称，石油打击将不能阻止北越军队和补给的渗透，麦克纳马拉还是于 1966 年 3 月同意了该提议。中央情报局的预言应验了。虽然北越军队在战场上损失了不少兵力，但沿着 1 000 英里长的胡志明小道渗入的北越军人数，从每月 1 500 人增至 3 500 人，接着又增至 4 000 人。截至那一年年末，武元甲平均每月输送 8 800 名北越士兵进入南越。不久，其全年兵员替换数达到了 10 万人。

国防部调研团向麦克纳马拉报告说，面对轰炸，越共游击队向南渗入的军队“并未减少”，而且“石油袭击”对河内在北纬 17 度以南地区的作战能力“并无明显的直接影响”。国防部长亲自飞到越南查看情况，那是他的第 8 次实地考察。回国后，他告诉总统：“和平形势，若有所变化，那就是变得更不可能实现。”他还说，空中轰炸“既没有效阻止敌军的渗透，也没能瓦解河内方面的士气”。他建议对轰炸计划进行重新评估。参谋长联席会议坚决反对任何有关撤销石油打击计划的主张。在递交给总统的一份备忘录中，他们辩解说，军事形势“在过去一年出现了实质性改善”，还将轰炸计划描述成“王牌策略”。威斯特摩兰将军飞回美国参加议会联席会议时报告说：“在越南的 4 年里，我从未像此时一样深受鼓舞……我们已迈入即将看到终点的重要时刻。”

麦克纳马拉并没有因此受到鼓舞。迄今为止，他已见过太多转瞬即逝的乐观估计。在西贡，他与同在那里的一位下属度过了一段愁云惨雾的时期，这名下属告诉他，官方表现出的乐观情绪是骗人的，路的尽头看不到希望的曙光。说这话的人是丹尼尔·埃尔斯伯格。实际上，威斯特摩兰回到华盛顿不是为了报告胜利，而是为请求增兵。1966 年年终时，他手下共有 37.5 万士兵。1967 年 4 月又增加到 48 万人，比朝鲜战争顶峰时期还要多。他想要在 1968 年 6 月前将军队人数增至 68 万，或者人数至少达到 56.5 万。他告诉约翰逊，只要有足够多的军队，他就能在两年之内结束战争；如果军队人数较少，则三年才能结束战争。总统不悦地指出，南越境内的共产党军队已经达到惊人的数量。他问威斯特摩兰：“当我们扩充部队时，难道敌人不会扩充吗？这样的话，战争什么时候才到头？”威斯特摩兰回答说，如果武元甲的渗透速度过快，他的军队补给将会是个麻烦的问题。无论如何，美国步兵会在敌方新兵源补充进来之前迅速杀光北越军。约翰逊又问道，如果武元甲求助中国志愿军，会发生什么情况。威斯特特摩兰将军回答说："那的确是个问题。"

美国卷入越南战争中的时间已经远远超出了"二战"和朝鲜战争。这场冲突看起来更像是白人和亚洲人之间的斗争。美国军事援助越南司令部用多彩的名字来给这些战斗命名，它们让人联想起丛林中的苦难生活以及国内日益产生分歧的人民心中越发强烈的痛苦。其中有阿特尔伯勒行动、海军陆战队广场行动以及马希尔行动、双鹰行动和白翼行动。然后还有达多行动、881 高地北坡行动、禄宁行动、疯马行动、霍索恩行动和德浪河谷战役之后损失最大的一次行动——黑斯廷斯行动。接着是 881 高地南坡行动、溪山行动、康天的三个红色高地行动，以及阿速坡行动。一个位于西贡河与西贡以北 20 英里的 13 号铁路之间，由废弃的橡胶种植园和热带雨林组成的三角形区域——铁三角，被越共占据长达 20 年。在 1967 年 1 月的雪松瀑布行动中，3 万名步兵对铁三角地区发动袭击，这是美国参战以来规模最大的一次战斗。但一个月后的章克申城行动的规模更大。45 000 名美国士兵向接近柬埔寨边境的C地区逼近，企图彻底摧毁越共军事基地。他们的确做到了，但之后又不得不让敌人重新夺回，因为越南共和国军队即便充当防守部队也无法坚守住阵地。

与此同时，国会已明确了对约翰逊战争策略的反对态度。但照后来的标准看，这种反对的态度并不明显。16 个反对政府战争行为的参议院议员警告河内方面，他们对政府的反抗是有限度的，他们"坚决反对美国军队任何单方面的撤兵行为"。然而，国会变得越来越固守自己的想法。受总统的委派，5 名参议员在迈克 · 曼斯菲尔德的带领下，去越南进行了为期 35 天的考察。他们做出的报告让约翰逊总统很是失望，因为他们发现美国一年来的军事行动并未改变战争的局势，美国正越来越深地陷入一场"无尽头的"战争中："战争长短取决于北越及其支持者以增兵应对增兵的意愿和能力。”参议员罗伯特·肯尼迪指责政府已经“偏离了”他哥哥制定的政策，导致现在“我们正在杀害无辜的人民……因为越南共产党就在距我们1.2万英里的地方，他们现在可能离我们只有1.1万英里了”。

这算是最高层的领导提出的反对意见。参议员中的鸽派议员也许反对约翰逊在中南半岛的政策，但他们却投票支持拨款使战争得以继续，而且他们的言辞温和有礼。他们中最直言不讳的富布赖特也谈吐得体。威斯特摩兰在纽约讲话时说，他“看到国内最近的一些不爱国行为，感到很失望”，并指控一些邪恶之人向敌人提供物资和心理援助。富布赖特只回应说，威斯特摩兰此次访问是政府事先安排好的，目的是“为战争升级铺平道路”。这话确实没错。马丁·路德·金做出更尖锐的回应，称美国为“当今世界最大的暴力事件承办商”，还将美国在越南使用新式武器杀害平民的试验比作纳粹“在欧洲集中营进行的新药和新酷刑”的试验。在约翰逊夫人举办的白宫午餐会上，埃尔莎·基特用几乎同样的言辞抨击了越南战争。斯波克医生同样告诉和平主义者们，“林登·约翰逊是敌人”。民谣歌唱家皮特·西格也这样认为，他在自己的一首名叫《深陷泥潭》的歌曲中将总统的越南战争政策贬得一文不值，歌中这样唱道：“那个老糊涂还在高喊‘坚持下去’。”这首歌随后被哥伦比亚广播公司禁止播放。霍华德·布雷特·利维上尉是布鲁克林的一位内科医生，他拒绝训练陆军特种部队——绿色贝雷帽的医护人员，因为根据纽伦堡审判所制定的法规，他如果接受这项任务就会被判为战争的从犯。利维医生于1967年6月被指控其在庭审材料上将越南战争形容为“残暴的恶行”而被捕入狱，被判刑3年。

各高等院校依旧是抗议活动的中心。美国中央情报局、陶氏化学公司（凝固汽油的制造商）和为武装部队招募成员的工作者遭到了粗暴对待，有时还会被赶出大学校园。1967 年情人节，有人揭露说，代表了 300 多所大学学生会的，全国学生联合会，每年从美国中央情报局获取 20 万美元的津贴，仅是这点就足以让全国学生联合会瘫痪。1967 年 10 月，大学生发起了“停止征兵周”活动，组织了 55 000 多名示威者到五角大楼的阶梯前示威，他们掀起了反对征兵令的许多新奇的、有时甚至是令人震惊的抗议活动，包括在美国驻伦敦大使馆门上贴了 8 张征兵卡，试图阻挡从征兵站运送新兵前往军事基地的大巴车，与奥克兰警察发生了长达 5 天的对抗。为了使反战运动吸引人们的关注，学生们占领了芝加哥大学的行政大楼长达 3 天。

这并不全是无私的理想主义行动。大学生正处于最容易被征入伍的年龄阶段，1965 年的平均每月征兵人数为 5 000 人，1966 年的人数几乎在此基础上增加了 9 倍，学生中可以缓期服役的情况越来越少。抵触征兵令的情绪在海报、徽章以及汽车保险杠贴纸上随处可见。1967 年最流行的歌曲阿洛 · 格思里的《艾丽斯饭店》的主题便是躲避征兵令。事实上，每个本科生的宿舍都有一大摞小册子，上面写着怎样在征兵局体检中成功被拒的窍门。（“到场时装出吸毒后极其兴奋的样子，如果想表现出毒瘾发作的逼真情况，请提前几个星期用普通大头针扎手臂。”）作为还击，赫尔希将军向美国 4 088 个征兵局下达命令，要他们把抗议的大学生重新归为一等合格。国会议员反对这一做法，认为赫尔希没有权力这样做。美国公民自由联盟称，用征兵令惩罚异己无异于“暴力行径”，但赫尔希并没有放弃。结果是，越来越多的美国大学生为逃避征兵而移民加拿大，造成多达 1 万的美国年轻人流亡在外，他们在多伦多和平行动学生联盟等团体的帮助下开始了新生活。

随着美国变得越发两极化，鹰派也变得更激进。俄勒冈州的莫尔斯（“美国正将人类引入第三次世界大战，而这场战争将不会带来胜利”）和阿拉斯加州的格里宁（称新战争协调法案为“预示战争无止境升级的空头支票”）各自发表了反战演讲。为了应对这些接连而来的反战演讲，路易斯安那州的拉塞尔·朗拉起国旗抨击那些“鼓励共产党延长战争”的人。朗说：“当我看到美国国旗在国会山上飘扬时，我满怀自豪……我祈祷着这里永远不会升起投降的白旗。”埃弗里特·德克森预测称，如果越南沦陷，美国的“整个太平洋海岸线”就会“完全暴露”。曼哈顿的鹰派人士发起了感恩节行动，在巴特里公园举办为期两天的守夜活动。同时，支持战争的人被要求开着车灯行驶——突然间，每一条高速路上都生动展现出人民之中的分裂是如此之深。

林登·约翰逊常常是嘴上说一套，实际相信的却正好相反。1966 年 6 月约翰逊戴着那顶白帽子说：“每个美国人，无论年长年幼，都不可否认自己享有反对的权利。任何少数群体都享有发言的权利。意见和抗议是民主制度维持生命力的呼吸——即使呼吸起来并不那么顺畅。”而他内心的想法却是，那些不赞成他战争行动的人都不是美国人，他有责任拿起手边的任何武器与他们战斗。总统的公开宣传收到了成效，他多次在关岛、火奴鲁鲁、马尼拉、墨尔本与他的亚洲盟友会谈，为了将反战事件赶出新闻头版，他特意把出国旅行和反战活动安排在同一时间。在澳大利亚，他发现并非只有美国大学生能够发动反战示威游行。在墨尔本，他的激进反对者们向他的汽车扔出两个装满颜料的塑料气球，他的车身被染成了代表越共的红绿两种颜色。

1966 年 5 月 17 日，约翰逊对于战争反对者的真实想法暴露无遗。在芝加哥举办的一个民主党募捐晚宴上，他训斥那些“会背叛其领袖、国家和己方斗士”的人，称他们是“胆小鬼”。到那个夏季末，他一直在逃避使用“伟大社会”这个短语。他喜欢跟政治保守派打交道，对“自由派疯子”则嗤之以鼻，因为他们完全是些“麻烦鬼，会把政治家逼成右派”。在白宫的隐秘场所，他坦言，参加反战运动的美国人对国家不忠诚，他还指责苏联人一直“在后面搞鬼”。他向下属透露，联邦调查局和中央情报局一直在向他报告事件的“真实情况”。他表示，参议院的鸽派和苏联代理人有过接触，他们一起用午餐，还参加了苏联大使馆举办的聚会，甚至鼓励他们助手的孩子去和苏联驻华盛顿和联合国的外交官约会。他断言：“苏联人借参议员之口表达自己的想法。通常他们的讲话内容我事先就已得知。”1966 年 6 月，一名总统奖学金的获得者是个天资聪颖的 17 岁女孩，她的父母是战争的反对者。随后学校老师收到命令，这名女孩的获奖资格要被剥夺。埃里克 · 戈德曼对此表示抗议，于是命令被撤回；但是，戈德曼被告知，以后的总统奖学金候选人及其家庭背景都必须经过联邦调查局的审查。

鹰派纷纷效仿约翰逊的做法，用不忠诚之名来攻击反战人士。1966 年，哥伦比亚电视台播出了“吉波队”（海军陆战队）中的队员放火烧农舍的画面，五角大楼指责电视播报员对国家不忠。麦克纳马拉在蒙特利尔演讲中提及反对轰炸河内时，指出美国每周在北越投放的炸弹吨数已经超过了“二战”时德国投放的炸弹总数，他自己对战争支持的立场也因此被怀疑。1967 年 11 月他决定辞职，而约翰逊的亲信顾问中还有马克 · 邦迪、乔治 · 鲍尔、杰克 · 瓦伦蒂、乔治 · 里迪、理查德 · 古德温以及霍勒斯 · 巴斯比也离开了华盛顿。比尔 · 莫耶斯的离开对总统打击最大，但莫耶斯的离开正是由于总统模棱两可的态度，这让他很难发挥新闻秘书的作用。赖斯顿写道，莫耶斯被信任鸿沟所伤害，莫耶斯本人则说，这个鸿沟太深了，“以至于我们连自己透露出去的东西都不相信”。总统为莫耶斯的离开感到痛心，但指责莫耶斯讨好肯尼迪家族，并利用白宫，以牺牲政府利益来牟取私利。约翰逊看到简报后暴跳如雷，但他并不愚蠢，他了解正在发生的事情。约翰逊的公众形象越来越糟，而这位新闻秘书则在新闻界获得了好评。

约翰逊对自己公众形象的估计是对的。直到 1967 年，他的形象还是很糟糕。特工处透露，自达拉斯事件后，因扬言要刺杀总统而被捕的人增加了 5 倍多。越来越多的人认为，林登 · 约翰逊应该为约翰 · 肯尼迪遇害负责。据《时尚先生》杂志预计，到 1967 年 5 月，民间流传的达拉斯悲剧始末有 60 个版本。那年年初，新奥尔良州地区检察官吉姆 · 加里森告诉记者：“我和我的属下几个星期前就查明了这桩谋杀案的真相。”后来发生的事件表明，加里森实际上来自疯人院，而并非法院中人。当年 5 月，哈里斯一个民意测验站的数据表示，对沃伦报告持怀疑态度的美国人从 44% 上升至 66%。许多人相信加里森掌握了一定证据，另外一些人开始怀疑与约翰逊有关的一切事物，包括他入主白宫的方式。

约翰逊的支持率一路下滑，到 1968 年 3 月，盖洛普数据显示：仅有 36% 的美国人认同他担任总统期间采取的行动。正如 5 年后的理查德 · 尼克松一样，约翰逊采取了自我孤立的应对办法。3 年前他与戈德华特竞选总统时，高兴地朝人群中走去，这使特工们非常担心。如今只有可靠的听众才能在公开场合见到他，他会见企业领袖或住在军事基地的军人家属，只有在这些场合，他才能相信听众对他是尊敬的。白宫变得戒备森严。要通过白宫的各道大门变得更加困难，必须出示你的身份证明，公文包也要被严格检查。总统的顾问们催促他走出去亲近民众。即便人群并不友善，国人也会对他的勇气表示同情和赞许。任何方式都比像现在这样自我隔离更好。特工处认为国内充斥着一种仇恨情绪，他们不赞成这样做，认为总统贸然在未经审查的人群中露面十分危险，这次约翰逊听从了他们的意见。

他越来越留意他的下属和内阁成员的举动，警惕着可能发生的变节行为。那些有意留任白宫、想要晋升或谋求仕途发展的人，都感觉要表现出异常的热情和对他的忠贞不渝，才能实现这些理想。休伯特·汉弗莱因此变成了一个鹰派极端分子。拉里·奥布赖恩为表示对越南战争的支持，抬出死人来为征兵造势。他在弗吉尼亚州列克星敦讲话时说，如果乔治·马歇尔将军还活着，他将“毫无疑问”地支持约翰逊越南战争政策的每一点，时任司法部长尼克·卡岑巴赫在1967年8月17日的参议院对外关系委员会上做证：三年前通过东京湾决议时，国会曾授权总统“运用一切必要手段采取军事行动”，这一承诺足以保证总统在包括印尼在内的地区使用武力，甚至可以轰炸靠近中国国境线的军事目标。当时对话如下：

参议员富布赖特：“你是否认为宣战是过时之举？”

卡岑巴赫：“在当前的状况下，我认为宣战之举在国际范围内已是明日黄花。”

卡岑巴赫说，参议院准许美国参与地区防御条约，例如这里的东南亚条约组织，这就够了。他暗示，在未征询国会的情况下，总统也可以使用美国军事力量做他想做的事。在说到这一点时，委员会中的一名成员起身，愤然离席向外面走去，口中还咕哝道：“我们唯一能做的是——告诉所有人。”这名参议员就是明尼苏达州的尤金 · 麦卡锡。

1967 年是黑人暴力运动的第三年，也是冲突最激烈的一年。这年 5 月，斯托克利 · 卡迈克尔辞去了名不副实的大学生非暴力协调委员会主席一职，飞赴古巴和北越旅行。他说“你们会为我的回归而感到高兴”，并把其继任者拉普 · 布朗称作“一个坏人”。布朗的高升，代表了激进分子的胜利，这些人执意要抵制融合统一，拒绝白人自由主义者的加入。7 月 26 日，他说：“如果你给我一把枪，我很有可能当即射杀约翰逊夫人。”他还告诉底特律的黑人：“白鬼是你们的敌人。”

7 月 20~23 日这个周末，白人被禁止参加在新泽西州纽瓦克市召开的有关黑人权力的全国大会。代表团选择黑人领袖马尔科姆 · 艾克斯“非暴力抵抗已成为过去”的口号作为大会的主题。大会赞成的举措包括，号召组建一个“黑人民兵组织”，召开“一次全国性会议，讨论将美国变成由黑人和白人分立统治的两个国家的可行性”以及承认“黑人出于自身利益的考虑，有权在其认为必要时进行反抗”。种族融合已绝无可能，将近 1 000 名黑人代表宣布：种族的绝对隔绝是新目标。

布朗大学的大学生非暴力协调委员会的内部刊物——《新闻信札》在 8 月 14 日那期中，刊文谴责犹太复国主义，攻击美国犹太人，指责以色列“通过恐吓、暴力和屠杀”欺压阿拉伯人。这造成了该组织内部诸如哈里 · 戈尔登和西奥多 · 比凯尔之类的自由主义人士的离开，还点燃了布内 · 布里茨反诽谤联盟的怒火。但这些激进分子并未因此有所忌惮。很显然，白人同情者已经收到自己不受欢迎的信息，争取种族平等大会抹掉了会员章程里面的“多种族”一词。争取种族平等大会的代言人——弗洛伊德·麦基西克，发表了一份黑人宣言，宣称静坐、抵制以及和平示威活动都已成为过去。他说：“民权时期的战略和哲学已经不再能指导我们在争取完全平等的道路上前进。我们必须寻找新的方式，一个新的时代必会到来。”他表示，这个狂乱动荡、酷热漫长的夏季，未来也许会被当作“黑人革命的新开端”而载入史册。

有些白人似乎有些受虐倾向，他们常常以自虐为乐。最形象的例子也许是于1967年的劳动节周末在芝加哥召开的美国新政治大会。共有3 000名代表出席了此次会议，这些人代表了抱有不同政治目标的200多个团体，他们的目标包括呼吁结束越南战争、改善穷人的待遇以及为美国黑人谋求公平权利等。每个代表可代表的选票数量取决于该代表所在组织在当地的活跃成员人数。例如，妇女罢工和平组织拥有1 000票，越南卡姆登公民和平组织有31票。黑人团体占5 000票。他们还想要更多。麦基西克说：“黑人不能只当别人平台上的垫板，他们必须自己搭建平台。”黑人代表组成了一个黑人领导核心，提出了一个有13点要求的最终提案。其中包括：要求所有委员会中黑人代表的比例要达到50%，谴责“犹太复国主义帝国战争”以及承认在纽瓦克会议上达成的所有决议有效。他们要求，所有这些必须在星期六当天下午1点之前一字不改地全部被接受。《堡垒》杂志的一位编辑建议对提案中的语言加以修改，之后不得不收回这个建议，因为一名黑人核心组织成员斥责他：“一个白人有什么权力修改黑人的决议？”

一名上了年纪的白人妇女解释说，此举不过是对美国新政治大会这个“社会晴雨表”的一次考验，这个13点决议最后以3∶1的票数通过。代表们还站起来为自己鼓掌祝贺。可是接着他们又吃了一惊。黑人核心小组对这个结果仍然不满意。黑人核心小组不仅想要分给自己的那 5 000 票，还想把所有代表的 28 498 票收入囊中——以实现对会议的绝对掌控。黑人发言人在讲台上解释说，这完全是一个信任的问题，白人要想证明对黑人的信任就必须采纳此方案。一名白人代表事后描述："发生了一件不同寻常的事情，帕尔默酒店的墙壁都开始渗出愧疚的水滴。"会议以 2∶1 的票数通过了此方案。此后，会议上每个决议的命运都交由一个年轻黑人决定，他坐在黑人核心小组的最前排，手中握着代表 28 498 张选票的一张粉色大卡片。事实上，大会的成果很有限。不少白人曾希望选出总统候选人，由马丁 · 路德 · 金和斯波克医生分别竞选总统和副总统。但该计划还未提出便夭折了，黑人核心小组认为金博士是黑人白鬼子，而斯波克医生行事保守，仍然在使用"黑鬼"这个词语。

尽管布朗和麦基西克能言善辩，还是无法改变中产阶级黑人不断增加的事实。后来的人口普查数据显示，到 20 世纪 60 年代，年收入在 1 万美元以上的黑人家庭比例从 11% 升至 28%。这条路对于有能力的黑人来说意味着美好未来。1965 年，小本杰明 · 戴维斯成为空军中将。住宅和城市发展事务部长罗伯特 · 韦弗、参议员爱德华 · 布鲁克、天主教的罗伯特 · 佩里主教、联邦法院的法官康斯坦丝 · 贝克尔 · 莫特利，都在 1966 年担任了重要公职。两家私人机构的一项调查表明，有 1 469 名黑人担任公职。1967 年，瑟古德 · 马歇尔担任最高法院法官。空军少校罗伯特 · 劳伦斯于 6 月 30 日成为第一位黑人宇航员（12 月，他丧生于一次试飞训练）；伊丽莎白 · 孔茨被推举为美国教育协会主席；迪安 · 腊斯克的女儿嫁给了一位叫盖伊 · 吉布森 · 史密斯的黑人；克利夫兰市和加里市都由黑人担任市长；沃尔特 · 华盛顿被任命为哥伦比亚特区行政长官。温和派的黑人因黑人激进分子的过激行为得以坐收渔利。1967 年，詹姆斯 · 梅雷迪思又开始了他的密西西比州进军，这一举动只引来一些慕名而来的白人要和他合影签名。

而强烈反应在其他地方持续带来猛烈打击。在波士顿，一位 44 岁的祖母路易丝 · 戴 · 希克斯因为坚决反对解决学校种族不平等的方案，而成为名人，后来还当选为国会议员。在底特律的阿尔及尔汽车旅馆，一位黑人青年在警察问讯的过程中被杀害。枪杀他的那名警官称自己是出于自卫，而一个全由白人组成的陪审团判他无罪。这表明此类情况并不只限于美国最南部的保守地区。亚当 · 克莱顿 · 鲍威尔被剥夺了他在国会中的席位。他的确行为不端，这一点毋庸置疑，但有人指出，托马斯 · 托德则只是遭到了参议院的斥责。詹姆斯 · 格罗皮神父在密尔沃基开展的开放（种族融合）住房运动宣告失败。莱斯特 · 马多克斯宣誓就任佐治亚州州长，密西西比州州长竞选的获胜者是另一名种族主义者——约翰 · 贝尔 · 威廉斯。

然而，这些进步被大城市黑人区里爆发的夏季骚乱所掩盖，骚乱将两年前瓦兹黑人暴动事件推向了高潮。就骚乱的疯狂和破坏程度来看，暴乱区简直像经历了一场战争，的确有人相信这正如每到晚餐时间起居室里的电视上播放的报道，像越南暴力事件的一种映象。在卡迈克尔之前担任大学生非暴力协调委员会主席的约翰 · 刘易斯说："政府的做法很矛盾，一方面让受压迫的黑人不要在街上实施暴行，同时又在越南制造可怕的屠杀事件，还把本应用来改善国内种族状况的钱用来支持越南战争。"

那年的 4 月 8 日，第一批火炬被点燃。当天晚上，纳什维尔的警察把一个黑人赶出费斯克大学的一个饭馆。接踵而至的是持续两天的骚乱；到下一个月，克利夫兰、华盛顿、路易斯维尔、蒙哥马利和奥马哈也爆发了骚乱。到了 5 月和 6 月，自制燃烧瓶、抢劫者的棍棒、狙击手的来复枪出现得更频繁。包括纽约、明尼阿波利斯、坦帕、亚特兰大、伯明翰、辛辛那提、旧金山、布法罗、代顿、威奇托在内的大城市都受到影响。接着到了 7 月的第一个星期，发生了 1967 年黑人居住区第一场真正的灾难。

按照惯例，冲突的起因又是和警察的冲突。星期五下午晚些时候，警车受命前往罗克斯伯里（波士顿东南部的一个黑人聚居区）的格罗夫大楼福利办事处集合。一群接受救助金的妇女正在举行抗议福利政策的游行示威。她们想要更多的救助金，还要求得到更礼貌的对待。当时已经过了福利机构的开放时间，这些妇女仍不肯离去。她们手挽手拦在门口，不准工作人员离开。警察破窗而入。一群黑人聚集起来，朝他们扔瓶子和石头。更多戴头盔、持警棍的警察赶来，他们迅速冲进已乱作一团的人群中。人群四处逃散，这个行动却是个错误。黑人暴徒组成小队，他们砸玻璃、抢劫掠夺、放火烧屋、袭击白人，在罗克斯伯里横冲直撞。在黎明前，1 000 名警察与同样数量的黑人对抗。到星期日晚上，暴乱才渐渐平息，有 70 人受伤，连接波士顿市区和郊区的主干道蓝山大道上的 15 个街区变成了一大片垃圾场。

在罗克斯伯里骚乱一周后国内是平静而又危机暗藏的，在过去两个夏天里发生的事件中，并没有什么可以使人放松警惕。城市居民正保持高度警惕，注视着新泽西州纽瓦克市的动态。即便是在平静时期，纽瓦克市也会被认为是暗潮涌动的。为获得“模范城市”的补贴，这个城市的政府坦率地将它描述成“一个为穷人提供基本训练的营地”。纽瓦克市拥挤肮脏，空气中充斥着当地大量工厂排出的刺鼻臭味。它还是美国性病患者比率最高的城市；其犯罪率、危房比率均为美国第一。在过去的100年里，纽瓦克市相继迎来了新教徒、爱尔兰人、意大利人以及犹太人到此定居；到那时为止，纽瓦克市是仅次于华盛顿市的一个黑人占多数的大城市。1960年，纽瓦克市的人口中有62%是白人。现在，52%的人口是黑人，10%是波多黎各人。20.8万名黑人中的大多数居住在破烂的城市中心区。那里的失业率是全国水平的两倍，而当地黑人的失业率又是该市总体水平的两倍。在华盛顿，对于住房和城市发展部关注这些问题的工作人员来说，纽瓦克是他们的一块心病。在他们看来，纽瓦克只需一次警察冲突事件便会让整座城市爆发。这个预言在7月12日星期三应验了。

当天下午9点45分，一个黑人出租车司机因违反交通法规而被捕，他被带到中心区的第4警局管辖区。他和两名警官发生了激烈争论，并开始互殴。外界传言称，出租车司机已被活活打死。围观人群聚集在一起，但并没有发生什么大事。人群散去后，警官向市区报告称他们不过是“一群无所事事的孩子”。次日黄昏时分，一群黑人聚集起来，举着标语游行，但他们明显没有仇恨情绪。然后，有人率先扔出了第一个瓶子和第一块砖头。警察拿着警棍将人群驱散。黑人分成三两个人一组，开始洗劫商店。到晚间11点，大规模的抢夺行动拉开序幕，狙击手在楼顶上不断射击，到处都是熊熊火焰。纽瓦克市的1 400名警察无法掌控局面。到破晓时，2 600名国民警卫队士兵以及300名国防警卫赶到支援，此时太阳照耀着理查德·休斯州长所说的这座“公开反叛的城市”。纽瓦克市24平方英里的街区，有半数都被暴乱者占领；直到7月17日星期一，城市秩序最终才得到恢复。有77人在暴乱中丧生，损失达1 000万美元，这是继瓦兹事件后最严重的一次暴乱。

接下来的那个星期日，警察查封了底特律第12街上的一家黑人夜总会，因为该夜总会在法定歇业时间凌晨两点以后仍在营业售酒。底特律因此炸开了锅。人群到处游逛，传播残忍的谣言——这次有人称一个戴手铐的男孩被从楼梯上踢了下去，人群在被警察驱散后，拉帮结伙地在街上游荡，开始洗劫沿街的商店。此次暴动在某些方面显得非同寻常。底特律市不同于纽瓦克市，一直以来它并不是麻烦的潜伏区。现任市长深受黑人的拥戴，推行包括鼓励汽车产业发展在内的各项措施，这推动了大批黑人中产阶级的形成。然而这也是麻烦产生的部分原因。未能成为中产阶级的黑人就是此次骚乱的主要力量，他们憎恨白人和中产阶级黑人。还有一个不同在于，在底特律市黑人和白人共同参与抢劫，他们一起沿街洗劫商店。纵火案的发生频率几乎让人难以置信——11 天共发生了 1 600 起纵火事件。然而，底特律暴乱最突出的特点还在于其规模。亨利 · 福特称它是“美国南北战争以来最严重的内部骚乱”。有 43 人死于骚乱，超过 7 000 人被捕。第 12 街上的 18 个街区以及大运河大道上 3 英里以内的地区被烧成一片灰烬。航拍图显示暴乱后的城市类似 1945 年柏林被轰炸后的景象。5 000 人流离失所，许多人却像疯子一样高兴。底特律的一名暴徒说：“这些房子烧起来真好看。”他还说：“我就坐在那里，看着这些房子被火吞没。那些白鬼子除了奋力救火外，什么也做不了。”当然，他所描述的是黑人的房子。

约翰逊总统派伊利诺伊州州长奥托 · 克纳领导的调查委员会研究暴乱问题，以找出避免发生更多类似事件的对策。参议院的调查小组委员会和众议院的非美活动委员会已计划举行听证会——后者认为颠覆分子应对暴动负责。那个夏季黑人区爆发的骚乱并未就此平息。暴徒一共席卷了 32 个州的 114 个城市。总的死亡人数可能永远不得而知，但至少有 88 人死亡，超过 4 000 人受伤，1.2 万人被捕。其中，威尔明顿、托莱多、南本德、大急流城、庞蒂亚克、密尔沃基、纽黑文、普罗维登斯、萨吉诺、弗林特、俄勒冈州的波特兰和马里兰州的剑桥堪称冲突最激烈的骚乱区。

剑桥的暴动值得特别注意。它成为应验了非美活动委员会的怀疑的少数事件之一，还对美国国家政治产生了意想不到的影响。影响马里兰州1966年州长选举的一个主要因素是反冲作用。一名种族主义者在民主党初选中获胜，黑人则支持共和党候选人——温和派的斯皮罗·阿格纽。但阿格纽对法律和秩序的感情，远超过他在种族问题上的热情。虽然如此，当拉普·布朗这个外来煽动者（如果真有这样的说法的话），告诉在东岸集会的黑人说："是引爆剑桥的时候了。"阿格纽还是被激怒了。布朗把一所黑人学校称作"早该被烧毁的"无用建筑。他力劝集会人群"自己弄些枪支"，把暴乱称作"革命前的一次带妆彩排"，还说，"在美国，暴力跟樱桃派一样再平常不过"。

于是剑桥发生了暴乱，那所学校被烧毁。阿格纽发出逮捕布朗的命令，指控他煽动暴乱和纵火。这位州长说："他这种人，盘算着毁掉整个城市后溜走，留下这些穷人承担他的恶行带来的后果，我们绝不能让他再踏进州内。"两天后，布朗在弗吉尼亚州的亚历山德里亚被捕。之后，他又被指控在起诉期间携带武器穿越州界。同时，州长阿格纽在处理此次事件上的果断坚决，引起了共和党国内领导层的注意，赢得了包括理查德·尼克松在内的政界人士的赞赏。

剪影：约翰逊时代

this button is just an attempt to communicate

GREAT SOCIETY ABOMINABLE SNOW JOB

REAGAN FIRES CLARK KERR AS BERKELEY CHANCELLOR: SCORES "PERMISSIVENESS"

Get your head together

APATHY

GOD IS DEAD

U.S. POPULATION SEEN SURPASSING 200 MILLION MARK

KEEP THE FAITH BABY

U.S., U.S.S.R. CATAPULT VENUS PROBES

"LSD is Western yoga," Dr. Leary explained. "The aim of all Eastern religion, like the aim of LSD, is basically to get high; that is, to expand your consciousness and find ecstasy and revelation within."

off the pigs

WE LOVE YOU AND ARE WORRIED,

PLEASE CALL COLLECT,

NO PUNISHMENT

Hare Krishna, Hare Krishna
Krishna Krishna, Hare Hare
Hare Rama, Hare Rama
Rama Rama, Hare Hare

COMPUTER, SET TO SELECT IDEAL MATES, PICKS BROTHER, SISTER

SPEED KILLS

First you get a really strong sex urge. You get a fantastic rush — a feeling that you're speeded up, you think you can do anything. It opens up little doors to the channels in your mind so you actually believe you can do anything. After a while it induces acute paranoia.

Say it loud — I'm black and I'm proud

Bangs manes bouffants beehives Beatle caps butter faces brush-on lashes decal eyes puffy sweaters French thrust bras flailing leather blue jeans stretch pants stretch jeans honeydew bottoms eclair shanks elf boots ballerinas Knight slippers, hundreds of them, these flaming little buds, bobbing and screaming, rocketing around inside the Academy of Music Theater underneath that vast old mouldering cherub dome up there — aren't they supermarvelous!

"There's no room for deathless prose in the novel," Miss Susann said.

3 ASTRONAUTS DIE; LAST PRAYERS TOLD

JACKIE VISITS CAMBODIA, LAUDS ORIENTAL CHARM

WARNING: YOUR LOCAL POLICE ARE ARMED AND DANGEROUS

IN COLD BLOOD: The show-place farm of Herbert Clutter, set in the peaceful, prosperous, picture-book country west of Garden City, Kans. (pop. 11,000), seemed the nation's least likely setting for cold-blooded, methodical murder.

LBJ, BIRD SET FOR LUCI VOWS

DE GAULLE: "VIVE LE QUEBEC LIBRE"

BAN THE BRA

power to the people

The new 100-mm. cigarette, six-tenths of an inch longer than the traditional king-sized ones, had jumped from 2 percent of the market at the beginning of 1967 to 15 percent at the year's close — about $1 billion worth

BOOKS MUST GO!

GREEK COLONELS SEIZE CONTROL IN ATHENS COUP

TURN ON TUNE IN DROP OUT

BLACK IS BEAUTIFUL

I'VE GONE TO POT

BLACK POWER

Good grief, Charlie Brown

第三十二章　走投无路

在 1967 年出版的《新工业国》一书中，约翰 · 肯尼思 · 加尔布雷思指出“近年来一个有趣且被广泛讨论的现象”，一种“尤其是在学生和知识分子中普遍存在的、对公认的各种社会思想形态表现出的隐约不满”。这些思想形态，加尔布雷思写道：“无论被自由主义者还是保守主义者推崇，都被认为是某种被建构出来的制度。”

实际上，在当时，黑人、激进分子、女权主义者以及其他所有感到一直被有组织的社会所欺骗的人，都习惯称这个社会及其一切功能为“制度”。这个单词经常被随意使用，以至于变得毫无意义——盗窃商店的行为被称作对制度的打击，电视节目安排不佳也是制度的错。但该词在有些情况下的使用则展现了人们对这个社会系统运转的一种深刻直觉。1965 年 11 月 9 日那个令人难忘的星期二夜晚最能说明这一点，那一晚社会主要的公共服务设施之一——供电系统竟出现严重故障，这不仅让那些反制度的人觉得自己一语成谶，更使其他人感到惊慌。

那天下午 4 点 44 分，美国东部地区正是太阳落山时，电力需求开始朝着每日的顶峰攀升。家里和办公室的照明设备被打开。霓虹灯的标志也亮了。随着工作人员相继下班，商业区的电梯也开始投入其最大承载力的使用中。地铁为从工作地下班回家的人增开列车；在远离城市的乡村，农场主将奶牛套上挤奶器，灯塔也开始闪烁光芒。玩耍归来的孩子跑进家门，打开电视机，而他们的母亲开始准备晚餐。此时正值秋季，气温是 46 华氏度（约 7.8 摄氏度），自动调温器启动了数百万人家的暖气炉。温室供暖系统被激活；为了不让毒蛇和鳄鱼死亡，动物园的爬行馆里进行额外供暖。酒吧里，制冰机开始制作冰块，供人们下班回家前来喝酒时使用。林荫大道和公路两旁的电动加油站，正往行驶在归途的汽车油箱里加足汽油。

所有这一切对爱德华·内利斯而言都是老套路。他是一个精瘦、微秃的 62 岁老人，为纽约联合爱迪生公司兢兢业业工作了 41 年。在靠近 65 街的曼哈顿西区大道 128 号的联合爱迪生公司的电力控制中心是整个公司电子系统的枢纽，而内利斯此时就坐在控制中心控制员的座位上。该中心位于靠近 65 街的曼哈顿西区大道的 128 号，是这个公司电子控制系统的中心——房间内的天花板很高，异常整洁，略带奥威尔风格，房间里摆放的各种仪表盘和开关沐浴在耀眼的荧光灯的光下，所有这一切都在内利斯的视线当中。他警觉地浏览着仪表上显示的数据，以确保联合爱迪生公司完成为本市供电的任务，而且因为该公司同时作为安大略省、纽约州和新英格兰地区电力供应网的主要组成部分，还得确保公司正常为那 8 万平方英里地区以及 3 000 万居民供电。不管怎样，理论上就应如此。大约下午 5 点 16 分，内利斯从椅子上跳了起来，因为他看见所有仪表盘上的指针开始剧烈摆动，控制中心也对此进行了激烈讨论。

当时，包括内利斯在内的所有人都不知道发生了什么事，尽管联合爱迪生公司的高级工程师此前曾多次讨论过大规模断电的可能性。他们的预测很准，声称可能会发生所谓的“级联效应”，即由于电网中某个组成部分的电力需求过大、超出预期，它便会吸光电网中其他部分的电力供应。如果情况真是如此，那么电网，也就是俗称“东北电力网”内的每一个发电机，都会自动切断电源以防止设备损坏。结果是，8 万多平方英里的地区便会即刻陷入黑暗。

西区大道 128 号机器上摆动的指针就是发生了级联效应的结果。问题出在曼哈顿以北 315 英里、尼亚加拉瀑布以西 4 英里的一个叫亚当 · 贝克爵士二号站的加拿大水力发电设备。那是一个大小还不及家用面包机的继电器装置，其用电量是按照 1963 年的标准设定的，虽然此后用电量不断稳步增长，仪表的设定量却从未再调整过。当天下午 5 点，供给多伦多的电正经由亚当 · 贝克电站的 6 条线路向北输送。后来仪表数据显示，在 5 点 16 分 11 秒的时候，电力负荷略微增加了一点儿——正好超出那个设置有误的继电器出现故障的临界点。这样，又一个断路器启动了，6 条线路中的一条因此而停止供电。这条线路的负荷立刻转到了其余 5 条线路上，它们也负担不了。由于负荷过大，5 条线路都被各自的继电器切断。这使得几乎同时发生两起灾难。本应送往多伦多，实际却未能通过失效的亚当 · 贝克电站的约 160 万千瓦的电力，经过电网的超级电路向南涌入纽约州北部和新英格兰地区，一路上所经过的发电站都相继失去作用。由此产生一个电力真空。受到影响的地区向曼哈顿要电，然而曼哈顿的供电量根本无法满足这些需求。紧接着第二个大灾难降临。东北电网的所有保护装置都被激活。这种级联效应，即有些人所说的“多米诺骨牌”效应，自动切断了对各个地区的供电渠道。到下午 5 点 38 分，东北电网停止了对所有供电区的供电，佛蒙特州和新罕布什尔州南部也已和南部各州一样停了电。除了自备发电机的医院和其他机构，从尼亚加拉湖到哈得孙河之间几乎看不见一盏亮着的灯。大面积停电就这样开始了。

纽约市在 5 点 27 分断电。内利斯正准备推动 8 个按钮，以切断这座大都市电力系统和总电网的连接，但为时已晚。这个错误可以原谅，因为自爱迪生在 1879 年发明第一盏实用白炽灯以来，电流就一直以光速传输，这是关于电力消耗的知识中少数仍未改变的一个事实。但后果仍旧让人目瞪口呆。除了斯塔滕岛和布鲁克林的一个街区外，纽约全城停电——一切地方都断电了：照明、电器设备、地铁，所有工作都没法继续下去。在未受停电影响的新泽西州蒙特克莱尔，一个妇女正从画框式的窗户向外望，欣赏着曼哈顿万家灯火的美妙夜景,她想叫她十几岁的儿子也来看看。可当她再次回到窗前时，城市早已消失不见。加拿大航空公司的罗恩 · 乔治机长驾驶的飞机正在肯尼迪国际机场上空准备降落。他朝下看了看跑道，又读了读仪表上的数据，再回头时——只看见冥河般的黑暗。飞机场也随之消失在黑暗中。

全城停电后，人们最开始的反应各不相同，这在一定程度上反映了他们各自内心的隐忧。“中国人来了！”曼哈顿东区的一个妇女这样想。“有外太空人的袭击！”住在东河边上一所公寓 20 楼的一个小男孩叫道。两名报社记者的想法不谋而合——反战运动还真办了件大事。其他人都忙于应对各种意想不到的麻烦，顾不上去追究谁应对此事负责。医院里的医生一边在应急发电所需的 90 秒转换的时间里等待，一边借着手电筒的光继续进行手术。施拉夫特公司正担心他们价值约20万美元的冰激凌如何处理（结果全化了）。洛克菲勒州长正爬着15层的楼梯回到公寓。有80多万人被困在突然停运的地铁中。其中有60人在第60号街道隧道里的阿斯托里亚线的东河下面的一辆从布鲁克林开往曼哈顿的列车上度过了噩梦般的一夜。在他们上方的威廉斯堡大桥上，1700多名乘客滞留在4列火车里，5个小时后他们才被安全带离。

在百货商店里，店员用手电筒照明把顾客带出店门，或者将他们安置在商店内的家具区休息。农场主又重新学起了徒手挤奶的技巧。儿童没有电视可以看，开始学着自己玩耍。动物饲养员用毛毯帮动物们保暖，使哺乳动物能活下去，又用便携式丙烷取暖炉为爬行类动物的活动室加温。然而，那些需要用电动加油泵来补充燃料的机动车司机，以及面对冷灶的家庭主妇，对停电仍旧是束手无策。许多人突然间变得无所事事，于是就给亲戚朋友打打电话。电话还能用，当晚市内的通话次数增加了8倍。一些人正忙着做其他的事。9个月后，所有医院都报告称这段时间的出生率大幅攀升。

多亏有晶体管收音机，人们仍然能够收到无线电广播，不过，这对困惑不解的听众很难说有什么大的帮助。评论员上气不接下气地说道:“加拿大现在陷入了一片黑暗……原因不明……这是世界上最糟糕的一次停电……约翰逊总统召集了应急计划小组……立刻调查……就怕是有人蓄意破坏。”也有人暗示说是战争和核灾难，直到科罗拉多州的斯普林斯战略空军指挥部说“一切顺利”，谣言才不攻自破，一切恢复正常。局部地区仍旧爆发骚乱——马萨诸塞州的斯普林菲尔德市发生了抢劫，沃尔波尔的马萨诸塞州监狱发生了大规模的暴乱，酿成了几起惨剧。纽约的一名男子被发现陈尸于饭店的电梯井底部，手里还握着一支熄灭的蜡烛。

刚到夜晚时，东北电网覆盖区仅有的亮光来自于蜡烛、手电、汽车灯以及一轮明月。之后，电力供应开始一个地区接一个地区地恢复。佛蒙特州和新罕布什尔州南部，在停电后 30 分钟到 2 小时之间恢复了供电。康涅狄格州在 5 点 30 分断电，虽然恢复供电较慢，但是到了 11 点 30 分，除了 12 个城镇之外该地区已经全部灯火通明。大纽约市恢复得最慢。布鲁克林到星期三下午 2 点才恢复供电，那里成千上万沉睡的居民得知这一消息的方式同其他地方的居民一样：他们睡觉前都没有关掉墙面和灯上的开关，所以当他们的卧室被突然恢复的灯光照亮时，他们便惊醒了。皇后区恢复供电是在凌晨 4 点 20 分，曼哈顿和韦斯切斯特是在早上 6 点 58 分，布朗克斯则是在早上 7 点。个别地区仍旧没有恢复供电。韦斯切斯特县富人聚居的佩勒姆庄园直到星期四才恢复供电。事后，一位佩勒姆庄园的女住户说她“点了很多蜡烛”，“维持着炉火”，而且“一直在回想在以前没有电的时候，佩勒姆庄园的人们是怎么过日子的”。

1965 年 11 月 15 日，电力故障发生 6 天后的第一个星期一，电机工程师追查到了电力故障处是在贝克电厂。加拿大人感到颜面扫地，因为他们一直坚称问题不可能出在他们的国境内。美国公共事业部的发言人认为这证明了美国方面没有错。但大多数人并不细究谁对谁错，他们谁都怪罪，不管是加拿大人还是美国人。同时，人们在停电期间的冒险和奇遇在经过转述后变得更加精彩。最后，许多人都忘记断电时的焦急不安，反而开心地回忆起那晚逃离惯常生活的自由。《纽约时报》的一组记者写道：

> 每个人内心深处都埋藏着对机器的反抗情绪。我们都因为重新发现不需要电源插头就能使用的东西而高兴不已，这些东

> 西几乎已经从我们的记忆中淡去，尤其是那无比奇妙的蜡烛。当得知那些我们真心不喜欢，并且怀疑那些也不喜欢我们的大型计算机大量闲置无用时，而古老的转笔刀却能照旧使用，有那么一刻我们感到一种胜利的喜悦。

如同《纽约时报》的记者所承认的那样，这一切不过是幻觉。最后一切还是会“重新被禁锢，乖乖地被带回现代科技的监狱式农场里去”。蜡烛和转笔刀在几个小时的断电时间中的确很美好，但时间再长一点，它们就不会再显得那般奇妙了。他们不能运送上下班的人群，不能为房间供暖，不能为阅读提供照明，也不能为依赖现代科技生活的人提供各种服务和生活必需品。早年没通电的佩勒姆庄园生活方式对他们来说是个残忍的打击。许多人也许根本没法生活下去。有人把《纽约时报》撰稿人所谓的“电插头社会”看作是监狱式农场，对此还有更刻薄的说法，但是真正对计算机极度反感，准备砸毁这些庞然大物的人并不多。不过，还是有少数人想这样做。

由于工业革命而失业的英国手工业工人于1811年发誓与剪毛机和动力织布机势不两立，他们以在他们父辈那个年代的一个糊里糊涂地破坏机器的工人的名字为他们的组织命名，并退居到舍伍德森林深处，提出了一个不容商议的要求：

> 我们永远不会放弃使用武器，（直到）下议院通过法案，取缔一切对百姓有害的机器，并撤销对捣毁剪毛机的人实行绞刑的裁定……我们不会再请愿——那没用——必须战斗才行。
>
> 签署者：申诉军总司令
>
> 内德·卢德执事

此后，凡是满腹牢骚反对使用代工机器的人一直被称为卢德派。在约翰逊担任总统期间，那些批评美国越来越被技术奴役的人，常被指摘为卢德主义的拥护者。在学生骚乱事件中，这样的说法有时讲得通。教授的讲义被撕毁，设备被破坏，剑桥的一台电脑上贴着一张纸条，上面的内容是抨击通过使用技术来增加利润是牺牲了美国工人的利益。这同内德极其无效的行动一样可笑，但是反对技术统治的事例并不完全荒谬。有想法的人们厌倦了许多事：收到被穿孔机打孔的邮件，乘坐有自动按钮的电梯，在收银台前排队，阅读用死亡人数来描述的战争报道，在电话上听录音消息，以及在政治选举中被当作民意测验的百分数。尼古拉 · 冯 · 霍夫曼指出，游行的学生抗议的是“用计算机录取、测试以及考核”他们的做法。某航天公司的一位前主管在洛杉矶成立了一家婚介服务公司，共有 6 000 名客户，这个“人类仓储公司”听起来不免让人有些寒心。每个人都有自己关于计算机的恐怖经历，有些还非常特别。奥尔巴尼一家医院给一名妇女寄去了一张“包皮手术”账单。1966 年波士顿市长约翰 · 科林斯原本处于可以连任的优势地位，但在初选的前三天，市政府的计算机自动做好准备，计算好并寄出了 3 万份下水道税费拖欠账单。这位市长因此落选。

埃里希 · 弗罗姆警告说：“一个幽灵潜伏在我们中间……这是一个新的幽灵：一个完全机械化的社会……由计算机主导着，在这个社会进程中，人类自己也被转化成了整个机器中的一个部件。”到了 60 年代后期，数百万美国人的钱包里装着多达 20 个的各种号码，有些证明他们的不同身份，有些是日常事务中必需的，所有这些几乎要把他们变成杂乱无章的微粒——邮政编码、区域代码、血型号码、驾驶证号、汽车牌照号、社会保险号码、入伍编号、赊购账户以及支票户头号，以及读书会员证、人寿保险单、护照、出生证和结婚证、财产抵押书以及退伍军人证的编号。《商业野兽》一书的作者推荐了一个名为“计算机卡片轮盘赌博”的游戏，即用胶带遮住卡片上的小孔，然后用刀片新开一些小孔，再把代码数字通过电磁辐射显示出来。一个加利福尼亚州的看门人收到他两个星期的薪水——一张 5 000 美元的支票后，除了气体弹性研究员、惯性系统工程师和超导体研究专家以及数字电路设计专家外，每个人都为他高兴。总之，这是属于他们的伟大时代。

美国最早的商用计算机发明者约翰·莫奇利曾预言说：“只有四五家大公司能够有效运用这些机器。”他低估了他的天才发明。1955 年美国有 1 000 台计算机。1960 年，据政府工程师估计，5 年内计算机的使用量可能会达到 15 000 台。5 年之后，实际投入使用的计算机有 25 000 台。到 1967 年，又增加到 40 000 台——仅联邦政府就有大约 2 000 台。

所有这一切都使得美国人文主义者非常不安。这些人在政治上属于自由主义者，而在社会态度上却越来越保守。40 年代末，《1984》一书为他们敲响了警钟。在艾森豪威尔时代，一种文化贬值的风气在他们之中流行起来，因为随着技术进步浪潮而形成的拜物风潮让他们非常不安。在他们看来，美国正逐渐被有意操纵消费者喜好的人所奴役。在通过新兴计算机得出的数据中，有对操纵大众的行为如何影响消费者负债情况的分析。消费者负债率从 1956 年到 1967 年间增加了 133 个百分点，达到 991 亿美元。单是购车的负债率就增加了 117 个百分点，达到 312 亿美元。这样看来，威尔·罗杰斯一直没错；这个国家正坐着汽车奔向贫民收容所。

汽车方面的情况已经够糟了——一些善于思考的美国人已开始

意识到底特律对环境产生的影响，普遍富裕逐渐被认为是一个不好的社会状态，而知识分子的担忧远不止于这些。美国上下自动贩卖机的贪婪似乎很难填满。从艾森豪威尔时代到今天，国民的个人可支配收入几乎翻了一番。但在30年代人们抱着特别强烈的信念，说人只要有钱就会理智地进行消费，这种说法已成为破碎的梦。埃德蒙·威尔逊讽刺地写着那些“没有营养的食物，不能灭菌的杀菌剂”，以及“对皮肤有害的化妆品，腐蚀汽车的润滑油”，还有“毒害树木的杀虫剂”。繁荣的60年代，正是这些“名牌”的繁荣发展期。至少在“大萧条”时期，你不至于被迫在自己的起居室里看到这些东西。电视广告商现在正以庸俗不堪的方式以及令人厌恶的色彩大肆推销这些东西，这不禁让人联想到美国会怎样处理这批垃圾。在1969年美国职业棒球联赛决赛之际，莫比尔石油公司的一份新奇的广告提出了解决方法。顾客只需购买3美元的汽油，就能获得一个足以装下“22磅，4立方英尺[①]”垃圾的塑料袋。广告词中提到，“你一定会高兴地把它扔掉”。事实的确如此。

电视转播的体育节目本身就不令人满意。它使得那些本应（即便只为自己的健康着想）在户外运动的千百万人成为整天喝着啤酒、挺着胀气的肚子、看着年轻的运动员在华丽的运动场上欢乐地蹦跳奔跑的观众。运动场中最华丽的要属休斯敦耗资3 200万美元建造的装有空调的透明圆顶体育馆。该体育馆设有4.6万个软座和3万个停车位。钢架圆顶的设计，使比赛能在雨天正常举行。这个超级体育馆的设计者一心想让场馆在恶劣的天气状况下照常使用，反而忽视了另一种可能性：阳光可能会晃眼。当那种情况真的发生时，他们惊

---

① 1立方英尺≈0.028立方米。——编者注

恐地发现，在透明圆顶体育馆耀眼的阳光照射下，棒球外场手没法接飞球。起初棒球比赛只能在阴天举行，即便是这样，外场手仍需戴上击球头盔。后来圆顶天窗被涂成了灰色——意味着不论天气好坏，比赛都得使用灯光。

对于那些对新繁荣持怀疑态度的人来说，透明圆顶体育馆是代表庸俗和过度消费的神殿。它设有53个私人包厢，5年为一个租期，每个赛季租金15 000~34 000美元不等。在下面的球场看球看烦了的人，还可以去私人俱乐部。里面设有酒吧和电视，室内装修全是以“塔西提岛的假日”或“法国式游猎”为主题。根据馆内员工不同的工作性质，共设计了50多种制服（地勤人员穿航天服）；每个工作人员都被送到学校接受了三个星期培训，学习如何正确展示该体育馆的形象。场馆内最壮观的景象出现在一次由本馆棒球队的主场比赛中。球迷们永远不会忘记那一幕，有些围观的投手更是久久无法平静，当时，电子记分板疯狂地计算着分数。火箭升空，炸弹爆炸，角上挂着美国国旗和得克萨斯州州旗的电牛横冲直撞，电动牛仔对着它们射出电子子弹，管弦乐队同时激情四射地演奏着《得克萨斯之眼》。

那年的一条广告标语说，“如果有疑虑，那就买验证后的商品”。但是怀疑派没有丝毫犹豫。他们对所有大规模生产的商品都敬而远之。在他们看来，市场是罪恶之源。他们年轻时所学的经济学课程也失去了意义。埃里克·戈德曼写道：“大众最根本的问题已经有所改变，不再是有关温饱住宿的问题，而是怎样在令人不安的奇怪富裕环境中生活的问题。”戈德曼描述了“一种绝大部分人不再接受的一种分配不均的现象”。显然，这部分人的声音异常响亮。任何一家书店里都有他们反对分配不均现象的论战文集。这些著作有一个共同主题，那就是大众文化必然导致军队-监狱国家的产生。

有些颇具洞察力的作者指出，知识分子的观点并不总是符合逻辑。小威廉·怀特评论说，这是“一种倒退的观点”，没有认识到低级趣味盛行是“使更多民众得以分享我们文明成果的结果”。卡罗琳·伯德指出：“一贯敏锐的人，有时却认识不到正是60年代的充分就业造成了他们现在所体会到的道德、能力、礼貌、精力和纪律各方面的退步。”约翰·肯尼思·加尔布雷思提醒自由人文主义者，他们不能对技术上的各种进步挑剔苛责。如果他们想要其中的一些，那就得忍受其余部分。他们也不能只接受应用科学创造的奇迹，而否认使这一切成为可能的国家和企业之间的特殊关系：“每一个生来自由的人都有权厌恶这种妥协。但他的抨击应当指向事情的根源。他不能期望将喷气式飞机、核工厂和像今天这样大量生产的现代汽车交由无固定价格和不能把握市场需求的公司去掌控。他唯一能做的是要求停止生产这些东西。”加尔布雷思仍然是高品质生活的坚定倡导者，但是他告诉评论界同行的却是，在全面否定数字社会之前，他们应该反思的正是这种社会曾带来许多现代人认为是理所当然的快乐，例如，“电话如果没有自动接通装置，依照目前的通话量来看，大概需要动用美国所有的女性劳动力资源才能处理妥当”。

上面这话是在1967年说的。加尔布雷思没有想到在4年的时间里，他关于所有接线员都应是女性的论断会引起争论。昨天还不言自明的道理到今天却成了邪说。这也许就是科学技术对美国最突出的影响。这种变化是翻天覆地，无法阻挡的。60年代美国社会生活出现不和谐状况的原因之一就在于此。职业技能很快就会过时，导致年轻人做职业规划非常困难，有时几乎不可能。例如，在1967年，对化学工业所做的统计中，其半数营业额都来自于对那些10年前根本不存在的产品的售卖。其中一种产品是避孕药，它对美国女性未来的巨大改变起着决定性的作用。那时，白人女性的平均寿命正在接近 80 岁（白人男性是 75 岁）。科学技术正不断改变着未来的形态。1968 年，赫尔曼 · 卡恩和他所在的哈得逊研究所发表了一份 1 000 页的研究报告，描述了在 2000 年美国的未来生活。他们预计，到那时美国的人均年收入会达到 7 500 美元。研究所表示，一个星期工作 4 天、每天 7 小时的工作制将会是大势所趋；除此之外，人们每年还有 13 个星期的假期。那时，人们会把享乐而非成就当成人生目标。人存在的理由，甚至存在本身都将以现在人们难以想象的方式发生改变。

要展望未来，不一定非要理解技术革命对美国的既有影响。仅仅是对过去的一次回望就足以让人震撼。在 30 年代初期，那些现在已头发花白、开始谢顶的属于摇摆世代的中年人才刚十几岁，而当时美国还没有被技术影响的最大群体是农业人口——人数超过 3 000 万。在那个年代，农民甚至缺乏涵养水土的基本知识，这也就是后来造成毁灭性沙尘暴的原因之一。由于农村没有通电，农民阅读时只能使用油灯。由于没有电，寻常农妇每年需从井或泉中汲取 28 吨水。她的黄油搅拌器是手动的。她在白铁皮盆子中洗衣服，用木桶和盐腌制咸肉。她丈夫的劳作更为艰辛。早上他给奶牛挤完奶后，要花两个小时照料马匹，然后才能动身去做计划白天要做的事。马和骡子是他的主要交通工具——当时美国共有 2 000 多万头，他去镇上走的是土路。后来，他的生活会得到不了解农场生活的现代人的同情。曾经有人就农场的一日三餐写过一些荒谬至极的废话，实际上就像克莱德 · 布里翁 · 戴维斯在《轻率的时代》里指出的那样："大多数烹饪方式都是用油煎——甚至可以说是低温油炸。传统的美国农民形象就是细脖子、平胸，再加上因为消化不良所引起的肠胃胀气而导致的大肚子。"

如果一代之后，农场主的儿子仍然生活在这个农场里，那他的世界将会完全不同。民间资源保护队种植的树保持了水土，带状播种和循等高线开沟将使产量提高。150 亿美元的农业机械投入终止了汗水和劳苦对农耕者的统治，过去用于种植动物饲料的 6 500 万英亩土地现已用作农业生产。杂交玉米的出现，使得在不扩大种植面积的情况下，美国玉米产量提高了 20%。在 30 年代棉桃象鼻虫的威胁下，南部农民被迫放弃种植棉花，学习种植其他农作物——因此收入比原先多了两倍。新一代的农场主现在生活在繁荣的新农村，每天开车沿着碎石小路去市场。农场主的妻子则在挂满各种锃亮用具的厨房里忙碌，腌肉木桶被宽敞的冷藏库取代，家里的食物也更美味。下午，她还有时间亲自去镇里一趟。她可以定时去美发，和城市里的女人一样穿合成纤维做成的衣服，而不是像她妈妈一样穿方格花布裙子和棉布长袜。

城市里的劳动方式也发生了改变。无产阶级正逐渐消失。诺伯特 · 威纳在《控制论：关于在动物和机器中控制和通信的科学》(1948)一书中说道："拿再低工资的工人也比不过蒸汽挖掘机和电铲。"早在 20 世纪上半叶，自动化就使普通劳工人数从 1 100 万锐减至 600 万。在接下来的 13 年里，美国的劳动力增加了 600 万——达到 7 060 万人，但是，劳工人数持续减少。蓝领高级技术工人成为人数不断缩减的少数。在艾森豪威尔的年代里，虽然汽车产业的生产工人减少了 172 000 人，但汽车的年产量却增加了 50 万辆。曾经强大无比的工会势力衰微，因为机器不会罢工。工会领袖变得保守，对进步迟疑不前，有时甚至和自己的宿敌——企业主——结成同盟。同时，市场对男性壮劳力的需求减少，为女性进入职业市场开辟了新的工作领域；并且随着工作目标的改变，这一趋势将更加明显。工人不再只从事商品生产，而是进入了更加广阔的服务、娱乐以及休闲行业。在这个“大众消费的新社会”，乔治·莫里写道：“人面对材料并用它制造出新东西的旧公式，已变成人面对人并劝说他采取行动的新公式。”

有一个男性占主导位置的空间没发生变化，那就是经理的套间办公室。哈得孙研究所并不寄希望于企业行政人员到 2000 年时工作量会减少，假期增多。他们不可能闲下来，太多事情要靠他们处理。这同罗斯福年代的情况正好相反。1941 年，詹姆斯·伯纳姆在他的一本广受好评的书《管理革命》中，就已预言了管理者在企业中的突出作用；但“大萧条”时期的民间故事普遍蔑视老板，所以关于“大萧条”的小说和剧本通常将老板刻画成流氓和愚蠢的人。（电影观众可能还记得饰演这类角色最成功的类型演员，他就是爱德华·阿诺德。）直到 60 年代，这些老板都还是高高在上的。可以确定的是，他们和过去的海盗式企业家完全不同。《财富》杂志说，“巨头已经不再有了”。《时代周刊》将这些新企业家描述为“职业经理人，即接受过工程师式训练的技术专家，他们掌控着庞大的产业机构。普通老板，即股东，只能行使理论上的控制权”。通常这些人并不通过个人或者依靠命令来进行管理，而是将事情交由委员会处理。这些委员会负责收集信息和专业知识，而且它们的名字各不相同，有管理小组、特别工作队、突击小组，以及按时髦的平等主义精神叫作“工作组”的委员会。在《新工业国》一书中，约翰·肯尼思·加尔布雷思把那些分享权力的人称为“专家阶层”。

专家阶层的人虽然很聪明、受过良好教育、积极性高，但讽刺的是，他们过于关注公共关系，却在上面栽了跟头。问题出在制度上，因而难以解决。美国企业对于自身的真实情况总是自欺欺人。很多人一旦当上经理，就立刻宣称自己信奉赫伯特·斯宾塞的理论，就像获得了高管人员专用盥洗室的钥匙或者成为共和党一员一样。高管人员坚称利润动机是有效的，尽管他们自己的亲身经历都证明了该说法的虚假；他们一如既往地努力工作，尽管自己薪金的很大一部分都要用来缴税。每次听到约翰·梅纳德·凯恩斯的名字，他们就会习惯性地发出嘘声反对；尽管如此，他们还是背弃了全力批判凯恩斯的巴里·戈德华特。他们鼓励股东把企业想成是自己所有，然而，企业投资人的影响从来都不大，到了60年代更是日渐减弱。参加过股东年度大会的人，都能迅速辨明个人股东做出的决策，这都依靠专家阶层选择并提供给他们的资料。

其实这一假象早就引起了经济学家的注意。他们通常认为这种双面性并无害处，因此没有必要提及。虽然有欺骗，但在这种与真实脱节的现象中，大多数时候还是会讲究政治伦理的。然而，专家阶层的欺骗性比表面情况看起来更严重。随着约翰逊政权走到末期，而越南战争又得不到妥善解决，美国商人震惊地发现，示威人群开始把矛头对准他们，指责他们生产凝固汽油弹之类的产品是犯下了重罪。他们对此无法理解，难道这些愤怒的人群不知道企业和政府天生就是死对头，不可能成为同谋吗？他们坚信这一点，而且以为所有人都很清楚。但是情况显然不是这样。真实情况是，60年代初让艾森豪威尔担忧的军事–工业综合体，到60年代后期一直在不断发展，以至美国形成了（没有其他名称来形容）计划经济。

1967年，让–雅克·塞尔旺–施赖伯的直言不讳使美国读者大跌眼镜，他声称："自战争结束以后，联邦政府一直同美国企业合作开发先进技术。"他还说，"几乎美国所有的大企业都受到联邦的大量补助。"这些说法看似毫无可信度。罗斯福的继任者仍盘踞在华盛顿，斥责经济保守派和货币兑换商；而美国制造商协会中的董事长们谴责华盛顿方面的家长作风；美国商会发言人继续解释说，政府从来不参加任何生产活动，本质上它是寄生性的，而经济发展主要依靠为盈利而不惜承担资金风险的企业家。

为歌颂自由企业，报纸刊登整版的大篇幅广告——但孩子要摆摊做买卖必须要有父母的资助，这一点报纸却没有说明。报纸上的此番言论不适用于那些早在20世纪60年代时资产就占到美国工业生产量2/3的500家大企业。兰德公司的所有预算都由美国空军承包，它哪里还有风险可言？有五角大楼提供的资金做后盾，IBM（国际商用机器公司）又哪里用得着发愁投资50亿美元改进它所生产的第三代电脑的集成电路呢？国际电报电话公司立足于电子装置的微型化工作，而美国宇航局也很清楚没有这些仪器，载人飞行器就不可能到达月球，这又算得上什么风险呢？随着技术的不断复杂化以及新发明投产时间被拉长，被委托进行技术突破的企业要求与政府建立长期的合作关系。企业经理和政府官员建立同一目标，一起制定预算并做出决议。如果新产品可以在市场上销售，谁也无法阻挡经理们通过清空库存来获利，他们经常这样做。集成电路就是一个例子，它能代替一连串相互连接的电子元件：晶体管、电阻、电容器、电子管等。没有集成电路，巨大的航天火箭无法从发射台升空。有了它，北极星导弹和折翼式F–11战斗机的研制才能进行。波音超音速运输机、欧洲的协和式超音速喷气式客机原型样机也离不开它。欧洲政府之间素来鲜有合作，但当需要制造微型电路时，他们便团结起来与仅有的三家美国制造商协商，这三家制造商分别是：费尔柴尔德公司、得克萨斯仪器公司和摩托罗拉公司。此时，他们才发现这些装置造价昂贵。

那种认为美国纳税人在企业与政府的合作过程中受到欺骗的看法是错误的。政府有义务发展航天事业；电子计算机已成为国家战略机器必不可少的部分；交通方式的改进符合大众利益的要求；国家威望的提升也从中获益。塞尔旺–施赖伯就曾对美国人的聪慧羡慕不已，称赞说："他们近期的发明大都有联邦基金库的支持，政府用资金资助了人们所能实现的最赚钱的产业。"单是宇宙空间研究的衍生产品就使我们了解了真空作业时所需要的耐熔金属和设备，这本身就是一笔巨大而珍贵的财富。在联邦保证支付大笔资金的前提下，五角大楼、国家宇航局、原子能委员会和联邦航空署才有可能创造奇迹；如果不是这样，这些奇迹可能还得再等一代人的时间。从摄影技术的发明到照相机的生产，其间经历了112年（1727~1839年）。电话发明的间隔是56年，收音机则为35年。华盛顿通过支付技术研发费用和保证最终产品的市场份额，将原子弹最终制造成功的间隔缩短至6年，晶体管缩短至5年，集成电路缩短至3年。也有案例是不符合这个过程的，但那是对进步的阻碍。许多美国人都觉得这些很有说服力，但真实情况未必如此。

但是，要说企业还保有独立决策权——它还能反对华盛顿的决定，已没有可能。政府每年对企业研发的投入高达150亿美元，来自企业自身和私人机构的投资只有60亿美元，因此政府难免要占据支配地位。1929年，联邦政府、各州政府以及市政府承担了全美经济活动中8%的投资。到60年代，该数字增至20%~25%，远远超过印度。据美国国家科学基金会估计，联邦基金援助在以下领域的研究中都占有一定比重：占航空航天研究费用的90%，电力和电子设备研究的65%，科学仪器的42%，机械的31%，合金的28%，汽车的24%以及化工的20%。华盛顿掌握着这些大企业的生存机会使其像人质一样。但其实还没有发展到那一步，也没有人如此粗暴，也从未有人谈到过这个问题。尽管如此，大企业还是被迫交出了很大一部分自治权。

在一段时间里，这一情况可能只和极少数美国人有关，这样引起的关注就更少了。美国社会所有阶层都享受着约翰逊时代的繁荣生活。除非是在重大危机时期，否则美国极少会遇到抗议者涌上街头、批评政府的麻烦。大多数人和现行体制都有着利害关系，历史上那些激进运动在美国寻求声势壮大的过程中总是会遭受挫败。然而，约翰逊的时代里却迎来了一个重大变革。自“二战”以来，美国学生人数大幅增加。珍珠港事件时期，美国适龄大学生中大约有15%上了大学。到1965年秋，适龄者中有40%在念大学——即有超过500万年龄在18~21岁的大学生。4年里，该数字将会增至670万。现在，美国每年颁发的学士学位超过50万个。政府每年在正规教育上的投入多达300亿美元。事实上，上学已成为美国最大的产业，学生变成美国最大的单一利益集团。

美国人口中的其他人都以此为荣——教育几乎已成为一种世俗的宗教，成为包治一切社会问题的良药，然而，大学生变得越加对社会不满并且情绪焦躁。他们的未来笼罩着太多的越南战争阴云，越南战争变得日益可怕和让人沮丧。大学生们对这种解决冲突的方式表示不满，此举得到全美15万终身教授中上万人的支持，他们不受外界纪律的约束，只有死亡和私人丑闻才会使他们离开教授职位。最后，许多学生认识到社会对高等教育的热情来自于教育的市场价值，他们因此感到困扰。就像联邦资助计划通过资助发明微电路来提高美国的技术水平，政府对教育的补贴也有助于学校给美国培养未来的技术专家、管理人员以及消费者。大学生们发现读大学的最大收获就是他们树立了一种恰当合宜的怀疑态度，而现在他们却被要求扼杀这种怀疑态度，进而成为企业和政治官僚制度中的齿轮。数百万的父母并未觉察出这有什么不对；然而，他们的子女却开始产生另一种想法。他们互相转告说："这样的扼杀是在玩弄我们，是在残害我们。我们再也不能忍受了。我们将要推翻它。"

技术向来是美国的国家优势所在，但它也是奇迹和忧虑产生的根源。1985 年，一份叫《合众国评论》的期刊预测说，在 50 年内，"机器将会承担所有的工作——自动化装置会发号施令"。这使人们可以有空"去相爱、学习和玩乐"。但当 60 年代大学校园摇摆在暴乱的边缘时，约翰·肯尼思·加尔布雷思却不这么乐观。他感觉到一种"我们的教育制度过度为经济目标服务的危险"。

在某些方面，60 年代的学生大暴动现在看来比当时的意义更重大。如同 1848 年席卷西欧的革命浪潮，这些暴动也许永远不可能被完全理解。他们冲破了长久以来前代人不敢逾越的国家禁令和文化壁垒。海洋无法阻挡他们，铁窗监牢不能吓退他们；当哥伦比亚大学发生暴动，伯克利也开始骚动时，英国、意大利、德国、荷兰、瑞典、西班牙、比利时、日本、中国台湾地区、波兰、匈牙利、南斯拉夫、捷克斯洛伐克的大学校园也开始有学生运动如火山爆发一样发生。当时美国人只关心国内的骚动，但当时至少有两个外国首都——布拉格和华沙，其造成的破坏远比美国的任何一次暴动都要严重。

发生这一连锁反应的部分原因，毫无疑问，在于现代通信手段的便捷和系统性。"世界社区"这一概念正逐渐变成现实。每块大陆在一定程度上都知道其他大陆发生了什么。被赋予新含义的"制度"一词，被翻译成每个工业国家的语言。正如暴动表现出的那样，学生激进分子并没怎么使用这个词语。而这种感觉却是全球性的，无论是在亚洲和东欧，还是在老瓦巴什大学的榆树下，人们的反感都一样强烈。

然而，美国在这一风潮中扮演的角色很特殊。动乱的发源地是美国，这个世界上最富有和拥有最明显青年亚文化的国家。外国的大学生对美国大学校园内发生的事情非常留意（“哥伦比亚大学正发生什么事？”1968 年巴黎大学的示威者问美国驻外记者），而美国大学生大多对国外学生的狂热毫不关心。此外，在美国可能会找出导致年轻人躁动不安的狂热氛围。正如托克维尔所说，美国总是对青年持一种与众不同的、近乎卢梭式的看法，因而他们自然会用教育来解决一切问题，无论问题是个人的还是有普遍代表性的。

但是现在青年本身已成为一个问题，还是一个主要的问题。一个人们忧虑的来源是新的政治战斗环境。一个保守的教育工作者断言校园将成为“毛泽东主义者、托洛茨基主义者、斯大林主义者、格瓦拉主义者、无政府主义者、乌托邦主义者和虚无主义者之间的松散联盟”的藏身之所。斯皮罗 · 阿格纽在这个问题上发表了一些令人难忘的言论。在圣路易斯，他把示威的大学生称作“不满现状者、激进分子、煽动者、温和的和不温和的叛逆主义者”，并说：“我愿用这批该死的畜生交换我在越南看到的一个排的美国人。”在另一个场合，他称大学是“那些特权过多、缺乏管教和责任心的孩子的马戏帐篷和精神病院。因为他们的父母富裕、耽于享乐又对孩子纵容”。

父母们否认他们自己过度享乐和纵容子女，不赞成示威游行的父母则认为游行抗议是少数人的行为。盖洛普民意测验报告显示，有 72%的学生没有参与任何示威活动；《财富》杂志的民意测验结果表明，只有 12.5%的大学生持“革命的”或“激进的反政府”观点；学生争取民主社会组织只招募了 7%的大学生入会。但是格劳乔 · 马克斯的讲话代表了千百万老一辈美国人的观点，他说：“将你在报上读到的学生称为少数是没有用的。他们并不占少数，因为他们有可能全是你的家人；并且你得等到汽车回家后才能确认你的女儿未曾怀孕或染上麻风病。”

无论数据以什么方式表现出来都具有欺骗性。极端主义者总是能吸引少数人。1861 年，美国北方只有少数人是废奴主义者；1776 年，真正渴望领地独立的殖民主义者也只占少数。社会群体情绪的最好风向标，是它得到的同情，而不是参加人数的多少；但若如此，学生暴动就完全是另一种情况。盖洛普民意测验表明，有 81%的大学生对高等院校的行政当局不满。另一民意测验报告显示，超过 50%的大学生对美国的对外和对内政策持保留意见。

哈维 · 斯瓦多斯谈到 60 年代初的大专院校时说，人们“害怕被指责为激进分子、‘左’派分子、颠覆分子的心理似乎已经完全消失”。许多人甚至很欢迎此类称号。进入大学校园的学生通常来自中产阶级自由派家庭，他们的父母在麦卡锡时代饱受摧残——在某些方面受了最沉重的打击。这些孩子决心不再忍受威胁和压迫。他们加入了诸如学生争取民主社会组织、琼 · 贝兹争取非暴力学会、杜波依斯俱乐部和青年社会主义联盟等组织的分会。他们怀着满腔诚挚，却不懂政治。60 年代结束之前，新“左”派的战略方针将会激怒其几乎所有的潜在同盟者，其中就有他们的父母——这一点在某些人看来可能是问题的关键。

不过，他们在某些方面的手段可谓高明。他们的游行往往是做给电视新闻摄像师看的，他们深谙在媒体上营造戏剧效果之道。1964 年学生们为支持密西西比州自由党，设置纠察线包围民主党全国大会会场就是例证；1967 年 10 月他们向五角大楼进军是又一个例证。他们似乎经常以引起全美国轰动效果为目的来制造骇人事件。1965 年学生争取民主社会组织取消不许共产党员和伯奇协会会员加入该组织的禁令。新“左”派大肆鼓吹他们神圣的三巨头：马克思、毛泽东和赫伯特·马尔库塞，他们热烈拥护马尔库塞的“有差别宽容”理论，也就是打压对他们不利或对他们有威胁的观点。他们反对预备役军官训练营，反对征兵和凝固汽油弹的运动是合情合理的，在毕业典礼上高调离开也是正当抗议，但马尔库塞本人反对他们提倡炸毁公共建筑的做法。几乎所有争取民主社会组织的学生领导人都醉心于暴力，在谈及沙伦·塔特谋杀案时，该组织的成员伯纳丁·多恩说道：“你听好了，首先要杀掉那些猪猡，然后让他们与那些恶心的尸体同屋吃饭，吃饭时用叉子戳进那些死者的肚子里！那太疯狂了！”

新“左”派对社会的看法是认为社会本质上充满阴谋。他们认为社会被制度掌控，而这一既成体制又由企业家、军事领袖以及企业巨头组成的一个权力精英群体操控。他们秘密谈论着发动革命，而一场真正意义上的革命是以国家实力的增强为开端——而这正好是他们极力反对的。同一切运动类似，他们的革命也有许多特殊用语：“对话”“创造性紧张”“不可协商的要求”“非暴力的”以及其他语汇。但这些用语的含义通常模糊不清。例如，“不可协商的要求”本身是可以协商达成的，朝警察扔石头和瓶子被认为是非暴力的。

1964 年，年轻激进分子的特立独行在伯克利就已初露端倪，其表现为对传统职业、衣着和政治的蔑视。第二年春，这个大学的校园又开始骚动时，科尔校长说：“这所大学和伯克利的任何一个校园都再也禁不起这样的对抗了。”实际上，接着就发生了长达 4 年之久的暴乱。伯克利不过是众多动荡校园中的一个。1965 年，伯克利事件先是引发了堪萨斯大学的强烈反响，114 名学生因为在校长办公室静坐示威，抗议大学生联谊会有男女之分而被捕。之后，在几天的时间里，东西海岸的大专院校全都蓄势待发。

耶鲁大学学生因为一位很受欢迎的哲学讲师想续约却被拒绝而进行示威。旧金山州立大学举行了一次反预备役军官训练营的大会之后，有5个人进了医院。在费尔菲尔德大学——一个由康涅狄格州耶稣会开办的教会学校，学生们冲进一个上了锁的书库，将里面收藏的禁书拿出来放在公共书架上供众人阅读。布鲁克林大学的学生们将他们的校长从演讲台上哄了下来，而在美国最大的天主教大学——纽约圣约翰大学里，学生们要求废止出版物审查制度。密歇根大学的学生们进行游行示威，反对抬高电影票价。斯坦福大学的三名系主任辞职抗议在课堂上朗读色情诗歌，新泽西州费尔利·迪金森大学的学生组织了纠察队，目的是为“表达广大学生的不满”。1966~1967年，骚乱时有发生，较大的暴乱发生在圣何塞州立学院，威斯康星大学、爱荷华大学、科内尔大学、长滩州立大学，并再度发生在旧金山州立大学。然而，所有这一切，仅仅是在给1968年这个极度动荡的年份积蓄力量。亨特学院的校长说：“昨日的象牙塔已变成今天的散兵坑。”

这些激进的大学生虽然满腔热忱，但实际成就却很少。学生原本就是过客；一旦老生毕业就会有新的学生到来，没法保证新来的学生会采取相同的路线——正如这次运动中新学生实际上做的那样。学生争取民主社会组织内部问题很多，在60年代末期更是分裂成两派：革命青年运动甲派，又称“气象员派”，以及谴责“气象员派”是“冒险主义者”的革命青年运动乙派。学生们还面临其他困难。他们抗议的基本前提之一非常荒谬。“荒谬之处”，本杰明·德莫特写道，在于“如果你要发泄对越南、种族主义、贫穷或者普通人生活水平的不满，只需把大学这座桥梁炸毁就行了”。

学生的第二个缺陷在于他们高估了自己的力量。1966年，他们信心满满地反对罗纳德·里根竞选州长。结果却出乎意料，里根以大约100万票的优势获胜。同一天，共和党在国会新增了50个席位。“1966年选举中最明显的意外之一”，亨特·汤普森指出，“是新‘左’派对自己影响力的错误估计。激进派和嬉皮士联盟原来指望选民抛弃国会中的‘右派分子、战争贩子’，但结果却是‘自由派’民主党人遭受打击。”此外，分析家得出结论，在加利福尼亚州，新“左”派反对里根，实际上却造成他选票的增加。面对这样一个大众关心的问题，里根尽力加以利用。他以对反叛学生的处理过度宽大为理由，迫使科尔辞职，而任命强硬派的塞缪尔·早川担任旧金山州立大学校长。对搞政治的学生持敌对态度的地区并不限于加利福尼亚州。中西部一个州的议会将州立大学预算削减了3 800多万美元，并提高了学费标准。在其他州，议会大多也都提出旨在压制学生中异见分子的法案，其中有8项得到通过。俄勒冈州长汤姆·麦考尔在谈到示威者时说：“美国人已经感到再也无法忍受。”卢·哈里斯报道称，有62%的学生家长认为，在大学维持纪律比激发求知欲更为重要。《生活》杂志评论说，“简单说来，不同辈的人对于最根本问题的看法不同，这个问题就是：‘教育的目的是什么？’”

当然，他们也会在其他问题上产生分歧。游行是美国60年代青年亚文化最显眼的表现之一，但青年亚文化不仅局限于此。整个10年间，社会评论员谈论的大多是交通、性和毒品等方面的“革命”。青年人积极参与这些“革命”，而这些“革命”也在一定程度上塑造了他们。这也可能是因为他们认为选举结果正如亨特·汤普森所说的“以自身的条件挑战现有体制根本毫无作用，要承认这一点似乎有些残酷”。不同辈之间无法跨越的鸿沟已经形成。

“不要相信任何30岁以上的人！”最狂妄的人举着的条幅和徽章上这样写道，这是个残酷的事实；很多30岁以上的美国人都想要再找回年轻，想分享青年们追逐和热衷的东西。他们也放着唱片，大跳瓦图西舞、滑行舞和村舍乳酪舞，蹦跳着玩掷飞盘游戏，冒着生命危险去骑摩托车，嘲笑《毕业生》这部电影，甚至还玩巨型球。披头士乐队引领了长发风潮，青少年们效仿，不久，中年人也加入其中。为了让自己看起来更年轻，男人女人都戴假发。嬉皮士通常引领着成年人中的流行。“我留意这些少年的装束打扮”，鲁迪·根莱西说，“对这种风格进行定型，然后再加入自己的想法，这就是新的流行样式。”年龄大一点儿的美国人对迪斯科非常着迷，向少年们打听哪里可以跳这种舞；一些自作聪明的年轻人告诉他们到“文森特·梵·高–高”或“很久以前，以前”去。妇女们则去找整容外科医生做眼皮手术（350美元）、隆鼻手术（500美元）、皱纹去除手术（600美元）、面部磨皮手术（500美元）、皮肤祛疤手术（275美元）、隆胸手术（165美元）、腹部紧致手术（500美元）和大腿紧致手术（650美元）。《生活》杂志在有关60年代的专刊上说：“年轻就是好，正如人们曾经都想有钱一样，现在人人都想变年轻或显得年轻。流行服饰、电影、书籍、音乐，甚至政治，都以青年的口味为主导。”

60年代初，美国总人口中有一半在30岁以下。不久，半数在27岁以下，接着是25岁以下，其中17岁及其以下的人占40%，而18岁以下的人口增速是其他部分人口增速的4倍。即便如此，许多人对青年人所谓的“以迪士尼乐园为代表的流行文化”仍持严肃态度。青年辩解者提醒他们苏格拉底曾说过：“我们的年轻人喜欢纵情享乐。他们特立独行，藐视权威，不尊重长者。现在的孩子很霸道。”此话的言外之意在于，既然古希腊人很久以前就被青年问题所困扰，当今的担忧者不过是大惊小怪。格雷斯·赫金杰和弗雷德·赫金杰反驳说，真正的问题应该是："希腊后来怎样了？罗马后来又怎样了？或者，任何由自我约束转变成自我放纵的文化后来都怎样了？"

20世纪60年代的美国看起来正进入年青一代统治时期。在赫金杰夫妇笔下，青春"俨然已成为一种被崇拜的现象，人们之前从未如此享受青春，并试图延长青春，就连商业活动也对此百般迎合"。尤其是在新发展的城市郊区成长起来的年轻人，他们从小就受到及时行乐思想的影响。虽然阿格纽、葛培理、阿尔·卡普歪曲了这个问题，但这个问题确实存在，而且颇具争议。这种纵容的说法会产生，部分是由于"自我表现"和"以孩子为中心"的想法作祟。在学校，这种思潮一般会导致一种"选择"制，这种制度对小学生而言还太早了，因为他们年龄太小不知道自己应该选什么。老师对学生而言也不该是一种高人一等的存在，而应是与他们平等的朋友。小学老师授课所用的单词十分有限，有时就是在反复使用那二十几个词。(一位老师出了车祸，车撞在树上，她用了这几个词来概括这起事故，它们后来成为经典名言："瞧瞧瞧，哇哇哇，糟糟糟。")

儿童被告知自己和父母一切平等，认为家庭里的所有决定都应当经投票表决通过。这叫作"民主式生活"，实际上却常常意味着混乱生活。戴维·里斯曼在《代达罗斯》季刊上谈到这些事情对一个陌生人的影响时说："正如穷苦农民与山羊、鸡和其他牲畜共住一室一样，这里的客人可能会遭到儿童的骚扰。这些儿童被当作宠物，有客人来时也没有人负责带开他们。"

《代达罗斯》季刊的另一位哈佛大学撰稿人亨利·穆瑞指出另一个出人意料的结果。他说，大多数青少年集团都是"因反权威、反父权的共同诉求而凝聚在一起"。强硬的人才能在家里受到尊崇。社会视其正在筹划反对父亲的阴谋。最大的不敬便是来自于电视。电视中父亲的角色都是些可怜虫。《给爸爸腾个地儿》中说话毫无分量的爸爸，仅因为他妻子讲话声音最大，只得让她占了上风。《单身汉爸爸》中的本特利舅舅，受到他的外甥女和仆人的种种羞辱。还有被讽刺地称作《爸爸最懂》的系列节目中，非传统主角安德森先生在面对他的孩子的种种古怪行为时，他的反应永远是："我们先不管，看看结果会怎样。"

广告商小心翼翼，生怕惹到年轻人，因为美国十几岁的年轻人一年花费 250 亿美元。讽刺的是，激进的学生虽如此强烈地反对实用主义，他们这一代却是历史上占有意识最强的一代。里斯曼在《孤独的人群》中写道，在美国"作为消费对象的儿童的年龄日趋降低，中产阶级家庭的孩子从四五岁起就开始有自己的零花钱"。而这些零用钱"是打算花掉的，而前些年的零用钱是用来提倡节俭的"。

要讨好十几岁青少年的广告商，把他们叫作"当下的一代""新兴人类""百事可乐的一代"以及"到处去、举止随便的一代"。约翰·布鲁克斯指出，他们是约翰逊繁荣时代最明显的受益者："美国青少年和其他人一样变得更富有，而且更引人注目。国民财富日益增长，加上对青年的纵容已成为美国人的一种习惯，使青少年手中的现金空前增多。"要使他们收支相抵并不总是很容易。1964 年，哈佛大学完全算不上贫穷的 1939 届毕业的学生表示，他们中有 78%的人觉得给子女钱花成了他们为人父母的主要问题。只有 6%的人认为向子女灌输道德观念也很困难。这些孩子并不那么遵守道德规范。一个男孩只要花 12.5 美元就可以给女孩买一只代表"关系稳定"的指环，指环看来跟结婚戒指一样——当然汽车旅馆的老板也无法辨别真假。如果隔天他们有负罪感，他们可以到一些专门为年轻人开设的教堂去忏悔。俄勒冈州波特兰的伊曼纽尔医院甚至专门开设青少年住院部。弗兰克·泰勒在《星期六晚邮报》上发表了一篇名为“如何在医院度过欢乐时光”的文章，描写了这类住院部的真实情况。病人们享受着“无限量供应的点心，爵士乐即兴演奏会和轮椅竞速赛”。古板的营养学家远远地站着，听任那些年轻人“每天的午饭和晚饭都吃热狗和汉堡”。

在青少年文学中，在威廉·门宁格写的一本名为“如何成为杰出青年”的书中，有一章叫“如何与父母相处”，里面详细介绍了应对父母发号施令的技巧：“最好的方法之一是维持家庭和睦，保证合作顺利进行。定期就重大事务召开家庭会议是不错的方法。”另外，还有很多其他给青少年提供建议的期刊。《芝加哥每日新闻》开设了一个青少年漫谈专栏《优秀的青少年》；《妇女家庭杂志》上设有《青年写照》专版。供青少年阅读的廉价期刊包括《不为人知的青少年爱情故事》《青少年时代》《好莱坞的青少年》《十六岁杂志》《青少年世界》《青少年大军》《现代青少年》《青少年电影》等。他们阅读的杂志则有《天真姑娘》《向姑娘们召唤》和《十七岁》,《十七岁》在1961年迎来创刊第17年，在为此刊登的一篇令人惊愕的社论《这是我们的生日》中作者写道，“《十七岁》已经17岁了……大家不都是吗？”

《我曾是一个少年弗兰肯斯坦》是青少年电影市场中比较令人难忘的影片之一。《青少年》杂志的主编查尔斯·劳弗说，“音乐市场有史以来首次处于青少年掌控之中。”他们是有史以来最有音乐意识的一代，他们对音乐的品位有时无可挑剔。摇摆世代很难摆脱披头士乐队、琼·贝兹、鲍勃·迪伦和44岁的B·B·金的影响。当后来20世纪60年代的年轻人发现金时，他已被他自己同时代的人遗忘了21年。不幸的是，在这些年轻人所崇拜的其他偶像中，包括以色情下流著称的普雷斯利，他们的审美趣味与安迪 · 沃霍尔的布利洛假发和金宝浓汤罐头式的音乐如出一辙，充斥着虚假与低俗。普雷斯利的嗓音和外形至少还独树一帜。而大多数摇滚歌星并不像他那样。歌星们的相似程度十分惊人，几乎一模一样——身材矮小，眼看着要发胖，这些人靠严格节食、鼻子整容手术、隐形眼镜、华丽发型来包装自己以娱乐大众。他们其实并不会唱歌，大多数人的声音甚至在剧院后排都听不到。他们的声音在混响室里被放大，进行删减拼接，抹掉走音，然后制成录音带。他们在现场表演时，通常会做出唱歌的口型，同时用扩音器播放唱片。他们边扭屁股，边用手指打节奏，脸上总有抹不掉的忧愁，一些好歌因此被他们糟蹋，例如《我曾经默默爱过你、爱过你、爱过你》和《是的！雨水主要留在平原上》。

詹尼斯 · 乔普林因饮用过量威士忌和吸食毒品身亡，她死前不久曾说："我对于孩子们来说，意味着他们可以做真实的自己，却仍能获得胜利。"披头士乐队成员约翰 · 列侬感叹道："我们现在比耶稣还有名。"他们的听众也许早就对此话感到厌烦。毕竟他们已听惯了那些毫无意义的话——一位作家在《喇蛄》杂志上写道"要学会忘记"，这句话对这本摇滚杂志的读者来说是一句警句。普渡大学向2 000多名年轻人发起民意调查，问他们认为美国青年面临的最严重问题是什么，1/3的人回答是粉刺。

警察不会同意这一说法。在过去的10年里，青少年被捕人数猛增了86%。仅在"从加利福尼亚州到缅因州的一些中学"里发生暴力事件一个星期后，《时代周刊》的一个标题便称"青少年作乱了"。鲁思 · 肖恩勒 · 卡万教授出版了第一本关于上层阶级和中产阶级青少年犯罪的社会学教科书，其中论述了包括她所说的"酒精–汽车–性行为”的各类犯罪。在一些过去安宁的社区，现在重罪案件已屡见不鲜。联邦调查局表示，美国因凶杀、强奸、抢劫、故意伤害、入室行窃、汽车偷盗等罪行而被捕的人中，18 岁以下的青少年几乎占到了半数——而在郊区则占到一半以上。从 1960 年开始，许多郊区开始制定青少年行为准则，但这些条款并不具有法律约束力，全凭自觉遵守；它们的主要价值在于证明父母的权威已破产。《酗酒少年》连环画中的警察说：“在孩子们看来，社会什么也不是，事实也经常如此。盖洛普民意测验报告称，父母和子女的价值观有着惊人的不同。3/4 的青少年说他们知道考试作弊再平常不过。他们对此不以为然。”

富裕家庭的青少年在家中装有镶板的娱乐室里聚众吸毒十分常见。1960 年，韦斯切斯特县的警察缉捕队最早发现了这一现象。家长在感到震惊之余，感叹说还好不是在酗酒。接着，加利福尼亚州南部旅游胜地圣卡塔利纳岛的警察宣布说，富裕家庭中十三四岁的孩子酗酒再平常不过，还称将来会向醉酒小孩的父母征收每小时 2.5 美元的看管费，直到父母来认领他们。美国有 50%~66% 的青少年有定期喝酒的习惯。在纽约的扬克斯，高中各年级学生中有 58% 的人有喝酒习惯，其中 64% 的人说他们开着家里的车出去喝酒。玫瑰谷的居民称，在费城的一个郊区，青少年被允许带酒参加聚会。他们的父亲则担任酒保的工作。这让人不禁想知道克拉伦斯 · 戴[①]的父亲会怎么想。

20 世纪 60 年代里反复被报道的新闻事件，除了黑人社区的骚乱、达拉斯年度庆典、战争暂时停火外，还有纽波特爵士音乐节和劳德代尔堡青少年因饮酒而引发的骚乱。然而，青少年酗酒的普遍程度并不应这般让人惊讶。在某种程度上，他们是在展示自己的社会角

① 美国著名作家，他在小说《和父亲一起生活的日子》中塑造了一个老派父亲的形象。——编者注

色。他们富裕、缺乏真正的责任感、处于失业人群之外的位置，这些使他们具有休闲阶层的所有属性。

60 年代的青少年们在无聊或喝醉时，经常变得极具破坏性。密苏里州汉尼拔的一条简短新闻传递出美国人钟爱的传说已被改变的伤感事实。在汉尼拔卡迪夫山脚下，树立着汤姆 · 索亚和哈克贝利 · 费恩光着脚拿鱼竿的雕像；一块牌子解释说，这是汤姆和哈克“恣意玩耍打闹”的地方。但在 60 年代末期，任何想在天黑以后模仿他们做法的男孩，都会面临被逮捕的危险。由于青少年破坏行为的泛滥，10 点以后，在卡迪夫山——以及汉尼拔的所有地方，都不准青少年闲逛。

这条规定虽然残酷，但却十分有必要；在密苏里州和其他地方，财产被损毁的确是个现实问题。1968 年 2 月的一个星期，30 名纽黑文高中的学生因在自助餐厅暴乱中砸毁餐具而被捕，芝加哥郊外的梅伍德地区，500 名男孩聚集在一起抗议返校节上的选美女王，因此和警察发生冲突，芝加哥邓巴中学有接近 3 000 名学生离开教室，向汽车扔石头。在一次典型的郊区事件中，弗吉尼亚州亚历山德里亚的一伙暴徒——一群政府官员的孩子，用棒球棍击碎汽车的挡风玻璃，造成了 7 000~8 000 美元的损失。当他们被捕时，他们说自己那样做是“为了好玩”。另一种流行的暴力事件是闯入聚会。有一段时间，每到周末，韦斯切斯特、费尔菲尔德、罗克兰以及巴克斯郡——纽约周围的一些富人聚居区，都会发生一连串此类事件。七八个青少年“不速之客”会在聚会高潮时闯入，打开大人们的酒柜，砸毁玻璃器皿和家具。

有时，受邀前来的客人更糟糕。他们会相互比赛，看谁能给主人家带来更大破坏。人们仍然记得那个在长岛南安普顿，为了庆祝金发女郎费尔南达·沃纳梅克初次进入上流社会社交圈，在她继父母的有 30 间房间的别墅中举办的一次聚会。当时《时尚》杂志评选出的 800 多位“漂亮小孩”全部受邀参加这次聚会。在乐队离开后，他们中的 127 位开始破坏别墅，砸毁窗户，撕碎窗帘，在吊顶灯饰上打秋千，拆掉电话，打碎灯具，带走用具，还把大多数家具都扔到海滩上。他们的恶作剧造成的损失，估计在 3 000~10 000 美元。

来自富裕家庭的孩子通常是最具破坏力的，但是，混乱在任何地方都有可能发生。独立日当天，在爱荷华州的阿诺德斯公园，500 名喝醉的青少年朝警察扔石头、啤酒瓶和混凝土块，其中一人对警察局长叫嚣：“嘿，废物，我们打算接管这里。”骚乱一触即发。芝加哥的一场免费摇滚音乐会——由州长官组织、意在和青少年建立友情，不得不取消。在第一场演出中，听众中有人挥舞着轮胎防滑链和棍棒冲出来，135 人因此受伤，其中包括 65 名警察。

北达科他州大学一直是美国最平静、表现最好的大学之一，直到该校校报《学生》提议在附近的扎普镇举办欢乐周末活动，情况才有了变化。扎普镇镇长诺曼·富克斯很高兴，他写信给附近的各大学，承诺供应“特殊风味的札普汉堡”和大量“健康、纯洁、吃饱喝足、笑得肚子疼、流眼泪的欢乐”。他还弄了一件印有“北达科他州札普镇——欢闹之地”字样的圆领汗衫，并且宣布这次盛会叫作“札普集会”。人们谈论说，扎普会成为北方的劳德代尔堡。镇长完全不了解这一切的隐含意义。他治下的城镇有 300 人。1969 年 5 月 9 日星期五晚上，接近 1 000 名学生（90%是男生）从 5 个州赶到扎普。镇上的三个旅馆全都客满。当温度降至零度以下时，学生被冻僵了，于是他们在街上燃起了篝火，而木柴则是从酒馆里的桌子和座位上拆下来的。接着，他们开始闯入商店和住宅。第一起冲突事件接踵而来。一辆消防车赶到，他们控制了车子并将其拆卸。在 500 名国民警卫队士兵到来前，游客已经造成了总计达 1 万美元的损失。

南部的劳德代尔堡从未遭遇过完全一样的问题，5 月里从未出现过严寒天气的记录。但是佛罗里达州同样受到一群青少年纵火犯的搅扰。在 15 个月的时间里，佛罗里达州立大学的盖恩斯维尔校区内发生了多起起因不明的纵火事件，数量多得惊人。消防队长认为整个校园都有可能被烧成平地。休姆楼的寄宿学生承认纵火案是他们做的，危机最终得以解决。宿舍楼东西两翼的学生举行比赛，看谁能招来最多的消防车。事故中最引人注意的地方是过去的几代人无法想像的。休姆楼竟是一座女生宿舍楼。

在讲究文明礼仪的高档建筑的男洗手间里，通常在小便池上方会悬挂标示：离开洗手间前请检查衣着。教养好的男孩不需要任何提醒；他们从小被教导永远不要在公开场合系裤子的纽扣。因此，当看到 1966 年的电影《谍追谍》中弗朗索瓦兹 · 多莱亚克从洗手间出来，在合演的男明星戴维 · 尼文在场的情况下，伸手到裤裆处平静地拉上裤子拉链，观众们感到震惊。正是这些时刻让人想起两性间的脆弱平衡已被改变，而且很有可能永远地改变了。女性正在进入一些过去由男性主导的职业领域：电话接线员、矿业工程师、下水道工人、卡车司机、秘密情报特工。越来越多的女人也染上了男人的坏毛病：醉酒、青少年犯罪、袭击和斗殴。妇女解放组织领袖泰–格雷丝 · 阿特金森把婚姻称作“奴役”“合法强奸”和“无偿劳动”，她反对“由依赖感建立起来”的两性之爱。妇女解放运动并不局限于美国，1970 年，贝尔纳黛特 · 德夫林被她的崇拜者推选为爱尔兰年度人物，挪威那 1 162 名在出海时怀孕的女水手，要求政府补贴的申请得到了批准。但60年代末期，妇女大规模上街游行却仍是在美国发生：芝加哥3 000人，印第安纳波利斯2 000人，波士顿2 000人，在曼哈顿，5万人沿着第五大道游行，她们昂首挺胸，在摆脱胸罩束缚后，胸部的抖动明显可见。

参与这次运动的女性不穿胸罩是时尚界诸多变化中的一种。当米娅·法罗把头发剪得极短后，女孩们全都涌向理发店换发型，以使她们看起来像男孩。她们把陆海军商店围得水泄不通，购买水手粗呢上装、海军军士衬衫和喇叭裤。平底笨重的方头鞋在她们中流行起来，许多女生把男人剃须后用的乳液当作香水用，《福布斯》杂志因此抱怨说男女开始变得气味相同。1966年，伦敦东区的模特崔姬的体重只有91磅，女人们纷纷节食效仿，身材凹凸有致竟被认为是反女性的。她们想看起来强势，于是闪亮的尼龙材质衣物开始流行，坚硬的金属织物也大行其道。长裤套装出现了——并不是那种可爱的裤装，而是男性化的、经过特殊剪裁的裤子。拉链和纽扣不在裤子两侧，而是跑到了裤子前面，像弗朗索瓦兹·多莱亚克穿的那样。而且据说有些女孩子的裤子前后都可以拉开，以便她们可以站着小便。巴巴拉·塔奇曼抗议说，越来越多的女人开始像洛丽塔或者驯狮人了。妇女解放组织领袖称塔奇曼为“汤姆大婶”。

在妇女解放运动高潮期，出现了许多同性恋和双性恋的现象；凯特·米利特说她有时和女人上床，琼·贝兹称自己有过一段同性恋情。该运动中的女性非常反感被当作“性玩物”；女人们讨厌男人向她们吹口哨，或是拍摄专为挑逗男性的广告。在运动中大多数女性仍旧喜欢男人，尽管如此，异性恋解放组织领袖格洛利亚·斯泰纳姆说：“男人们认为一旦女人得到解放，男人就不再会有性生活了。但他们并未认识到，如果女人获得解放，意味着性生活的增多和品质的改善。”贝蒂·弗里登表示“美国女人的性渴望越发强烈”，戴维·里斯曼指出“数以百万计的女人”成为“自觉的性消费者”和“同男人一起探索性领域的开拓者”。老一辈的美国人认为性开放的女人“放荡”“淫贱”，他们无法理解正在发生的一切。1967 年，艾森豪威尔将军参加孙女的毕业典礼，发表了对迷你裙的看法：“女孩们的脚踝几乎总是干净好看的，但膝盖就不总是那样了。”当然，女人们非常清楚，令男人们感兴趣的东西在膝盖以上。

毋庸置疑，越来越多的女孩四处寻找机会，她们成双结对地在街上游荡，或在周末跑到大学校园里。单身汉去芝加哥拉什街的约会酒吧——“监狱”“库房”以及“76 酒精”——喝酒，很快就会有女人上来搭讪和陪喝，女人摆出种种新姿势和男人调情。纽约大学的女生中，有 1/3 坦承曾和完全陌生的人有过一夜情。根据 60 年代的调查数据，全美有过婚前性行为的女孩人数翻了不止一倍，5 年间，该数字又增加到了 65%。在欧洲，调查员发现，会自愿描述性经验的女孩是男孩的两倍之多；在美国则刚好相反。坦承曾抚摸过男性生殖器的女大学生人数激增。高中女生试图营造一种放荡不羁的氛围。《17 岁》杂志调查发现，为实现这一目的，40 年代后期，该杂志 10 个订阅客户中就有 9 人使用睫毛膏，而过去的订阅客户中只有 1/5 的人使用。鲁迪·根赖希说，20 年前，女孩喜欢甜美天真的打扮；现在“她们虽未满 17 岁，却练就出一种放纵和刻意淫荡的神情”。端庄娴静的女孩完全消失。低俗语言不再使她们感到震惊；她们自己也会使用。如果她们想要发生性关系，她们会直言相告。在电影《所有相爱的情侣》中，疲倦的妻子等着发生性关系，用焦急的声音说道：“我们什么时候上床？”

而现在，这个女人正在荧幕上和另一个女人的丈夫发生性关系。电影一旦受到限制，就可以着手探索性行为的所有视觉可能。杰克·瓦伦蒂离开白宫后成为美国动画影业协会的主席，在他的带领下，1968年好莱坞开始采用电影分级制度。G类电影可以供所有家庭成员一起观看，另外还有M类（建议成年人观看）、R类（要求16岁或以上人群在父母或监护人的陪伴下观看）和X类（禁止16岁以下的儿童观看）。

20世纪60年代后期，每个电影季的限制级电影都比以往走得更远。即便是报纸上的电影宣传广告，也成为少儿不宜的东西。《我很好奇（黄色）》播出时激起了轩然大波，片中有裸露和性交场面，而新的电影很快就废弃了这种做法。电影《调皮姑娘》的宣传片说，本片"使《我很好奇（黄色）》黯然失色"，的确是这样。接着福克斯电影公司展现了女同性恋人热吻和女人面对全身镜自慰的镜头。《魔鬼圣婴》中有动物和女人交媾的镜头。《两对鸳鸯一张床》是一部关于交换妻子的喜剧电影。《放大》中展示女孩阴毛的画面一闪而过；这在当时是很大胆的做法。但现在，巧妙的特写镜头展示男性生殖器以奇特的角度和女人性交的场景——有时是从下面开始，女演员抚摸男演员让其达到高潮。当时最惊人的色情电影《深喉》因片中有大量舔阴和口交场面成为当时的大热影片。电影结尾处，女主角为男人口交，一直到阴茎根部，这项奇特的技艺被《纽约客》杂志比作民间的吞剑术。摄影机就在离演员几英尺的地方，当男人达到性高潮时，女孩也是如此。电影使用彩色技术，使女孩全身闪着红晕。

达拉斯地区检察官亨利·韦德说："若在科顿圆形竞技场中看到色情杂技表演，我并不会觉得太吃惊。"在曼哈顿42街第7大道和第8大道间的街区，巡逻的一位警察说："如果一位小老太太想买《纽约时报》，她要爬过三排*Screw*》色情杂志才能买到。"*Screw*、*Suck*、

Desire、*Gay and Coq*——所有这些低俗杂志都争相展示模特更多裸露和下流的姿势，以期在发行量上把对手比下去。在迈阿密，经验丰富的模特邦尼·达尼亚说，她刚当模特时，摄影师会给她看打排球或者游泳者的裸体照。"而现在，你必须得有交换妻子、性虐待以及女孩和女孩进行性交的场面。拍照于是搬到了室内进行。"

在舞台上，一名叫作吉姆·莫里森的表演者描述了他最近的新奇性体验；他在舞台帘幕拉开前讲述了5分钟。情色舞台剧《加尔各答风情画》被赞为"优雅的情色作品"；其故事的主题多样化，包括交换妻子和强暴等。《切·格瓦拉传》中有长达100多分钟的虚假性交场景。喜欢真实场面的人可以去纽约矿山电影院，或者去旧金山的脱衣舞俱乐部，那里也有类似的表演，这些地方都有一种被谑称为"爱恋之事"的活动。其中的一些色情表演场景连最有克制力的观众也不免产生生理反应。一个记者讲述说，自己在舞台后面看见合唱团的女生们赤裸着身体，朝自己膝盖后面注射海洛因，而她们还是婴孩的私生子就在一旁。

性在一些奇怪的场合也成为热议的话题。教皇保罗花了5年的时间在避孕问题上寻找答案，最终在1969年7月29日发布了一篇7 500字，题为"论人类生活"的通谕，通谕中反对避孕。成百万的美国天主教信徒勃然大怒。旧金山大学（基督教会学校）城市生活学院的调查表明，70%的美国人支持节育。绝大多数年轻牧师也持同一看法（尽管90%的老一辈牧师持反对意见）。在华盛顿，一些反叛牧师发起静坐示威，另有142名牧师向他们辖区内的大主教帕特里克·奥博伊尔递交了表达抗议的信函。当大主教在圣马修教堂开始布道宣扬顺从神意时，200名教众起身离开座位向外走去。布法罗7名牧师因散播分裂言论而被神学院开除。反抗仍在继续。第二年，圣保罗–明尼阿波利斯教区的前任辅理主教娶了一名纽约的离异妇女。很快，关于牧师结婚的事——尤其是牧师同逾规越矩的修女结婚的故事，就失去了新奇性。

穿着白大褂的科学家拿着秒表和其他测量工具，通过在实验室的观察获取大量性知识。其中最有名的当属威廉·马斯特斯博士和弗吉尼娅·约翰逊博士，最终两人结为夫妻。他们在圣路易斯繁殖生物学研究基金会资助下的研究发现非常宝贵，挑剔的评论人士为他们所做的男女性交过程的测量和拍摄感到震撼；后来他们不得不转向木炭过滤器和活动翻盖盒。马斯特斯和约翰逊使用的设备中，最引人注目的是一根塑料电动阳具，它自带微型照相机和冷光照明，可以观察和记录阴道中发生的变化。这根人造阳具的大小还可以调整，使用它的女人可以控制它的深入长度和推动速度。该发明无可避免成为某些小说的灵感来源。其中最具代表性的著作是罗伯特·凯尔的《窥视下的维纳斯》(1968)。故事最后，失望的女主人公回到了性实验室，企图毁掉塑料阳具却因电击身亡。

所有这一切对年轻人来说都是一个巨大的束缚。以前的那几代人受社会保守观念束缚不能过早地进行性活动，他们害怕道德失范、染上性病或是导致怀孕——这对于女性来说是个灾难。现在社会风气发生了很大的改变，社会对婚前性行为非常宽容。性病的传染极少发生。(这个时代的后期，由于新出现的滥交现象，性病重新成为一种美国流行病。)“如果感觉很棒，我会做的。”在大学生中很受欢迎的一幅招贴画上这样写道。性交让他们感觉很好，因此他们经常做，她们借助药物、避孕套以及子宫环和子宫帽等避孕用具来预防怀孕。

60年代后期，人工流产变得更容易，女孩们因此感到更安全。更加先进的节育措施并不是滥交增加的原因。早在这些技术发展之前，滥交就已出现。40~60 年代，非婚生婴儿翻了一番，其中 40% 的母亲还是十几岁的少女。赫金杰报告发现，在一些环境复杂的社区，女孩被认为应当在她 16 岁生日那天和她的固定男朋友发生性关系；如果她不这样做，就会被人瞧不起。在奥克兰的一所高中，女孩怀孕很常见，她们甚至可以生完孩子再来上课。纽约东部富人居住区的一家医院报道称：未婚母亲的人数在 6 年间增加了 271%，《纽约时报》援引玛格丽特 · 麦科马克博士对怀孕的看法，说“曾经只有大学才会面临的问题，现在却发生在高中甚至初中”。她说，纽约一所中学一年内有 240 人怀孕。1961~1962 年，避孕药大量被使用；到 1967 年，中学女生的非婚生育率持续下滑。但从未有人表示人们不再喜欢性爱。

美国文化深受性爱的侵染，这无疑是美国人婚前和婚外性行为大量增加的根源。性爱场面随处可见——在廉价杂志架上、电视荧屏上，在广告、杂志、流行歌曲、戏剧、音乐剧以及日常对话中。贝蒂 · 弗里登引用一个心理学研究的内容说，20 世纪 60 年代，大众传媒中提到与性相关的内容增加了至少 250%。《纽约时报书评》指出，描写动物和人类之间“情”事的书很受读者欢迎。美国邮局收到的反对色情刊物的抗议信在 6 年的时间里翻了一倍，1965 年更是增至 13 万封。

“做好准备！”一张童子军招募宣传海报上这样写道，海报上一位身着童子军制服的大肚子的怀孕女孩灿烂地笑着。童子军要求赔偿其声誉损失，法庭拒绝受理该案。一个家庭教育规划的广告说：“采取避孕措施，无惧太亲近。”曼哈顿最大的饭店——纽约希尔顿酒店推出小时房出租服务。垂头丧气的人们（夫妻）在《星期六评论》报纸或地铁特供报纸上的私人栏目搜寻广告，寻找新的伴侣。人人都知道夫妻交换会的几个主要聚会地点；男人们把房间钥匙扔到桌上，妻子们随机拿起一把，然后各自跟所拿到的钥匙的主人上床。

尼古拉斯·冯·霍夫曼说，洛杉矶对外销售公司发明了一种游戏，提供“使两三对夫妇裸露、喝醉、失去理智并性欲大发的一种安全、组织有序的方式”。玩这种大冒险游戏时，需要点一根蜡烛（游戏包中附有）。玩家绕着一个类似大富翁游戏中人们所使用的那种木板移动，抽取“汤姆猫”和“小野猫”的牌。抽到这些牌的人要么“喝一杯”，要么“脱掉一件衣物”，或者接受其他的惩罚。游戏玩到最后，女孩通常最先脱光衣服并且喝醉。随后的游戏便是决定谁跟谁醉醺醺地去卧室。

青少年争辩说，如果中年人可以换妻，那么他们先试试有什么不行？一些社区被这个问题所困扰，也非常清楚问题背后的诱惑，于是他们试图通过制定社区规范来防止发生大范围的滥交现象。一段时期内，公共海滩上妇女穿的比基尼被要求覆盖到臀部以下两英寸。不久，肯尼迪总统的遗孀被拍到穿三点式比基尼，这一规定因此被打破。无论是穿衣服还是裸体，只要有防晒乳，年轻人就可以在公共场合抚摸对方95%的身体。他们就这样挑起了彼此的欲望，一旁的收音机里还传出意味深长的歌词：

> “如果有人喜欢你，毫无意义，除非她喜欢你到永远。”
> 或者
> “我愿意引导你去探索一切，得到你对我爱的回报。”

密歇根大学的一位女学生说：“没有人会说‘不’。”有如此多的人愿意发生性关系，而大学本科女生中仍有1/3是处女，这让人感到惊奇。在某些事例中，实际上，父母对子女性经验的缺乏感到忧虑。

在正常情况下，他们当然希望自己的女儿婚前仍旧是处女。但是在这代人中，任何事情都有反常的一面。一个缺乏正常性欲的少女可能会落入青少年的一个新圈套中，奋力挣扎却不得脱身。她可能是——在许多社区极有可能是，一个毒瘾深重的瘾君子。

20世纪中叶，化学疗法在初期的发展是良性的。20世纪30年代后期出现了磺胺类药物。接着有了盘尼西林（1943）、链霉素（1945）、可的松（1946）、促肾上腺皮质激素（1949）、土霉素和金霉素（1950）、索尔克氏疫苗（1955）、脊髓灰质炎疫苗（1960）以及镇静剂，这些药连同眠尔通和利眠宁一起把精神疾病平均的治愈时间缩短了一半。所有这些药物第一次面世就被人们被称作“灵药”。由于这些新药物的使用，一直以来困扰人们的疾病得到了有效控制，有些病甚至被根治。1959年，医院开出了超过579吨的镇静剂，一定程度上反映出社会对这种药物的需求量。就在20世纪60年代初，夏季的那几个月里，小儿麻痹症吓坏了患儿的父母；1952年发现了57 000个病例。现在一切都成为了历史。

显露药物革命阴暗面的第一个迹象出现在1962年，8 000名欧洲妇女服用一种叫“沙利度胺”的新型镇静剂后，生下四肢残缺的婴儿。多亏食品药物监管局的弗朗西斯·奥尔德姆·凯尔西博士，沙利度胺并未获得在美国广泛使用的许可。尽管如此，一些在调查目的名头下被误导服用这种蓝色药片的孕妇，还是生出了畸形婴儿。如果药物可以导致这个问题，那么任何事情都有可能。美国人药柜里面的药品数量空前增加。医生现在每年开出价值约为20亿美元的处方药，其中包括新研发的巴比妥酸盐、安非他命、催眠药和抗抑郁药。除此之外，黑市规模巨大，日趋兴盛。每年安非他命，或者说是兴奋剂的生产量为80亿粒，其中一半都用于非法销售。外行常称此类兴奋药物和巴比妥酸盐为“软”毒品，把海洛因、吗啡和可卡因称为“硬”毒品。但实际上恰恰相反，药物学家认为老式毒品含有镇静剂相对确定，而新型毒品因其不确定性而更具危险性。一些毒品已成为美国文化的一部分，为大众熟悉并且有了流行的别名，像是“蓝坚鸟”（阿米妥钠）、“红鸟”（速可眠）、“大黄蜂”（戊巴比妥钠）和“兴奋丸”（加安非他命的巴比妥酸盐）。

新合成药物中最常被人们讨论的是LSD（麦角酸二乙基酰胺）——一种非法的强力致幻药物。瑞士巴塞尔的桑道兹制药厂的艾伯特·霍夫曼于1938年最先发明了这种药物，但在当时该药并未获得人们的认可，在实验室里一躺就是5年，它的药性还等待着人们去发现。1943年4月，人们最终发现了它的价值。霍夫曼通过手指皮肤吸收了一些迷幻药，他开始产生幻觉。他的科学探索兴趣受到激发，于是特意服用了250毫克——相当于一粒盐大小的量。在日记中，他记录了药物带来的效果：“我闭上眼睛，看见很多颜色，世界不断地扭曲变形，各种奇幻的景象目不暇接……声音转化成了视觉感受，每一个声调和声音都会触发一幅与之相匹配的彩色图画，形态和颜色如同万花筒般变化多端。”简而言之，霍夫曼经历了一段奇幻之旅。

新泽西州神经与精神病研究所的汉弗莱·奥斯蒙德医生为LSD起了一个新名字。他将其称为“迷幻剂”，意思是“精神扩张”。60年代开始时，外界并不知道这种无色、无气味、无味道的药。后来哈佛大学的两位心理学家，蒂莫西·利里和理查德·阿尔珀特开始在他们的同事、一些作家、艺术家、教士和志愿囚犯身上做实验。利里和阿尔珀特于1963年被哈佛大学开除，但到那时，LSD已经小有名气。经历一次幻游或欲望被唤起，成为大学校园里的身份标志。食品及药物管理局对此深感不安，于是警告大学校长说，服用这种药物是一项“有害的和危险的行为”。桑道兹制药厂停止生产这种药物。密歇根州、新泽西州、内华达州和加利福尼亚州都通过了相关法令，禁止生产任何形式的此类药物。但是禁令完全没用；服用该药的人仍然持续增加。

到 1966 年，LSD已经是家喻户晓的毒品。即使是如隐士般与世隔绝的人也知道什么叫幻觉、神游和意识混乱。牧师和神父特意开会讨论如何将LSD用于宗教活动。迪斯科舞厅，还有美术馆和博物馆，这些场所放映的影片中的幻灯片和五光十色的闪烁灯光都很像服用LSD后产生的效果。虽然有些是编造的，但那些恐怖故事也可以用来吓唬那些意图体验幻游感觉的年轻人。据说有一个年轻人服用了过量的LSD后以燕式跳水的姿势突然跳到以时速 70 英里行驶的卡车前面。据说服食LSD的青少年会躺在地上，眼睛直视太阳，最后导致双目失明。这种说法最后被证明纯属无稽之谈。美联社证实，有一个年轻人到警局自首，说自己连续三天吸食LSD，并问警察；“我杀了我妻子吗？我强奸了谁吗？”随后他由于涉嫌谋杀了他的岳母而被起诉。

服用者描述自己吃药后感到沮丧，甚至想杀人，讲述自己又怎么变成了乌鸦或耶稣或是只有 6 英寸高的小人。深受此药困扰的父母们描述发生在他们孩子身上的事情：“我的儿子吸毒时，说他去了圣路易斯，因为那里是宇宙的中心。他遇到了希特勒和林肯。”又说：“我的儿子在圣诞节回来了。他看起来糟透了。他赤脚在雪中骑妹妹的自行车。邻居把小孩都叫到屋里去了。周围的人都很怕他。”

但是LSD的服用者称之为酸剂，将幻游描述成一次喜悦欢脱的旅行。《纽约时代杂志》的一位供稿人写道：“当你坐在公共道路边的石头上，扔一粒药片进嘴里，你就可以听见脑中响起的各种美妙音乐，且能一直持续几小时，谁还需要爵士乐或者啤酒呢？一瓶盖的酸剂只要 5 美元，这样你就可以听见宇宙交响乐，里面有上帝的独自吟唱以及圣灵的鼓声。”

披头士乐队唱的那首《黄色潜水艇》，其实是幻游的委婉说法，还有另外一首带有LSD含义的歌曲叫作《草莓田》。小学生们回家时跟着《雅克兄弟》的曲调唱着歌，令他们的妈妈惊讶不已。歌词是：

> 大麻，大麻；
> LSD，LSD；
> 大学生制造它，
> 高中生吸食它；
> 为什么我们不能？为什么我们不能？

有时，整个一代人都似乎在消费毒品。实际上，由自发服用药物和毒品引发的嬉皮士运动或反文化运动，最初的规模并不像后来看起来的那样声势浩大。它其实是 20 世纪 50 年代“垮掉的一代”的延续。60 年代初，“垮掉的一代”中的代表人物搬到旧金山梣树岭。当时，一个名为“杰斐逊飞机”的乐团正在一个叫作“矩阵”的隐秘夜店表演迷幻摇滚乐。他们一伙人和“感恩而死”组合在拉翁达受到肯·凯西和他那帮“快活的恶作剧者”的热情款待。凯西的豪宅位于旧金山以南 50 英里外的森林里，这里是凯西和他的“恶作剧者”接待客人的地方，他请来宾们饮用掺有LSD的苦艾酒。也是在这里，凯西创作出了《有人飞过杜鹃窝》（1962）和《偶尔有个好想法》（1964）等歌曲。

“恶作剧者”一边听着嘈杂激烈的迷幻摇滚乐，一边用灯光和颜色做试验，穿各种奇特的衣服，最后这演变成了一种为美国各个社区甚至许多外国地区所熟知的生活方式。当时这种生活方式并不流行。“飞机”和“死者”乐队的表演很少有人来看。大多数消费者还是喜欢查理·帕克爵士乐队。这些新兴音乐家用海报展示LSD幻游的视觉效果。然而，很少有人欣赏这些海报。刚开始，他们将这些精神扩张艺术的早期代表作品免费分发，随后又以每张1美元的价钱出售。《壁垒》杂志的编辑说这些印刷品“大多无法识别”，但等到1967年，这些原版海报中的一部分在旧金山最好的艺术画廊拍出了2 000美元的价格。

就在那时，《旧金山纪事报》的一名记者已经称这些新一代的放浪之人为“嬉皮士”，随后这个运动席卷美国，继而成为一种国际现象。嬉皮士群居地在纽约、波士顿、芝加哥、洛杉矶和亚特兰大兴起，嬉皮士在墨西哥、加拿大、伦敦、罗马、东京——甚至在老挝，都建立了营地。到这时，许多嬉皮运动的领袖先后离开，因为他们对那些在接受报社记者和电视评论员采访时作秀表演的人十分反感。采访该运动的著名记者亨特·汤普森说：“1965年是做嬉皮士最好的一年，但那时并没有太多可以写的素材，因为并未发生许多公共事件，私下发生的大多数事情又是非法的。而对嬉皮士真正有意义的一年是1966年，尽管当年还缺乏宣传，但等到1967年，美国铺天盖地而来的都是对嬉皮士运动的报道。”

1967年“爱之夏”运动中，有人靠贩卖DMT（二甲基色胺，合成迷幻药的一种）、墨斯卡灵、梅太德林、LSD以及更受欢迎的（也更安全的）大麻发了财，这些毒品被卖给那些感到幻灭的中上层阶级人们的子女，那些人离开让自己深感窒息的呆板生活，“去干他们自己的事”，因而涌向嬉皮士的群居地去。火锅、嘘声、玛丽简、草叶、玛丽·沃纳——各种大麻的别名人们耳熟能详，在墨西哥以每千克（2.2 磅）35 美元的价格出售。走私到美国境内后，1 千克从 150 美元涨到 200 美元。再分装成 34 盎司[①]一袋来包装，算下来每盎司价格达 25 美元，折合 1 千克 850 美元。合成大麻——大麻香烟，以每支 1 美元的价格在街上出售。海洛因毒品更赚钱。马赛的地下药剂师用 1 千克的吗啡制成海洛因就可以获利 700 美元。曼哈顿的毒贩用 1 万美元购进 1 千克的海洛因，然后分装在塑料袋里在街头出售，每袋中只含 5%的海洛因，掺着白糖或奎宁粉。用这样的贩卖方式，最初的 2.2 磅原料可以赚到 2 万元。这项买卖的市场正在迅速扩张。据联邦麻醉品和危险药品管理局估计，仅一年内美国就有 68 000 人吸毒上瘾。

的确有几十个城市建立了共享会、共在会和共爱会。同 10 年前的“垮掉的一代”的情况类似，旧金山是这次运动的中心。核心地下报纸《谶语》就在旧金山当地出版，也是在那儿，第一拨“挖掘者”——因 17 世纪为穷人在未开垦土地上种植粮食的英国兄弟会而得名——为了给贫困的嬉皮士提供食物而破产变成乞丐。食物分发工作在一个叫作“乞讨公园”的地方进行；这种做法也被称为“白给政治”。

参与反文化运动的青少年人数究竟是多少，这个问题的答案完全取决于不同的定义。如果把吸食大麻的人包括进去，那将会是一个巨大的数字。美国医学会毒瘾调查会主席亨利·布里尔医生预计，20 世纪 60 年代初美国只有几十万人抽大麻，而到 60 年代末却增至 800 万人，且其中大多数是十几岁的少年。这是迄今为止最为保守的估

① 1 盎司≈ 28.350 克。——编者注

计；美国公共卫生署给出的数据是 2 000 万。《花花公子》杂志的调查报告显示，47%的美国大学生承认吸过大麻，尽管只有 13%的人说自己经常吸。家庭收入高的孩子最常吸大麻。仅有 2%的大学生承认直接把梅太德林或“来得快”（液态安非他命）注入血管，而只有 1%的人服用其他毒品成瘾。

据说，嬉皮士最伟大的一年可能开始于 1967 年 3 月 26 日复活节星期日，当天有 1 万名青年男女聚集在纽约中央公园的牧羊草地上向爱情致敬。他们放风筝、扔飞盘、手拉手组成“友爱之圈”，在彼此的脸上画画，齐声喊道：“香蕉！香蕉！”这是由于当时流传的一种荒谬说法，说香蕉皮碎片具有让人产生幻觉的功效。同一个星期日，在美国的另一边，有 15 000 名青少年在旧金山欢呼，积极响应利里博士花衣吹笛人似的号召：“关注现场，听从当前发生的一切，离开高中、大学和小学……跟我走，这是条艰苦的道路。”

接下来发生的事情对数以万计的父母亲来说简直是噩梦。对于 20 世纪 60 年代的父母来说，“大萧条”时期的童年记忆仍历历在目，他们不知道美国已非常富裕，有能力解决流浪汉的生活问题，更不知道自己的孩子竟想成为流浪汉。联合报社报道称：“这些孩子看起来像流浪汉，行为举止也跟流浪汉无异，但他们并非普通的流浪汉。他们中的大多数都在中产阶级家庭环境中长大，读过高中，通常实现了美国梦——大学毕业。”而现在，他们的父母提供的照片挂在警察局的公告板上，旁边是哀求人们提供信息的寻人启事。照片并不能起到多少作用。因为照片拍摄时这些孩子还没有不规矩的表现，因此并不能提供与他们现在的新生活有关的线索。

警察尽其所能帮助父母寻找孩子。救世军在东村开设了一间叫作“回应”的咖啡馆，在这里，十几岁的嬉皮士少年被规劝回家去。教会办的“美洲越橘”收容所会帮助流浪到梣树岭的逃亡少年安顿下来，然后同他们的父母取得联系。一个医生在旧金山为嬉皮士设立了一家免费诊所。几乎在一瞬间，他便迎来了大量的孕妇、性病患者和因不洁注射器感染上肝炎的患者。基本上梣树岭所有的嬉皮士都患有感冒或流感。有些嬉皮士想在金门公园过夜，却并没有意识到公园内隐藏的自动喷洒系统会在每天黎明时分开始工作。

人类健康面临的最大威胁当然是毒品。嬉皮士完全不知道他们购买的毒品的成分；路易斯·拉萨格纳医生发现很多人拿到的是兽医用的麻醉剂，有些甚至纯粹是尿液。在那个夏季，很多人都在试用STP，这种新合成物来源于“地狱天使”牌摩托车使用的一种燃料添加剂。5 000~10 000粒STP胶囊被分发出去。这种胶囊深受嬉皮士少年的喜爱，他们称之为“精神扩张的鱼子酱”。医生发现该药极具危害性，如果将其和LSD的解药氯普马嗪一起服用，STP就会变成致命毒药。被其他嬉皮士称为“来得快”或“冰毒鬼”的人也在使用梅太德林；当他们嗑药变得高度兴奋时，他们几乎可以做任何事。同时，布法罗的迈蒙·科恩医生宣布，对LSD和氯普马嗪的初步研究表明，两者混合会引发染色体破损，造成自发性流产或者产生畸形婴儿。

那个夏季，旅游车会被安排从梣树岭经过，以便游客能看一眼那里的奇怪景象。（有时会有一名嬉皮士握着一面镜子同汽车赛跑。）在那里和东村，还有一些兼职嬉皮士少年或“变形人”——他们是来体验嬉皮士生活的老实人，周末是嬉皮士，星期一早上又穿回保守服装、打扮一新回去工作。新“左”派人士对嬉皮士少年的看法同样莫衷一是。最初，当利里接替马里奥·萨维奥成为青少年的崇拜偶像时，新“左”派作家称赞嬉皮士的率真和自发性。里根在选举中大获全胜后，形势有所变化。许多希望破灭的激进分子变得萎靡不振，放弃了希望，一段时间里他们靠吸毒来混日子。他们认为嬉皮士权力没有政治效用。受到刺激的新“左”派分子反驳说，嬉皮士缺乏“稳定性”和“活力”，说他们“精神上软弱”，他们对于爱情的看法“如此宽泛和笼统，以至于没有任何意义”，是真正的“虚无主义者”。嬉皮士对此回应：这是他们的事，他们打算这样去做，你们管好你们自己的事情。

嬉皮士少年面临的最直接威胁并非来自于父母、警察、游客或者新“左”派。他们搬去的居住地的低社会阶层民族群体才是最直接的威胁。梣树岭是工人阶级居住的社区；纽约东村的居民是意大利人、黑人、犹太人、波多黎各人以及乌克兰人，所有这些人都在尝试进入中产阶级的下层。游荡的青少年轻视自己的阶级地位；而当地居民则希望他们的孩子能获得这种地位，但苦于无法实现，他们因此感到愤愤不平。美联社引用一位刚失业的 20 岁的搬运工的话说：“这些人想要退出。但想想那些努力进入的人，他们会是什么样的感受？”

一个长笛手抗议说：“我们嬉皮士是爱众人的，我们显然不是顽固的人。”令他们惊奇的是，少数民族群认为这片地区是“他们的地盘”。他们的确是这样想的。一个黑人抱怨说嬉皮士少年占领了汤普金斯广场公园。这个公园一直以来是他和他的族群所有，他们拥有的东西并不多，至少公园是他们的。而现在，这些年轻的不速之客坚持要同他们分享这个地方，于是不可避免的事情发生了。暴力一直是少数种族聚居区的一大威胁，毫无防备的嬉皮士成为暴力袭击的对象。那一年的阵亡将士纪念日，少数种族裔的少年们袭击了一名 29 岁的嬉皮士女孩，剥光了她的衣服。在中央公园，一群黑人袭击了一名 15 岁的女孩和她 17 岁的情人（典型的例子，她并不知道他的名字，对她而言，他只是“那个诗人”）；女孩遭到强奸，男孩被打得不省人事。在加利福尼亚州，一个毒品贩子被杀害，右前臂被人砍了下来。没过几天，另一个毒贩也被杀死，尸体被塞进一个睡袋里，挂在悬崖峭壁上。

显然，那个夏季发生了许多骇人听闻的事情。骗子和小偷也在跟踪这些年轻的嬉皮士。在《家庭》杂志中，桑德斯把嬉皮士比作“被受伤豺狼围困在山谷中的肥美兔子”。他写道：“几乎只有住在这里，才能理解1967年春夏席卷旧金山梣树岭地区的这股狂热。要寻找爱情和嬉皮士就去旧金山的说法在美国散播开来。”但是在梣树岭，等待着他们的却不只这些。“梣树岭地区招来了留着长发的邪恶罪犯。骑车的人想用粗暴而残酷的手段夺取LSD市场。满脸粉刺的梅太德林瘾君子出售着劣等的麻醉药。有撒旦崇拜者和撒旦–强奸犯双重身份的嗜杀成性的人纷乱涌入人们的临时住所。开始出现有人在公园里遭到抢劫的情况。种族冲突也不断发生。在这之中，有一个留胡子的小个子精神病患者经常去阿弗朗舞厅看“感恩而死”乐队的演唱会，而且喜欢在舞台正中蜷缩成婴儿的模样。这个疯子有着隐秘的野心，他劝诱女孩与狗媾和，还会把漂亮女演员的眼睛挖出来后粘在墙上。不久，他的名字，查尔斯·曼森，传遍了梣树岭。

就像垮掉主义一样，嬉皮士运动会以这样或那样的形式继续下去——放荡不羁的风气给美国带来了广泛深远的影响，但是在那年当这次运动开始被人知道时，它也就注定会结束，所缺少的只是一个最终的落幕。1967年10月8日星期六晚上，嬉皮士运动终于宣告落幕。一代人以前，1932年6月8日那天，一个有着极具诗意名字的纽约女孩斯塔尔·费思富尔死去，这象征着那个即将结束的年代的诡谲和堕落；约翰·奥哈拉的《巴特菲尔德8号》就是以该事件为蓝本写成。现在，同样有一名上流社会的女孩在曼哈顿被残忍杀害，因此结束了 1967 年的嬉皮士之夏。她的名字叫琳达·蕾·菲茨帕特里克，是一名 18 岁的金发女郎。她父亲非常有钱，是做调料和茶叶进口生意的。她登记的住宅是她父母位于康涅狄格州格林威治的一座别墅，但在 10 月 9 日星期日，她的尸体被发现赤裸地躺在纽约下东区 169 B 大道一座褐色沙石建筑公寓的锅炉房里。

那里并不是一个好地方。旁边有一个苍蝇成群的废品回收站和一个昏暗的酒肉铺。锅炉房里散发出狗屎和垃圾腐烂的臭味。一盏没灯罩的日光灯照着剥落了油漆、斑驳的墙面，爬满蟑螂的白色墙砖以及一张肮脏的床垫。琳达跟着一个叫作“帅气的”詹姆斯·哈钦森的文身流浪者来到这个散发恶臭的幽会地。侦探和警察拼凑出整个故事经过：琳达脱光衣服趴在床垫上，就在这时，琳达和哈钦森发现还有其他人在。这间屋子经常被当作毒品交易的接头地点，当时 4 名吸过“来得快”正处于幻游状态的人也在这间屋子里，他们执意要和哈钦森分享他的女朋友。女孩拒绝了他们的要求。哈钦森想去保护她，他的脸被人用砖头砸扁了。琳达被强奸 4 次后，脸也被打烂了。两具尸体仍保持着脸朝上的姿态，她的蕾丝内裤被发现丢在一旁的角落里。

三名黑人很快被捕，但大众更关注的是那个女孩，而非这些害死她的人。显然琳达过着两种生活。在格林威治，她是有家庭教养的上流社会的孩子。跟她的父母一样，她也是一名圣公会教徒；她最爱的放松方式是在高级的“圆山马厩”红叶道上骑马。她的父亲回忆起就在之前的 8 月，他还表示过对嬉皮士的厌恶，而琳达的看法“跟我差不多”。她的母亲回忆说：“琳达从没有疯狂迷恋过男孩。她很害羞。”劳动节周末后，她告诉母亲她不想回奥德菲尔兹——位于马里兰州的一所昂贵的寄宿学校去上学。她想留在纽约生活和画画。她的母亲后来说：“琳达视艺术为生命。她热切希望自己能在艺术界做出点成绩。”她告诉父母，自己在高雅的格林威治村酒店定了一个房间，她的室友，据她的描述，是一名家庭条件优渥的22岁的叫作宝拉·布什的接待员，于是她的父母同意了她的安排。

“宝拉·布什？”酒店接待员惊讶地说，“琳达，我当然记得，但并没有宝拉·布什这个人。只有一个保罗·布什。”她的家人打听到，她在东村结交了很多男性友人，她用父母从格林威治寄来的钱去给他们和自己买毒品。9月末，她以为自己怀孕了，她向另一名女孩透露自己担心LSD对孩子会产生不良影响。星期六晚上，也就是在她死亡前的三个小时，她告诉一个朋友说她注射了“来得快”，正享受着幻游的快感。后来最残忍的是，她父母发现女儿在东村的熟人对她的死漠不关心。一个嬉皮士女孩说尽管他们悼念哈钦森，但“这小妞儿对我们来说什么也不是”。

同一个星期，在旧金山金门公园，嬉皮士们烧掉了一个写着“爱之夏”字样的灰色棺材。棺材里面装着橘子皮、孔雀毛、护身符、旗子、十字架和一块大麻口味的饼干。仪式被称为“嬉皮士之死”。悼念者望着火焰，唱着《天佑美国》和《克利须那神颂歌》，之后他们喊道，“嬉皮士已死！现在自由的人们将会获得成功！”暴力冲突几乎使这次运动中断，商业主义也是如此。游客在梣树岭和东村的工艺品店里挤作一团。想挣点钱的嬉皮士参加了《印第安给予者》的演出，《印第安给予者》是一部大型西部迷幻剧。其中扮演警长的不是别人，正是蒂莫西·利里博士本人。旧金山迷幻剂销售商店老板罗恩·特林哀叹“嬉皮士精神已一去不复返”，随后他的店就关门停业了。“集体形象”组织的元老罗杰·里科也感叹“情况大不如前了，嬉皮士们都去哪儿了？”

美国人小像：
卡尔·赫斯三世

非此即彼。

正如卡尔·赫斯所认为的那样，每个认真的人面对这样或那样的极端时都应采取坚定不移的立场。

他要么是一个民兵，要么是“地下气象员”组织的成员；要么是立场坚定，宁死不信仰共产主义的极端保守分子，要么是新“左”派激进人士；要么是三K党党徒，要么是黑豹党党徒；要么是一个反犹太主义者，要么是共和解放军的战士。如果你不同意战略空军司令部轰炸克里姆林宫的男洗手间，那你就必须赞成炸掉泛美航空公司的大楼。这里没有中间地带，只有一个信念和反对这种信念的敌人，拯救世界之法和毁灭世界之法都是唯一的。社会不是什么不可思议的复杂东西，实际上它极其简单。一个人只需在一个极端与另一个极端之间，即黑与白、善与恶之间做出选择。

1954年，他作为极端保守右派中享受优厚待遇的圆滑发言人，在《美国信使》杂志中写道：

> 如果美国不出现那种人们突然厌倦空话而伸手去取墙上的来复枪自己使用，或者交给需要的受压迫者的情景，那就不是真正的美国。

1970年，他胡子拉碴，衣衫褴褛，作为学生争取民主社会组织和黑豹党的圣贤，他骄傲地宣布将亲临得克萨斯大学校园：

> 学生会发言人委员会（就是为他引见阿比·霍夫曼的人）介绍主讲人：卡尔·赫斯，他是激进的怪才、斗士、共产党员、无政府主义者、精神反常者！现任《壁垒》杂志的副主编。

他从未认识到两极实为一个整体。表面上看，他从一个极端转向了另一个极端。实际上，他并未移动分毫。最后他仍旧站在起始点上——距离政治中心最远的地方。

他于1923年出生在一个菲律宾大庄园中，父亲是一个爱炫耀的百万富翁，母亲以前是华盛顿的一个打工员。对他的成长产生深远影响的并不是父亲，而是母亲。当意志坚强的特尔玛·赫斯发现自己的丈夫是一个花花公子时，她毅然离开了他，带着小卡尔回到华盛顿生活。她宁愿靠电话接线员的工作养家，也不愿接受赡养费。她订下了一个规矩：她的小宝贝要想有一件玩具，就必须先读完一本书。等他进入幼儿园时，他已经读完了H·G·韦尔斯的《世界史纲》。

等到年轻壮实的赫斯到青春期时，他读过的书已经比他的老师都多，这些老师让他觉得非常无趣。在他看来，教育体系是一个有组织的官僚体制。14岁的他已经认定体系就是他的敌人。他在两家高中注册入学，在其中一所学校填写从另一所学校转学的手续，以此与体制斗争。他隐瞒了自己的真实年龄——因为他看起来比他的真实年龄要大，在共同广播网得到了一份工作。当他负责撰写新闻栏目期间，有一天他借用了他老板的车。一名警察给他开了罚单，他的真实年龄因此被发现，于是他被辞退。体系成为最后的胜者。一直以来结果都是如此，但他却永不放弃斗争。

接着，他在《亚历山大报》编辑部当稿件传送员，他开始对政治产生浓厚兴趣，那也许成为他的终生爱好。民主党拒绝接收他。由于顽固保守派主张个人自由，他因此成为一名右翼共和党人。无论他的看法是否为高见，他的能力是毋庸置疑的。他20岁生日时，已经是《华盛顿每日新闻》报的一颗冉冉升起的明星。而后编辑打电话告诉他罗斯福总统去世的消息，安排他负责该新闻的报道。赫斯回答说，罗斯福的葬礼不值得他起床，于是他被报社开除。

后来，他成为《宇航周报》的新闻编辑，还写了一本自然科学的儿童读物，后又担任了《渔民杂志》的编辑，1950~1955年又担任《新闻周报》的出版编辑。如果他能够摆脱意识形态上的束缚，他可能会成为一名出色的记者。实际上，他却把注意力更多地放到右翼的理论主张上，其间为保守派周报《寻路者》撰写一个反共专栏，还担任《反攻》和H·L·亨特的《事实论坛》的编辑工作，联合小威廉·巴克利等人创办《全国评论》。与此同时，他还定期向《美国信使》供稿。在该杂志中，他谴责罗伯特·奥本海默和联合国，反驳对美国来复枪协会的批评言论，因为自己是该协会的终身会员。（“如果在拉丁美洲每人有一把手枪的话，他们早就建立了民主制度。”）他宣称，全国警卫是使美国不受联邦政府独裁侵害的最大保障。他主张确立秩序、赞成军队下级对上级的服从以及“由对服从权威的尊敬而产生的纪律”。

到1960年，赫斯对顽强的个人主义诗歌般的赞美为他带来了报酬颇丰的美差，他被任命为俄亥俄州冠军造纸和纤维公司的董事长助理。他带着妻子以及两个孩子住进了昂贵的郊区住宅，公司还专门为他定制了17套西服。他在冠军公司的工作是说服气势汹汹的工会组织者，在员工中灌输忠于公司的思想。公司时常把他借调给右翼智囊团。他因此得以为众议员梅尔文·莱尔德编纂《保守派文献》。1960年，他为理查德·尼克松撰写政府文件。1964年，作为巴里·戈德华特的首席顾问，他匆忙地写出了戈德华特接受党内任命时讲话用的稿子。他说，戈德华特提供的“是一个选择，而非一个回应”。

接着，事情突然有了转变。林登·约翰逊不仅赢得了选举，而且他的胜利离不开（正好是赫斯的偶像）某个商业巨头的帮助。赫斯发现在他主笔的右翼出版物中，有一本刊物的背后金主是依靠联邦农业补贴致富的。最糟糕的是，戈德华特的惨败使赫斯成为“老大党”圈子内受人鄙夷的对象。一般说来，尽管你效力的总统竞选失败，但只要你之前工作称职，还是有机会在执政党中其他在职成员的手下工作。在国会山，他每间屋子挨个询问，希望能在共和党下属的某个机构谋得一席职位，但一无所获。没有人想要聘用他做任何工作。等到接下来的一个春天，他破产了，绝望之下，他决定去国会山做一名电梯操作员。但就算是这个工作岗位最后也将他拒之门外。他最后只能在华盛顿机器商店值夜班，做给推土机焊接零件的工作。

那一年正赶上约翰逊政府第一次向越南大规模增兵。赫斯十分震惊，认为这就是体制失控的结果。他认识到了自己的错误，并总结道："我的敌人并不是某个特定的国家，既不是古巴，也不是北越，而是国家本身。"在他看来，极端主义分子的反共产主义热潮将他们带入了悲剧性的歧途。他们相信联邦的力量，但这反倒让官僚主义尝到了胜利的甜头。他的新偶像是"地下气象员"组织成员和黑豹党人，因为他们为人民的权利而呐喊，他认为"学生争取民主社会组织正逐渐提出政治性问题，为此警察不断地打压他们"。他开始阅读有关无政府主义的文章，宣扬反对权威——蔑视法律、抵制征兵、藏匿政治犯，如果政府强行征收房产，一定要坚决拒绝。

他的生活方式逐渐开始改变。他抛弃了妻子，留起胡须。定制的西装留在了衣柜里；他现在戴着一顶卡斯特罗帽，赤脚穿网球鞋，身上套着一件破烂的军装外套和一条褪色的绿色斜纹裤。由于他拒绝缴税，政府不允许他保有任何财产。他住在安那卡斯提亚河边的一艘船上，船是他的一位女朋友所有。他告诉记者说："我拼接绳索，给甲板上漆，谋划着反政府行动。"然而，他的打算不过是在大学校园内演讲，在黑豹党集会上鼓动群众，以及给《壁垒》和《艰难时世》杂志撰写文章，但这一切都在联邦调查局的密切监视下进行。

他的一些目前在尼克松政府中任职的老朋友，听说他的事情后十分惊讶。在政府大楼的走道角落里，他们散播着各种有关他的谣言。说他在联邦属地上偷猎，说他参加摩托车竞速赛时摔断了腿。有人看见他背着包和一些臭名昭著的罪犯在华盛顿特区闲逛。他曾经鼓吹没收所有公共财产以及企业财产，随身携带一张世界工人党的党员证，曾经在一次反战暴乱中被捕，曾经在一次向迪克斯堡进军的行动中遭到瓦斯弹袭击，曾经在一次激进分子的集会上在竖立着一面高扬的大黑旗的讲台上讲演，还曾经以一篇对意志自由论的颂歌，获得《花花公子》杂志当年最佳非小说类文章奖。

在他的船房“平静”号内，声音温柔、面庞英俊的赫斯继续着他的规划。立在船头的是他最爱的来复枪，代表了他认为一个人享有保护自己不受任何官僚奴役的权利这个永恒不变的信念。他的周围堆积着各种文稿：演讲稿、对自传的批注、宣传小册子以及一些揭露资本主义国家罪恶的书稿。他哀叹“戈德华特现在的立场同制度一致”，认为这无疑是“可悲的、非常可悲的”事实。他听说戈德华特议员拒绝谈起他，但他对此表示理解。他若有所思地说道：“就算巴里认为我疯了，我也不会感到惊讶。”

第三十三章　多事之秋

在 1968 年的美国，香港流感和时兴发型大行其道。有着 121 年历史的宾夕法尼亚铁路同拥有 114 年历史的纽约中央铁路实现合并，运输服务质量却不及合并前的一半。头等邮递服务的资费由每盎司 5 美分涨到 6 美分。海伦 · 凯勒、埃德娜 · 费伯、约翰 · 斯坦贝克等作家相继去世。米娅 · 法罗和法兰克 · 辛纳屈离婚。美国驻危地马拉大使遭到暗杀。

华盛顿的威拉德饭店宣告破产；而这家饭店自富兰克林 · 皮尔斯开始，先后接待过至少 7 位总统。中国成功爆炸了第 7 颗原子弹。法国爆炸了第一颗氢弹。希特勒的遗骸出现在苏联境内。美国战略空军司令部的一架B–52 轰炸机在格陵兰岛图勒附近坠毁，其残骸中含有的钚 235 污染了方圆若干英里的冰原，这是第 13 起此类事故。尼日利亚的比夫拉地区遭遇饥荒。

当然，有些事情还算顺利。巴巴拉·史翠珊在《滑稽女郎》中表演出色。朱莉·尼克松嫁给了戴维·艾森豪威尔。电视审查员剪掉了斯马瑟斯兄弟节目中皮特·西格唱反战歌曲的片段，但半年后又改变主意，允许他演唱这类歌曲。这一年对于人体器官移植来说意义重大，尽管只有25%的患者活过了半年。《华盛顿每日新闻》报道称，每8个美国人中就有一人能够享受社会保障福利。小蒂姆悄悄地走入了舞台的聚光灯下。美国公民自由联盟决定支持躲避征兵令的人。《大家笑》为读者献上了几个生动的涂鸦艺术："小孤儿安妮——打个电话给'眼库'（眼库意为储存角膜供移植使用的仓库）""这是你们的贫民窟——保持干净""森林火灾可防止熊出没"以及"乔治·华莱士——你的罪证准备好了"等。出版商出版了约翰·厄普代克的《夫妇们》，查尔斯·波蒂斯的《大地惊雷》以及彼得·德夫里斯的《猫的睡衣和女巫的牛奶》。同年，艾伦·德鲁里的《保存与保护》也面世了。《时代周刊》问道："德鲁里何时才能封笔呢？"

据官方透露，国防部当年的预算为720亿美元，从这个创纪录的、让人忧心的数字可以看出这一年美国的境况不容乐观。（当年罗斯福政府被公众指责将国家带入"救济院"时，全年的政府财政预算也不过88亿美元。）新泽西州众议员查尔斯·S·乔尔森被告知，枪支控制法案不再那么强硬，他不得不接受新制定的数字时，他回应："这会让数十万美国人因此丧生。"美国人口调查局和公共道路管理局宣布，全美登记的汽车总数已达9 990万辆，78.6%的家庭有至少一辆车，1/4的家庭拥有两辆或两辆以上的车，美国交通大拥堵因此变得越发严重。未满21岁的男子大都留鬓角、穿喇叭裤。年轻人想表达对某事物的肯定时，他们会称赞它"强悍""够味儿"或者"超脱"，如果你不赞成他们的看法，那你要么太古板，要么有病。

那年，“舞影”赢得了肯塔基德比赛马会的名头，却在赛后被指控注射兴奋剂而被剥夺了比赛资格；随后，让所有人不解的是，它又被赛事组委会官方宣布为冠军，而奖金则颁给了亚军。

在西弗吉尼亚州，联合煤炭公司的第 9 号矿井爆炸，活埋了 78 名矿工。美国“天蝎”号潜艇失事，99 人遇难。这本应是当年美国海军的头号灾难，却由于美国另一艘轮船在朝鲜附近海域的离奇经历，而不那么受世人瞩目。

美国“普韦布洛”号轮船被五角大楼坚称是“海洋科学考察船”，实际上它是一艘电子侦察船。船上安装了天线和错综复杂的雷达系统，这使它能在缓慢通过日本海时，捕捉朝鲜境内的陆上电子装置发出的各种电子信号以搜集其国内情报。只要它一直保持在离岸 12 海里的朝鲜领海范围以外，其航行便是完全合法的。朝鲜对这艘船也是知晓其内情的。1968 年，在它首次执行任务的头两个星期，朝鲜试图用巡逻船以及低空飞行的米格式战斗机分散其注意力。1 月 23 日，当一队朝鲜巡逻船驶来并开始包围它时，“普韦布洛”号的船员并不觉得惊奇。接着，其中一艘巡逻船发出信号：“立即抛锚，否则我方会开火！”这样的警告倒是第一次。“普韦布洛”号的船长劳埃德 · M · 布克回答说：“我们是在国际海域。”朝方要求：“马上随我船靠岸检查！”布克并未理睬，直到另一艘巡逻船开始倒退着逼近。因为看见巡逻船的船舷护板缠了防撞击的绳索垫子和橡胶轮胎，布克立即用无线电联系驻日美军基地并报告：“这些人要动真格了。”趁巡逻船上的人还未上船，他下令船员尽可能销毁这艘侦察船上的一切机密设备，撕碎密码数据，用长柄大锤、斧头以及手榴弹等砸毁侦测装置。

美国海军船只被朝鲜扣押的消息在美国激起了轩然大波。自1807年英国扣押美国“切萨皮克”号以来，这还是第一次。迪安·腊斯克称其为“非常严重的事件”，无异于一次“战争行为”。犹他州共和党参议员华莱士·贝内特要求美国战舰强袭元山港，夺回“普韦布洛”号，解救被扣船员。民主党参议员托马斯·多德希望海军能够扣押“任何在公海航行的”悬挂朝鲜国旗的船只。但华盛顿的大多数人采取了腊斯克的建议，保持冷静。北达科他州的卡尔·蒙特并非绥靖主义者，但他指出：“我们要解决的战争问题已够多了，没必要再自寻烦恼。”国会中的其他一些人表示，发动战争只会使“普韦布洛”号上的船员遭殃。美国两度向苏联求助，想让其充当调停者，但都遭到拒绝。美国前最高法院法官、时任美国驻联合国大使的阿瑟·戈德堡试图让联合国安理会过问这次事件，但并未成功。

最后，这次事件由美国和朝鲜代表谈判解决，谈判地点设在板门店的铅皮顶棚屋内。15年前，美朝两国军队正是在这里签订了停战协定。与此同时，朝鲜中央通讯社则播放了他们所谓的“布克的坦白”，说他承认实施了“犯罪行为”和“赤裸裸的侵略行为”，他对此“没有任何借口”。朝鲜方面还公布了一封来自“普韦布洛”号司令官和船员的公开信，信中说朝鲜给他们“提供了一切生活必需品”，但这封信行文非常不自然，几乎全用洋泾浜英文，因此并不可信。在美国，汽车的挡泥板上贴起了写着“铭记‘普韦布洛’”的标语，好像这次事件会被人忘记似的。

就在“普韦布洛”号被扣一星期后，北越军队在3 000英里外的越南南部地区发动了越南战争开战以来最大规模的一次攻势。美军总司令威斯特摩兰已经预料到此事的发生，而且他认为自己掌握了敌军此行的目标：美国海军陆战队的溪山基地。溪山在很多方面跟奠边府类似，处在满是弹坑的红土山丘间的盆地底部，横跨越南共产党向南越渗透的主要路线。一名美军少校向记者解释说："这里好像是个瓶塞，如果他们能突破我们的阻击，那么直达海岸的整片农村地区都会被他们占领。"

这个盆地确实是敌人的攻击目标之一，2 万北越军队被派往这里加入战斗。该地被北越军围困了 76 天，直到"飞马行动"的 3 万名美国士兵驰援才打破包围。然而，溪山并不是武元甲将军的主要目标，他的计划是攻打南越地区各种规模的人口聚居中心。

1 月 30 日星期二晚上，南越城市的人们以一种末日狂欢的心情，庆祝越南农历新年。第二天是猴年的第一天，也是一年中最不吉利的一天，情况比他们预想的更糟糕。如果他们懂得怎样去观察并且找对了地方，就可以发现到处都是不祥征兆。比如，大批年轻力壮的陌生人借助舢板、小轮摩托车和自行车进入城镇。此外，送葬的队伍出奇得多，一切仪式都按照传统习俗进行，敲锣、吹笛子、放鞭炮和抬棺材——后来人们得知，棺材里面并没有尸体，而是另有玄机。午夜后不久，庆祝新年的人们已经沉入梦乡，白天进入城里的那些陌生人（全是越共精英部队成员）集结起来，袭击了南越首都内的重要建筑和其他空间以及另外 100 个南越地区的城市，具体目标有：警察局、军事基地、政府大楼、广播站和发电站以及外国使馆，其中还包括了在上次恐怖袭击事件后花费了 250 万美元刚重建完毕的美国大使馆。

共有约 6 万名越共士兵参加了新年攻势。经过长达 25 天的进攻，他们控制了包括湄公河三角洲的大部分区域在内的大片农村地区。美军和南越军队一步步地将越共军队赶出大的人口中心。最激烈的战斗是交火双方为争夺古都顺化而展开的，那里 70% 的房屋成为废墟。

在槟榔省，越共军队在遭受空袭和炮击后终于被击退。一位美国官员对此次战斗发表了令人难忘的评论："为了保全这个城镇竟然必须要摧毁它。"在清点死亡人数时，美军指挥官发现敌人的损失远比美军和南越军队惨重，于是自豪地宣布他们获得了胜利。约翰逊总统在一场新闻发布会上表示，从军事意义上讲，越共发动的这次攻击是"一次彻底的失败"。国务卿麦克纳马拉在电视节目中说："很显然，越共的军事目标……并未达成。"

佛蒙特州的参议员乔治·艾肯说："如果那算是失败，恐怕越共军队永远不会取得重大胜利。"纽约州的罗伯特·肯尼迪认为美军应当对新年攻势中取得"某种胜利"的"错觉"有所警觉。明尼苏达州的尤金·麦卡锡说："如果占领部分美国大使馆和一些大城市都能被称作彻底的失败，我猜想如果按照这样的逻辑，越共军队要是占领了整个国家，那政府一定会宣称他们彻底溃散。"另一位参议员的问题代表了绝大多数的美国人困惑："到底是怎么回事？我们难道不是一直是这场战争的胜利者吗？"当然，这的确是所有美国人之前所得到的信息。就在两个月前，总司令威斯特摩兰还曾报告说，他看到了战争胜利的曙光；现在却是另外一番景象。

正如戴维·哈伯斯塔姆之后指出的那样，新年攻势造成的真正恶果是"美国采用的消耗战术"的说服力以及威斯特摩兰——"那个如今是约翰逊最重要政治伙伴的人"的可信度降低。如果威斯特摩兰在战争问题上不再让人信任，那约翰逊也不再可信。他的政府班底已经开始分崩离析。约翰·加德纳辞去了健康、教育与福利部长一职。戈德堡不再担任美国驻联合国大使。麦克纳马拉离开国防部，由克拉克·克里福德接替。

到 1968 年 4 月 19 日，美国在越南的驻军人数已经升至 54.9 万人，死亡人数达 22 951 人。截至 6 月 23 日星期日，越南战争持续时间已经超过美国独立战争，成为美国历史上耗时最久的战争。约翰逊总统的两个女婿也都在越南战场上，若是在其他历史时期，这可能会博得民众的同情。然而人们对深陷越南战争泥潭的痛苦感受已消解了那一点儿同情心。逃避征兵令的人和陆军逃兵的人数已经多到在加拿大和瑞典建立起了侨民区。接着，夏季到来，在 1968 年两党全国代表大会将要召开时，又发生了两件事，使得抗议者的反战气势更加猛烈。其一是，驻越美军司令威斯特摩兰申请再增派 20.6 万人；其二是，他的司令部宣布："广治省的溪山基地已经被撤销。"而在之前的战斗中美军为了守卫这个要塞付出了惨痛的代价。当时海军陆战队伤亡惨重，而今一切的壮烈牺牲都付诸东流，此时的威斯特摩兰压根儿不需要这些。

4 月 10 日，白宫宣布更换美国驻越军队总司令。自 6 月 30 日起，新任总司令是威斯特摩兰在西点军校的同班同学——克莱顿 · 艾布拉姆斯将军。(《时代周刊》杂志称他是"一个强硬、坦诚直率的新英格兰人……即便是秋海棠，他也能激发它的斗志"。）目前，美国需要的是一个能够组织军队有序撤退的人，因为形势越来越清晰地表明，自越南撤兵是迟早的事。撤兵行动曾经有望尽快实现。到 5 月，河内方面提议在巴黎展开和平谈判。谈判定于 5 月 10 日在古老的美琪酒店进行，美方代表埃夫里尔 · 哈里曼将和北越代表春水出席和谈，后者原是胡志明政府的外交部长，三年前刚退休。

和谈并没有带来什么变化。经过为期 6 周的艰难外交协调后，双方代表团总算是进入了谈判会议室，可是接着他们又为一些无关紧要的事情争吵不休。与此同时，敌人不断发动进攻，5 月因此而成为战争开始以来最血腥的一个月，当月就有 2 000 名美军士兵丧生。约翰逊总统在美国退伍军人协会和对外战争退伍军人协会的联合大会上表示，除非越共表现出对美态度上的某种“克制”，否则美国就不会休战。哈里曼向他建议说，那似乎不太可能。克拉克·克利福德巡视越南后，报告说，越南共产党正在“重新调整、重新组织、重新装备”军队，以准备发动下一轮闪电战。艾布拉姆斯将军对威斯特摩兰的新一轮攻势计划进行了详细地研究，该计划代号为“完胜行动”。

尼克·卡岑巴赫声称北部湾决议为美国参与越南战争提供了充分的法律依据，该粗暴言论曾引起了参议员尤金·麦卡锡的不满；到了1967年10月，迪安·腊斯克评论国家安全形势时说，美国面临的真正威胁来自于“10亿中国人”，该言论使得麦卡锡怒不可遏。麦卡锡随后表示：“当此之时，我想我应该叫停这场战争。”在正为寻找总统候选人奔走的反战运动领袖阿拉德·洛温斯坦的敦促下，麦卡锡这位明尼苏达州的参议员参加了新罕布什尔州的总统初选。根据民意测验预测，他最多会得到20%的民主党选票，不过有两个因素可以增加他初选获胜的可能性：北越的新年攻势以及数以千计的大学生志愿者的支持，这些人剔净胡须、梳洗打扮一新，就是“为尤金而保持干净清洁①”。

在3月12日初选当天，麦卡锡出人意料地拿下了42%的选票，而约翰逊获得48%的选票。若把共和党临时倒戈的选票算进去，麦卡锡的票数是28 791票，十分接近约翰逊的29 201票，他几乎能打败总统了。突然间，林登·约翰逊不再是无法战胜。此次投票带来

① 英文原文是：“Clean for Gene”，这里使用“Gene”代指尤金·麦卡锡。因为麦卡锡的英文全名为：“Eugene Joseph McCarthy”，用“Gene”指代了“Eugene”。——编者注

的最重要的直接后果，是对罗伯特·肯尼迪的影响。肯尼迪并未参加初选，在不久之前的1月20日他还表示："在任何可以预见的情况下，我都不会站到林登·约翰逊的对立面上。"他事后解释，自己犹豫是因为他的参选将会使整个党产生"极具破坏性的"分裂。这时候，他宣称正对自己重新进行评估，随后在新罕布什尔州初选结束的那个星期六，他宣布说："今天我宣布参与竞选美国总统"，他的支持者因此欢欣鼓舞，这却激怒了麦卡锡的拥护者。

第二场大规模初选在威斯康星州举行，当地的选情对约翰逊很不利。他的组织正趋于瓦解，即便是一贯忠心的民主党政治家也无法阻止他们的子女转而支持麦卡锡。肯尼迪虽未参加那里的初选，但新闻每天都会报道，他的力量正不断壮大。西奥多·索伦森、肯尼思·奥唐奈以及阿瑟·施莱辛格加入了他的团队，劳伦斯·奥布赖恩辞去邮政部长的职务，替他管理竞选团队。在这样的背景下，约翰逊总统于3月31日发表电视讲演。他已下令减少对越南的轰炸，还谈到了美国内部存在的冲突以及由此产生的"所有罪恶后果"。他说美国民众需要团结一心。接着，他还说：

"我得出结论：我不应该让总统竞选与党内的分裂牵扯在一起，这次竞选过程中的党内分裂加深无疑是令人忧心的……我认为自己不应为个人的党派原因而浪费一小时甚至一天的时间……因此，我不会寻求，也不会接受我党的候选人提名而去竞选下一任总统。"

一旦那些由于约翰逊的退出产生的影响消失殆尽，民主党的总统竞选将更清楚地呈现出三足鼎立的局面，竞争将在麦卡锡、肯尼迪以及即将对外宣布要参选的副总统汉弗莱中展开。这三个人中，只有麦卡锡参加了威斯康星州的票选，他已经和约翰逊较量过。而约翰逊的退出太晚，无法将他的名字从候选人名单上划去。麦卡锡占据了民主党初选中 57.6%的选票，而尼克松面对乔治 · 罗姆尼和纳尔逊 · 洛克菲勒两位强大对手的竞争，仍获得共和党初选中 81.3%的选票。

汉弗莱于 4 月 27 日宣布参选。除了在俄勒冈州麦卡锡以微弱优势胜出以外，其他所有州全部是肯尼迪获胜。肯尼迪最强硬的主张在于反对越南战争以及救济扶助穷人和弱势群体。黑人运动的领袖成为他的天然盟友。对于马丁 · 路德 · 金来说尤其如此，金认为越南问题是阻挡黑人进步的最大和最严重的障碍。黑人在军队中的人数超过规定比例，原本应该花在改善黑人在贫民窟里生存状况的钱被用在了战争上。金说："没有人能够否认，战争本身对民权运动命运走向的影响是极深远的。"

1968 年 4 月，金在孟菲斯，支持由 1 300 名垃圾工人发起的为期两个月的罢工，他们中的大多数是黑人。报纸嘲笑他住在一个豪华的假日酒店，房间价格是 29 美元一晚，于是他搬到黑人开的每晚 13 美元的洛林汽车旅馆。4 月 4 日晚饭前，他靠着二楼 306 房间外面的铁围栏，对下面的工人讲话。在街对面的一个极不起眼的房间里，一个狙击手正蜷伏着用 30-06 口径的雷明顿气步枪的瞄准镜盯着他。他开了一枪，子弹穿过金的脖子，深嵌进他的下巴，伤到了他的脊柱。金从围栏边上跌了下去，坠落在旅馆的墙壁边，僵硬的手伸向他的头部。

马丁 · 路德 · 金是继甘地以后最伟大的非暴力运动领袖，他的意外死亡却在他身后留下了一个巨大的讽刺，引起了美国历史上最严重的纵火、抢劫以及其他犯罪活动。168 个城市遭到破坏，华盛顿是其中被破坏最严重的城市。那里发生了 711 起纵火事件，数量之多，令人咋舌。斯托克利 · 卡迈克尔号召黑人"拿起枪来"，许多人都照做了。光是在首都就有 10 人死亡，死者中有一个白人是被人从车上拉下来后用刀捅死的。约翰逊总统下令联邦所有的建筑物降半旗致哀，这是黑人从未享受过的礼遇，但恐怖活动仍在继续。白宫周围街区的建筑也被付之一炬。美国上下有 2 600 多起纵火事件，2 600 人被捕，21 270 人受伤。5 500 名警察被征调来维持秩序——这个数字是溪山保卫战中美国海军陆战队人数的 10 倍。

伴随着黑人灵歌和教堂钟声，两头骡子拉着的老式农用推车载着马丁 · 路德 · 金的灵柩，走向墓地。据估计，有 1.2 亿美国人在电视机前观看了送葬的全过程。送葬队伍有 5 万~10 万人，当时大多数的美国领导人都在其中，例如罗伯特 · 肯尼迪、尤金 · 麦卡锡、纳尔逊 · 洛克菲勒以及休伯特 · 汉弗莱。佐治亚州州长莱斯特 · 马多克斯却没有参加葬礼，尽管葬礼就在他所管辖的州举行。马多克斯拒绝关闭学校，抗议为金降半旗。但是他不愿缅怀的这个人再也不会被这些顽固的偏见所伤。产自佐治亚的大理石墓碑上刻着金的墓志铭，上面的文字摘自一首古老的奴隶赞歌。5 年前，在“向华盛顿进军”的运动中，他曾引用这首诗来作为演讲的结束语：

> 终于自由了！终于自由了！
> 感谢全能的上帝，我们终于自由了！

那个狙击手用约翰 · 威拉德的名字，租了用于实施谋杀的那个房间。威拉德是埃里克 · 斯塔沃 · 高尔特的化名，而后者本身也是个化名。现场的目击者看见他开着一辆挂有亚拉巴马州牌照的白色野马汽车扬长而去，车上还贴有墨西哥的旅游标签。这辆车后来被发现丢弃在佐治亚州的亚特兰大。联邦调查局发现，凶手用高尔特的名字花了 2 000 美元买下这辆车。他现在成了全世界警察通缉的逃犯，于是他逃到了多伦多。在那里他更换了新名字——拉蒙 · 乔治 · 斯尼德，并弄到了一本加拿大护照，其中需要经过的唯一程序就是发誓声明那就是他的名字。他用 345 美元买了一张去欧洲的旅游机票，先在葡萄牙待了两天，再飞去伦敦。然后他就消失了，毫无疑问，他以为事情就这样过去了。

但是，他还是犯了一个不可挽回的错误。在孟菲斯的出租屋内发现了他的指纹。在对司法部 53 000 名通缉罪犯的指纹进行了长达 15 天的比对鉴定之后，调查人员确认他是詹姆斯 · 厄尔 · 雷。他曾多次因伪造罪、汽车盗窃和持枪抢劫被判刑。1967 年 4 月，雷从密苏里州州立监狱越狱。而后，加拿大骑警接替美国联邦调查局开始追捕他，全欧洲的海关工作人员也被知会要注意拉蒙 · 乔治 · 斯尼德这个人。6 月 8 日，他在伦敦希思罗机场被逮捕。他戴着手铐，穿着防弹背心，双腿套在盔甲裤里，被引渡回美国；因为没有人想让奥斯瓦德事件重演。他被关在一辆 6.5 吨重的卡车里转移到孟菲斯监狱。他的牢房密不透风，连窗户都被钢板封住。他认罪以后被判 99 年监禁。而他作案的资金来源仍旧不得而知。

马丁 · 路德 · 金被刺杀后大约两个月，也就是凶手雷被捕的那个星期里，发生了另一起残忍的暴力事件，断送了民主党总统候选人中头号种子的生命。罗伯特 · 肯尼迪在其兄于达拉斯遇害后说："一个暗杀者从未改变过历史的进程。"但事实并非如此，他兄长的死改变了历史，他的死亦然。在印第安纳州的初选中，他以 42% 对 27% 的票选结果击败尤金 · 麦卡锡，在内布拉斯加州又以 51% 对 31% 的绝对优势取胜。1968 年 6 月 4 日星期二，在汉弗莱的家乡南达科他州，他战胜了休伯特 · 汉弗莱，接着又在最大的初选区加利福尼亚州击败了麦卡锡。

那天，在洛杉矶附近的一个海滩上，肯尼迪带着妻子以及10个孩子中的6个享受了一个美好早晨，他的妻子艾塞尔正怀着他们的第11个孩子。之后他回到洛杉矶的大使馆酒店，在512套房里查看大选报道。午夜，他乘坐电梯前往位于酒店使馆房间的选举总部，在那里与兴高采烈的志愿者们进行了一次简短会谈。会谈最后他讲道："非常感谢你们，下一站是芝加哥，我们一定会在那儿获胜。"他的朋友和贴身随从模仿他的口吻说："接下来就去'工厂'。"那是一个有名的迪斯科舞厅的名字，他们打算在获胜后同他去那儿庆祝一番。但在那之前他还得去新闻办公室交代几句话。因为从主席台到使馆房间入口处的走道挤满了人，所以有个参加聚会的人建议他们从后门离开。肯尼迪的贴身保镖、前联邦调查局特工比尔·巴里表示反对，他非常不赞成这个主意。但参议员说"没关系"，于是他们走到了一个闷热且散发恶臭的回廊里。肯尼迪停下脚步和一名17岁的勤杂工杰西·佩雷斯握手，随后又就关于汉弗莱的一个问题回答说："一切都得回到那次斗争——"

然而他永远也说不完了。帕萨迪纳的一名记者看见围观人群中伸出一只手臂和一把枪。杀手将右手肘架在吧台上，朝着离他仅4英尺的肯尼迪开枪。肯尼迪的朋友，奥运冠军雷弗·约翰逊还没来得及打掉凶手手中的枪，他便一口气把艾弗-约翰逊牌短管左轮枪中的8发子弹全部打光了。6个人受伤倒在大厅地板上，其中5人伤得较轻。第6个人，也就是肯尼迪，受伤，生命垂危。他中了两发子弹，一颗伤害不大，另一颗穿过他的颅骨进入大脑。艾塞尔跪倒在他旁边。博比①喊叫着要喝水，他接着问道："大家都没事吧？"那个勤杂工男

① 罗伯特·肯尼迪也被称作"博比"，"鲍勃"则是男子教名"罗伯特"的昵称。——编者注

孩给了他一个十字架。博比捧着念珠，艾塞尔祈祷着，300多磅重的洛杉矶公羊橄榄球队前锋罗斯福 · 格瑞尔死死抱住了那个瘦小的黑衣杀手。

人群中有人吼叫道："你为什么这么做？"杀手喊叫说："我要解释！让我说句话！"加利福尼亚州民主党领袖杰西 · 昂鲁质问他说："为什么杀他？为什么杀他？"凶手回答说："我这样做是为了我的国家。"这听起来是个荒谬可笑的理由。随后，真相浮出水面。以他精神状态异常的角度来看，他的确相信自己的行为是爱国的。对于洛杉矶的其他人来说，这是加利福尼亚州总统初选的一天；然而，对刺杀肯尼迪的凶手来说，这一天是以色列–阿拉伯六日之战的一周年纪念日。他的名字叫西尔汉 · 比沙拉 · 西尔汉，是个土生土长的约旦人，他仇视以色列，而肯尼迪则同情支持这个国家。从表面上看，这似乎是那个皮肤黝黑、身材矮小的阿拉伯人唯一的作案动机。

气息奄奄的肯尼迪最先被送往中央医院，后又被转送到更大的好撒玛利亚人医院。依靠注射肾上腺素和心脏按摩，他暂时活了下来，医生立即对他进行了手术，但一切都是枉然。1点44分，经过短暂的挣扎后他还是死去了。林登 · 约翰逊斥责美国国内枪支的"疯狂流通"。他随后派总统专机把肯尼迪的尸体带回家乡，肯尼迪家族及其朋友又一次携同灵柩乘坐波音707客机飞回美国东部。联合国降半旗以表哀悼，如此对一位从未担任过国家元首的人表示敬意，实在是前所未有。飞机到达纽约时，已经有上万美国民众聚集在圣帕特里克教堂外排队为他送行。灵台的每个角上都点上了蜡烛，朋友们轮流为他守夜。肯尼迪兄弟中唯一健在的特德 · 肯尼迪作为男性家长，用颤抖的声音念着悼词。

仪式由枢机主教理查德 · 库欣主持。安迪 · 威廉斯献上歌曲

《共和国战歌》；唱诗班吟唱了《上帝赞歌》。随后送葬车队开往宾夕法尼亚火车站，一列由两个黑色机车牵引的专列火车正等候在那里。火车的目的地是华盛顿，但是由于铁轨两边挤满了送行的人，这趟旅程竟耗时 8 个小时，到达华盛顿时已经是晚上。在只有街灯的照明下，列车经过黑暗的市政府大楼，穿过波托马克河到达阿灵顿。鲍勃的墓地在那里静默，那是木兰树下的一块黑色孤石，几英尺外就是他哥哥的墓碑。简短的仪式后，国旗被折成了三角形交给艾塞尔。乐队开始演奏：

亚美利加！亚美利加！
上帝眷顾着你！
为了你的善与美，
让全世界的兄弟姐妹都爱你！

1968 年，从 1 月 1 日到 6 月 15 日，全美爆发了 221 次大规模游行示威，这些游行遍及 101 所大学，有将近 39 000 名学生参与其中。建筑物被炸毁，大学校长和系主任遭到粗暴对待，墙上写满脏话，学生还用这些污言秽语辱骂警察，其中不乏来自七姐妹女子学院中的出身上流社会、教养良好的女孩的“杰作”。在那几个月内，受到学生暴力侵扰的高等院校有：费城的天普大学、布法罗的纽约州立大学、欧柏林大学、普林斯顿大学、杜克大学、芝加哥的罗斯福大学、南伊利诺伊大学、波士顿大学、马凯特大学、塔夫茨大学、斯坦福大学、科尔盖特大学、霍华德大学、俄勒冈大学、西北大学、俄亥俄州立大学、巴纳德学院、米尔斯学院、康涅狄格大学、（美国）三一学院、塔斯基吉学院、芝加哥大学、马里兰的布伊州立学院、加利福尼亚大学洛杉矶分校、迈阿密大学等——当然少不了哥伦比亚大学。

直到马丁·路德·金被刺杀后的第三周，哥伦比亚大学晨边高地校区发生了新事件，校委会推翻了上一年的决议，不再接受工业化学家罗伯特·斯特里克曼的一项馈赠——他所发明的一种香烟过滤纸的专利租用费。该事件已经造成了不好的社会影响，1968 年 4 月哥伦比亚大学学生暴乱的影响更为严重。这是自 4 年前伯克利骚乱以来最大的校园冲突事件，从某方面来说它甚至更为重要，因为它标志着学生争取民主社会组织的出现。此前，该组织对于公众来说不过是又一个大学生政治组织。8 年之后，该组织拥有 5 500 名会员，在 200 多所大学设有分部，它是学生厌恶集权的典型代表。20 世纪 60 年代中期，这一组织开始确立武装斗争的道路。它的领导人视压迫、种族主义和帝国主义为死敌，这三者全部由这一组织自己定义。他们认为，美国的大学已经被这三者所腐化，哥伦比亚大学的情况尤为严重。

在欢乐的日子里，晨边高地校区的学生中普遍流传着这样一首大学生进军歌曲：

纽约的主人是谁？
纽约的主人是谁？
嗨，我们拥有纽约！
嗨，我们拥有纽约！
谁？
哥－伦－比－亚－大－学！

学生争取民主社会组织提醒学生们说，哥伦比亚大学的确是曼哈顿这块价值 2.3 亿美元的地产的所有者，其中还包括洛克菲勒中心所占的土地；而这些地块大多被附近日益衰落的哈莱姆公寓楼群所占据，哥伦比亚大学因此成为贫民窟的大房东。6 年前大学又向市政府租借了晨边高地公园附近的 30 英亩地中的 2.1 英亩，无意中为之后要爆发的骚乱提供了温床。哥伦比亚大学打算斥资 1 160 万美元在那里修建一个大型体育馆。居住在附近的酒瓶遍地的哈莱姆贫民窟里的黑人可以免费使用底层的体育场和游泳池；大学体育系则使用上面的楼层。由于当时这片街区到处是妓女和吸毒者，是全市犯罪率最高的区域之一，哥伦比亚大学的董事们设想，但凡有一点儿公民自尊感的居民都应该会支持这个项目。但他们错了。

抗议的租户称该计划为“鸠占鹊巢”，是“对公园的亵渎”。就在这时，大学的管理层又犯下一个大错。从已公开的一份体育馆建筑设计图来看，朝着大学那一面的入口奢华讲究，而供哈莱姆居民出入的门则又小又普通。社区团体的领袖斥其为“一座按人分等级的设施”，哈莱姆种族平等大会的主席愤怒地控诉，“社区居民的权利遭到了掠夺”，150 名示威者喊道：“体育馆必须停止修建！”他们向体育馆的工地进军，还拆除了部分围栏。参加抗议的白人包括哥伦比亚学生争取民主社会组织的主席马克 · 拉德，还有许多他竭力鼓动来的支援者。

拉德是埃德加 · 胡佛眼中的那种新“左”派。胡佛将学生争取民主社会组织称为“一个受共产党支持，又反过来认同共产党的目标和策略的激进青年团体”。哥伦比亚大学学生讽刺地说道：“共产党人没法接管学生争取民主社会组织——他们根本找不到它。”事实上，该组织在哥伦比亚大学的会员非常少。他们的言行常常蛮横得离谱，用时下流行的话说，他们行事非常“高调”。拉德在其中表现得异常活跃。气球在晨边高地上空升起的那天，他刚结束去卡斯特罗治下的古巴访问的三周行程回到美国。就好像为了确认胡佛先前的设想，他称赞古巴是一个“极具人道主义的社会”。

拉德的对手是哥伦比亚大学的校长，64 岁的格雷森 · 柯克，这是一位冷漠且能力不足的管理者。之后，由阿奇博尔德 · 考克斯牵头的委员会得出结论称，哥伦比亚大学管理层在柯克的领导下“态度专断，引发不信任”。早在 4 月，学生争取民主社会组织就收集了 1 500 个请愿签名，要求哥伦比亚大学退出防务分析研究所——由 12 个大学组成的为五角大楼工作的研究组织，柯克对此毫无回应。学生争取民主社会组织指控防务分析研究所的项目“旨在压迫越南人民”，以及在美国“建立抗暴设备，以便对黑人实施大规模种族灭绝措施”。

那个星期二，推倒体育馆施工现场的围栏后，拉德带着一伙人登上了爬满常青藤的汉密尔顿楼进行示威，那里是哥伦比亚大学领导机构所在地。令他们感到惊奇的是，他们在那里受到一位有调停意愿的代理教务长的接待，他表示尽管自己“在此类情况下毫无满足任何要求的打算”，但体育馆和防务分析研究所的问题都可以协商解决。学生争取民主社会组织现在对和解已不感兴趣。造反者尝到了胜利的滋味后，趁机把代理教务长以及其他两名工作人员扣押了 26 个小时。哥伦比亚大学之围拉开序幕。

第一天晚上，一些白人学生发现了另外的情况：黑人力量。他们中的 60 名黑人学生要求白人学生离开。他们说，学生争取民主社会组织对他们来说还不够有战斗力。有说法称，黑人学生带着枪支准备和警察展开枪战。他们的白人兄弟认为建体育馆的事并没有那么严重。部分人感到情绪上很受伤。其中一人问道：“他们为什么要插手这件事？现在，美国已面临很多群体隔离和两极分化的问题。”尽管如此，第二天上午六点，也就是 4 月 24 日星期三，拉德发布通知说汉密尔顿楼不需要任何白人。所有一切都被交给黑人处理，他和他的手下控制了洛氏图书馆，并在那里张贴告示说：“已解放区域。自由进入。”柯克校长的办公室就在图书馆内。他们闯进校长办公室，将室内洗劫一空，信件和文件被拍照，其他东西则被乱扔一气。这些人还吸他的雪茄，喝他的雪利酒。这一切才只是个开始。他们在采访中表示，他们相信扰乱大学秩序的行为是对的。他们引用在纽伦堡审判纳粹战犯时建立的一些原则，声称柯克领导下的大学管理层和纳粹一样罪恶。

当时，该组织有 700 人聚集在那里。星期四，100 人占领了社会科学院的费耶韦瑟楼。另有 100 人占领了建筑设计中心——艾弗里大楼。星期五，第 5 幢大楼被侵占。他们在这幢大楼的阳台上挂了一个条幅：“拉德楼，第 5 解放区。”他们还成立了一个指挥部并油印了要发表的声明。其中的要求包括赦免他们全体人员，柯克不答应，表示如果不采取惩戒行动，这些破坏行动会“摧毁大学校园的整个结构”。此时另一部分学生似乎一度能将这群动乱分子驱逐。（一个摔跤运动员说：“如果这是个野蛮社会，那就是适者生存——我们就是最适宜生存的群体。”）柯克不想再让任何暴力事件发生，于是对他们进行了管控。他还让步了：体育馆的全部工程暂停。示威者在大楼里喊：这还不够！他们要求哥伦比亚大学脱离防务分析研究所，还提出了刚想到的许多其他要求。负责做杂事的人送来食物、毛毯和整罐凡士林。他们需要凡士林，因为他们听说它可以抵抗警察释放的梅斯毒气。他们以为警察会释放梅斯毒气。

他们是对的，警察果真来了。第一批警察到达晨边高地时，30 名哥伦比亚大学新聘教职工挡住了到洛氏图书馆的通道。事情陷入了僵局。接着大学董事投票“坚决指示”柯克“对学生行为果断实施惩戒”。于是，他做出了他后来称作此生“最痛苦”的决定：必要时用武力清楼——1 000 名警察排成楔形进攻战队。汉密尔顿楼成为第一个进攻目标。黑人学生很顺从。黑人律师到场为他们辩护，黑人警官监督整个撤出过程。黑人学生安静离开后，整个大楼恢复了整洁。

白人学生占领的大楼则是另外一种情况。在那里，只要学生表现出任何反抗苗头，警察就用警棍驱赶，拳打脚踢地把他们赶下混凝土楼梯。警察向围观的人保证——围观的人有几千人，只要他们好好待在警察封锁线外，他们就会安然无恙。但后来当警察了解到，围观者支持学生这一方时，他们也遭到了毒打。最后，有698人被捕。拉德和另外72名学生被停学一年。考克斯被派去调查这次暴乱。经过21天对79名证人的调查取证，考克斯和他的同事发布了一份222页长的报告，该报告对大学管理层和警察皆严词抨击。报告虽未为带头闹事的学生说话，但指出学生们的暴力行为“和警察的残忍相比根本不值一提”，后者才是造成如此令人痛心的暴力事件的原因。调查委员会发现，柯克及其同事在考虑事情的优先等级时，“习惯把学生列在最后”，并得出如下结论：对体育馆和防务分析研究所事件的抗议只不过是表面现象，事情背后的实质动因是学生对越南战争和国内种族主义强烈的不满情绪。

《纽约时报》的调查表明，在哥伦比亚大学以及其他地方的校园暴乱中，激进的白人学生通常来自郊区的富裕家庭，父母在政治上都属自由派，且这些学生大多学的是人文学科而非自然科学，他们是班上的资优生，绝大多数还是犹太人。例如，21岁的特德·戈尔德。他和拉德同是哥伦比亚大学暴乱中的领导者，也是学生争取民主社会组织的一名分会主席。戈尔德告诉记者说：“我们的目标，不仅是为带来一个充满革命性的哥伦比亚大学，更是为建设一个革命的美国。”

20世纪60年代的某个时段，一个从未违反过停车标志警示的人在红灯前没有停车。他小心翼翼，生怕被别人发现，但后来什么事也没发生；于是他认为那是一个愚蠢的法规；只有机器人才会遵守。他闯过了另一个关卡；一个月之后，他便能心安理得地做这件事；再过一个月，每当他接近交叉路口，即便是红灯亮了，他也会径直冲过去。尽管他对这种联系不太在意，但他还是会感到愤怒，因为当他去最常光顾的加油站时，若非主动要求，服务员不再像从前那样替他检查机油，也不再为他清洗挡风玻璃。他换了家加油站，那里仍是如此。大约就在同一时间，他的新车的一扇车门发出刺耳的响声；他把门拆下来，发现竟是底特律流水线上某个不知名的工人留了个可口可乐罐在里面。

这些都是些微不足道的事，但还有其他的事。某天早晨，你发现你的牛奶箱里出现了一张便条，上面写着：没有牛奶了；牛奶公司已经停止配送，你得去商店里购买。邮递系统简直让人无言以对。每个人都有自己关于邮递服务的骇人经历。女服务员错把别人点的餐端给你。出租车司机找不到你的目的地。你的晚报没有送来。药剂师搞错了你要的处方。新买的清洗烘干两用机是伪劣商品。送货员并行停车，还不愿意把车挪开。到约翰逊任期即将结束时，出现了一个全国性的笑话。人们展示的标志牌上写着：提前计划。

建筑产业一塌糊涂；一项工程能延期6个月完工就算幸运了。班机不按时起飞，甚至晚点，你必须等着，飞机在空中盘旋着，终于着陆了，你却发现自己的行李已被送到了另一个机场。这种情况十分普遍，以至于经常旅行的人都购买特别设计的并能够塞到座位下的行李箱。公共汽车和火车的时间表都不可信。几乎所有人都有一两次被人要求支付自己本已付清的账单，一切似乎都不再有条不紊。从水管设施到电视再到F–111轰炸机，全都变得一团糟。一位纽约妇女没打越洋电话却欠下了长途电话费。她拿起电话要投诉，却听到电话那头有人在拉小提琴；原来是和某家唱片公司的电话线串线了。作家雷克斯 · 里德想用自己的信用卡，却因为雷克斯 · 里德这个人被记录已死而被逮捕。《时代周刊》报道了一个男人向自动售货机开枪，直到子弹射光的新闻。

维修工人和销售员犯的错误有过之而无不及。过错的责任虽难以界定，但它却随处可见。人们似乎不再关心事情还能否顺利进行。将社会联结在一起的规则不断被破坏，在一些情况下甚至彻底被抛弃。约翰 · 肯尼思 · 加尔布雷思认为，这一现象是由社会的繁荣发展造成的。理查德 · 尼克松则将其归咎于人们的过度放纵。

让–雅克 · 塞尔旺–施赖伯把抗议学生比作越南的武元甲将军，认为他们是同一现象的不同表现。显然国内的动荡情形与越南战争脱不掉干系。美国上流社会的年轻人在他们父母的支持下躲避征兵令，医生还会谎称他们有健康问题来帮助他们逃避，这些年轻人并不因此感到内疚。躲避征兵的人和逃兵跑到多伦多和斯德哥尔摩开始新生活，得到了数百万人的同情。由于最先到达瑞典的 4 人是搭乘“无畏”号飞机来的，他们因此被称为“无畏 4 勇士”。那里的人都对这个名字的含义很了解。在侨民区的居民中，有一个 19 岁的南卡罗来纳州人说：“我们分成了两派。一派相信美国会把整个世界搅得天翻地覆；另一派认为在这场灾难发生前，美国能得到救赎。”

战争只是部分原因。自从禁酒令实施以来，还没有如此多的人认为有些法律根本没有意义，于是开始打破这些规定。大麻就是一个例子。大麻跟其他的毒品不同，它不会让人上瘾；它又不像烟草那样对吸食者有害；也不像酒精一样会给社会带来危害。对于年轻人来说，它常常是一种社会地位的象征；富裕家庭的孩子通常会吸食大麻。

1969 年的某个时期，警察会定期对出身名门的年轻人进行“缉毒”（又一个新词语）。

夏季暴乱中的抢掠者并未被逮捕；在电视新闻节目中你可以看到他们随意抢夺；警察在一旁看着他们，无动于衷。黑人心理学家肯尼思·克拉克说：“在我看来，这似乎做出了一个重要决定，即用货物和设备换取人的性命。”确实，这样看来，是否进行逮捕，取决于这个人的身份、行为以及作案地点。5 月中旬，马丁·路德·金的继任者拉尔夫·阿伯内西按照金的原定计划，在林肯纪念堂和华盛顿纪念碑间的圣地上建立一个“复活城”。他带领 1 000 名穷人占领该区，政府不但没有扣留他们中的任何一个；反而给他们提供移动厕所、电话亭、电源线、淋浴设备，甚至还给分配给他们一个邮政编码：20013。6 月下旬，负责露营地安全的警官阿尔文·约翰逊愤怒地辞职不干了，理由是“这里每天都会发生强奸、抢劫以及砍人事件，我们对此毫无办法”。而首都国家公园的警察仍旧是漠不关心。

在上一代，卡尔文·柯立芝镇压了 1919 年的波士顿警察罢工运动，获得了美国人民的认可，最终成为总统。他曾说：“在危害公共安全的前提下绝对不会有罢工权利，不管是任何人，在任何地方，任何时间。”1937 年，富兰克林·罗斯福称公务员罢工是“不可想象且不能容忍的”。从那时起，这个规定便被写入了《塔夫脱–哈特莱法案》，在某些州还写进了诸如《康顿–瓦德林法》之类的法律。尽管如此，1966 年 1 月 1 日，迈克·奎尔仍带领交通工会组织发动罢工，此举造成 165 英里的地铁和 530 英里的公交线路停止运行，几乎使曼哈顿市区陷入瘫痪。当奎尔收到法院要求他带领罢工队伍复工的命令时，他在电视镜头前当众撕毁了命令。市政府被迫接受调停并向他妥协。

1968 年，与公众利益相悖的罢工活动包括孟菲斯清洁工人罢工，而马丁·路德·金在生命最后的几个小时里曾支持过该运动。同年还发生了一次垃圾工人罢工，这使得纽约街道上散发着臭气的垃圾堆积了10万吨，洛克菲勒州长最后不得不妥协，同意拨款，给垃圾工涨425美元的工资，而这个要求早前曾遭到林赛市长的否决。接下来，纽约警察设起围栏包围了市政大厅，叫喊着“警察权力”。他们以编造的各种疾病请假，冷眼旁观司机们违规占用公交车的停车位或其他禁止停车的地方。消防员工会的领导者为了讨价还价，告诉消防员不再执行诸如房屋和消防设施检查等日常任务。1968年秋，纽约5.8万名教师中的大多数先后三次罢课。接着是空中交通调度员，他们虽对头顶上不少盘旋待降的航班感到担心，但仍旧有意放缓引导降落的速度。

公共服务业工作者的反抗高潮出现在60年代末，美国75万邮递员中有超过20万人决定停止送邮件，因为他们的年工资经过21年才从开始时的6 176美元涨到8 442美元。尽管他们的领导提醒他们说，按照联邦法律，他们会被处以1 000美元的罚款、一年监禁，还会失去养老金以及被禁止申请政府提供的其他工作。但是属于美国“劳联–产联”[①]的全国邮递工作者联合会下属曼哈顿–布朗克斯分会的6 700名成员仍然投票支持罢工。不久，大纽约地区的其他邮递员也加入其中。这次罢工在之后扩展到阿克伦、布法罗、克利夫兰、芝加哥、丹佛、圣保罗以及旧金山等地。

这是美国邮政服务历史上的第一次罢工，给公共服务正常运转带来了灾难性的后果。纽约平均每天往来的邮件和包裹多达2 500万

① 指美国劳工联合会–产业工业联合会，是美国最大的工会组织。由成立于1886年的美国劳工联盟和成立于1953年的工业组织协会在1955年联合而成。——编者注

件；全美国平均数为 2.7 亿件。许多公司不得不暂停营业。纽约的银行收不到他们每天平均 3 亿美元的存款， 40 万依靠救济金的家庭领不到他们的支票，股票经纪公司不得不使用装甲车押运华尔街的债券。罢工的第 6 天，国民警卫队接手处理纽约的邮件；第 8 天，邮递员才回到了各自的工作岗位。跟进行罢工的其他公务员一样，他们也从这次非法罢工活动中获利。国会投票决定给他们涨 8% 的工资，从前一个月开始算起，还决定建立独立的美国邮政总局，除了其他方面的考虑外，还会对他们受到的不公正待遇给予更多关注。

1968 年发生的反常事件中还有最高法院首席大法官的人选问题。厄尔 · 沃伦尽管活力依旧，但由于年事已高他还是决定退休；3 月 19 日那天他年满 77 岁。6 月 19 日早晨，他打电话告诉约翰逊总统他的决定。这是个充满历史意义的时刻。从未有一个法庭在决定其所处时代的前进方向上起到如此巨大的作用。在沃伦的领导下，最高法院开始为破除学校的种族隔离，制定有关学校祷告的事务、共产党员的权利、色情产业、被告的逮捕与认罪以及立法机构席位重新分配的“一人一票”的法规铺路。沃伦曾主持过 15 次以上最高法院的开庭。林登 · 约翰逊作为总统，总想事事亲力亲为，现在他要亲自任命一位新的最高法官。他提名大法官艾华 · 福塔斯担任首席大法官，由得克萨斯州议员霍默 · 索恩伯里接替福塔斯的职位。

这两个人都是总统的老朋友。福塔斯跟总统的关系非常亲密，三年前就是总统安排他进入了最高法院。约翰逊就是约翰逊，非要将这两项新的任命复杂化。他要等到参议院确认了他对福塔斯的任命，才会同意沃伦的退休申请。然后，一旦福塔斯安稳就职，索恩伯里就可以接手他的职位。但是共和党人固执地认为他们可以在 11 月入主白宫。他们称福塔斯和索恩伯里为“跛脚鸭”，攻击福塔斯是总统的“亲信”。

密歇根州参议员罗伯特·格里芬成为17个持不同政见的共和党人的领袖。刚开始，他们似乎干不成大事。参议院的少数党领袖——伊利诺伊州的埃弗雷特·德克森称这种所谓“任人唯亲”以及“跛脚鸭”的攻击“肤浅无聊”。他说：“没有人会去找一个反对自己的人到最高法院任职。”他还补充说，林肯、杜鲁门和肯尼迪总统，都任命过自己的朋友。德克森谴责格里芬说：“现在该是我们对所用语言更谨慎些的时候了。”即便是当参议院司法委员会决定举行听证会——在最高法官这个职位任命上还是第一次这样做——福塔斯看似并无担忧。第一个证人——司法部长拉姆齐·克拉克指出，福塔斯的提名得到国会认可前，总统可以让沃伦留任，是有许多先例的；许多较低级别的联邦法官被任命时，他们的前任仍在职。

现在的问题出在福塔斯自己身上。他遭到严厉盘问，度过了可怕的4天。根据宪法，以他现在的证人立场，他不能讨论有关个人的决定；否则将是对三权分立原则的赤裸裸地违反。然而，反对党的参议员们把大量时间浪费在朗读福塔斯所参与的自由派决定上。接着他们就他担任大法官期间的行为表现方面进行质证。这也是三权分立的规定，尽管如此，他还是感到很痛心。作为最高法院的一员，他理应远离行政部门，但他并未这样做。他承认自己参与了白宫召开的关于越南战争以及贫民窟暴乱的会议，还坦承自己曾因为哥伦布百货商店巨头拉尔夫·拉扎勒斯发表“越南战争对经济造成影响”的言论，打电话训斥了他一番。福塔斯抗议说，法官给总统提建议的先例比比皆是；但问题是，一旦跟约翰逊总统扯上关系，人们总会觉得进行着什么见不得人的勾当。现在，只需一根稻草的重量便可以压垮骆驼背，委员会得知，福塔斯曾因给一系列暑期班授课而获得1.5万美元，而这些钱来自于那些有可能在最高法院审理的案件中涉案的商人。

司法委员会以 17：6 的票数通过了任命，但共和党人和南部参议员企图阻挠国会做出决定。要想结束这种阻挠，需要获得参议院 2/3 的票数支持，这时，德克森拆了福塔斯的台子。他说，他不会支持停止阻挠的行动，他甚至不确定他会投票支持任命。最高法院推翻了对杀害一名芝加哥警察的罪犯施以死刑的判决，因此得罪了德克森。最终讨论的投票结果是 45 票支持，43 票反对，远不及所需的 2/3 的票数。福塔斯请求约翰逊撤回提名。总统“深感遗憾”地同意了他的请求，并表示他绝不再提名。随后，5 月的《生活》杂志披露，福塔斯还接受了路易斯 · 沃尔夫森家族基金提供的 2 万美元的酬金，而路易斯曾因被控股票操纵罪而被告上法庭。尽管他已经归还了这笔钱，华盛顿方面仍感到非常震惊，看到其他事件可能即将被揭露，于是他辞职了。随着福塔斯和戈德堡的离开，一位共和党人入主白宫，显然未来的最高法院将不会再那么开明了。

美国人有自己的方式来粉饰和崇拜他们的英雄上，他们会把英雄捧上天，然后一脚踹开。1968 年秋，美国迎来了一位女英雄：杰奎琳 · 布维尔 · 肯尼迪。她想要的既不是往日的崇拜，也不是现在的诽谤，而仅仅是有自己的私人空间而已。她是一个美貌与性感兼具的女人。对于美国历史上这个糟糕透顶的周末来说，正需要一个拥有这些天赋及表演才能的总统遗孀。埃莉诺 · 罗斯福作为第一夫人的确更伟大，但她不可能做到这一点。杰奎琳 · 肯尼迪使这个国家的悲伤变得庄严典雅。在这一点上，没有哪个女人能超越她。但后来，她需要安宁，但只要她还是寡妇，这个愿望似乎就无法实现。在华盛顿，游客乘坐的观光车停在她家门前；她搬到纽约后，计程车司机都认识她，一见她就按喇叭。

为了避嫌，她只跟婚姻美满的公众人物外出。小阿瑟·施莱辛格、罗伯特·麦克纳马拉以及伦纳德·伯恩斯坦常常伴她左右。在肯尼迪任职期间，以戴维·奥姆斯比–戈尔之名担任英国驻美国大使的哈莱克勋爵，现在是个鳏夫。新闻界表示，他有可能成为杰基的新任丈夫。电影杂志则说是另一位年迈的希腊船王，影迷们则权当是笑谈。

1968年10月17日，他们无法笑出来了，因为杰基的母亲当天宣布："我的女儿约翰·肯尼迪夫人打算嫁给亚里士多德·奥纳西斯。"也就是那个年迈的船王。奥纳西斯的父亲是一名士麦那烟草商人，他累积了价值大约为5亿美元的财产。此外，他旗下资产还包括100艘轮船、奥林匹克航空公司、几家公司以及一艘325英尺的游艇"克里斯蒂娜"号，还有一座希腊小岛——斯科皮奥斯岛。相信这个报道的那些人不认为新娘的母亲失去了理智，或者这个婚讯是个荒谬的笑话，他们讨论能给这对夫妇送什么。纽约证券交易所、泰姬陵、"伊丽莎白女王二世"号轮船以及戴比尔斯钻石矿都是人们建议的选项。

"杰基，你怎能如此？"这是当时《斯德哥尔摩快报》的头条标题。奥纳西斯比她还矮了两英寸，都可以当她的父亲了——他比她要么大23岁要么大29岁，这得取决于你相信哪天是他的出生日。奥纳西斯离过婚，这就意味着杰奎琳没有可能得到教会的祝福。最糟糕的是，新郎完全没有社会良知，而社会良知却是肯尼迪信条的核心部分。奥纳西斯曾说，他认为完美的安身之所应是在一个没有税收的国家。他的确在许多国家欠下了数目惊人的税款，在美国也不例外。一名先前在肯尼迪政府任职的官员评论说："她为了丑恶阔佬[①]宁愿

① 原文中为"卡利班"，是莎士比亚剧《暴风雨》中半人半兽形怪物，指丑恶而凶残的人。这里借指年老而品行不好的希腊船王。——编者注

抛弃自己的白马王子。”鲍勃·霍普说：“尼克松有一个希腊的竞选搭档，现在人人都想效仿他。”人们普遍认为要是鲍比·肯尼迪还活着，她一定不会这样做。

婚礼于10月20日在斯科皮奥斯岛上的一个叫作小贞女的小天主教堂里举行。郁金香是用船王的私人喷气式飞机从荷兰空运来的。新娘当天穿着一件瓦伦蒂诺定制蕾丝婚纱。她的两个孩子担任花童。新郎的孩子则作为证婚人。希腊东正教的婚礼仪式一共进行了45分钟，之后这对夫妇从圣餐杯里领取了圣餐，并戴上了象征繁衍和圣洁的柠檬花编织成的花环。亲吻《新约全书》后，他们围绕圣坛跳起了仪式性的舞蹈。之后在白色游艇上举办了招待会。希腊海军以及奥纳西斯自己的巡逻船严加防范，防止记者靠近岸边。他送给她的结婚礼物是一枚巨大的镶着一圈钻石的红宝石戒指，还有配套的耳环——价值120万美元。

这才只是开始。根据资深记者弗雷德·斯帕克斯的报道，这对夫妇婚后的第一年就花掉了约2 000万美元，之后他们的开支仍旧保持着每周38.4万美元的水平。光是奥纳西斯送给新娘的珠宝就价值500万美元。由于他每年的收入大约是5 500万美元，这些花费根本不算什么。躲避新闻媒体的跟踪，可不是件易事。在她的身份还是肯尼迪夫人时，她同意在婚礼前夕召开一次媒体见面会。会上她说：“我们希望婚礼是非公开的，在斯科皮奥斯岛上的柏树林掩映下的小教堂里举行，只邀请双方的家庭成员和他们的子女参加。大家都应该理解，即使是某些十分出名的人，在出生、结婚以及死亡这些一生中最重要的时刻，他们心里的感受也与普通人无异。”

尽管如此，记者还是想方设法追踪他们。他们是新闻人物，被追踪报道是难免的。摄影师们的跟踪更厉害。一名意大利记者用远摄镜头拍到了她全裸享受日光浴的照片。但让她遭受最大打击的并不是来自于世俗的报道，而是来自于梵蒂冈的《主日观察家》周刊。报道将她称为“公共罪人”，称要禁止她参加教堂礼拜。在波士顿，枢机主教库欣抗议说“只有上帝知道”谁有罪，谁没罪，他恳求世人“友爱、相互尊重和敬爱”。然而，梵蒂冈的教会法学家却固执己见。他们裁决说，在上帝看来，美国首任天主教总统的妻子同奥纳西斯的结合是对神的亵渎。

理查德 · 尼克松参加的第二次总统竞选于 2 月在新罕布什尔州的纳舒厄开始，当时他以本杰明 · 查普曼的名字入住霍华德 · 约翰逊汽车旅馆。没过多久，用假名就行不通了，因为他的照片重新出现在了各大报纸的头版，更因为他在新罕布什尔州的初选中获得了 79% 的选票，从而成为共和党的头号总统竞选人。此后他的竞选一帆风顺。乔治 · 罗姆尼说自己过去“被洗脑了”，才会支持越南战争，因此一开始就被打败。纳尔逊 · 洛克菲勒退出了竞选，而在约翰逊宣布不再参选后他又回归了，他的这种反复无常的唯一后果是使他失去了早期支持他的马里兰州州长斯皮罗 · 阿格纽。

在尼克松挑选阿格纽作为自己的竞选搭档前，阿格纽在马里兰州以外的地方并不为人知。他自己也坦承说，他的名字“并非家喻户晓”。他的名字在大会上被宣布后几小时，一名记者在亚特兰大市区拦住路人问：“我会对你们说出两个词语。你告诉我它们是什么意思。这两个词就是斯皮罗 · 阿格纽。”一个亚特兰大人回答说：“它指的是一种疾病。”第二个人说：“它是某种蛋的名字。”第三个人的回答稍微沾了点儿边，他说：“他是一个希腊人，拥有一家造船公司。”

《时代周刊》评论说，阿格纽的资历“并不让人信服”。但他还是给尼克松留下了深刻印象。尼克松想要一个顺从听话的竞选伙伴，充当类似他当年为艾森豪威尔效力的那种角色。很难评估阿格纽对总统选举局势的影响，因为他的竞选对手并不是民主党提名的副总统候选人——缅因州的参议员埃德蒙·马斯基，而是第三党候选人亚拉巴马州州长乔治·华莱士。阿格纽谴责“虚伪的知识分子”根本不了解我们口中的辛苦工作和爱国主义。华莱士则攻击“削尖脑袋的”新闻记者、“卑鄙的无政府主义者”以及“冒牌知识分子”。华莱士说，如果警察“能两年一直管理这个国家，他们早就解决了所有问题”。与此同时，阿格纽在底特律发表讲话说：“如果你到一个黑人居住区看过，那么你就已看清了所有。”阿格纽将一名第二代的日裔美国记者称作“肥胖的日本佬”，称波兰裔美国人为“波兰佬”。他的言行非常粗鲁，以至于有一个抗议者在他面前举条幅抗议，上面写着：“要求斯皮罗立即道歉。省得我们之后麻烦。”其他抗议者用来欢迎华莱士的标语则是：“如果你喜欢希特勒，你就会爱上华莱士，华莱士就是罗斯玛丽的婴儿①”。

在总统竞选初期的几周里，落选者之所以如此引人注意，原因之一是先期举行的共和党代表大会气氛非常沉闷。美联社评论说：“理查德·尼克松像是在迈阿密海滩进行冗长无趣的仪式一样取得了胜利。”白修德写道：“深重的厌倦情绪像垫子一样压抑着整个大会。”合唱团唱着歌曲，乐队演奏着音乐。约翰·韦恩朗读了鼓舞人心的“为什么我以身为一名美国人而自豪”。支持尼克松的其他名人也都处

① 《罗斯玛丽的婴儿》是由罗曼·波兰斯基导演1968年出品的美国惊悚电影。片中笃信天主教的主人公最终生下魔鬼的儿子，以致该片在西方社会引起很大争议。“罗斯玛丽的婴儿”一词一时也成为一种邪恶的象征。——编者注

于倦怠状态：如阿特·林克莱特、康妮·弗朗西斯、帕特·布恩、劳伦斯·韦尔克。政治家的枯燥演讲似乎没完没了。唯一有趣的事情发生在大会外围。有消息称，参议员爱德华·布鲁克因为其黑人身份而被禁止参加招待酒会。迈阿密的黑人因此暴发了骚乱，电视台的主播们报道，70 名警察全副武装进入了骚乱区域，之后有消息称有 4 名黑人死亡。尼克松在一个黄色便笺本上草草写出了一篇演讲稿，这次讲话不久就会闻名全国。在讲话中，他号召人们找回美国过去的“受梦想所激励的上进精神”。

美联社报道称，共和党的安全预防措施在“大会参加者的记忆中是最为严密的”。第二次肯尼迪遇刺事件吓坏了特工处，因为当时约翰逊安排该处负责所有重要候选人的安全。在大会举办的城市，特工乘坐直升机在市区上空盘旋。其他特工端着狙击枪和望远镜在楼顶密切监视着往来的人群。一支 30 人的防暴小队整装以待。全部 1 333 名代表每次进入会场时，都要上交所携背包和钱包以供检查。有些民主党人抱怨做得有些过了。两周之后，他们自己的代表大会将在芝加哥召开。

芝加哥即将发生的暴力冲突并非不可避免，但那里具备了形成暴力事件的充足条件。戴维·德林格领导下的负责协调 80 个和平团体的庞大组织——终结越南战争委员会，对芝加哥警察大肆嘲讽。嬉皮士、雅皮士、和平哨兵、麦卡锡工作人员、幻想破灭的自由主义分子——他们自己预测说总数将达到 10 万人，他们会在大会的举办地点国际圆形剧场外面示威。市长理查德·戴利对他们实施了严厉打击。他把芝加哥变成了一个武装阵地。剧场外的检修孔被沥青堵上。大厅周围布满了 7 英尺高的铁丝网围栏，围栏顶部还有棘铁丝。全市的 1.15 万名警察被分成两班，每 12 小时轮换一次。5 500 名国民警卫队的士兵也严阵以待，白宫下令从得克萨斯的胡德堡空运来的 7 500 名陆军也在等待命令。最终发现之前的估计太夸张，只有大约一两万的示威者前来与警察对抗。

大会上（所有这一切都源于此），汉弗莱在第一轮投票中当选，麦卡锡和南达科他州的乔治·麦戈文远远落后于他。唯一真正的争论在于如何在政党层面上处理和平问题。两者中代表政府主张、倾向鹰派的政策，以 1 567 3/4 票获得胜利，而倾向鸽派的另一纲领则得到 1 041 1/4 票。这些数字反映了民主党内部对于越南战争的严重分歧。4 年前，林登·约翰逊在一片掌声中被提名，最后以压倒性优势取胜。芝加哥大会原本定在他 60 岁寿辰那个星期召开，那个星期二正好是他的生日。现在他甚至不能去参加会议。特工处说这样做太冒险。

“停止战争！”顶层座位上的年轻人高喊道。（次日出现了荒谬的转变，市政府的雇员霸占了所有座位，挥舞着写有“我们爱戴利”的条幅。）然而，这星期发生的最具戏剧性的一幕，是大厅内的人对外面所发生的事的反应。与会代表通过电视观看市区发生的一切，参议员阿贝·鲁比科夫从主席台望向下面 15 英尺外的伊利诺伊州代表团，谴责他们“在芝加哥街头使用盖世太保战术”。戴利和他的助手站起身来，边挥动着拳头，边用下流粗俗的话辱骂他——看电视的人能从他们的口形看出他们在骂什么——鲁比科夫冷静地回答道：“接受真相是如此困难。”

事情的全部真相通常复杂难解。如果警察能有老密西校园里的法警那般的勇气和严守纪律的决心，他们的行为就不会遭到议论。与此同时，必须公正地指出，他们中的一些人的确是被公开的挑衅行为激怒了。之后，他们展示了从被逮捕人员手中缴获的 100 多件武器：有折叠刀、插着钉子的高尔夫球、嵌有图钉的棍子、顶部装有剃须刀片的球棒、混凝土砖块以及石块等。

8月3日，大会召开前的那个星期四，青年国际党（雅皮士）到达芝加哥，他们带来了一头名叫“比加瑟少年”的体重有125磅的猪，宣布要推选这头猪当总统；因此引起了一连串后续的事件，这件事就在主要候选人所住酒店的窗户下发生。嬉皮士和雅皮士戴着念珠、穿着凉鞋、胡子拉碴，在人群中十分显眼，他们在芝加哥占地1 185英亩的林肯公园的北面建立营地。他们周末会弹吉他、朗读诗歌并发表演说。在星期六晚上11点的宵禁时间，有12人被捕。没有一人反抗。星期日，仍有2 000人聚集在那儿。下午5点，他们请求警察允许他们把卡车开进公园，作为乐队的表演舞台。警察拒绝了他们的要求。接着，警察逮捕了雅皮士领袖杰里·鲁宾。愤怒的人群喊道：“死心吧，我们绝不会走！”他们一边学猪叫，一边齐喊“胡–胡–胡志明”。新“左”派的汤姆·海登向警官解释，说最后这句话说明不了什么；它只是一种源于德国的在国际上流行的学生口号。警察没有理会他。在宵禁期间，他们会拿着警棍冲进公园里。星期一晚上，他们又这样做了，只是这次行动更暴力。遭到驱赶的示威者沿北面的公路逃走了。

星期二，70名牧师和教士竖起了一个10英尺高的十字架。示威者高唱《我们定会战胜》和《共和国战歌》。那天晚上，300名警察用催泪弹驱赶他们。被袭击的青年人用石头和瓶子反击，喊道：“开枪呀，猪猡！”以及“打我呀，猪猡！”事件高潮发生在星期三。示威领袖宣布，示威人群会从格兰特公园的露天舞台游行到圆形剧场，以此展示他们在反战上的团结。德林格告诉8 000名听众说：“如果你不能控制暴力行为，那么请离开。”许多人因此离开了。尽管是“非暴力”的，一名芝加哥官员仍说：“今天不允许有游行活动。”

游行果然没有举行。取而代之的是后来被一个调查委员会称之为“警察骚乱”的事件。警察用扩音器喊道：“这是最后一次警告。现在马上离开。”示威人群听从了警告，从康拉德·希尔顿酒店退到了格兰特公园对面密歇根大道的一个狭长区域内。撤退时，他们发出猪叫的声音，学德国法西斯喊“欢呼胜利”，并用各种粗鲁言辞来嘲笑警察。在密歇根大道和巴尔博亚大道的交汇处，两队警察正等待着他们。在卡车和那三个总统候选人所在的总部希尔顿酒店的屋檐上有电视屏幕发出亮光，现场被照得一片光亮。人群挤在一块，前后推搡着，挑衅警察，说他们不敢还手，这时，警察呈两列攻击队形向人群发动攻击，他们挥舞着手中的警棍，把单个示威者拖到早已等在一旁的警车上。人群中有数百个女孩在尖叫。这种极其混乱的疯狂状态持续了 18 分钟。而真正发生的不过是一场中上阶层和中下阶层间的斗争。一名记者说：“街上那些人是我们的孩子，而警察正在伤害他们。”诚然，警察也是有他们父母的。

整个一星期里，除了几次大规模的冲突外，巡逻人员和示威者之间以及非示威人群之间的小摩擦也不断发生。仅星期一晚上，就有 21 个报社工作人员受伤。在不同的时间，围观人群、神职人员，还有至少一名跛足者都挨了警察的棍子。《花花公子》杂志的发行人休·海夫纳遭到毒打，英国劳工党成员安妮·克尔太太在希尔顿酒店外遭到棒打，并被关进了监狱。酒店大堂里的客人们也遭到了暴打并被逮捕。酒店空调机组的管道吸入催泪毒气，然后将冷气送入 2525A 套房，在那里休伯特·汉弗莱正通过电视观看自己获得提名的场景。星期五，警察说他们被楼上窗户扔出的沙丁鱼、鲱鱼、啤酒罐、烟灰缸、鸡尾酒杯和冰块等物品砸中。他们猜想（虽不能完全确定）这些投掷物来自15楼角落的1505A房间和1506A房间，那里是麦卡锡竞选的总部。在没有法院文书也没有获得许可的情况下，警察们闯入酒店，坐电梯上去，把房间里的人暴打一顿。

示威人群要求在林肯公园的草地上和小幽谷中过夜，如果戴利市长同意了他们的请求，这些流血事件或许可以避免。这样一来警察可以守在公园边上，等着示威人群厌烦后离开。然而事实却是，市长实行宵禁措施，冲突因而不可避免，而且使其在最坏的情况下发生。青少年聚集在密歇根大道和巴尔博亚大道上，喊着："全世界都在看！"并不是整个世界都在关注这场冲突，但美国大多数的人都注视着——估计有8 900万人正在观看，其中就有在比斯坎湾的兴高采烈的理查德·尼克松。

在芝加哥，白修德于星期三晚上8点5分在笔记本里写道："民主党完蛋了。"事情看起来的确如此，当汉弗莱的竞选最初就呈现出让人讨厌的摇摆不定时，他的支持者们陷入绝望。他面临的主要阻碍在于民主党人离他而去，他们内心完全倒向了麦卡锡，成为给他的竞选戴空白胸章的无用人；此外他不仅没有资金支持，而且缺乏有效的组织，而同时又无法摆脱林登·约翰逊的圈套。约翰逊也不施以援手。他对汉弗莱持斥责态度，似乎认为他是卑劣的。当被问及对汉弗莱的评价时，约翰逊草草地回答说："他太爱喊叫了！"

在这年初秋的几星期里，的确有些事需要他呼喊。尽管准备不够充分，汉弗莱还是一路旅行，途经新泽西、特拉华、密歇根、路易斯安那、得克萨斯、宾夕法尼亚、科罗拉多以及加利福尼亚共8个州，一天经常要做多达9次的演讲，这展示了他的充沛精力，同时他的属下缺乏判断也显而易见。汉弗莱的副手们在前期并没有替他做好准备工作，听众不多且情绪不高。在费城，陪同汉弗莱的一个当地男孩乔伊·毕晓普都比他受欢迎。基本上每一站都会有人出来诘问。在波士顿，反战人群把汉弗莱和爱德华·肯尼迪轰下了台。汉弗莱手下的一个工作人员说，汉弗莱“去芝加哥时带着一只巨大的信天翁”，也就是林登·约翰逊；“结束那里的活动后带着两个”指的是约翰逊和戴利。

他几乎耗尽了他的所有财富。他的言辞时有出彩之处，这时却尽是些陈词滥调。有一次，他竟然说：“民有、民治、民享的政府就像苹果派一样代表美国特色。”约翰逊似乎在蓄意打压他；9 月，汉弗莱说美国军队的撤兵会在当年年末开始，而总统表示“没有人能预测”撤军什么时候开始。在不算华莱士选票的情况下，8 月份的盖洛普民意测验数据显示，尼克松以 16 分领跑总统大选，哈里斯调查则显示尼克松以 40：31 领先。即便是汉弗莱自己也感到沮丧。他说：“我过去曾经追寻过难以实现的梦想，或许现在的我仍然是这样。”

尼克松的竞选过程则完全是另外的情形。他有充足的资金，自己也信心满满。他的时间表常常和网络新闻节目的最后时限保持一致，甚至还给他们留有足够的时间去冲洗照片。他避开辩论的挑战，而共和党参议员阻挠通过一项没有华莱士参加的公共电视辩论的决议。他求助于“被遗忘的美国人”——那些依法纳税，安分守己、遵纪守法的人，他们定期去教堂，教导孩子成为“合格的美国公民”，以穿上军装成为“世界自由之墙的守护者”为荣。

乔·麦金尼斯在《1968 年总统营销》一书中对尼克松竞选团队使用的宣传手段有所描述。一个作家写道，对尼克松而言，政治就是“推销给大众的……产品，今天是这个，明天是那个，这取决于折扣和市场状况”。尼克松的助手小弗兰克·莎士比亚对苏联入侵捷克斯洛伐克的事件表现得非常兴奋。麦金尼斯引用他的话说：“真是一个突破！捷克这件事太棒了！简直把温和派逼入了绝境！”

尼克松说他有一个结束越南战争的计划，但他现在还不能透露，因为这样做会打乱正在巴黎进行的和平谈判的节奏。他允诺指派一个新的司法部长，以恢复法律和秩序，还指责最高法院依据法律细节而释放被告的行为，认为这样做是“放肆地犯法”。他过去支持禁止核扩散条约的签订，但由于苏联对捷克的所作所为，他现在持反对意见。他说，为实现商业的繁荣发展，他会给予企业税收优惠，并实施其他的激励措施，以帮助创造工作机会和减少依靠领救济金度日的人口。他说，美国之所以伟大，“并不是因为政府为人民所做的努力，而是因为人们为他们自己所做的事情”。

10月，汉弗莱开始扭转颓势。

他把芝加哥抛到了身后，也许他忘记了，他的听众也忘记了。他不理睬他的嘲笑者，称他们是“该死的愚人”，把小丑演员埃米特·凯利说成是尼克松的经济顾问，指责他逃避问题。他支持最高法院以及禁止核扩散条约。他提醒工会听众不要忘记民主党政府过去为他们所做的事情。尼克松被称作“胆小如鼠的理查德”；华莱士和他的竞选助手柯蒂斯·李梅将军是“双筒炮”。汉弗莱发明了一种挨个列举民主党人在总统竞选中的获胜者名字的办法——罗斯福、杜鲁门、史蒂文森、肯尼迪，接下来当掌声开始增多时，就顺势把林登·约翰逊的名字插进来。与此同时，他的竞选伙伴则抨击阿格纽。马斯基说：“阿格纽先生说我们缺乏幽默感。”他随后又尖酸地补上一句，“我认为他正尽全力帮我们找回幽默感。”

盐湖城是大选重点。汉弗莱在这里宣布说，他会叫停对越南的轰炸，作为“为了实现和平而可以接受的风险”，于是局势开始转变。10 月 21 日，盖洛普民意测验报告称，汉弗莱已经分走了尼克松一半的优势。人们对芝加哥事件的逐渐忘记是部分原因。此外还因为那一代人习惯把票投给民主党。那年 6 月，盖洛普调查发现，盐湖城 46%的居民认为自己是民主党，27%的人称他们是无党派，另外 27%的人则是共和党。（1940 年的统计数据分别是 42%、20%和 38%；1950 年则为 45%、22%和 33%。）一直寄希望于罗伯特 · 肯尼迪或麦卡锡的自由主义人士，突然意识到实际上只能在汉弗莱和尼克松之间做出选择，后者正是他们过去 20 年来最讨厌的人。一直闷闷不乐地待在里维埃拉的麦卡锡本人，就在大选前 5 天，宣布支持民主党候选人名单。最后，两个候选人在举止上的差距开始显现。汉弗莱处在最佳的竞技状态，而尼克松的讲话则开始听起来像托马斯 · 杜威那样令人难以置信。

在正式选举的前一天的下午，盖洛普民意测验表明，尼克松的支持率为 42%，汉弗莱为 40%，华莱士是 14%，剩下 4%的人尚未决定。从 9 月开始，在华莱士逐渐失势的情况下，汉弗莱的支持率增加了 12%，而尼克松的只增加了 1%。就在那个星期一，哈里斯民意测验显示，汉弗莱以 43%的支持率领先，尼克松是 40%，华莱士是 14%，另有 4%未定。

星期二晚上的确是个万众期待的时刻。尼克松请求选民“赋予其管理的权利”。然而他得到的却是汉弗莱选票的猛增。这在许多分析家看来，如果选举再持续一两天，汉弗莱就可以获胜——事实也的确如此，民主党人感到懊悔，认为他们不该为了和林登 · 约翰逊的生日凑日子而推迟召开大会。电视网电子记分牌上闪烁着分数，竞选的领先位置几度变化。正如美联社所说，这两位竞选领军人物似乎在

“一个州一个州地较量”。午夜后不久，汉弗莱就以3.3万票领先。到凌晨，计票情况显示尽管汉弗莱不能在选举团投票中取胜，但他可能会赢得普选的胜利，这样他显然就能在选举团中阻挠尼克松获得大多数选票，将选举送入民主党席位占优势的众议院抉择阶段。

最终的选举结果是，尼克松301票，汉弗莱191票，华莱士45票。普选结果是尼克松31 770 222票（占43.4%），汉弗莱31 267 744票（占42.7%），华莱士9 897 141票（占13.5%）。两名领先者之间的差距不到0.7个百分点。此外，民主党仍旧控制着国会。尼克松将会是120年来首位在反对党掌控国会两院的情况下组建政府的总统。

在俄亥俄州竞选时，尼克松看见一个13岁的女学生举着一个标语牌，上面写着“让我们团结在一起”。他在大选获胜时讲话说，那件事“让他最为震动”。他真的这样认为吗？对于像他这样一个复杂的人，没有人能够肯定。尚未上任的新司法部长约翰·米切尔告诉30名南方黑人领袖说：“要看我们的实际行动，而不是听我们发表的言论！”之后，在水门事件中，詹姆斯·赖斯顿这样描述尼克松，“他在理论上拥护美国宪法中的每一条崇高原则，在实践中却又全然不顾。”从他当选后到就职前，他的威望很高。大多数美国人都想相信他，想要说服自己相信尼克松知道怎样带领美国从60年代的困境中脱身往高处走。他答应从越南撤兵。1961年以来，在越南战争中战死的美国人达24 291人。当人们得知战争中的死亡很快就会停止，都长舒了一口气。美国需要休养生息，党派政治现在可以暂时放一放。

从他在曼哈顿皮埃尔酒店39楼房间的窗户看出去，这位新晋总统的目光可以越过中央公园郁郁葱葱的树林，看到远处闪闪发光的美国。从走出经济大萧条的低谷以来，美国还从未像现在这般支离破碎。一些人汽车的保险杠贴纸上写着“要么热爱，要么离开”，另一些人的则写着“要么改变，要么失去”，这两种人之间存在着无法填补的巨大鸿沟。要找到共识，只能等到那些突出的问题得到解决之后，其中的第一要务就是战争问题。在社会问题上，即便是埃里克·塞瓦赖德这样的自由评论家都发现自己不自觉地偏向了右派。他看到黑豹党人犯下的累累罪行，不觉心惊胆战。他在电视上看见巴尔的摩一名未婚生下7个小孩的女孩愤怒地将自己的困境归罪于社会，不禁摇头叹息。他看见黑人妇女赶在日落前回家，说道：“除了少数情况外，我难以相信法律与秩序能起到什么规范作用。这个问题在于生存本身。”

对于那些站在分水岭左边的觉醒的年轻理想家来说，似乎世间再没有什么是神圣的：美国国旗、上帝、母性、知识、荣誉、谦虚、忠贞，甚至简单的诚实。1968年，保险核查员发现，社会中欠债最多的群体是申请大学贷款的年轻大学生。一名大学校长写信给欠下大学助学贷款的毕业生，最后收到的却是该学生在山洞中的裸体照片。中产阶级青少年的父辈们曾经遵守的童子军誓言到了他们这里完全失去了效力：他们立志做到不可信任、不忠诚、不助人、不善意、不礼貌、不友好、不服从、不节约、懦弱、卑鄙和傲慢无礼。

许多著名学府的校园常常变成了让人讨厌、甚至非常危险的地方。康涅狄格州的卫斯理公会大学是一所小型的常青藤名校，现在这里彻夜都得用泛光灯照明，夜里从校园经过是不安全的，那里的行凶抢劫曾十分猖獗。各大学面临一个新的纪律问题：怎样处理那些依靠向已成为瘾君子的同校学生兜售毒品来完成自己大学学业的本科生。犯罪行为在某些地方已司空见惯。新英格兰地区某个颇有名望的医生在晚宴招待会上，为了找乐子而告诉客人，他和他的妻子小时候就爱去商店偷窃，现在仍然如此；实际上，餐桌中央的装饰品也是他们三天前偷来的。某学校的一位副主任详细地向一名刚征召入伍的坦克兵讲解毁坏一辆坦克的最好的办法。1967 年 7 月号的《纽约书评》在其头版上发布了很大一张流程图，展示了如何制造燃烧弹：用一块浸满汽油的布条做塞子，一截晾衣绳子做引线，燃料则是用 2/3 的汽油和 1/3 的肥皂粉与尘土混合制成。

理查德 · 尼克松成功当选总统是对此前所有事情的回应，而且是良性的回应。美国此刻不再需要空想家，而需要一个真正意义上保守的政府，即另一个艾森豪威尔时代。这个政府将会抵制住削减税收的诱惑，尽力平衡预算收支，维持美元货币的稳定，降低通货膨胀风险。要尽快结束与中南半岛地区的敌对状态，制定一切外交政策只以美国国家利益作为评估标准。在国内，联邦政府的影响范围将受到明确限制，国会的特权将被恢复，几代人之间、各种族之间、富人和穷人之间、不同地区之间乃至不同宗教信仰之间的联系会被加强。

1968 年，美国的疲软在黑人区表现得再明显不过，当年这些地区的平静是所有人都未曾预料到的。林登 · 约翰逊在春季说："接下来的这个夏天我们会很煎熬，我们在消除缺陷之前会有好几个煎熬的夏天。"尼克松预见到会发生"街头战争"。司法部在处理国内骚乱的问题上变得轻车熟路，甚至还建立了判定大骚乱的标准。如果是暴力事件，则参加人数须在 300 人以上，持续时间至少 12 个小时，还必须有枪击、抢劫、纵火以及大肆破坏公物等行为。（有 150 人参加，持续时间为 3 小时的只能叫作"严重滋扰"。）陆军部训练了共有 1.5 万人的 7 支特种部队来处理市民的骚乱。黑人领袖预言说，等到春天这些会派上用场，因为最大规模的暴动即将发生。

这些领袖确实以身作则。他们教授游击战和巷战课程。争取种族平等大会以向左转的战斗姿态加入了大学生非暴力协调委员会和马丁·路德·金的南部基督教领导人大会，主张强制推进的种族隔离。埃尔德里奇·克利弗的《冰上灵魂》是1968年的一本畅销书，书中把克利弗描述成“美国争取黑人解放运动的一位职业革命家”。詹姆斯·鲍德温把美国称作“第四帝国”，马尔克姆·艾克斯的信徒在组织纪念其逝世三周年的活动时，采取了一种绝非他所主张的释放愤怒的行事方式。就连黑人名人都开始走强硬路线。黑人短跑运动员汤米·史密斯和约翰·卡洛斯在墨西哥城举办的奥运会上获得胜利后，在播放美国星条旗的国歌时，两人都低下了头，用戴着黑手套的手紧握成拳做出反抗的姿势，这多少有损美国的荣耀。7月克利夫兰发生了爆炸事件，人们的普遍反应是“又来了”。一辆拖车被叫到了事故现场，却遭到了狙击手的袭击。赶到现场的警察成为枪手的活靶子。30分钟内，就有3名警察和4名黑人死亡，8名警察受伤。国民警卫队被征调，抢劫和纵火造成的损失达150万美元。在其他黑人居住区，警察提高警惕防范着街道上看似无法避免的骚乱。

然而骚乱并没有爆发。发生的骚乱事件数量不及预料中的一半，其他大城市并未经历像过去3年中所发生的动乱。美联社报道称，“就种族斗争而言，这是5年来最平静的一个夏天。”只有19人死亡，依照瓦兹事件前的标准来看非常惊人，但和前一年有87人死亡相比就不算什么了。原因之一在于，最具煽动性的闹事者都已经不在街头了。他们被关进了监狱，或者成为逃犯。拉普·布朗被捕入狱。克利弗11月下旬在他的假释撤销时消失。休伊·牛顿因杀死一名警察在奥克兰受审，一个黑人领衔的陪审团裁定其有罪。“如果休伊不能回来，就闹到底！”休伊的黑衫党党徒不断叫嚣，威胁说将对所有白人采取恐怖行动，可当休伊因杀人罪被判处2~15年监禁被带走的时候，什么事情也没有发生。

出现相对平静局面的另一个原因，是黑人意识到他们自己是骚乱最大的受害者。他们的商店遭到洗劫，汽车被毁坏，房屋被烧毁，子女陷入危险。瓦兹的一位精神病医生希亚瓦塔·哈里斯说，“我们烧毁自己居住区里的商店的暴乱阶段已经结束。整个运动进入了另一个方向——谋求黑人权力并寻求做人的尊严。”白修德写道，“依照进步的所有传统表现来看”，美国黑人已经在前进的路上。这些改变在细小的地方可以显现出。电视荧幕是其中之一。在电视上，种族融合已成为一个现实。如今几乎每一部剧集里面都有黑人演员。《巴顿地方》中的神经外科医生就是一个黑人，而且黑人“朱莉娅”还是女主角之一。

芝加哥的黑人牧师杰西·杰克逊提出了一种新的更有效的抗议方式，他逼迫白人企业家雇佣黑人工人，否则他就号召他的教众抵制他们的产品。大西洋与太平洋茶叶公司为970个黑人提供了工作，朱厄尔茶叶公司则雇用了661名黑人。杰克逊所谓的“面包篮计划”还说服商人们在两家黑人开的银行开办户头，使银行存款从500万美元增至2 200万美元。黑人现在拥有了经济实力。人口普查局后来发现，年收入在1万美元以上的黑人家庭的比例从60年代的11%增加到28%。他们终于开始进入中产阶级。

剪影：20 世纪 60 年代晚期

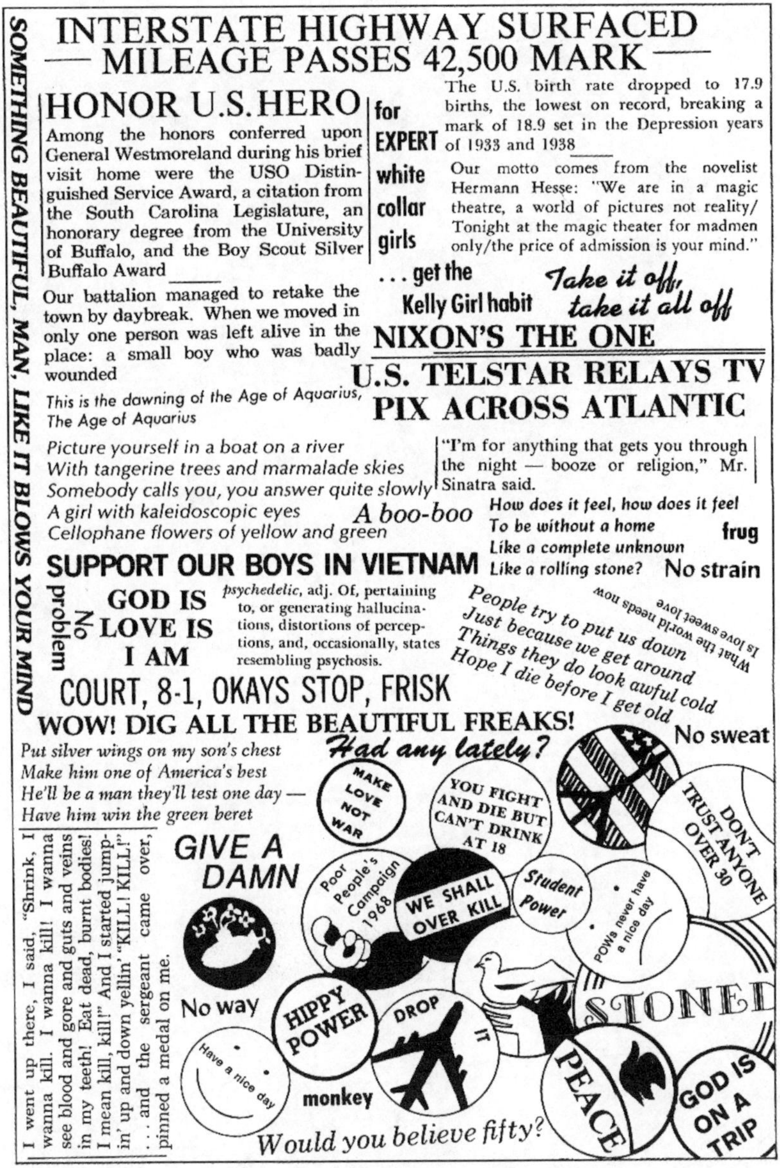

THE

GLORY AND THE

DREAM

A Narrative
History of America,
1932-1972

第五部分
尼克松赢了（1969~1972年）

第三十四章　沉默大多数的崛起

理查德·尼克松眼中的英雄包括民主党总统伍德罗·威尔逊。威尔逊在其当选后于 1913 年公布了所有内阁人选，尼克松于 1968 年竞选成功后有意效仿，决意在电视上这么做。典礼于 1968 年 12 月 11 日在华盛顿肖哈姆酒店的雅典娜神像厅举行。尼克松以“贤内助也该沾沾光”为由，要求各位候任部长携同夫人出席。这一说法惹恼了女权主义者，他们认为这是一种带有性别歧视的傲慢态度。新部长的夫人们似乎乐在其中，美国观众却不以为然。30 分钟的仪式在观众中反响平平，一位批评家颇不客气地称其为“政治版的‘我的职业是什么’节目”[①]。很多人都注意到尼克松老是重复念叨自己的事，他说12位新部长既了解他的特长又明白他的心思，在演讲中他不止10次用到“额外的维度”这个词来说明这种情况。

事实上，新内阁缺乏多样性显而易见。所有成员都是富有的来自共和党的白人男性，其中7人住在阿勒格尼山脉以西，即共和党选票的主要来源地区。几乎所有成员都是商人，其中三人来自建筑行业：沃尔特·希克尔（内政部长），温顿·布朗特（邮政部长）和约翰·沃尔普（交通部长）。缺乏变化倒并非全是尼克松的错，他已尽力想让内阁人员多样化。他早前承诺要组成“一个集共和党、民主党和独立党派成员于一堂的政府”，将美国“各级政府、劳工阶层及各行各业中的男女精英”纳入麾下。但部分民主党中坚力量所在区域并未积极响应他的提议，三名黑人还断然拒绝出任其内阁成员：小惠特尼·扬，参议员爱德华·布鲁克和纽约文官委员会主席埃尔莎·波士顿。因此内阁成员来源单一而非多样化。一位杂志作家这样评论尼克松内阁：“似乎是更多由灰色卵石而非亮晶晶的钢和玻璃组成”，而建造者也是如此。《时代周刊》曾有言：“这些人稳重、能干，但缺乏热情且资质平庸。”但不管他们有何缺点，这些人的正直却毋庸置疑。

威廉·罗杰斯（国务卿），约翰·米切尔（司法部长）和罗伯特·芬奇（卫生、教育和福利部长）等人都是尼克松的密友。有人以此推论他将比约翰逊赋予内阁更多权利。一些尚不知晓霍尔德曼和约翰·埃利希曼的专栏作家预言总统智囊团将成为历史，但总统动向监察团认为例外亦有可能。国家安全事务总统助理亨利·基辛格

① “我的职业是什么”是美国哥伦比亚广播电视公司于1950~1967年播出的一档嘉宾游艺节目，反响强烈。节目形式是邀请名人嘉宾，通过问参与者问题猜出他们的职业。——编者注

渐露锋芒，成为首席顾问。据报道，罗杰斯正阅读基辛格的著作。当时可没人预见到，尼克松的首任国务卿竟是通过基辛格的新闻发布会讲话来跟进美国外交政策的变动。

就职 6 个月后，尼克松获得一个巨大的鼓舞。宇航局 8 年前应约翰 · 肯尼迪总统要求进行的探月计划终于有了回报：阿波罗 11 号成功抵达月球。这是一项艰苦卓绝的事业——2 万个制造商和 30 万名工作人员投身其中。虽然人们对这一切是否物有所值争论不休，而探月成功无疑是一场美国式的胜利。尼克松发表声明指出，虽然探月“曾是一项艰苦的事业，但如今继太空旅行的创举之后，人类实现宇宙间通信成为现实。尽管月球与地球相距甚远，但电视让千家万户能够共同见证登月的伟大时刻”。这里的“千家万户”可不只是美国人，登月过程转播吸引了全球约 5.28 亿电视观众，这是迄今为止收视率最高的电视节目。

探月失败的可能性微乎其微。在 12 年前遭遇首次失败后，美国宇宙空间科学已取得长足进步。1961~1966 年，水星号和双子星号系列的 16 次载人飞行表明人类可以在宇宙中正常生活和工作；徘徊者号、绕月轨道飞行器和“月球勘探者”计划发回的证据显示，月球表面环境不会给宇航员带来危险。但这期间也有一次重大失误。1967 年 1 月，阿波罗 1 号舱体失火，3 名宇航员遇难。计划延迟 21 个月后，载人阿波罗指挥舱升空。1968 年年末和 1969 年年初，宇航局严格按计划每两个半月就发射一艘阿波罗飞船，以期在肯尼迪总统下达的截止日期 1969 年 5 月前完成任务：将宇航员送上月球并在“1970 年以前”安全返航。

1969 年 7 月 16 日上午 9 点 32 分，阿波罗 11 号在肯尼迪航天中心39A发射场由有36层楼高的土星5号运载火箭发射。执行此任务的三名宇航员为：民航机长尼尔·阿姆斯特朗，空军军官小埃德温·巴兹·奥尔德林及空军中校迈克尔·柯林斯。运载火箭的第3级将他们送入距地118英里高的轨道。检查所有仪表系统耗时两个半小时，之后重新点燃了第3级火箭，此时转速达每小时24 245英里，足够冲出地球大气层向25万英里外的月球进发。

距地球5万英里时，柯林斯调动"哥伦比亚"指挥舱，直到和脆弱的"鹰"登月舱（亦简称L.M.）相对。等到"哥伦比亚"与"鹰"实现对接，土星号的第三级运载火箭便立即被丢弃。星期四是探月第二天，宇航员们让"哥伦比亚"舱的引擎运转一段时间，以便进入将于星期六经过月球背面69英里内的一条轨道。在肯尼迪角时间的星期五下午，阿姆斯特朗和奥尔德林爬过连接船舱的通道，进入"鹰"舱。那一天临近尾声时，宇航员们进入了月球重力场，此时他们离月球不到44 000英里，且飞行舱仍在提速。

星期六下午，飞船运行速度降至每小时3 736英里并进入绕月轨道。7月20日星期日早上7点2分，太空航行地面指挥中心（与休斯敦宇航局载人飞船中心有无线电连接）唤醒宇航员们，因为这一天是正式登月着陆的大日子。在"鹰"舱内，阿姆斯特朗和奥尔德林放下登月舱的4个庞大支腿，指挥中心发令："出坞"。于是登月舱与"哥伦比亚"舱正式分离。阿姆斯特朗说："雄鹰有翅膀了！"下午3点8分，阿姆斯特朗启动飞船引擎，逐渐下落，向月球静海而去。

在距月球表面9.8英里时，飞船进入低轨道，飞翔在月球的环形山和火山坑上空。突然，休斯敦指挥中心的一台电脑发出警告，飞船仪表盘上的警示灯闪烁不停。宇航员们不舍得放弃近在眼前的登月机会，于是遵循一名休斯敦年轻指挥官的指示勇往直前。阿姆斯特朗操作控制器，巴兹·奥尔德林大声读出前进速度和高度等仪器上显示的重要数据。最后降落时遇到些麻烦。阿姆斯特朗发现正要降落在巨大而可怕的西火山坑（位于降落目标以西 4 英里，由此得名）时，他们距月球表面不到 500 英尺。如果他打算越过此坑，便会延长飞行时间，燃料将消耗更快；所以必须决定是立刻调头还是冒险降落。就在那性命攸关的时刻，仪表盘上的两盏灯不停地闪烁着"接触月球"！雄鹰成功着陆了！

"休斯敦，静海基地汇报，'鹰'舱成功着陆。"时值东部夏令时的 1969 年 7 月 20 日，星期日下午 4 点 17 分 42 秒。

仔细检查仪器三小时后，两位宇航员向休斯敦请示能否省去原定的 4 小时休息时间，开始出舱登陆。"同意！"休斯敦答复。于是他们穿上价值 30 万美元的太空服并将舱内减压。然后阿姆斯特朗背朝外，沿着一架 9 阶的梯子慢慢向下走。走到第二阶时，他拉了一根绳子打开了一部电视摄影机的镜头，5 亿人便注视着他小心翼翼地走向荒凉的月球表面。

在脚上 9.5B 的靴子接触到月球表面的那一刻，阿姆斯特朗说："对于一个人来说，这只是一小步，但对人类来说，却是巨大的一步。"时值下午 10 点 56 分 20 秒，阿姆斯特朗拖着脚步笨重前行。"月球表面物质的纹理很细，走过之后鞋底和鞋帮粘着一层木炭粉一般的粉末。脚印很浅，大概只有 1/8 英寸深，但我仍能在精细的沙状颗粒中看到自己的脚印。"

阿姆斯特朗把一些粉末放进太空服的裤袋里。19 分钟后，奥尔德林也出了舱，他忍不住惊叹："真美，真美，荒芜凄凉，苍茫壮丽。"阿姆斯特朗把一根标桩打入土里，在标桩上架了台电视摄影机。外形似蜘蛛的"鹰"舱在 60 英尺外，正位于摄影机画面正中，后面是外太空的无尽黑暗。月球上的重力为1/6个G，是地球上重力的16.6%。观众们看着两人像羚羊般跳来跳去，奥尔德林说："当我在一个方向上要失去平衡时，总能轻易自然地恢复平衡。"他们把一面3×5英尺的美国国旗插在月球上，旗面用金属丝固定在旗杆上。奥尔德林向国旗敬礼。他们还埋下了一个放有67国元首发来的电报的盒子和一块不锈钢钢板，板上刻着："公元1969年7月，来自行星地球的人类首次登月。我们为全人类和平而来。"

宇航员们收集了约50磅岩石供科研之用，测量了太空服外的温度：太阳光下是234华氏度（约112.2摄氏度），阴暗处则是零下279华氏度（约零下137.2摄氏度）。他们摆好一条锡箔来收集太阳粒子，架好地震仪记录月球震动，搭好反射镜将各项读数发回给地球上的望远镜。午夜时分，他们回到登月舱，在月球上待了21小时37分钟后，两人发动引擎离开。（指挥中心发令："可以起飞。"奥尔德林答复道："收到，我们在跑道最前面。"）返回轨道后，他们和在"哥伦比亚"舱里的柯林斯会合。柯林斯将两部航天器再次对接，阿姆斯特朗和奥尔德林经通道爬回"哥伦比亚"舱。"鹰"舱则飘入太空，最终会坠毁在月球上。

凌晨1点56分，柯林斯让"哥伦比亚"舱朝向地球，发动引擎，使指挥舱脱离月球重力场。返程约需60个小时。当天傍晚，宇航员们发回一张拍自17.5万英里外的地球照片。奥尔德林说："看着地球越来越近而月球越来越远，这感觉真好。"阿姆斯特朗说："不管身在何处，回家总是好事。"星期四，飞船速度为每小时24 602英里，在太平洋上空757英里的高处重新进入地球的大气层。在这关键的时刻，飞船的外层防护壳被4 000度高温烧焦。指挥舱被云层包裹，和地面失去联络三分钟。

正待命的“大黄蜂”号航空母舰探测到在13.8英里外，“哥伦比亚”舱正借助三个83英尺长、橙白相间的降落伞急速降落，底朝天坠落在海面上，激起6英尺的大浪，舱内三人将另一边的气袋充气后才使它恢复平衡。“大黄蜂”号搭载的直升机在天空上盘旋，引导航空舱到达指定地点。尼克松总统在舰桥上挥舞着变焦距双筒望远镜，船上乐队激昂地演奏着《哥伦比亚，你是海上明珠》。在全美及很多外国城市，教堂钟声敲响，汽笛长鸣汽车喇叭被按响。

刚踏上为期9天的环球行程，尼克松便向阿波罗11号的宇航员发来问候。此间他访问了6个亚洲国家：菲律宾、印尼、泰国、越南、印度和巴基斯坦，此行的主要目的是表明其杜绝像越南战争这种情况再发生之决心。前往马尼拉途中，尼克松在关岛短暂停留，期间向记者阐述了“尼克松主义”：“决定亚洲和平的不是美国，而是亚洲本身，主导权在亚洲人民和亚洲各国政府。”在曼谷时，尼克松直截了当地说：“如果外部侵略会摧毁民族自由，一个国家若过分依赖保护国终将腐蚀民族尊严。”

这话听起来明确直白，但新闻工作者知道，通常当新总统确切言明某事时，事情便将变得不透明了，此次亚洲之行亦是如此。他一边谴责先前美国在越南的投入过量，一边告诉驻越部队：“这也许是美国历史上最辉煌的时刻之一。”他还向泰国人民保证：“美国光荣地与泰国站在同一阵线，坚决打击泰国内外的反动势力。”臆想别人想听的话并说出来是尼克松的老毛病。如果送点月球岩石碎片没让东道主露出笑颜，他或许会暗示马上要派几个师的兵力来。

还有种说法：这是尼克松对共产主义态度的一个过渡期。某种程度上，他仍是随时准备与红色力量对抗到底的冷战主义者，但他也相信全球稳定有赖于以华盛顿为一方，以莫斯科和北京为另一方的两方面力量的互相妥协。从这个意义上说，尼克松的确已发生重大转变。9天之旅临近尾声，他突然灵活起来，前往布加勒斯特与罗马尼亚总统尼古拉·齐奥塞斯库共度一天。为表示友好，他敞开所乘汽车的顶棚在倾盆大雨中前行。群众反应热烈，他们不仅沿路热情欢呼，还竞相拾起掉在人行道上的纸质美国小国旗，而置本国国旗于街边不顾。

为与英国首相哈罗德·威尔逊会谈，尼克松在英国做了短暂停留，这是他在5个月内第二次访问欧洲。上任仅17天，他便宣布将出访比利时、英国、联邦德国、意大利和法国几个"蓝筹国家"①。他深信自己独具外交才华，而他也确实与多国元首交上了朋友，尽管其中结交到的最重要的威尔逊、库尔特·基辛格总理、戴高乐总统不久将退任。就职头一年，他还破例对很多以往冷面相待的国内外人士热情有加。他飞到独立党派中心，把一台曾放在白宫的三角钢琴送给哈里·杜鲁门，还亲自用它演奏了《密苏里圆舞曲》。出于礼貌，杜鲁门没言明其实自己一直讨厌那首曲子。尼克松还颂扬即将退休的首席大法官厄尔·沃伦是"公正、诚实和尊贵的象征"。

尼克松虽不大亲近媒体，但大部分记者仍对他不吝赞美。《生活》杂志的休·赛迪写道："这届政府体现了总统的个人特质——体面、周到、能干、谨慎。"虽然负责白宫新闻的记者认为尼克松在公开场合做作、不自然，但某种程度上，他们仍感激他为配合报道的努力，毕竟身为总统的确不易。他们感激他注意饮食以免出现双下巴，为上电视尽力保持小麦肤色，并精心挑选服装，旨在塑造优雅有品位的好形象。

① "蓝筹"一词源于西方赌场，因在赌局的三种颜色筹码中蓝色的最为值钱，所以在这里用来表示这几个国家是对美国发展最有合作价值的国家。——编者注

渐渐地，在人们心中尼克松的形象显得思虑周全却十分孤独，每天在白宫的各个房间中伏案处理那些已泛黄的法律文案和文件，有时在林肯卧室隔壁的书房，有时在街对面的行政大楼。他比林登·约翰逊更喜欢文书工作，但没那么喜欢跟人打交道。42键的按键话机已搬出椭圆形办公室，因为对他而言6个键就已足够。与约翰逊相比，他似乎也没那么在意新闻，甚至对关系到自己的报道也不大热心。往届总统用过的电传打字机和电视也被搬到外面的一间办公室。他最喜欢的电视节目是秋冬季星期六下午的足球比赛，他似乎总能为此挤出时间。“我知道我所承担的工作理应是世界上最难的工作，但对我而言，它并没有别人描述得那般严重可怕。”

“美国中产阶级”是新闻界当下的流行用语，而尼克松则是其最佳诠释。他喜欢文斯·隆巴迪的拼搏精神、盖伊·隆巴多的音乐、艾伦·德鲁里的小说、葛培理的忠诚、鲍勃·霍普的机智和沃尔特·汤普森的营销技术。他虽大半生都致力于公共服务，却始终对联邦官僚机构怀着中产阶级的不信任感。他颁布的第一条法令就是废除邮政部长选举中的酬谢制度（第二年，应他要求，议会创建了独立的美国邮政系统）。作为美国中产阶级一员，他笃信专家意见，经常向约翰·米切尔、亨利·基辛格、约翰·埃尔利希曼和霍尔德曼请教。赛迪认为尽管尼克松的纸上纲领偏“左”，“他任命的高级官员却正好相反。往届美国政府经验表明，到底还是人在主宰纲领”。在尼克松看来，学说信条意义不大。他具有中产阶级的独特嗜好，即进行各种尝试、不断试错找到可行办法。1969年，他多次提出税制改革，调整最高法院的思想均势，减少越南驻兵，将冲绳归还日本，试图改革福利体系，取缔细菌战并设法遏制通货膨胀。在上任首年，他还表现出中产阶级的谦逊有礼。当顾问们齐聚祝贺他首次欧洲访问圆满归来时，他摆手叫停："为时尚早，尚早，一年后才知道它是否是一次胜利呢。"

他花起钱来可没那么客气。和其他美国首领一样，尼克松过着铺张奢靡的新式生活。年薪29万美元的他在办公室附近有一套房，在戴维营有一处休养寓所，但仍和普通人一样最大限度按揭购房。最初，在佛罗里达州的比斯坎湾，他购进两套价值逾25万美元的砖砌抹灰的平房，以便与密友查尔斯·贝贝·雷博佐在"科科洛博"号豪华游艇上共度闲暇时光。雷博佐是一位靠房地产发家的司机和加油站老板。即便如此，尼克松仍不满足。当园丁们还在比斯坎湾住宅安装10英尺高的树篱时，他又在加利福尼亚州圣克利门蒂购置了价值34万美元的14幢别墅，花10万美元修了个游泳池，还计划在附近的土地上建4洞高尔夫球场，每个球座都用总统纹章标记。

雷博佐和尼克松另一位密友，罗伯特·阿普拉纳尔普（喷雾器阀门发明者），对这两处房产占有约50万美元的抵押权，这在当时还不为人知。此外，在这两处住宅和其他总统亲朋好友常住的房产（如阿普拉纳尔普在巴哈马群岛上的住所）上，联邦政府的花费高达1 050万美元。大部分钱虽用于修建直升机机场和军事通信等必备设施，但布景、家居和供暖系统的花费也不下几十万。

事实远不止于此。单纯从花销上来看，这仅仅才是个开始。4年后，《财富》杂志引用一位前预算局官员的话，估计尼克松的家庭开销约1亿美元。并不节俭的林登·约翰逊拥有3架波音喷气式客机，但其夫人去纽约购物还得乘东方航空公司的班机。尼克松所有亲眷（包括女婿）都搭乘政府专机出行。有5架波音707，11架洛克希德星式喷气式飞机和16架直升机任他差遣。他在戴维营有一个射箭场、一个游泳池和一个保龄球馆。约翰逊在任时戴维营年均开销14.7万美元，尼克松在任时已飙升至64万。此外，尼克松各处房产里总计雇用了 75 名男管家、女仆、厨师、保姆，21 名园丁、维修工，100 名特工，300 名保镖、游艇工作人员以及一队豪车专用司机，他的生活方式王侯风范十足。

任职之初的尼克松是以“救世主”的形象出现的。“史上最伟大的人是带来和平的人。”他在就职演讲中表示自己并不是只谈及越南问题，“我们物质富裕但精神贫瘠，准确无误地探访月球，在地球上却不得安生……我们支离破碎、不够团结。周围都是渴望充实的空虚生命。我们有很多事要做，却指望别人主动。心灵出现危机，只能从心灵层面寻找解决办法。要找到办法，我们只需审视内心……只有停止大吼大叫，只有平心静气地交谈，才能在交流中互相学习。至于政府，自会尽责认真倾听”。

这话确实是对美国困境的明智认识。在刚上任的 8 个月里，尼克松据此寻求解决办法。他压制好战本性，降低音量，保持低调并认真倾听。寻求意见时，他表现得认真负责；竞选时，他承诺“精简”白宫人员；竞选成功后，他说会组建一个“公开透明”的政府，积极寻求“独立思考者”的意见。约翰逊深信美国问题的根源在于权利分配不均和贫穷，而作为共和党人，尼克松及其团队并不赞同并自有说法。他们认为，全国上下陷入苦痛是由于人们不再信仰宗教、家庭、睦邻和《麦加菲读本》提倡的爱国主义。这是小城镇美国人的理念，是共和党的坚固堡垒。信仰的消失并不是这些民众的错，因为如今大部分美国人已搬离小镇，美国上下刮起了攻击最神圣习俗与制度（从国旗到母性）之风。60 年代的狂暴风潮未消，弱肉强食仍是主流。

但 1969 年的某些选举结果表明，这种反抗正使美国向右转。80 年来共和党人首次赢得弗吉尼亚州的领导权，并且在民主党执掌新泽西州16年后，重新夺回政权。加利福尼亚州第27选区把小巴里·戈德华特推选进了国会。自由派的拉尔夫·亚伯勒在得克萨斯州陷入困境；次年年初，他在民主党预选中败在一个保守派手里。凭借在黑人区宣扬严格执法的主张，原本默默无闻的查尔斯·斯滕维格（明尼阿波利斯市的警探）惊人地赢得62%的选票出任市长。萨姆·约蒂是美国南方以外少见的种族主义者，在任期间虽然屡屡玩忽职守、争斗吵闹，且他提拔的三个市政专员都因受贿获罪，但他仍三次连任洛杉矶市市长。

右倾潮流并不是尼克松在国会陷入麻烦的全部理由。在非常保守的大环境下，国防部是神圣不可侵犯的。但在1969年，国防部预算20年来首次陷入困境。自朝鲜战争以来，每年国防部都投入巨款用于军备建设，甚至常常无须实名投票表决。国防部经费从110亿美元飙升至810亿美元，但如今将军们碰到个难缠的国会。越南战争受挫是原因之一，其他原因包括资深陆军士官通过陆军消费合作社捞取回扣的丑闻，对洛克希德C–5A运输机生产成本过高的不满，陆军的化学战争部队载着7 000吨神经毒气越过国境并将其倾倒在大西洋里。但最终让国会拍案而起的是导弹问题：国防部打算建立一个花费将高达上千亿美元的反弹道导弹系统。

国防部认为，苏联若为防止美国回击而先发制人，美国的洲际弹道导弹将不堪一击，从此再难翻身；为避免最坏情况发生，实有必要建立反弹道导弹系统。在以爱德华·肯尼迪为首的参议员反对派看来，这只会使军备竞赛恶化，还不如把经费用于整治污染、救济贫民窟；且该系统的雷达和计算机太过复杂也难以运转。一个技术人员直言：“历史上的‘马奇诺防线’还少吗？”最后，该提案以一票优势通过，但却是皮洛斯式①的胜利。它为日后国防项目的纷争做了铺垫，也埋下了国会和新政府仇怨的种子。6 月 4 日在空军学院讲演时，尼克松嘲讽 49 名对反弹道导弹系统持反对意见的参议员为“新孤立主义者”。富布赖特答道：“对国内和平安定的最大威胁不是河内、莫斯科或北京，而是举国上下的大学和城市贫民窟。”

在围绕最高法院候选人进行的两次恶战中，尼克松和国会反对派间的分歧越发严重。参议院同意他提名沃伦 · 伯格接替厄尔 · 沃伦担任首席大法官；但他提名南卡罗来纳州联邦法官小克莱门特 · 海恩斯沃思接替阿贝 · 福塔斯时，参议院表示强烈反对。在美国劳联–产联及全国有色人种协进会看来，海恩斯沃思是个危害劳工利益的种族主义者。即便这项罪名的杀伤力不够，但印第安纳州的伯奇 · 贝赫出示证据表明，海恩斯沃思利用职务之便为自己入股的公司捞取利益。这次提名以 55∶45 的票数被否决，其中有 17 名共和党人，还包括少数党领导人休 · 斯科特。尼克松说攻击海恩斯沃思是“残酷、恶毒而……不公正”之行为。两个月后，他公布其第二次的人选：佛罗里达州的联邦法官哈罗德 · 卡斯韦尔。

卡斯韦尔的主要优势在于他并不富裕，因此不会像海恩斯沃思有利用公职谋取私利之嫌，可他也有其他不利因素。一个记者在卡斯韦尔 1948 年的演讲中挖出一句话：“种族隔离合情合理，这是美国唯一切实可行又正确的生活方式。”面对这句引言，卡斯韦尔说那句话“实在可憎可恶”，但全国有色人种协进会已铁了心反对他。不久，卡斯韦尔又被披露曾积极参与塔拉哈西某高尔夫俱乐部的排挤黑人行动，在法庭上对民权律师出言不逊，且他的判决常在当事人上诉时被

① 皮洛斯是古罗马的一位国王，在一场血腥的战斗中，以损失大半精锐部队为代价获胜。此词指代价惨重，得不偿失的胜利。——编者注

推翻。针对最后一项爆料，内布拉斯加州参议员罗曼·鲁斯卡好心解释道："即便卡斯韦尔是中庸之辈，但全世界那么多中庸的法官、中庸的人和中庸的律师。难道他们就没有权利担任代表？就不能有点儿机会？不可能所有人都是布兰代斯、卡多萨或弗兰克福特，这恐怕无法实现，也不需要实现。"

事后，有人问鲁斯卡是否后悔发表了那番言论，他答道："后悔，我真的后悔。"一名共和党领袖说："我走到哪儿都能听到那两个字眼——中庸，它简直无孔不入。大批选票正哗哗流走。"在鲁斯卡说那番话前，参议员肯尼迪预计最多有 25 票反对卡斯韦尔；斯科特预计对手党顶多能拿到"30 多票"。结果，对卡斯韦尔的赞成票有 45 张，反对票 51 张。主持人阿格纽副总统宣布："提名被否决。"两天后，尼克松愤怒地对记者声明，只要参议院在民主党手里，"尽管南方的联邦上诉法官和我一样绝对信奉宪法，我也无法让他们到最高法院工作。"

这和他在就职演说中倡导的团结一致相差甚远，却是精心设计的说辞：他将抛弃超党派主义并开始反击。当时，美国上下反战游行表明了民众对越南和平的渴望，尼克松转变战略的第一步便是就此发表全国电视演讲。他说游行实无必要，因为他有一个"撤回全美地面部队并用南越部队替换美军的计划"，即"战争越南化"。他相信计划会成功且希望得到"沉默的大多数美国同胞的支持"。作为对批判者的有力反击，他呼吁道："让我们为和平团结一心，众志成城谋成功。因为我们应当明白：北越无法打败或羞辱美国，只有我们自己人才能。"

盖洛普民意测验表明，77%听众对演讲表示赞同，仅有 6%的人反对。备受鼓舞的尼克松决定让副总统用更为花哨的言辞去打头阵，即阿格纽所谓的"政治两极化"，蓄意孤立反对总统的人。阿格纽嘲讽政见不同者是“一群自我标榜为知识分子的软弱而无耻的势利小人”，他们的支持者则是“热情的寄生虫”和“意识上被阉割的人”，还因此获得总统的热情赞叹。因为当时电视新闻观众高达 7 000 万，且白宫正为有关总统的电视报道愁眉苦脸，阿格纽便将电视定为首要目标。

11 月 13 日在得梅因讲演时，阿格纽抨击“一小撮人，不超过一打的主持人、评论员和制片人独断专行，把影片或新闻评论时间压缩到只剩 20 来分钟呈现给观众”。“这些并非选拔而出的社会名流就是一个与特权阶级隐秘勾结的小帮派……享受着政府正当赋予的垄断权。”他控诉他们歪曲了“国家为实现国内和平稳定所做的努力”。一周后，他集中火力攻击新闻界，点名批评《纽约时报》和《华盛顿邮报》，哀叹“各大公众信息渠道被垄断，越来越少的人实际操控着公众发言权”。支持阿格纽并谴责“东部自由主义权势集团”的邮件纷纷涌入广播电台和报社。华盛顿方面开始怀疑阿格纽是为自己还是为总统辩护，休伯特 · 汉弗莱则说：“要是副总统可以独立于总统或政府而表态简直是没有政治常识。他若将你纳入自己的政治阵营，你就得绝对忠诚。”

夸张的言辞让斯皮罗 · 阿格纽成了那个时代的风云人物，因为这就是一个信口开河、夸夸其谈、矫揉造作的年代，吃葡萄和生菜、穿或不穿内衣都被染上了政治色彩。哥伦比亚广播公司解雇了斯马瑟斯兄弟喜剧团，就因为他们曾让节目嘉宾调侃爱国主义和越南战争。

许多法庭都忙于处理政治纠纷。分别杀害了马丁 · 路德 · 金和罗伯特 · 肯尼迪的凶手詹姆斯 · 厄尔 · 雷和西尔汉 · 西尔汉正被定罪。新奥尔良地方检察官吉姆 · 加里森试图让陪审团相信克莱 · 肖

（一个路易斯安那州歇业商人）密谋杀害了约翰 · 肯尼迪，这堪称美国司法史上最荒唐的案件之一。关键证人是：一个前出租车司机（在催眠状态下含糊暗示肖有罪）、一个瘾君子、一个妄想狂会计和一个伪证者（最后坦白他的证词系捏造而成）。审讯持续了 34 天，陪审团用了不到一小时便投票决定肖无罪释放。

诺曼 · 梅勒竞选纽约市市长，蒂莫西 · 里尔博士竞选加利福尼亚州州长。尼克松任命当时 41 岁的秀兰 · 邓波儿 · 布莱克为美国驻联合国代表（有人说“因为他希望世界也有个美好结局”）。贝尔纳黛特 · 德夫林从爱尔兰赶来，向纽约人筹集资金杀害英国士兵。在旧金山州立大学，19 岁的黑人蒂莫西 · 皮布尔斯在引爆一枚粗制定时炸弹时惨遭意外，双目失明。发誓“在美国发起战争”的学生争取民主社会组织下的地下天气预报员组织在芝加哥发起暴乱，结果 60 人被逮捕、3 人被击毙。1969 年中连续 5 个月，曼哈顿恐怖分子轰炸了马林 · 米德兰 · 格雷斯信托公司、武装部队征兵中心、联邦政府办公大楼、梅西百货、联合果品公司码头、美国广播唱片公司、大通曼哈顿银行和通用汽车大楼。11 月 13 日晚，警方逮捕了三名年轻人及简 · 劳伦 · 阿尔伯特，指控他们密谋炸毁联邦产业。简是一个 22 岁的才华横溢的斯沃斯摩尔学院的学生，出身于社会中上层家庭。其父母缴纳的 2 万美元保证金因其无故失踪被没收。

环境保护主义者对新式大型喷气式客机很不满，纳税人因教师罢工愤愤不平。烟草制造商的日子也不顺畅，因为自 1970 年年底以后他们就不能在电视上做广告。尼亚加拉瀑布水流临时改道让度蜜月的人们十分懊恼。相信飞碟存在的人对空军大为光火，后者耗时两年走访 11 000 个据称有飞碟出没的地点后，得出结论：飞碟根本不存在。反战喜剧《和平》荣获 1969 年纽约剧评人奖惹恼了广大观众，因为其中有一幕是战神将各国冲进大马桶。

对众多美国人而言，全国上下兴起的野蛮情绪以芬克尔斯坦事件最为典型。当杰奎琳·肯尼迪·奥纳西斯看完《我很好奇（黄色）》离开剧院时，《纽约每日新闻》的摄影师梅尔·芬克尔斯坦试图拍照，结果仰面倒在了人行道上。他说杰奎琳用腿以柔道般的招式将他踢倒，杰奎琳则说他是自己不小心摔了一跤。不管事实如何，这位肯尼迪总统遗孀阔步离开芬克尔斯坦和瑞典色情电影院的画面却被另一位摄影师抓拍了下来。她当时穿着黑色紧身皮短裙，背景是“各种红酒烈酒”广告牌，卡姆洛特①似乎已十分遥远。

1969 年也是大学校园最动荡不安的一年。尽管盖洛普测验表明，670 万大学生中有 72% 从未参加过游行，《财富》杂志调查也发现只有 12.8% 的大学生“是革命的”或“持有偏激异议的”，而正是这一小部分人闹得美国上下昏天黑地、几近瘫痪。旧金山州立大学已封校三周。圣马特奥初级大学校长家遭燃烧弹袭击。1 000 名学生和 200 名教职员工集会要求莱斯大学校长下台。圣费尔南多州立大学、霍华德大学、宾夕法尼亚州立大学和马萨诸塞大学的管理部门无计可施，只得向警察求助。芝加哥大学的布鲁诺·贝特尔海姆认为，“这些孩子中很多都是神志不清的妄想狂”，并把他们比作当初支持希特勒的德国学生。学生们的要求没变：黑人要求增设黑人研究课程，白人要求结束美国预备役军官训练营和陶氏公司招募；而不论肤色，所有人都希望越南战争赶紧结束。

校园冲突迅速恶化，往往当局还没弄清楚状况便已一发不可收

① 卡姆洛特是一座与传说中的亚瑟王有关宫殿，第一次是在 12 世纪的法国小说中出现。这是比喻肯尼迪当政的时代（已经远去）。——编者注

拾。在威斯康星大学，名为黑人联盟的黑人学生组织呼吁罢课，美国青年自由组织中的保守成员决定穿过对方的封锁线。双方打成一团，州长连续派来 199 名国民警卫队队员，以刺刀、催泪瓦斯攻击黑人学生。5 000 余名白人进行游行向州政府抗议使用此类武器，教职员工也支持黑人。威斯康星立法机构的回应则是谴责罢课并削减大学财政预算。

在被称为“穷人哈佛”的纽约城市学院，波多黎各与黑人学生把自己封锁在南校区，发表宣言，要求学校的入学人数应反映纽约的种族比例、引入黑人研究项目且控制权由他们掌握。考虑到这会危及学术标准及学位含金量，白人学生也坐不住了。在接下来的冲突中，一个大礼堂被焚毁。比尔 · 加拉格尔校长两次关闭学校，随后索性辞职。无奈之下，教职员评议会通过了一项令人难以置信的提议：下一届新生必须有 40% 的黑人和波多黎各人，即便他们未达到纽约城市学院的录取标准。从此，该校再也担不起“穷人哈佛”的美誉了。

4 月 9 日，哈佛大学也爆发了冲突。学生们闯进校办公大楼、驱逐校领导、抢夺机密文件。内森 · 普西校长只得召集 400 名州警强行进入大楼，逮捕了 197 名学生。被捕学生的 6 000 名同学在哈佛体育馆集会，投票决定罢课抗议。教员们提议撤销对 197 名学生的控诉，校长同意，法官却不赞同。他决定每人罚款 20 美元以示对非法入侵的惩罚；以殴打系主任罪判处一名 25 岁的研究生一年徒刑。随后学校正式通过教员决议，同意原先游行者的主要要求：结束哈佛的美军预备役军官训练项目。

那年春季，康奈尔大学虽不像其他学校那般动荡，但伊萨卡本地特色也不容小觑，拍摄于那里的系列照片让世界震惊。4 月 19 日，250 名黑人本科生占领了学生会中心威拉德 · 斯特雷特楼，要求成立非裔美国人自治学院。楼内谣传一队白人武装正赶来，黑人学生们便找来了武器。詹姆斯 · 珀金斯校长说："这样一来事件性质完全改变"，于是决定满足抗议者的各项要求。报纸刊载的照片显示，当大楼占领者们走出大楼时，已武装到牙齿：手里紧握步枪，胸前交叉挂着弹药带。教职员工推翻了校长的决定，不久又反悔。校董们要求进行调查，珀金斯校长随后辞职。

这一切都被政府密切关注。可以想见，尼克松政府同情除了造反学生以外的所有人。卫生、教育和福利部长芬奇致信美国所有高校校长，说明美国逾百万大学生若再滥用权力，政府将撤销现有的一切补助。圣母大学校长西奥多 · 赫斯伯格牧师发出警告，任何采用武力的学生都将被开除并以非法入侵罪被控告。尼克松迅速致信赫斯伯格，称他"亲爱的特德"，"你态度坚决，值得赞赏"，还让他把对学生风潮的看法告诉副总统阿格纽。阿格纽当时正要与州长们会晤。赫斯伯格建议要谨慎行事；他认为："即便最激进的学生也试图让社会看清一些事，这在今天或许值得思考。"官员们采纳了他的意见，拒绝了罗纳德 · 里根要求由联邦政府进行对学潮调查的提议。

若说黑人激进分子在校园兴风作浪，那他们在大多数中心城市却十分低调。第二个夏季贫民窟都相安无事，人们的心境也悄然变化。60 年代中期的动乱打开了各城市市政交流的新渠道，大城市也配备了训练有素、装备齐全的防暴警察。选举成为黑人关注的新焦点。随着黑人选民登记率飙升，在很多地区选举黑人代表逐渐代替暴力反抗社会成为另一个可行方案。霍华德 · 李于 1969 年成为北卡罗来纳州查珀尔希尔市第一任黑人市长。查尔斯 · 埃弗斯当选密西西比州费耶特市市长，他的竞选口号是："不为选黑人，不为选白人，只选好人。"

尼克松认为新政府在种族纷争中起到"折中"的作用。无论如何，这减缓了废除种族隔离的进程。约翰逊的政策是对未能实现黑白学生同校的学校将不再补助。尼克松将其否决并表示："联邦政府削减资金会影响学生接受应得的教育，这可不是取消种族隔离的目的和胜利。"尼克松在任职初期召开的一次记者会上承认，不管他以前表现如何，黑人已不信任他，觉得他对黑人漠不关心。竞选时，他多次承诺将努力实现"黑人资本主义"，但此后再无下文。反倒是1969年8月，芬奇提议密西西比州各校暂缓取消种族隔离。

很多人认为这是在讨好南方白人选民，可惜未能见效。10月下旬，沃伦 · 伯格出任首席大法官后，最高法院一致裁定，"每个学区都有义务终止双重学制，现今和以后都只能实行单轨制"。尼克松回应"将充分尊重法律"，竭尽全力贯彻该项法令。

虽然闹学潮系少数人所为，但为标榜个性，大部分美国年轻人在着装、言语、行为方面亦刻意区别于成人。很大程度上，他们引人注目是由于张扬离谱的生活方式，但不可否认，他们身上的其他特质亦不容忽视。这是战后婴儿潮的必然结果。1960年，美国14~24岁的年轻人共计2 700万。60年代末人数为4 000万，占总人口的20%。鉴于庞大的青少年团体和富裕的成长环境，青少年的反主流文化必将发展壮大。只要足够多的年轻人参加了某项活动，该活动定会风靡一时。1969年8月15~17日那个周末举行的"伍德斯托克摇滚音乐节"便是一例。

事实上"伍德斯托克"名不副实。负责策划、宣传的是两个24岁的年轻人，他们最初将地点定在纽约州哈得孙河旁的伍德斯托克村，还登了广告。但由于分区法规和当地人反对，音乐节才被迫迁至距纽约市西北70英里的白湖贝瑟尔的卡茨基尔镇，借用了马克斯 · 亚斯格的600英亩奶牛场。宣传人员希望年轻人能找到这个地方，预计7美元一张的票能卖出5万张。

他们严重低估了音乐节的吸引力，40 万人浩浩荡荡地涌入马克斯 · 亚斯格的农场。贝瑟尔也突然成为该州第三大城市。很多涂满迷幻绘画的汽车、摩托车、小型公交车被遗弃在附近公路上；卡茨基尔公路的所有出口都严重拥堵。向如此一大群人收费显然不切实际，主办方只能亏损 200 万美元。这是在伍德斯托克出的第一个岔子，另一个便是天气。两场大暴雨将农场变成一片汪洋。年轻人缩在湿透的睡袋里，簇拥在毯子和衣服搭成的塑料帐篷和坡屋里。缺水缺食物，甚至没有卫生设施，这场音乐节本可能演变为可怕的灾难。

但结果却获得了巨大成功。看着密密麻麻的人群，一个表演者说："若想成功，我们必须记住我们是一家人。"事实证明他们确实记住了。一个警官说："在我 24 年的警察生涯中，这群孩子是我见过最有礼貌、最体贴、最有教养的孩子。"

最有力的援手来自这群人自身。一个名叫肯 · 克西的"快乐的恶作剧者"的大篷车队从俄勒冈州远道而来，向人们发放高蛋白的葡萄干肉汤、燕麦、花生，还搭建了医疗帐篷。猪庄（一个在新墨西哥州陶斯县的群居村）的 100 位社员也及时伸出了援手。但这次音乐节如此成功的真正秘诀是对年轻人具有致命吸引力的迷幻摇滚。亲临现场的杰弗逊飞机、克里登斯清水复兴合唱团、斯通家族、吉米 · 亨德里克斯、琼 · 贝兹、詹妮丝 · 乔普林都是年轻人心中的英雄。就算在演出现场见不上面，设在舞台周围 80 英尺高架上的扩音器已把他们的声音传播开来。因此，尽管天公不作美且时有不如意，但在这群系着头带、穿着喇叭裤和扎染粗布短袖、戴着念珠的年轻人的努力下，这次音乐节已成为一代人团结一致的象征，以至后世的人们每每提起，都称他们为"伍德斯托克一族"。

在外界变幻莫测的年代，同辈群体间加深感情联系是必然。伍德斯托克是1969年最壮观的摇滚音乐节，但绝非独一无二。同年，最高法院驳回约翰·伯奇协会的反对意见后，在特奈诺附近的一个大牧场、得克萨斯州的刘易斯维尔（一位治安官说："这群人比达拉斯球迷好得多。"刘易斯维尔市长则告诉记者，唯一的问题在于年长的得州人，他们一直盯着在加尔扎小榆树水库裸泳的年轻人）、路易斯安那州的普雷里维尔亦有活动举行。表演者包括感恩而死乐队、罐装的热气乐队、乡下佬乔伊和鱼及铁蝴蝶乐队。

这一盛况甚至超越了国界。这已成为一种美国现象，而且美国身为全球霸主，摇滚乐音必然在西欧会得到回应，这其中以英国为最。英吉利海峡的怀特岛上随处可见"助鲍勃·迪伦压沉怀特岛一臂之力"的条幅。15万个"着奇装异服、'性别不明'的青年"积极响应。音乐响起36个小时后，迪伦本人身着白色套装、黄色衬衫和绿色靴子抵达现场。一个女歌迷脱掉衣服、裸身起舞，尖叫着："我只想要自由。"伍德斯托克遭受亏损，怀特岛上的活动却盈利颇丰。

这里有些悖于常理的东西。活动主办方和表演者都赚到盆盈钵满，但给他们带来财富的反主流文化的信条却是坚决反对物质的。与摇摆乐不同，摇滚还背负着精神层面的含义，这也是许多老一辈美国人不喜欢摇滚的原因之一。他们认为摇滚提倡的生活方式和社会信条是不爱国的、没有信仰的、不道德的，甚至更为恶劣，这并非全无道理。1969年，人们担心的事终于成为现实，一群嬉皮士胡作非为，犯下堪称美国史上最可憎的谋杀案。在憎恶当代年轻人的人看来，这是噩梦成真的有力证据，而那群长发年轻人逃脱罪责更是挑战了他们忍耐的底线。

受害者是身怀六甲的金发女演员莎朗·塔特及其4个朋友。8月的一个早晨，在洛杉矶仙乐大道10050号一幢能够俯瞰祝福峡谷的宅邸内，有人发现了他们惨遭肢解并被摆成怪异形状的尸体。4 个月后，凶手浮出水面：死亡谷边上一个嬉皮士群居村的成员，他们也是另两起谋杀的罪魁祸首。罪犯头子是查尔斯·曼森，一个 35 岁的惯犯，据说还是个大块头的色鬼。凶手都是他的信徒：一个神经错乱的得克萨斯州青年和三个任凭曼森差遣的漂亮姑娘。白天，他们扛着机关枪、开着用偷来的大众汽车改制的沙滩车四处游荡（曼森深信将爆发种族战争）。夜晚，他们要么随意杀害陌生人，要么滥交乱交。

若曼森及其同伴代表嬉皮士浪漫主义的黑暗面，光明面则是年轻人的社会良知。人类自相残杀、破坏环境让优秀青年痛心疾首。生态问题最少引发争议：保护环境再必要不过，污染已不容忽视。盖洛普测验表明，70%的美国人已把环境问题列为国内问题之首。不仅是年轻人意识到这些威胁，社会各阶层都这样认为。联合国宣布计划召开人类环境会议；总统建立了环境质量委员会；各州长和市长纷纷委派组建生态委员会。路易斯维尔一家设备陈旧的工厂每天排放 11 吨粉尘。市民们戴着防毒面具，拿着 13 000 人联名签字的请愿书游行到了市政厅。工厂被迫安装新锅炉，使得每日煤烟排放量降至 100 磅。

这对路易斯维尔意义重大，但在美国范围内不算什么，治理污染的形势仍十分严峻。各种燃烧行为每年产生 1.4 亿吨烟尘；单是洛杉矶的汽车每天就排出 1 万吨一氧化碳、2 000 吨碳氢化合物和 530 吨氧化氮；其他空气污染物包括氧化硫、硫酸烟雾、粉煤灰、煤烟以及砷、铍、镉、铅、铬和锰等微粒，每年仅财产损失就达 110 亿美元；受烟雾影响，尼龙袜逐渐分解，房屋油漆剥落，建筑物变色发黄，人行道覆盖上了绿色黏液，橡胶发脆碎裂，衣物褪色，窗玻璃被腐蚀，人们的牙釉质脱落，肺病紧随而来。这些腐蚀、吞噬、磨损侵占着人们的身体和工作。

这些并非新鲜事，但直到1969年，接二连三发生的事件才引发全美对环境问题的真正关注。东海岸的哈得孙河、康涅狄格河，西海岸的哥伦比亚河沿岸核电站造成的热污染杀死的鱼数量以吨计；滴滴涕给海鲜业带来巨大损失，甚至美国的象征秃鹰也受此影响而濒临灭绝。据报道，曼哈顿空气中一氧化碳的含量是联邦政府设定的危险等级的两倍；佛罗里达州国家湿地公园因修建大型机场而惨遭侵占；加利福尼亚州国家红杉公园也因修建通往滑雪胜地道路而面临威胁。

19个义愤填膺的环保主义者团体将抗议诉诸法律，机场修建被迫叫停。塞拉俱乐部弄来临时法庭判令，阻止了迪士尼制片厂的修路计划，但也不是长久之计。1969年可以说是金州[①]环境的灾难年，当年自然条件不佳也是原因之一。三场风暴接连冲击了圣加布列尔山脉，带来52英寸的雨量，桥梁被冲垮，数以百计的房舍被冲到山脚；单是卡彭特里亚就有291户人家、7 200人受灾。圣安德烈斯断层发威，使人们处于地震的威胁中，从旧金山一角直至洛杉矶以东20英里情况堪忧。自1906年大爆发后，断层一带承受的压力不断累积，早就预报过的地震尚未发生。加州人民却无比乐观地面对一切。车尾贴上写着“加利福尼亚州应被公平对待（该被好好震一震）”。1969年加州的畅销书之一《伟大加州之末日》便是有关一场虚拟地震的故事。事实上，现有记录表明，震感较为明显的只有4月28日的震动，震中还是在渺无人迹的荒野。

但那一年，地质断层给加州人带来的灾难远不止于此。另一条断层带本身的危急情况加上人类的愚蠢引发了美国1969年的生态噩梦。1月下旬，一台已钻到大西洋以下3 486英尺处高压油气层的油钻有

① 即加利福尼亚州，被称作“金州”。——编者注

磨损。为替换磨损的钻头，油钻被撤出。结果突然发生井喷，钻台周围满是直径200英尺的油泡。油井失控带来的巨大压力沿着海底砂石和页岩裂缝（地图上没有标注）散播开来，后果极为严重。虽然钻井工人们在11天内堵住了钻孔，但石油仍持续如沸水一般向四周喷涌而出。

钻井平台以东6英里便是洁净无瑕的圣巴巴拉海滩，那里的地价高达每英尺2 000美元。2月第一周，深受圣巴巴拉人喜爱的40英里长的顶级海滨开始变黑。几十万加仑黏糊糊的原油附着在游艇和渔船上，因此而形成的浮垢只有用高压蒸汽才能清除。据一位《运动画报》作家报道，浮油“厚得让海水无法起浪，还发出嘎吱声……我从峡谷穿过回到1英里外的家，身上的石油味都没消散……从空中俯瞰，潮汐线像是用黑色蜡笔在地图上画出的粗重黑线”。

这场灾难最使人震惊的是它夺走了无数海洋生物的生命。蚌类和岩虾即刻死亡；海豚和海狮不见踪影；鹈鹕掉进石油污染的海水里后迅速下沉，再无法挥动被粘住的翅膀；沙滩上满是矶鹞、鸬鹚、鸥、鸊鷉和潜鸟的尸体，它们的眼睛肿得可怕，内脏已被石油灼伤。奥杜邦协会的人说：“现场真是惨不忍睹”；一个路人说“简直令人作呕”。居民们集会抗议，在政府办公楼附近贴满“取缔石油”的海报并组建了名为“清除石油”的新生态团体。各种诉讼案要求的赔偿金额高达10亿美元；清理成本预计需要300万美元。

华盛顿收到超过1.2万封电报和信件。一开始政府方面还积极回应。美国内政部规定，当钻探深度超过239英尺时，钻头必须用管道包裹，这其实是传统做法了。更重要的是，圣巴巴拉海峡钻井租约被叫停。众多石油企业的大笔投资受困，于是开始向政府施压。一年前，12家公司斥资6.03亿美元买下太平洋1 000平方英里内的石油钻探权，如今他们要求恢复租约。9月，尽管地质学家警告裂隙仍存在，且失控井道还在渗漏，尼克松政府还是应允了石油企业的要求。

年轻人在各种环保游行中的表现尤为抢眼。他们在佛罗里达州散发请愿书，召集大批人游行到路易斯维尔市政厅门口，还建立“洗刷店”救助受难的加利福尼亚州鸟类。但是，他们到底是出于真心实意，还是仅仅享受反抗的快感，这又是另一回事。他们有时明显前后矛盾，比如虽积极抗议环境污染，却因为热情地光顾垃圾食品商店而造成另一种形式的污染。

自20年代以来，出售高热量低营养食物的快餐货摊逐渐成为美国路旁的一道风景线。直至60年代，它们才遍布郊区，成为特许经营业的主力，形成美国城郊如出一辙的景观。特许经营，即有偿获得某商号的联名经营权，这是一个特殊的时代标志。假日旅馆、米达斯消音器商店、希戈加油站、霍华德·约翰逊汽车旅馆也采用了这种模式。但和烤肉快餐馆和冰激凌店相比，它们发展得还算中规中矩。1969年，最高联营权价码来自一家麦当劳汉堡店，其价格达到96 000美元（“供应已超过50亿份”），其后是艾德熊的37 000美元，肯德基炸鸡店是245 000美元（“让你意犹未尽的美味”），冰雪皇后冰激凌店为7 500~30 000美元不等（视位置而定）。唐恩都乐甜甜圈、宝义、哈迪、汉堡王、米妮宝炸鸡、巴斯金罗宾斯冰激凌、罗伊·罗杰斯烤牛肉和国际煎饼屋等吸引着几百万青少年。

年轻人若认可这些，那他们也会认同那个年代的另一种金融现象：跨行业集团。其中最著名的便是国际电话电报公司，它旗下行业包括酒店、汽车出租行、保险公司、面包店和通信设备制造厂。但对热心政治的年轻人而言，跨行业集团是个和政府合同挂钩的肮脏字眼，亦和越南战争相关。而与污染相比，越南战争才是更险恶的敌人。此时，反战游行者和他们的批判者都热情高涨，这代正在成长起来的年轻人此时的立场将使他们留名青史。

1969年，停战是抗议的核心，首个动员日定于5月15日。尼克松提前表态："在任何情况下，我绝不会受到影响。"由此引发大批民众去教堂鸣钟、佩戴黑袖章、举着标语牌和蜡烛四处游行，以示坚决反对美国卷入中南半岛战争。星期三，波士顿公园聚集了90 000人、纽约20 000人、华盛顿22 000人。部分大学校园的半数学生加入了示威队伍。惠蒂尔大学代理校长的夫人点燃火炬，表示战争结束才会熄灭它；该校最著名的校友便在白宫里。

11月15日恰逢周末，所谓的新动员活动持续了三天。这次的焦点是华盛顿。警方估计将有25万人，新动员委员则说会有共80万人参加。虽无法得出精确数据，但如此大规模的游行在美国还是前所未有的。由于白宫宣布总统将在室内观看足球比赛，首批游行的4万人便故意经过白宫，人手一张卡片，每张都写着一个丧生于越南战争的同胞或毁于战火的越南城镇的名字。浩荡的人群从阿灵顿出发，步行4英里来到国会山，在这儿把卡片放进覆盖着国旗的巨大棺材里。

一切都井然有序，军队预备的9 000名士兵没了用武之地。总统助理赫伯特·克莱因、共和党参议员休·斯科特、约翰·谢尔曼·库珀等人夸赞了游行队伍的克制精神。司法部长约翰·米切尔则表达了少数派观点。美中不足的是，周末发生了两起暴力小插曲：一个学生争取民主社会组织小队攻击了南越大使馆；一群雅皮士试图闯进司法部大楼，他们均被催泪瓦斯击退。米切尔得知后表示，尽管"大多数人遵纪守法"，但游行仍伴随着"大量人身伤害、财产损失和街头对峙，总之我认为这不是和平集会"。

斯皮罗·阿格纽表示赞同，华盛顿方面也并不惊讶。可以肯定的是，不管政府中其他人员态度如何，司法部长和副总统定会严惩犯法者。

堪称美国版利迪策[①]的美莱村位于越南南海之滨的广义省，这本是个鲜为人知的小村庄。然而在炎热潮湿的 1968 年 3 月 16 日星期六，该村成了 567 名老弱妇孺的葬身之地。即便在当时，实施暴行的小威廉 · 卡利中尉及其手下的一排人也不了解这个村庄。他们叫它粉红村，因为在前一晚排长简报会发的军用地图上，这个区域被涂成了粉色。

卡利及其属下隶属巴克特遣队，该部队以陆军中校小弗兰克 · 巴克命名，他三个月后死于直升机坠毁事件，因此再难知晓他在“3 · 16”事件中是何角色。事件中的挑衅事由也无法弄清楚，这些疑问都在对卡利裁决的军事法庭上提出。该队分属的第 11 步兵旅查利连已在越南待了三个半月。在此期间，190 名队员中的半数死于饵雷和狙击手的射击。简报会上，中尉获悉美莱村已被越共第 48 营占领。于是，连长欧内斯特 · 梅迪纳上尉（事后宣称不知道该村只有老弱妇孺）命令卡利带人荡平美莱；卡利又将指令传达给下属。黎明时分，他们乘直升机抵达美莱，将 M16 自动步枪上好膛，准备就绪。

然而他们着陆后，越共不见踪影，那儿只有手无寸铁的平民。据二等兵保罗 · 戴维 · 米德罗说，他们把村民赶到两条铁路交叉而过的“小岛似的”村子中心。卡利下令射杀村民，米德罗是遵从指令的人之一。他后来说：“我用了 4 个弹夹（68 发子弹），杀了大概 10~15

① 利迪策惨案是“二战”中纳粹德国在捷克斯洛伐克的利迪策村进行的对无辜村民的屠杀。这一惨案发生于 1942 年 6 月 10 日，共有约 340 人遇难。——编者注

人。”他旁边的卡利用步枪扫射已被团团围住的村民。接着，他们把七八个人赶到一间棚屋（即步兵所谓的“窝棚”），直接往里面扔了一颗手榴弹。

一段L型排水沟是第三阶段屠杀场，它将在佐治亚州本宁堡军事法庭为世人知晓并遗臭万年。士兵们在那儿进行了流水作业似的大屠杀。一个步兵在本宁堡做证说道：“村子里有各式各样的人，男女老幼被分成小组，被迫站在水沟里以便卡利中尉开火。”另一个目击者讲述了一个和尚和一个婴儿如何惨死于卡利之手。和尚穿着宽大的白色僧袍，伸出双手似乎在祈祷，嘴里不停地念叨：“没有游击队，没有游击队。”卡利用M16步枪的枪托猛砸他的嘴，然后调转枪口“对着和尚的面部开了一枪，轰掉了他的半个头”。至于婴儿，“卡利中尉抓着婴儿手臂把他扔进水沟，随即一枪击毙”。

一个名叫赫伯特·卡特的休斯敦士兵说：“我们走遍全村也没发现越共。村民们陆续走出棚屋，我们的人就开枪，焚毁棚屋；或者先放火烧屋，将人们逼出棚屋再射杀；有时把一群村民围起来集体扫射，这持续了一整天。”

据他的同伴反应，迈克尔·伯恩哈特中士拒绝参与屠杀，说这是“滥杀无辜”。伯恩哈特表示：“只有少数人说不，我对他们说，无论如何，我可不干这勾当，这指令不合法。”二等兵理查德·彭德尔顿到达美莱时，大部分人已停火，“但有人仍在开枪……地上、水沟里、稻田里到处都是尸体”。只有一个士兵受伤，他是为了不加入屠杀而故意朝自己的脚开了一枪。

目击者中有两个士兵事后的回忆产生了特殊的影响。陆军摄影师罗纳德·黑伯利用三部摄影机记录了美莱惨案。其中一部摄影机归军方所有，已交还；另两部是私人财产，因此得以保留。第二个人是直升机驾驶员小休·汤普森准尉，他从高空看到L型水沟时便上报指挥官。他后来说："我感觉不对头，实在无法理解水沟里怎会有尸体。"汤普森回到村庄救下了16个小孩，陆军部以"奋不顾身"为由授予他"卓越飞行十字勋章"。

这是唯一能表明军方意识到美莱出事的迹象。12天后，巴克上校提交了一份战况报告，称此次进攻"计划周密，执行有力并且成功完成"。用随后国会报告里的话说，"有理由断定美国军方对美莱事件有所隐瞒"。很久之后事实被揭露，师长塞缪尔·科斯特少将（当时为西点军校校长）被降职；他和副师长均遭到公开谴责，他们的杰出服务勋章被没收。但在当时，甚至此后一段时间内，几乎没人想到会发生这种事。罗纳德·赖德诺尔（早前在夏威夷就役于查利连队）是第一个为美莱事件采取行动的人，但屠杀当天他并不在场，一个月后他从战友处听说此事。一年后，作为一名退伍老兵，他将传闻写成报道，给尼克松、主要议员、国防部和国务院官员各寄出一份。他控诉道："1968年3月，在越南共和国一个名叫'粉红村'的地方，确实发生了十分黑暗血腥的事情。"

这封信写于1969年3月29日。4周内，陆军部对屠杀案展开全面调查。8月4日，宪兵队长收到证据；同月，国防部收到摄影师黑伯利照片的复印件。9月5日，即卡利被解雇的前一天，他被控杀害109名越南平民，包括梅迪纳在内的其他人也受到指控。举国震惊的审判持续了4个月后，只有卡利获罪。屠杀事件一经爆出，便有人在记者发布会上询问尼克松的看法。他说："这当然是绝对没有正当意义的大屠杀。""我们在越南奋战的目标之一就是让人民……远离以残暴著称的政府。"

1971年，卡利因杀害22名越南人被判死刑。这时国内的氛围却发生了惊天大逆转，尼克松也迅速感知到这一变化：大部分美国人似乎认为卡利是替罪羔羊。一个评论员讽刺地把这种看法描述为“根本没这种事，而且越南人活该”。维京出版社宣布斥资 10 万美元买下卡利回忆录的版权。在卡利被定罪三天后，大农场牌的唱片《卡利中尉的战歌》售出 202 000 张。歌曲开头有一段甜美的画外音：“这是一个小男孩的故事，他的愿望是当一名士兵，竭尽全力效忠国家。”之后便是：

> 我叫威廉·卡利。我是祖国的一名士兵。
> 我发誓尽职尽责，力争上游。
> 但我们列队前进时，
> 他们说我是坏蛋，
> 给我打上了烙印。

白宫宣称，公众来信中 99%的人都反对判决。尼克松下令将卡利从本宁堡营释放出来，转移至部队公寓软禁。两天后，白宫发表声明：“总统于昨天决定，在卡利中尉案下达最终判决前，他将亲自复审并最终定案。”稍后，尼克松又改了主意，但似乎只是在利用战争罪行玩弄权术。卡利的起诉人奥布里·丹尼尔三世上尉义愤填膺，致信尼克松表示：“对总统在公众的吵嚷声中插手诉讼备感震惊与沮丧。”

在罗纳德·赖德诺尔寄出美莱陈述 5 周后，约翰·查菲海军部长宣布，政府将过问另一个部队军官案件。涉案军官是“普韦布洛”号的海军中校劳埃德·布克。他在朝鲜代表美国官方承认了间谍行径，道歉并保证绝不再犯后，与全体船员得到释放。布克在板门店出示相关材料时，吉尔伯特·伍德沃德少将说，布克签署协议是为了“解救队员，只是为了让船员重获自由”。他当时所承认的内容并非事实。但国防部仍对此耿耿于怀。海军建议将布克移交军事法庭处理，查菲否决了这项提议，因为布克和他的队员“已受尽苦头”。

此后几年虽换了总统，对军方而言仍是多事之秋。1968 年竞选，提及布克丢失船只一事，尼克松说：“除非美国回击此类侮慢行为，不然他们只会得寸进尺，从而给美国招致更多‘普韦布洛’号事件。新政府必将竭力杜绝此类行为……不留任何余地。”尼克松就职不到三个月，耻辱的历史重演，而他的反应和林登 · 约翰逊一样无力。这次出事的是空军版“普韦布洛”：一架被海军称作 EC121 的改装版洛克希德超级星座机。EC121 并没有武装，载着 31 位工作人员和 6 吨监听假想敌的通信电子设备。4 月 15 日，朝鲜将其击落，所有人员丧生。这次的事发地显而易见且不容辩驳。苏联船舰也表示事发地在离岸 100~120 英里的国际水域。

尼克松的第一反应便是报复，但三思之后发现任何方法都不成。除去极为冒险的核战，根本毫无他法。最后，他只能说：“我今天已下令继续执行飞行任务，我们会加强保护。这不是威胁，只是陈述事实。”

这透露出因越南问题给政府带来的越发严重的沮丧情绪。在巴黎，美国谈判者向北越表示，美国不打算以武力解决中南半岛问题；在西贡，阮文绍总统获知，美国对单方撤退或签署营造美方战败假象的条款均不可接受，双方的谈判又陷入僵局。

拉塞尔发射基地是位于非军事区正南部的海军陆战队阵地，此处屡屡发生自杀式袭击，即越共士兵身负炸弹炸毁铁丝网。在距西贡 15 英里的美国主要军事基地及其附近也爆发恶战。这一年最受争议的行动是进攻邑碑山，即士兵口中的汉堡高地。美军延续了约翰逊时代的战略，让越共去承受国防部所谓的“最大压力”。一开始，汉堡高地行动是典型的搜索歼敌任务。直升机运了 9 个营到老挝那条用于进行渗透的走廊地带：阿绍谷。之后的清洗中，第 101 空降师第 187 团第 3 营撞上了师长梅尔文 · 蔡斯少将所谓的“马蜂窝式”的抵抗。撤退后，该营掘壕固守，并派出一个连猛攻汉堡高地。

进攻最终失败，之后两个连袭击山顶也没能成功。第二天，整个营的冲锋被击退后，又增派了 3 个营。与此同时，美国的飞机大炮也在山顶奋战，2 000 枚炮弹、155 架战机带来的硝烟让整座山失去了生气。但越共仍坚守不懈，用步枪和手榴弹逼迫美军节节后退。美军连续 10 次冲锋都未能成功。第 8 天，1 000 名美军士兵和 400 名南越士兵攻下山头。蔡斯将军称其为“一帮玩命的汉子赢来的伟大胜利”。一周后，一名部队发言人宣布放弃汉堡高地，“我们认为这座山里能拿的都拿了”。

参议员们在得知邑碑山行动有 46 人死亡、308 人受伤后异常愤怒。爱德华 · 肯尼迪认为这是“毫无意义且不负责任”的进攻，他质问道：“当士兵自己都开始质疑行动的合理性时，怎能用命令把他们屡屡推入火坑？”一些共和党人也非常气愤。来自佛蒙特州的艾肯是参议外交委员会中的少数党成员，他建议白宫应“立刻”进行“有序撤离”，将战争转交给“本来的主人”：越南人。来自宾夕法尼亚州的斯科特（共和党党鞭）极力主张美军“大规模撤兵”。

尼克松在认真听取意见，他在上任第一年对国会意见十分敏感。言论上，他仍是坚定不移的冷战战士，信奉自由亚洲、多米诺骨牌理论[①]

① 由美国总统艾森豪威尔首先提出来，大意是说，目前对美国至关重要的东南亚地区正面临着共产主义“扩张”的危险；如果有一个国家落入共产党的控制，那么便会在地区内形成连锁反应。——编者注

等信条，但行动却变了个样。一位总统助理承认："越南能够成就美国的可能性有待商榷，但它定会破坏美国。"约翰逊政策明显已经破产。到1969年3月，美军死亡人数已超过死于朝鲜战争的33 639人；每年的战争成本逾250亿美元，引发了势不可挡的通货膨胀压力；1958年的1美元在1969年只值75美分。经济学家米尔顿·弗里德曼预言将爆发政治家的噩梦：因通货膨胀引发的经济衰退。

很明显的一个事实是，尼克松最得力的外交顾问不是罗杰斯而是基辛格。基辛格以平民身份在《外交事务》发稿时，就提议采取两条平行的谈判路线：一面让华盛顿和河内安排互撤军队的时间表，一面让越共和南越一道寻求政治解决方案。出访西贡的国防部长梅尔文·莱尔德带回了越南新总统的战争政策。莱尔德相信阮文绍部队能提高到独当一面的水平，白宫也认为这是实现战争越南化的大好机会。6月8日，尼克松在中途岛向阮文绍阐明了该策略，随后宣布首批撤军25 000人。

同月，克拉克·克利福德在《外交事务》中提议，"为降低作战等级"，1969年年底应撤军10万人，到1970年年底"全面撤出地面部队"。克利福德写道："撤军是最有益、最能提高南越政治成熟度的方法。此外，我认为不能再指望通过军事力量来获取什么，是摆脱这个麻烦的时候了。"这惹恼了尼克松，他对美国电视观众说："我们比克利福德先生担任国防部长时做得更好，因此有望在他定的日期前完成任务。"总统助理急忙解释这并非承诺。9月，尼克松表示希望"在1970年年底或1971年年中之前"，让所有士兵撤回本土。年末，一位《生活》杂志作家认为："因为在政治层面的办法已不太多，尼克松要么从越南撤军，要么等着1972年竞选失败。"

在越南，克赖顿·艾布拉姆斯采取了旨在减少美军伤亡的策略。

大规模搜索歼敌的方式不再流行，如今是派出 1 000 个巡逻队，每队 100~200 人；每队的任务是尽力摧毁敌军及其补给，但需避免伤亡。“防护性反应”代替了“最大压力”，主动进攻变成防御。但策略是一回事，实际操作又是一回事。两支实力强劲的部队仍留在战场，双方势均力敌，且部队长官都有极强的进攻性。7 月 5 日星期六，这是很有典型性的一周，公布的小规模战斗仅 46 起，但有 155 名美国士兵遇难。尽管艾布拉姆斯态度保守，但是大战役仍随时可能爆发。

8 月下旬，在著名产米区岘港西南的丘陵山区，酝酿已久的大战终于爆发。一架美军直升机在山区坠毁，机上 8 人全部遇难，第 196 轻步兵旅的两个连奉命找回尸体。与此同时，1 000 名北越人民军正在此处集结准备进攻协德首府。两军狭路相逢，越共军队退入满布地堡和战壕的迷宫。随着美军展开追击，汉堡高地的旧戏重演。在进攻北越第二师的美军与南越军总数达到 3 000 人之前，增援似乎作用不大，双方都在争夺一个名叫 102 山的沼泽高地。第 196 轻步兵旅的步兵千辛万苦爬上山顶，却发现那座山已被遗弃，战斗结束。一位美方军官说：“老把戏了，5 天恶战，到了第 6 天就把地盘拱手让人。”但这次也出现了新鲜名堂，还是个凶兆。第 196 轻步兵旅的 A 连拒绝进入迷宫，不愿从直升机残骸中找回遇难者尸体。虽然他们最后也去了，但从此反叛的幽灵便挥之不去，本就乱麻似的越南问题又节外生枝。

提及国内犯罪率，尼克松把手举到齐颈处告诉记者，人们“的负面情绪已经到这个高度了”。当时的美国确实治安混乱；联邦调查局的报告显示，各项重罪发生比率比去年增加 10.6%，盗窃案上涨 19%，强暴案飙升了 16.8%，抢劫案上升了 12.5%。劫机案件更是发展到无法无天的地步。1950~1967 年，每条航线每年平均上报 2.3 起劫机案件。1969 年，劫机案件数量已升至 71 起（其中 58 架都飞往古巴），是上一年的三倍。在美国全国广播公司的“今夜秀”节目中，约翰尼·卡森说：“劫机事件多得使一家航空公司把宣传口号都改成了‘飞啊，飞啊，好耶！’”

航空公司确实为此绞尽了脑汁。机场挂起标牌警告人们劫机可致判处死刑；乘客携带武器将被判刑；允许对旅客搜身。航空公司还向公众集思广益，最终收到的奇葩建议包括：训练乘务员色诱劫机犯；要求乘客裸体登机；在劫机者可能站立的位置安装活门板；利用公用广播系统播放古巴国歌，然后逮捕所有站起来的人。然而只有一个建议起了作用。虽然美国各航空公司都没有飞往古巴的定期航班，但每位南部航线的驾驶员都有到哈瓦那何塞·马蒂机场的路线图，为此各公司常收到古巴委托瑞士政府送来的着陆费及其他杂费账单。

这年 11 月，最严重的劫机事件发生。美国环球航空公司从洛杉矶到旧金山的 85 次班机机长唐纳德·库克接通对讲机报告：“有个人想去某个地方，他刚租了架飞机，饮料免费。”此人叫拉法埃莱·米尼奇洛，20 岁，是驻越南海军陆战队退伍兵。他拿枪对准驾驶员的头，始终不肯透露目的地。库克稍后说：“我立即怀疑是不是得往南飞去买几支雪茄了，但不是。”劫机者命令他往东飞。

在爱尔兰班戈和香农加油后，他们飞到罗马的莱昂纳多·达·芬奇机场上空。米尼奇洛是当地人，看来他想家了。他要求控制塔让他们降落在机场一个偏远的角落，还要一名解除武器的警察当人质，罗马警察局局长甘愿当了人质。米尼奇洛让局长开车送他到乡下后便将其释放。几小时后，米尼奇洛在一间教堂被捕，他说：“我也不知为何会这样。”他的姐姐说：“我想是战争把我弟弟的脑子弄坏了。”而在意大利人民心中，米尼奇洛似乎成了英雄，他毕竟创下了劫机纪录：在空中经过了 17 小时，飞行了 6 900 英里。但政府可没这么看得开，米尼奇洛被判处 6 年零 5 个月徒刑。

虽然略显疯癫的米尼奇洛在犯罪界引起不小的轰动，他却不是当年最著名的罪犯，此项“殊荣”的获得者是一名未透露姓名的肇事逃逸司机。此人后来之所以臭名昭著是因为肇事者乃家世显赫的参议员：爱德华 · 肯尼迪，而且事故后果十分严重。直到 1969 年 7 月 18~19 日，特德 · 肯尼迪都是下一届民主党总统竞选提名者中的领跑人，有望胜过尼克松及其少数党。特德在兄弟鲍勃葬礼上的悼词让美国为之动容。1 月，他在一次党内秘密会议上完胜路易斯安那州的拉塞尔 · 朗，并代替对方成为参议院的民主党领袖，再展肯尼迪家族的风采光耀门楣。年轻有为的肯尼迪似乎将要青云直上了，无奈查帕奎迪克事件让一切成为泡影。

特德和兄弟们肩负许多家族责任，其中之一便是提高其忠实追随者的士气，7 月 18 的野餐便意在于此。当天的主人是特德和几个朋友；客人是在上一年罗伯特 · 肯尼迪竞选时任劳任怨的 6 位女士。虽然肯尼迪的这次竞选失败了，那些姑娘仍然在“锅炉房”①中辛勤工作。聚会地点就是在科德角南塔克特海湾的查帕奎迪克岛，距马撒葡萄园岛仅 250 码。

6 个月后，肯尼迪在审讯时交代，约晚上 11 点 15 分，他和其中一个叫玛丽 · 乔 · 科佩奇尼的姑娘驾驶克莱斯勒汽车离开。28 岁的玛丽 · 乔美丽动人，被朋友们称为“M.J.”。肯尼迪说他俩准备搭渡船回马撒葡萄园，两人分住在岛上不同的旅馆内，但审讯法官和很多人都不相信。玛丽 · 乔把钱包落在了野餐地点，她离开时没告诉任何人，也没有找室友拿酒店房间的钥匙。她和肯尼迪丢下其他 10 个

① 指竞选时的核心办公室，在竞选中用以处理各项事务。——编者注

人把车开走（包括克莱斯勒的司机），但这些人并不打算就在那儿过夜。由于他俩把大车开走，只剩下一辆小型出租汽车，明显不够其他人返回。此外，最让人疑心的便是肯尼迪拐的那个弯。

从野餐地点到渡口的柏油路是查帕奎迪克岛上唯一的铺筑路，肯尼迪却挑了另一条通往海边的崎岖不平的碎石路。他之后说自己是犯迷糊走错了。但第二条路是一条向右折回的急转弯道，并且入口被灌木丛掩盖，必须努力寻找才看得见。法官坚持认为肯尼迪一定知道两条路的区别，毕竟他当天不止一次经过这两条路。

肯尼迪和玛丽·乔走的那条崎岖道路叫戴克路，以下半英里便是狭窄的木质弓形桥：戴克桥。戴克桥在碎石路左侧，两者构成一个25度角，然后越过坝下一条细长的水渠，从右边海峡而来的海水便由此进出普洽池。这桥正是罪魁祸首，肯尼迪没有拐过25度的弯，克莱斯勒就沿桥右侧猛冲下去，底朝天坠入了10英尺深的渠底。审讯会上，肯尼迪坚称，自己直到“坠桥那一刻”才发现走错了路。

> ……我想起的下一件事是玛丽·乔在我旁边挣扎，也许在打我踢我。我睁开眼睛，发现自己头朝下，水源源不断地向我涌来，周围漆黑一片……我还记得当时的感觉：喘不过气，肺里满是水；我想恐怕自己会被溺死，当晚也不会有人来找我们，我不能活着离开这辆车了。但不知怎么回事，我还记得竭尽全力推啊挤啊，终于挣扎着浮出水面。

被水流带到岸边后，特德又涉水而回，潜入10英尺的水底寻找玛丽·乔。他说自己试了七八次，但最后实在喘不过气，在水下只能待几秒钟。他在岸上躺了15或20分钟后把水呕了出来，然后“走着，小跑着，慢跑着，跌跌撞撞，有多快跑多快”，回到野餐地点，把情况告诉了表兄约瑟夫·加尔冈和肯尼迪家族的追随者保罗·马卡姆。加尔冈和马卡姆同他回到事发现场，潜下水寻找玛丽·乔，但一无所获。和特德一样是律师的两人认为必须报警，他们事后回忆说肯尼迪非常不安，一直念叨“我不相信竟发生这样的事”。

应肯尼迪要求，两人开车送他到渡口的船台上，正好看见对面马撒葡萄园岛上埃德加镇的灯光。他让那两个人回野餐地点，但别把此事告诉其他女孩。然后，他“突然跳进水里，冲动地游到对面”。游经这条狭窄的海峡时，他感觉“水越来越冷，当晚我再次在海浪中浮沉。我知道我快被淹死了”。但他最终脱离了困境，躺在僻静的海岸上休息了片刻，然后走回他下榻的郡城旅馆。

回到旅馆后，肯尼迪的行为越发让人难以理解。正如他自己所说：“在那几小时里，我的言行实在令人费解，至少我记得是如此。我没有将此事立刻报告警察是不可原谅的事实。”“我实在提不起勇气，没有那股精神的力量，在半夜两点吵醒科佩奇尼太太并告知她女儿的死讯。”

肯尼迪换上干衣服，向旅馆老板抱怨隔壁屋的聚会吵得他睡不着。次日早上，他还和两对夫妇讨论周末的游艇比赛。然后加尔冈和马卡姆来了，在得知他没有报警后异常惊骇。肯尼迪在审讯时解释道：“我跟他们描述了我游过海峡时的想法和感觉，还有我多么希望玛丽·乔还活着。”他还说本想打个电话，但埃德加镇的电话显然不行，其实他经过了两部户外公用电话。在加尔冈和马卡姆的陪伴下搭渡船回查帕奎迪克的途中，肯尼迪在对岸的渡船码头上打了个电话。渡船上的工作人员问他们是否听说翻车事故，其中一人答道：“我们也刚听说。”只有在那时，在事故发生近 11 小时后，肯尼迪才试图联系埃德加镇的警方。

与此同时，克莱斯勒汽车已被发现。清晨7点，两个年轻人过桥趁潮汐时捕鱼。他们回来时潮已退，看到水面上浮出一只车轮，他们通知了住在附近50码外的皮埃尔·马尔姆夫人。8点20分，马尔姆夫人打电话告知警察局长多米尼克·阿里纳。魁梧的阿里纳穿着借来的泳衣潜入水中，用无线电把汽车牌照号发回警局以确认车主的身份，然后让消防队员法尔曼·约翰·法勒带来水肺，最终法勒找到了玛丽·乔。

警局无线电回复说这辆克莱斯勒汽车登记在参议员爱德华·肯尼迪名下，阿里纳回到埃德加镇后发现肯尼迪正在等他。肯尼迪说："那辆车是我开的，你看怎么办才好？这事儿得办稳妥啊。"阿里纳告诉他必须拟一份正式报告，于是肯尼迪和马卡姆回到后厅写了份粗略的报告。他说死者是"一位玛丽小姐，我哥哥罗伯特·肯尼迪的前秘书"。省去姓氏是因为他不知如何拼写（马卡姆也不知道）。马卡姆要求警察局长等肯尼迪致电伯克·马歇尔，获得法律建议后，再向媒体公布消息。阿里纳同意了并为此等了三个小时，但对方再无音讯。于是他把消息告诉报社，指控肯尼迪肇事逃逸。谈及肯尼迪在出事当天搭船回查帕奎迪克打电话的怪异行为，阿里纳表示："他若有时间搭渡船走个来回，就有时间来见我。"

法医在报告中说："确实为意外溺亡。"确定再无蹊跷后，未经解剖的尸体被空运回玛丽的家乡宾夕法尼亚州埋葬，这一行动在之后给当局招来大量指责。肯尼迪在海尼斯港闭门不出；7天后，他在埃德加镇的古老的法庭露面并自认有罪。詹姆斯·博伊尔法官判处他最低的两个月徒刑缓期执行并吊销了他的驾照。当晚，肯尼迪在美国电视节目上对这一令人匪夷所思的事件做出回应，但观众并不买账。肯尼迪尽是自问自答，坚持自己没有"酒驾"，至于他和玛丽·乔有"不道德行为"的含沙射影之谈"绝非事实"。肯尼迪还说，出事后一晚他想了很多，其中就有“肯尼迪家族是否真的中了魔咒”，似乎在暗示自己事业所受的损失比玛丽·乔的死亡更重大。这让有些人回想起尼克松1952年的“斑点狗”演讲[1]。和尼克松一样，肯尼迪让选民们帮助他决定自己是否应继续从政。马萨诸塞州的人民是他的忠实拥护者，一致希望他不要放弃。一星期后，肯尼迪便重回参议院的工作岗位。

法官表示：“可能有理由相信是因为爱德华·肯尼迪驾车粗心大意而导致玛丽·乔的死亡。”但他并不相信他和玛丽·乔当时是驱车前往渡口的说辞。审讯会后，记者问肯尼迪对此有何感想，他答道：“我个人认为，法官报告里的推论和仲裁都不合理，我拒绝接受……审讯会上所有问题我都是诚实回答的。”

肯尼迪还说：“我希望能在1972年竞选参议员，并能任职满6年。”白宫则力求万全，一旦肯尼迪改变主意去竞选总统，他们就借此大做文章。在发现玛丽·乔的尸体6小时后，总统助理派了一名退职的纽约警察去查帕奎迪克。据约翰·迪安所言，这名警察“伪装成报社记者，在每次的记者会上都会提一些令人难堪的问题”。其实不必如此，当时肯尼迪的支持者已减少，他不再是国会里的万人迷。第二年，肯尼迪的声望降到了谷底，西弗吉尼亚州的罗伯特·伯德参议员对他的党鞭地位提出了挑战，他当初以31票对26票击败了朗，如今却以24票对31票输给了伯德。接着，在一次白宫会议后，他又受到一次对肯尼迪家族的新羞辱：理查德·尼克松的怜悯。

---

① 在1952年美国总统大选中，尼克松作为艾森豪威尔的副总统候选人，被指控在一个政治基金中有贪污行为。尼克松以一次电视演讲化解了这次危机，演讲中他以家中的一只带有像棋盘状斑点的小狗为例子来解释自己的行为。——编者注

美国人小像：
医学博士本杰明·麦克莱恩·斯波克

斯波克是家里6个孩子中的老大。他的母亲不愿请保姆，而是一切亲力亲为照顾他们，因此斯波克渐渐喜欢上长兄为父的感觉，给弟妹们喂食甚至换尿布。自然而然地，他十分重视孩子，这也是遗传了父母那种新英格兰人严于律己的品德。他们常告诉斯波克，要有一种坚定的道德立场并不惜一切来维护，但这不是斯波克想要的，他打算反抗。在很长一段时间里，他都以为自己将要成功了。

哈姆登·霍尔农村走读学校，安多佛中学，耶鲁大学。参加卷轴与钥匙社团。1924年奥运会赛艇金牌得主，曾一度渴望成为建筑师。但有一年夏天，斯波克在哈特福德附近的纽因顿残疾儿童教养院举办的夏令营担任管理员，又重回了他的清教徒父母为他规划的道路。他目睹过整形外科医师治疗小儿麻痹症患儿的过程，随后表示："我意识到医生对孩子多么重要，于是也决定成为一名医生。"

哥伦比亚大学。纽约长老会医院实习生。儿科和精神病科住院医生，并接受过6年精神分析学培训。斯波克越发地喜爱孩子，而孩子们也很热爱他，称他为"面容慈祥眼神温柔的叔叔"。他的诊室里堆满了玩具，还专为害羞的孩子造了个玩意儿：一小段穿过活动门直达检查台的台阶。他想让孩子们心甘情愿地接受检查，而事实正如他所愿。多年后，斯波克说："身为儿科医生，我的过错之一便是太宠他们了。"但他可从未真正想过要改变。

斯波克在医学院读二年级时和简·切尼喜结连理。一年后，约翰·沃森医生的《婴孩心理保健》面世，这是当时婴孩护理方面的权威书籍。沃森认为："千万、千万不要亲吻你的孩子，千万不要抱他们在膝上，千万不要摇摇篮。"

年轻的斯波克医生对这一切表示坚决反对。"二战"期间在海军服役时，他便写下《婴孩保健常识》，开头几句话就定下了基调："你其实知道得更多。"简整理并打印了这份手稿，斯波克又亲自编辑索引，按字母排序，从"脓疮"到"烤面包片"等词应有尽有，因为斯波克认为自己"更了解妈妈们对索引的期望"。

在出版后的23年里，这本书售出2 200万册并被译成了30种语言。他先后为《妇女家庭杂志》和《红皮书》写专栏；每个星期日下午美国全国广播公司下属的52个电视台都在播他的半小时节目。同时，斯波克在医学教学领域也声名鹊起，这可是最严苛的行业。他在明尼苏达大学教精神病学，在匹兹堡大学教儿童精神病学，在克利夫兰的凯斯西储大学精神病学系教儿童发育学。人们认为他反对沃森便是提倡溺爱，这一误解越发严重。对此，斯波克在1956年重写《婴孩护理》一书时解释道："部分家长误认为我提倡极端纵容，所以在修订版中，我必须强调宽容放任也有限度。"

后来，一次更深的挑战使斯波克的良心深感不安。父母给他以保守共和党人的教育，但后来他受富兰克林·罗斯福影响，改信民主党的自由主义，1960年更成为约翰·肯尼迪的拥护者。但在1962年3月，肯尼迪重启核试验，斯波克震惊之余加入了拥护稳健核政策全国委员会，全力支持约翰逊，反对戈德华特。到了1965年2月，约翰逊升级越南战争时，斯波克又有被出卖之感。他致信白宫表示抗议，但一无所获，于是加入了街头游行队伍。

斯波克之后这样描述此事："我感到极度尴尬痛苦，就像做了一个噩梦，梦见自己赤身裸体站在闹市街头。"不过他确实引人注目：1.93米的个头，英俊坚毅的脸庞，随时身着套装、马甲，佩戴怀表，再加上被年轻游行者视为老土得无可救药的浓重北方口音、迂腐的道德标准，活脱脱的老祖父形象并且是一副老派作风。但斯波克的斗志却有增无减。这些年来，批判他的人越来越多，也越发刻薄，嘲讽他的关怀策略不过是纵容溺爱，简直是国家祸害。对斯波克而言，那只是单纯的尊重与公平问题。

后来，斯波克加入了结束越南战争全国动员协会及新政治全国大会；他把992份征兵证交给了一名暴怒的司法部官员；又因穿过曼哈顿白厅街征兵站的警戒线进行暴力抵抗被捕。斯波克坐在制图桌旁的长脚凳上，捏着圆珠笔，如往常一般缓慢费力地写下："抵抗非法当局倡议书"。

最终，为挽回赫尔希将军的颜面，政府决定反击，将反战游行者纳入军队的命令被司法部否决。5个互不相识的反战领导人被控密谋破坏征兵法。控告理由并非他们犯罪，而是正谋划犯罪。简而言之，他们罪在持不同意见。其中最引人注目的便是本杰明·斯波克博士（他确实比其他人高出一头）。

审判于1968年5月和6月在波士顿地方法庭进行。法官是85岁的弗朗西斯·福特，一个粗鲁、虚荣、昏庸守成的老头儿。审讯结果是被告有罪。事后一个陪审员对记者说："如法官所愿定罪。"被告都被判处两年徒刑，其中斯波克和耶鲁大学的牧师威廉·斯隆·科芬各自被罚款5 000美元。

斯波克认为："越南战争触犯了法律和宪法，违反了联合国宪章、日内瓦公约和美国遵循国际范围行事准则的誓言。它绝对是不合法的……我会抗争到底。"

他说到做到。美国联邦第一巡回上诉法庭认为福特法官持有偏见，推翻了原先的判决。斯波克继续昼夜不停地抗争。越南战争好似永无止境的黑夜，吞噬着无辜的年青一代，而他曾为这些孩子的母亲提供过抚育咨询。自小便根深蒂固的责任感让斯波克丝毫得不到安宁，有时濒死之人的呼喊似乎能够跨越半个地球传到他耳边。沃森博士也许能充耳不闻（"千万、千万不要亲吻你的孩子"），但斯波克不能。渐渐地，饱经忧患的美国抛弃了反共教条，寻求和平，人们才终于领悟到斯波克的慈悲心才是明智之举。

耶稣说，让小孩子到我这里来，不要禁止他们。因为天国属于他们这样的人。

但尼克松却说斯波克博士是个不务正业的游民。

第三十五章　牢骚满腹的大人物们

当美国进入 70 年代，曾经躁动不安的摇摆世代已年过半百或即将半百，他们开始发现自己曾经深爱的世界正土崩瓦解。1970 年尤其明显，因为人们似乎有更多理由感到社会的动荡，比如通货膨胀、环境污染、犯罪、战争、股票市场、代沟、道德感沦丧、暴乱、副作用药物、交通拥堵、低俗的车尾贴和贴纸、罢工、种族主义和劫机事件。现在一切都不复往昔，伍迪 · 艾伦说："不仅上帝没了，周末连个水管工也找不到。"

进入 1970 年不到三个星期，一艘美国海军军舰在狂风中脱锚，竟把切萨皮克湾跨海大桥撞开了一个 375 英尺的大口子，这似乎奠定了新一年的基调。在迷信的人看来，一个新的 10 年似乎开头便不吉利。

其他地区的自然条件也不容乐观。连旱 200 天的加利福尼亚州南部遭遇了历史上最严重的自燃性灌木丛火灾，逾 50 万英亩的林地（几乎和罗得岛州一样大）变成焦土。明尼阿波利斯一栋有 85 年历史的公寓大楼发生火灾，11 人死亡，事故原因不明。全世界都深受天灾困扰：威尼斯旋风导致 4 人死亡；东巴基斯坦爆发海啸造成 20 万人遇难；秘鲁、土耳其、伊朗的地震夺走成千上万条生命。也许是伍迪·艾伦这般的神灭论者刺激了上帝，也可能是不敬神的大学生们（佩戴着“上帝未死，只是不愿管闲事”的袖章）惹恼了他。

当然，宗教不再像以往那般高高在上且不容置疑。摩门教会新会长的一席话震惊了曾认为上帝是公平博爱的人，他说：“为何有人天生黑皮肤，并且还有各种不利条件；为何有人天生白皮肤，条件优越，一切皆有因。黑人显然遭到了报应。”三个半世纪后，英王詹姆斯版《圣经》被《新英文圣经》取代，这让主教派教会的教众十分不安。更糟糕的是，在上帝看来，反基督教势力极速膨胀，有些人崇拜奇怪的图腾，甚至撒旦本身。

据可靠消息，美国有 10 000 名专职、175 000 名兼职占星家；电子计算机可制作出 10 美元一张的十二宫图；纽约一位理发师雇了个占星家为职员；一家百货商店推出年费 50 美元的电话算命服务；300 家有定期占星术专栏的报纸销量总计有 3 000 万份；读书俱乐部以塔罗牌为赠品。250 名南卡罗来纳大学的学生选修了巫术课程；杂志广告这样写道：“你是否已经厌倦做巫术的门外汉？马上行动吧。加入我们的巫术学位课程，研究古老的秘密，包括招魂术、入定法、预知未来术、生子术和秘传仪式。”休斯敦女巫西比尔·利克利用在其肩头的名为“急脾气的杰克逊”的宠物寒鸦施咒。据她估计：“全世界约有 800 万正式女巫，我是说货真价实的那种，不是好莱坞那种滥交的女人。据我所知，美国有 400 个正规的女巫小组，不正规的恐怕有成千上万个。”

如果人们对高高在上的天堂都不够尊重，人间当权者的境遇也会相差无几。伯克利人民公园暴动造成 1 人死亡、105 人受伤，但联邦政府起诉的却不是暴徒，反倒控诉了 10 位县执法官助理和 2 名前助理侵犯示威者的人权。（县执法官愤怒地说道：“任何层级的政府都不曾碰到比这更恶劣的事情。”）黑豹党人总能杀了人还逍遥法外，旧金山、纽黑文和纽约的陪审团和上述法院拒不受理对他们犯有杀人罪的指控。在芝加哥，黑豹党人弗雷德 · 汉普顿和马克 · 克拉克在警方突袭中死亡，一个特别联邦大陪审团还为此批判了警察的行为。甚至自美国建国以来便处在社会最底层的印第安人也躁动不已。参议院没把整个国家还给他们，但把新墨西哥州的蓝湖及其周围 48 000 英亩土地交还给了普韦布洛人的部落。

当时可不只身处越南的美国将军们处境艰难。苏联人以侵犯苏联领空为由逮捕了两名美国将军。一位指挥欧洲轮值制度的将军因属下行为不检而被剥夺军衔。小本杰明 · 戴维斯退休前曾是空军中将，这可是黑人军人当中军衔最高的。他辞去克利夫兰公共安全处的主管一职，因为该市的黑人市长正“支持、鼓励执法机关的敌人”。任何穿军装的人都可能遭到反政府人士辱骂，然而尼克松还是硬塞给白宫警卫一项碍事的殊荣。罗马尼亚警卫人员的花哨制服给尼克松留下了深刻印象，于是他委托华盛顿裁缝吉米 · 穆斯卡泰洛为白宫警卫设计新制服。结果 16 000 美元的花费只换来个天大的笑话：双排扣饰有金穗带的白色束腰外衣，嵌有总统徽玺的铜纽扣，再加上鲁里坦尼亚式[①]的黑色塑料帽子。一个警卫说，若真得穿这套制服，还得配一个低音鼓。一位设计师说：“现在的白宫又不是吉尔伯特和沙利文时

① 鲁里坦尼亚原为英国作家安东尼 · 霍普小说中虚构的一个位于欧洲中央的王国，后来用于指理想之国。——编者注

代①。”穆斯卡泰洛说：“你不可能取悦所有人。”但他甚至没能取悦总统。束腰外衣仍在使用，但帽子却在不知不觉中被束之高阁。

1 月，纽约筑墓工人罢工；4 月，航空交通指挥员罢工。乘客们苦不堪言，但塞翁失马，焉知非福。1970 年，航空并不是人们最可信赖的。劫机事件时有发生。比如一个叫巴克利的亚利桑州那人，他携带了一支枪、一把剃刀和一罐汽油登上美国环球航空公司的飞机，以此勒索 1 亿美元。枪战中，驾驶员腹部中枪，巴克利最终被捕。价值 2 100 万美元的波音 747 大型喷气式客机晚点 6 个小时。甚至飞往月球的阿波罗 13 号在距地球 20 万英里处也出了故障，三名宇航员被迫折返地球。

讽刺的是，1970 年最成功的旅程竟是“太阳神 2”号纸莎草船在海上航行了 3 200 英里。这条船是挪威探险家托尔 · 海尔达尔为证明古埃及人可以横渡大西洋所打造。“太阳神 2”号在目的地巴巴多斯并未捞到钱财，但许多商业运输亦是如此，其中还包括美国最大、最著名的铁路公司。宾夕法尼亚州中央铁路公司是美国众多入不敷出的企业之一，因欠债 26 亿美元而走入破产法庭。电影产业也处境堪忧。好莱坞 5 家主要电影制片厂赤字严重，负债总额高达 1 亿美元之多。60 年代的大繁荣似乎在 70 年代告一段落，最好的证据就是华尔街。1968 年 12 月的道琼斯工业指数逼近 1 000 点大关，而到了 1970 年 5 月 27 日却降至 631 点。

在股票行情高涨的约翰逊年代，纽约证券交易所里人满为患。而在 1970 年 5 月股市滑坡后，交易所变得冷清。整个纽约城不再像以往那般受旅游者青睐，有居民刻薄地称其为“逍遥城”。街头犯罪严

① 威廉 · 吉尔伯特和阿瑟 · 沙利文为维多利亚时代的幽默剧作家，两人在长达 25 年的合作中共同创作了 14 部喜剧。——编者注

重，而且其他恶性事件层出不穷。6 月 1 日，纽约市将违禁停车的拖车费从 25 美元升至 50 美元。当天，一位来自马萨诸塞州斯普林菲尔德的母亲带着孩子到纽约看电影。看完却发现车不见了，还欠下市政当局 50 美元拖车费及一笔罚款。他们当时看的电影是《外乡人》，正是讲述到访曼哈顿的种种危险。

尽管 1970 年是大部分加利福尼亚州电影制片厂的噩梦，但是一位叫拉斯 · 迈耶的导演却刚完成他当年的第 21 部成功的电影。他一开始就知道这该肯定卖座儿，而他之前的影片也从未亏损，总利润都在 6 位数以上。其中拍摄成本仅 72 000 美元的《狐狸精》大赚了 600 多万美元。迈耶说："我不故弄玄虚，观众只需 15 秒就能明白状况，还是头 15 秒。"这种状况就是"情欲片"，或者是色情片。贩卖色情在美国已成为大产业，年纯利润达 5 亿美元，且发展空间不可限量。

色情商品的包装各式各样，令人眼花缭乱。主街上的电影院上映 X 级影片，1970 年的热门影片有《丹麦性自由》《风情女人》（"让《我好奇》都相形见绌"——《纽约每日新闻》）及艾伦 · 芬特的《对裸体女士说什么？》（电影的宣传语是"你说什么？我们说'哇哦'"）。该片在旧金山的一家电影院全天不间断地播出，周盈利 7 000 美元。曼哈顿第 7 大街和第 8 大街之间有 200 家"成人书店"，它们像 24 小时营业的超市一样展示着商品，货架上挂着分门别类的广告牌——异性交、同性交（男）、人兽性交、滥交、女同性交、乱伦交、口交和舌交。路旁的放映机提供 0.25 美元一场的色情影片。《8 种曼妙姿势！》的图片包"只要 2 美元"！纽约戏院上映由 9 个裸体女演员出演的《一笑置之》。美联社戏剧评论员威廉 · 格洛弗说，《乐队男孩》是"这个艺术宽容度越来越高的年代里，对同性恋最不知耻、最直白的描述"；《佛兹》讲述了一个庄稼汉和母猪的情趣故事。但这类片子的市场需求仍胜过百老汇。乡间单身汉买一张密纹黄色唱片就能摆脱寂寞之苦；孤独的单身女郎在老家小店就能购得振动棒或邮购自慰器。正如南卡罗来纳大学的莫尔斯·佩卡姆教授所言，现在在街角药店“用一点点钱就能得到不久前多少钱都买不到的情趣用品”。

年过三十的美国人对这一变化深感震惊。在他们小时候，只要有异性在场，就严禁使用“屁股”这个词。在“摇摆世代”的记忆中，当初海斯电影审查处允许克拉克·盖博在《飘》中说“亲爱的，说实话，这干我屁事”引发了轩然大波。如今杰克·瓦伦蒂却把带有“放屁”“呸！”台词的电影评定为老少皆宜。电影制片厂如今的大尺度可追溯到最高法院1957年对“罗思与美国诉讼案”①的裁决，即必须是下流、违背一般准则且“完全没有社会价值”的东西才叫作淫秽产品。另一原因则是新型避孕药的出现和逐渐放宽标准的堕胎法案，这些堪称意外怀孕妇女的福音。然而更大程度上，正如威廉·格洛弗所言，社会风气的变化应归因于这个时代，这个充斥着性解放和渴望袒胸露背的时代。人们对性的好奇似乎永远无法满足。尼古拉斯·冯·霍夫曼曾写到，一个女记者为了收集素材写有关卖淫的报道，不惜和陌生人上床，在报道中她说高潮就是“惊人的快感”。一位马萨诸塞州布伦特里城的母亲在下午回家时，发现十几岁的女儿和女伴赤身躺在床上玩同性恋游戏。“言行失检”这个词中的性含义几近消失，因为几乎再没人在性方面很检点了。宾夕法尼亚州的一个口口声声反对堕胎法案的立法官被爆是伪君子，一位年轻小姐在媒体上公布两人曾发生肉体关系，且立法官出钱让她堕胎。若在过去，女方

① 塞缪尔·罗思因为售卖涉及色情淫秽内容的商品而被检方提起控诉，而经联邦最高法院裁决，罗思经手的商品并未达到“淫秽色情”的标准，因而未定罪。自此，美国社会对“淫秽”的认定有了新标准。——编者注

对此事一般会保持缄默。

孩子们耳濡目染受到很大的负面影响，他们在约会方面比父母还在行，也比父母那一代早熟。对此，最常用的补救方法是在学校开展性方面的教育。盖洛普民意测验表明，71%的民众表示赞成，其中55%的人赞成开设避孕节育课程。支持性教育的团体有美国医学协会、全国教育协会、性教育协会和SIECUS（美国性知识与性教育委员会）。SIECUS的执行理事玛丽·考尔德伦博士认为，性教育应讲授“人的本质，而不是人的行为”。

SIECUS并未印发刊物，只是给教育系统提供专业建议。善于辞令的少数派对于允许在教室里讨论生殖问题大感不满，竭力扭曲倡议人的本意。“在神圣的学校讲授粗俗性爱合适吗？”比利·詹姆斯·哈吉斯领导的基督教十字军如此质问，由此打响了极右派攻击性教育的第一枪。比利牧师说SIECUS是“自由教育的色情武器”。俄克拉何马、加利福尼亚和犹他三州的州教育委员将一些有声影片拒之门外，只因这些影片曾获SIECUS认可。

反性教育组织还包括伯奇协会下属的MOTOREDE（恢复礼仪运动）、PURE（争取负责任教育家长联盟）、MOMS（维护道德稳定母亲协会）、SOS（正性会）、POSE（反性教育家长联盟）及PAUSE（反对违宪性教育家长协会）。一名伯奇协会干事说：“一年前恐怕只有极少数的家长听说过性教育，现在他们都听到了，而且很不喜欢。”有个团体指责学校计划“向年幼的孩子揭示性交和手淫的细节”；新泽西州帕西帕尼市的一所学校被叫作“学院式的妓院”；一个PAUSE的首领谴责学校“破坏了应当在家中教导的内容”；一位八年级的数学老师因散播淫秽材料入狱；加利福尼亚州的一名学监被解雇；威斯康星州雷辛城的极右派说性教育是共产党损害学童品行的阴谋，还获得不少支持。更夸张的是在旧金山，《一位医生和5~8岁儿童的谈话》一书本无伤大雅，但极右派却把书中一只蟾蜍趴在另一只身上的插图印成传单四处散发。原图意在讲解母蟾蜍背着蟾蜍宝宝，但传单硬生生地改成了“蟾蜍交配”，使得开展性教育主张流失了大量支持者。

最热闹的时候，性教育曾在27个州引起关注。直到1970年年末，理智终于获胜，学校里开始开设性教育课程，但孩子们始终没明白大人们在争吵什么。正当学监和教育委员会委员认为可以着手处理其他事务时，妇女解放运动（一个完全不相干的领域）又对性教育发起了攻击。获得解放的女人们深信除去生理差异，男女间的所有差异都是被教出来的，而不是天生的。在她们眼里，女性渴望做母亲、打理家务都是被训练而成的，而公立中小学则是主要的训练场地。她们要求修订教材，教师转变态度，这注定是70年代的一场引人注目的持久战。

1968年，罗宾·摩根（当时人们只知道她曾出演电视剧《我记得妈妈》）提着一长串闪闪发光的胸罩走进“美国小姐”大赛的会场时，千千万万美国人民才首次意识到新女权运动的到来。摩根告诉目瞪口呆的记者，她以国际女性地狱阴谋恐怖组织创办人的身份而来。1970年8月26日是宪法第19修正案通过的50周年纪念日，女权运动者们在各大城市的商业区游行示威。一年来，她们都在表明自己和其他抗议团体一样深知宣传的力量。其中一人朝一名建筑工人吼道：“给我脱掉！”别人问她是不是指安全帽，她答道：“不，是他的下体护身。”琼·康兰为了成为一名挖渠散工打了10年官司，最终获胜。马琳·狄克逊写道：“在任何阶层和群体中，各组织及其制度都或多或少地压迫着妇女。各阶层妇女的团结程度取决于我们对被压迫的共鸣有多深。”老洛克菲勒的曾孙女艾比·奥尔德里奇·洛克菲勒说男女间的浪漫爱情是“反革命的”。

活跃的民主党成员埃德加·伯曼医生说：“我已经受够了女性解放运动。”来自夏威夷的民主党女议员帕齐·明克立刻指责伯曼是“对女性有着最可恶偏见”的性别歧视者。一年过去了，争论越发激烈。玛格丽特·米德说：“女性解放运动要特别警惕引发男人杀害女人的危险。他们可真的被你们逼疯了。”纽约妇女上街游行时，一名男子朝她们吼道：“你们这群猪都嫁不出去！”，而另一名男子则穿着文胸在一旁静静观赏。休·赫夫纳在一次简报上告诉员工：“这些女人们天生与我们为敌，是时候开战了。她们誓死反对《花花公子》提倡的浪漫男女关系。”

一些女性的言语听来也如赫夫纳一般无聊鲁莽。她们投入大量精力争论该称自己为夫人、小姐还是女士；把“Chairman”改成“Chairperson”；还为了一则漂亮女乘务员说“我是多丽丝，带我飞吧”的广告攻击美国国家航空公司。但她们提出的深层次问题绝非如此琐碎。如今超过 2 300 万的美国妇女拥有全职工作；另外有 800 万妇女从事兼职工作。40%的已婚妇女拥有工作，其中 1 200 万人的孩子未满 18 岁。表面上看，这确实是对男性在职场权威性的一大挑战，但从工作本质和工资的状况来看，男性仍是家里的顶梁柱。在大部分利润丰厚的行业，男性仍占主导，他们的工资仍是家庭的主要收入来源。女性仅占全美 30 万名医生人数的 7.6%，外科医生中的女性仅占 1%，而 90%的接线员、速记员是女性。同样的工作，男性赚 5 美元，而女性只赚 3 美元。《生活》杂志发现，女性得有学士学位，工资才能赶上读完 8 年级就开始工作的男性。普通男销售员收入为 8 549 美元，而女销售员却只有 3 461 美元。

到 1970 年，女性解放运动对就业平等、教育平等的呼吁得到许多男性支持。免费堕胎和免费日托的要求引发大量争议。《第27条宪法修正案——ERA（平等权利修正案）》提出，在法律面前男女应完全平等，男性对此议案有一半人支持一半人反对。但仅仅两年后，参议院通过了ERA并将其下发至各州立法机关。依照此法，妇女婚后可以不用改随夫姓；她们同样有权决定在何处定居；若男方因工作抛下女方搬至异地，丈夫不能因此控告妻子遗弃他。然而，若婚姻破裂，女方也有可能需要支付赡养费。一些保护女性在工作中免遭危险、过于劳累和性骚扰的法律将会无效（强奸除外）。此外，女性有可能应征入伍，甚至进入战场。一个拥护ERA的《耶鲁法律杂志》撰稿人写道：

> 当代军人的专业素质主要取决于装备与训练，而非个人力量。在体力上，女性和男性一样能执行战斗任务，如驾驶飞机或进行海军作战……我们有理由相信，面对危险情况时，女性能如男性一般训练有素，严阵以待。

很难说家庭主妇们是否愿意和机关枪、勃朗宁自动步枪打交道或者成为又一个伊丽莎白·霍伊辛顿。霍伊辛顿是美国陆军妇女服务队队长，她在1970年6月成为美国第一位女将军。尽管如此，这项法案改变了几百万美国妇女，尤其是年轻女孩们的境况。她们散发出一种新的活力，即大胆反抗那些利用她们满足一己私利的人。这从《女装日报》读者熟知的“过膝裙”（即其他人所谓的中长裙）遭到的灾难中便可看出。约25年前，为反抗新式样的长裙装，独立的妇女们签署宣言，成立刚过膝装俱乐部，进行示威反对时髦女装店。当时她们是失败了，因为现在的女装店又挂起了长裙。詹姆斯·加兰诺斯说：“裙子加长是未来的发展方向。”阿黛尔·辛普森说："露大腿不再时尚。"利奥·纳尔杜奇说："女性们绝对准备好了迎接时尚变革。"所有设计师都坚信女人们会蜂拥前来，为他们的作品疯狂。

最早发出抗议的是洛杉矶。女性特质与财权保护协会会长朱莉·亨特纳告诉记者："我们不会让他们既蒙蔽我们的双眼又遮掩我们的身材。我知道哪怕加兰诺斯说铁皮盒子很时髦，女人们都会立马穿上。我觉得那是病态的，我们只要求有自主选择的权利。"反长裙少女会游行时扛着写有"留住迷你裙！"和"大腿！大腿！大腿！"的标语牌。有人认为半长裙是反对女性解放的阴谋，设计师试图唤回女性的特质以孤立女权主义者。其他人则将其归咎于年长妇女，她们风华不再不能露腿，但不该让风华正茂的少女也把腿遮起来。社会历史学家吉尔曼·奥斯特兰德说股市衰退才是真正原因，中长裙流行是必然："在经济不景气和衰退时，喜欢长裙的中年人决定了社会的标准；而繁荣时期的社会标准才能由喜欢短裙的年轻人决定。"

到了冬季，股市交易回温，时尚界对中长裙的热情也骤降。《纽约时报》的调查发现，尽管很多店主看好长裙的市场潜力（"就是现在！大家都欢迎它、喜欢它、购买它！"），但大多数人还是承认这一式样已被淘汰，"去年秋天还说自己购进大量中长裙的店铺说事实并非如此，购进的货销路也不好。女性还是喜欢露出腿部"。可以肯定的是大部分裙子长度过膝。但服装设计师曾定下长裙标准：从肩膀到下摆是44~45英寸，对于大多数女性而言，裙边将长至小腿肚。《纽约时报》发现，售出的裙装中只有20%是那个长度，且到了年末仅有5%的女性仍穿该款式。其他的要么返工改短，要么被束之高阁。

心酸的零售商说这种样式已经"惨败"或"完败"：其中一个人说"它肯定是时尚行业的倒退，简直称不上一种样式"；另一个人则告诉一位女记者："顾客都不想要中长裙……我们从未真正把它推销出去。"但强力推销这种长及小腿肚的裙装倒无意中引发了服装设计的变革。《纽约时报》中写道："中长裙实际上把女士的连衣裙的装束给毁了……突然冒出了起脚裤、短长裤，裤子、裤子，哪儿都是裤子。"年长女性选择套装衣裤，她们的女儿则穿上超短裤露出膝盖。波道夫 · 古德曼称这种短裤为"凉裤"。熟知新时代女性心理的《女装日报》称其为"热裤"，此后此名便一直沿用。

在约翰逊时期造成社会动荡的暴力风气在尼克松时代愈演愈烈。大城市的贫民窟相对安宁，但杀人犯、纵火狂和凶残的小偷仍暗中活跃于小城市的黑人区。在佐治亚州的奥古斯塔，6 名黑人被枪杀。一个男孩在俄克拉何马城的一场种族纷争中被捅死。在密西西比州迦太基城，一间曾用于民权集会的教堂被炸。各地的暴乱也频频发生：东洛杉矶、迈阿密、休斯敦、密歇根州的海兰帕克，印第安纳州的密歇根州城，马萨诸塞州的新贝德福德，新泽西州的阿斯玻璃帕克，佛罗里达州的南墨尔本，宾夕法尼亚州的阿勒奎帕，北卡罗来纳州的牛津，阿肯色州的温泉城，密歇根州的胭脂河，伊利诺伊州的开罗和三个佐治亚小镇：佩里、梅肯和阿森斯都曾发生暴动。

纽约在一个月内就曾收到 1 000 次爆炸警告。约 15 个月的时间里共发生 368 起爆炸事件，其中一起就在警察局二楼的男厕所。警察局长霍华德 · 利里对一个参议院小组委员会说，他已无法保证自己管辖区内访客的安全。有时看来美国警察似乎四面楚歌。1970 年，联邦调查局上报了 35 202 起袭警事件，几乎是 1960 年的 4 倍；9 个月中 15 位军官遇害，大多是遭到伏击而死。

小石城的警长说警察遇袭"天天都有……似乎学龄以上的人都在攻击警察"。费城的警察局长弗兰克 · 里佐说："我们碰到的是一群疯狂的人，精神有问题的人。”奥马哈的公共安全主管认为，“美国警局遭袭表明将有一场阴谋，遇袭的时间也藏有玄机。我们正集中研究所有可得到的信息，以证明这是场阴谋。”他并没有成功证明，大部分执法机关的官员都认为这不可能，利里说：“我们认为这些袭击是没有关联的单独事件。”但人们大都认同若有朝一日当局遭到大肆攻击，警察将不可避免地成为目标。正如国际警察局长协会成员奎因·塔姆所言：“袭警事件越发残暴，激进团体怂恿其成员‘打死那些警察’……蓝色制服让警察成为现存权力体制最为显眼的代表。”

爆炸事件发生的根源是对既定秩序的仇视。某些爆炸袭击的投弹手以此为荣。在IBM曼哈顿总部、通用电话电报公司和美孚石油公司遭到爆炸袭击后，一个自称9号革命力量的团体声称对此负责，谴责这些公司靠越南战争牟取暴利。有的恐怖分子因爆破技术不精把自己也炸死了。在“IBM、通用电话和美孚”事件后不到一个月，一间地下炸弹厂爆炸，该炸弹厂位于纽约下东区一户经济公寓内。一个革命者因此丧命，还有一个人受了重伤。在巴尔的摩，拉普·布朗的两名黑人门徒死于自己的车里，因为一颗炸弹提前爆炸。3月6日，格林威治村发生爆炸，造成1970年最轰动的爆炸灾难。三名年轻的虚无主义者丧生，几个显赫家族也牵涉其中。

凯思琳·普拉特·威尔克森刚从斯沃斯莫尔学院毕业；戴安娜·奥顿和凯西·布丁是布尔茅尔女子大学的校友。三人都是地下气象员组织的成员。戴安娜来自伊利诺伊州一个极端保守、声名极盛的富有家庭。一个世纪前，当时还是威尔士亲王的英王爱德华七世曾驾临她家华丽气派的宅邸。凯西是伊西多·斯通的外甥女，其父里伦纳德·布丁是一位著名律师，他的客户包括保罗·罗伯逊、朱迪丝·科普朗、朱利安·邦德及丹尼尔·埃尔斯伯格。凯思琳的父亲拥有系列广播电台，凯思琳出事时他正和第二任妻子在加勒比海度假。当时凯思琳正款待戴安娜、凯西、哥伦比亚大学学生争取民主社会组织分会的活跃分子泰德 · 戈尔德，以及一位身份不明的年轻人。那次聚会是在威尔克森家位于曼哈顿西 11 街 18 号那幢价值 10 万美元的气派宅邸里举行的。

当天正午纽约天朗气清，空气中弥漫着早春的气息。隔壁著名演员达斯汀 · 霍夫曼的家中空无一人。威尔克森家看起来静谧，但年轻的革命家们正在屋里忙碌。地下气象员组织当时的两个口号是“不信枪支和暴力就不是革命者”及“把战争带回家”。星期一，其中一个男孩扮成牧师，开车到新罕布什尔州购回两箱炸药。57 截三硝基甲苯强力炸药散布在地下室的临时工作间，还有绝缘胶布、瓦楞钉、定时装置、门铃线、30 条爆破引线及用于盛装炸药的长短不一的铅管。

也许没人能说清哪儿出了错，但总之是有人闯了祸引爆了整堆炸弹。可能是戴安娜：她身体损伤最为严重，她的头、双手及一只脚被炸飞，身体被瓦楞钉扎得尽是窟窿。戈尔德和那个身份不明的男子也被炸死。第一波爆炸掀翻了霍夫曼家客厅的墙，震碎了许多对街房屋的窗户，连 16 户人家以外的一间厨房都有震感。接着，煤气总管道着火，引发另两波爆炸，楼板开始坍塌。

在屋里，吓傻了的凯思琳和凯西还在流血，一个人赤身裸体，另一个人只剩下点儿残破的衣衫。两名警察和一位退休消防员立即展开营救，一位邻居让她们在自己家洗澡，还借给她们衣服。《生活》杂志的约翰 · 内亚里讽刺地说道：“这些女孩可是称警察为‘猪头’的。”被救之后女孩们不知去向。消防员最初以为事故原因是煤气泄漏，但当他们发现炸药、雷管和成堆的学生争取民主社会组织宣传册时，打算找幸存者问清楚。纽约当局获知，因去年10月参加“气象员狂怒日”行动，凯西和凯思琳在芝加哥受到指控，后经保释重获自由。在她们缺席3月16日的审讯后，联邦调查局加入了对他们的搜捕。姑娘们的家人说她们曾捎信说还活着，但不愿透露细节。

在美国的另一边，激进政治与巫术的离奇结合创下了曼森凶杀案后加利福尼亚州最血腥的谋杀案。警员在例行巡逻时发现眼科医生维克多·奥塔的宅邸着火，于是叫来了消防员。这处可以俯瞰蒙特雷湾的房产价值25万美元。消防员们到奥塔家游泳池取水时发现了奥塔、奥塔夫人、两个儿子和医生秘书的尸体。他们全被用艳丽的围巾捆住，后脑勺中枪。在奥塔的车挡风玻璃刷下，警察找到一张字迹潦草的字条：“从今日起……任何滥用或破坏自然环境的人将同样被判处死罪……我和战友们誓死对抗所有破坏地球自然生物的人或事。必须根除唯物主义，否则人类终将灭亡。”签名则是来自塔罗牌上的名言：“令牌骑士，圣杯骑士，金币骑士，宝剑骑士”。签名人是住在半英里外破烂小屋里的约翰·弗雷泽，一个留着胡须的年轻人。弗雷泽的律师说他在一次交通事故中伤及大脑，从此“就变了个人”。

1970年加利福尼亚州黑人革命中最著名的倡议者是个黑美人：26岁的安吉拉·戴维斯。安吉拉出身于中产阶级黑人家庭，曾是伯明翰的女童子军，并不仇视社会。直到1963年9月，一起教堂爆炸事件夺走了她4位黑人女友的生命。就读于布兰迪斯大学时，安吉拉入选美国优秀大学生荣誉学会，成为马克思和赫伯特·马尔库塞的狂热读者；接着在巴黎第一大学和德国攻读研究生学位。后来在加利福尼亚大学圣迭戈分校成为马尔库塞的学生；也是在那儿，安吉拉加入黑豹党和共产党。在一次演讲中，她告诉本科生“必须推翻政府”；

另一次演讲时，她倡议："如今必须把革命和解决实际问题挂钩。革命不再是空洞口号，而是要切实解决根本问题。"她参与了突袭圣迭戈一栋教学楼的行动，且因拒绝离开警局而被捕。

后来安吉拉成为加利福尼亚大学洛杉矶分校的助教，教授哲学。直到1970年4月，根据教职员不得是共产党的规定，里根州长的校董会决议将她开除。但加利福尼亚州高级法院和美国最高法院都认为，不能仅因共产党员的身份就将州立大学老师革职，委员会遂将解雇理由改为教学能力不足。大部分学生和洛杉矶分校的教职员工都支持安吉拉；她的教授同事们决定在她离职时，用"我们的震惊、沮丧与愤怒"表明对她的支持。他们投票决定无视委员会的决议，保留安吉拉的教职。一波未平一波又起，安吉拉的教职问题尚且悬而未决，整件事的性质就发生了翻天覆地的变化。

作为一个黑人斗士，安吉拉一直鼓动释放"索莱达兄弟"——三名并无血缘关系的黑人囚犯，被控于1月16日杀害了一名索莱达监狱的白人守卫。三人中最有趣的是27岁的乔治·杰克逊，他因1961年抢劫汽车加油站正在服无期徒刑，这是他服刑的第5年。杰克逊服刑期间的信件汇编成了《索莱达兄弟》一书，凭此他堪称当年秋季全美最著名的罪犯。书中最动人的片段是写给安吉拉的，两人初次相会于5月的萨利纳斯法庭听证会。在安吉拉的回信和日记中，她表明自己"不由自主"地爱上了杰克逊，自称是他"一生的伴侣"，会竭尽此生让他重获自由，并为此不择手段，这撩起了公众的好奇心。

8月的第一个星期，有人看到安吉拉与乔治17岁的弟弟乔纳森·杰克逊频频结伴出行。星期三，她名下的3支枪及8月5日买的1支枪身被锯短的12号猎枪到了乔纳森手中。星期四，他们开着乔纳森前一天租来的亮黄色的福特牌带挡板的小型密闭式运货车四处游荡。星期五，有人发现这辆车停在圣拉斐尔法庭外的停车场，在旧金山西北方向 13 英里以外。几分钟后，体形纤瘦、神情激动的乔纳森穿着雨衣、拎着个小包进入了法庭。

当时，囚禁于圣昆丁监狱的罗谢尔·马吉站在证人席上，正为被控刺伤警卫的狱友詹姆斯·麦克莱恩做证。他的另一名黑人狱友威廉·克里斯马斯正等候传唤。马吉、麦克莱恩和克里斯马斯都是强壮魁梧的年轻男子。坐在律师桌旁的麦克莱恩是圣昆丁人尽皆知的黑豹党成员，经常闹事挑衅。主持审判的是高等法院的法官哈罗德·黑利，代理地方检察官加里·托马斯娶了黑利的侄女。陪审团也在场，但只有年轻的乔纳森在认真倾听，这实在是个乏味的案件。

当乔纳森拉开背包拿出安吉拉的左轮手枪，又从雨衣里掏出一把 30 毫米口径的卡宾枪时，现场立马骚动起来。他吼道："瞧瞧，我有自动武器，谁都不准动！"他命令没有武装的法警打开麦克莱恩、马吉和克里斯马斯的手铐，分别递给他们一把枪。乔纳森又把一支猎枪交给了麦克莱恩，麦克莱恩把枪带套在黑利脖子上，使枪口离他下巴仅几英寸。其他犯人用钢琴弦把托马斯和 3 名女陪审员绑在一起。麦克莱恩命令法官致电执法官办公室，并为囚犯们指明安全出口。"我在审判室"，黑利对着法官席上的电话机说，"这儿有几个带枪囚犯"。麦克莱恩一把抢过电话吼道："撤走你愚蠢的手下，我们要离开这儿，让他们退回去！"

他们让所有人质走在前面，在离大厅 50 英尺、紧锁着的新闻发布室外停了一会儿。然后沿着走廊继续前行，麦克莱恩叫道："今天 12 点 30 分以前释放索莱达兄弟！"在停车场，他们把 5 名人质赶进福特货运车。麦克莱恩从窗口滑进驾驶座，乔纳森递给他钥匙，马吉负责看住法官，几个人向约 200 码外的美国 101 号公路驶去。当时约有几百名执法人员躲在车辆、大楼后面眼睁睁地看着他们离去。突然，一名圣昆丁警卫冲到车前，大喊一声："停下！"

接下来的形势完全失控，车内外子弹横飞。这时车后部的猎枪声响起，法官当场丧命，他的下巴和一部分脸颊被炸飞；托马斯脊柱中弹，其腰部以下永生瘫痪；一名陪审员的手臂受伤；马吉胸部中弹，但无生命危险；麦克莱恩、克里斯马斯和乔纳森·杰克逊都中枪身亡。

三小时后，安吉拉·戴维斯在旧金山机场买了一张飞机票，从此销声匿迹。

按照加利福尼亚州法律，任何教唆杀人的行为等同于谋杀，因此逮捕安吉拉的拘捕令已签发。黑豹党首领休伊·牛顿相信法庭枪杀事件是由安吉拉一手策划的，并以她为荣，还鼓励党内其他成员追随她的"英勇事迹"。黑豹党白人律师查尔斯·加里呼喊："天助安吉拉·戴维斯！愿她平安长寿。"事实上，安吉拉逃亡了两个多月；直到 10 月 13 日，联邦调查局的探员在曼哈顿将她逮捕。当时，她和一名富有的黑人小戴维·鲁道夫·波因德克斯特正住在霍华德·约翰逊汽车旅馆。波因德克斯特被控窝藏逃犯；安吉拉被引渡，在离乔治·杰克逊被关押的圣昆丁监狱不到 5 英里的圣拉斐尔监狱服刑。

约一年后，1971 年 8 月炎热的一天，杰克逊的律师斯蒂芬·米切尔·宾厄姆前来探望他。白人宾厄姆毕业于耶鲁大学，是前康涅狄格州州长和美国参议员海勒姆·宾厄姆的孙子。狱警后来确信，一直热衷于少数群体事业的宾厄姆当天负责私运违禁品。他有两样物件未经狱警检查：一个鼓鼓囊囊的牛皮纸信封和一个小型便携式录音机。他和杰克逊会谈了一小时后离开，一名狱警发现杰克逊的爆炸头有蹊跷。在盘问之下，杰克逊扯下假发，掏出一把小型自动手枪。

随后监狱里恐怖弥漫，血流成河。按照杰克逊的命令，包括逐渐痊愈的罗谢尔·马吉在内的27名囚犯被释放。3名白人狱警、2名白人模范囚犯惨遭杀害；其中两人后脑勺中枪，其他人被钝剃须刀片割断了喉咙，尸体如血淋淋的破布一般堆在杰克逊牢房的角落。这时圣昆丁的警报器呼啸响起。紧握手枪的杰克逊夺门而逃，狂奔75英尺穿过了天井后，才被瞭望台上的狙击手击毙。

斯蒂芬·宾厄姆被控谋杀狱警和模范犯人，县检察官认为"杰克逊只可能在宾厄姆来访期间获得枪支"。但宾厄姆似乎已人间蒸发。第二年，当局称他或许已经死亡：黑人激进分子将他利用之后或许已杀人灭口。执法人员对"8·21"血案愤慨不已。视杰克逊为烈士的黑人激进分子也十分愤怒，他们为其尸体穿上黑豹党制服：黑皮夹克、黑贝雷帽和黑短袖，并把他葬在乔纳森旁边。朱莉安·邦德说杰克逊"遇刺"是"他屡次抗击一个邪恶体制的必然结果，而他的精神甚至肉体都不会被击碎"。加利福尼亚州众议员威利·布朗说："人们都说这其实是执行死刑，杰克逊能把枪藏在头发里的说法真是荒谬。"安吉拉·戴维斯则写道"痛失无法挽回的爱人"。

1972年春末，审判安吉拉受到全球瞩目。全世界的海报上都是她精致的轮廓、高耸的颧骨和巨大的爆炸头（逃亡时本已修剪，但又长了回来）。激进分子称她为"政治犯"，并要求"释放安吉拉！"检察当局声称一切无关政治、种族，这只是普通刑事审判，并提交了201样证物和95名目击证人的证词。3人指证在安吉拉逃亡的前一天，他们在法庭对面的加油站看到她和乔纳森；还有人做证此前三天每天都看到两人结伴同行。

被告辩护律师提交了12名目击证人的证词（安吉拉拒不出庭做证），认为"一个才华横溢的大学教师"卷入如此草率粗鄙的阴谋简直是荒唐的。她的律师说，她和乔纳森的接触并非如别人所言那般频繁；她确实给了乔纳森猎枪，但只能说他用这枪来保卫索莱达兄弟辩护委员会的总部。她的其他枪支都在家里的枪架上，供格拉瓦–卢蒙巴俱乐部成员练习打靶。乔纳森在法庭惨案前 6 天到访过她的家，也许是当时偷走了枪支。

被告方总结发言律师认为，对安吉拉不利的唯一证据是“她和乔纳森 · 杰克逊关系亲密；罪犯用了她的枪；她曾表示想还索莱达兄弟自由；她曾向乔治 · 杰克逊示爱；还有 8 月 7 日当局找不到她的踪影”。律师断言，陪审员若是黑人，且发现自己的 4 把枪出现在法庭逃亡案的现场，他们也会逃跑。“我告诉你们，若从黑人的角度看这个问题，你就不会好奇她为何逃跑，只会惊讶她怎么会被抓。”

经过 13 小时的审议，陪审团裁定安吉拉无罪。她毫不理睬陪审团，转身离开去向庭外的仰慕者们致辞。一位记者问她判决是否公正，她认为不公：“无罪开释本身就表示判决并不公正，因为没有审判才是绝对的公正。”在全国巡回庆功演讲启程前，她告诉拥护者们：“从今以后，我们要竭尽全力还美国和全世界的每一位政治犯、每一个受压迫的人自由。”

索莱达惨案引发了一系列事件，这一切以安吉拉的声望达到顶峰而告终。惨案发生四星期之后，芝加哥又见证了一场精彩审判。一开庭便是 8 位被告：雅皮士杰里 · 鲁宾和阿比 · 霍夫曼；伦尼 · 戴维斯，戴维 · 德林杰，学生争取民主社会组织成员汤姆 · 海登，这三人都是全国动员委员会首领，并将反战游行带到芝加哥；黑豹党人博比 · 西尔；李 · 韦纳和约翰 · 弗罗因斯。被捕前，这些人几乎互不认识。事实上，针对他们的主要指控并非索莱达阴谋，而是他们怀着引发暴动的企图各自来到伊利诺伊州。首席律师威廉 · 孔斯特勒将其描述为“怀着某种心态穿越州界线”。当时法院援用的法令是1968年民权法案的附加条款，伦纳德 · 韦恩格拉斯律师说这是让“政府处分没有明显违法行为的当事人的唯一的联邦法律”。他们是第一批依照此法接受审判的被告，虽然这个事实和其他诸多事实在诉讼的闹剧中早被遗忘。

审判当天，孔斯特勒认为朱利叶斯 · 霍夫曼法官向陪审团宣读控告书的方式不当，提议审判无效，由此为审讯定下了调子。律师说：“法官大人听起来就像奥森 · 韦尔斯在朗诵《独立宣言》。”

法官回应道：“从未有人把我与奥森 · 韦尔斯这个伟大演员相提并论，但我驳回提议。”

被告总计提出20多次最终被裁定无效的提议。在很大程度上，审判的混乱都源于两派之间的巨大分歧，一派是孔斯特勒、韦恩格拉斯及其委托人，另一派是霍夫曼法官和其他州法官。美联社芝加哥分社的理查德 · 奇科内写道：“这场审判是几代人之间、不同意识形态之间和不同生活方式之间的碰撞。”霍夫曼法官身着马甲，而阿比 · 霍夫曼挂着博爱珠项圈、穿鹿皮装，更滑稽的是他和鲁宾还曾身着法官长袍出庭。被告及其律师都蓄长发，这深为头发一丝不乱的检察官托马斯 · 福伦和理查德 · 舒尔茨所诟病。

有一次，艾伦 · 金斯伯格为被告做证时，持续发出“啊——呜呜呜”声长达10秒，他曾在1968年芝加哥反战游行中用这种声音使人群安静下来。孔斯特勒以法官发笑为由提出抗议，法官不承认，说自己只是不知那是什么语言。金斯伯格解释说：“那是梵文。”法官回应说：“这我倒不懂。”当时的文字记录显示，法庭弄不懂的事还有很多，但74岁的霍夫曼对法庭礼仪却毫不含糊。他出生在芝加哥的一个无名社区，自出生以来便渴望尊重，但 8 名被告及其律师都没能让他如愿。这在一次开庭预审中便有了征兆。孔斯特勒和韦恩格拉斯询问陪审团候选人对反抗游行、美国贫民窟和越南战争持什么意见，但霍夫曼法官驳回提议，甚至禁止他们询问陪审员对嬉皮士、雅皮士的看法。被告又提议推迟审判，等西尔的律师查尔斯·加里手术后身体康复了再进行，也遭到驳回。霍夫曼还拒绝了西尔本人发言的要求，只可由孔斯特勒代为发言，由此拉开了法庭闹剧的序幕。

西尔说："我只能视法官为飞扬跋扈的种族主义者。"矮小的霍夫曼弯下腰，以难以置信的口吻问一名工作人员："你听到了吗？"西尔多次被警告，干扰审讯的做法"总有一天会自食其果"。他回应道："300 年来黑人什么罪没受过，你还能玩出什么新花样？"审判的第 8 个星期，霍夫曼开始回应西尔的一系列激烈的情绪："听着，年轻人，你若还这样——"话音未落，西尔抢着说："听着，老人家，你若继续剥夺我的宪法权利，老天有眼——"霍夫曼截住他的话头："西尔先生，要么你打住，要么我叫法警——"西尔立即打断他："我想只有与你争论，你才会看清事实。"

忍无可忍的霍夫曼让法警"把被告带到那间屋子，按规矩处置"。重新开庭时，西尔嘴巴被堵住、双手紧铐在一张金属折叠椅上被抬了进来。这也没能让他安静下来，他以镣铐撞击椅子，含糊不清地吼道："这表示我抗议！"他随后被移到一张木椅上，嘴被塞得更紧。第二次开庭时，他不知如何吐掉了嘴里的东西，大骂法官："你这个法西斯畜生，你这个腐败低贱的狗杂种！"阿比·霍夫曼和鲁宾尖叫着跳了起来，孔斯特勒质问法庭："法官大人，这场中世纪的酷刑何时能结束？这是亵渎法律……此刻，我为作为一名美国律师感到羞耻。"霍夫曼一直将被告的失态归咎于孔斯特勒和韦恩格拉斯，于是脱口而出："你活该。"第二个星期，他下令不再堵住西尔的嘴。但当西尔强行插话时，霍夫曼就以藐视法庭罪判他 4 年徒刑。其余被告被称作"芝加哥 7 人组"。

其他人也不是省油的灯。戴维斯在证人席上指控法官睡着了，尽管法官警告他如果再傲慢无礼，"总有一天会自食其果"。阿比 · 霍夫曼以手代脚倒立进入法庭，大呼霍夫曼是"暴君""纳粹""犹太人的耻辱"，闹得法庭一片混乱。

最激烈的交锋发生在法庭与主辩护律师之间。法官明确规定，孔斯特勒不准当陪审团的面要求判定戴利市长为恶意证人。因为之前尽管司法部表示疑虑，戴利仍要求进行审判。但孔斯特勒我行我素，直截了当地问戴利是否在党代表大会上辱骂过参议员亚伯拉罕 · 里比科夫，这险些让法官中了风。还有一次，阿比 · 霍夫曼掀起自己的汗衫，法官说："快记下来，有人在法庭上公然袒胸露背。"孔斯特勒说道："法官大人，我记得约翰逊总统曾让美国电视观众看他肚子上的伤疤。"法官回应道："这也许正是他丢了总统职位的原因哩。"在因轻笑而遭到指责时，孔斯特勒说："拜托，法官大人，笑有什么不好，有时就是忍不住嘛。"法官答道："是啊，我看得出来你忍不住。"

审判临近尾声，法庭对被告的仇视越发露骨。连续两天，霍夫曼都不准他们使用大厅里的厕所，还说他们能用监狱公厕就已经够好了。有一天，他宣布次日早上提前半小时开庭。孔斯特勒问为什么，他说："因为要九点半开庭。"孔斯特勒评论道："这简直像小孩耍赖，'因为，因为'。"法官立马说："快记下来，律师当着陪审团的面把我比作小孩。"孔斯特勒在庭上表情丰富，时而哈哈大笑，时而泪流满面。他有时会拥抱别人，还吻了韦恩格拉斯和一名证人：拉尔

夫 · 阿伯内西教士。霍夫曼每次都尖酸地说："快记下来，孔斯特勒先生吻了那个人。"审判结果表明，他将这些插曲记录在案倒并非毫无意义。

被告方的证人包括皮特 · 西格、威廉 · 斯蒂伦、朱迪 · 柯林斯、诺曼 · 梅勒、朱利安 · 邦德、牧师杰西 · 杰克逊、特里 · 萨瑟恩和金斯伯格。检察官福伦坚持要求金斯伯格大声朗读他写的关于同性恋和手淫的诗句，意图很明显，这会冒犯在场的 10 位女陪审员。孔斯特勒和韦恩格拉斯认为，戴利和芝加哥警方在民主党代表大会上激起了暴力行动。

对"7 人组"不利的大部分证据都来自告密人，他们曾在林肯公园、格兰特公园混入反战游行队伍，然后逐字向法官复述听到的一切。一名卧底女警证实阿比 · 霍夫曼吼道："我们需要很多武器，岩石、砖块、石头都拿上。把砖碎成两块，便于携带，这样女生也能拿。"一名便衣警察说，被告决心制造混乱作为"革命的头一炮"。一位芝加哥官员告诉法庭，阿比曾对他说："当局若知趣，就该拿 10 万美元来赞助我们的活动。当然给我 10 万美元更好，我直接走人。"该官员认为这是企图敲诈。

在将近 5 个月的做证、辩论后，陪审团退庭，欣喜若狂的法官开始为藐视法庭的人下达判决。整个过程耗时两天，其中还包括因被告大声叫嚷而被迫休庭的时间。当孔斯特勒得知他的委托人和合作律师将被送走（韦恩格拉斯被判两个月徒刑）时，他魂不守舍地在法庭上踱来踱去，几近崩溃，啜泣道："法官大人，我这一生被你亲手毁了，没有任何存在价值。来吧，来吧，下一个就是我，我再也不想待在这儿了。"法官最后处置他时说："从未有人如你这般对我口出恶言。"最后判处他 4 年零 13 天监禁。

陪审团否定了所有被告的阴谋罪，但以穿越州界挑起暴动为由将戴维斯、德林杰、海登、霍夫曼和鲁宾定罪。每个人被处以5年徒刑，罚款5 000美元，并须缴纳诉讼费用5万美元，但这些判决并非完全有效。约三年后，美国的一个上诉法庭推翻了原判。该法院以2∶1的投票结果承认备受争议的反暴乱法（即拉普·布朗法案）符合宪法，但仍推翻了原判，因为霍夫曼法官有“敌对性”行为，而且“从最开始的记录就能看出”他对被告的“抵触”情绪。

“芝加哥7人组”案件不但没能证实控诉的合理性，还引发了一系列前所未有的司法灾难，其中包括哈里斯堡7人组、卡姆登17人组、西雅图7人组、堪萨斯城4人组、埃文斯顿4人组、五角大楼泄密案和盖恩斯维尔8人组。每起审判的被告都是世俗眼中的异教徒，但都由陪审团、法官或上诉法庭证实无罪。对告密人的仇视和司法偏见是所有案件的两条主线。此外，正如马丁·阿诺德在《纽约时报》上指出的那样：“尽管政府能力有限，但大众仍普遍表示信任。所以当政府尚未准备就绪、对案件毫无说服力就开庭时，人们非常恼怒。”

暴乱被归咎于“芝加哥7人组”，但根源其实是越南战争。1970年，越南战争的阴影持续分裂、瓦解着整个美国，但年初本有一线转机。前4个月，西贡传来的消息都有些鼓舞人心。艾布拉姆斯将军领导着美国部队尽量避免与越共和北越发生大规模冲突。尼克松将美国驻军从543 000人减少至340 000人，还向美国人民保证5月1日前，再撤出6万步兵，但战争的结束仍遥遥无期。巴黎的共产党人奚落了尼克松的五点和平倡议：“我们的拒绝是坚定、全面、绝对的。”美方首席谈判官戴维·布鲁斯拒绝了一项共产党的方案，称其“换汤不换药”。

两年前芝加哥抗议期间，美军阵亡人数为25 000人，现已突破44 000人大关。华盛顿对外宣布约20万美军还将在越南驻扎几年，这阻碍了谈判进程。此外，美军、南越民众及其部队的厌战情绪与日俱增。直到气急败坏的长官进行威逼，美军第四师的步兵才投入战斗；另一个师的士兵常辱骂尼克松，而他们一发现战地记者，就大肆辱骂；士兵们把和平徽章和身份识别证挂在一起；据估计，将近80%的美军吸食大麻，因摄入烈性毒品过量死亡的人数几乎翻了一番。更糟的是军方高层昏庸无能。美军伞兵大胆突袭山西县（距河内23英里）的一个战俘营，因为据称有70~100名美国飞行员被囚禁在此。这次突袭本可成功，但情报有误：所有战俘都已转移。同时，美国战机连续24小时猛轰北越。国防部最开始说空军突击是“防御行动”的一部分，是为了保护未经武装的美国飞机；后又改口承认是在攻击部分军需补给地。实际上，无比震惊的国民后来竟然发现，轰炸目标还包括医院。

白宫宣称不可能放弃西贡政府，因为据说共产党有一张单子，上面列着将被以“大屠杀”“处理”的300万越南人。单子是否存在这件事本身就值得怀疑，而越来越多美国人都已准备放弃阮文绍政权。南越不但不感激其美军盟友，反倒怀有敌意。西贡暴乱分子焚烧了尼克松雕像，高喊“打倒美国！”，指责美国延长了战争。还有一个不祥之兆是佛教徒用煤油、火柴自焚，与吴庭艳政府被推翻之前的僧侣如出一辙。一个南越政治家的儿子戴维·张在全美巡回演讲，表示美国步兵和与其并肩作战的南越共和军只有一个共同点：互相看不顺眼。

与此同时，美国参战是为了保卫亚洲民主的说法已站不住脚。戴维的父亲因反抗阮文绍而被捕入狱，成为西贡政府关押的80 000多政治犯之一。亲临战场的美国人说，私刑法庭对批判政府的人滥用私刑、胡乱定罪；即便西贡最高法院裁定这类法庭违背宪法，它们仍为所欲为。此外，阮文绍对美国的资金援助永不满足。10 年来，华盛顿一直对西贡政府慷慨解囊，但阮文绍说还需更多装备，更多时间训练部队，这需要更多的钱。他表示如果得不到这些，对一切后果他概不负责。

那一年，美国人最不想看到的就是另一个东南亚国家爆发战争，但南越政府偏偏这么做了。事实上，美国空军猛攻东柬埔寨的共产党基地已有一年，只是鲜有人知。接到白宫命令，B–52 轰炸机对那里的丛林避难所发动了 3 630 次偷袭。参谋长联席会议早就打算把步兵团也派过去，但遭到尼克松反对，因为他知道柬埔寨元首诺罗敦 · 西哈努克国王一定会抗议美国破坏本国中立。借由双重记账和严格的保密工作，B–52 轰炸机突击的消息尚能封锁。美军一旦跨过边界，这可就难了。

但在 3 月 18 日，柬埔寨局势因一场政变而彻底改变。西哈努克知道己方政权已岌岌可危，所以当朗诺将军接管政府时，他正在苏联寻求援助，以便让 40 000 人的越共和北越部队撤出本国。朗诺是右翼分子，他可不会阻拦美国与南越联合军队进入柬埔寨境内驱逐越共部队。政变 6 周后，尼克松告诉美国电视观众，他们正执行一项重大任务，其目的是摧毁西贡西北部鹦鹉峰上的国家中枢、部队大本营及地下军火库。他说："5 年来，美国和南越都不曾干扰这些避难所，因为我们不愿侵犯中立国的领土。"但他只字未提为期 14 个月的对柬埔寨的秘密轰炸。

入侵柬埔寨行动的军事价值颇有争议。入侵正进行时，尼克松称其"获得巨大成功——远远超出预期"。美国国防部认为越共需 6~9

个月才能复原，被问及对此的看法时，阮文绍说："我看他们永远没法复原了。1964~1969年的柬埔寨就是第二个北越，是个大后方。"西贡的美国驻南越援军司令部宣称，此次行动共缴获1 500万发子弹、7 250吨食物和2 500支枪；敌方11 285人死亡，2 156人被俘；盟军有1 138人死亡，4 911人受伤。

但如今柬埔寨已陷入战争的泥沼。一直埋伏在鹦鹉峰的共产党军队向西挺进回击了朗诺的部队，控制了半壁江山，逼近首都金边，还在湄公河流域建立了新的安全补给通道。这样一来，华盛顿便和这个比阮文绍政府力量还弱小的政权纠缠在一起。柬埔寨在这次战斗中有一部分目标太不现实，所以未能实现。弗朗西斯·菲茨杰拉德在《湖中之火》一书中写道："美国官员计划为南越攻陷敌军总部，仿佛敌军在丛林里也有个国防部，海军陆战队、各级将军、绿呢台面会议桌一应俱全。"当然，从未找过到这样的指挥所，因为根本就不存在。

进攻柬埔寨带来最大的消极后果便是对美国国内的影响。公众反应极其强烈，以至于参议院声明只有国会才有权宣战，并通过一项议案规定美军7月前从柬埔寨撤军，终止空中支援。学生们的反应更加强烈，使此前种种抗议都黯然失色。截至5月底，有415所高校停过课，这是美国历史上首次全国学生完全自发进行的全体罢课。到了期末，仍有286所学校无法正常上课。而另外43个州的129所学校尽管宣称复课了，许多教室仍空空荡荡。

5月9日和10日是周末，10万多名学生向华盛顿发起猛攻。门前排列的一辆挨一辆的公交车屏障让白宫变成了武装营地。最开始尼克松毫不在意，在与一些国防部官员私下会面时，称抗议者是"无赖"，随后却又摆出和解姿态。那个星期的星期五晚上，他带着贴身仆人和特工来到学生们休息之处林肯纪念堂，说道："我和你们一样对此事深有感触。”为拉近距离，他开始大聊特聊橄榄球，还问一名加利福尼亚州学生是否喜欢冲浪。伦敦《星期日泰晤士报》的一组记者写道：“两个‘美国’凑在一起，但马上就要话不投机，相互远离了。”

内政部长沃特·希克尔的一封信让尼克松同样百思不得其解。希克尔是位保守商人，同时也是6个儿子的父亲。他反对政府离间年轻人，尤其对副总统阿格纽抨击年轻人大为光火。尼克松的官方回应是进行安抚，保证政府成员注意自身言辞。但希克尔犯了大忌，他的信先在报上发表了，才被送往总统办公室。感恩节前夕，尼克松传唤他到白宫，以缺乏“互相信任”为由将其革职。几小时后，哈里·霍尔德曼的一位助理揣着要被清洗的人员名单来到内政部，6位资深官员被告知：“你们得辞职，5点前得离开这栋楼。”

这已很糟糕，但一些学校的情况更为不堪。一个革命分子的炸弹炸毁了威斯康星大学的军用数学研究中心，一名物理学家遇难，4人受伤，造成的财产损失达600万美元。在以黑人为主的密西西比州的杰克逊州立大学，学生与警察在宿舍楼前对峙。随后警方开火，用上了大号铅弹、机关枪、来复枪和穿甲弹，有2名学生死亡、9人受伤。前宾夕法尼亚州州长威廉·斯克兰顿领导的校长委员会说这28秒扫射是“毫无理由、不正当的过度反应”。但当地大陪审团仍归咎于学生：“面临骚乱和暴动，执法人员若要恢复秩序，势必有人受伤或死亡。”

在那个多事之秋，密西西比州人发现不止学生成为被攻击的目标，而且黑人并非唯一的受害者。5月，扛着旗帜进行反战游行的曼哈顿建筑工人大受欢迎。白宫对他们的褒奖被视为漂亮的政治手腕。社会对年轻人的不满越发增加。年长的美国人几乎讨厌年轻人亚文化的方方面面：长发、扎染牛仔裤、吵闹的音乐、言谈、手势及摇滚乐队名字（什么奶油，滚石，大疯客铁路等）。最受诟病的便是烈性毒品。青少年们狂热崇拜大学生到处张贴的夸张的迷幻海报，上面充斥着血淋淋的颜色及扭曲的图案。他们大聊特聊吸食毒品如何让自己飘飘然、兴奋、过瘾、心惊、思维异常和忧郁；还怂恿青少年为参加摇滚音乐会（有时是浸淫着罪恶的精神垃圾）离家出走。

伍德斯托克音乐节堪称摇滚狂欢的最高成就。《滚石》周刊助理编辑约翰·莫思兰表示，次年可能举办 48 个大型音乐节，但只有 18 个成为现实。莫思兰说："主要原因涉及政治。宣布举办节日的第二天，市政局的人员和警察带着紧急法令前来，在这种情况下不可能举办庆典。"居民们看够、听够了亚文化，也不想在自家后院举办什么庆典，于是赞同（甚至请求）当局进行干预。他们认为这合情合理，尤其是在了解了康涅狄格州米德菲尔德市的粉末岭音乐节（1970 年最臭名昭著的摇滚盛会）后更是举双手赞同。

事实上，粉末岭音乐节倒算不上盛会，它并未如期举行。主办方签下 25 个乐队将在 300 英亩的滑雪场表演。但开演前第 4 天，一个公民委员会认为，这里的社区没有必要忍受这些噪声、大麻、赤身裸体的青少年和越共旗帜，并以此说服法官签署禁令。表演者被迫离开，但从四面八方而来的观众仍越聚越多，甚至许多洛杉矶的地下报纸都报道了这一盛会。8 月的第一个星期五，人数已达 35 000。没有节目、没有食物、没有足够的卫生设备，粉末岭音乐节注定是一场灾难，事实也确实如此。

天气闷热，年轻人搭好五颜六色的帐篷后把自己剥得精光。第一天，他们在用来给滑雪者休息的棚屋旁的一个小池塘裸泳，但太多人在里面大小便，以致到了星期六池塘就成为一个健康公害。蓄着胡须的光头医生威廉·阿布鲁齐是池塘维护志愿者，他非常担心那儿的卫生问题，但最令他烦心的还是麻醉剂。毒贩子在人群中兜售大麻、可卡因、海洛因（“神奇魔力只要5美元喽”）、巴比妥酸盐和“来得快”，以及LSD致幻剂（“迷幻药啊，先看货，后看牌子”）。州警察逮捕了70名妄图逃跑的小贩，其中一人口袋里还揣着13 000美元，但大多数人逃之夭夭。买不起这些药的青少年可以喝大桶里的免费“电水”：这是由路人手里的多余毒品混杂而成。阿布鲁奇说这是他诊治过的上千起麻醉剂事故的罪魁祸首，此次集会上嗑药的人数超过伍德斯托克，而参加后者的总人数可是这儿的十多倍。每个米德菲尔德居民都能讲出嗑药的年轻人干下的荒唐事儿。最荒唐的场景发生在邻近其中一片住宅的小树林里。赤身裸体的一男一女从不同方向走来，在树下相会。心血来潮之下，两人抱在一起，女生双膝跪地，男生则采用后入式的体位。在男方达到高潮后两人分开，其间未说只言片语。

很明显，粉末岭音乐节与反战示威毫无关系。但对批判者而言，年轻人的亚文化都是一样的，其中任何一个方面都会让人联想到另一方面。肯特州立大学惨案是尼克松宣布进攻柬埔寨后最令人难忘的校园运动，但它开始并不是为了表示抗议。各界一致认为，爆发最初阶段的骚乱是迟早的事。不像哥伦比亚大学或加利福尼亚大学伯克利分校，俄亥俄州立大学和肯特州立大学并无激进主义之传统。橄榄球在肯特的校园里仍是大热门，学生们获胜后还会敲响胜利之钟。学校仍举办毕业舞会，镇上有可以闲聊喝酒的小酒店，而导火线是一个闷热星期五晚上的啤酒狂欢节。

酒吧里人满为患，被挤出来的学生便在街头跳舞。一个愤怒的司机加大油门，似乎要直冲进人群。几个醉酒的年轻人爬到车上打碎窗户、点燃垃圾桶，还砸碎了商店窗户。接勒罗伊·萨特罗市长命令，肯特的警察把醉酒闹事者赶出酒吧。把这群人赶回学校的途中，警察用催泪瓦斯驱散了一群顽固分子。第二天，肯特州立大学的少数激进分子得到当局许可在晚上集会。注册入学的2万学生中有800人参加了集会。他们向教职员工和校警吼道："一二三四，我们不要战争！"集会随即变成了游行示威。事态渐渐失控，冲散了一场舞会。他们从窗口把点燃的照明弹投进广场对面的后备军官训练队的平房。赶来的消防队遭到雨点般的石头的攻击，水管被大砍刀割断，训练房被烧成一片焦土。

萨特罗市长未通知学校管理处便向国民警卫队求助。州长詹姆斯·罗兹派来了一个500人先遣队，他们的装备包括M1型步枪、柯尔特左轮手枪和催泪瓦斯。对此，学生们更加疯狂地往树上泼汽油引燃大火。到星期日的午夜时分，火已扑灭，一切似乎尽在掌控之中。同时，罗兹州长也来到学校。星期二，俄亥俄州共和党将进行参议员候选人初选，罗兹是参选人之一。他的排名靠后，当选可能性极小，但他试图最后一搏，想借肯特州立大学事件扭转局势。罗兹召开记者会，宣布进入紧急状态；谈及学生们，他说："我们将竭尽所能借用法律手段把他们赶出学校……他们比褐衫党①、共产党、夜骑士和自卫团还可恶。他们是美国最糟糕的族群。"

这里得为罗兹州长说句公道话，他并非唯一在国民警卫队面前斥责学生的人。司法部长米切尔曾说激进学生是流氓；尼克松总统和阿格纽副总统亦是如此。阿格纽最常被人引用的一句话便是"青年一代中的捣乱分子简直是群无赖，根本不配被称作美国年轻人"。在肯特州立大学，萨特罗市长也有不少具有煽动性的言论，而国民警卫队的罗伯特·坎特伯雷准将几乎是刻意煽动暴乱。他们种下恶因，星期一中午便收获了恶果。当天，学校已恢复上课，校园在最开始时也

① 因为德国的纳粹党徒身穿褐色制服，所以常称他们为"褐衫党"。——编者注

一片安宁。到了正午，有几个学生敲响了胜利之钟，约 1 000 人在校内广场上进行和平示威，另有 2 000 人旁观。这时，两辆吉普开了过来，车内警卫用扩音器吼道："撤出公共区域！你们无权集会。"学生们竖起中指，石头如雨点般砸过去，并朝他们大喊："死猪头滚出学校！不跟你们吵。"坎特伯雷准将告诉记者："这些学生总得明白法律秩序是怎么回事儿。"在其部下的注视之下，西尔维斯特 · 德尔 · 科尔索少将捡起石头向学生们砸去。

约 12 点 15 分，国民警卫队的两个战斗班将催泪瓦斯罐投入人群；几个学生捡起罐子往回扔，但扔得不够远。一支国民警卫队小分队（约 100 人）试图把逃跑的学生堵在两栋建筑之间，但随后发现自己进退两难：前有栅栏，后有狂扔石头的学生。其实警卫们的处境也并非那么糟糕：学生们的石头扔得不够远，砸不到他们，很多路人还在大笑。催泪瓦斯已用完，警卫队开始往一座小山岗上撤退，频频不安地回头张望。这时的情形已十分危急，警卫队凶起来毫无人性（上周周末就刺伤了三名学生），他们的 M1 步枪也已上膛。正如前宾夕法尼亚州州长威廉 · 斯克兰顿领导的校长委员会所言："警卫队只差用拇指拨一下保险栓，用食指扣一下扳机了。"

事后有人认为，一群警卫队队员故意向与他们纠缠不休的学生开火。有照片显示有十几个卫兵聚在一起，即证人所谓的"一团"。另一个惹人疑惑的证据是一盘事发现场的录音带。录音表明，在持续 13 秒的致命枪声四起前，有一声单独的枪声。开枪人是特伦斯 · 诺曼，这一枪要么是信号，要么是出于恐惧所为。诺曼谎称自己是"自由摄影师"，其实却是联邦调查局的密探（此外，他还可能受雇于肯特州立大学，该大学也有卧底人员）。诺曼有一把枪，部分旁观者说他扣动了扳机，时间要么刚好在那紧要时刻之前，要么紧随其后。可以肯定的是，警卫队在半夜 12 点 24 分到达山顶时，立即全体跪下，好像接到命令一般向学生开枪，而那时学生们远在几百英尺外，根本伤不到他们。就在警卫队旁边的坎特伯雷准将却扭过头朝着另一个方向。一阵扫射后四周死一般寂静，突然一个女孩的尖叫划破夜空："天哪！他们要置我们于死地！"

13 名学生中枪，4 人（都不是激进分子，其中一人是预备役军官训练营成员）死亡。一个青年头部鲜血直流，染红了随身携带的课本；另一个男孩用布捂住他朋友的肚子，想要止住鲜血，但一切只是徒劳。而警卫队并未试图援救。

事件后不久，警卫队没有一个人受到杀戮指控。尽管司法部长米切尔说这是美国教育正经历着的历史上"最悲痛的学期"，而"枪声在大学校园里响起是社会混乱的最重要的证据"。尽管 300 名联邦调查局特工调查证实当时警卫队的士兵并未遇到人身危险；尽管他们事后还想将冲突归咎于一个子虚乌有的黑帮，司法部却公然拒绝召集联邦大陪审团。他们一直拖到 1974 年 3 月才发出 8 份起诉书。

当时，一个俄亥俄州的大陪审团不仅宣布警卫队无罪，反而起诉了 25 名学生，其中包括了学生会主席。尽管没人获罪，但这使得大众普遍认为遇难者罪有应得，而尼克松暗示暴力抗议招来了更多暴力后果使这种情绪越发强烈。尼克松当时说："这再次告诉我们，意见不同就诉诸武力，只会导致悲剧。"斯克兰顿委员会认为，"警卫队开 61 枪不合情理。"阿格纽副总统说这种看法是"纵容的精神食粮"，并认为责任在学生，这些就"在大学行政楼的台阶上，在教师休息室门前的学生"，任何辩解"都是为这些毫无责任心的学生开脱"。

两年后，华盛顿水门大厦的民主党全国委员会办公室遭到窃听。在促成这一爆炸性事件的系列事由中，尼克松关于进攻柬埔寨是军事冒险行动引发的校园骚动是关键的一环。第一环是 1969 年 5 月 19 日《纽约时报》上威廉 · 比彻的一篇文章，他是该报国防部消息版块的负责人。文章开头是这样的："据尼克松政府透露，在最近几周，美国B–52 轰炸机首次突袭了越共和北越在柬埔寨的补给基地，但柬埔寨方面尚未反击。"

尼克松又惊愕又沮丧。他本就担心东部媒体不负责任的报道会带来意想不到的后果，不料担忧成为现实。当《纽约时报》刊登出美军为和苏联进行限制战略武器谈判所做的技术准备细节时，尼克松更如五雷轰顶。依照宪法，他不能拿比彻及报社出气，但至少可以查出在政府内部是谁在向记者泄露这些机密。他找来基辛格出谋划策，基辛格列出一张单子，上面有 13 个知道柬埔寨秘密行动的人的姓名，包括他属下的 5 位国家安全委员会助理。按照总统命令，这些人的电话被联邦调查局监听，发表了机密信息新闻的 4 位记者亦是如此：比彻、《纽约时报》的驻国务院负责人赫德里克 · 史密斯、哥伦比亚广播公司的马尔文 · 卡尔布及伦敦《星期日泰晤士报》的亨利 · 布兰登。这是白宫首次介入这些颇具争议活动的模糊地带，但徒劳无果，最终也未发现比彻的消息来源。

尼克松开始质疑胡佛的联邦调查局和理查德 · 赫尔姆斯的中央情报局的办事效率。在 1970 年 5 月发生一些事之后，这种疑虑进一步加深。他深信校园暴动系外国教唆者密谋的，可能是古巴人、埃及人或东欧人，并命令中情局将此事查个水落石出。经过深入调查，中情局报告说所有教唆者都是美国人。尼克松又让联邦调查局进行调查，结论照旧。仍不满意的总统下令增设窃听器，并闯入可疑的办公室和住宅进行搜查，这可是新花样。此项任务由新的国内安全小组负责，其中囊括了美国最高级别的情报工作者：胡佛、赫尔姆斯及国防情报署、国家安全局的领导人。29 岁的印第安纳州律师和总统演讲的撰稿人——汤姆·查尔斯·休斯敦负责拟定侦查计划。

1970 年 6 月 5 日，4 位情报单位的领导在总统办公室会面，和总统照了相。尼克松要求他们组成一个国家安全监督委员会，由胡佛任主席。委员会于 8 月 1 日正式开始行动。同时，休斯敦和胡佛一起草拟行动计划。在早先的一次会议上，休斯敦拟出很多非法计谋，胡佛一再解释如今获取情报的手段已获得历史性进步，试图打消他对非法行径的热情。但休斯敦极不耐烦地说："我们不是在说已死亡的过去，而是在说活生生的现在。"除去电子监控和秘密入户侦查之外，他还计划拆查信件，在学生和海外美国人中招募联邦调查局密探和中央情报局间谍。

身为律师，休斯敦明知入户搜查和他所谓的"邮件覆盖"都是重罪，但仍一意孤行。他写道："这种手段明显违法，会构成盗窃罪；风险也很大，一经暴露会让调查人员十分难堪。但这也是最富有成效的手段，能获取任何其他方式无法得到的情报。"他坚称这种方式"利大于弊"。胡佛仍不为所动，在评注休斯敦的报告时，他表示不愿继续担任委员会主席，甚至想退出委员会。休斯敦深感难堪。在 7 月初留给霍尔德曼的备忘录中，他这样评论胡佛的看法："他的观点大都前后矛盾且琐碎无聊，老是担心一旦暴露，情报部门（也就是他自己）会多尴尬。"7 月 23 日，尼克松签署了休斯敦起草的"决议备忘录"，批准了他的行动计划。胡佛得知后，向米切尔提出抗议，米切尔和总统商谈后，尼克松便将整件事搁置下来。痛苦不堪的休斯敦当年秋天辞职回家，在印第安纳波利斯当起了执业律师。他的情报工作由白宫新人、总统顾问约翰·韦斯利·迪恩三世接替。

次年春天，《纽约时报》再次刊登国防部新的机密信息。尼克松就此断定政府已守不住秘密，是绕开胡佛采取行动的时候了。他为此创建了一个特别调查小组，任务是“防止机密泄露并调查其他关乎国家安全的敏感事务”。

美国20世纪最大的政治丑闻——水门事件的涉案人当时还互不相识，但他们已陆续辞掉了政府工作，可接受新任务了。美国驻马德里大使认为埃弗里特·霍华德·亨特是个阴谋家，拒绝让他出任副站长，从此亨特的中央情报局生涯就开始走下坡路。在肯特州立大学惨案发生时，他已离开中央情报局。4个月后，小詹姆斯·麦科德从中央情报局辞职；8个月后，乔治·戈登·利迪被财政部解雇，原因是在美国步枪协会的集会上，他未经批准便发表言论支持私人享有枪支所有权。

戴维·扬是基辛格麾下的一名32岁的律师，他将行政大楼地下室的16号房间开辟为特别调查小组总部。《纽约时报》上有一则简短新闻透露，扬及其同事小埃吉尔·克罗正处理机密被泄露的相关事宜。扬的一个亲戚看到报道后对他说：“你可是在白宫处理泄密事件啊，你祖父定会为以你为荣，他就是个专堵漏洞的水管工呢。”于是，戴维在新办公室门上贴了块牌子：“水管工——扬先生”。

1970年是非大选年。按默里·乔蒂纳（理查德·尼克松的首个竞选总顾问）定下的规矩，当年的中期选举由共和党负责。这条规矩很简单，即美国人民是出于反对某个候选人而非支持某人而投票。按乔蒂纳所言，总统竞选人不必过于看重己方纲领，但务必曝光对手不光彩的往事、理念、习惯及私生活；若找不到把柄，就编造一些。这个策略就是总统批评家口中的“老兄尼克松”，当年秋天共和党的战略便是把所有共和党的潜在对手都变成“老兄尼克松”。这将是首个耗资上亿的国会选举，而共和党的急先锋则是被总统顾问布赖斯·哈洛称为“能量源阿格纽”的副总统。

共和党显然还需某种支持。去年 11 月，盖洛普民意测验显示尼克松的民意支持率达 68%，但由于通货膨胀越发严重、柬埔寨事件、卡利事件和与日俱增的失业人数，他的支持率已开始下降。年初，尼克松曾告诉共和党领袖，失业率若上升到 5.5%，共和党 11 月的竞选将失败。未到年末，失业率就已超过 5.8%，达到了 6%。与苏联的限制战略武器谈判进展顺利，3 月签订了防止核扩散条约，但这些成就和政府税收分享计划并未博得选民多大的好感，福利改革计划也没受到很大支持。尼克松保留学童“就近入学”、不用汽车接送的承诺在南方广受好评，但却让北方的黑人怒不可遏。随着黑人中产阶级的崛起，黑人的票源越发举足轻重。到 11 月，美国将有 13 名黑人国会议员、81 名黑人市长和镇长、198 名黑人州议员和 1 567 名黑人地方政府官员。

副总统阿格纽被白宫视作按乔蒂纳指导而竞选的头号种子。出任副总统的首年，他在讲坛上非常活跃，共发表了 77 次大型演讲，在其众多的听众中广受好评。1970 年的一次盖洛普民意测验显示，阿格纽名列全美最受尊敬人士第三位，仅次于尼克松和葛培理。不过明尼苏达大学的 11 位教授呼吁他别再“把温和派变成极端分子”；参议员乔治·麦戈文说他是“毁灭性的分裂势力”；共和党成员弗兰西斯·萨金特州长说马萨诸塞州不欢迎他。但大学教授和麦戈文被视为政府的天然仇敌，而马萨诸塞州的居民中有 30 万学生，这个州自然被视作更具自由派作风的。不管怎样，尼克松就职演说时呼吁国民“停止大吵大闹”，阿格纽便是第一批对此表示蔑视的政府成员之一，“我愿意在喧闹声中发出自己的声音，哪怕为此提高嗓门都行”。美国中产阶级很欣赏他那精心设计的浮夸辞令：

有的报社处理垃圾的方式是出版。

询问参议员富布赖特的外交意见就像让波士顿的扼颈杀人者给你做颈部按摩。

若表达异议会分化美国人民，我斗胆说一句，现在就是积极分化的大好时机。

暴力只会助长更多暴力行径，长时间的暴力终会带来暴力反抗。

我们这个时代的弊病是那虚情假意、自讨苦吃的精明——莫名地害怕我们的价值观是错误的，担心爱国、诚实、美德和勤勉是不对的。

1970年秋，在32个州进行巡回演讲时，阿格纽走过了32 000英里。9月13日，在加利福尼亚州棕榈泉的记者会上，他号召选民抵制“激进自由主义者”一般的民主党，从而为自己的竞选奠定了基调。随后，他把“激进自由主义者”压缩为“激自派”，说这种人每次都一定会“投票反对法律与秩序，反对代议制社会的利益，反对美国的外交政策”。尽管他并非一味支持党内成员（“我不得不把一位竞选的共和党人归为上述类别，那就是纽约州参议员古德尔”），但他毫无例外地谴责对手党的候选人，“民主党候选人放纵随意，习惯迁就暴徒、迎合不法分子”。在两位总统发言撰稿人——威廉·萨菲尔和帕特·布坎南的润色之下，阿格纽冗长乏味的言谈变得生动起来。他谴责鸽派参议员是“叛徒议员”和“被放纵的奇才”，所有民主党候选人则是“否定一切的牢骚满腹的大人物”“懦弱的墙头草”“踌躇不前的代言人”“遁世的左派”，迎合“愚蠢虚妄智识主义热潮”的“病入膏肓、歇斯底里的臆想症患者”。他尤其喜欢在空洞浮夸的言辞中使用隐喻和头韵，“我不需要靠鬼把戏表达观点，我只是陈述事实”。

在造访美国22个州，踏遍17 240英里，为期23天的竞选演说中，尼克松与阿格纽遥相呼应，语气颇为相似，并且进行了反攻。尼克松亦没有辩解，没有描绘宏伟的目标，也没有提出任何理念，那些都有悖乔蒂纳的原则。他转而攻击学生、迷幻药、学生争取民主社会组织、暴徒、逃兵役的人、烧毁国旗的人、同性恋、罪犯、滥交和色情作品，把这些都和民主党联系起来。选举前一天，共和党在电视上重播了总统的一次尖刻的演讲，由此引发了最戏剧性的一幕。上星期四晚，在加利福尼亚州圣何塞，游行人群用鸡蛋、石头猛砸总统豪车的窗户和车门。一个在场助理事后说：“你真该看看他们的脸，充满了仇恨，这真是把总统打击到了。”《时代周刊》说这一插曲“受到所有相关部门和可能的相关部门的一致谴责”。尽管如此，事后在菲尼克斯演讲时，总统似乎将此事归咎于所有批判他的人。他承诺：“任何暴徒都不能阻止我外出与美国人民交流。”这暗指民主党对他横加阻拦。谈及反对者，他说：“他们并非浪漫派革命者，他们和荼毒好人的暴徒、无赖相差无几。”最后他总结道：“我们的新政策需要全新且强硬的法律。要和犯罪势力斗争，法律就得赋予和平力量新权力。”

选举前夕重播的演讲惹人厌烦，浮皮潦草甚至语无伦次，演讲持续了15分钟。随后的15分钟由缅因州参议员埃德蒙·马斯基自己付费使用，他的讲话是为另一党派做答辩。马斯基的讲话冷静、慎重，也极具毁灭力量。对于尼克松和阿格纽中伤民主党背信弃义，马斯基说：“那是谎言，全美国人民都知道那是个谎言……世上只有两种政治……恐惧和信任。一边说，你被危险包围了……另一边则说，这个世界变幻莫测，但人的意志可将它改变……所以，明天为民主党投上一票，就是投上信任的一票……表示对同胞的信任……最重要的是，对自己的信任。”

马斯基认为，人人都信奉法律与秩序；民主党已经投票支持政府的一系列犯罪管理法案。但种族纷争、环境污染和经济问题怎么办？民族团结又该如何？他说：“有人利用公众难题谋取党派私利，他们不但没提出可行的解决方案，只有空洞的威胁与恶意中伤。”他呼吁选民团结一致批判这类人。

选民们正是这样做的。民主党的众议院议席增加了12个，将两党差距扩大至255对180席。共和党原本占据了32个州长职位，民主党18个，但现在共和党失去了11个职位，以21对29落后。与1968年相比，民主党候选人平均领先3%。竞选初期，共和党还希望获得8个参议院席位，重新掌权。当时看来或许有希望，因为民主党在参议院没有把握的席位是共和党的两倍。在选情明朗后，共和党只得到两席，其中一席有无价值尚待观察。在康涅狄格州，小洛厄尔·韦克（开明派共和党人）取代了托马斯·多德（保守派民主党人）。

为了尽可能让结局不那么难看，尼克松声称共和党获得了“意识形态层面的胜利”，他指出艾伯特·戈尔败于田纳西州、约瑟夫·泰丁斯败于马里兰州、查尔斯·古德尔败于纽约州。在纽约州，保守党候选人詹姆斯·巴克利仅以39%的选票在三人竞选中胜出。但由于艾德莱·史蒂文森三世在伊利诺伊州取胜、约翰·腾尼胜于加利福尼亚州和乔治·布什（曾获当局鼎力支持）败于得克萨斯州，这些让尼克松所谓的“胜利”基本全部被抵消。最让尼克松政府沮丧的是1972年大选前的噩兆。除去田纳西州，共和党所看重的南部政策一无所获，还丢掉了几个关键的州议员席位。在新泽西、威斯康星、北达科他、佛罗里达、内华达和新墨西哥这些州，尼克松和阿格纽的特别政策也宣告失败。在下届总统选举中可能起决定性作用的重镇——加利福尼亚州、宾夕法尼亚州、俄亥俄州和密歇根州，尼克松团队也遭到惨败。

共和党里彭协会主席说这是共和党“自1964年以来表现最差的一次”。谈及尼克松的解释，他说：“尼克松越宣称在本党意识形态层面占优势，就越不可能在1972年拿国会当替罪羔羊。”选举结束后，共和党州长们在爱达荷太阳谷聚会时最常说的笑话便是，他们该在死亡谷会合。两年前，尼克松在印第安纳州得到最大差额的多数票，但如今其州长却说那儿的情况也不容乐观。新墨西哥州州长警告共和党：“选举失败的原因是策略过于消极。”专栏作家罗兰·埃文斯和罗伯特·诺瓦克写道：“1970年11月，理查德·尼克松总统的威信降到最低点。”事实上，情况越发糟糕。当年冬季的盖洛普民意测验表明，尼克松的支持率从56%降至51%，再降至49%；哈里斯民意测验表明，马斯基领先尼克松3%，随后几个月两人的差距增至5%，再到8%（马斯基以47%比39%领先）；《新闻周刊》说尼克松仅能完成一个总统任期的可能性增加。

在这种背景下，尼克松和他的主要政治顾问们在比斯坎湾进行事后分析。一个顾问说偏好运动术语的尼克松称这次聚会为“比赛计划审查”。极其郁闷的米切尔说总统表现得好像在“竞选警长”一样。大家一致认同此后两年再不能上演如此惨剧。从此刻起，总统必须表现出远离党派政治，尽好总统本分。共和党全国委员会主席将由堪萨斯州的参议员罗伯特·多尔接任，多尔是共和党坚定的拥护者，主张采取强硬路线。

但那还不是这次会上最重要的决定。正如一名与会人士事后所言："这是场激烈的攻坚战，我们可不放心把这项任务交给那群唯唯诺诺的老狐狸。"另一个人则说："我们决定把党派政治踢出白宫，赶到对面去。"对面就是宾夕法尼亚大道 1701 号，一栋钢铁玻璃结构的大楼，距白宫 150 码。1971 年 3 月，独立的公民"总统竞选连任委员会"把那栋楼的二楼作为办公室。这个委员会里面家具全新，内部装潢时髦，铺着深橘黄色的地毯。约翰 · 米切尔从司法部辞职接管。之前，这里将由霍尔德曼的亲信杰布 · 斯图尔特 · 马格鲁德负责，小詹姆斯 · 麦科德出任安全主管，乔治 · 戈登 · 利迪担任顾问，这个委员会就是后来尽人皆知的，共和党和民主党人一致宣称的"克里普"①。

① 原文为"CREEP"，是"总统竞选连任委员会"的英文名称缩写。而"creep"一词在英文中有"爬行""卑鄙小人""谄媚者"的意思。——编者注

剪影：20 世纪 70 年代早期

IS MOTHER'S MILK FIT FOR HUMAN CONSUMPTION?

AT&T UP 1000% SINCE 1932

Hello darkness, my old friend
I've come to talk with you again
Because a vision softly creeping
Left its seeds while I was sleeping
And the vision that was planted in my brain
Still remains,
Echoing the sound of silence.

Masters and Johnson estimate that one-half of the marriages in the United States are threatend by sexual dysfunction

Virginia Slims

INSTAMATIC SALES HIT 50,000,000

NIXON PLEDGES SMALL STAFF, OPEN ADMINISTRATION

You don't need to be a weatherman
To know which way the wind blows

They Ran Out of Tear Gas

Kent State 1970

Allison Krause, 19
Sandra Lee Scheuer, 20
Jeffrey Glenn Miller, 20
William K. Schroeder, 19

Best Sellers FICTION
Love Story Segal
Islands in the Stream Hemingway
Crystal Cave Stewart
God Is an Englishman Delderfield
The French Lieutenant's Woman Fowles

SILENT MAJORITY

AMERICAN GIs SPREAD CHRISTMAS JOY TO CHILDREN AROUND WORLD

1 IN 8 AMERICANS GET SOCIAL SECURITY CHECKS

That's what it's all about
This has to be the richest country ever

— It can't be all that bad —

THE WHITE HOUSE
WASHINGTON

```
TO: The Staff                              August 17, 1971
From: John Dean
     This memorandum addresses the matter of how we can
maximize the fact of our incumbency in dealing with
persons known to be active in their opposition to our
Administration.  Stated a bit more bluntly -- how we can
use the available federal machinery to screw our
political enemies.
```

IKE DEAD

moratorium

HOMOSEXUALS MARCH IN NEW YORK

BLACK NATIONALISTS PICK CITY AS TARGET

Is that all there is?
Is that all there is?
If that's not all there is, my friend,
Then let's keep dancing

Letting it all hang out

Portnoy's Complaint (port'-noiz kəm-plānt') *n.* (after Alexander Portnoy 1933-) A disorder in which strongly felt ethical and altruistic impulses are perpetually warring with extreme sexual longings, often of a preverse nature . . . It is believed by Spielvogel that many of the symptoms can be traced to the bonds obtaining in the mother-child relationship.

OUR AMERICAN MADNESS: WHY WE WORK SO HARD AT HAVING FUN

SELL 3,000 TOPLESS SWIM SUITS

Effete Snobs for Peace

```
Q: (to witness Atkins) Did there come a time when you killed
     Miss Tate?
A: Yes, I killed her
Q: Describe to the court what happened.
A: Well, I stabbed her, and she fell.  And I stabbed her again.
     I don't know how many times I stabbed her and I don't know
     why I stabbed her . . .
Q: But how can it be right to kill somebody?
A: How can it not be right when it's done with love?
```

— You better believe it —

Best Sellers NONFICTION
The Sensuous Woman "J"
Everything You Always Wanted to Know About Sex Reuben
Inside the Third Reich Speer
Future Shock Toffler
Zelda Milford

Raindrops keep falling on my head
But I'm not complaining
That my eyes will soon be red
Crying's not for me

Sorry about that

How's that for starters?

Go Naked

Ninety percent of all scientists who ever lived are alive now.

第三十六章　美利坚“分裂”国

1971 年冬季，怀旧成了国内商家的大卖点。雪茄店门前的木雕印第安人像单个售价 4 000 美元；1938 年发行的《超人》系列漫画售价 400 美元。在一位意大利设计师推介下，丽塔 · 海华丝式的造型重返时尚界，模特们穿着衬衫式裙装和喇叭裙，随着管弦乐器演奏的摇摆音乐漫步。男女同校的在校女学生们更复古，她们穿上 1900 年左右流行的长及脚踝的大衣，戴上钢架老花镜。箭牌衬衫的橱窗里又挂出了 1906 年的样式。赫兹广告公司主打古铜色油墨和早已过时的维多利亚式字模。嬉皮士戴着米奇牌手表。超过 300 家广播电台重播奥森 · 韦尔斯的《世界大战》庆祝万圣节。百老汇最流行、最畅销的剧目是新版《不，不，南妮特》，这本是 20 世纪 20 年代的歌舞剧。上映首周票房便达 35 000 美元，单张票价高达 25 美元，该剧主题歌

《我要幸福》再度流行起来。巴斯比·伯克利负责编舞，主演是60岁的鲁比·基勒。当她伴随着《鸳鸯茶》的曲调跳起踢踏舞时，观看夜场首映的观众纷纷起立，掌声雷动。

1971年，西尔斯·罗巴克公司重印了其1897年出版的商品目录的第104期，此举堪称旧事物风光再现的绝佳典范。新版还附上了西德尼·佩雷尔曼和理查德·罗维尔的序言。出版社原以为只有图书馆会买它用以充实参考书书架，但该重印本竟以每册14.95美元的价格卖出了20万册。人们成立了怀旧读书俱乐部，提供各色老电影广告的合订本、黄色杂志故事集锦、《迪克·特雷西探险故事》《小孤女安妮》和《巴克·罗杰斯》。《神探南茜》和《哈迪男孩》系列故事也很畅销。浪琴乐团录音室出售名为《想起广播的黄金时代》《大乐团时代的伟大歌手》《感谢回忆》《永远铭记的年代》《难忘岁月》《大型乐团时代的主题曲》等30年代歌曲和广播剧目唱片集，盈利数百万美元。这一系列作品中，最具野心的莫过于时代–生活公司发行的以立体声重录摇摆乐的经典唱片集，其中包括格伦·米勒、哈里·詹姆斯、阿蒂·肖、汤米·多尔西、莱斯·布朗、伍迪·赫尔曼、查尔斯·巴尼特、吉米·伦斯福特、克劳德·桑西尔、莱昂内尔·汉普顿和本尼·古德曼等人的作品。

这种时代风潮传达的信息很明确：美国人厌倦了现在，便回顾过去寻找慰藉。虽然1971年是个多事之秋，但诸多事件的性质并未在糟糕的1970年之后有所改善。与之后相比，1971年的通货膨胀相对温和，但在当时形势已十分严峻。2月，商品批发价格飙升，创下17年来之最。总体看来，生活费用在5年内上涨了25%。此外，联邦调查局数据显示，60年代的重大犯罪案件增加了176%。去年共发生550万起重罪案件；1960年的破案率为1/3，如今却仅有1/5。性病的传播速度惊人，淋病则成为全国流行病，且尚无预防感染的疫苗。

美国上下都在发生翻天覆地的变化。新一轮人口普查数据（当时未公布）说明了很多问题。最明显的是60年代，大量农场主外迁使得农业人口减少了40%。四处漂泊的生活方式又流行起来，有600万美国人以房车为家。与日俱增的购物中心为城市生活模式带来重大转变。第一家购物中心于1959年在缅因州波特兰开张；在之后10年里，中心城市的零售营业额骤降了71%。尼克松当政的第二年，美国有13 000多家购物中心，市中心零售商店的处境相当悲惨。另一组颇能说明问题的数据（当时尼克松政府不以为意）预示着美国可能要爆发能源危机。自1945年以来，美国的汽油消耗增加了4倍，电力消耗增加了6倍。

社会传统在这一年屡遭颠覆。劳斯莱斯接受破产管理。军队宣布从今以后，已婚的陆军妇女服务队队员和护士生育后可继续服役。地下气象员组织安放的炸弹在参议院会议室下方的一间男厕所爆炸，震动了整个国会山。罗马天主教教会宣布，过去5年里，有1 400所教区学校关闭。《展望》周刊以停刊来庆祝美国杂志周。以制售优质汤品出名的美食公司因被新泽西州卫生局揭露其产品引起消费者肉毒中毒而宣告倒闭，超过120万罐奶油浓汤被迫销毁。伯克利的4个市议员空缺职位中有三个落入激进分子之手。最高法院规定，不能因其无法缴纳罚款而关押被告，于是再无“不交30美元就关押30天”的判决。

1971年的校园很太平，肯特州立大学事件的影响是显而易见的。《花花公子》杂志的一项调查发现，仅36%的学生表示“现在愿意参加抗议”，但他们补充说“不会采用暴力”。一篇投往《加利福尼亚州人日报》的文章写道：“伯克利人的生活已经堕落，校园里弥漫着瘾君子的绝望。我们无所事事，整天吸毒喝酒或幻想着新型立体音乐……太多人只是在浑浑噩噩度日，称不上活着。”密歇根州大学社会工作教授约翰·埃尔利赫说：“很多学生垂头丧气，人际关系冷漠”，但“仍有很多人渴望改变”。最大的变化是激进分子人数虽未减少，但已不在校园里游行示威，他们的关注重心转至华盛顿。他们抗议的主要原因——战争，仍在继续。若说1970年的问题是在中南半岛的柬埔寨人，那1971年的关键则是老挝。此外，再也没人幻想南越能在阮文绍的领导下迈向民主。

1971年南越总统竞选中的吉尔伯特–沙利文式闹剧可追溯到1967年大选。当年虽然阮文绍与阮高祺获胜，但由于有11人参选，他们只得到35%的选票。阮文绍很不满意，感到丢了面子，一直耿耿于怀，1971年他决定绝不能重蹈覆辙。接他指令，越南国民议会要求今后若要参加选举，竞选人需获得40位国民议会议员的签名支持或100位省市级议员的支持（若选择后者，每位地方议员的签名需由省长或市长连署）。

阮文绍有两大劲敌：阮高祺和呼声很高的杨文明将军，这两个人还达成了君子协定：绝不为难彼此。杨文明表示，一旦发现舞弊行为，他立马退出。结果真出了舞弊事件：阮文绍的最高法庭通过技术手段取消了阮高祺的参选资格。怒不可遏的杨文明带着阮文绍操纵选举的证据造访美国大使馆。那些证据包括让省领导购买选票、“给不友好的公务员换个工作”、谎报选票的书面指示。随后，杨文明退出竞选，表示无法“忍受这些剥夺人们对民主政治的希望、妨碍越南各民族和解的恶心闹剧”。

阮文绍毫无异议地欣然接受，但这引起了华盛顿方面的恐慌。美国大使埃尔斯沃思·邦克抗议后，越南最高法庭推翻此前的决议，宣布阮高祺为合法候选人，仍可参选。但阮高祺也不是招之即来挥之即去的角色，何况他还怀疑阮文绍和省领导的舞弊行为已然生效，再无扭转选情的可能。于是他决定退出，称总统是“滑稽闹剧的主演”。大选如期举行，阮文绍获得94.3%的选票，这表明选举系毫无意义的暗箱操作。阮文绍表示，非常高兴看到民众对他的领导能力抱有“惊人”的信心，但他的这次皮洛斯式胜利也没风光多久。到年末，美国驻越部队人数将减至158 000人，阮文绍部队可以自力更生的可能性并不大。

一次南越在老挝进行的军事行动更是印证了阮文绍部队的无力，行动的结果是搬起石头砸了自己的脚。为证明越南化的有效性，16 000名越南共和国士兵接到命令穿过非武装地带，沿9号公路横穿老挝，切断胡志明小道（这是传说中的网状补给通道，当时部分路段已宽达50英里）。在历史上，很少有军事计划对保密工作如此掉以轻心。行动开始几周前，西贡的美军情报人员告诉媒体，敌军已陷入“霍布森选择”[①]：北越要么放弃在老挝的基地，要么冒险抗战，如果他们反抗就会全军覆灭。为凸显行动的地域性，离9号公路200码处的地方竖起了“美国人严禁入内”的公告牌。当记者指出“杜威峡谷2号”行动这一名称具有美国特色时，代号又被匆忙换成“蓝山719”。

伴随着连续不断的宣传，“蓝山719”行动于1971年2月8日正式展开。第一批记者报道说大获全胜。战地记者只能确定队伍正缓慢

① “霍布森选择”源于16世纪的英国，当时有位叫作托拜厄斯·霍布森的商人将闲置马匹出租。由于他总对顾客说：“你们可以选择任何自己看中的马，只要它是离马厩门最近的那一匹。”所以留下了不近人情的恶名。以后人们用这个词形容毫无选择余地，别无他法。——编者注

行进，并未遇到明显抵抗。一支装甲部队在两周内只前进了 11 英里，随后灾难降临。敌人用坦克、重型火箭、密集的大炮和北越的 4 个精英师发起猛攻。在西贡，美军副司令弗雷德里克 · 韦兰少将说，南越的失败“比新年攻势那一役还惨”。阮文绍的王牌军第一师止步不前，营长请求撤退，但遭到拒绝。原因如弗兰西斯 · 菲茨杰拉德在《湖中之火》中所说，“美军指挥部和白宫下令，5 月旱季结束前，越南共和国军必须待在老挝，严守胡志明小道，而越南共和国军军官可不敢跟美国作对。”

第一师的步兵乱作一团，纷纷抛弃阵地，销毁弹药，争先恐后地在丛林中披荆斩棘，赶到美国直升机能营救他们的空地。若收看那一周的夜间新闻，观众就能看到越南共和国军的士兵紧抓直升机滑轨不放的一幕。全靠美国空军进行干预才避免了阮文绍部队的全军覆灭。在为期 45 天的竞选临近尾声时，南越部队伤亡过半：3 800 人死亡，5 200 人受伤；8 个营丧失战斗能力，而胡志明小道上的运输量反倒增加了。4 月上旬，尼克松告诉国民：“今晚，我正式宣布战争越南化策略取得胜利。”评论家则说他简直在侮辱国民的智商。

这在美国国内一定会激起反战运动。4 月 18 日，越南战争老兵反战协会在国会山下安营扎寨，还在最高法院前设置了纠察线。总统顾问查尔斯 · 科尔森赶紧组建老兵正义和平协会；卡尔 · 麦金太尔牧师组建的争取胜利爱国者协会呼吁尼克松抛弃畏缩不前的越南政策，“按上帝旨意运用武力”。政府官员控诉评论员对这两个组织的宣传力度不够，暴露了他们的“左”倾情绪，但事情进展得太快，政府和媒体都来不及回应。4 月 24 日，约 20 万人在华盛顿进行和平抗议。第二周，“人民游说团”的成员成群结队涌入国会和征兵站，强迫国会议员和征兵工作人员与他们商谈。月底，“求救部落”事件爆发，首都游行达到最高潮，该组织用国际求救信号代表其奋斗目标：“阻止政府”。

事后，求救部落的人使用暴力到何种程度引发一片争议。该组织首领指出，莫罕达斯·甘地的形象就是他们理想的象征，各种组织手册、海报、徽章、解释非暴力反抗原则的战术手册上都有他的图像。但他们的一些手段可比甘地的粗暴得多，比如在街头乱扔垃圾、在重要路口遗弃车辆、躺在车前赖着不走等。以宽容闻名全国的华盛顿警方打算以退为进来平息这些抗议，但从没得到机会：总统从圣克利门蒂发来新命令，要政府以更具攻击性的方式应对。

尼克松选派司法部长米切尔出任执法策略协调员。在 1969 年 11 月示威运动风起云涌的日子里，米切尔曾告诉妻子马莎，和平抗议者让他联想到苏联革命党人。后来，面对一群律师，他说政府的自保权力必须高于个人隐私。他当时引用的例子是，政府在必要时可不经法庭授权便监听私人电话。在政客各执己见时，“求救部落”骚乱成为米切尔观点的又一佐证。按常规程序，警察若要进行拘捕，需提供填有被捕人的姓名、罪行，拘捕人姓名，犯罪时间、地点的一张表格。而当 12 000~15 000 名年轻人涌入华盛顿时，交通一度瘫痪，于是米切尔决定省去那些他眼里的繁文缛节。

5 月 1 日晚，“求救部落”的先锋在林肯纪念堂附近的西波多马克公园听摇滚音乐会。突然，750 名戴着头盔的警官挥舞着防爆棍把他们赶到街头。两天后，警官接到命令：不惜一切代价保持交通顺畅。警察、国民警卫队、正规军部队用催泪瓦斯和警棍驱散大群示威者。军用直升机在空中盘旋，随时准备出击。在第一天的拉网式搜查中，有 7 200 人被捕，其中许多都是爱好和平的纠察员与路人。这次抓捕创下了纪录，4 天内共拘捕 12 614 人。监狱已人满为患，关不下的人被用栅栏围起来，关在罗伯特·肯尼迪纪念体育馆。

被捕人群跟着披头士《黄色潜水艇》的曲调嘲弄地唱着“天佑美国”和“我家住在集中营”。斯波克医生穿着一件薄雨衣，在人群中瑟瑟发抖。阿比·霍夫曼在纽约被逮捕，他被指控为“求救部落”的同谋者。他说：“华盛顿游行是我干的，国会爆炸和洛杉矶地震也是我干的，来告我啊。”一场混战后，霍夫曼被带走，他鼻子受了伤，贴上了胶带，临走时还说：“天哪，简直玷污了国家纪念碑。”

鸽派议员被示威吓破了胆，加利福尼亚州的滕尼告诉记者，“愚蠢且无用的”骚乱“可能让和平人士几个月的努力付之东流”。然而，法庭以明显侵犯被拘禁人员的人权为由，拒绝批准逮捕。美国公民自由联盟已料到有如此结果，但当时还不确定。政府认为执法人员的表现令人钦佩。从加利福尼亚州回来后，尼克松对共和党的领袖们说，华盛顿警察局长“干得相当出色”，“约翰·米切尔和司法部也表现不错，我希望你们在离开这里之前也持此看法”。米切尔说：“我以华盛顿警局为荣，我很骄傲地看到他们阻止了一帮掠夺别人权利的暴民。”他把和平示威人群比作希特勒的纳粹褐衫党。

轰动一时的“求救部落”抓捕案发生6周后，6月13日《纽约时报》星期日那一期的头版标题是：“越南问题档案：国防部研究表明30年来美国越陷越深”。内页6版密密麻麻地重印着各种公报、建议、意见书、电报、总统命令，全都关系到美国在中南半岛的所作所为。这大概是政府历史上最严重的泄密事件，而这还只是开始。报社编辑承诺，接下来还会有更猛的爆料。

罗伯特·麦克纳马拉辞去国防部长一职前不久，曾委托专人进行了一项大规模研究，《纽约时报》就是获得了此项研究的文件副本。

《纽约时报》所谓的“五角大楼文件”由35名学者（包括兰德公司智囊团的成员）在麦克纳马拉隔壁的一个办公室收集、编写而成，文件共47卷打印稿，4 000页记录，3 000页说明，总计250万字。内容虽全是机密的，但不是军事机密，因此对仍驻扎在越南的部队不构成威胁，且不含尼克松年代的材料。麦克纳马拉一直困惑美国是如何卷入越南战争泥沼的，这些文件给了他答案。部分文件甚至追溯到杜鲁门当政时期，这些文件显示出许多官员昏庸无能甚至更糟。文件披露在东京湾事件几个月前，林登·约翰逊就下令起草《东京湾决议》。更令人难以置信的是，1965年，约翰逊下令美国步兵进入越南的当天，他竟然在记者会上表示，“目前没人提出或发布具有长远意义的战略”。

克拉克·克利福德接替麦克纳马拉出任国防部长，他没有时间阅读这份研究报告；亨利·基辛格曾是研究人员之一，但他也未见过完整报告；甚至尼克松也是直到那个星期日才从《纽约时报》上知道有这么回事儿。虽然这对他和战况都无影响，他仍勃然大怒。尼克松相当看重政府的保密能力，这次涉及的机密与他本人无关，下次可就难说了。此外，当他和基辛格仔细研究越南政策时，这些文件又揭开了旧日伤疤，牵扯到政府信用这个令人难堪的话题。

6月14日星期一，《纽约时报》刊登了文件的第二部分。米切尔致电白宫，建议政府将报社告上法庭，这一提议得到了尼克松认可。米切尔又给报社发电报，“恭敬地”要求他们他们停止刊载，并警告编辑，若他们执意孤行，将依间谍法处置，罚款1万美元并判处10年监禁。政府也会提起诉讼，因为泄密“给美国国防事务带来无法弥补的损失”。《纽约时报》将司法部长的威胁言论登在头版，还顺带刊登出了第三部分文件。

在那两周，当地的新闻编辑室和法庭忙得不可开交。星期二，司法部长助理罗伯特·马迪安领导的政府律师团前往纽约联邦法庭，要求对报社编辑发布禁令。刚上任5天的法官决定星期五进行审讯，并发布了临时限制令。《纽约时报》乖乖地停止了刊载，但到了星期五，《华盛顿邮报》开始拿国防部的文件做文章。很明显，《华盛顿邮报》的编辑也得到了被泄露的文档。4天后，《波士顿环球报》也开始刊登这份文件；与此同时，美联社在全球发行的《华盛顿邮报》上登出了文章。《纽约时报》也刊登了该文章。

马迪安将《华盛顿邮报》告上法庭，但华盛顿联邦法院的法官连临时命令也不愿发。他认为政府不能“事前限制重要史料的发表”。美国上诉法院以2∶1的投票结果通过了对《华盛顿邮报》发出禁令的提议。纽约市的法官拒绝对《纽约时报》发布永久禁令，但将临时命令有效期延至上诉法庭最后做出判决的日期。最终，在第二个星期的星期五，这两个案子（编号1873和1875）摆到了美国最高法院面前，最终投票结果为6∶3，报社胜诉。9名法官共提出6种不同观点，其中约翰·哈伦、尼克松钦点的伯格、哈利·布莱克门属于少数派。

马迪安认为，司法部只想取回对维护国家安全至关重要的被盗文件。当时并未提到嫌犯身份，但联邦调查局已经知道，那就是丹尼尔·埃尔斯伯格。埃尔斯伯格是哈佛大学的最高荣誉毕业生，其博士论文就是研究决策过程。他曾效力于兰德公司，后成为麦克纳马拉的门徒，协助其编撰“五角大楼文件”。他最初也是鹰派人士，但和许多人一样，后来转投鸽派。他因让兰德公司难堪而辞掉工作，在麻省理工学院任研究员。埃尔斯伯格一直在考虑是否将文件公之于众。美军入侵柬埔寨让他最终下定了决心。

6月23日，仍四处躲藏的埃尔斯伯格在电视上自认是泄密者，但他所在地点不明。他宣称美国应为越南的悲剧负责，“美国不给钱，就不会有战争”。“作为一名美国公民，一个有责任心的公民，我再也无法和别人沆瀣一气，欺骗广大民众。这纯属我的个人行为，我愿意承担一切后果。”6月28日，他向波士顿当局自首，在缴纳了5万美元保释金后获释。当天，在洛杉矶，他因盗窃政府财产、违反《间谍法》遭到控告。6个月后，他又受到12项包括谋反在内的刑事控告。一名前兰德公司的同事小安东尼·拉索、一位洛杉矶的女广告人、一名前南越驻美大使也遭到控诉。埃尔斯伯格说：“我没有盗窃任何东西，也没有间谍行为。我没有犯法，从未想过伤害我的祖国。”

在1973年研究水门事件时，伦敦《星期日泰晤士报》的记者小组认为：“‘五角大楼文件’是压垮尼克松政府的最后一根稻草。”白宫的“水管工”特别调查小组新招了两名前纽约警察：杰克·考尔菲尔德和托尼·乌拉塞维奇，一对鲁尼恩式①的人物。两年前，他们受约翰·埃利希曼雇用开展政治调查。他们先后接到过埃利希曼和约翰·迪恩的命令，展开包括对查帕奎迪克事件、关于美莱村事件的批评言论、反对尼克松的参议员的饮酒习惯、一名华盛顿专栏作家的私生活、一位著名民主党人的弟弟是同性恋等各类事件的调查。五角大楼案后，他们接到的第一个任务便是“水管工”。

当时，与埃尔斯伯格共事过的人都得交代很多情况。人们眼中可能性最大的同谋便是曾指导过五角大楼文件收集工作的莫顿·霍尔珀林。霍尔珀林是埃尔斯伯格的老友，随后成为基辛格的助理。辞去政府工作后，他去了布鲁金斯学会，一个华盛顿自由主义智囊团。查尔斯·科尔森认为是霍尔珀林泄露了文件，且可能还握有机密材料。

---

① 戴蒙·鲁尼恩（1884~1964），美国记者及短篇小说家。他善于塑造底层人物、体育明星及生活在大城市的人群；他笔下的人物惯用活泼轻快的俚语。——编者注

若真如此，材料可能就在他位于布鲁金斯的办公室，于是便派乌拉塞维奇前去侦查。这个前警察回来报告说，进入布鲁金斯绝不可能。根据约翰 · 迪恩后来的交代，从不畏惧艰险的科尔森告诉考尔菲尔德："若有必要，就往楼里扔个燃烧弹，趁骚乱取回文件。"

两个纽约警察表示无法接受，他们觉得应该找个人约束一下冲动的科尔森。于是把事情告诉了迪恩，迪恩得知后飞往圣克利门蒂将此事告诉了埃利希曼。埃利希曼给白宫打了电话，此后再无人提及燃烧弹之事。但对考尔菲尔德和乌拉塞维奇而言，这是个代价惨痛的胜利：白宫不再器重他们。本应由他们负责的任务交给了"水管工"组织的两个新星——埃弗里特 · 霍华德 · 亨特和乔治 · 戈登 · 利迪。被打入冷宫三个月后，考尔菲尔德决定设计一项全面的间谍计划卖给总统竞选连任委员会，计划代号为"沙楔行动"。11 月 24 日，迪恩安排他会见米切尔。但考尔菲尔德未能重获米切尔的欢心，他预感自己会被取而代之。离开时，预感成为现实：坐在司法部长外间办公室的正是戈登 · 利迪。

1971 年春夏，当理查德 · 尼克松秘密让人在白宫安装窃听器之时，他的民意支持率持续走低。性质恶劣的越南战争仍是国人的争议所在，总统助理们为此痛苦不堪。从 1970 年秋季的中期选举来看，形势对共和党十分不利，如何扭转选民态度成为助理们争论不休的话题，不过他们一致赞同此时需要一大笔钱。幸运的是，在这一点上他们比债台高筑的民主党好得多。1968 年以来，总统的私人律师赫伯特 · 卡姆巴克一直掌管着近 200 万美元的剩余竞选经费。1971 年 1 月，卡姆巴克把首笔 50 万美元竞选基金存入美国银行在加利福尼亚州的纽波特比奇支行。有趣的是，这笔钱是以银行本票存入，这些本票还是他早前用现金购于街对面的平安太平洋国家银行。早在当时，他就已事事小心，尽量让资金流动不留痕迹，因为他明白未来竞选或许会用到这些来源不明的资金。

随后几个月，部分款项的来路陆续显现，第一笔于3月出现于乳品加工业。3月初，农业部长克利福德·哈丁宣布，“乳制品用奶”（用于制作奶酪和黄油的牛奶）的价格补贴与去年一样，每英担[①]4.66美元。3月22日，试图推翻这一决议的乳品制造商成立了“美国农业政治信托基金”并存入1万美元，用于向共和党提供贿金。第二天，乳品行业的16位领导受邀到总统办公室与总统及农业部长会面，他们提出应提高联邦补贴。第二天，他们又给尼克松的竞选基金注入了25 000美元。第三天，哈丁改变主意，将牛奶补贴定为4.93美元。于是，乳品行业的领导们总计给共和党账户注入了527 500美元。

几周后，共和党又找到一棵摇钱树：国际电话电报公司。在尼克松当政早期，该公司总裁哈罗德·吉宁一直在设法干扰一个司法部特遣小组的工作，该小组的使命便是阻止国际电话电报公司与哈特福德火灾保险公司合并。司法部的律师竭力要证实一个原则问题：正是国际电话电报公司这样的大型企业集团非法扰乱了商业竞争。这一行动由司法部的反托拉斯局局长理查德·麦克拉伦负责，麦克拉伦向司法部副部长克兰丁斯特汇报。米切尔或许已退出该司法项目，因为他在纽约的律师事务所曾为国际电话电报公司打官司。1971年4月19日，麦克拉伦和克兰丁斯特会面后，决定向最高法院提起上诉，克兰丁斯特电话告知了国际电话电报公司的代理律师。

当天，克兰丁斯特接到约翰·埃利希曼电话，对方说尼克松总统“命令”他即刻彻底放手这个案子。克兰丁斯特说不可能，他本

① 1英担≈50.802千克。——编者注

人、麦克拉伦和副检察长欧文·格里斯沃尔德整个心思都扑在了这个案子上。埃利希曼只简短地回了一句："哦？那我们走着瞧。"几分钟后，克兰丁斯特的电话再次响起，这次是总统。尼克松在电话那头劈头便骂："你这个狗杂种，听不懂英语吗？"并严禁克兰丁斯特提起上诉。心神不宁的克兰丁斯特对米切尔说，宁愿辞职也不让步，并且他认为麦克拉伦与格里斯沃尔德会与他一道离开。稍后，米切尔便告诉克兰丁斯特，他已和总统谈过，"尼克松说反垄断案你想怎样就怎样吧"。

总统和司法部长对克兰丁斯特并不坦诚。在随后留给霍尔德曼的备忘录中，科尔森说他正努力查禁白宫与国际电话电报公司的所有往来函件，因为这"会使总统被牵连"。尽管米切尔说已把事情交由副部长处理，他去年仍定期与吉宁会面。早在1970年9月，埃利希曼就曾致信米切尔批评麦克拉伦的态度，还说到吉宁对自己的"理解"。

在克兰丁斯特和麦克拉伦认为这事尘埃落定的一个月后，肯塔基州州长在肯塔基赛马会上举办了午宴，政府与国际电话电报公司似乎尽释前嫌。调停人是米切尔与该公司在华盛顿的得力说客：迪塔·比尔德。国际电话电报公司同意支付40万美元，政府则允诺将反垄断诉讼搁置。在1971年6月25日的控诉备忘录中，比尔德夫人告诉她的顶头上司，共和党人中只有尼克松、米切尔、霍尔德曼和加利福尼亚州副州长是知道"这40万美元从何而来"的。她说："我确信我们这次高姿态的承诺对最终达成共识起了关键作用，而合并谈判最终也能如哈尔（吉宁）所愿。总统肯定已知会米切尔，让他确保一切按计划进行。我们只是受不了麦克拉伦的小动作……米切尔肯定在帮我们，只是不便公开。"

在备忘录末尾，比尔德夫人说："拜托毁了它，好吗？"但事实并非如此。次年 2 月 29 日，在杰克 · 安德森的专栏中，他披露国际电话电报公司的回应是销毁所有合并案的相关文件，一切纯属伪造。但并非只有迪塔 · 比尔德的陈述材料，埃利希曼的通信也是旁证。其中，他在 5 月 5 日写给米切尔的信中，提到总统与司法部长在一次会谈中就国际电话电报公司一案“达成一致”。从当时的一些事情也能看出端倪。5 月 15 日，吉宁保证向共和党提供 40 万美元；7 月底，司法部和政府未经过最高法院调解便解决了争端，国际电话电报公司获准与哈特福德火灾保险公司合并。《财富》杂志评论道：“很明显，哈罗德 · 吉宁取得了某种胜利。”

在政府与试图解决法律问题的人之间还有第三笔交易，其中的关键人物是罗伯特 · 韦斯科。韦斯科是个饱受争议的金融家，与尼克松家族颇有渊源。韦斯科曾通过弗朗西斯 · 尼克松（尼克松的弟弟）献金 5 万美元给共和党 1968 年的竞选活动，他和爱德华 · 尼克松（尼克松的另一个弟弟）也很亲近。1971 年夏，他还将尼克松的侄子小唐纳德聘为私人助理。小唐纳德说韦斯科“从未骗过我，从来没有”。这话从一个家世显赫的年轻人嘴里冒出来未免奇怪，而且普通人也不会这样说。两年后，证券交易监督委员会控诉韦斯科侵吞海外投资公司 2.24 亿美元的互惠基金，但他已成功地逃往哥斯达黎加。

据指控，早在 1971 年夏，韦斯科就已麻烦缠身。他试图通过收买米切尔和商务部长莫里斯 · 斯坦斯来让证券交易监督委员会撤销对自己的控诉。当时的约定是，韦斯科给斯坦斯 25 万美元现金，而米切尔将“为了罗伯特 · 韦斯科，向证监会施压”。随后，爱德华 · 尼克松为韦斯科代送贿款，他用棕色公文包将 20 万美元交给斯坦斯，剩余 5 万美元将于第二笔交付。米切尔安排韦斯科、证监会主席及总顾问会面，但证监会最终仍提起诉讼。

1971年，共和党的竞选基金正滚滚而来，白宫也开展了各种辅助性政治活动，大都以次年的总统大选为目标，其中之一便是列出政敌名单。在科尔森的授意下，名单厚达4英寸，杰克·安德森、詹姆斯·赖斯顿、简·方达、巴巴拉·史翠珊、保罗·纽曼、格利高里·派克和卡罗尔·钱宁等人都榜上有名。奥的斯电梯公司总裁也在内，仅仅因为尼克松在圣克利门蒂宅邸的奥的斯电梯运行不畅。同样遭此厄运的还有底特律黑人议员约翰·科尼尔斯，他名字后还有一句评语："其显著弱点是偏爱白人女性。"1971年9月9日，科尔森命令要"收拾"20个人，但总统办公室没想出有效的打击方法。那个夏天，哥伦比亚广播公司的丹尼尔·肖尔（科尔森称其为"百分之百的媒体上的敌人"）遭到联邦调查局调查，但结局却令白宫相当难堪。罗纳德·齐格勒说，肖尔被调查是因为政府打算给他一份工作。

休斯敦、迪恩、考尔菲尔德等尼克松助理都竭力劝说国家税务局审查部分纳税人，但结果皆宣告失败。局长伦道夫·思罗尔出于"我与总统的私人原因"（据他当时所言）辞职。白宫昼夜不停地编写洋洋洒洒的匿名信，向国税局暗示科尔森名单上的人涉嫌逃税。最后不可避免地到了某个时刻，这批恶毒且愚蠢的始作俑者认为有人与他们暗中作对，此人便是约翰·埃德加·胡佛，他办公室的保险箱里存放着按照白宫命令收集的窃听记录。经罗伯特·马迪安教唆，胡佛的一名助理把记录偷了出来，这些材料被锁进了埃利希曼的保险箱里。1971年7月，发现记录被盗的胡佛怒不可遏。

敢偷联邦调查局局长东西的人自然也不惧对民主党的总统候选人表现强硬。也是在这几个月里，之后举世闻名的共和党的"卑鄙手段"开始显山露水。批判特德·肯尼迪的信被装在假称马斯基的信封里寄出；有人冒充马斯基的助理致电美联社波士顿分社，指控肯尼迪“挑起国家分裂”；罗兰 · 埃文斯和罗伯特 · 诺瓦克受骗印制了编造的马斯基备忘录，暗指他参与了一些可疑活动。1972 年 12 月 1 日，唐纳德 · 塞格雷蒂给了坦帕青年共和党俱乐部主席 50 美元[①]，并说明这笔钱用以在佛罗里达州初选中败坏参议员马斯基和杰克逊的名声。这是第一笔付款，后来计划暴露，塞格雷蒂被吊销律师资格并获罪入狱。

其他手段则更为错综复杂。尼克松阵营想当然地认为，以第三党资格参选的华莱士的威胁将大于民主党的候选人，于是不择手段地蓄意破坏华莱士所属的美国独立党。其中米切尔和杰布 · 马格鲁德的谋划最“精彩”：给美国纳粹党 1 万美元用以说服加利福尼亚州美国独立党的选民修改登记的党籍。这背后的考虑是，若有足够多的选民改变立场，美国独立党的华莱士将因登记党员人数不足而无法参选。但这个阴谋最终未能实现，这一时期反倒另有 6 500 人加入独立党。

另一阴谋直指尼克松的劲敌：特德 · 肯尼迪。这其中的原因是，特德的人气源于约翰 · 肯尼迪的超凡魅力，所以只要诋毁已故的约翰便能击垮特德。在 1971 年 9 月 16 日的记者会上，有人说参议员亨利 · 杰克逊最近表示，西贡若走民主路线，其政权会更稳固，总统对此有何看法。尼克松答复道：“若参议员的意思是美国应施加影响推翻阮文绍，我想给各方有关人士提个醒：我们当初的设想就是推翻吴庭艳进入越南，且与人合谋将其杀害。但是我个人认为，要走出越南战争的泥潭，可不能靠推翻阮文绍实现。”这是政府方面首次谴责肯尼迪政府默许杀害吴庭艳。这件事让霍华德 · 亨特想到一计。

---

① 原文中是“50 美元”，但根据 20 世纪 70 年代美国社会的经济水平以及政治选举活动中的流动资金数额，编者对此数字存疑。——编者注

一直专心研究五角大楼文件的亨特告诉科尔森，可从国务院当时的电报中“推论出”肯尼迪在刺杀吴庭艳事件中扮演的角色。据他所言，科尔森当时建议他“修改一下电报”，即篡改。亨特用剃须刀刀片和影印机伪造了两份电报，一份伪造的电报发于吴庭艳遇刺前三天，开头是：“在今天的最高会议上，我无奈做出决定，吴庭艳或吴廷瑈若寻求政治庇护，你和哈金斯都不能进行干涉。”科尔森让《生活》杂志的一名记者去找亨特，暗示尼克松的谴责“大有文章”，但该记者怀疑有诈，没有上钩。

这是亨特当月第二次受挫，另一次则更为惨痛，那可以追溯到去年4月。猪湾事件10周年纪念日当天，他飞往迈阿密与美裔古巴人伯纳德·巴克共进午餐。10年前，巴克是亨特的得力助手，如今是一名成功的佛罗里达州房地产商。这拉开了一系列历史事件的序幕，接下来便是埃尔斯伯格大量泄露五角大楼文件的事件。第三次始于尼克松、基辛格、霍尔德曼和埃利希曼乘直升机从洛杉矶飞往圣克利门蒂的途中。4位领导对泄密事件大发雷霆，尼克松更将其等同于阿尔杰·希斯一案。他们商量着避开联邦调查局展开卧底行动进行深入调查，他们决定把戴维·扬从基辛格的国家安全委员会里调出来，让他全身心投入“水管工”组织的工作。扬把埃尔斯伯格的球踢给亨特，亨特又踢给了巴克。

但一切并非瞬间发生。一开始，水管工调查没找对切入点，一无所获。直到7月底，从一份联邦调查局的例行报告中，他们发现两年来，埃尔斯伯格都在接受比弗利山庄的刘易斯·菲尔丁医生的精神治疗。胡佛手下的两名探员试图拷问菲尔丁遭到拒绝，对方还援引医患关系神圣不可侵犯的原则来反驳。亨特想起来对于那些个性特别的人，中央情报局会编写针对他们的精神分析的材料。根据国会委托，这只针对外国人士，最成功的案例便是肯尼迪总统参加维也纳峰会前，工作人员对其会见对象尼基塔·赫鲁晓夫的分析。但也有一个例外：“普韦布洛”号船长劳埃德·布克。扬让中央情报局局长理查德·赫尔姆斯将埃尔斯伯格作为第二个例外，赫尔姆斯同意了。8月初，中央情报局收到了对他的分析材料。

分析结果却与“水管工”的设想大相径庭。中央情报局的精神病专家似乎非常崇拜埃尔斯伯格，他们写道：“分析对象并无叛国特性。不仅如此，他的作为应被视为更崇高的爱国主义。”8月11日，扬和埃吉尔·克罗发给埃利希曼一份研究纪要，以这份报告“非常肤浅”为由拒不接受，还特别强调中情局绝对能做得更好。纪要写道：“我们明天将会见首席精神病专家伯纳德·马洛伊博士，尽力让他明白我们期望的细节与深度。”他们还越权筹划违法行动，“在这一点上，我们认为应采取卧底行动，调查菲尔丁医生手里的两年来对埃尔斯伯格所做精神分析的病历。”意见书末尾写着“同意________反对________”。埃利希曼在“同意”后草草签上了自己的姓名缩写，还附言“务必保证不被追查”。

“水管工”组织的行动不能牵连白宫，这促使亨特招募了巴克，再经巴克招募到两个古巴人：费利佩·德迭戈和欧金尼奥·马丁内斯。亨特只告诉巴克，接到“地位高于中央情报局和联邦调查局”的官员的命令，让其调查“国家安全事宜”；这项工作牵涉一个为苏联大使馆窃取情报的卖国贼。其实苏联人除了订阅《纽约时报》，什么也没干。后来，狱中的巴克无论如何也无法原谅这个谎言。道德问题暂且不谈（当时的负责人似乎都没考虑道德问题），亨特还粗心大意得令人难以置信。他忘了告诉巴克，不要携带任何可能牵扯到他的电话号码或地址缩写（W.H.或W.家）的东西；他甚至没核查巴克的属下是否与政府毫无瓜葛。事实上，马丁内斯就是中央情报局的古巴线人。

与此同时，在这次诡异的行动中，中央情报局为亨特和其搭档利迪提供了装备，这也违反了中央情报局章程中严禁国内行动的条例。埃利希曼致电海军上将小罗伯特·库什曼（霍尔姆斯副手），要他竭尽全力辅助亨特，说亨特是“诚实可靠的雇员，得力的安全问题顾问”。但埃利希曼并未指明任务性质。在随后的会议中，亨特告诉库什曼：“我接到白宫一项高度机密的任务，要从一个思想倾向不明的人嘴里套出情报。”亨特还说，需要“临时的假名证件”“某些随身杂物”和“一定程度的化妆以方便进出”。

霍尔姆斯批准后，中央情报局技术处给了亨特登记名为“爱德华·约瑟夫·沃伦”的社会保障卡和驾照，利迪的伪装身份则是“乔治·伦纳德”。亨特拿到一顶棕红色的假发，一个类似假牙的小玩意儿，以便打电话时改变嗓音。此外，利迪还得到一个藏在烟草袋里的微型相机。1971 年 8 月 25 日，他俩飞往加利福尼亚州执行初步侦查任务，但所获甚微。菲尔丁医生家位于比弗利山庄北贝德福德大道 450 号。给利迪在门口照了张相后，亨特进入了菲尔丁的办公室，对女清洁工说自己是内科医师，然后拍了屋内照片。两人测算了开车到菲尔丁家所需的时间后飞回华盛顿，接机的中央情报局特工把胶卷拿去冲印。两人在白宫一再对上司说闯入医师办公室系正当行为。扬向埃利希曼报告了最新进展，并建议某位国会委员调查五角大楼文件泄露一案，“我们已着手在媒体上宣传埃尔斯伯格的负面形象。若利迪和亨特的计划进展顺利，肯定需要一个全盘策略来配合国会调查”。

预定闯入比弗利山庄的行动时间是 1971 年 9 月 3 日晚 9 点。整个计划的细节设计一丝不苟，亨特颇有猪湾事件时期的行事风范，最终的行动也同样成功。动手前不久，这几个古巴人用化名入住比弗利山庄希尔顿酒店。其中两人穿上送货员制服，把标有“菲尔丁医生急件”的箱子运到北贝德福德大道。他俩把箱子交给了那里的清洁女工，走时还打开了门锁。利迪开车四处闲逛，观察是否有可疑的警察。一旦菲尔丁出现并走向办公室，守候在他家门外的亨特便会用步话机报信。

大约午夜时分，古巴人回到医生的办公室，却发现女仆把门锁上了，这可以说是之后民主党全国委员会水门事件的噩兆。他们撬门而入，从箱子里拿出相机和聚光灯。原计划是拍下埃尔斯伯格的所有病历，不幸未能找到。他们把菲尔丁医生的文件翻了个底朝天也没有什么实质性收获，只翻到一本有埃尔斯伯格名字的通讯簿。他们拍下了通讯簿和散落的文件，表示自己已竭尽全力。4 小时后，几个人回到酒店，利迪致电华盛顿告诉克罗“干得干净利落”（菲尔丁医生肯定不同意），但利迪认为只要没被抓个正着，便可以说得漂亮些。回到首都后，亨特不得不坦言行动失败。据埃利希曼之后的证词，他并不愿两人再做尝试，而且还告诉了亨特一个噩耗。接霍尔姆斯指示，库什曼上将说尽管中央情报局乐意帮忙，但也不可能再次行动。“水管工”们如今只能单干，拿出点成绩证明自身价值的压力与日俱增。

此次行动一星期后，发生了一件让尼克松时代陷入分裂的悲剧事件：美国建国以来最血腥的一次监狱暴乱。这是一次有着不同价值观的人之间的冲突。自由派认为批判他们的人守旧且没有人情味儿，而批判者讥讽他们是“放纵派”。事发地点在纽约州西部的怀俄明县，而那里看来并不像会发生此类事件：有白色隔板的房屋，红色谷仓和高大的银白色的青饲料储存塔。在长满茂密的金色玉米和麒麟草的田野中，有一座占地 55 英亩、用 30 英尺高的灰色混凝土塔墙围起来的监狱。监狱以邻近的小镇命名，此名脱胎于古代雅典的一个平原的古称：阿提卡。

纽约州的人称阿提卡为“改造机构”，但没多少人在那儿洗心革面。监狱长文森特 · 曼库西管理严苛，很少对囚犯进行职业训练，更别提有什么怜悯之心。犯人稍一违反规定就会被单独拘禁，“关小黑屋”，在去小黑屋的路上的电梯里就会被一阵暴打。他们一个月只有一块香皂、一卷卫生纸。气温高达100度的金属加工车间被誉为“加尔各答黑洞”①，在这里卖命一天只能换来25美分。最丑恶的莫过于监狱当局赤裸裸的种族歧视。在2 254名囚犯中，75%是黑人或波多黎各人，而383名狱警全是白人。他们明目张胆地偏袒白人囚犯，公然嘲弄黑人，还把警棍叫作“黑鬼棒”。

在受到民权人士质疑时，曼库西监狱长便说，阿提卡是全美至关重要的机构之一，里面收押的一些囚犯杀人不眨眼，残暴至极。此话不错，且其中还有许多新型罪犯：比如视自己为帝国主义社会受害者的黑人激进分子，这是一个噩兆。事实上，其他监狱里麻烦不断、自封革命家的难缠罪犯也都被送到阿提卡。他们将乔治 · 杰克逊和埃尔德里奇 · 克利弗的书偷带进来，在本应运动或做礼拜的时候举行秘密集会，到处散发在牢房里写的煽动性手册。一个名叫查尔斯 · 克劳利的“刺儿头”犯人写道：“如果我们不能像人一样活着，那至少要像人一样死去。”一首在狱中颇受欢迎的诗是这样开头的：

若我们必须牺牲，不能像猪一般死去，

---

① “加尔各答黑洞”是座孟加拉人用以监禁英国俘虏的牢房，环境极为恶劣。1756年6月20日，监禁于此的120名英国俘虏均窒息身亡，引起国际争论。——编者注

被囚禁在肮脏可耻的地方，遭到迫害；

我们被疯狂饥饿的猎犬围绕，它们不停咆哮，

嘲笑我们被诅咒的命运。

1971 年 7 月，狱中的激进分子组织起了阿提卡解放集团，并给州监狱理事拉塞尔 · 奥斯瓦尔德发去一份改革声明，这是明智之举。奥斯瓦尔德先前在威斯康星监狱进行的改革得到刑法学家的一致好评，因此州长洛克菲勒钦点他到阿提卡任职。虽才上任 6 个月，他已经和曼库西在几乎每个管理问题上都产生了分歧。劳动节后，奥斯瓦尔德给囚犯们送来一盘磁带，要求他们给他点儿时间进行深层改革，还承诺一定有“有效的改造方法，夜间职业培训项目和更完备的法律图书馆”。

然而这些举措为时已晚。暴动过后，警卫们发现监狱日历上的 9 月 9 日被画上了大大的圆圈。7 月，有激进分子告诉奥斯瓦尔德，不必“把我们的要求戏剧化”，但一个月后他们就改了主意。决定性的事件似乎是 8 月 21 日乔治 · 杰克逊在圣昆廷死亡。次日早餐时，阿提卡的黑人囚犯绝食抗议。事后，一个看守说：“太奇怪了，没人去拿餐盘或勺子，没人去领食物。他们只是走向座位，静静地坐下，直视前方，一言不发……然后我们发现几乎所有人的身上都戴了个黑色的东西……这让我们直冒冷汗，因为这种行动需要周密组织、团结一致。我们不知道他们是怎么做到的。”

赫伯特 · 布莱登和“理查德大哥”克拉克（事后调查发现他们为暴乱首领）的福音言论越发激进。两人都是纽约黑人、穆斯林，都因持枪抢劫而入狱。和乔治 · 杰克逊一样，布莱登自学成才，喜好历史、哲学，在曼哈顿“坟场”看守所（纽约市监狱）发起暴动后被

送到阿提卡。克拉克所在的中等警戒监狱的看守说他一直怂恿犯人们“暴力推翻监狱”，因此也被送到阿提卡。据家人反映，克拉克到阿提卡后越发激进。一次他的妻子来探监时，他不停地念叨：“喂畜生，喂畜生。他们把我们当畜生对待。”

9月8日星期三，杰克逊在这个国家的另一边被处死18天以后，阿提卡的一个运动场发生了斗殴，一名狱警试图干涉时被打了一拳。当晚，斗殴的两人被关进了“小黑屋”。其他囚犯说，两人被拖走时遭到虐待，一个波多黎各囚犯向一个狱警扔了一只玻璃杯，狱警面部因此受伤。次日早上，骚乱爆发，事件原因却不清楚。一种说法是一个工作小组因狱警用警棍打人拒不列队；另一种说法也把矛头直指狱警，作为对前一天的惩罚，狱警擅自取消了犯人的活动时间；第三种说法则是在去吃早饭的路上，理查德大哥领着5个囚犯横冲直撞，并顺便把正在金属加工作坊里干活的布莱登放了出来。

不管开头如何，结局都同样惨烈。当时人数不过百人的值班狱警被暴打，许多人被囚禁。监狱学校、教堂和机器作坊被付之一炬。当这些房屋被烧成灰烬时，狂暴的囚犯成群结队冲出4个矩形牢房区中B、C、D三区的走廊、大门和狭窄过道。据怀俄明县副治安官回忆，他们以藏在食堂面包下的管子为武器——这恐怕不足为信。暴乱尚未结束，阿提卡当局已然颜面扫地。即便囚犯一开始没有武器，但很快便武装起来。有的从车间找来砂轮，有的用剪刀刀片和扫帚把做成投枪。当狱警忙于灭火时，有的人拿出棍棒和匕首弄破消防水龙。狱警用催泪瓦斯夺回了C区和部分B区，但其余地方仍被囚犯占据，大门紧锁，他们甚至用车间工具把门焊死。

暴动开始后4个小时，囚犯们就稳固了前线防守，在接下来的4天都未被攻破。距监狱行政楼最远、距车间最近的D区是他们的根据地，布莱登和克拉克担任指挥。叛乱分子共有 1 280 人，他们带着橄榄球头盔或缠着穆斯林头巾，悠闲地躺在D区的临时帐篷里。D区一头的粗糙长凳便是暴乱指挥中心，叛乱秘书处：人民中央委员会一直在此开会，分配任务细节、制定防御政策，甚至将不守规矩的人关进“人民监狱”。位于A区走廊（无人控制的非军事区）的工作台是囚犯和当局的谈判地点。值得一提的是，囚犯们掌握着监狱的地理中心“时报广场”，这是通往四个分区通道的交汇点。这是他们从 28 岁的狱警威廉 · 奎因手里夺来的，奎因用警棍与他们抗争，直到他的头盖骨两处碎裂才被制服。一些狱警发誓看到有人将奎因从高处抛下，他必定受了重伤。克拉克看到不省人事的奎因耳朵淌血，于是命令将这个狱警穿过非军事区送致当局。奎因的状况对双方都至关重要：他若死亡，所有参与暴乱的囚犯都可被控谋杀罪。

正午时分，在 250 名操着防暴装备的骑兵面前，州警察局局长亨利 · 威廉斯发表了态度强硬、振奋人心的讲话：“那边若有人丧命，那是罪有应得。你们谁的废话也别听，千万别丢了武器，别丢了兄弟。”但在对方的突袭之下，39 名“兄弟”沦为人质，这让这次讲话的声势弱了不少。他们被套上囚服、蒙上双眼、五花大绑地关在D区。一个犯人用扩音器警告说，一旦警察贸然行动，这 39 人将首当其冲，包括曼库西在内的当局官员都不敢轻举妄动。

按法律规定，应对暴乱是奥斯瓦尔德的法定义务。他下午 2 点飞抵监狱，不顾曼库西反对，决定携赫尔曼 · 施瓦茨进入D区亲自面对叛乱分子。施瓦茨是布法罗的法律教授，受叛乱首领信任。奥斯瓦尔德打算告诉他们，按刑事管理法则，只有释放人质后，双方才有商讨余地。他要求释放人质，布莱登陈述他们的 15 项要求时他也认真倾听，其中包括政治集会“不遭威胁”，穆斯林“宗教自由”，终止邮件审查，有和任何人通信的权利，正规申述程序，多娱乐少关监牢，拓宽锻炼场地，派一名全职医师，改善学校，多水果少猪肉，将曼库西革职，外部人士组建委员会“审查”当局此次所作所为以及联邦法庭要发布禁令，严禁对囚犯们此次的行为进行“肉体或精神报复”。最后，布莱登补充道，部分囚犯坚持要求被“迅速释放，将其安全转移到一个非帝国主义国家”。他还说：“我们是人，不是畜生，不愿被暴打或驱赶。这次的事情不过是被压迫人民的怒吼。”

奥斯瓦尔德进入D区确实展现了惊人的勇气。他坐在叛乱者面前时，还有人提议把他也当作人质。尽管监狱高墙上的狙击手逐个瞄准他附近的人，但若真动起手来，他能生还的可能性微乎其微。当然，他如此行为是否明智另当别论。一旦对方陈述完毕，且奥斯瓦尔德承认许多要求合乎情理，公开谈判便势在必行。为表诚意，他同意成立监督委员会，并让施瓦茨找正出席佛蒙特司法会议的联邦法官约翰·柯廷发布禁令。奥斯瓦尔德还做了一件让曼库西及其属下深恶痛绝的事：签署“严禁对1971年9月事件成员施加行政报复”的保证书，这被囚犯们视为仁慈宽厚的保证。州长办公室迅速指出，免罪绝不可能，奥斯瓦尔德无权担保。但误会的种子已经埋下，势必结出恶果。

当晚，奥斯瓦尔德回到泛光灯照明的监狱大院，在囚犯营火光的映照下，周围十分明亮。应囚犯要求，奥斯瓦尔德还带来一批记者。大部分时间人们在组建监督小组，囚犯们选出了威廉·孔斯特勒、休伊·牛顿、博比·西尔、州参议员约翰·邓恩、《纽约时报》的汤姆·威克（曾撰文向乔治·杰克逊表示同情）、赫尔曼·巴迪洛（首个成为国会议员的波多黎各人）及克拉伦斯·琼斯（曼哈顿《阿姆斯特丹新闻》的黑人出版商）。稍后，洛克菲勒又加上了他的选择：他的秘书、一名校监、一名退休将军和几位立法委员会委员及刑法学家。这使得总人数一度超过30人，办事效率很低，内部的思想分歧更削弱了委员会的力量。

施瓦茨带回了柯廷法官签署的禁令。禁令由曾因杀害警察获罪、来自布鲁克林的白人杰尔姆·罗森堡起草。但现在暴动者以禁令不充分为由拒绝接受。监督委员会的工作进展缓慢。威克、琼斯、朱利安·泰珀（来自全国法律援助与辩护者协会）与怀俄明县的区法官路易斯·詹姆斯共进早餐，但只拿到严禁对犯人“不加区别集体起诉”的书面承诺，而这不可能消除急躁的囚犯秘书处的担忧。星期六凌晨4点，暴乱第二天临近尾声，联合记者被禁止进入监狱，这使一项本就不大可靠的协议也被撕毁了。警方对记者的敌意与日俱增，这也是个不祥之兆，通常暗示警方将有秘密行动。

当天早上，奥斯瓦尔德仍十分乐观。尽管囚犯要求增至30项，但他已批准了其中的28项，只拒绝了他认为“不能商量的”全体特赦及撤换曼库西。正当他表示对一切怀有信心时，新情况将和平解决此事的希望摔得粉碎。奎因死了，对暴动首领宽大处理的任何可能性随之消散。博比·西尔随后赶到。进入监狱前，他对高墙外的50名向他欢呼的激进游行者说：“狱警若遭意外，州政府和州长就应被控谋杀。”他的属下在人群中散发黑豹党中央委员会声明的复印件：“狱警，即所谓的‘人质’，被1 280名囚犯禁锢。囚犯们有正当理由为自己长期遭受的残暴、非人道的虐待申诉……要展开谈判，就必须立马承诺特赦……黑豹党分析认为，这是狱警获救的唯一方法。”

西尔显然对结束危机毫无兴趣，他说怎么处置奥斯瓦尔德由囚犯们自己决定。可悲的是，囚犯们深信于他，向他寻求意见。西尔回复说，没有休伊·牛顿的批准，他不能提供任何建议。与监督委员会进行短暂讨论后，他告诉记者，种种问题和武装的州警让他很不愉快。孔斯特勒火上浇油，极不负责地告诉叛乱秘书处代表“第三世界国家代表正在街对面恭候你们”。他说的应该是那50名示威者，但没有把话挑明，弄得囚犯们有了大获全胜的希望，再无心与奥斯瓦尔德讨价还价。

对双方而言，星期日就是个动员日。整个下午，一辆辆卡车不断运来国民警卫队队员、强力消防水龙和一箱箱瓦斯罐、防毒面具。监督委员会发表声明警告：“现已确信此地可能会集中屠杀囚犯、狱警。”威克、琼斯、巴迪洛和邓恩打了半个多小时电话，请求洛克菲勒来阿提卡，但州长大人发表个人声明：“鉴于关键问题是全体特赦……我认为就算我亲临现场也无助于和平解决此事。”他和奥斯瓦尔德已达成协议，若叛乱首领对最后通牒不做回应，警方将诉诸武力。但情况不容乐观，囚犯们显得越发焦躁。大门被通上电流加热了，沟渠里满是汽油，泥炭和汽油做成的饵雷装上了定时引信，原油火箭弹射器已就位，长矛被削得更锋利，A区到时报广场的主要通道（入侵部队的必经之路）堵满了金属台子。当天下午，叛乱分子还捅死两名白人囚犯以报宿怨。

星期一早上，一切再无商量余地。早上7点，警察小组被分派了具体任务：狙击、营救、摧毁路障及后备攻坚。两架直升机在轰鸣声中报道罪犯和人质的近况。8点35分，奥斯瓦尔德在非军事区会见了理查德·克拉克，后者坚持“彻底、全体、绝对的特赦”，并解雇“曼库西那家伙”。他说要和秘书处的其他成员商讨半个小时，奥斯瓦尔德给了他时间。9点5分，一名囚犯通过扩音器大吼，己方一旦遭到攻击，人质将被“刽子手”处决。奥斯瓦尔德的一个助理回应道：“立即释放人质，理事就马上与你们商谈。”对方叫道：“不行。”那是谈判中的最后一句话，此后的阿提卡便陷入野蛮与暴乱。

几分钟后，一架直升机发布无线电消息：4名人质“被刀抵住喉咙站在时报广场各个角落”。现场令人毛骨悚然：人质被揪住头发，脑袋后仰，脖子几近断裂，刀片正慢慢舔舐着他们的鲜血。其实真实情况并没那么可怕，官员们不明白这只是虚张声势，叛乱分子不会真的杀死人质。和重新定居于“非帝国主义国家”的要求（奥斯瓦尔德刚一挑眉毛这个要求便被收回了）一样，拿着自制匕首的可怕姿态只是虚张声势或为自己壮胆。总有人愿意为此铤而走险，如今也不例外，他们甚至拉上手无寸铁的受害者为他们陪葬。

奥斯瓦尔德确信人质处境危险，因为害怕他们惨遭屠戮，所以要分秒必争，于是对助理说：“现在毫无疑问，我们得打进去。”狭窄通道的门口埋伏着500多名地方法警和穿黄色制服的州警察；CH–34型直升机“赌盘2”号满载着催泪瓦斯、胡椒瓦斯和芥子瓦斯突然降落在时报广场。无线电广播员声嘶力竭地叫道：“行动！行动！空降成功！指挥部命令各位置人员——行动！展开进攻！”

警察破门而入，炸飞了路障；灰墙上的狙击手开始向囚犯射击。清除通道障碍物花了90分钟，随即展开全面进攻。时报广场和D区上空烟雾弥漫，看不清地面形势。尽管警方知道人质穿着囚服，仍难以辨别。事后，警察坚称对方强力抵抗了两分半钟。一个人说：“他们挥舞着匕首和尖矛，拼命扑向我们。我们不得不开枪。”另一人则说：“我们杀的是抵抗的人，挥舞着尖矛和燃烧弹的人。我们抓捕了张开双臂投掷武器的人。抵抗的人都死了。”

但没有抵抗的人也惨遭杀害。稀疏的枪声持续了近一个小时。纽约州驻阿提卡特别委员会（麦凯委员会）发现，警方进攻“过度”，“许多开火实无必要”。一些不必要的暴力行为可归咎于粗心，甚至对生命的亵渎。洛克菲勒特别强调严禁狱警参与行动，但他们还是冲了进去，至少杀害了两人。麦凯委员会发现，一些警察用装着大号铅弹的猎枪击中“计划外目标”。“并未反抗的囚犯、人质很可能因此受伤或死亡。”来自布法罗的莱昂内尔·西丰特斯医生当时在场，他事后报告说：“狱警将许多闹事首领团团围住，然后挨个儿击毙。有的挥舞双手投降，还有的已倒在地上。”

地上躺着120多人，或受伤或气息奄奄。算上奎因和暴乱期间被叛乱分子杀死的囚犯，有32名囚犯、11名狱警或官员死亡，总计43人。收复监狱几小时后，流传着人质死亡的大量失实报道，事态更加混乱。一名奥斯瓦尔德的助理说，一个狱警惨遭阉割，他的生殖器被塞在嘴里；另一名助理告诉记者“几名人质被割断了喉咙”。狱警颈部血迹斑斑的蒙眼布给大屠杀的说法增添了几分可信度。3名幸存的狱警确实喉部受伤，但医检人员次日早上表示，死者身上并没有被阉割、截肢的痕迹。所有的人皆死于枪杀，而当时只有警方有枪。

洛克菲勒州长说人质“在交火中死去”。奥斯瓦尔德则隐晦表示人质“可能被用作肉盾”。获救人质强烈地支持警方展开进攻。身处华盛顿的尼克松则说，当局“只能”做出突袭阿提卡这一“悲伤、沉痛”的决定。对于真实情况到底如何的争论迅速上升到意识形态的层面。不信任自由主义者、支持刑事改革的“悲天悯人者”和“空想社会改良家”拒绝一切批判警察的言论，只将恶果归咎于囚犯。《亚特兰大宪政报》一篇言辞激烈的社论谴责“这批阿提卡的畜生”强迫人质接受“非法审判”。还有人怪罪监督委员会，精疲力竭的威克在离开阿提卡时，门口一个狱警厌恶地说道：“你们这些人休想再进来。”

这在美国的另一边引发了激烈讨论。纽瓦克市市长肯尼思·吉布森说这是“一个所谓的文明社会做出的最冷酷无情的暴力镇压之一”。威克事后说，60 名囚犯遭到约 1 300 项指控，但法警一项都没有，尽管“有证据表明警方玩忽职守、残暴野蛮、严重违纪、反击过度，甚至公然屠杀”。暴动被镇压后，麦凯委员会发现伤者身上有“大量殴打、刺戳、踢打的痕迹”。被剥得精光的囚犯被狱警用山胡桃木警棍暴打。受伤狱警很快得到医疗救助，其家人也迅速得到通知；而受伤的囚犯 4 小时内都无人看护，还被贴上“1 号囚犯、2 号囚犯、3 号囚犯”的标签。4 天后，部分坐立不安的囚犯家属仍在疯狂打听自己的儿子或丈夫是死是活，阿提卡方面常连这些都不会讲。有消息的也只是一封简短草率的电报：“很遗憾地通知你，你的丈夫雷蒙德 · 里维拉已经死亡，编号 29533，尸体停放在本监狱。”

“没错，我们是由两个不同的国家组成。”约翰 · 多斯 · 帕索斯曾这样讽刺早期美国的贫富差距。如今社会的断裂体现在不同领域，但同样很深。三年前，刚入主白宫的尼克松承诺“让美国团结一致”，但他食言了。美国人民仍相隔很远，对正义与宽容、战争与和平、是与非这种基本问题仍有分歧。一年后的总统大选将近，在民意测验中，美国人民开始重新审视尼克松。这里是有变化的。迟至 8 月初，民意测验人员艾伯特 · 辛德林格发现，仅 27% 的选民希望尼克松连任。但 8 月尚未结束，他的民众满意度不再下跌，而是渐趋平稳，甚至慢慢回升。尼克松政府在国内外推行的强有力的行政措施即是扭转大局的决定因素。

第 31 届世界乒乓球锦标赛于 4 月在日本名古屋举行。美国队的阵容表明了这项运动在美国国内广泛的吸引力：一名克莱斯勒的人事主管、一名杜邦公司的化学家、一名《体育画报》编辑、一名大学教授、一名联邦的黑人工作人员、一名 IBM 程序员、一名多米尼加共和国移民、一名华尔街银行职员、两名 10 多岁的少女、两名家庭主妇及两名在校大学生。其中圣莫尼卡大学的格伦·考恩风头最盛。他穿着紫色扎染喇叭裤，衬衫上别着和平标志，比赛期间他还用头巾把及肩长发扎了起来。也许由于考恩的红色头巾，也许由于他机灵外向，中国在诸多运动员中挑中了考恩，向他提出了一项历史性建议：他和队友能否到中国进行一次免费旅行？

美国的队员们对此欣喜不已。和队友们商量后，考恩说道："用毛主席的话说，我可能点燃了能够燎原的星星之火。"中国乒乓球代表团秘书长宋中的正式邀请函随后送到。华盛顿方面没有异议；几星期前，美国国务院刚取消了对其公民赴中国旅游的所有限制。包括乒乓球运动员在内的所有当事人都知道这两件事定有关联。这被普遍视为中美改善关系的第一步，表现了中国的新自信。中国经历了三年激烈的权力斗争，即伟大的"无产阶级文化大革命"，最后以毛泽东主席和周恩来总理两年前的获胜告终。7 名西方记者获准进入中国进行全程报道，很明显，世界将要迎来一个历史性的转折。中国正效仿苏联，以运动为名行外交之实。一夜之间，乒乓球这项运动上升到一个新高度。甚至连尼克松总统都告诉属下："在法学院读书时，我乒乓球就打得不错，其实很厉害呢。"莫斯科方面对此颇为不满，克里姆林宫说中国对美国的这项提议"不合原则"。

4 月 10 日，美国乒乓球队从香港穿过一座短的钢架桥进入罗湖边境车站，再经由一座锡皮封顶的桥到达中国的城市深圳。微笑的共产党官员领着他们登上一列乳白色与蓝色相间的火车。第一站是广州，21 年前，华盛顿与北京关系破裂，该地英文名由Canton改为Kwangchow。沿途 23 英里，能看到道路两旁有香蕉林、荔枝树、稻田，在重要地点还有画着毛主席像的巨型公告牌。在新落成的广州机场，一行人员登上苏联造的伊柳辛–18 客机，当时扩音器在还播放着军乐和《毛泽东思想》的节选。停机坪上的一个警示牌上写着：“全世界人民团结起来，打倒美国侵略者及其走狗。”这并非有意侮辱客人，只是当时的毛泽东政府并不把美国人民等同于美国政府。中国需要美国人民的友谊，而北京广播电台则一直谴责美国政府里有一群“嗜血之徒”。

时值 4 月，北京仍春寒料峭，但中方对美国乒乓球队的接待却让他们宾至如归。他们住在考究的新侨饭店，受邀参加各种宴会，游览 19 世纪清朝皇帝的颐和园和新中国的人民大会堂，观看革命芭蕾舞剧《红色娘子军》和歌颂共产主义战胜资本主义的京剧《智取威虎山》。他们到北京体育馆与中国运动员打表演赛时，18 000 球迷高举“热烈欢迎美国乒乓球代表团”的横幅，赛场内欢声笑语不断。乐队奏响了振奋人心的“大海航行靠舵手，干革命靠的是毛泽东思想”的乐曲，考恩还随音乐跳起了摇摆舞。

比赛时，中国依然考虑周全。他们撤回本可完胜美国队的一流队员，派上二流队员，最终中国男队以 5 : 3 获胜，女队以 5 : 4 获胜。中国称之为“友谊赛”，但这还不算最动人的示好方式。第二天，周恩来总理在人民大会堂里铺着红毯的会议室会见远道而来的客人。当周到访的乒乓球队并非只有美国队。由于中国人严格按字母顺序办事，因此在美国队之前他先接见了加拿大队、哥伦比亚队、英国队和尼日利亚队的队员。但周总理把大部分时间用于会见美国队，和他们在一起约 1 小时 45 分钟。他说：“中美人民关系翻开新的一页。”他还告诉美国新闻工作者，如今美国记者可“分批前来”。

当天，在美国队动身前往香港时，尼克松总统宣布取消美国对中国长达 20 年的贸易禁运令，北京也重启与华盛顿和伦敦的电话联系。还有很多事情值得一提。在两周之内，亨利 · 卡伯特 · 洛奇领导的总统委员会提议，在保留国民党席位的前提下，应接纳中国进入联合国。当时美方已着手安排国家安全顾问亨利·基辛格访华，此行的主要目的是商讨尼克松亲自访华事宜。

7月初，官方称基辛格飞赴亚洲，在西贡、泰国、印度和巴基斯坦等地参加会议。在和巴基斯坦总统阿迦·穆罕默德·叶海亚·汗会谈90分钟后，基辛格宣布行程有变：他将在拉瓦尔品第以北38英里的避暑胜地纳蒂亚加利休个短暂的工作假。这次行程并没有多大报道价值。当叶海亚·汗政府宣布基辛格因身体微恙，需多休一天假时，随访记者也未觉察出异样。人们以为基辛格得了亚洲痢疾，即德里痢疾。为强调这个说法，美国大使馆还特别宣称已安排医生前去诊治。一名记者建议总统顾问在有空调设备的拉瓦尔品第会好得更快。使馆发言人回复道，基辛格不想因自己而麻烦巴基斯坦首都人民。

事实上，基辛格在三名助理的陪同下，已驱车前往拉瓦尔品第机场，并搭乘巴基斯坦国际航空公司的飞机前往北京。7月9日正午，基辛格一行降落在北京城外的一个荒凉的停机坪，随后他们坐车前往附近的一栋湖畔别墅，在那儿用了午饭；下午3点左右，周恩来到了。星期五深夜、星期六晚上和星期日早上，周恩来和基辛格一直在商谈。由于中国人民的热情招待，基辛格的体重还重了5磅。两天半后，人们认为的因胃疾卧病在床的基辛格飞回巴基斯坦。从此以后，北京广播电台不再播放美国官员是强盗走狗的言论。在基辛格访华5天后，尼克松在圣克利门蒂搭直升机飞到洛杉矶郊外的伯班克电视演播厅，发表了举世震惊的4分钟讲话。他宣布自己受邀访问中国，并且已欣然接受。他说："我深信，中美关系缓和、加强友好联系对所有国家都有好处，所以我决定接受邀约。"在谈及国民党时，尼克松补充道，和中国"建立新友谊"不会"失去我们的老朋友"。

这次他没能信守承诺，让“两个中国”加入联合国的计划注定行不通。每一年，联合国都加紧敦促台湾代表团退出联合国，中美关系重建最终让联合国做出决断。10 月 25 日，联合国大会投票决定，接纳中国，驱逐蒋介石代表团。当天守在电视机旁的美国保守派看到了耻辱的一幕，这在迪安·艾奇逊和约翰·福斯特·杜勒斯掌舵外交政策的年代绝不可能发生。阿尔及利亚代表团的代表和阿尔巴尼亚代表团互相拥抱，坦桑尼亚代表团的代表还在过道上跳起了吉格舞。华盛顿方面的回应愤怒而激烈。巴里·戈德华特要求美国退出联合国，把联合国大会送到“莫斯科或北京之类的地方”；宾夕法尼亚州的休·斯科特讽刺坦桑尼亚是“热裤公国”；总统新闻秘书罗纳德·齐格勒谴责“一些跟风代表团令人惊诧的不加掩饰的得意劲头”。但这些只是例行政治行为。事实上，从中国在名古屋向格伦·考恩首次做出和解姿态之时，一直外强中干的蒋介石方面就已注定失败。

在电视上宣布将飞往北京一个月后，尼克松又通过广播公布了另一则重大消息：这次是要拯救美国经济。这一任务迫在眉睫，因为美国正陷入“大萧条”以来最严重的货币危机。由于胡佛一成不变地套用亚当·斯密和约翰·斯图尔特·穆勒的经济思想，使得本就低迷的经济形势进一步恶化。尼克松口头上仍奉承这两种思想，但行动时早已另寻他路。《时代周刊》的休·赛迪评论说：“总统直到最后一刻都在墨守成规。但当形势所迫或他终于有所醒悟时，便决定采取行动，任何东西在那儿都不会长久；他将抛弃自己的哲学、承诺、信条、朋友和顾问，走出旧生活的他迅速投入到新生活中，毫无内疚或留恋之意。”有时这样的做法令人张皇失措，但在 1971 年 8 月这样一个美元体系几近崩溃的特殊时期，倒是令人振奋。

“二战”结束时，美国握有全球400多亿货币黄金中的350亿，堪称人类文明史上最富裕的国家。战争结束的一年前在新罕布什尔州的布雷顿森林会议上，战后金融体系就已建立：除共产主义国家以外，所有主要国家都以美元和黄金作为国际储备金。由于黄金数量有限，不足以支撑预计的外贸流动，故而将全球最坚挺的货币美元设定为与黄金具有同等效力。各国国债以黄金或美元支付均可。美国承诺以1盎司黄金兑换35美元的比率回收所有美元；其他国家换算出本国货币对美元的汇率。这果然奏效，贸易有了起色。每当有国家与美国贸易出现顺差时（对美出口大于进口），这个国家的剩余美元就可用作储备，支持发行新货币。

鉴于美国富有而其他国家相对贫穷，大笔钱被投放海外用于救急。这没关系，因为实在有太多美元。随后朝鲜战争爆发，欧洲商业逐渐复兴。1961年年末，亦是共同市场成立的第一年年末，美国黄金储备降至170亿美元；到1962年又降至160亿美元；1963年为150亿美元；70年代初仅为110亿美元，这已是绝对最小值。因为美国法律规定，每4美元的流动量必须在诺克斯堡储备价值1美元的黄金，而全美商业的正常运转需要400亿美元纸币和银。同时，与各国的贸易差额越发不利于美国。1960年，美国进口值为150亿美元货物，出口200亿美元，贸易顺差达50亿美元。到1970年，顺差额降至20亿美元；1971年，顺差消失，美国出现贸易赤字。由于国防部在越南仍旧花销如流水，一时半会儿无法好转。商务部长莫里斯·斯坦斯发出警告，美国正面临1893年以来的首次贸易赤字。

1971年5月，德国的经济奇迹令经济学家们坐卧不安：联邦德国摇身一变成了出口大国。对过去10年的币值重估表明德国马克增值了两次，对美元汇率发生变化，囤积马克的投机者大发其财。如今，再次重估迫在眉睫。作为国际货币基金组织（成立于布雷顿森林会议时）的成员，波恩必须在马克升值时买进美元卖出马克，以尽维持这两个币种关系的义务。由于美国的贸易赤字，投机者拥有大量可投资的美元（即外国持有者手中的“欧洲美元”）。1971 年的前 4 个月，欧洲美元储备从 50 亿飙升至 500 多亿。美元如雪片般大量涌入德国中央银行。

德国中央银行不停地买入美元，直到波恩方面发现早期通货膨胀的信号，于是他们在 5 月 9 日告知国际货币基金组织，德国将不再买入美元，无论有无布雷顿森林体系的规定。德国人建议，让马克按供求规律决定自身的价值，即经济学术语里的“浮动”。马克从 25 分涨至 27 分后不再变动，减轻了德国中央银行的压力，也顺带降低了德国市场上美国商品的价格，提高了美国对德国的贸易顺差。但这个缓冲很短暂。正如美联社的拉里 · 斯顿茨所言，“欧洲充斥着大量美元”，多到等同于美国市场上流通的全部货币量，投机分子不得不转向其他地方：法国。但一直密切关注德国经济形势的巴黎迅速切断与国际货币基金组织的联系，限制美元贸易。投机分子们又把视线转向瑞士法郎，伯尔尼的态度与巴黎相同。出手美元越发艰难。布雷顿森林体系开始崩溃；《巴伦周刊》预测到秋季将爆发全球性恐慌。8 月初，权威预测表明，美国第二季度贸易赤字将超过 70 亿美元。国会两院联合经济委员会紧随其后，报告说美元估价过高，其他货币应升值，不然美国将不再买入黄金。此时股票市场急速衰退；4 月还走高的道琼斯工业指数降了 100 点。如今欧洲美元在全球都找不到市场。在欧洲的美国游客们发现，曾势头强劲的美元已不被各方接受。全球贸易陷入停滞状态；商人不知道他们的钱在下周还能买什么，甚至明天都不知道会怎样。

美国国内经济形势也一片惨淡。尼克松原本预计形势在1971年较顺利，而1972年艰难，并按国民生产总值1.065万亿美元安排预算。然而最后结果只有1.05万亿，且一半还是来自通货膨胀。生产下降；6%的失业率已逼近“大萧条”时期的水平。6月底，政府财政年度亏损高达232亿美元，只比约翰逊时期1968年所创纪录少亏损了20亿美元，且不可思议地比尼克松的预估收入少了245亿。根据凯恩斯理论中的“充分就业平衡”，支出若低于充分就业情况下（即每个人都有工作）的税收，则为“平衡”预算。尼克松总统援引了这一概念辩解让保守派拥护者震惊不已。但即便以此为标准，政府仍有80亿美元的赤字，且前景一片黯淡。新劳动合同向铁路工人保证，42个月内他们的工资将增加42%；钢铁工人的工资三年内增加30%。这样做必然导致相应的通货膨胀。

据1970年《经济稳定法案》，国会授权总统可以“发布任何他认为有助于稳定价格、房租、工资、薪水的法令”。这项法案曾遭到尼克松反对，如今他不得不同意，因为该法案不包括国防所需的基本资源，但他发誓绝不动用该法案。他的计划是排除一切控制，他甚至不再相信自觉遵循的方针或总统的权威（运用总统特权劝导劳动者和工会管理人员放弃加薪或提价的要求）。

尼克松和经济顾问在戴维营度过短短的一个周末后，形势完全改变了。经济顾问们接尼克松24小时内会集的指令，开始起草经济法令以调用曾拒绝的各方力量。8月15日星期日，尼克松在电视上公布了该法令，称其为“新经济政策”。他发布的命令或向国会提出的要求中，有一条是关闭“黄金窗口”，即美元不再用于兑换黄金。大部分进口商品必须缴纳10%的附加税，以便让美国产的商品比进口商品在国内市场更具优势；有一些情况下，购买美国商品的美国人还可获得减税待遇；引进新投资的工业享有税收抵免指标；撤销征收7%的汽车消费税，平均每辆车可节省200美元。美国的所有物价、工资、租金和红利将以目前水平冻结90天，只有极少数例外。财政部长约翰·康纳利领导的生活成本委员会负责此次冻结工作。

尼克松让美元浮动了，效果与贬值相同。前两周在货币市场上美元贬值2%。外国银行家是明白其中道理的，表示美国若取消附加税，将重估本国货币价值。同时，国外也鲜有报复性行为。丹麦确实征收了自身的附加税；法国也正有此打算，但两国都鲜有针对价格骤降的美国货建立关税壁垒的措施。康纳利在外交界威望有限；他提出的美国在国际收支中快速增收130亿美元的建议被迅速推翻，因为这可能会摧毁共同市场。但在9月的国际货币基金会议上，“10国集团”（即10个当时世界上最富有国家）的金融家们仍对美国表示同情。康纳利也暗示美国可能重启“黄金窗口”，并提价（即直接贬值）。各方在随后的罗马会谈上达成一致，在华盛顿史密森学会上宣布，美国取消附加税，其他货币升值，黄金价格暂时增至每盎司38美元。

在尼克松宣布冻结（亦称第一阶段）的第二天，道琼斯工业指数飙升至888.95，华尔街迎来其有史以来最繁忙的一天：当天成交31 720 000股。9月（首个限价满一整月），美国生活成本的上涨率保持在2.4%，批发物价指数5年来经历了最大幅度的下跌。工资和物价方面有些意外情况，部分领域会产生混乱，但总体看来，限价政策奏效了。可惜的是，根据定义，这只是第一阶段，11月13日之后就不再限价。在此之前，政府必须找到既能维持相对稳定又能纠正在冻结中一些不公正状况的办法。

10月8日，尼克松再次发表全国讲话，为第二阶段做准备。这次反对意见更为强烈。总规划师经济学家赫伯特·斯坦在第一阶段时便预见到当下的难题，他说："我当时就明白限价不是问题，解除限价才是。"第二阶段目标是将年通货膨胀率控制在2%~3%。一个7人价格委员会和一个15人薪资委员会将负责调控。尼克松认为，在利润方面找不到突破点，计划成败的关键在于"美国人民是否积极配合"。

由于担心劳资双方代表会撤出监督委员会，使得将通货膨胀率保持在3%以下的愿望不可能实现。在迈阿密海滩参加劳联–产联大会时，米尼对与会代表说："总统若不想让我们按照自己的要求参加薪资委员会，他有的是手段。"尼克松则直接飞到会议大厅，回应道："我确实有办法，而且我也会这么做。"尽管如此，在第一阶段最后一周，委员会向米尼做出让步，宣布完全承认延期未加的工资增长量，并规定每年工资增加的标准为5.5%。后来这条底线也被突破，进入第二阶段后，委员会的第一个决定便是将煤矿工人的工资增加15%。价格委员会是有名无实。一开始应两家钢铁公司的要求，委员会将马口铁价格上调了7%。三个星期后，美国1 500家大型企业中有1/3公开要求价格上调，获准与被拒比率竟高达20：1。

12月，股市再次暴跌，工资委员会对劳工继续采取妥协政策。三个月后，米尼和另两名高管退出，指责委员会里的大部分成员持有偏见。第二天，全美汽车工人联合会的伦纳德·伍德科克也退出了。薪资委员会代表便只剩下一位：运输工会主席弗兰克·菲茨西蒙斯。尼克松在圣诞周赦免吉米·霍法后，运输工会便被他招入麾下。大众普遍把赦免视作政治手腕，但很少有人责备尼克松。尽管自夏季低潮后，他的民意支持率有所回升，但是人们仍普遍认为尼克松若要谋求连任，可得使尽浑身解数。

美国人小像：拉尔夫·纳德

在温斯特德（康涅狄格州的工业城市），纳德的父亲是黎巴嫩移民，一个人们熟悉的美式地方平民主义者。纳德拉·纳德高地甜品店是一家餐馆兼面包店，那儿的顾客抱怨说，老板从不让他们安安静静地吃饭。纳德拉老是在讨论社会问题，细数种种制度弊端和不公正不道义。和许多移民一样，他这个民主党人比土生土长的美国人更有热忱。他滔滔不绝地责骂大财团，还威胁说要起诉。最后，所有人都不愿和他说话了，除了他最小的儿子拉尔夫。

1938年，拉尔夫·纳德4岁，当律师们在地方法庭上高谈阔论时，他听得如痴如醉。14岁时，他每天必读《国会议事录》。在获得奖学金就读于普林斯顿大学期间，拉尔夫拒绝穿麂皮马裤或其他具有象征性的服装，还发起活动抗议向校园树木喷洒杀虫剂。他经常因看书太投入而被锁在图书馆，最后管理员直接给了他一把钥匙。他却谴责学校漠视学生的其他合法权利，这倒符合他的一贯风格。1955年，拉尔夫入选美国优秀大学生荣誉学会，并以优异成绩毕业，之后又进入了被他称作生产权势奴仆的“高价加工厂”：哈佛大学法学院。

拉尔夫的清教徒名声逐渐传播开来。他不读小说，认为那是浪费时间；电影亦是如此，一年他只看两部；他讥笑戏剧、烟草、酒精、女孩和聚会。就读于哈佛大学期间，拉尔夫从不开车，但动机不同于以往。他开始对交通事故表现出兴趣，在附近的麻省理工学院做了些关于汽车技术的研究后，他为《哈佛法学院报告》写了篇文章《美国汽车：为死亡而设计》。

安全问题持续困扰着他。他毕生都在关注人身安全的问题，危险来源包括不安全的天然气管道、食品添加剂、受污染的肉类、污染、矿业、除草剂、携带病菌的禽类、不合格的私人疗养院和彩色电视机的辐射，但最大的威胁仍是汽车。他在哈特福德开了家私人法律事务所（这里迅速成为穷人的免费法律咨询机构），并坚持要求当地政府贯彻更严格的汽车安全条例。1964年初，他到华盛顿进行游说，劳工部长助理丹尼尔·帕特里克·莫伊尼汉以日薪50美元聘他为劳工部顾问。

和康涅狄格州参议员亚伯拉罕·里比科夫共事期间，纳德总结出一份要求加强汽车安全管制的长达200页的倡议书。他的首位专业秘密联系人是一位通用汽车的工程师，曾向他指出雪佛兰科维尔系列的车翻车系数过高。1965年11月，在其首本著作《任何速度都不安全：美国汽车的内在危险》中，纳德说科维尔“是历史上最难操作的汽车之一”，并指责汽车行业的从业者“在这种型号已投入市场4年、卖出1 124 076辆车后才有所行动”。

《任何速度都不安全》的精装本和平装本的总销量达45万册。1966年2月10日，拉尔夫因此作为汽车安全专业鉴定人加入了里比科夫委员会。三个星期后，纳德以安插私人侦探、拨打威胁电话、利用女人勾引他为由控告通用汽车，受到举国关注。一名通用公司工作人员在宣誓后承认，自己接到上级指示“给这家伙点颜色瞧瞧……让他不敢再捣乱……让他闭嘴”。纳德要求赔偿2 600万美元，最终获得28万美元。这笔钱和他的稿酬都用于汽车安全事务。当《全国交通与机动车安全法》于当年夏天通过时，《华盛顿邮报》认为：“这项重要法案得以通过，拉尔夫·纳德功不可没……他一个人战胜了美国最强大的产业。”

纳德自认为是国家交通安全局的监督人员，随后他将目光转向肉类加工业，结果是他促成了1967年通过的《健康肉类法案》。他扩大了攻击范围，原先只针对那些消费者的剥削者，现在还关注食品药品管理局、联合碳化工业、智囊团、不安全的卡车、纸浆与造纸厂、房产税、官僚、消费信贷、银行及超市。一位评论员说：“拉尔夫不是消费者守护人，他只是单纯地反对消费。”

和林肯·斯蒂芬斯时期的丑闻揭发者最终被批评不同，纳德得到了保守选民的支持。他相信，在无政府主义和社会动荡时期，在体制内部得进行改革。他是个线性思考者，拥护法律与产业秩序。股票经纪人为他提供赞助；波特女子高中为他提供志愿者。他如今招收助理（一个记者戏称其为“纳德骑士”），应选之人大都是中上层阶级的白人名校毕业生，他们的名字就像普尔曼卧车车厢的名称，如洛厄尔·道奇、威廉·哈里森·韦尔福德、鲁本·罗伯逊三世、威廉·霍华德·塔夫脱四世。其中的爱德华·考克斯还成了尼克松的乘龙快婿。

他的助手们被安排在国家新闻大厦的狭小办公室里，办公桌是二手货，椅子是在义卖中购得的，装档案用的是苹果藤条箱，书柜由木板和砖头搭成。他们一周工作100小时，只领着微薄的薪水；稿酬被用作活动经费，但他们毫无怨言。纳德本人年收入20万美元，而年开销仅5 000美元。

他住在杜邦大厦附近一间带家具的公寓，月租金为80美元，他办公室的月租金是97美元，不配秘书。人们送给他的公文包被他当作档案袋，而他的文件则装在一扎扎牛皮纸大封套里，伴他四处闯荡。他的黑皮鞋早已破烂不堪，鞋带残缺不全还乱作一团。他身着皱巴巴的灰色套装，磨损的白衬衣，系着过时多年的窄领带。他身高1.93米，留着黑色卷发，脸孔青春英俊，被《新闻周刊》比作“弗兰克·卡普拉电影中吉米·斯图尔特一般的英雄”。他唯一令人惊愕的花销是巨额电话费，因为所有行业里的志愿线人的电话费都由他买单。

纳德的大部分收入来自演讲。他每周收到50封演讲邀请函，每年接150场，单场收费高达2 000美元。他是继沃尔特·鲁瑟之后最能说的演讲者，一场演讲1小时45分钟从头讲到尾不间断。收尾时从不留花哨噱头，只是停止发言收拾东西走人。大学的听众起立鼓掌向他致敬，但他从不回头致谢。若有人找他给书签名，他短短一个字便将人家回绝：“不。”一个朋友说：“拉尔夫太怕被塑造成电影明星，或私生活被浪漫化，于是他完全放弃了私生活。”

拉尔夫是一个无法理喻的顾客。点菜时他会问女服务员：“每个三明治的火腿都切片了吗？这是天然奶酪还是人造奶酪？你吃糖吗？吃？我跟你说，那东西完全无用，毫无营养价值。”在飞机上他则告诉空姐：“这飞机上你能引以为豪的唯一东西就是这一小袋坚果，其实都该去掉其中的盐分。”当阿勒格尼航空公司斗胆挤掉他的预订票时，他提起诉讼，要求航空公司支付惩罚性赔偿金5万美元，一半给自己，一半给因他错过航班没能听到他演讲的观众们。

罗伯特·肯尼迪问他“这一切行为”是为哪般，拉尔夫答道：“我若是抗击虐待动物，没人会问一个字。”他说，自己的终极目标“不亚于工业革命的质量改革”，并拒绝所有使他分心的诱惑。尼古拉斯·冯·霍夫曼和戈尔·维达尔建议他竞选总统，他却说：“我对公职没兴趣。美国最伟大的工作是市民行动，政治也得被它牵着鼻子走。”

尽管拉尔夫过着隐士般的生活，但致力于公益事业，对社会有着不容置疑的影响力，有时他似乎也明白这一点。他曾说：“我们总是失败，所做的一切只是为了降低失败的程度。”听众视他为表演者，为他掌声雷动，但他们很少有人参与其中，遵循这个榜样，听从他的建议，与他并肩作战。他们仍开着底特律产的大型汽车，吃加工食品，往脸上抹昂贵的化妆品，抽有毒的香烟。

他曾哀伤地说道："在两千年前的雅典，有个人大清早起床，满城游荡，思考关于自己与同胞福祉的问题。没人问他'你和谁一道？'"70年代的美国人不需要问他这个问题，因为他们已知道答案，只是不愿与他并肩作战。最令他痛心的是，尽管他们为他鼓掌欢呼，尽管他们总说支持他，但在这个物质主义的黄金时代，他们从未真正与他站在同一阵线。

第三十七章　自尊丧尽

路易斯·柯能伯格所谓的“宣传年代”，源于20世纪20年代的自我标榜和佛洛伊德·柯林斯的受尽折磨。1925年，倒霉的年轻人佛洛伊德·柯林斯在肯塔基一次矿井塌方中被困致死，这个消息连续两周占据报纸头版。“二战”后，浮夸造作的宣传越发引人注目。有人在游乐场旋转木马上宣读婚礼誓词，在百货店橱窗里度蜜月，在聚光灯下生孩子或租礼堂举行离婚庆典。柯能伯格在1954年写道：“美国的问题不是美妙的生活之诗变成了冗长散文，而是沦为广告文案。”他认为继马克思和弗洛伊德之后，对美国生活影响最深远的思想家是菲尼亚斯·泰勒·巴纳姆。

随着美国的影响传播到国外，巴纳姆精神亦走出国门。1972年，国外发生了颇多光怪陆离的事件，事件的主人公们因此登上报纸头条。其中包括电话威胁将炸毁“伊丽莎白二世女王”号豪华邮船；一名想出名想得发疯的澳大利亚地质学者深信自己是上帝之子，用一柄 12 磅重的大锤毁掉了圣彼得大教堂大殿内米开朗琪罗的杰作圣母怜子像。这一切虽荒唐离谱，但尚未伤及人的性命。事实上，国外许多自我宣传者比这更疯狂。1972 年堪称死亡宣传年。国外有人仅为提高知名度而杀人，比如土耳其“左”翼分子杀害了三名北约电子专家，一群日本恐怖分子在特拉维夫卢德国际机场（现改名为本–古里安国际机场）杀害了 26 名游客，黑色九月组织的巴勒斯坦阿拉伯成员在慕尼黑奥运会期间杀害 11 名以色列运动员；北爱尔兰新教徒和天主教徒互相残杀，共 469 人死亡。此外，1968 年诺贝尔文学奖获得者日本作家川端康成自杀。在此之前，为抗议西方对日本的影响，他的年轻同事三岛由纪夫则采取传统的剖腹方式自杀，取出自己的内脏，请最好的朋友割下自己的头颅。

面对国外种种荒唐事，美国并没有理由沾沾自喜。20 世纪 60 年代，达拉斯的李 · 哈维 · 奥斯瓦尔德最先以身试法让美国人意识到无所畏惧的谋杀犯必须予以关注。他的效仿者包括洛杉矶的西尔汉 · 西尔汉、奥斯汀钟楼的查尔斯 · 惠特曼和在亚利桑那州梅萨的选美学校杀人并肢解尸体的罗伯特 · 本杰明 · 史密斯。1972 年还有一些事件与这些事情相似。在纽约的小意大利（意大利人聚居区），号称“疯子乔”的黑手党人加洛被枪杀。他的妹妹告诉记者：“他整了容，所以被杀。”乔治 · 杰克逊在索莱达监狱的两名同伙在一桩狱警死亡案中被判无罪，经安吉拉 · 戴维斯策划，使其成了一次公关成功的案例，她说：“好极了。”12 月 29 日，《生活》杂志停刊。一条重要宣传渠道就此消亡，一些政客悲痛至极。因擅自空袭北越，空军四星上将约翰 · D · 拉韦尔遭到斥责并被降职，他的名字因而出现在了参考书上，此前，其名就曾见诸报端[①]。最引人注目的是阿瑟·赫尔曼·布雷默，在总统预选前夕，他在马里兰州劳雷尔的购物中心（正式预选场地）枪杀了乔治·华莱士。在被押往监狱的路上，布雷默问警察："我若出本回忆录，你看能捞多少钱？"

这些犯罪行为已很老套，1972年一些美国人又开辟了成名的新捷径。有两起案件值得一提，它们与索莱达、加洛和华莱士事件的不同之处在于，犯罪者或原告都展现出了惊人的想象力。第一起案件是强盗空中劫持美国南方航空公司的DC–9喷气式飞机，声称若要求得不到满足，就让飞机撞击橡树岭的核研究工厂。尽管联邦调查局探员击瘪了客机轮胎，劫机者仍在查塔怒加机场拿到200万美元。然而，在哈瓦那降落后，他们和许多前辈一样被古巴区政府逮捕，不义之财也被没收。埃德加·胡佛曾指控和平工作者密谋绑架亨利·基辛格、炸毁华盛顿地下蒸汽管道，搅得华盛顿哥伦比亚特区所有联邦政府大楼里人心惶惶。另一起事件发生在指控之后，6名天主教徒和1名穆斯林被控谋反，不料政府却输了官司。9个月后，两名被告——神父菲利普·伯利根和修女伊丽莎白·麦卡利斯特——结为夫妻的消息震惊了两人分属的圣约瑟夫会和玛丽圣心会。

传统的宗教信徒对此无法理解，但更古怪的还在后头。"耶稣子民"，亦称"耶稣迷"或"街头基督徒"，表达虔诚的方式堪称荒唐。事实上，这表明由"垮掉的一代"演化到嬉皮士之后，美国青年运动正寻找新的切入点并将要进入最新阶段。"耶稣啊，我无比敬重你！"是他们的口号之一。三年前，西奥多·罗斯扎克在《反主流文化的形成》一书中宣称，青年运动明显开始倾向于精神层面，他指的是禅宗及

① 2010年解密的机密文件显示，拉韦尔是按照时任美国总统尼克松的命令行事的，并非擅自发动空袭。——编者注

更古怪的教派。当时的基督教被视为无可救药地墨守成规、拥护既定体制的宗教。但如今信徒戴十字架，穿耶稣T恤，还恶搞百事可乐的广告，创作打油诗："耶稣的恩情没有底，你自会越活越有趣。"他们创建名为上帝之爱、天国客栈、灵魂客栈的社团，参加耶稣摇滚音乐会，进基督教夜店。有的父母甚至开始向往孩子们沉溺于老式大麻的年代。

由于1972年的大学校园依旧宁静太平，所以和平斗士都认为公共关系处理失败了，但州立大学管理人员却松了口气；纳税人以一边倒的票数否决发行学校公债的提议。尼克松总统的新闻办公室宣称，总统凭借精妙的措辞"赢得了"选民的好感；尼克松本人则说他打算多去戴维营，因为"我发觉身处山巅会使我达到工作效率的顶峰"。11月14日，纽约证券交易所获得重大宣传突破：道琼斯指数报收1 006.16点，这是有史以来首次超过1 000点。（但当时没人知道那是抛售的最佳时期。）在纽约，一名联邦法官宣布名叫罗纳德·加莱拉的自由摄影师"无情侵犯"了奥纳西斯夫人的隐私。此后，杰奎琳·肯尼迪·奥纳西斯的公众形象便越发耀眼，而搅扰她的摄影师则越发惹人嫌。法庭判决，今后加莱拉必须与杰奎琳保持50码的距离，离她的孩子75码，离她的住宅和学校100码。

尽管宣传年代的各种事情引人注目，但与两名时代巨人相比便黯淡无光。两人都是美国人，皆无比热衷于自我推销，且都于1972年蜚声国际。一个人是亡命之徒，另一个则是单纯的急性子。

急性子罗伯特·詹姆斯·费希尔是国际象棋选手。所有关于他的报道显示，他除了侮辱对手、不按时出场、得罪粉丝、无比贪婪、毁约食言、动不动就提最后条件、大发脾气、关键时刻玩失踪和在冰岛雷克雅未克与苏联选手鲍里斯·斯帕斯基进行过经典一战后成为国际象棋锦标赛冠军外，从未做过其他事。他的同胞一致认为最恶劣的对手非他莫属。他气鼓鼓地数完有史以来的最高奖金 15.6 万美元后扬长而去。

亡命之徒叫克利福德 · 艾尔文。

1971 年圣诞节前夕，麦格劳–希尔集团向纽约各大报纸主编、新闻评论员和通讯社发了一份 550 字夺人眼球的宣传预告。14 年来，深居简出的美国亿万富翁霍华德 · 休斯拒绝任何采访、拍照，甚至不愿见到媒体人士。但在某位合伙人的帮助下，他 23 万字的传记即将面世。布面精装版将于 1972 年 3 月 27 日发行，《生活》杂志将连载三期，每期选登一万字。预告引用了休斯原话："你可以说这是自传，也可以说是回忆录，怎么叫都行，是用我自己的语言描述我自己的生活。"预告中休斯还赞扬了他的助理克利福德 · 艾尔文。他说之所以选择艾尔文是"因为他的同情心、洞察力、谨慎，以及据我所知他善良正直的天性"。

休斯的回忆似乎被录了音："本书语言——除去对我的提问——都是我亲口所说。"编辑们最初以为那是在巴哈马斯酒店录的音，因为那正是休斯过去一年的隐居之所，但看来事实远不是那么简单。这两个人"在西半球各种汽车旅馆的房间里和车里"会面过 100 多次。

出版商是这样公开预告的。公众获悉这条消息两个月后，预告却被撤回了。但在当时，这仍是图书销售史上最轰动的事件，它的风头甚至盖过总统游览中国长城的消息，占据各小报头版。采访休斯和艾尔文的记者比关注越南战争的还多——单是《洛杉矶时报》就有 9 位记者。30 名邮政检察员在邮件中查找着蛛丝马迹。派拉蒙影业公司再次发行《江湖儿女》，明眼人一看就知道是以休斯生平为蓝本杜撰的。名为《黑尔佳与霍华德》的 X 级电影在曼哈顿上映，休斯 T 恤每件 2 美元，人们佩戴写着"这是真正的霍华德 · 休斯徽章"的袖章。

12 月的宣传预告发布不久，自传的真实性首次遭到质疑，休斯器材公司发言人否认“休斯自传的存在”。但即便对老友，休斯也行事诡秘，他们认为否认自传的存在很符合他的风格，事实上本书编辑也预料到会如此。《生活》杂志总编辑拉尔夫 · 格雷夫斯向下属出示休斯允许连载的亲笔信时，有人问道：“万一这也是伪造的呢？”格雷夫斯答道：“这是真迹，我们已让专家鉴定过。”麦格劳-希尔集团副总裁艾伯特 · 利文撒尔告诉《纽约时报》：“我们大费周章终于确认这确实是休斯的自传。”《生活》杂志副总裁唐纳德 · M · 威尔逊告诉另一位记者：“哦，我们十分确定。请注意，我们可是和麦格劳-希尔之类的公司打交道。我们又不是电影杂志！这可是时代公司与麦格劳-希尔集团。我们已经查清楚了，我们有证据。”

威尔逊对另一位质疑者说：“我们从未直接与休斯器材公司打交道。他们不清楚也不奇怪，毕竟休斯先生对这个项目完全保密。”他们联系的是已为麦格劳-希尔效劳了 12 年的艾尔文。艾尔文写过 4 本不成功的小说，最新作品是《赝品》，讲述他的邻居埃米尔 · 德 · 霍伊，一名艺术品伪造者在西班牙伊维萨岛的故事。如今回想起来，出版商应好好考量一下艾尔文为何如此钟情骗术，以及为何休斯坚持只与他商谈。真相便是这本书纯属捏造。艾尔文从未见过休斯，更别提为他录音，而休斯对这所谓的代笔人更是一无所知。乍看之下，麦格劳-希尔集团和《生活》杂志过于草率。然而，骗子也确实太过狡猾了，而且着实幸运。

整个阴谋始于一年前，当时《新闻周刊》影印出版了休斯的 11 行手写批注。一个月后，《生活》杂志以彩色字体刊登此文件。作为漫画家的儿子，艾尔文遗传了父亲灵巧的双手。他发现只要稍加练习，就能整页模仿休斯的笔迹，而且还能以假乱真。当时新闻都在报道这位业界巨头，他行事隐秘引发了很多猜想，甚至有人说他或已离世，但真相无人知晓。于是，艾尔文灵光一现，杜撰一本声称得到休斯许可能出版的回忆录，或许不会被揭穿，况且休斯或已去世。同为廉价写手的理查德·聚斯金德住在附近的马霍卡岛，艾尔文说服他与自己合作。后来两人成为家喻户晓的人物，全世界报纸头版都是他俩的照片——艾尔文英俊健壮，聚斯金德则如一位友人所言，是“长着个奇形怪状脑袋的肉堆”，他俩象征着文学欺诈的巅峰。但一开始，在麦克劳-希尔集团编辑眼中，他俩一个是资质平平但可靠的作家，另一个则是勤奋努力的研究员。编辑们绝不可能想到艾尔文要求赃款三一开，75 %归自己，25 %归聚斯金德。第三位合伙人则是艾尔文的妻子伊迪丝，她是一位美丽的瑞士画家和两个孩子的母亲。

艾尔文糊弄麦格劳-希尔集团的手段令人叹为观止。他先寄去几封看似霍华德·休斯真迹的信，表明这位亿万富翁对合作越发感兴趣。时机成熟后，他又寄去休斯签署的合同，其中第22条规定，“出版商收到满意的完整手稿30天内，不能进行广告宣传、营销或发售”。斥资25万美元买下优先连载权的《生活》杂志也承诺保持沉默。作为必要的防伪措施，出版商将所谓的休斯真迹样本交由专家验证。专家将样本与真迹对照后报告：“外人临摹这种手迹能达相似的可能性不及百万分之一。”另一组专家表示赞同，宣称“基于我们在字迹、签名鉴定方面的长期经验”，艾尔文的材料“不可能”出自除霍华德·休斯以外的人之手。

艾尔文最别出心裁的一招是告诉出版商，这位性情古怪的大佬坚持支票上只能填缩写姓名：“H·R·休斯”。支票到手后，艾尔文将其交给妻子。伊迪丝戴着假发，拿着假护照和偷来的身份证飞往苏黎世，以“黑尔佳·R·休斯”为名在瑞士信贷银行开了个账户，账号为320496。她把麦格劳-希尔集团将近100万美元的稿酬存进该户头，然后又取出存进街对面的瑞士银行公司。与此同时，艾尔文和聚斯金德四处奔波。为研究休斯的生平，两人跑遍了纽约公共图书馆、美国国会图书馆、加利福尼亚州棕榈泉市、《休斯敦纪事报》和《休斯敦邮报》档案室。最不可思议的是，他们还查阅了时代公司和《生活》杂志的文件。最大的收获是休斯已退休的首席助理未发表的回忆录手稿。艾尔文从此人的一个同事那儿借来并拍了照。两人一边收集资料，一边轮流充当休斯，另一人进行提问并录音。录音最终转化成上千页手稿，艾尔文还仿照亿万富翁的字迹写了评注。一切足以以假乱真，甚至瞒过了休斯多年的密友。

1972年1月7日下午，阴谋开始土崩瓦解。当时在巴哈马的休斯与7名记者通过电话召开了两个半小时的新闻发布会。休斯隐居前，正是这7名记者负责他的相关报道。他斥责艾尔文的书一派胡言，并否认他指甲6英寸长、如今已憔悴不堪、头发及腰的报道。7名记者一致确认声音来自休斯本人。艾尔文说那一切纯属伪造，但为时已晚，伊迪丝也快要守不住秘密。休斯的律师曾让他填写过一张问卷，并盖了手印以示真实可信。其中一个问题是："不论出于何种原因，你上一次签署支票是什么时候？"休斯亲自写道："10多年前。"艾尔文和同伙以为瑞士银行账户无论如何都不受侵犯，但事实并非如此：若涉嫌犯罪，银行可透露账户信息。得知霍华德·R·休斯的支票是由说德语、自称黑尔佳·R·休斯的女人兑现时，瑞士方面就明白苏黎世发生了极严重之事。于是，全世界都开始搜捕这个神秘的黑尔佳。

1月20日星期四，消息传到纽约，艾尔文与麦克劳-希尔集团及《生活》杂志负责人会面。他冷静地列出了三种解释：他采访录音的是个假扮休斯的骗子；休斯派了“一个忠诚的仆人”去存支票；艾尔文本人是个江湖骗子。艾尔文一边察言观色，一边无比真诚地说：“我个人认为不可能是第三种，我希望在座诸位与我看法一致。”他演技一流，竟然骗过了所有在场人员。之后便飞回伊维萨岛，这让《生活》杂志编辑十分不满，因为他们认为他应该在问题解决后再离开纽约。当有记者指出伊迪丝符合瑞士方面关于黑尔佳的描述时，他反问道：“你们真的认为我会让家人被牵扯到这种事里来吗？”在曼哈顿，艾尔文的律师尚未起疑，还向记者透露，艾尔文被一帮冒名顶替者陷害，其中两个是临摹别人字迹的老手，还有一个人和霍华德·休斯有几分像，是个6英尺3英寸的瘦高个儿。

这是整个阴谋的关键时刻，对于认清克利福德·艾尔文的伎俩至关重要。他现已把支票绝大部分全额兑成现金，他本可带着这些钱开始自由生活。很多逃犯就在伊维萨岛和马霍卡岛过着逍遥自在的日子。艾尔文、伊迪丝和聚斯金德本该好好待在那里，或飞往某个无法引渡的南美洲国家。钱不是问题，如今几乎没有他们买不起的东西。另一条路却糟糕千百倍，阴谋暴露是迟早的事。那艾尔文为何在此时飞回纽约自投罗网呢？熟知他的人认为，他无法抵御出名的诱惑，他一辈子都渴望引人注目。此前写的书都没能使他如愿，但这次的计谋成功了。在得知有一群热切期待他的记者眼巴巴地在肯尼迪机场等待时，他已如扑火飞蛾般无可救药。飞机着陆后，他却答不上记者的问题，这是很可悲的讽刺。他有喉炎，向记者低语道：“先生们，这真是太难受了。”至少这是真心话。

另一个讽刺紧随其后。两名记者认为艾尔文和休斯前助理约翰·迈耶有联系，要求在艾尔文的律师办公室会面，还告诉律师：“跟克里夫说，迈耶的所有事我们都清楚。”艾尔文对迈耶一无所知，但听到传话时吓得目瞪口呆，他以为对方说的是另一个迈耶。将休斯退休助理未出版的回忆录塞给他的正是斯坦利 · 迈耶。记者若知道了迈耶，那么所有人都完蛋了，还不如爽快承认。他在区法官办公室坦白了一部分，便回去告诉两位记者："我有事要跟你们说，但不能公开报道，可以吗？"在当时的情况下，记录下来却不公开是不可能的，但记者们还是点了点头。艾尔文深吸一口气道："你们或许已猜中，或许没有。黑尔佳 · 休斯就是伊迪丝，伊迪丝就是黑尔佳。"

事情本该到此结束，但好戏还在后头。艾尔文一时兴起，又编了一套说辞：伊迪丝一直为休斯做事。由于手稿足可以假乱真——再加上字迹专家的意见——整个骗局又得以苟延残喘了几日。随后发生了两件事，才将一切谎言击得粉碎。休斯退休助理未出版的回忆录问世，艾尔文给休斯的录音就此被拆穿。艾尔文确实去过那些地方，沿路还给麦格劳–希尔集团寄明信片，但他错在把娱乐和公事混为一谈。他的同伴之一是位前潜水教练、并且是个身姿窈窕的金发美女，陪他游历了维尔京群岛的圣克洛伊岛。这位美女告诉《芝加哥论坛报》，她以为艾尔文与妻子分居，并深深爱上了他，但两人都没见过霍华德 · 休斯。第二个玩伴的爆料更可怕，她是美丽的丹麦男爵夫人兼艺人妮娜 · 凡 · 帕兰德特。艾尔文过于随便，一直向麦格劳–希尔集团的一位编辑吹嘘妮娜的事，还透露了她的名字。邮政检察员找上门后，妮娜承认曾和艾尔文结伴游玩，两人在墨西哥时还频繁发生男女关系。妮娜还说，艾尔文与她寸步不离，根本不可能有时间与休斯见面。

艾尔文的故事到此结束，但妮娜的却没有，事实上可以说这对她而言只是开始。这些都是能起到宣传作用的激烈争论，胜过任何其他形式的宣传。多年来，她只是个名不见经传的民歌手，但现在突然一夜爆红。她上过两次《戴维 · 弗罗斯特秀》、两次《迈克 · 道格拉斯秀》、两次《迪克 · 卡维特脱口秀"》、一次《今日秀》、一次《强尼 · 卡森今日秀》及一个为她量身打造的特别节目。曼哈顿的瑞吉酒店连续三个星期邀她出场，迈阿密、达拉斯、圣胡安和旧金山都与她签了演出合同。妮娜的经纪人说艾尔文事件抵得上"5 张畅销唱片和一座奥斯卡奖杯"。毫无疑问，妮娜是 1972 年最著名的情妇。

霍华德 · 休斯可就没那么幸运了。事情闹得满城风雨，巴哈马政府开始调查其雇员是否持有工作许可证和出入境检查证。而休斯本人则逃往尼加拉瓜，带着 6 台电视机、几箱波兰矿泉水、一台碎纸机、血浆、一台冰箱、一张医院病床、床垫、办公室家具、锅碗瓢盆、各种录影带、几百码长的电缆、一个旧电炉、一个加热器和一张廉价乙烯基睡椅。

麦格劳–希尔集团从艾尔文夫妇和聚斯金德那里拿回了大部分稿酬，赔偿了《生活》杂志。那三个人也迅速入狱。但当年麦格劳–希尔集团的噩梦并未就此结束。艾尔文事件结束后，麦格劳–希尔集团出版的关于印第安人的《红狐酋长回忆录》颇受欢迎，集团的信誉刚开始有所恢复，不料有人指出《红狐酋长回忆录》是由抄袭 1940 年出版的作品而来。随后艾尔文作品的编辑被控违反职业道德，他还向另两位作者借钱，累计达出版公司预付款的 10%。最后一件事使麦格劳–希尔集团成为当年纽约出版界的笑柄。艾尔文事件前，位于美洲大道的麦格劳–希尔集团大楼一层租给了一家银行任分行。如今银行正在搬迁，出版社经理看到镀金招牌在玻璃窗上徐徐挂起时几近崩溃，但也无能为力，因为合同早已生效并归档。这家银行名为：艾尔文信托公司。

1972 年 2 月 21 日寒冷的早上，被尼克松称为"76 年精神"号的银蓝白三色相间的总统专机掠过滚滚长江，一路向北，进入北京后滑翔降落。25 年前报道过中国的美国记者对眼前变化深感震惊：铺设整齐的道路、灌溉渠、大型集体农场和公路两旁整齐的树木（白修德写道："中国居然有树！"）。在这历史性的一天，中国领导人将再一次与美国领导人握手以示友好，反共产主义将不再是美国外交主流。当时的日期也是个吉兆，美国的这一天是乔治 · 华盛顿诞辰的前一天，中国则是鼠年第 7 天，中国农历上的吉日。

总统专机于 11 点 30 分降落，随行人员走出机舱后一阵错愕。除去美国记者与电视台专业人员，机场上空旷荒凉。虽挂有标语牌，但与尼克松毫无关系："中国共产党万岁！世界人民大团结万岁！"现场不到 400 名士兵唱着 20 世纪 30 年代的红军歌谣《三大纪律八项注意》。美国这位第 37 届总统出访各国，会见过多国首脑，游历的国家包括罗马尼亚、巴基斯坦、南斯拉夫、西班牙、加拿大、巴西、澳大利亚、日本、印度、爱尔兰、意大利、德国、比利时、法国、英国、奥地利和梵蒂冈。所到之处皆人潮涌动。如今这里却是空无一人，手足无措的总统助理此时大脑飞速运转，想着总统若真被置于此境地该如何是好。飞回美国然后说这一切只是个误会？进退两难之际，神秘莫测的中国人终于露面了，周恩来总理领着几名官员走上前来。尼克松伸出双手，正如几百万美国观众在电视上看到的那样，周恩来握住了他的手。

中国人民没有看电视，人们并不知道尼克松来访。进入城区后，尼克松一行驶过寂静的街道，所有居民似乎都搬离了。5 小时后，尼克松刚在一栋两层黄砖宾馆安顿下来，却意外得知新中国的传奇人物——78 岁高龄的毛泽东邀他在其私人书房见面。当时只有周恩来和亨利 · 基辛格在场陪同，毛主席和尼克松总统谈了足足一个小时。会谈内容至今仍是个谜，但显然气氛十分融洽。这一刻，两个世界大国的领导人隔着茶桌轻轻握住了手。次日早上，《人民日报》头版刊登了一张领袖们都在微笑的会议照片。信息很明确：这次访问得到了毛主席的赞许。尼克松所到之处，人潮涌动，掌声雷动，热闹非凡。

在这 5 天中，尼克松和周恩来每天都在一张铺着绿桌布的长桌旁议事达 4 个小时。最后发布的言辞隐晦的公报表明，双方尚未完全达成一致。公报的主要议题是中美人民需要更多的友谊，尼克松做出的唯一让步是从台湾撤军。但这些会谈得以举行，本身就具有最重大的意义。总统与第一夫人决定采取友善态度，事实表明中国人民对此十分感激。他们每天晚上在人民大会堂参加三个小时的晚宴，硬着头皮用象牙筷与 8 道菜奋战，在中国管弦乐队演奏的《比利男孩》和《她绕山而来》的乐声中举起盛着茅台酒的酒杯干杯。他们还观看乒乓球、羽毛球比赛和体操表演。有一天晚上，他们还观看了讲述与地主斗争的芭蕾舞剧：《红色娘子军》。尽管尼克松当时正努力减少美国地主的税赋，他仍热情鼓掌。次日早上，第一夫人兴致勃勃地参观了养老院、饭店厨房、农业公社和针灸诊所，尽管她对针头十分敏感。

参观了故宫和拥有 2 200 多年历史的长城后，尼克松夫妇把“76 年精神”号留在北京，和周恩来搭乘白色伊留申班机飞往杭州。7 个世纪前，马可 · 波罗说杭州是世界上最美的地方。尼克松和周恩来在园林里漫步，一起泛舟西湖。随后，尼克松一行飞往最后一站上海，在那里发布了公报，之后便回到美国向美国人民汇报。

总体看来，尼克松此行深受美国人民好评，尽管有人认为他偶尔显得太过谄媚。在北京讲话时，他建议两国“携手开始一段新长征”，多次引用毛主席诗词中的“多少事，从来急”，并建议人们“只争朝夕”。但他有时又略显迂腐。明朝皇帝从太和殿到紫禁城大红门乘坐的轿子做工极为精细，在观赏时尼克松评论道：“老坐轿子，锻炼可不够啊。”游览长城时，他说：“能造出此等城墙的民族必有一个引以为豪的过去；有如此伟大过去的民族必有一个辉煌的未来。”重点在后头：“看着这堵墙，我就想到各国人民之间不应该有任何墙。”

这道墙另一边的远方，便是对此次来访可能产生的影响深感不安的苏联。自斯大林 19 年前去世后，莫斯科和北京的关系便越发紧张。如今苏联猜测中美聚在一起肯定有所图谋。在针对中国人民的普通话广播中，莫斯科广播电台宣称《上海公报》“无耻、虚伪至极”。莫斯科评论员说，中国正陷入“同美国统治集团密谋的危险圈套”。

这与其说是反美主义，不如说是共产主义内部分歧正在扩大。尼克松三个月后才出访苏联，苏联人感到嫉妒倒也不无道理。河内广播电台也按捺不住了，称此次会谈“卑鄙龌龊”。但河内与北京、莫斯科不同，它对缓和关系没有兴趣。相反，北越准备破坏美国和北边两个共产党国家的友好关系。尽管没能成功，但他们确已竭尽全力，而且有那么一刻近乎得偿所愿。

当时南越陆军中流行日本的小型半导体收音机。越南非军事区正南方的南越第三步兵师由此得知北京会谈的消息，但并没轻举妄动。美国和共产主义国家在一起商谈时，阮文绍部队放松了警惕。他们放松自满还有一个原因，自尼克松向北越提出新的八点和平计划后，实际行动似乎也以和平为先。因此，北越部队穿过北纬 17 度线的消息传来后，南越第三步兵师并未感到威胁。3 月，东北冬季风的乌云逐渐散去，北方开火的次数显著增加，但也没引起南越军队的重视。他们整天待在碉堡里，很少巡逻。精锐部队会更机警，但南越第三步兵师可不是精锐部队。正因如此，继 4 年前的新年攻势后，北越的武元甲上将发动的最大规模进攻将南越定为首个目标。

3 月 30 日，在坦克掩护下，武元甲的第 304 师越过非军事区发动猛攻。这次闪电战与春节那次截然不同，其目的就是集中苏联的精锐武器与大批军队击溃西贡势力。突击部队迅速占领了 15 座边境哨所。接下来的 5 周，他们在激烈战斗中向前挺进 22 英里，占领了美国海军陆战队曾誓死捍卫过的地盘。南越第三步兵师几近覆没，省会广治沦陷。正如国防部长莱尔德所言，这是一次“大规模进攻”，而这只是北越向南越发起的 4 次猛攻之一。

4 月 6 日，复活节 4 天后，一支北越坦克部队从柬埔寨发起进攻，将南越陆军赶出禄宁。不到一周，进攻队伍就包围了西贡以北 60 英里的省会安禄，俘获了南越第五步兵师——保卫阮文绍首都的核心部队之一。4 月 18 日，另一支北越部队占领沿海的平定省，南越面临着从狭窄中部被一分为二的危险。4 月 22 日，北越 4 个师闯入中部高地，占领达喀图，最后包围省会城市昆嵩。

尼克松做出回应，派遣B–52 轰炸机北上，三年来首次猛攻河内和越南海防。反战参议员们立即反对，缅因州的马斯基建议所有美国部队停止在越南的行动。不为所动的莱尔德警告河内，北越部队不撤出南越，B–52 就绝不离开。他还表示，白宫认为这是“公然”违反 1954 年日内瓦协议，华盛顿将不惜一切代价击退入侵者。事实上，白宫当时尴尬与愤怒交加。三年来，尼克松一直声明战争“越南化政策”大获成功，但西贡形势表明计划彻底失败。

潜在的羞辱使尼克松成为异常危险的对手。5 月 8 日，他发动了惊险万分的“后卫行动”。为削弱北越战争能力，他下令实行大规模海空封锁。美国海军在海防及其他北越港口水域布雷，空军摧毁通往中国南部的铁路线。他可是顶着冒犯北京与莫斯科的危险进行此举，当时他和基辛格正在向其求援。尼克松在电视讲话中公开承认与苏联的矛盾："今晚的意见专门提给苏联。我们敬重苏联这一伟大力量，承认苏联面临危险时有权自卫。那么，苏联也应当承认美国的自卫权……我们，还有所有大国，都应助盟国的保家卫国事业一臂之力，而不是帮他们攻打邻国。"

尼克松对武元甲行动的强势回应给反战运动注入了新鲜活力，支持总统连任委员会则投入成千上万美元伪造对他的支持。白宫收到的伪造电报足以公开声明，尼克松支持者与反对者的比例为 5∶1。此外，作为对《纽约时报》一篇批判社论的回应，一则"人民对决纽约时报"的虚假广告横空出世，这里的"人民"不过是查尔斯·寇尔森和他的几个助理。事实证明，一切已属违法，且实无必要。月底，北越攻势减弱。将平定省的 3/4 区域摧毁后，北越部队渐渐散去。安禄和昆嵩守住了，武元甲大肆宣扬的占领顺化行动从未实现。突然之间，河内威胁减小了。除去正在训练的两个师，越南共产党将所有兵力投入此次战斗，损失 10 万士兵只换来零星战略价值。孤注一掷的赌博宣告失败。北越政治局成员兼河内首席谈判代表黎德寿传话给基辛格，他已准备好在巴黎重启谈判，并坚称只有将阮文绍撤职才会停火，但和平似乎已近在咫尺。

这与莫斯科有关。在 5 月初的封锁之下，尼克松–勃列日涅夫峰会似乎遥遥无期，但苏联已下定决心要改善两国关系。苏联外贸部长尼古拉·帕托利切夫曾造访白宫，就国际贸易交换意见，其态度显而易见。记者接到命令赶到总统椭圆形办公室时，却惊讶地发现尼克松、帕托利切夫和大使阿纳托利·多勃雷宁正谈笑风生，打趣两国语言怎么说"友谊"这个词。一名记者问帕托利切夫，尼克松是否如期于 5 月 22 日出访莫斯科。帕托利切夫回复道："我们从未怀疑过这件事，我都不知你怎么会问这个问题。"苏联在劝告河内赶紧停火的同时，还将克里姆林宫内曾为沙皇所用的公寓布置就绪，以备尼克松下榻。北越一想到苏美首领坐在一起吃着鱼子酱喝着香槟，而己方死去的士兵尸骨未寒，便怒不可遏，但他们对这两大强国也无计可施——这正是苏联的目的所在。

"76年精神"号从奥地利起飞，飞过克里姆林教堂闪闪发光的穹顶，在苏联最高苏维埃主席团主席、总理和外交部长翘首期盼下降落。多面美国国旗在锤子和镰刀旗旁迎风招展，这在熟知过去20年历史的人看来好比天方夜谭。勃列日涅夫没有在场，他和毛泽东一样，等尼克松安顿下来再与其会面。当晚，为美国贵宾举办的欢迎晚宴在克里姆林宫举行。次日早上，第一夫人参观了苏联的学校、红场、著名的莫斯科地铁和古姆国立百货商场。为期一周的会谈期间，《真理报》头版都是尼克松。"蓝色屏幕"（苏联人口中的电视）上，尼克松用俄语向观众道"晚上好"，离开时用俄语道"谢谢，再见"。其间，另一人翻译了尼克松极为热忱的发言，其中引用了很多苏联人喜爱的朴实的格言。

与北京之行不同，此次会议绝不只是象征性的。晚宴、敬酒和芭蕾表演同样丰富且规格颇高，但克里姆林宫圣弗拉基米尔大厅大型镀金吊灯下召开的会议才具有真正意义。白宫称这些会议"直率坦白、具有实效"；整个一周始终保持直率、热忱的勃列日涅夫则称"颇有实效、实事求是"。后来形成了一套固定程序。两国领导达成协议，或就一个已商讨数月甚至数年的问题达成共识。基辛格和外交部长安德烈·葛罗米柯负责处理细节。随后，礼宾人员拿出红蓝相间的皮革文件夹，尼克松与勃列日涅夫签署文件。双方同意在太空探索领域展开合作，1975年实现两国载人飞船在外层空间对接。合作研究项目还包括公共卫生、癌症、心脏病和环境污染等。双方同意不再干扰对方在公海水域的船只，都承认有必要减少中欧驻兵和召开欧洲安全会议。最重要的是就导弹防御达成一致，两国都将限制反弹道导弹部署，保持现有攻击性导弹水平5年不变。

但一切并非尽如人意，中东问题未能达成一致。尼克松希望苏联劝诫河内停火，也遭到拒绝。勃列日涅夫迫切希望签署贸易协定，但美方说有待商榷。“二战”期间苏联对美国的100.8亿美元债务问题也悬而未决。苏方提议归还3亿，但尼克松坚持要8亿，所有折中手段都未获成功。然而，会谈仍颇有收获。建立了12项大国外交原则，这是国际法方面的一大突破。基辛格说：“路线图已经设计出来了，我们会据此前行吗？我不知道，这并非必然。”除非所有商谈宣告失败，否则上述原则仍具有广泛意义。条约可能体现两国政府体制的差异，但不必发起意识形态层面的圣战。在即将举行的欧洲安全会议上，苏联将突破亚洲界限，改善与欧洲的关系。贸易与技术会继续成为两个超级力量的共同话题。此前普遍预测在未来很长一段时间内，世界政治的主流是多极化的分裂局面，但事实说明互相体谅、达成一致才是真正主流。在很大程度上，冷战结束归功于这位美国总统，尽管他曾是冷战最衷心的拥护者。

这一切发生在大选年对尼克松而言意义非凡。他对中国和苏联的态度为取得连任增加了两大砝码。每过一天，他离11月成功当选便又近了一步。对其历史地位造成不幸的是，他身边的一些人仍不满意。为保尼克松连任万无一失，他们发誓要不择手段，这正是尼克松悲剧的根源。查尔斯·寇尔森是其中之一，他在自家酒柜拉出的横幅上的话可以高度概括他们的态度：“抓住他的死穴，就抓住了他的心和思想。”寇尔森还说：“只要总统能连任，必要时让我把祖母踩在脚下都成。”为达成目标，他们采取了各种极端手段，概括起来就一个词：犯罪。这个词马上就要有一个同义词了：水门事件。

1972 年 1 月，大选蓄势待发。哈里斯民意测验显示，埃德蒙 · 马斯基与尼克松平分秋色——两人得票均为 42%，乔治 · 华莱士为 11%。这位缅因州参议员显然是势头最强劲的民主党候选人 。同月，盖洛普民意测验显示，在一场自由选择测验中，马斯基得票 32%，爱德华 · 肯尼迪 27%，汉弗莱 17%，麦戈文 3%。不管对手是谁，共和党都决定全力以赴。参加《今日秀》时，H · R · 霍尔德曼说反战评论家显然"在帮助、教唆对手"。1 月，为使城里黑人学生占 70% 的学校实现种族平衡，联邦法官小罗伯特 · R · 梅西格下令，以汽车接送弗吉尼亚州里士满郊区两个县的白人学童到城里就学，白宫迅速行动，利用城郊人民对此的愤慨有所动作。梅西格法官将于 6 月被革职，但到时候，马斯基的潜在对手将就他支持使用汽车大做文章。

在佛罗里达州，共和党的狂热追随者正在给一封投往新罕布什尔州曼彻斯特《联合导报》的伪造信件做最后润色，信中谎称马斯基在南方竞选时，称法裔加拿大人为"加国佬"，这将在新罕布什尔州预选中给马斯基致命一击。尼克松团队其他人或采用类似手段破坏马斯基竞选，或如霍华德 · 亨特一般，计划撬窃一个拉斯韦加斯编辑的保险柜，据说其中藏有对马斯基不利的证据。设在华盛顿宾夕法尼亚大道 1701 号的支持总统连任委员会正招兵买马。一个月后，约翰 · 米切尔将辞去司法部长一职，出任其早已开始掌握实权的主席一职。

同时，共和党正快速积攒竞选经费，而民主党仍欠债 600 万美元。民主党一向指控共和党是大财团之党，这确有几分道理，当年的形势就更证明了这一说法。4 月 10 日将通过一项法令，规定必须公布主要捐款人姓名。在截止日期前，两位共和党主筹款人：商务部长莫里斯·斯坦斯和总统私人律师赫伯特·卡姆巴克正在美国奔走，从富人那里筹得不少款项。随着工作越发深入，他们开始触犯道德底线，有时甚至构成实质性犯罪。伯纳德·L·巴克是亨特最器重的机密盗窃人员，他在迈阿密银行户头里有11.4万美元赠款。其实就算依照过去的法律，向企业索取政治用途的捐款亦不合法。他们仍到处征募且频频得手：阿什兰石油公司、海湾石油公司、菲利普斯石油公司各10万美元，美国航空公司5.5万美元，固特异公司4万美元，明尼苏达矿务及制造业公司3万美元。最后，低于10万美元一概不收，因为几万块钱不值得为之费心。总统秘书罗斯·玛丽·伍兹的办公桌里，藏着一张列有两名秘密捐款人名字的清单。在白宫内部，这被称为“罗斯·玛丽的小乖乖”。

随着筹款数量过千万，足智多谋的尼克松团队开始思量钱该怎么花。1972年1月27日下午4点，在司法部长的办公室，戈登·利迪提出了最大胆的构想，在场人员包括米切尔、马库德、总统特别顾问约翰·迪恩。利迪用靶子、宝石之类的代号解说五颜六色的关系图，半小时内提出了耗资1 000万美元的行动建议，如窃听民主党电话、恐吓反尼克松的示威人员、绑架反战首领并在圣迭戈召开共和党全国大会期间把他们关到墨西哥兵营。另一个天马行空的计划是民主党在迈阿密海滩召开大会期间，为他们租借游艇提供色情服务，让姑娘们（利迪承诺：“定为行业精英”）从好色的民主党成员口中套出重要情报，引诱其做出下流行为，一切都会被偷拍存证。

这些地位显赫的听众们对此做何感想无从知晓。利迪后来从未向联邦检察官交代一个字，反倒乐得蹲监狱。米切尔后来对国会调查员说，这些提议“完全无法接受”，马库德表示“十分震惊”，迪恩则说“难以置信”。不过可以肯定的是，第二周，利迪被召回再做努力。

2月4日下午，他展示了以偷拍和窃听为主、只需50万美元的计划。为详细说明如何闯入迈阿密海滩的枫丹白露酒店、麦戈文的竞选办公室（位于华盛顿西南第1街）、水门大厦民主党全国委员会的华盛顿总部，利迪让众人传阅了一张8×10英寸的图表。据马库德所言，司法部长对这个版本也“感到不安”，让利迪再想想其他方案。

冬季一天天过去，总统的中国之行也已结束，利迪仍未想出可行办法。3月初，他和亨特找到寇尔森，让他向共和党高层说说情。寇尔森致电马库德表示：“戈登·利迪心烦意乱，他试图开始情报工作，可见不到任何人。”他劝告马库德“高抬贵手，批准利迪行动的预算”。当时的预算为25万美元，袭击、绑架和召妓不在考虑范围内，但闯入并窃听民主党和麦戈文总部的费用仍保留在预算内。3月30日，米切尔正在基比斯坎岛休短假，马库德前去做最后报告。当时共三人在场——马库德、米切尔和共和党南部战略家弗雷德·拉鲁，事后三人对当日的描述各不相同。不管真实情况如何，利迪的计划已经通过，而只有米切尔有权批准。利迪得到了放行的绿灯。

第二周，马库德授权支持总统连任委员会财务主管小休·斯隆拨给利迪8.3万美元。其中6.5万美元于4月12日转给麦科德，大部分用于在纽约购买电子监听设备。5月1日，麦科德将查看联邦调查局前特工人员协会名册时选中的阿尔弗雷德·C·鲍德温三世纳入水门行动小组，并告知所有成员，鲍德温将担任玛莎·米切尔的临时保镖。尽管没有报酬，但鲍德温想若表现出色，可能“有助于谋得一个永久职位”。一开始，这位新保镖并未引起玛莎多大重视，但她后来说，鲍德温故意带她到危险的敌对场所，向玛莎的所有朋友宣称自己是民主党人，玛莎说：“他在纽约众人面前光脚走来走去”，“是我见过最扭曲变态的人”。但麦科德喜欢鲍德温，不仅提拔他，还让他搬到华盛顿的霍华德 · 约翰逊汽车旅馆 419 号房间——在弗吉尼亚大街上正对着水门大厦，并让他监视华盛顿激进分子。5 月 26 日星期五下午，这位前特工人员协会会员惊讶地发现麦科德在自己房间，摆弄着一个高级无线电接收器的拨号盘。麦科德指指街对面说道："今晚我们要去那边安装几个设备，你负责监听。"为展示如何操作窃听器，麦科德拆卸了客房电话，装入一个小器件，拨了个本地号码做录音测试。他对鲍德温说，这次若表现出色，在民主党全国大会期间他还会得到类似差事。

4 天前，在巴克带领下，一队古巴流窜犯从迈阿密飞抵华盛顿，并冒名入住另一家酒店，如今这队人马已搬到水门酒店。鲍德温在汽车旅馆的房间能看到水门大厦 6 层的民主党总部，但古巴人的新房间更靠近目标。水门酒店的大陆餐厅离目标还要更近，于是当晚，亨特、利迪和古巴人便在此上演了经典《错中错》喜剧系列的第一幕。反正有富人埋单，他们便点了 236 美元的酒菜，人均消费约 30 美元。饱餐一顿之后，所有人离开餐厅，除去亨特和巴克的锁匠维尔吉利奥 · 冈萨雷斯。他俩一直躲在隔壁房间，直到侍者锁门离开。冈萨雷斯试图打开大厅尽头的一道门，此门背后的楼梯通向民主党全国委员会的 6 层办公室（即内部人士口中的 DNC）。但冈萨雷斯没能搞定门闩，俩人惊慌之下转向通往餐厅的安全通道。万般无奈之下两人只得坐下来度过一个痛苦的漫漫长夜——好在他们可以用这段时间来慢慢消化丰盛的晚餐。

其他人也没闲着，只是行动同样不尽如人意。在利迪的带领下，他们离开弗吉尼亚大街，前往第一大街和麦戈文总部。在附近路灯照耀下，入口灯火通明。利迪打开公文包，掏出一把用毛巾裹着的高级珠弹手枪，指着明亮的路灯道，"我把它灭了？"他有这个能力。几天前，穿过白宫正对面的拉法耶广场，他在亚当斯甘草酒店的厕所里试过这把枪。但这次麦科德阻止了他，行动被迫流产。有个酒鬼一直在大楼入口处闲荡。凌晨5点，他们只好作罢，回到弗吉尼亚大街的房间里睡大觉去了。

次日晚，亨特乘电梯到民主党总部，又沿楼梯走下来，沿路撬开门锁，再用胶布粘住。这样一来，麦科德和古巴人便可从水门大厦底层的车库上楼，抵达目的地。凌晨1点半，突击小队戴着橡胶手套，拿着对讲机、相机和手电筒到达目标区域。两小时后，劳伦斯·F·奥布赖恩的秘书和民主党官员斯潘塞·奥利弗的电话已被麦科德安上了窃听器。寻找卡斯特罗赞助民主党证据的巴克一无所获。事实上，这一晚和上次一样徒劳一场，他们仍无法进入麦戈文办公室。而且窃听器也让人失望，鲍德温发现它们一个失灵，另一个只监听到女秘书与已婚政客安排约会的事。据马库德所言，米切尔听了200个对话后，说这些情报"毫无价值"，钱打了水漂，让他们继续想办法。

6月17日星期六晚上，闹剧第二幕，亦是最后一幕开始上演。起初，住在水门酒店214、314房的古巴人又饱餐了一顿。麦科德打开车库门锁，用胶带粘住，穿过大街进入鲍德温在霍华德·约翰逊汽车旅馆的房间，检查当天早些时候买来的新设备：烙铁、电池、电线和螺丝刀。午夜0点45分，另一个重要演员上场——弗兰克·威尔斯，水门大厦的黑人守卫。他以为卡住锁簧的胶带是维修人员留下的，于是把胶带扯掉，然后到霍华德·约翰逊汽车旅馆喝了一杯咖啡。与此同时，麦科德透过鲍德温房间的窗户发现民主党总部办公室的灯已熄灭，于是给水门酒店214房的亨特和利迪打电话，说对面人去屋空了。他拍了拍无线电接收器，对鲍德温说："对面一有动静，你就用这东西通知我们。"然后便到车库找那几个古巴人——巴克、冈萨雷斯、弗兰克·斯托吉斯和欧金尼奥·马丁内斯。他们发现门又给锁上了，惊吓之余赶忙叫来冈萨雷斯，锁匠这回不负众望打开了门。他们讨论了进一步行动是否太过危险，最终决定继续行动，爬楼梯到了6层，把沿途碰到的锁都缠上了胶带。凌晨1点50分，威尔斯喝完咖啡后发现车库门又被缠上了胶带，于是报了警。凌晨1点52分，威尔斯的电话转到了727号城市警车，那是一辆没有标记的巡逻车。车里是三名身着T恤、皮夹克和廉价长裤的便衣警察。

凌晨两点，一个历史性的时刻。据正站在霍华德·约翰逊汽车旅馆小阳台上欣赏“美妙夜景”的鲍德温回忆，巡逻队停车后进入水门大厦，穿着便服的三人没引起他的警觉。但当街对面亮起灯时，他迅速通过无线电信号说：“总部，一号总部，听得到吗？”水门酒店214号房的亨特答道：“收到。继续。有何情况？”鲍德温：“8层灯亮了。”亨特：“我们知道，那是两点的门卫例行检查。有事再通知。”这时，一直听着对话的巴克为了省电关掉了对讲机。几分钟后，6层灯光若隐若现。鲍德温看清了两名便衣，一人还握着枪。鲍德温问：“一号基地，一号小组。我们的人穿套装还是便服？”亨特答：“套装。怎么了？”鲍德温说：“麻烦了，楼里有人穿着便服，还掏出了枪。”据鲍德温回忆，亨特“发狂一般”试图警告搜查小组，吼道：“听到了吗？听到了吗？”拜注重节省的巴克所赐，没有回应，但也许一切早已注定为时已晚。一个警察看到一条手臂时，麦科德正拆卸奥布赖恩的电话。警察立马吼道：“住手！别动！给我出来！”鲍德温和亨特听到开启步话机的声音，一个嘶哑的声音低声道：“被他们抓住了。”10只戴着橡胶手套的手慢慢举了起来。麦科德问道：“诸位是市警局的吗？”对方点点头，警察拘捕了水门5人组。

亨特打电话到霍华德·约翰逊汽车旅馆：“你还在街对面吗？”鲍

德温："在，我在。"亨特："好，我们马上过来。"鲍德温从阳台往下看，找到了亨特和利迪的身影。一会儿，亨特急匆匆地闯了进来，发狂似的叫道："出什么事了？出什么事了？"鲍德温道："过来看。"街道上满是身着制服的巡警以及摩托车、巡逻警车；戴着手铐的麦科德、巴克、冈萨雷斯、斯托吉斯和马丁内斯正被带走。亨特哀叹一声："我要上厕所。"随后，他冲进厕所，方便完毕又冲出来，给律师打了电话，向鲍德温要了麦科德的地址。他身旁是一堆堆电子设备，散落着此前拦截到的电话记录，麦科德的钱包和钥匙还在床上。亨特说："把所有东西收走，连你们一起离开！""我们会再联系，再给进一步指示。"他冲出门时，鲍德温还在身后叫道："意思是我就去不了迈阿密了吗？"

夜盗事件登上了《华盛顿邮报》星期日版头条，但在其他报社并没那么显眼。《纽约时报》以"5人被控夜盗民主党总部"为题，进行了少量报道，多数报纸则更不拿这当回事。然而，这则新闻肯定吸引了很多美国政府高官的注意，如H·R·霍尔德曼、约翰·埃利希曼、约翰·米切尔、莫里斯·斯坦斯、查尔斯·寇尔森、戈登·斯特拉坎、约翰·迪恩、杰布·马库德、弗雷德·拉鲁，也许还有美国总统。

一年后，参议院总统竞选活动特别调查委员会召开听证会，由北卡罗来纳州的小萨姆·厄尔温主持。会上，有人问马库德，这群招摇的逃犯何时决定掩盖其行迹。马库德颇为不解地答道："我想我们从没讨论过是否掩盖的问题。"这无意中露了馅儿，因为掩盖活动始于6月18日，当时其中几人在洛杉矶开会商讨竞选策略。早上8点半，他们还在比弗利山酒店共进早餐时，马库德在餐厅接到利迪电话。利迪问："你能换个更保险的电话吗？"马库德说没办法，有何情况。"出事了。""什么事儿？""安全工作的头儿在水门被捕了。""你是说吉姆·麦科德？""是的。"马库德挂断电话后向拉鲁低语道："我想他们昨晚进了民主党总部。"拉鲁将此事告知米切尔，米切尔说："这不可信。"

他们的第一反应是保护麦科德，被逮捕的5人当中他们只认得麦科德。据马库德反映，米切尔建议利迪找新任司法部长理查德·克莱因戴恩斯特，让他保释麦科德。米切尔拒不承认，但加利福尼亚州时间上午9点——华盛顿时间正午，比弗利山庄确有人致电利迪，并提出如此要求。利迪在焦树乡村俱乐部找到克莱因戴恩斯特，在衣帽间向其说明来意。克莱因戴恩斯特不仅果断拒绝，还下了逐客令命其立即离开，随后致电司法部刑事司司长亨利·彼得森，指示其对水门5人组绝不能特殊对待。

联邦调查局已涉入调查，并逐渐发现事有蹊跷，在巴克口袋里找到了涉及亨特的文件。逃犯们怀揣13张百元钞票，在水门酒店古巴人的房间，发现了32张百元钞票。利迪正试图毁掉所有对自己不利的证据，用支持总统连任委员会总部碎纸机处理掉手头的全部文件，包括他的百元钞票。接霍尔德曼指示，斯特拉坎搜遍他在白宫的档案，取走有关他与5名罪犯关系的全部材料。马库德致电助理，让他把一份"宝石"文件带回家，以防民主党搞报复盗窃他的办公室。霍华德·亨特仍在逃亡。

迪恩、寇尔森和埃利希曼召开紧急会议，商讨能给亨特什么意见。据迪恩反应，埃利希曼建议他离开美国。迪恩电话指示完后开始担心，问另两人白宫下达这种指示是否明智。埃利希曼答道："怎么不明智？他又不是逃犯。"但寇尔森与迪恩看法一致，于是又打了个电话收回上个指令。然而，亨特去意已决，他将办公桌清理一空，只剩下一个空威士忌酒瓶和几片利眠宁。随后，利迪飞往加利福尼亚州，躲在一个朋友家里，直到再也顶不住压力最终自首。联邦调查局一直在调查利迪，他拒绝谈话更引起了情报局的怀疑。利迪因此被米切尔解雇，这看似过河拆桥，但利迪表示理解，并对马库德和迪恩说是自己"搞砸了"，并说："我是个好士兵，绝不开口。如果有人要让我暴尸街头，那就来吧。"

亨特依然是白宫成员，总统团队的成员难以撇清与他的关系，为此苦恼不已。迪恩下令清理行政大楼552室里亨特的保险柜。一名助理带回了保险柜中的物品：一个黑色公文包和一个纸箱，里面有4部对讲机、1罐催泪瓦斯、4副手枪带、伪造的1963年国务院发往越南的电报、他曾试图说服《生活》杂志相信伪造电文的证据、一叠五角大楼的文件、中央情报局弄来的艾尔斯伯格个人档案及亨特就查帕奎迪克岛的报告。迪恩看到时倒抽一口冷气："我的天哪！"

同时，在加利福尼亚州的米切尔赶紧就麦科德事件发表声明：

> ……几个月前，委员会曾雇用一个私人安全机构协助保安系统安装工作，麦科德是该机构的老板。据我方所知，他拥有许多商业客户，其中具体关系我方并不明了。我方郑重强调，麦科德及其他涉案人员所为既不是我方行动，也未经我方授权。我对这些报告甚感惊讶与失望。我方竞选没有涉及此类行动，也绝不容忍、纵容此类行动出现。

米切尔夫人是知道真相的人之一。米切尔星期一回华盛顿时，曾劝她留在洛杉矶。据米切尔夫人事后描述，有人代替鲍德温担任她的保镖，她受到"政治犯"般的监视。她致电一名合众国际社记者说

“他们不准我开口”时，保镖把电话线从墙里拔了出来，并把她按倒让另一人往她臀部注射镇静剂。但没有什么能让玛莎·米切尔保持沉默。三天后，她再次致电该记者：“我不会容忍这些龌龊勾当。”故事虽精彩，但大部分人都不相信，他们接受了官方说法，即政府对这些龌龊勾当毫不知情。星期二早上，前广告人、现任理查德·尼克松新闻秘书的罗纳德·齐格勒发布官方声明。他态度轻蔑，甚至拒绝就米切尔的说法进行补充。齐格勒说：“对于这种不知羞耻的盗窃行径，我不会代表白宫做出评价，这与政治无关。”但当一小撮《华盛顿邮报》记者紧追不放时，齐格勒又代表白宫说道：“《华盛顿邮报》的那类报道，那种卑鄙劣质的报道，我难以欣赏。”米切尔在提到报纸出版商时，告诉一位记者：“凯蒂·格雷厄姆将为此付出巨大代价。”

在某种意义上，随后的竞选是理查德·尼克松越来越所向披靡的传奇故事。早期预选双方的支持率相持不下，但进入夏天后，尼克松一路高唱凯歌，直至所有民意测验都表明他将得到60%的选票，令对手们望尘莫及。支持总统连任委员会具有绝对的资金优势——6 000万美元，民主党仅有2 500万美元，但这与尼克松获胜关系不大，更别提水门行动了。早在4年前反越南战争高潮时期，尼克松就已然获胜，他将因结束战争而流芳百世。他刚上任时，约1.7万美国人在越南丧生，国防部统计的周死亡人员约300人。但到1972年年初，美国驻越部队已从549 500人降至139 000人。9月21日，周死亡人数为零，且一直保持下来。作为政治动物，机会一旦出现，尼克松便紧抓不放。例如在佛罗里达州民主党预选期间，乔治·华莱士以“传递信息”为口号，向当地选民承诺，若为他投上一票，“尼克松总统在30天内就取消公车接送学童制度”。选举结果送达不到两天，尼克松便不负华莱士所望，宣布暂停公车接送。

尼克松的全部奥秘就是团结党派，作为该党党魁候选人的过去不必追究，只是如今必须以维护和平与改善关系为先。共和党内只有两人可与他较量一番——比他偏“左”的加利福尼亚州国会议员小保罗·麦克洛斯基与比他更右的俄亥俄州的约翰·阿什布鲁克。这两人在选战中的作用也仅仅是突出了尼克松在共和党的中间派地位。迪塔·比尔德和国际电报电话公司使圣迭戈成为一个尴尬之地，于是迈阿密海滩成为共和党大会召开的新地点。于是麦克洛斯基带着他仅有的一票光临现场，按新墨西哥预选法，这一票只能归他。他希望能在大会上提名，从而让抨击尼克松种族政策和军事政策的人有发言的机会。但法案委员会规定，至少掌控三个州代表团才有提名资格。首轮投票结果为：尼克松 1 347 票，麦克洛斯基 1 票。这位孤军奋战的新墨西哥人不得不向在场人员鞠躬道歉。

这件事的戏剧效果确实不错。尼克松宣布打算保留阿格纽的候选资格，以打消所有人的顾虑。共和党内人人都渴望为他做事。罗纳德·里根主持大会，纳尔逊·洛克菲勒把尼克松的名字纳入提名。大会工作人员知道他看重条理性，便将拥护他的游行时间限定为 20 分钟。为反驳民主党代表年轻美国的论调，3 000 名穿着保守的年轻人乘坐包车来到迈阿密海滩，其中男生头发短得像是另一个年代的人——这正是目的所在。

可以肯定的是，在场的年轻人并非只有他们。5 000 多名衣着邋遢的反战斗士在火烈鸟公园安营扎寨。他们在民主党开会周相对安生，但共和党一到，他们就突然爆发，1 200 人因划破轮胎、阻碍交通、砸碎商店橱窗、在街头点燃篝火和妨碍代表团入会被捕。共和党对此欣喜不已，他们似乎在向扰乱有序会议的人表示：硬要肆意胡来，必然遭此下场。随后的竞选中（尼克松本人很少露面，让代理人负责大部分政治活动，且从未提及对手名字），共和党发言人骄傲地谈到党的内在团结，并反复强调民主党的混乱无序。

共和党确有道理。4年前民主党在芝加哥分裂后，便一直深陷于激烈内讧。新一届总统选举不仅引发旧怨，也酿下了不少新仇。初选期间，想要提名的人数不胜数，包括马斯基、麦戈文、汉弗莱、乔治·华莱士、尤金·麦卡锡、俄克拉何马州的弗雷德·哈里斯、印第安纳州的万斯·哈特克、华盛顿的亨利·杰克逊、纽约的约翰·林赛、洛杉矶的山姆·约蒂、阿肯色州的威尔伯·米尔斯、纽约的雪莉·奇译姆及爱德华·科尔。科尔是来自康涅狄格州的青年社会工作者，他曾在一场电视辩论中，用橡胶鼠把一位民主党全国委员会女委员吓得面如土色。这场征战堪称闹剧，哈里·杜鲁门讥讽初选是“纯粹胡闹”。和1964年共和党的争斗一样，民主党此次混战搞垮了所有有识之士，剩下的人已在竞选中暴露出弱点，不可能赢得大选。

1964年的巴里·戈德华特时运不济。年初在新罕布什尔州演讲时，他呼吁终止社会保障制度，这无异于自掘坟墓。8年后，几乎刚好是同一个日期，1972年1月13日，乔治·麦戈文在艾奥瓦州埃姆斯对大学生说，他赞同国库给每人1 000美元，限制遗产数额，每人最多继承50万美元。麦戈文当时还是无名小卒，数月前他的民意测验支持率仅为2%，因此人们对这番话并未在意。但那次讲话足以使他追悔终生，因为他不仅惹恼了本就认为政府太过慷慨的人，还冒犯了梦想着中头彩或天降大运的人。而这两种人数量之多，何止成千上万。

麦戈文的一部分实力源于充分利用了自己的籍籍无名。在新罕布什尔州首轮预选中，他们成功塑造了这样一条规则：鉴于马斯基一路领先且来自邻州，他只要得票低于50%便宣告失败而麦戈文获胜。

此前的“加国佬”事件，马斯基夫人被《曼彻斯特联合导报》控诉爱讲色情笑话，马斯基已遭受很大打击，如今更是无法翻身。在报社办公室外发表电视讲话时，马斯基称该报出版商威廉·洛布是“胆小的懦夫”，“没站在我旁边算他幸运”，然后就哭了——也许这是一个公众人物流过的最昂贵的眼泪。即便如此，3 月 7 日，他仍以 46.4% 胜过麦戈文的 37%。差距虽不算悬殊，但也不小。但是这位南达科州参议员的助理计上心来，迅速将他塑造为一匹黑马，因此最出风头的仍是麦戈文。

预选之争的下一个回合在佛罗里达州，共 11 人参选。麦戈文讨巧地说对这儿“不敢奢望”，他表现也确实不佳，得票率仅为 6.1%。华莱士出人意料地成为大赢家，连他本人都未曾料到，他吹嘘说“我们打败了民主党的头牌选手”。他之后是汉弗莱、杰克逊和马斯基。第二周在伊利诺伊州，马斯基以 63% 胜过麦卡锡的 37%。在随后的威斯康星州，麦戈文团队已蓄势待发，他最终以 30% 领先其余 11 人，他后面是华莱士、汉弗莱和马斯基。麦戈文在自由派占主导的马萨诸塞州获胜，汉弗莱在俄亥俄州与印第安纳州获胜；在内布拉斯加州，麦戈文超过汉弗莱 6%；在西弗吉尼亚州，华莱士以 33% 惨败于汉弗莱的 67%，但他在北卡罗来纳州获胜。

5 月中旬，马斯基出局，华莱士、汉弗莱和麦戈文将展开角逐。支持华莱士通常被视为抗议性投票，他说将以此争取全国大会让步。5 月 15 日在马里兰州，华莱士接连遇袭：弗雷德里克的石头、黑格斯敦的臭鸡蛋、索尔兹伯里的冰棒及劳雷尔的 6 颗枪子儿。第二天马里兰州和密歇根州初选，华莱士均大获全胜，但对受伤瘫痪的他而言，一切已毫无意义。事实上，对所有民主党候选人而言，一切都结束了。没了华莱士的偏右第三党在一旁瓜分选票，尼克松势在必得，但当时很少有人认识到这一点。6月6日，麦戈文和汉弗莱在实行赢者通吃的加利福尼亚州展开殊死战。结果是麦戈文1 527 392票，得票率为47.1%；汉弗莱1 352 379票，得票率为41.7%。自那之后，幸运之神屡屡青睐这位南达科他州人，他在迈阿密海滩共得到149 275票，实际已稳操胜券。

加利福尼亚州选举对麦戈文的影响在当时并未引起重视。没人质疑他的竞选纲领，他在人们眼中的形象英俊、正派、直言不讳、仇视越南战争。在三场激烈的电视辩论中，汉弗莱指出麦戈文反复无常，对以色列、国防支出、福利、劳动法、失业保险、税收，甚至越南战争初期的看法通常不切实际，这彻底摧毁了麦戈文此前的形象。民意测验人员罗伯特·蒂特事后说："休伯特·汉弗莱搞垮了麦戈文，民主党内没人能像他那样。而且这还是麦戈文头一次遭到敌对待遇。"

第二次在迈阿密海滩，当时全国上下通过电视目睹了这一幕。4年前，1968年8月27日的夜晚潮湿闷热，代表资格审查委员会提议改革大会代表的挑选流程，芝加哥大会口头表决予以通过。乔治·麦戈文任主席的改革委员会以10∶9的投票结果通过黑人代表限额的决议。接着谈到妇女与年轻人的限额问题，一位委员提议："妇女应没有理由不占到全国代表大会的50%，年轻人应占10%~15%。"大部分委员都认为这合情合理，但其实不然，限额分配相当于否定了整个代表原则。更糟糕的是，这将使歧视没有限额的人群合法化，例如老人、少数族裔和有组织的劳工，而这正好是民主党实力来源的三个传统群体。

佛罗里达州州长鲁本·阿斯克尤在主旨演说中说道："看着这个群体，无法不感觉就像看到美国的脸面。"他看到的当然是政治新人。每10个代表中就有8人是首次参加代表大会，15%是黑人，36%是妇女，22%不到30岁。一个候选人说："不要拒绝搭便车的人，他们可能是代表哦。"的确有些代表是搭便车而来，也有些不是。为了让弱势群体有机会发声，加利福尼亚州代表团招入了89名接受救济人员。同性恋解放论者在电视上反复宣扬"二四六八，我们不是多余的"和"三五七九，女同性恋都很厉害"。为表示绝不冒犯少数群体的决心，麦戈文对他们体贴周到。同时，惊人数量的当选民主党人失去了参会资格，其中包括255名国会议员中的225人，以及费城、底特律、波士顿、旧金山、洛杉矶和芝加哥等地的民主党市长。

业余人员难免会犯专业人士能避免的错误，大厅里为数不多的专业政客痛苦地意识到这些错误。当麦戈文的狂热支持者把伊利诺伊州选出的代表团赶出大会时，弗兰克·曼凯维奇难过地说："我想可能今晚我们在伊利诺伊州就没戏了。"纲领委员会上，本·沃滕伯格叹气道："搞什么汽车接送学童，无异于把密歇根州送给共和党。去年秋天，马科姆县公民投票就以14∶1的结果反对汽车接送，但似乎无人记得。"休·斯科特斥责麦戈文是"迷幻药、特赦和堕胎"的"AAA级"拥护者。这未免有失公道，但部分麦戈文支持者确实公开支持过这三类事物，尽管戴维·理斯曼等观察家苦口婆心地指出，全国政治大会不适合讨论堕胎等敏感问题。此番种种对全国电视观众的影响无法准确估计，但之后的事件表明，通过"合理"反映选民的种族、性别和年龄，确实争取到一定的黑人、妇女和年轻支持者，但人数远远不及目睹迈阿密海滩场面而感到愤怒的群众。到了11月，这三类人中只有黑人还与麦戈文站在同一战线，但他们本来就拥护麦戈文。

麦戈文最后获得的总统提名也无多大价值。他在凌晨3点，这个大部分选民已进入梦乡的时刻，发表提名演讲，让自己进一步贬值。此后不到12个小时，他在枫丹白露酒店的枫丹厅召开民主党全国委员会，此举拉开了一连串灾难的序幕。麦戈文一开始便宣布，拉里·奥布赖恩“不愿继续担任民主党主席”。然而，事实是奥布赖恩愿意继续，且大多数人都知道这一点。珍·韦斯特伍德夫人出任新主席，麦戈文提名皮埃尔·塞林格出任副主席。查尔斯·埃弗斯说：“既然要按麦戈文的规定办事，那么我……强烈建议，若有一名女主席……我希望提名一名黑人出任联合主席或副主席。”随后便提名了一个名不见经传的黑人——麦戈文表示并无异议，塞林格便被这样当众否定了。

不幸的塞林格还被耍了一次。当天晚些时候，麦戈文让塞林格代表自己到巴黎与北越谈判。塞林格飞往法国，不料合众国际社意外得到消息，于是麦戈文向报业声明：“我从未给皮埃尔任何指令。他告诉我他要去巴黎，在那期间可能会解决一些谈判事宜。但我从未下达任何指令。”吃这种闷亏的不只塞林格一人，其中之一还有麦戈文与河内的联络官戴维·德林杰。麦戈文指责尼克松出尔反尔，不想自己也正是这种人。

随后伊格顿事件爆发。密苏里州参议员托马斯·伊格顿是麦戈文的竞选伙伴，当麦戈文正在黑山度选前假期时，记者获知伊格顿曾两次住院接受精神病治疗，包括电击疗法。这倒不能全归罪于麦戈文，他看中伊格顿时并不知他的病史，况且，曼凯维奇问过伊格顿有无把柄可抓，后者说没有。这位密苏里州人埋下了祸患。美国人对精神疾病愚昧无知，一个政客哪怕曾有轻微抑郁，也不能担任国家级公职，而轻微病症可用不上电击疗法。显而易见的解决办法便是让伊格顿体面地辞职，然而麦戈文没有。

麦戈文声明“比汤姆·伊格顿自己还了解他”且“不打算将他除名”。然而话音刚落，《纽约邮报》《华盛顿邮报》《纽约时报》这些美国最开明的报纸立马表示伊格顿必须辞职。纽约著名民主党人士马修·特洛伊本是麦戈文的忠实追随者，如今却说："我有9个孩子，我可不想让他们栽在某个精神不稳定的总统手里。"民主党总部不断收到要求副总统提名人退选的邮件、电报和电话，这时麦戈文也决定不再那样无条件支持伊格顿了。经他同意，韦斯特伍德夫人在《与媒体见面》节目上说，伊格顿辞职将是"高尚之举"。他本人却对伊格顿说："汤姆，我完全不知道她会那么说，相信我。"伊格顿回复道："少跟我胡扯，乔治。"伊格顿事后回忆道："乔治傻笑了一下，不是沾沾自喜的笑，也不是略感愤怒地皱眉，就只是傻笑了一下。"7月31日，伊格顿退选。在包括马斯基在内的5位民主党人士拒绝接替伊格顿的职位后，萨金特·施瑞弗尔终于同意出任该职位。这是总统竞选史上最具灾难性的一举，麦戈文将一辈子深受困扰。

从那一刻起，民主党便注定失败。后知后觉的总统候选人才开始着力讨好林登·贝恩斯·约翰逊、戴利市长、工会工人和犹太选民，但一无所获。华盛顿总部也四分五裂，重要信件无人回复、演讲安排取消，主动帮忙的民主党人士被邋遢不堪的年轻志愿者侮辱一通后被赶走。曾经一度——5月时，麦戈文和尼克松的差距仅5%，到了7月民主党大会召开时，差距已拉至20%，伊格顿事件后，差距再次拉大。10月，麦戈文气急败坏地穿梭于美国各地，空中里程已达6.5万英里，可能稍有成效，但只是昙花一现。大选前夕，盖洛普和哈里斯民意测验都预计，尼克松得票率为61%，麦戈文39%，而实际结果为两人分别是60.7%和37.5%，其余人选占1.8%。

49个州被尼克松收入囊中，麦戈文只有马萨诸塞州和哥伦比亚特区。但还有其他情况值得关注。参选人数为24年来最低，只有55%登记投票人参选，其余人应该是对两者都不满意。尽管尼克松的胜利颇具历史意义，但共和党的表现根本不佳。国会中的民主党候选人比共和党多12个席位——共和党必须占据41个席位才能夺回控制权。同时民主党还增加了两个参议院席位，将两党差距拉至57：43，同时还多得了一个州议会的领导职位。

麦戈文说不会因此灰心。他最关心的是越南战争，认为自己已竭尽所能结束战争。在承认败选时，他告诉工作团队："我希望你们每个人都记住，只要我们的和平事业赢得一点点进步，这次竞选的每分每秒、任何苦痛就都值得。"这当然是最体面的说法，但并非人人赞同。马奎斯·蔡尔兹认为这是"美国史上最不如意的竞选之一"。尼克松看法不同，倒也可以理解。在华盛顿肖汉姆酒店会见拥护者时，尼克松说："我还从没在全国选举后这么早就上床休息。"当他转身回房时，全场人齐声欢呼："再多4年！"在场的都是共和党顶层人物，头发一丝不乱，衣着光鲜亮丽，观众绝想不到这群显赫人士中竟有重罪犯。

谈及水门事件，麦戈文说尼克松政府是"有史以来最腐败的政府"。但10月盖洛普民意测验表明，仅有半数投票人听说过水门事件，其中80%的人认为这并不能成为转投民主党的理由。蒂特民意测验显示，仅6%的人认为尼克松牵涉其中。其余人倾向归责于支持总统连任委员会，由此可见当初共和党让支持总统委员会独立于白宫之外是多么明智。一切都是假象，重大决定都是在宾夕法尼亚大道1600号做出的。尼克松身边的人在水门事件的掩饰行动中越陷越深。据艾尔文委员会查出的证词，掩饰过程如下：

自从看过亨特的保险箱，约翰·迪恩的首要任务就是如何将其处理掉。埃利希曼建议"粉碎文件，销毁公文包"，他还对迪恩说："你晚上开车回家要经过一条河，是吧？在桥上把公文包扔进河里就成了。"迪恩指出这并不容易，包括他助理在内的太多白宫工作人员看过其中的部分内容。埃利希曼将路易斯·帕特里克·格雷叫来办公室。自从埃德加·胡佛于5月去世后，格雷一直担任联邦调查局临时局长。7月28日，水门事件11天后，迪恩把这些敏感材料交给格雷，说这是“见不得光的政治炸弹”。格雷直到年末还留着这些物件——也许万一尼克松不举荐他任正局长，以此作为勒索，随后便混在圣诞节垃圾里一起被烧掉，这最终导致他受辱辞职的下场。

同一周，白宫竭力给水门事件披上“国家安全”的外衣，总统本人也参与其中。随后，尼克松辩解道：“我认为中央情报局可能也通过某种形式牵涉其中。”他还担心亨特在“水管工”中的职位被曝光，因为这会牵涉到其他敏感的“国家安全问题”，如夜闯艾尔斯伯格的心理医生办公室。在白宫办公室，霍尔德曼告诉中央情报局局长理查德·赫尔姆斯及其新任副手弗农·沃尔特斯，夜闯民主党总部让总统很尴尬。他说“总统希望”沃尔特斯建议格雷“迅速”逮捕5个闯入者“就行了”，进一步调查已毫无意义，“尤其在墨西哥”——暗指将政治捐款存入巴克账户的必经路线。

6月26日和28日的会议上，迪恩向沃尔特斯建议，中央情报局保释5名囚犯并支付薪水。沃尔特斯表示反对，认为这可能损害中央情报局一向不涉足政治的清誉。沃尔特斯确实找过格雷，但不是前去办理白宫交付的事。恰恰相反，他提醒格雷，总统助理似乎想利用中央情报局和联邦调查局施行不可告人之事。格雷已经有所察觉，除去他本人的所见所闻，还开始感觉到来自下属的压力。联邦调查局下属人员说就要上演一出瞒天过海的大戏，还让他提醒总统。7月6日，格雷致电尼克松表示：“你有部下正利用中央情报局和联邦调查局，并试图将中央情报局调查之人的关系扰乱，联邦调查局希望当面请示。”尼克松沉默片刻后说：“帕特，你继续展开全面调查。”便挂了电话。

水门拘捕将近三周后，事后掩饰闯入工作正在全面展开。格雷进行了一次行动，但发现没有任何效果，便也自然上了迪恩的当。联邦调查局采访8位白宫助理时，他有权进行干预，80多份水门事件调查报告也得给他一份。此外，他还劝告彼得森，不要让5名白宫成员——寇尔森、扬、克罗、斯特罗恩和德怀特·查平——参与调查水门事件的大联邦陪审团的审讯，可以在一个单独的房间内让他们提供证词，但不能见陪审团。就在这时，彼得森的上级克莱因戴恩斯特向公众保证，司法部就闯入事件的调查是"自肯尼迪总统遇刺以来最广泛、最细致、最全面的"。

8月29日，尼克松也亲自做出承诺。他告诉全美人民，不仅将竭尽全力帮助联邦调查局，还将亲自展开调查，"在我的指示下，总统顾问迪恩先生全面调查了所有与白宫人员，或任何政府成员有关的线索。我可以肯定，调查显示，没有任何白宫现任工作人员参与这起荒唐事件"。迪恩从新闻报道里获知此事后深感震惊。他一直只遵从霍尔德曼和埃利希曼的指示，从未进行任何调查，从未写过报告，甚至从未与总统谋面。(一年后，白宫承认此事，表示尼克松的信心源于埃利希曼的"保证"。)

在同一次声明中，尼克松说："这种事情本身不是最伤人的，因为狂热的竞选人员总会出错，最伤人的是试图隐瞒真相。"当然，那正是他们正在从事的勾当。约翰·米切尔无法忍耐玛莎的搅扰，于7月1日辞去支持总统连任委员会的职位，但他仍在水门大厦的公寓内主持了隐瞒策略讨论会。在场人员有拉鲁、司法部长助理马迪安和杰布·马库德。马库德提议自己承担所有罪责，与会人员慎重考虑后还是拒绝了，因为他连批准利迪申请的巨额款项的权力也没有，他认罪只会牵连米切尔，从而影响尼克松连任。

最后，他们决定以利迪为分界点，截断其后的线索。利迪虽乖张怪异，但值得信赖，不会随便开口，可以为他编造一套自圆其说的遁词，说当初批给他的钱本用于合法目的；夸大钱财数额，是他擅自将其用于夜闯民主党总部。马库德的助理巴特 · 波特同意做伪证，对外宣称给了利迪 10 万美元，用于打入反战激进分子团体。只有一个问题，支持总统连任委员会出纳休 · 斯隆是个老实人。4 月，他曾向斯坦斯问及利迪的巨额预算。（斯坦斯答道："我不清楚，你也别问。"）马库德告诉斯隆，得把利迪拿走的钱改为 7.5 万或 8 万美元，斯隆说："我无意做伪证。" 马库德说："恐怕你非做不可。"

斯隆误以为支持总统连任委员会里不只自己一丝不苟，还试图提醒 7 位总统助理宾夕法尼亚大道 1701 号出了岔子。他先找到查平，查平却建议他休个假，还说："保护总统是最重要的。" 他随后又找到埃利希曼，建议让局外人展开调查，谁知埃利希曼与斯坦斯的口气如出一辙："别跟我说细节，我不想知道。" 最后，联邦调查局探员在办公室等着审问他时，他向米切尔寻求建议。这位前司法部长说道："事情难搞的时候，难搞的人得走。" 斯隆别无选择，只能走。斯坦斯告诉联邦调查局斯隆已辞职。

9 月 15 日，大陪审团只控告了亨特、利迪及在民主党总部抓获的 5 个人，再无其他人。调查止于此，尼克松心里的石头终于落了地。当天下午稍晚些时候，尼克松和霍尔德曼在总统椭圆形办公室亲切接见了迪恩。迪恩事后在艾尔文委员会做证表示，尼克松不想在选举前进行审判，还要他列出找政府麻烦的人员名单，选举后好好收拾他们。此时政府的眼中钉仍是《华盛顿邮报》，该报于 10 月 10 日宣称，水门窃听案是"白宫官员和支持总统连任委员会策划的……大规模政治间谍和蓄意破坏行动"的一部分。支持总统连任委员会高层立即予以尖刻回应，接替米切尔在支持总统连任委员会职位的克拉克·麦格雷戈说这“恶毒卑鄙”，另一位委员会发言人将其描述为“荒诞至极”，斯坦斯说这是“一派胡言”，罗恩·齐格勒说这是“最劣质的新闻”。大众普遍认为如此的反应合情合理。尼克松执政期间，新闻界在公众眼中的形象一落千丈。最具象征性的是，当年夏天，最高法院以 5∶4 的投票结果（多数票中 4 人都是本届政府选派的）通过决议，法官和大陪审团若有要求，新闻工作者应坦承机密来源。美国公民自由联盟认为，“在较短时间内，美国媒体从一个极度安全的位置沦落到完全相反的境地”。水门事件负责人遭到大量曝光，他们的反击便是挑起公众对“媒体”的根深蒂固的怀疑。短期内这种方法颇有成效，但最终却带来莫大羞辱。

12 月 8 日下午 2 点 27 分，雾气沉沉，飞往芝加哥中途机场的美国联合航空公司 553 号班机在距跑道 1.5 英里处坠毁，45 名乘客中的 30 人遇难，这起空难对整个阴谋暴露至关重要。死者包括霍华德·亨特夫人，事故调查员在她的钱包里发现了一万美元现金。一位亲友说，亨特夫人专程携带现金去买下一家假日酒店的特许经营权。当局不禁怀疑钱从何而来，因为亨特一向较为拮据。他曾经非常想入股一家华盛顿广告公司，但迟迟无法筹得 2000 美元预付金。如今他死去夫人的身上却有 100 张百元钞票，与水门 5 人组一模一样。

这笔钱是封口费，数量远远不止如此。水门拘捕事件 11 天后，米切尔主持的决策会议决定筹集资金,用迪恩的话说就是“让监狱里的人沉默”。霍伯特·卡姆巴克第一个接到任务，虽然他明显并不清楚全部真相。他搭乘夜间航班离开洛杉矶，次日早上赶到华盛顿。在指定的拉法耶公园，他从迪恩处获知简略情况，随后致电斯坦斯，让他从竞选基金中提出 75 100 美元，全是如今发现的百元美钞。随后两个月，卡姆巴克拿出21万~23万美元，其中15.4万给了多萝西·亨特。卡姆巴克始终怀疑行动的合法性，7月26日，他向埃利希曼讨说法：“约翰，我现在直视你的眼睛。”他说想知道迪恩是否有权下达此类指示，一切是否正确。埃利希曼回答道：“霍伯，约翰·迪恩有这种权利，都是正确的，你继续吧。”

8月底，卡姆巴克辞职离开，拉鲁成为新出纳。“水门”被告们共获得42.3万~54.8万美元，其中大部分由亨特夫人代为转交。真正递送过现金（当事人称其为“换洗衣服”）的托尼·尤乐斯威兹感到“其中有见不得光的事儿”。说难听一点，支持总统连任委员会被敲诈了。亨特出事不久，给迪恩写过一封黑信：“作家有戏剧手稿出售。”稍后，据麦科德回忆，亨特说除非妻子的要求得到满足，否则会把“白宫闹个底朝天”，还会拿出“弹劾总统的机密材料”。他不但要钱，还坚持要求总统特赦。寇尔森通过亨特律师表示“总体可行”，作为交换，亨特同意认罪，告诉媒体并不知晓有“大人物”牵连其中。

掩盖策略似乎已奏效，而事实上一切即将真相大白。关键人物就是麦科德，他仍对原工作单位中央情报局（内部人士也称公司）忠心耿耿。6月30日，正是总统助理试图让中央情报局陷入掩盖罗网的那一周，麦科德给霍尔姆斯写了封匿名信，承诺会随时告知近况，结尾还说：“我会不定时附送点儿你感兴趣的东西。”这是他写的第一封匿名信。12月22日，他写信提醒中央情报局安全办公室的一位老友：“有股强大势力想让公司做替罪羔羊。”同一周，他还写信给约翰·J·考尔菲尔德：

亲爱的杰克：

我很遗憾地通知你，白宫铁了心要让中央情报局为水门事件背黑锅。他们若继续遵循此道，难免会牵连到相关人员。如今事态紧急，传话出去，如果要拼死一试，当下正是好时机。我很抱歉你会受到牵连。

信末没有署名，也实无必要。考尔菲尔德散布消息说麦科德打算交代一切，但有人不择手段让他改变主意——承诺为他家人提供经济帮助、总统特赦、官复原职、一经释放便给予工作等。考尔菲尔德曾说："政府若被逼急了，肯定会反击。"麦科德以为这是人身威胁，便答道："我已仔细思考过个中风险，准备好了便会承担。我这辈子已经活够了，我意已决。"考尔菲尔德说："每个人都在正轨上，只有你没有遵循原计划。别开口。"但麦科德再也不愿牵扯其中，决心已定。审讯快结束时，法庭宣读了一封写给约翰 · 西里卡法官的信，麦科德在信中说："审判并未指明其他涉案人员，审判期间存在提供伪证的情况，并且被告是迫于政治压力而认罪并闭口不言的。"这引起了巨大轰动，是美国司法史上最重大的时刻之一，尼克松政府便随之瓦解。

竞选临近尾声时，亨利 · 基辛格公布了一则令人振奋的消息：他和河内首席谈判代表黎德寿在巴黎谈判中取得突破性进展，无疑又为尼克松连任增加一大砝码。10 月 8 日，北越不再坚持驱逐阮文绍并在西贡建立联合政府了。18 天后，基辛格在电视记者会上表示，再开一次会便能达成最终协议，"和平近在咫尺"。

但事实并非如此。10 月 23 日，白宫宣布延迟签署停火协议，将召开新会议"理清"一些事情。部分问题似乎源于西贡，南越外交部长陈文林表示即将签署的协议他们"无法接受"。阮文绍则说这等于

“让南越人民向共产党屈服”。他还发誓，如有必要，他的国家将独自继续作战。

基辛格试图将某些敏感话题再次提上议程时，河内指控华盛顿背信弃义，要求签署原先谈妥的协议，但遭到美方拒绝。气急败坏的黎德寿开始就国际停战监督小组的规模等问题以及最重要的战俘问题提出相反提案。基辛格认为另一方“接连挑起琐碎话题”，河内方面“玩文字游戏”以谋求实质性改变。

据报道，尼克松对南越和北越都很愤怒，他认为西贡顽固不化，河内则言而无信。12 月 14 日，基辛格绝望地离开巴黎。尼克松给北越总理范文同发去电报，警告说除非 72 小时内重启正式谈判，否则将在海防港布雷，并派出美国空军主力：B–52 轰炸机、F–4 幽灵战斗机和海军战斗轰炸机。柯蒂斯 · 李梅将军提议将北越炸回石器时代，很明显尼克松也有类似想法。这可不是小威胁，空军将领们保证两周之内，便能让敌方国土遭到炸弹量比“二战”全部空袭所投炸弹吨数还多的惨烈攻击。此外，这将是前所未有的恐怖性轰炸。B–52 轰炸机虽无法定点攻击，但其机舱可装载 40 吨炸弹。飞行时 3 架组成 1 个“小组”，每个小组向一个 1.5 英里长、0.5 英里宽的“方格”投掷炸弹。这种轰炸机目前还未进攻过城市，若真要用于河内，势必造成大量无辜平民伤亡。

72 小时过去了，范文同还未回应。尼克松向驻关岛、泰国的空军基地及东京湾的航空母舰下达命令：突击开始。这是美国干涉越南以来最野蛮残暴的行动。不论天气如何，各种美国战机全天无休止地轰炸河内。仅在第一周，100 架棕绿相间的大型 B–52 轰炸机就发起了 1 400 多次袭击，这让美国人民异常震惊。就在几天前——12 月中旬，他们还盼望美国能从中南半岛完全撤军，期待着部分已被囚禁近10年的战俘能回家过圣诞。如今形势急转直下，却未得到总统的丝毫解释。从前，尼克松和前任约翰逊一样在电视上宣布越南最新进展。如今，他甚至已无心辩解。齐格勒是唯一做出回应的白宫官员，他告诉记者轰炸“将持续直到达成共识”。

美国国防部立即列出各种轰炸目标：停车场、信号塔、发电厂、仓库、桥梁、铁路、船坞、工厂、道路、营房、补给点、机场及高射炮和地对空导弹阵地。这些轰炸目标大部分都位于人口密集的北越城市，如河内火力发电厂距市中心不足1 000米。驻河内外交官和外国记者发回触目惊心的当地实况，这个城市遭受劫难、缺水少电；周围大片地区被炸出弹坑，学校被夷为平地冒着烟，废墟中散落着破旧的习字帖，父母在水泥板废墟中疯狂地寻找着孩子。

在河内郊区的太原，约有1 000名平民死伤，街角堆满了棺材。白泰肺结核医院被夷为平地，白梅总医院亦是如此，医生从废墟中挖出病人。一家防治站被炸毁。一枚炸弹击中了战俘营，这让尼克松大为光火，怪罪北越不应把战俘安置在炸弹可能降落的地方。波兰货船“约瑟夫 · 康拉德”号在河内港口被击沉，三名船员丧生，一艘苏联船只和一艘中国船只遭到严重损毁。致歉的国务院官员因此苦不堪言，一位美国外交官低落地说：“这样炸下去，平安夜就该炸河内天主教堂了。”

事实上，尼克松宣布圣诞节前后停战36小时，但时间刚过，腥风血雨便卷土而来。北越人用粉笔在尚未倒塌的墙上写道“为被美国杀害的同胞报仇”和“尼克松，血债血偿”。这些都只是绝望之举，白宫远在7 000英里外，且最后一批美国地面部队即将撤离中南半岛。北越唯一的筹码是被俘的美国飞行员。7年前，10万架次的B–52轰炸机发动突击，被击落的战机只有一架。如今河内拥有全世界最强大的防空系统，在1972年的最后两周，他们击落了16架无畏战机，每架价值1 500万美元。更重要的是，98名飞行员被俘。美军在东京湾的攻势使巴黎谈判举步维艰，基辛格和黎德寿的压力都更大了。

不过也出现了有助和平的契机。尼克松再次却并非最后一次低估了公众在道义之下的愤怒情绪。詹姆斯·赖斯顿说大规模进攻是“赌气战争”。俄亥俄州共和党参议员威廉·萨克斯比曾拥护尼克松的越南政策，如今也表示反对，他说对“身为美国公民”感到困扰，恐怕大部分同胞“深有同感”。欧洲的反应更为激烈。伦敦《每日镜报》表示“美国重新轰炸北越举世震惊”，巴黎《世界报》将空袭比作西班牙内战期间纳粹对格尔尼卡的暴行。瑞典首相奥洛夫·帕尔梅言辞更尖刻，将其比作德国对犹太人的大清洗。为此，愤怒的美国政府召见了瑞典大使表示抗议，但欧洲国家政府的态度都同样强硬。

如果说华盛顿低估了各盟国的愤怒，那么河内则高估了共产主义世界的不满。莫斯科和北京的回应都像敷衍了事。在苏联成立50周年纪念大会上讲演时，列昂尼德·勃列日涅夫漠然地提及B–52轰炸之事。他还刻意让自己的孩子去美国大使馆的招待会接待特里西娅·尼克松·考克斯及其丈夫。苏联和中国都劝北越尽快与美国和解。美国反对“解放战争”的热情消退，苏联和中国支持“解放战争”的热情也在消减。这或许比轰炸让北越受的刺激更大，河内迫切要求重新谈判。12月30日，白宫宣布中断轰炸，安排基辛格和黎德寿于1月8日再次谈判。阮文绍派遣两名南越外交官到华盛顿，扬言将反对任何未能满足他要求的提案，尼克松让亚历山大·黑格将军把一封信带到西贡，让阮文绍赶紧闭嘴，实际上已表明美国解决此事的决心。

基辛格立即携带装着最新提议的公文包穿梭于巴黎和比斯坎湾。

1月末，双方进行了42个月之内的第24轮会谈，形势有所缓和。谈判预计将持续两天，但双方4小时内便达成一致。在巴黎古老的玛吉思缇酒店有丝绒墙的会议室里，双方正式达成停战协议，华盛顿、河内和西贡同时通过广播发布了这一消息。（基辛格说，仅是走完程序“我们大家就都老了好几岁”。）尼克松带领美国民众祈祷，颂扬了在越南服役进行“各国史上最无私事业之一”的250万美国人，宣布他们获得了“荣耀的和平”。

但实在谈不上荣耀，基辛格明白这一点。他在发表经过深思熟虑的媒体简报时说：“现在应该清楚，在这场战争中，谁也不能说只有自己遭受苦难，谁也不能说自己最富真知灼见。”他只字未提荣誉、英勇、光荣或任何与此次交火无关的华丽辞藻。他说：“中南半岛治疗战争创伤的时候，美国也要开始治疗自己的创伤。”这一点出了当时美国的首要问题。美国约4.6万人战死越南，30万人负伤，支出1 100亿美元，同时还面临一个严重的内部问题——精神折磨。按麦克卢汉的地球村说法，美国不可能在增援一个遥远国度的同时自己毫发无损。除去直接的人力物力损失，美国许多机构、制度的公信力都有所下降：将国家推进战争火坑的总统、持续拨款支援的国会、未判决战争违反宪法的法庭，还有民主制度本身，事实证明它已沦落为街头的喧闹，对决策者毫无约束力。对于停火，赖斯顿认为：“受战争影响，美国民众对权威的信任暴跌，不止是对政府，还对学校、大学、报业、教会，甚至家庭的道德感产生了怀疑……美国的生活发生了一些变化——一些尚且不被理解或未达成共识的变化，但这些变化不同以往，关系重大且影响深远。”

停战当周，麦迪逊广场花园就运动赛事前是否应该播放《星条旗永不落》爆发了争吵。同时，教师罢工正在美国范围内扩散，教学活动被迫中止。这连在上一次对美国精神进行了严重考验的“大萧条”时期都难以想象。当时星条旗还飘荡在这个很穷困的国家，物质生活水平远不及现在。教师是经济危机的最大受害群体之一，他们通常只能拿到毫无价值的临时票据，甚至一无所获，有的人只能从饥饿的孩子那儿讨点食物。但当时戒律森严，教师罢工就像侮辱国歌一般难以想象。这并不代表那时的美国更好了，因为明显不是如此。但这确实说明那时的美国不同了，那时国民面对的挑战与20世纪70年代的截然不同。

或许这已不是20世纪初亨利·亚当斯曾写下的语句的含义——20世纪美国面临的最大考验便是调节适应能力。在美国历史上，变化是永恒的主题。美国是世界上唯一崇拜变革的国家，且将变革与进步混为一谈。林登·约翰逊在1965年曾说：“我们想要变革，想要进步，我们一定能成功。”

若说那是美国民族性格的一方面，那么还有另一面，就像同一枚硬币的反面。这个反面在越南战争结束时导致旧事重提，即渴望抛却现在，继续那未完成的过去。约翰·布鲁克斯说：“美国已长久习惯于为刚失去的梦想悔恨，并发誓下次追回来。”这是美国文学的常见主题，让人联想到薇拉·凯瑟的《迷途的女人》和罗伯特·弗罗斯特的《未选择的路》。托马斯·沃尔夫写道：“无语地追怀着，我们寻找那伟大而被遗忘的语言，寻找那条通往天堂却被遗失的小路、一石、一叶、一扇未曾找到的门。何处？何时？失落啊，风声悲泣，幽灵，归来吧。所以，投身国外的冲突1/3个世纪的美国人再次将视线转回国内，在孤独中寻求安慰，获得重生。弗朗西斯·斯科特·菲茨杰拉德在他的最佳小说的末尾写道：于是我们奋力向前划，逆流向上的小舟，不停地倒退，进入过去。”

余 音

为庆祝尼克松成功连任，年轻有为的杰布·斯图尔特·马库德耗资400万美元打造了为期三天的盛大庆祝典礼，理查德·尼克松身旁环绕着兴高采烈的做伪证者。1月20日的就职演说的主旨仍然是不再向广袤世界做出承诺，与其说是规划本届政府将有何作为，不如说是表明他们有何不作为。12年前，另一位总统承诺："为了留住自由，让自由成功，我们会不惜一切代价，不辞劳苦，支持所有盟友，反击所有敌人。"如今尼克松却宣称："美国将他国纷争当作自己的纷争或者指点他国内部事务的日子将一去不复返。"同时，他要用肯尼迪最令人难忘的名言来清算国内所有自由派的纲领："我们每个人都不要问国家能为你们做什么，而要问问自己能为自己做什么。"

他故意停顿下来，等民众鼓掌欢呼时，几个街区外传来一个微弱的声音，一群年轻人吼道："杀人犯！""快滚！""结束种族主义！"

一个来自俄亥俄州的妇女告诉《纽约时报》记者："真恶心，太恶心了，我就搞不懂为何不能治治这帮孩子。"这种做法当然无礼，但反示威和反主流文化一样是美国持续分裂的体现，必须忍耐。开放社会的确没有消除分歧的有效办法。若有，马库德和他的上司早就行动了。当周周末，示威人群在华盛顿街头涌动，500~1 000 名雅皮士、学生争取民主社会组织的好战分子和毛泽东主义进步工党组成的是其中规模最小却最野蛮的团体。他们扛着一个令人作呕的雕像——10 英尺长的纸扎老鼠，将其面部做成尼克松的脸，嘴里叼着一个血淋淋的布娃娃。一向执法宽松的特区警察忍无可忍，将雕像没收。除此之外，就职典礼期间真正令人难堪的行为是降下华盛顿纪念碑附近的国旗，换上越共旗帜。

最大规模的抗议于前一天晚上 9 点在威斯康星大街的华盛顿国家大教堂爆发。教长小弗朗西斯 · B · 塞尔和前参议员尤金 · 麦卡锡作简短发言后，伦纳德 · 伯恩斯坦指挥临时拼凑的管弦队奏响安静深沉的由海顿创作的《战争弥撒》，结尾还呼吁"赐我们和平"。与之对应的是在华盛顿另一头，尤金 · 奥曼弟指挥的费城管弦乐团演奏柴可夫斯基雄壮的《1812 序曲》向尼克松致敬。其中 16 位音乐家认为给这些观众表演是自贬身价因而离开，这倒减少了对尼克松人身安全的威胁。尽管如此，特工处人员仍要求取消前奏曲高潮时的鸣空炮。这算尼克松当政时期情报人员提出的不太费钱的建议。

当晚，对尼克松越南政策持批判态度的人交给白宫警卫一封请愿书。白宫外的人行道上，神父菲利普 · 伯利根表演了一幕粗制短剧，旨在揭露当局如何残害仗义执言之人。他假装虐待一个拿着和平标语牌的妇女，唯恐有人看不懂，他还在颈部挂了一个写着“警察”字样的大招牌。第二天，丹尼尔 · 艾尔斯伯格在全国和平行动联盟答谢宴上致辞，他当时正因出版五角大楼文件而遭受指控，罪名一旦成立可能获刑 115 年。他嘲讽尼克松就职演讲时的和平承诺，“他会跟结束我的案子一样结束战争”，还把越南战争军火制造商比作奥斯维辛集中营的设计师。

鲜有人见到伯利根和艾尔斯伯格的真面目，但参与反就职活动的人数却不少。有 3 000 人在伯恩斯坦音乐会现场，教堂外有 1.2 万~1.5 万人在黑夜中通过扬声器聆听。5 万人签署了请愿书。在总统国会山演讲期间，像学生争取民主社会组织游行一样，最大规模游行的人数高达 7.5 万~10 万。最开始，2 500 名越南战争退伍军人反战组织成员从阿灵顿国家公墓出发，游行至华盛顿纪念碑，在此签署虚拟和平条约，以纽约国会女议员贝拉 · 艾伯萨格的演说结束。艾伯萨格一直通过半导体收音机收听尼克松演讲，并在此毫不留情地批判。

一些年轻人扛着“停止轰炸”的牌子，不合时宜且荒唐可笑，因为袭击三周前就已结束。其他抗议行为也颇为滑稽，有的甚至与越南战争毫不相干。一位懊恼的百万富翁租来一架小型双翼飞机，尽管被警局和空军直升机密切看管，还是挂着“批准金币流通”的标语翱翔天际。但抗议这一理念绝不荒谬，它比就职演说、没有炮声的柴可夫斯基前奏曲和 1 976 位来自弗吉尼亚高中精心打扮列队走过白宫的乐手更贴近美国精神。该乐队是杰布 · 马库德为美国第二个百年纪念日而设计。

在乔 · 麦卡锡年代最黑暗的时期，西弗吉尼亚州一位大学校长为一个备受困扰的自由派出庭做证。律师问他美国于他而言有何意义，校长答道“有与众不同的权利”。他所谓的不同不仅仅要包括异于常人稀奇古怪的把戏。尽管美国总能包容占星师、飞碟信徒、1948年在华盛顿买下气派宅邸却等着杜威当政时才入住的共和党政客。但自由若要具有实质意义，包容度必须更广，要将千夫所指之人也纳入保护伞下。任何人都能为艾森豪威尔、麦克阿瑟、约翰·格雷和尼尔·阿姆斯特朗欢呼，但要容忍憎恨林登·约翰逊的地下气象员、与约翰·肯尼迪作对的约翰·伯奇协会会员和为难罗斯福的自由联盟成员，可是需要点儿肚量的。

尼克松年代的人如今已年过半百，在他们的漫长记忆中，国民的忍耐力一再受到考验。有时考验过于残酷，耐心被消耗殆尽的地点成为美国历史上一页页的耻辱：阿提卡、肯特州立大学、美莱村、伯明翰、牛津、芝加哥的共和钢铁厂、“二战”期间用于囚禁日裔美国人的加利福尼亚州集中营及本书开篇介绍的安那考斯迪亚河畔被摧毁的补偿金远征军营地。

但那些始终是例外，若要一一列出展现容忍精神的事例，单子会有几倍长，可被视作国家自由斗士光荣榜。榜上有名的包括安吉拉·戴维斯、伯利根家族、斯托克利·卡迈克尔、斯波克医生、芝加哥七君子、伍德斯托克、蒂–格蕾丝·阿特金森、扛着“为和平运动者提供免费毒气”标语的美国纳粹、“普韦布洛”号间谍船船长、古巴公平游戏规则委员会、埃德温·沃克、健全的核能政策组织的莱纳斯·鲍林、罗莎·帕克斯、“美国第一”组织成员、厄尔·白劳德、小花圣殿、威廉·达德利·佩利、休伊·朗、杰拉尔德·史密斯和1932年12月高唱《国际歌》欢迎第72届国会重返华盛顿的干枯幽灵。

反主流者和其他发声人士固然值得铭记，但那些让大人物保持警惕与诚实，让民主制度得以进步的沉默的人们也同样值得纪念。千钧一发之际，他们静静聚集在宾夕法尼亚大道上与白宫相对的拉法耶公园里，总统只需抬头便知民众正关注着他。国会大型听证会上他们也赫然在列，过去40年里[①]，那是美国接受考验、制定国家纲领的地方，在此商讨的问题包括越南战争、谢尔曼·亚当斯、伯纳德·戈德法因、布瑞克宪法修正案、陆军–麦卡锡听证案、被埃斯蒂斯·基福弗揭露的匪帮、希斯和钱伯斯、拿佣金的人、珍珠港事件、罗斯福最高法院改革计划和华尔街在大萧条期间承担的责任。他们参加了塔夫脱钟楼落成典礼，为罗斯福和艾森豪威尔默哀。1963年11月25日，当载着肯尼迪遗体的灵车穿过纪念大桥前往阿灵顿时，他们悲伤地驻足凝望。

有一派历史学家认为，普通人的琐碎物件也许比大事件更能重现历史，例如信件、干花、舞会节目单、玩偶等曾让人爱不释手不忍丢弃的物件。建筑工人时不时在大楼砖块下发现这类窖藏，甚至还可能发现于1939年纽约世界博览会上埋下的如威斯汀豪斯时间胶囊那般精致的物件。这类发现总能激起人们强烈的好奇心，更古老的物件则会激起人们猜测这些玩意儿当年被作何用。随着人口流动性日益增加，这种窖藏越来越少。但若摇摆世代留下一个麦基橱柜大小的箱子，也许能揭示从前的模样，前人经历过什么苦难、有何梦想、哪些实现了、哪些破灭了。

假若真有这样一个橱柜，最上层便能看到一个钢架网球拍、几本饮食书籍、一条宽领带和一套宽边裤装。后面有“欢迎战俘回家”横幅、一幅为战争失踪人员所做的标语（“只有河内知道”）和一张和平

---

① 以原著作者成书时间（1974年）计。

贴纸。之后是一枚铜色鱼雷快艇领带夹和N盘录有《卡默洛特》、阿洛·格斯的《爱丽丝的餐厅》和卡罗尔·钱宁的《你好，多莉》的录音带。再靠后，一堆扎染牛仔裤下面是翻旧了的《芬妮·希尔》和《一个跳蚤的自传》。

第二层是各式各样的衣服：一套女紧身服、一套灰法兰绒衣服、一顶窄边男士皮帽、几条窄边领带、一顶儿童浣熊皮帽及一顶帽带上印着“我爱艾克”的硬草帽。下面便是过时的女士用品：装在白塑料盒里的子宫帽。往里有一枚颇令人好奇的领针，形状类似有个洞的男鞋鞋底。旁边是《窈窕淑女》唱片、伊迪丝·瑟雅芙的《下雨了》唱片、一个《眨眼汀克》节目电视交互工具包、一顶军帽和一个坏了的贝比坦达。戒烟手册、鱼库宾治配方、《80天环游世界》概览、一叠尿布服务商店的账单和装着家庭防空洞设计的信封（从未打开）叠放在一起，上面是《小小消防员》和《冷暖人间》。

第三格前边是一条迪奥“新样式”短裙、一件曾被苗条男性穿过的艾森豪威尔夹克、几双早期尼龙袜、一顶大学新生戴的无檐小便帽、一本《北回归线》，下面是一包三个特洛伊（当时售价1美元）。各种证件：军队退伍证书、结婚证及大学文凭。一只破旧的滚球柱、军队袖章、定量配给的邮票、变色的海军挂牌、几张V字信笺、一顶纳粹头盔、一把武士剑、一张哥伦比亚唱片公司的凯特·史密斯唱片《上帝保佑美国》，一枚莱茵石V形别针。

下一格比较乱，一双脏兮兮的托姆·麦克安马鞍鞋放在一件同样脏的两面穿雨衣上，雨衣下是一件背带运动外套。转速为每分钟78转的两米唱片《深紫》和《星尘》唱片中夹着一枝枯萎的花。旁边是“支持威尔基”和“富兰克林·德拉诺·罗斯福”的竞选胸针。第三枚胸针呈太阳花形。还有一台破旧的弓形飞科收音机、翻得破烂不堪的《飘》、似乎只读了最后40页的《尤利西斯》、男女童子军手册、几本方形《大小书》、布满灰尘的莱昂纳尔变压器、跳绳、几颗弹珠、一颗钢弹珠、一根前端裂开的冰球棍、一只满是油泥的一垒手棒球手套、一个秀兰·邓波儿娃娃、一扎泡泡糖卡片、一把联邦调查局人员的玩具手枪、两个波斯特·托斯蒂斯黄杨木陀螺、一盒樱桃炸弹、一个用塑胶绳绑在桨上的波洛球、一条棕色灯芯绒灯笼裤、一条发带、一部老式台式电话。

最后，壁橱底层有一组勃朗尼相机拍的快照。照片上有车：一辆摇下挡风玻璃的福特A型车，一辆时髦的雪佛兰运动游览车。更早前底色已泛黄的照片上是一辆T型小汽车，人们在踏脚板旁摆造型拍照。时值夏季，但成人们打扮得中规中矩。男士穿着硬领套装，女士则戴着阔边帽，穿着普通的棉裙子。最奇怪的是孩子们，他们和大人一样衣着怪异。但还有点儿什么，要过一会儿才能明白，那便是他们表情略显紧张，身体微微前倾，似乎想要看穿未来。他们微笑着。

致谢

1974 年 3 月 26 日，本书出版工作进入最后阶段，编辑哈利 · 赛昂斯在费城去世，几天前他刚审完终稿。我与哈利共事已超过 17 年，相识相交 17 载。我早前的作品及本书的每一页都凝结着他的智慧。

唐 · 康登是我合作了 25 年的文稿代理人，他当初建议我研究美国的民族独特性，才使得编写本书成为可能。在与哈利、兰德尔 · 威廉斯和布朗共事时，他们的鼓励和忠告从未令人失望。唐 · 康登和兰迪 · 威廉斯的支持对我助益颇大，在此致以最由衷的感谢。

还有几位同事和朋友也慷慨给予了高见和感悟：亨利 · 阿纳托尔 · 格伦沃尔德、赫尔曼 · 卡恩、路易斯 · 拉萨尼亚医学博士、丹尼尔 · 帕特里克 · 莫伊尼汉、小阿瑟 · 施莱辛格、埃里克 · 塞瓦赖德，我对诸位不胜感激。此外，《广告时代》的哈利 · 麦克马汉也提出许多专业意见。

在我常年的研究、写作中，忠心耿耿、足智多谋、任劳任怨的玛格丽特 · 肯尼迪 · 赖德是我不可或缺的助手。埃普希 · 法雷尔作为研究员也对我助益颇多。埃伦 · 多恩奇帮忙为本书作注，本人感激不尽。

我对卫斯理大学图书馆馆长怀曼 · 帕克及该大学奥林图书馆所有工作人员的感激之情难以言表。15 年来，他们一直帮助我、鼓励我、保护我的隐私，并不吝赐教。在他们忙得不可开交时，我却只能再添上一本超大部头的书聊表“谢意”。此外，和所有书籍一样，本书不足之处在所难免。凭借勤奋和研究确能发现真相，但无法挖掘世间所有真理。没有一本书，甚至没有任何一家图书馆能囊括一切真理。作者能够呈现出的所有只是一个现实的片段——唯希望其能禁得起考验。

大事记

1932 年　华盛顿发生补偿金远征军事件
1 500 万人失业
富兰克林 · 罗斯福当选总统
关于革命的谣言流传
1933 年美国银行纷纷倒闭
富兰克林 · 罗斯福“百日新政”
化险为夷

1934 年　埃德加 · 胡佛和《驰名连环画》
黑色风暴
汤森博士、库格林神父和
休伊 · 朗

1935 年　罗斯福第二次“百日新政”
摇摆乐兴起
约翰 · 刘易斯得势
最高法院质疑罗斯福

1936 年　美国公民自由联盟高呼：
“拯救宪法！”
《飘》问世
罗斯福击败兰登和《文学文摘》

1937 年　最高法院提出“法院改组计划”
国会保守派诞生
底特律的静坐罢工
日军击沉美军“帕奈”号军舰
孤立主义如日中天

1938 年　慕尼黑和H · V · 卡尔滕博恩
新英格兰飓风
奥逊 · 威尔斯的火星人广播剧

1939 年　纽约世界博览会
“二战”爆发，林白
呼吁：“不要参战！”

1940 年　法国沦陷
“美国第一”和“天佑美国”
爱因斯坦写信给罗斯福
威尔基与“冠军”对决

1941 年　众议院通过 1776 号法案：
租借法案
纳粹潜艇击沉
“鲁本 · 詹姆斯”号
纽约市立大学市立学院解聘罗素
玛丽安 · 安德森在
林肯纪念堂前歌唱
珍珠港：“这不是演习！”

1942 年　太平洋撤退；中途岛；
瓜达尔卡纳尔岛
美军进军北非
美国本土：“孤独前行”
日裔美国人的痛苦

1943 年 萨勒诺、卡西诺和塔拉瓦
美国国内：弗兰克 · 辛纳屈和亨利 · J · 凯泽
1944 年 安齐奥、诺曼底、阿登战役
塞班岛和莱特湾
1945 年 硫磺岛和冲绳
《联合国宪章》
罗斯福逝世，杜鲁门上台
德国投降
广岛和长崎
日本投降
1946 年 战后通货膨胀和罢工
“要回家”暴乱
丘吉尔在密苏里使用“铁幕”一词
1947 年 杜鲁门主义和马歇尔计划
时尚界的“新样式”
1948 年 金赛报告
柏林空运
迪克西民主党和华莱士的进步党
杜鲁门击败杜威
1949 年 威廉 · 莱维特的第一个莱维顿
飞碟的第一次相关报告
电视：华丽乔治和滑冰比赛
中华人民共和国成立
苏联成功研制原子弹
1950 年 阿尔杰 · 希斯被判有罪
麦卡锡主义的兴起
朝鲜战争；仁川；中国参战
1951 年 长途直拨电话开始投入使用
大辩论
麦克阿瑟被解职
米奇 · 斯皮兰时代
“沉默的一代”产生
电视取代收音机成为大众的娱乐工具
凯弗维尔犯罪听证会
1952 年 氢弹研制成功
杜鲁门政府深陷丑闻
尼克松发表“切克尔斯演讲”
艾克击败“年纪大了，不能痛哭”的史蒂文森
1953 年 大规模报复；“每 1 美元都要花得更值得”
斯大林去世；朝鲜停战
塔夫脱去世
1954 年 麦考尔的新词“患难与共”
布里克修正案
陆军—麦卡锡听证会
奥本海默被审查
最高法院废除学校的种族隔离制度
1955 年 戴维 · 克罗克特热潮
“垮掉的一代”出现
中国台湾决议案
日内瓦会议
艾克心脏病发作
1956 年 格蕾丝 · 凯利成为王妃
匈牙利事件、苏伊士运河事件、艾克二次当选
蒙哥马利公共汽车抵制事件

1957 年　小石城事件
苏联发射第一颗人造卫星
埃德塞尔汽车惨败
美国在卡纳维拉尔角的火箭发射失败

1958 年　呼啦圈热潮
艾森豪威尔主义在中东
舍曼 · 亚当斯的骆马绒大衣
尼克松受困加拉加斯
约翰 · 伯奇协会成立

1959 年　查尔斯 · 范多伦被揭露
尼克松访问莫斯科，赫鲁晓夫访问美国

1960 年　食品和药品管理局批准使用药物“伊诺菲德”（避孕药）
北卡罗来纳州的格林斯博罗发生黑人“入坐”示威运动
U–2 事件；日内瓦会议失败
肯尼迪以微弱优势当选

1961 年　艾伦 · 谢泼德在太空停留 15 分钟
自由乘客在迪克西
猪湾事件
肯尼迪与赫鲁晓夫在维也纳的交锋
林登 · 贝恩斯 · 约翰逊访问西贡并承诺给予支持
泰勒—罗斯托的越南之行

1962 年　首次单身男女周末聚会在格罗辛格举行
约翰 · 格伦环绕地球飞行
詹姆斯 · 梅雷迪思入读密西西比大学
学生争取民主社会组织成立
古巴导弹危机

1963 年　《谁害怕弗吉尼亚 · 伍尔夫》
伯明翰和“公牛”康纳
华莱士挡在校门前
向华盛顿进军
吴庭艳兄弟于西贡被刺
达拉斯行刺案

1964 年　东京湾
第一个漫长炎夏
马里奥 · 萨维奥和言论自由运动
披头士美国巡回演唱会
密西西比州发生民权运动者被害案
约翰逊与戈德华特交锋
斯特兰奇洛夫博士

1965 年　日瓦戈医生
医疗保险；“静电复印国会”
约翰逊向越南派遣美国地面部队
《先驱论坛报》创造新词“信用差距”
塞尔马进军；瓦兹
东北部地区大规模停电

1966 年　裸体成为时尚
43 起种族暴乱事件困扰美国
“黑人权力”及其强烈反应
1967 年　嬉皮士风行的年代
雪松瀑布行动和章克申城行动
贫民窟黑人暴乱高峰期
1968 年　美国“普韦布洛”号轮船的失事
新年攻势
罗伯特·肯尼迪和马丁·路德·金逝世
哥伦比亚大学的打砸事件
杰奎琳·肯尼迪再嫁
美莱村惨案
尼克松以微弱优势当选
1969 年　阿波罗 11 号成功登月
伍德斯托克音乐节
查帕奎迪克事件
查尔斯·曼森
和平纪念日
对“芝加哥 7 人组”的审判
1970 年　妇女解放运动和热裤
柬埔寨和肯特州
卡斯韦尔法官被拒
X 级电影风靡全美
安吉拉·戴维斯和乔治·杰克逊
邮政行业罢工
白宫雇用“水管工”
1971 年　中美乒乓外交
华盛顿“五月反战组织”
五角大楼机密文件外泄
对菲尔丁医生进行盗窃
国际电话电报公司、韦斯科和奶制品工业行贿
第一阶段和第二阶段
阿提卡半岛
1972 年　博比·费希尔和克利福德·欧文
尼克松访问北京和莫斯科
武元甲反攻
水门事件以及对其的掩饰
麦戈文：民主党的灾难
基辛格：“和平唾手可得。”
狂轰滥炸和停战
近在眼前：水门事件曝光